Elogios para *Diseño de aplicaciones con uso intensivo de datos*

Diseño de aplicaciones con uso intensivo de datos se ha convertido en la biblia de los sistemas distribuidos: casi todos los profesionales serios que conozco tienen un ejemplar.

—*Will Wilson, CEO de Antithesis*

Dominar las compensaciones es esencial para resolver problemas del mundo real con sistemas de datos distribuidos. *Diseño de aplicaciones con uso intensivo de datos* los explora como ningún otro, proporcionando una visión imparcial de cómo diferentes sistemas han tomado estas decisiones a lo largo del tiempo.

—*Veena Basavaraj, jefa de ingeniería de plataformas de aplicaciones en Benchling*

Una guía esencial para ingenieros de sistemas distribuidos, exhaustiva y reveladora tanto para principiantes como para expertos.

—*Zhengliang "Zane" Zhu, ingeniero de sistemas distribuidos, Netflix*

Este libro es una puerta de entrada a los sistemas distribuidos. Es el mejor libro de su clase para ponerse al día con los conceptos que todo ingeniero de sistemas debe conocer.

—*Alex Petrov, autor de* Database Internals, *colaborador de Cassandra y miembro del PMC*

Durante la última década, este ha sido el mejor libro para comprender los sistemas distribuidos, y la segunda edición lo mejora aún más. Tiende un puente entre la enorme brecha que existe entre la teoría de los sistemas distribuidos y la ingeniería práctica. Ojalá hubiera existido cuando empecé a trabajar en sistemas distribuidos, así lo habría leído y me habría ahorrado muchos errores.

—Jay Kreps, creador de Apache Kafka y cofundador de Confluent

Este libro debería ser de lectura obligatoria para los ingenieros de software. *Diseño de aplicaciones con uso intensivo de datos* es un recurso poco común que conecta la teoría y la práctica para ayudar a los desarrolladores a tomar decisiones inteligentes al diseñar e implementar infraestructuras y sistemas de datos.

—Kevin Scott, director de tecnología de Microsoft

SEGUNDA EDICIÓN

Diseño de aplicaciones con uso intensivo en datos

Las grandes ideas detrás de los sistemas confiables, escalables y mantenibles

Martin Kleppmann y Chris Riccomini

O'REILLY®

Diseño de aplicaciones con uso intensivo en datos
por Martin Kleppmann y Chris Riccomini

Publicado por O'Reilly Media, Inc., 141 Stony Circle, Suite 195, Santa Rosa, CA 95401.

Los libros de O'Reilly pueden adquirirse con fines educativos, comerciales o promocionales. La mayoría de los títulos también están disponibles en edición en línea (*https://oreilly.com*). Para obtener más información, ponte en contacto con nuestro departamento de ventas corporativas/institucionales: 800-998-9938 o *corporate@oreilly.com*.

Editor de adquisiciones: Aaron Black
Editora de desarrollo: Melissa Potter
Editora de producción: Katherine Tozer
Corrector de estilo: Rachel Wheeler
Corrector de textos: Sharon Wilkey
Corrector de textos (español): Tracy Redd
Indexador: Potomac Indexing, LLC
Diseñadora de portada: Susan Brown
Ilustradora de portada: Monica Kamsvaag
Diseñador interior: David Futato
Ilustradora interior: Kate Dullea

Marzo de 2017: Primera edición (inglés)
Febrero de 2026: Segunda edición (inglés)
Mayo de 2026: Segunda edición (edición en español)
Consulta *https://oreilly.com/catalog/errata.csp?isbn=9781098119065* para obtener más detalles sobre el lanzamiento.

Esta traducción se realizó mediante MTPE (Post-Edición de Traducción Automática), un flujo de trabajo que combina la traducción automática con la revisión humana experta para obtener traducciones de alta calidad. Los avisos de derechos de autor que aparecen en esta página se refieren exclusivamente a la autoría de esta obra, realizada por autores humanos.

979-8-295-90028-0 (Spanish, print)

979-8-295-90056-3 (Spanish, ebook)

978-1-098-11906-5 (English, print)

[LSI]

A todos los que usan la tecnología y los datos para abordar los problemas más graves del mundo.

La informática es cultura pop. […] La cultura pop desprecia la historia. La cultura pop tiene que ver con la identidad y con sentir que formás parte de algo. No tiene nada que ver con la cooperación, el pasado o el futuro: se trata de vivir el presente. Creo que lo mismo ocurre con la mayoría de las personas que escriben código por dinero. No tienen ni idea de dónde proviene [su cultura].

—Alan Kay, en entrevista con *Dr. Dobb's Journal* (2012)

Tabla de contenidos

Prefacio

Hay cientos de bases de datos entre las que elegir. ¿Cuál deberías utilizar para tu aplicación? La respuesta corta es: "Depende". La respuesta larga es... este libro.

Las diferentes tecnologías para almacenar y procesar datos tienen diferentes ventajas e inconvenientes, y no hay un enfoque que sea el mejor para todas las situaciones. El sistema que se adapta perfectamente a una aplicación puede ser totalmente inadecuado para otra. Este libro es una guía de todo el panorama de los sistemas de datos, no solo se centra en un producto, sino que compara las fortalezas y debilidades de muchos sistemas.

Aunque el panorama de las tecnologías para procesar y almacenar datos es diverso y cambia rápidamente, los principios subyacentes perduran. Si entiendes esos principios, estarás en condiciones de ver dónde encaja cada herramienta, cómo hacer un buen uso de ella y cómo evitar sus inconvenientes. Este libro se centra en esos principios.

Aunque este libro no es un tutorial para utilizar una herramienta en particular, tampoco es un libro de texto lleno de teoría árida. En su lugar, veremos muchos ejemplos de sistemas de datos exitosos: tecnologías que constituyen la base de numerosas aplicaciones populares y que deben cumplir con los requisitos de escalabilidad, rendimiento y fiabilidad en la producción diaria. Profundizaremos en el funcionamiento interno de esos sistemas, desglosaremos sus algoritmos clave y analizaremos las ventajas e inconvenientes que han aportado. En este viaje, intentaremos encontrar formas útiles de *pensar en* los sistemas de datos, no solo *cómo* funcionan, sino también *por qué* funcionan de esa manera.

Después de leer este libro, estarás en una posición ideal para determinar qué tipos de tecnologías son adecuadas para cada propósito y comprender cómo se pueden combinar las herramientas para formar la base de una arquitectura de aplicaciones sólida. Desarrollarás una fuerte intuición sobre lo que hacen tus sistemas en segundo plano, de modo que puedas razonar sobre su comportamiento, tomar buenas decisiones de diseño y localizar cualquier problema que pueda surgir.

La filosofía que guía este libro es reunir una amplia gama de perspectivas: tanto teóricas como prácticas, tanto recientes como antiguas. La industria informática tiende a sentirse atraída por lo nuevo y brillante y a menospreciar las ideas que se consideran antiguas o académicas. Eso es un error; muchas ideas poderosas y fundamentales en informática surgieron de la investigación, algunas recientes, otras hace décadas. Por otro lado, el mundo académico a veces carece de una idea clara de qué cuestiones son importantes en la práctica. Este libro combina lo mejor de ambos mundos: la precisión académica y la atención al detalle con un enfoque industrial en la practicidad.

¿Quién debería leer este libro?

Si alguna de las siguientes afirmaciones es cierta en tu caso, este libro te resultará valioso:

- Eres ingeniero de software, arquitecto de software o gerente técnico y necesitas tomar decisiones sobre la arquitectura de los sistemas en los que trabajas; por ejemplo, necesitas elegir herramientas para resolver un problema determinado y averiguar cuál es la mejor manera de aplicarlas. Esto se aplica especialmente a los sistemas backend.
- Eres ingeniero de datos y quieres comprender el contexto más amplio de los sistemas con los que trabajas, o ingeniero de nube y quieres conocer los fundamentos de los sistemas que utilizas. Descubrirás que, aunque los sistemas distribuidos modernos te ocultan gran parte de su complejidad, comprender sus principios subyacentes es extremadamente útil para optimizar el rendimiento y depurar errores.
- Quieres aprender a hacer que los sistemas de datos sean escalables (por ejemplo, para dar soporte a aplicaciones con millones de usuarios), altamente disponibles (minimizando el tiempo de inactividad), operativamente robustos y más fáciles de mantener a largo plazo (incluso a medida que crecen y cambian los requisitos y las tecnologías).
- Te estás preparando para una entrevista de trabajo sobre "diseño de sistemas" en la que te pedirán que esboces una arquitectura para una aplicación, y necesitas aprender los principios de las buenas arquitecturas de datos.
- Tienes curiosidad por saber qué ocurre entre bastidores en los principales sitios web y servicios en línea, y dentro de diversas bases de datos y sistemas de procesamiento de datos, especialmente si te gusta profundizar más allá de las palabras de moda para obtener una comprensión técnicamente precisa y exacta de diversas tecnologías y sus ventajas e inconvenientes.

Este libro da por sentado que ya tienes cierta experiencia en la creación de aplicaciones basadas en la web y que estás familiarizado con las bases de datos relacionales y el lenguaje SQL. Es útil tener un conocimiento general de los protocolos de red comunes, como TCP y HTTP. La elección del lenguaje de programación o del marco de trabajo no influye en este libro.

¿Qué hay de nuevo en la segunda edición?

Esta segunda edición tiene los mismos objetivos y alcance que la primera edición de *Diseño de aplicaciones con uso intensivo de datos*, publicada en 2017. Sin embargo, hemos revisado a fondo todo el libro para reflejar los cambios tecnológicos que se han producido en la última década y mejorar la claridad de las explicaciones.

Los cambios técnicos más importantes que han afectado a este libro desde la primera edición son el auge del interés por la IA y el surgimiento de las arquitecturas de sistemas de datos nativos en la nube. Aunque este libro no trata sobre la IA en sí, hemos añadido información sobre los sistemas de datos que soportan la IA y el aprendizaje automático, incluidos los índices vectoriales (utilizados para la búsqueda semántica), los DataFrames (utilizados para entrenar conjuntos de datos) y los sistemas de procesamiento por lotes para preparar grandes cantidades de datos de entrenamiento. Las ideas nativas de la nube, como la creación de sistemas de datos sobre almacenes de objetos en lugar de discos locales, se han entretejido a lo largo de todo el libro.

También hemos añadido debates sobre motores de sincronización y software local-first, motores de flujo de trabajo y ejecución duradera, métodos formales y pruebas aleatorias, GraphQL y otras tecnologías que vale la pena conocer. También hemos incluido un poco de contexto legal, explorando el impacto del Reglamento General de Protección de Datos (RGPD) de la UE y la legislación relacionada. También hemos eliminado algunas cosas; por ejemplo, dado que MapReduce está ahora en gran medida obsoleto, hemos reescrito el capítulo sobre procesamiento por lotes en consecuencia y, lamentablemente, hemos decidido eliminar los mapas al estilo de Tolkien.

Se han reestructurado algunos debates y se ha cambiado la numeración de los capítulos. Algunos capítulos solo han requerido una ligera edición, mientras que otros (como Capítulo 10, sobre coherencia y consenso) se han reescrito casi por completo para que resulten más claros. En general, la segunda edición tiene unas 60 páginas más que la primera.

Referencias y lecturas adicionales

La mayor parte de lo que tratamos en este libro ya se ha dicho en otros lugares de una forma u otra: en presentaciones en conferencias, artículos de investigación, entradas de blogs, código, rastreadores de errores, listas de correo o folclore de la ingeniería. Este libro resume las ideas más importantes de muchas fuentes e incluye referencias a la bibliografía original a lo largo del texto. Las referencias al final de cada capítulo son excelentes recursos si deseas explorar un área con mayor profundidad, y la mayoría de ellas están disponibles gratuitamente en línea.

En las ediciones electrónicas hemos incluido enlaces al texto completo de los recursos en línea. Dado que los enlaces tienden a romperse con frecuencia debido a la naturaleza de la web, también hemos incluido enlaces de archivo siempre que ha sido posible. Si encuentras un enlace roto, o si estás leyendo una copia impresa de este libro, puedes utilizar un motor de búsqueda para buscar las referencias. En el caso de los artículos académicos, busca el título en Google Scholar para encontrar archivos PDF de acceso libre (gratuitos). Los libros pueden costar dinero, pero no deberías tener que pagar por los artículos de investigación.

También puedes encontrar todas las referencias en *https://github.com/ept/ddia2-references*, donde mantenemos enlaces actualizados.

Convenciones utilizadas en este libro

En este libro se utilizan las siguientes convenciones tipográficas:

Cursiva
: Indica términos nuevos, URL, direcciones de correo electrónico, nombres de archivo y extensiones de archivo.

`Constant width`
: Se utiliza para listados de programas, así como dentro de párrafos para referirse a elementos de programas como nombres de variables o funciones, bases de datos, tipos de datos, variables de entorno, sentencias y palabras clave.

`Constant width bold`
: Muestra comandos u otro texto que el usuario debe escribir literalmente.

`Constant width italic`
: Muestra texto que debe ser reemplazado por valores proporcionados por el usuario o por valores determinados por el contexto.

Este elemento indica una nota general.

Este elemento indica una advertencia o precaución.

Aprendizaje en línea de O'Reilly

O'REILLY®

Durante más de 40 años, O'Reilly Media ha proporcionado formación, conocimientos y perspectivas sobre tecnología y negocios para ayudar a las empresas a alcanzar el éxito.

Nuestra exclusiva red de expertos e innovadores comparte sus conocimientos y experiencia a través de libros, artículos y nuestra plataforma de aprendizaje en línea. La plataforma de aprendizaje en línea de O'Reilly te ofrece acceso bajo demanda a cursos de formación en directo, itinerarios de aprendizaje en profundidad, entornos de programación interactivos y una amplia colección de textos y vídeos de O'Reilly y más de 200 editoriales. Para obtener más información, visita *https://oreilly.com.*

Cómo ponerte en contacto con nosotros

Envía tus comentarios y preguntas sobre este libro a la editorial:

O'Reilly Media, Inc.
141 Stony Circle, Suite 195
Santa Rosa, CA 95401
800-889-8969 (en Estados Unidos o Canadá)
707-827-7019 (internacional o local)
707-829-0104 (fax)
support@oreilly.com
https://oreilly.com/about/contact.html

Tenemos una página web para este libro, donde enumeramos erratas, ejemplos y cualquier información adicional. Puedes acceder a esta página en *https://oreil.ly/DesigningDataIntensiveApps2.*

Para obtener noticias e información sobre nuestros libros y cursos, visita *https://oreilly.com.*

Encuéntranos en LinkedIn: *https://linkedin.com/company/oreilly.*

Síguenos en YouTube: *https://youtube.com/oreillymedia.*

Agradecimientos

Este libro recopila y sistematiza los conocimientos e ideas de un gran número de personas. Contiene alrededor de mil referencias a artículos, entradas de blog, charlas, documentación y mucho más, y estamos muy agradecidos a los autores de este material por compartir sus conocimientos.

Para la segunda edición, Chris Riccomini se unió a Martin Kleppmann como coautor. Queremos dar las gracias a todos los que aportaron comentarios y sugerencias que mejoraron el libro: en particular, a David Booth, Mark Callaghan, Chuck Carman, Aniruddh Chaturvedi, William Dealtry, Arbel Deutsch Peled, Phil Eaton, Joy Gao, Johannes Hauser, Matthew Hertz, Erin R. Hoffman, Matt Housley, Karan Johar, Ling Mao, Pedram Navid, Mohit Palriwal, Alex Petrov, Alex Power, Joe Reis, Jack Vanlightly, Will Wilson, Jacky Zhao y Zhengliang Zhu. Por supuesto, asumimos toda la responsabilidad por cualquier error que pueda quedar en este libro o por opiniones que puedan resultar desagradables.

Mientras escribía la primera edición, Martin Kleppmann contó con la ayuda de un gran número de personas que dedicaron su tiempo a debatir ideas o a explicarle pacientemente diversas cuestiones. Le gustaría dar las gracias a Joe Adler, Ross Anderson, Peter Bailis, Márton Balassi, Alastair Beresford, Mark Callaghan, Mat Clayton, Patrick Collison, Sean Cribbs, Shirshanka Das, Niklas Ekström, Stephan Ewen, Alan Fekete, Gyula Fóra, Camille Fournier, Andres Freund, John Garbutt, Seth Gilbert, Tom Haggett, Pat Helland, Joe Hellerstein, Jakob Homan, Heidi Howard, John Hugg, Julian Hyde, Conrad Irwin, Evan Jones, Flavio Junqueira, Jessica Kerr, Kyle Kingsbury, Jay Kreps, Carl Lerche, Nicolas Liochon, Steve Loughran, Lee Mallabone, Nathan Marz, Caitie McCaffrey, Josie McLellan, Christopher Meiklejohn, Ian Meyers, Neha Narkhede, Neha Narula, Cathy O'Neil, Onora O'Neill, Ludovic Orban, Zoran Perkov, Julia Powles, Chris Riccomini, Henry Robinson, David Rosenthal, Jennifer Rullmann, Matthew Sackman, Martin Scholl, Amit Sela, Gwen Shapira, Greg Spurrier, Sam Stokes, Ben Stopford, Tom Stuart, Diana Vasile, Rahul Vohra, Pete Warden y Brett Wooldridge.

Varias personas más proporcionaron valiosos comentarios sobre los borradores de la primera edición: en particular, Raul Agepati, Tyler Akidau, Mattias Andersson, Sasha Baranov, Veena Basavaraj, David Beyer, Jim Brikman, Paul Carey, Raul Castro Fernández, Joseph Chow, Derek Elkins, Sam Elliott, Alexander Gallego, Mark Grover, Stu Halloway, Heidi Howard, Nicola Kleppmann, Stefan Kruppa, Bjorn Madsen, Sander Mak, Stefan Podkowinski, Phil Potter, Hamid Ramazani, Sam Stokes y Ben Summers.

Martin Kleppmann también agradece el apoyo financiero que recibió durante la redacción de este libro. Mientras trabajaba en la primera edición, LinkedIn le concedió tiempo remunerado para trabajar en el libro y, más tarde, recibió una beca de The

Boeing Company. Durante la redacción de la segunda edición, contó con el apoyo de una beca Freigeist de la Volkswagen Foundation, de patrocinadores de crowdfunding como Ably, Mintter, Prisma y SoftwareMill, y del patrocinio de ScyllaDB.

Nos gustaría dar las gracias al equipo de O'Reilly por ayudar a hacer realidad este libro, y a nuestros colegas y familias por tolerar la gran cantidad de tiempo que hemos dedicado a escribirlo. Esperamos que consideren que ha valido la pena.

CAPÍTULO 1

Ventajas e inconvenientes de la arquitectura de sistemas de datos

No hay soluciones, solo compensaciones. [...] Pero intentas obtener la mejor compensación posible, y eso es todo lo que puedes esperar.

—Thomas Sowell, entrevista con Fred Barnes (2005)

La gestión de datos es fundamental para gran parte del desarrollo de aplicaciones en la actualidad. Con las aplicaciones web y móviles, el software como servicio (SaaS) y los servicios en la nube, se ha convertido en algo habitual almacenar datos de muchos usuarios diferentes en una infraestructura de datos compartida basada en servidores. Los datos de la actividad de los usuarios, las transacciones comerciales, los dispositivos y los sensores deben almacenarse y estar disponibles para tu análisis. Cuando los usuarios interactúan con una aplicación, leen los datos almacenados y generan más datos.

Las pequeñas cantidades de datos, que pueden almacenarse y procesarse en una sola máquina, suelen ser bastante fáciles de manejar. Sin embargo, a medida que aumenta el volumen de datos o la tasa de consultas, es necesario distribuirlos entre varias máquinas, lo que plantea muchos retos. A medida que las necesidades de la aplicación se vuelven más complejas, ya no basta con almacenarlo todo en un solo sistema, y puede ser necesario combinar varios sistemas de almacenamiento o procesamiento que ofrezcan diferentes capacidades.

Llamamos a una aplicación *intensiva en datos* si la gestión de datos es uno de los principales retos en el desarrollo de la aplicación [1]. Mientras que en los sistemas *intensivos en computación* el reto es paralelizar un cálculo muy grande, en las aplicaciones intensivas en datos normalmente nos preocupan más cosas como almacenar y procesar grandes volúmenes de datos, gestionar los cambios en los datos, garantizar la coherencia ante fallos y concurrencia, y asegurarnos de que los servicios estén altamente disponibles.

Estas aplicaciones suelen construirse a partir de bloques de construcción estándar que proporcionan las funciones que se necesitan habitualmente. Por ejemplo, muchas aplicaciones necesitan hacer lo siguiente:

- Almacenar datos para que estos u otra aplicación puedan encontrarlos más adelante (*bases de datos*)
- Recordar el resultado de una operación costosa, para acelerar las lecturas (*cachés*)
- Permitir a los usuarios buscar datos por palabra clave o filtrarlos de diversas maneras (*índices de búsqueda*)
- Gestionar los eventos y los cambios en los datos tan pronto como se produzcan (*procesamiento de flujos*)
- Procesar periódicamente una gran cantidad de datos acumulados (*procesamiento por lotes*)

Al crear una aplicación, normalmente tomamos varios sistemas o servicios de software, como bases de datos o API, y los unimos con código de aplicación. Si haces exactamente para lo que se diseñaron los sistemas de datos, este proceso puede ser bastante sencillo.

Sin embargo, a medida que tu aplicación se vuelve más ambiciosa, surgen retos. Hay muchos sistemas de bases de datos con características diferentes, adecuados para distintos fines: ¿cómo elegir cuál utilizar? Existen varios enfoques para el almacenamiento en caché, varias formas de crear índices de búsqueda, etc.: ¿cómo valorar sus ventajas e inconvenientes? Tienes que averiguar qué herramientas y qué enfoques son los más adecuados para la tarea en cuestión, y puede resultar difícil combinar herramientas cuando necesitas hacer algo que una sola herramienta no puede hacer por sí sola.

Este libro es una guía para ayudarte a tomar decisiones sobre qué tecnologías utilizar y cómo combinarlas. Como verás, ningún enfoque es fundamentalmente mejor que otros; todo tiene sus pros y sus contras. Con este libro, aprenderás a hacer las preguntas adecuadas para evaluar y comparar sistemas de datos, de modo que puedas determinar qué enfoque se adapta mejor a las necesidades de tu aplicación concreta .

Comenzaremos nuestro recorrido analizando algunas de las formas en que se suelen utilizar los datos en las organizaciones actuales. Muchas de las ideas aquí presentadas tienen su origen en *el software empresarial* (es decir, las necesidades de software y las prácticas de ingeniería de software de las grandes organizaciones, como las grandes empresas y los gobiernos), ya que, históricamente, solo las grandes organizaciones tenían los grandes volúmenes de datos que requerían soluciones técnicas sofisticadas. Si tu volumen de datos es lo suficientemente pequeño, ¡puedes simplemente guardarlo en una hoja de cálculo! Sin embargo, más recientemente también se ha vuelto común que las empresas más pequeñas y las startups gestionen grandes volúmenes de datos y construyan sistemas intensivos en datos.

Uno de los principales retos de los sistemas de datos es que diferentes personas necesitan hacer cosas muy diferentes con los datos. Si trabajas en una empresa, tú y tu equipo tendrán un conjunto de prioridades, mientras que otro equipo puede tener objetivos completamente diferentes, ¡aunque trabajen con el mismo conjunto de datos! Además, es posible que esos objetivos no se articulen de forma explícita, lo que puede dar lugar a malentendidos y desacuerdos sobre el enfoque adecuado.

Para ayudarte a comprender tus opciones, en este capítulo se comparan varios conceptos contrastantes y se exploran sus ventajas e inconvenientes. Consideraremos los siguientes temas:

- La diferencia entre los sistemas operativos y analíticos ("Sistemas operativos frente a sistemas analíticos" en la página 4)
- Ventajas y desventajas de los servicios en la nube y los sistemas autohospedados ("Nube frente a autoalojamiento" en la página 13)
- Cuándo pasar de sistemas de un solo nodo a sistemas distribuidos ("Sistemas distribuidos frente a sistemas de un solo nodo" en la página 21)
- Equilibrar las necesidades de la empresa y los derechos del usuario ("Sistemas de datos, legislación y sociedad" en la página 27)

Este capítulo también define la terminología que necesitarás para el resto del libro.

Terminología: frontend y backend

Gran parte de lo que discutiremos en este libro se refiere al *desarrollo de backends*. Para explicar ese término: en las aplicaciones web, el código del lado del cliente (que se ejecuta en un navegador web) se denomina *frontend*, y el código del lado del servidor que maneja las solicitudes de los usuarios se conoce como *backend*. Las aplicaciones móviles son similares a los frontends ya que proporcionan interfaces de usuario que a menudo se comunican a través de Internet con un backend del lado del servidor. Los frontends a veces gestionan los datos localmente en el dispositivo del usuario [2], pero los mayores retos de la infraestructura de datos suelen encontrarse en el backend: un frontend solo tiene que gestionar los datos de un usuario, mientras que el backend gestiona los datos de *todos* los usuarios.

A menudo se puede acceder a un servicio de backend a través de HTTP (o, en ocasiones, WebSocket); por lo general, consiste en código de aplicación que lee y escribe datos en una o varias bases de datos y, en ocasiones, interactúa con sistemas de datos adicionales, como cachés o colas de mensajes (que podríamos denominar colectivamente *infraestructura de datos*). El código de la aplicación suele ser *sin estado* (es decir, cuando termina de gestionar una solicitud HTTP, olvida todo lo relacionado con esa solicitud), y cualquier información que deba persistir de una solicitud a otra debe almacenarse en el cliente o en la infraestructura de datos del lado del servidor.

Sistemas operativos frente a sistemas analíticos

Si trabajas en sistemas de datos en una empresa, es probable que te encuentres con varios tipos diferentes de personas que trabajan con datos. El primer tipo son *los ingenieros de backend* que crean servicios que gestionan las solicitudes de lectura y actualización de datos; estos servicios suelen atender a usuarios externos, ya sea directamente o indirectamente a través de otros servicios (consulta "Microservicios y sin servidor" en la página 24). A veces, los servicios son para uso interno de otras partes de la organización.

Además de los equipos que gestionan los servicios de backend, hay otros dos grupos de personas que suelen necesitar acceso a los datos de una organización: *los analistas de negocios*, que generan informes sobre las actividades de la organización para ayudar a la dirección a tomar mejores decisioneses (*inteligencia empresarial* o BI), y *los científicos de datos*, que buscan nuevos conocimientos en los datos o crean funciones de productos orientadas al usuario que se habilitan mediante el análisis de datos y el aprendizaje automático (ML)/IA (por ejemplo, recomendaciones del tipo "las personas que compraron *X* también compraron *Y*" en un sitio web de comercio electrónico, análisis predictivos como la puntuación de riesgos o el filtrado de spam, y la clasificación de los resultados de búsqueda).

Aunque los analistas de negocios y los científicos de datos de inteligencia empresarial tienden a utilizar herramientas diferentes y a trabajar de manera diferente, tienen algunas prácticas en común. En primer lugar, ambos realizan *análisis*, lo que significa que examinan los datos que han generado los usuarios y los servicios de backend. En segundo lugar, por lo general no modifican estos datos (excepto quizás para corregir errores), aunque pueden crear conjuntos de datos derivados en los que los datos originales han sido procesados de alguna manera.

Esto ha dado lugar a una división entre dos tipos de sistemas, una distinción que utilizaremos a lo largo de este libro:

- *Los sistemas operativos* consisten en los servicios de backend y la infraestructura de datos donde se crean los datos, por ejemplo, al dar servicio a usuarios externos. Aquí, el código de la aplicación lee y modifica los datos de sus bases de datos, basándose en las acciones realizadas por los usuarios.
- *Los sistemas analíticos* satisfacen las necesidades de los analistas de negocios y los científicos de datos. Contienen una copia de solo lectura de los datos de los

sistemas operativos y están optimizados para los tipos de procesamiento de datos que se necesitan para el análisis.

Como veremos en la siguiente sección, los sistemas operativos y analíticos suelen mantenerse separados, por buenas razones. A medida que estos sistemas han madurado, han surgido dos nuevas funciones especializadas: los ingenieros de datos y los ingenieros analíticos. *Los ingenieros de datos* son personas que saben cómo integrar los sistemas operativos y analíticos y que se responsabilizan de la infraestructura de datos de la organización en un sentido más amplio [3]. *Los ingenieros analíticos* modelan y transforman los datos para que sean más útiles para los analistas de negocios y los científicos de datos de una organización [4].

Muchos ingenieros se especializan en el aspecto operativo o en el analítico. Sin embargo, este libro cubre tanto los sistemas de datos operativos como los analíticos, ya que ambos desempeñan un papel importante en el ciclo de vida de los datos dentro de una organización. Exploraremos en profundidad la infraestructura de datos que se utiliza para prestar servicios a usuarios internos y externos, de modo que puedas trabajar mejor con tus compañeros al otro lado de esta división.

Características del procesamiento de transacciones y el análisis

En los inicios del procesamiento de datos empresariales, una escritura en la base de datos solía corresponder a una transacción comercial: realizar una venta, hacer un pedido a un proveedor, pagar el salario de un empleado, etc. A medida que las bases de datos se expandieron a áreas que no implicaban el intercambio de dinero, el término *transacción* se mantuvo, refiriéndose a un grupo de lecturas y escrituras que forman una unidad lógica.

> Capítulo 8 explora en detalle lo que entendemos por transacción. En este capítulo, utilizamos el término de manera amplia para referirnos a lecturas y escrituras de baja latencia.

Aunque las bases de datos comenzaron a utilizarse para muchos tipos de datos (publicaciones en redes sociales, movimientos en un juego, contactos en una libreta de direcciones y mucho, mucho más), el patrón de acceso básico siguió siendo similar al del procesamiento de transacciones comerciales. Un sistema operativo suele buscar un pequeño número de registros mediante una clave (lo que se denomina *consulta puntual*). Los registros se insertan, actualizan o eliminan en función de la entrada del usuario. Dado que estas aplicaciones son interactivas, este patrón de acceso se conoció como *procesamiento de transacciones en línea* (OLTP).

Sin embargo, las bases de datos también comenzaron a utilizarse cada vez más para el análisis, que tiene patrones de acceso muy diferentes en comparación con el OLTP.

Por lo general, una consulta analítica escanea una gran cantidad de registros y calcula estadísticas agregadas (como el recuento, la suma o el promedio) en lugar de devolver los registros individuales al usuario. Por ejemplo, un analista de negocios de una cadena de supermercados puede querer responder a consultas analíticas como estas:

- ¿Cuál fue el ingreso total de cada una de nuestras tiendas en enero?
- ¿Cuántos plátanos más de lo habitual vendimos durante nuestra última promoción?
- ¿Qué marca de alimentos para bebés se compra con más frecuencia junto con los pañales de la marca *X*?

Los informes de inteligencia empresarial que se obtienen a partir de este tipo de consultas son importantes para la BI, ya que ayudan a la dirección a decidir qué hacer a continuación. Para diferenciar este patrón de uso de las bases de datos del procesamiento de transacciones, se ha denominado *procesamiento analítico en línea* (OLAP) [5]. La diferencia entre OLTP y análisis no siempre es clara, pero en Tabla 1-1 se enumeran algunas características típicas.

Tabla 1-1. Comparación de las características de los sistemas operativos y analíticos

Propiedad	Sistemas operativos (OLTP)	Sistemas analíticos (OLAP)
Patrón de lectura principal	Consultas puntuales (obtener registros individuales por clave)	Agregación de un gran número de registros
Patrón de escritura principal	Crear, actualizar y eliminar registros individuales	Importación masiva (ETL) o flujo de eventos
Ejemplo de usuario humano	Usuario final de aplicaciones web/móviles	Analista interno, para apoyo en la toma de decisiones
Ejemplo de uso de máquina	Comprobación de si una acción está autorizada	Detección de patrones de fraude/abuso
Tipo de consultas	Fijas, predefinidas por la aplicación	Arbitrarias, exploración ad hoc por parte de los analistas
Volumen de consultas	Muchas consultas pequeñas	Pocas consultas, cada una de ellas compleja
Los datos representan	Estado más reciente de los datos (momento actual)	Historial de eventos que han ocurrido a lo largo del tiempo
Tamaño del conjunto de datos	De gigabytes a terabytes	De terabytes a petabytes

El significado de *en línea* en *OLAP* no está claro; probablemente indica que las consultas no son solo para informes predefinidos, sino que los analistas utilizan el sistema OLAP de forma interactiva para consultas exploratorias.

Con los sistemas operativos, por lo general no se permite a los usuarios crear consultas SQL personalizadas y ejecutarlas en la base de datos, ya que eso les permitiría leer o modificar datos a los que no tienen permiso para acceder. También podrían escribir consultas cuya ejecución resultara costosa y, por lo tanto, afectara al rendimiento de la base de datos para otros usuarios. Por estas razones, los sistemas OLTP ejecutan principalmente conjuntos fijos de consultas que están integradas en el código de la aplicación, y solo se utilizan consultas personalizadas puntuales ocasionalmente para el mantenimiento o la resolución de problemas. Por otro lado, las bases de datos analíticas suelen dar a sus usuarios la libertad de escribir consultas SQL arbitrarias a mano, o de generar consultas automáticamente utilizando una herramienta de visualización de datos o un panel de control como Tableau, Looker o Microsoft Power BI.

Otro tipo de sistema está diseñado para cargas de trabajo analíticas (consultas que agregan muchos registros), pero está integrado en productos orientados al usuario. Los sistemas diseñados para este tipo de uso, conocidos como *análisis de productos* o *análisis en tiempo real*, incluyen Pinot, Druid y ClickHouse [6]. Estos sistemas ingestan datos en tiempo real y están optimizados para respuestas de consulta de baja latencia. Por el contrario, los sistemas OLAP tradicionales suelen ingestar datos por lotes y están optimizados para el procesamiento de consultas de alto rendimiento.

Almacenamiento de datos

Al principio, se utilizaban las mismas bases de datos tanto para el procesamiento de transacciones como para las consultas analíticas. SQL resultó ser bastante flexible en este sentido, ya que funciona bien para ambos tipos de consultas. Sin embargo, a finales de la década de 1980 y principios de la de 1990, surgió una tendencia entre las empresas a dejar de utilizar sus sistemas OLTP con fines analíticos y a ejecutar los análisis en un sistema de base de datos independiente. Esta base de datos independiente se denominó *almacén de datos*.

Una gran empresa puede tener docenas, incluso cientos, de sistemas OLTP: sistemas que alimentan el sitio web de atención al cliente, controlan los sistemas de punto de venta (caja) en las tiendas físicas, realizan el seguimiento del inventario en los almacenes, planifican las rutas de los vehículos, gestionan los proveedores, administran a los empleados y realizan muchas otras tareas. Cada uno de estos sistemas es complejo y necesita un equipo de personas para mantenerlo, por lo que acaban funcionando de forma independiente entre sí.

Por lo general, no es conveniente que los analistas de negocios y los científicos de datos consulten directamente estos sistemas OLTP, por varias razones:

- Los datos de interés pueden estar repartidos en varios sistemas operativos, lo que dificulta la combinación de esos conjuntos de datos en una sola consulta (un problema conocido como *silos de datos*).
- Los tipos de esquemas y diseños de datos que son adecuados para OLTP son menos adecuados para el análisis (consulta "Estrellas y Snowflakes: esquemas para análisis" en la página 86).
- Las consultas analíticas pueden ser bastante costosas, y ejecutarlas en una base de datos OLTP afectaría al rendimiento de otros usuarios.
- Los sistemas OLTP pueden residir en una red separada a la que los usuarios no pueden acceder directamente, por razones de seguridad o cumplimiento normativo.

Un *almacén de datos*, por el contrario, es una base de datos independiente que los analistas pueden consultar a su antojo, sin afectar a las operaciones OLTP [7]. Como veremos en Capítulo 4, los almacenes de datos suelen almacenar los datos de forma muy diferente a las bases de datos OLTP, para optimizar los tipos de consultas que son habituales en el análisis.

El almacén de datos contiene una copia de solo lectura de los datos de todos los distintos sistemas OLTP de la empresa. Los datos se extraen de las bases de datos OLTP (mediante un volcado periódico de datos o un flujo continuo de actualizaciones), se transforman en un esquema fácil de analizar, se limpian y, a continuación, se cargan en el almacén de datos. Este proceso de introducir datos en el almacén de datos se conoce como *extracción, transformación y carga* (ETL) y se ilustra en Figura 1-1. A veces, el orden de los pasos *de transformación* y *carga* se invierte (es decir, la transformación se realiza en el almacén de datos, después de la carga), lo que da como resultado *ELT*.

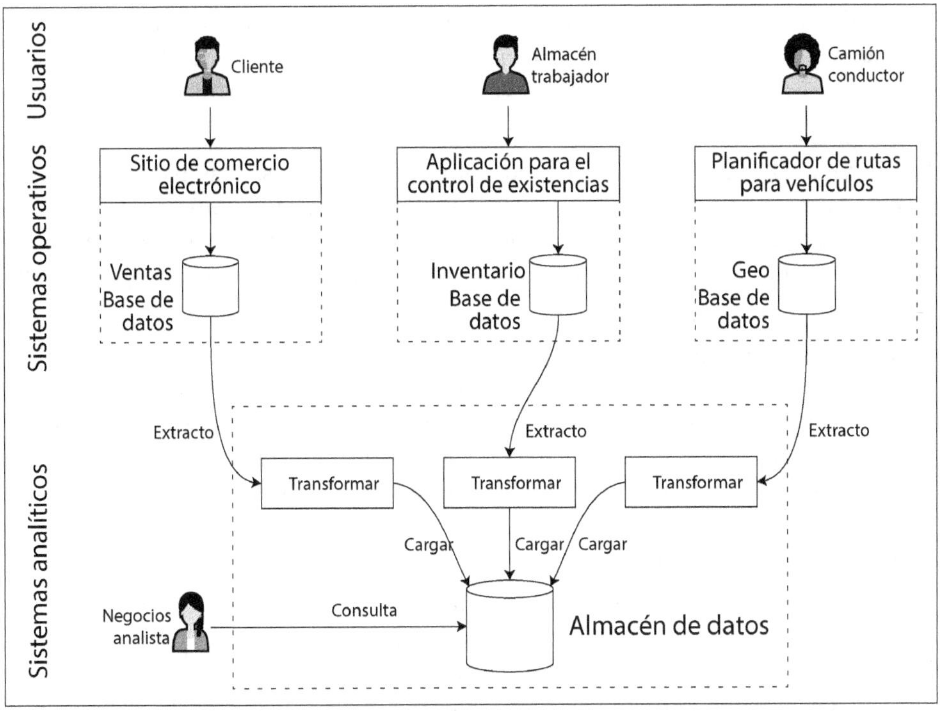

Figura 1-1. Esquema simplificado de ETL en un almacén de datos

En algunos casos, las fuentes de datos de los procesos ETL son productos SaaS externos, como sistemas de gestión de relaciones con los clientes (CRM), marketing por correo electrónico o procesamiento de tarjetas de crédito. En esos casos, no tienes acceso directo a la base de datos original, ya que solo se puede acceder a ella a través de la API del proveedor de software. Traer los datos de estos sistemas externos a tu propio almacén de datos puede permitir análisis que no son posibles a través de la API de SaaS. El ETL para las API de SaaS suele ser implementado por servicios especializados en conectores de datos, como Fivetran, Singer o Airbyte.

Algunos sistemas de bases de datos ofrecen *un procesamiento híbrido transaccional/analítico* (HTAP), cuyo objetivo es permitir OLTP y análisis en un único sistema sin necesidad de ETL de un sistema a otro [8, 9]. Sin embargo, muchos sistemas HTAP consisten internamente en un sistema OLTP acoplado a un sistema analítico independiente, oculto tras una interfaz común, por lo que la distinción entre ambos sigue siendo importante para comprender cómo funcionan estos sistemas.

Además, aunque existe HTAP, es común que haya una separación entre los sistemas transaccionales y analíticos debido a sus diferentes objetivos y requisitos. En particular, se considera una buena práctica que cada sistema operativo tenga su propia base de datos (consulta "Microservicios y sin servidor" en la página 24), lo que puede dar lugar a cientos de bases de datos operativas independientes; por otro lado, una empresa suele tener un único almacén de datos, de modo que los analistas de negocios pueden combinar los datos de varios sistemas operativos en una sola consulta.

Por lo tanto, HTAP no sustituye a los almacenes de datos. Más bien, resulta útil cuando la misma aplicación necesita tanto realizar consultas analíticas que escanean un gran número de filas como leer y actualizar registros individuales con baja latencia. La detección de fraudes puede implicar este tipo de cargas de trabajo, por ejemplo [10].

La separación entre los sistemas operativos y analíticos forma parte de una tendencia más amplia. A medida que las cargas de trabajo se han vuelto más exigentes, los sistemas se han especializado y optimizado para cargas de trabajo específicas. Los sistemas de uso general pueden manejar cómodamente pequeños volúmenes de datos, pero cuanto mayor es la escala, más especializados tienden a ser los sistemas [11].

Del almacén de datos al lago de datos

Un almacén de datos suele utilizar un modelo de datos *relacional* que se consulta a través de SQL (consulta Capítulo 3), quizá utilizando software de BI especializado. Este modelo funciona bien para los tipos de consultas que necesitan realizar los analistas de negocios, pero no se adapta tan bien a las necesidades de los científicos de datos que realizan tareas como estas:

- Transformar los datos en un formato adecuado para entrenar un modelo de ML. Esto suele requerir convertir las filas y columnas de una tabla de base de datos en un vector o matriz de valores numéricos denominados *características*. El proceso de realizar esta transformación de manera que se maximice el rendimiento del modelo entrenado se denomina *ingeniería de características* y, por lo general, requiere un código personalizado que es difícil de expresar utilizando SQL.
- Utilizar técnicas de procesamiento del lenguaje natural (NLP) en datos textuales (por ejemplo, reseñas de un producto) para intentar extraer información estructurada de ellos (por ejemplo, la opinión del autor o los temas que menciona). Del mismo modo, es posible que los científicos de datos necesiten extraer información estructurada de las fotos utilizando técnicas de visión por computadora.

Aunque se han realizado esfuerzos para añadir operadores de ML a un modelo de datos SQL [12] y para construir sistemas de ML eficientes sobre una base relacional [13], muchos científicos de datos prefieren no trabajar en una base de datos relacional como un almacén de datos. En su lugar, muchos prefieren utilizar bibliotecas de análisis de datos de Python como Pandas y scikit-learn, lenguajes de análisis estadístico como R y marcos de análisis distribuidos como Spark [14]. Analizamos estos temas con más detalle en "DataFrames, matrices y arreglos" en la página 116.

En consecuencia, las organizaciones se enfrentan a la necesidad de poner los datos a disposición en un formato adecuado para su uso por parte de los científicos de datos. La respuesta es un *lago de datos*: un repositorio de datos centralizado que contiene una copia de cualquier dato que pueda ser útil para el análisis, obtenido de los sistemas operativos a través de procesos ETL. La diferencia con respecto a un almacén de datos es que un lago de datos simplemente contiene archivos, sin imponer ningún formato de archivo, modelo de datos o esquema en particular [15]. Los archivos de un lago de datos pueden ser colecciones de registros de bases de datos, codificados utilizando un formato de archivo como Avro o Parquet (consulta Capítulo 5), pero un lago de datos también puede contener texto, imágenes, vídeos, lecturas de sensores, matrices dispersas, vectores de características, secuencias genómicas o cualquier otro tipo de datos [16]. Además de ser más flexible, un lago de datos también suele ser más económico que el almacenamiento de datos relacional, ya que puede utilizar almacenamiento de archivos comoditizado, como almacenes de objetos (consulta "Arquitectura de sistemas nativos en la nube" en la página 16).

Los procesos ETL se han generalizado a *los flujos de datos* y, en algunos casos, el lago de datos se ha convertido en una parada intermedia en el camino desde los sistemas operativos hasta el almacén de datos. El lago de datos contiene datos en forma "bruta" producidos por los sistemas operativos, sin la transformación en un esquema de almacén de datos relacional. Este enfoque tiene la ventaja de que cada consumidor de los datos puede transformar los datos brutos en la forma que mejor se adapte a sus necesidades. A veces se denomina *principio del sushi*: "los datos sin procesar son mejores" [17].

Más allá del lago de datos

A medida que las prácticas de análisis han madurado, las organizaciones han prestado cada vez más atención a la gestión y las operaciones de los sistemas analíticos y los flujos de datos, tal y como se recoge, por ejemplo, en el DataOps Manifesto [18]. Esto se ha visto impulsado en parte por cuestiones de gobernanza, privacidad y cumplimiento de normativas como el Reglamento General de Protección de Datos (RGPD) y la Ley de Privacidad del Consumidor de California (CCPA), que analizamos en "Sistemas de datos, legislación y sociedad" en la página 27 y en Capítulo 14.

Otro factor importante es que los datos para el análisis están cada vez más disponibles no solo como archivos y tablas relacionales, sino como flujos de eventos (consulta Capítulo 12). Con el análisis de datos basado en archivos, puedes volver a ejecutar el análisis periódicamente (por ejemplo, a diario) para responder a los cambios en los datos, pero el procesamiento de flujos permite a los sistemas analíticos responder a los eventos mucho más rápido, en cuestión de segundos. Dependiendo de la aplicación y de su sensibilidad al tiempo, un enfoque de procesamiento de flujos puede ser valioso, por ejemplo, para identificar y bloquear actividades potencialmente fraudulentas o abusivas.

En algunos casos, los resultados de los sistemas analíticos se ponen a disposición de los sistemas operativos (un proceso que a veces se conoce como *ETL inverso* [19]). Por ejemplo, un modelo de aprendizaje automático que se ha entrenado con datos de un sistema analítico puede realizarse su implementación en producción para que pueda generar recomendaciones para los usuarios finales, como "las personas que compraron *X* también compraron *Y*". Los modelos de aprendizaje automático pueden realizarse su implementación en sistemas operativos utilizando herramientas especializadas como TFX, Kubeflow o MLflow.

Sistemas de registro y datos derivados

En relación con la distinción entre sistemas operativos y analíticos, este libro también distingue entre *sistemas de registro* y *sistemas de datos derivados*. Estos términos son útiles porque ayudan a aclarar el flujo de datos a través de un sistema:

Sistemas de registro
: Un sistema de registro, también conocido como *fuente de verdad*, contiene la versión autorizada o canónica de los datos. Cuando llegan nuevos datos, por ejemplo, como entrada del usuario, primero se escriben aquí. Cada hecho se representa exactamente una vez (la representación suele estar *normalizada*; ver "Normalización, desnormalización y uniones" en la página 80). Si existe alguna discrepancia entre otro sistema y el sistema de registro, el valor del sistema de registro es (por definición) el correcto.

Sistemas de datos derivados
: Los datos de un sistema derivado son el resultado de tomar datos existentes de otro sistema y transformarlos o procesarlos de alguna manera. Si pierdes datos derivados, puedes volver a crearlos a partir de la fuente original. Un ejemplo clásico es la caché: los datos se pueden servir desde la caché si están presentes, pero si la caché no contiene lo que necesitas, puedes recurrir a la base de datos subyacente. Los valores desnormalizados, los índices, las vistas materializadas, las representaciones de datos transformados y los modelos entrenados en un conjunto de datos también entran en esta categoría.

Técnicamente hablando, los datos derivados son *redundantes*, en el sentido de que duplican la información existente. Sin embargo, estos datos suelen ser esenciales para obtener un buen rendimiento en las consultas de lectura. Puedes derivar varios conjuntos de datos de una sola fuente, lo que te permite ver los datos desde diferentes puntos de vista.

Los sistemas analíticos suelen ser sistemas de datos derivados, ya que son consumidores de datos creados en otros lugares. Los servicios operativos pueden contener una mezcla de sistemas de registro y sistemas de datos derivados. Los sistemas de registro son las bases de datos principales en las que se escriben los datos por primera vez, mientras que los sistemas de datos derivados son los índices y cachés que aceleran las operaciones de lectura comunes, especialmente para las consultas que el sistema de registro no puede responder de manera eficiente.

La mayoría de las bases de datos, motores de almacenamiento y lenguajes de consulta no son intrínsecamente sistemas de registro o sistemas derivados. Una base de datos es solo una herramienta; cómo la uses depende de ti. La distinción entre un sistema de registro y un sistema de datos derivados no depende de la herramienta, sino de la forma en que la uses en tu aplicación. Al tener claro qué datos se derivan de qué otros datos, puedes aportar claridad a una arquitectura de sistema que, de otro modo, resultaría confusa.

Cuando los datos de un sistema se derivan de los datos de otro, necesitas un proceso para actualizar los datos derivados cuando cambian los originales en el sistema de registro. Desafortunadamente, muchas bases de datos están diseñadas partiendo del supuesto de que tu aplicación siempre necesitará utilizar solo esa base de datos, y no facilitan la integración de múltiples sistemas para propagar dichas actualizaciones. En Capítulo 11 analizaremos los flujos de datos como un enfoque para *la integración de datos*, lo que nos permite componer múltiples sistemas de datos para lograr cosas que un solo sistema no puede hacer.

Con esto llegamos al final de nuestra comparación entre el análisis y el procesamiento de transacciones. En la siguiente sección examinaremos otra disyuntiva que quizá ya hayas visto debatir varias veces.

Nube frente a autoalojamiento

Con cualquier cosa que una organización necesite hacer, una de las primeras preguntas es si debe hacerse internamente o subcontratarse. Es decir, ¿debes construir o debes comprar?

En última instancia, se trata de una cuestión de prioridades empresariales. Una regla general es que las cosas que son una competencia básica o una ventaja competitiva de tu organización deben hacerse internamente, mientras que las cosas que no son básicas, rutinarias o comunes deben dejarse en manos de un proveedor [20]. Por poner un ejemplo extremo, la mayoría de las empresas no fabrican sus propias CPU, ya que es más barato comprarlas a los fabricantes de semiconductores.

En el caso del software, hay que tomar dos decisiones importantes: quién lo crea y quién realiza la implementación. El abanico de posibilidades se ilustra en Figura 1-2. En un extremo se encuentra el software a medida que se escribe y ejecuta internamente; en el otro extremo se encuentran los servicios en la nube o los productos SaaS de uso generalizado que implementa y opera un proveedor externo y a los que solo se accede a través de una interfaz web o API.

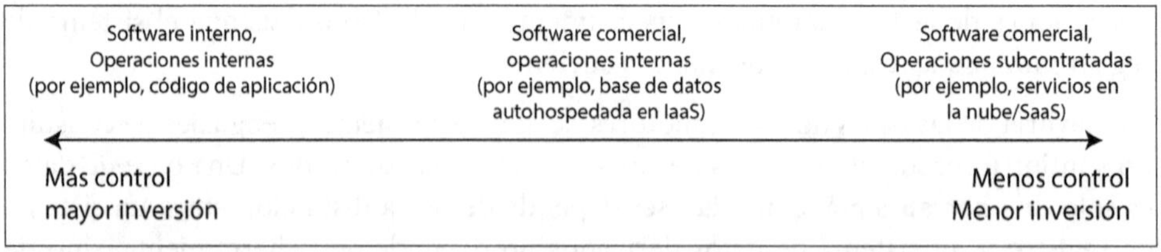

Figura 1-2. El espectro de decisiones sobre la externalización del software y sus operaciones

El término medio es el software comercial (de código abierto o comercial) que tú *mismo alojas* o implementas, por ejemplo, si descargas MySQL y lo instalas en un servidor que controlas. Esto podría ser en tu propio hardware (a menudo denominado *en las instalaciones*, incluso si el servidor se encuentra en un rack de un centro de datos alquilado y no literalmente en tus propias instalaciones), o en una máquina virtual (VM) en la nube (*infraestructura como servicio* o IaaS). Hay más puntos a lo largo de este espectro, como tomar software de código abierto y ejecutar una versión modificada del mismo.

Una cuestión relacionada es *cómo* realizas la implementación de los servicios, ya sea en la nube o en las instalaciones, por ejemplo, si utilizas un marco de orquestación como Kubernetes. Sin embargo, la elección de las herramientas de implementación queda fuera del alcance de este libro, ya que hay otros factores que tienen una mayor influencia en la arquitectura de los sistemas de datos.

Ventajas e inconvenientes de los servicios en la nube

El uso de un servicio en la nube, en lugar de ejecutar tú mismo un software comparable, básicamente externaliza el funcionamiento de ese software al proveedor de la nube. Hay buenos argumentos a favor y en contra de este enfoque. Los proveedores de la nube afirman que el uso de sus servicios te ahorra tiempo y dinero y te permite avanzar más rápido en comparación con la configuración de tu propia infraestructura.

Sin embargo, que utilizar un servicio en la nube sea realmente más barato y fácil que el autoalojamiento depende en gran medida de tus habilidades y de la carga de trabajo de tus sistemas. Si ya tienes experiencia en la configuración y el funcionamiento de los sistemas que necesitas, y si tu carga de trabajo es bastante predecible (es decir, el número de máquinas que necesitas no fluctúa mucho), entonces suele ser más barato comprar tu propio hardware y software. Si ya tienes experiencia en la configuración y el funcionamiento de los sistemas que necesitas, y si tu carga es bastante predecible (es decir, el número de máquinas que necesitas no fluctúa mucho), entonces suele ser más barato comprar tus propias máquinas y ejecutar el software en ellas tú mismo [21, 22].

Por otro lado, si necesitas un sistema que aún no sabes cómo implementar y operar, adoptar un servicio en la nube suele ser más fácil y rápido que aprender a administrar el sistema. Contratar y formar personal específicamente para mantener y operar el sistema puede resultar muy costoso. Aún necesitas un equipo de operaciones cuando utilizas la nube (consulta "Operaciones en la era de la nube" en la página 19), pero externalizar la administración básica del sistema puede liberar a tu equipo para que se centre en cuestiones de mayor nivel.

Externalizar el funcionamiento de un sistema a una empresa especializada en su gestión puede traducirse en un mejor servicio, ya que el proveedor adquiere experiencia operativa al prestar el servicio a muchos clientes. Por otro lado, si gestionas tú mismo el servicio, puedes configurarlo y ajustarlo para que funcione bien con tu carga de trabajo concreta. Es poco probable que un servicio en la nube esté dispuesto a realizar esas personalizaciones por ti.

Los servicios en la nube son especialmente valiosos si la carga de tus sistemas varía mucho con el tiempo. Si proporcionas máquinas capaces de manejar picos de carga, pero esos recursos informáticos están inactivos la mayor parte del tiempo, el sistema se vuelve menos rentable. En esta situación, los servicios en la nube tienen la ventaja de que pueden facilitar el aumento o la reducción de tus recursos informáticos en respuesta a los cambios en la demanda.

Por ejemplo, los sistemas analíticos suelen tener una carga extremadamente variable. La ejecución de una consulta analítica de gran tamaño requiere rápidamente una gran cantidad de recursos informáticos en paralelo, pero una vez que la consulta se completa, esos recursos permanecen inactivos hasta que un usuario realiza la siguiente consulta. Las consultas predefinidas (por ejemplo, para informes diarios) pueden ponerse en cola y programarse para suavizar la carga, pero en el caso de las consultas interactivas, cuanto más rápido quieras que se completen, más variable será la carga de trabajo. Si tu conjunto de datos es tan grande que consultarlo rápidamente requiere importantes recursos informáticos, el uso de la nube puede suponer un ahorro, ya que puedes devolver los recursos no utilizados al proveedor en lugar de dejarlos inactivos. En el caso de conjuntos de datos más pequeños, esta diferencia es menos significativa.

La mayor desventaja de un servicio en la nube es que no tienes control sobre él:

- Si le falta una función que necesitas, lo único que puedes hacer es preguntar educadamente al proveedor si la añadirá; por lo general, no puedes implementarla tú mismo.
- Si el servicio se cae, lo único que puedes hacer es esperar a que se recupere.
- Si utilizas el servicio de una manera que provoca un error o causa problemas de rendimiento, será difícil diagnosticar el problema. Con el software que ejecutas tú mismo, puedes obtener métricas de rendimiento e información de depuración

del sistema operativo para ayudarte a comprender su comportamiento, y puedes consultar los registros del servidor. Con un servicio alojado por un proveedor, normalmente no tienes acceso a estos datos internos.

- Si el servicio se apaga o se vuelve inaceptablemente caro, o si el proveedor cambia su producto de una manera que no te gusta, estás a su merced; continuar ejecutando una versión antigua del software no suele ser una opción, por lo que te verás obligado a migrar a un servicio alternativo [23]. Este riesgo se mitiga si los servicios alternativos exponen una API compatible, pero para muchos servicios en la nube no existen API estándar, lo que aumenta el costo del cambio y convierte el bloqueo del proveedor en un problema.
- Si el proveedor de servicios en la nube se encuentra en otro país y surge un conflicto político entre ese país y el tuyo, corres el riesgo de quedarte sin acceso al servicio debido a las sanciones impuestas.
- Es necesario confiar en que el proveedor de servicios en la nube mantenga la seguridad de los datos, lo que puede complicar el proceso de cumplimiento de las normas de privacidad y seguridad.

A pesar de todos estos riesgos, cada vez es más habitual que las organizaciones creen nuevas aplicaciones basadas en servicios en la nube o adopten un enfoque híbrido en el que los servicios en la nube se utilizan para algunos aspectos de un sistema. Sin embargo, los servicios en la nube no sustituirán a todos los sistemas de datos internos. Muchos sistemas antiguos son anteriores a la nube y, para cualquier servicio que tenga requisitos especializados que los servicios en la nube existentes no puedan satisfacer, los sistemas internos siguen siendo necesarios. Por ejemplo, las aplicaciones muy sensibles a la latencia, como el comercio de alta frecuencia, requieren un control total del hardware.

Arquitectura de sistemas nativos en la nube

Además de tener un modelo económico diferente (suscribirse a un servicio en lugar de comprar hardware y licencias de software para ejecutarlo), el auge de la nube también ha tenido un profundo efecto en la forma en que se implementan los sistemas de datos a nivel técnico. El término *nativo de la nube* se utiliza para describir una arquitectura diseñada para aprovechar los servicios en la nube.

En principio, casi cualquier software que puedas alojar tú mismo también podría proporcionarse como un servicio en la nube y, de hecho, estos servicios gestionados ya están disponibles para muchos sistemas de datos populares. Sin embargo, los sistemas que se han diseñado desde cero para ser nativos de la nube han demostrado tener varias ventajas: mejor rendimiento en el mismo hardware, recuperación más rápida de los fallos, capacidad de escalar rápidamente los recursos informáticos para adaptarse a la carga y compatibilidad con conjuntos de datos más grandes [24, 25, 26]. Tabla 1-2 enumera algunos ejemplos de ambos tipos de sistemas.

Tabla 1-2. Ejemplos de sistemas de bases de datos autohospedados y nativos de la nube

Categoría	Sistemas autohospedados	Sistemas nativos de la nube
Operativo/OLTP	MySQL, PostgreSQL, MongoDB	AWS Aurora [24], Azure SQL DB Hyperscale [25], Google Cloud Spanner
Analítico/OLAP	Teradata, ClickHouse, Spark	Snowflake [26], Google BigQuery, Azure Synapse Analytics

Capas de servicios en la nube

Muchos sistemas de datos autohospedados tienen requisitos de sistema sencillos: se ejecutan en un sistema operativo convencional como Linux o Windows, almacenan sus datos como archivos en el sistema de archivos y se comunican a través de protocolos de red estándar como TCP/IP. Algunos sistemas dependen de hardware especializado, como GPU es (para aprendizaje automático) o interfaces de red de acceso directo a memoria remota (RDMA) es, pero, en general, el software autohospedado tiende a utilizar recursos informáticos genéricos: CPU, RAM, un sistema de archivos y una red IP.

En una nube, este tipo de software se puede ejecutar en un entorno IaaS , utilizando una o más máquinas virtuales (o *instancias*) con una determinada asignación de CPU, memoria, disco y ancho de banda de red. En comparación con las máquinas físicas, las instancias en la nube se pueden aprovisionar más rápidamente y están disponibles en una mayor variedad de tamaños, pero por lo demás son similares a las computadoras tradicionales: puedes ejecutar cualquier software que desees en ellas, pero tú eres responsable de administrarlas.

Por el contrario, la idea clave de los servicios nativos de la nube no es solo utilizar los recursos informáticos gestionados por tu sistema operativo, sino también aprovechar los servicios de nube de nivel inferior para crear servicios de nivel superior. Por ejemplo:

- Los servicios de almacenamiento de objetos como Amazon S3, Azure Blob Storage y Cloudflare R2 almacenan archivos de gran tamaño. Proporcionan API más limitadas que un sistema de archivos típico (lectura y escritura básicas de archivos), pero tienen la ventaja de que ocultan las máquinas físicas subyacentes; el servicio distribuye automáticamente los datos entre muchas máquinas, por lo que no tienes que preocuparte por quedarte sin espacio en el disco de ninguna máquina. Incluso si algunas máquinas o sus discos fallan por completo, no se pierde ningún dato.
- Muchos otros servicios se basan, a su vez, en el almacenamiento de objetos y otros servicios en la nube. Por ejemplo, Snowflake es una base de datos analítica basada

en la nube (almacén de datos) que utiliza S3 para el almacenamiento de datos [26], y algunos otros servicios, a su vez, se basan en Snowflake.

Como siempre ocurre con las abstracciones en informática, no hay una respuesta correcta sobre qué debes usar. Como regla general, las abstracciones de nivel superior tienden a estar más orientadas a casos de uso concretos. Si tus necesidades coinciden con las situaciones para las que se ha diseñado un sistema de nivel superior, utilizar el sistema de nivel superior existente probablemente satisfará tus necesidades con mucho menos esfuerzo que construirlo tú mismo a partir de sistemas de nivel inferior. Por otro lado, si ningún sistema de alto nivel satisface tus necesidades, la única opción es crearlo tú mismo a partir de componentes de menor nivel.

Separación del almacenamiento y la computación

En la computación tradicional, el almacenamiento en disco se considera duradero (suponemos que una vez que algo se escribe en el disco, no se perderá). Para tolerar el fallo de un disco duro individual, a menudo se utiliza un RAID (matriz redundante de discos independientes) de para mantener copias de los datos en varios discos conectados a la misma máquina. El RAID se puede implementar tanto en hardware como en software mediante el sistema operativo, y es transparente para las aplicaciones que acceden al sistema de archivos.

En la nube, las instancias de computación (máquinas virtuales) también pueden tener discos locales conectados, pero los sistemas nativos de la nube suelen tratar estos discos más como una caché efímera y menos como almacenamiento a largo plazo. Esto se debe a que el disco local se vuelve inaccesible si la instancia asociada falla, o si la instancia se sustituye por otra más grande o más pequeña (en una máquina física diferente) para adaptarse a los cambios en la carga.

Como alternativa a los discos locales, los servicios en la nube también ofrecen almacenamiento en discos virtuales que pueden desconectarse de una instancia y conectarse a otra diferente (por ejemplo, Amazon EBS, discos administrados de Azure y discos persistentes en Google Cloud). Este disco virtual no es un disco físico, sino un servicio en la nube proporcionado por un conjunto independiente de máquinas que emula el comportamiento de un disco (un *dispositivo de bloques*, donde cada bloque suele tener un tamaño de 4 KiB). Esta tecnología permite ejecutar software tradicional basado en discos en la nube, pero la emulación del dispositivo de bloques introduce sobrecargas que se pueden evitar en sistemas diseñados desde cero para la nube [24]. El uso de discos virtuales también hace que la aplicación sea muy sensible a los fallos de red, ya que cada operación de E/S en el dispositivo de bloques virtual es una llamada de red [27].

Para abordar este problema, los servicios nativos de la nube suelen evitar el uso de discos virtuales y, en su lugar, se basan en servicios de almacenamiento dedicados que están optimizados para cargas de trabajo específicas. Los servicios de almacenamiento de objetos, como S3, están diseñados para el almacenamiento a largo plazo de archivos bastante grandes, con un tamaño que oscila entre cientos de kilobytes y varios gigabytes. Las filas o valores individuales almacenados en una base de datos suelen ser mucho más pequeños que esto; por lo tanto, las bases de datos en la nube suelen gestionar valores más pequeños en un servicio independiente y almacenar bloques de datos más grandes (que contienen muchos valores individuales) en un almacén de objetos [25, 28]. Veremos formas de hacerlo en Capítulo 4.

En una arquitectura de sistemas tradicional, la misma computadora se encarga tanto del almacenamiento (disco) como del cálculo (CPU y RAM), pero en los sistemas nativos de la nube, estas dos responsabilidades se han separado o *desagregado* en cierta medida [9, 26, 29, 30]: por ejemplo, S3 solo almacena archivos, y si quieres analizar esos datos, tendrás que ejecutar el código de análisis en algún lugar fuera de S3. Esto implica transferir los datos a través de la red, lo que discutiremos más adelante en "Sistemas distribuidos frente a sistemas de un solo nodo" en la página 21.

Además, los sistemas nativos de la nube suelen ser *multitenant*, lo que significa que, en lugar de tener una máquina independiente para cada cliente, los datos y los cálculos de varios clientes se gestionan en el mismo hardware compartido por el mismo servicio [31]. La multitenencia puede permitir un mejor aprovechamiento del hardware, una mayor escalabilidad y una gestión más sencilla por parte del proveedor de la nube, pero también requiere una ingeniería cuidadosa para garantizar que la actividad de un cliente no afecte al rendimiento o la seguridad del sistema para otros clientes [32].

Operaciones en la era de la nube

Tradicionalmente, las personas que gestionaban la infraestructura de datos del lado del servidor de una organización se conocían como *administradores de bases de datos* (DBA) o *administradores de sistemas* (sysadmins). Más recientemente, muchas organizaciones han intentado integrar las funciones de desarrollo de software y operaciones en equipos con responsabilidad compartida tanto para los servicios de backend como para la infraestructura de datos; la filosofía DevOps ha guiado esta tendencia. *Los ingenieros de confiabilidad del sitio* (SRE) son la implementación de Google de esta idea [33].

La función de las operaciones es garantizar que los servicios se presten de forma fiable a los usuarios (incluida la configuración de la infraestructura y la implementación de aplicaciones) y asegurar un entorno de producción estable (incluido el monitoreo y el diagnóstico de cualquier problema que pueda afectar a la fiabilidad). En el caso de los sistemas autohospedados, las operaciones suelen implicar una cantidad significativa de trabajo a nivel de máquinas individuales, como la planificación de la capacidad (por ejemplo, el monitoreo del espacio disponible en disco y añadir más discos antes de quedarte sin espacio), aprovisionar nuevas máquinas, trasladar servicios de una máquina a otra e instalar parches del sistema operativo.

Muchos servicios en la nube presentan una API que oculta las máquinas individuales que implementan el servicio. Por ejemplo, el almacenamiento en la nube sustituye los discos de tamaño fijo por *una facturación por consumo*, en la que puedes almacenar datos sin planificar tus necesidades de capacidad por adelantado, y luego se te cobra en función del espacio utilizado. Además, muchos servicios en la nube siguen estando altamente disponibles, incluso cuando las máquinas individuales han fallado (consulta "Fiabilidad y tolerancia a fallos" en la página 48).

Este cambio de énfasis de las máquinas individuales a los servicios ha ido acompañado de un cambio en la función de las operaciones. El objetivo general de proporcionar un servicio fiable sigue siendo el mismo, pero los procesos y las herramientas han evolucionado.

La filosofía DevOps/SRE pone mayor énfasis en lo siguiente:

- Configurar la automatización, prefiriendo los procesos repetibles a los trabajos manuales puntuales
- Utilizar máquinas virtuales y servicios efímeros en lugar de servidores de larga duración
- Habilitar actualizaciones frecuentes de las aplicaciones
- Aprender de los incidentes
- Conservar el conocimiento de la organización sobre el sistema, incluso cuando las personas van y vienen [34]

Con el auge de los servicios en la nube, se ha producido una bifurcación de funciones. Los equipos de operaciones de las empresas de infraestructura se especializan en los detalles de proporcionar un servicio confiable a un gran número de clientes, mientras que los clientes del servicio dedican el menor tiempo y esfuerzo posible a la infraestructura [35].

Los clientes de los servicios en la nube siguen necesitando operaciones, pero se centran en aspectos diferentes, como elegir el servicio más adecuado para una tarea determinada, integrar los servicios entre sí y migrar de un servicio a otro. Aunque la facturación por consumo elimina la necesidad de planificar la capacidad en el sentido tradicional, sigue siendo importante saber qué recursos se están utilizando y para qué, a fin de no malgastar dinero en recursos en la nube que no son necesarios. La planificación de la capacidad se convierte en planificación financiera, y la optimización del rendimiento se convierte en optimización de costos [36]. Además, los servicios en la nube tienen límites o *cuotas* de recursos (como el número máximo de procesos que puedes ejecutar simultáneamente), que debes conocer y planificar antes de llegar a ellos [37].

Adoptar un servicio en la nube puede ser más fácil y rápido que aprovisionar y ejecutar tu propia infraestructura, aunque aún así tienes que aprender a utilizar el servicio en la nube y quizás sortear sus limitaciones. La integración entre servicios se convierte en un reto particular, ya que un número cada vez mayor de proveedores ofrece una gama cada vez más amplia de servicios en la nube dirigidos a diferentes casos de uso [38, 39]. ETL (consulta "Almacenamiento de datos" en la página 7) es solo una parte de la historia; los servicios operativos en la nube también deben integrarse entre sí. En la actualidad, carecemos de normas que faciliten este tipo de integración, por lo que a menudo implica un esfuerzo manual considerable.

Otros aspectos operativos que no pueden externalizarse completamente a los servicios en la nube son el mantenimiento de la seguridad de una aplicación y las bibliotecas que utiliza, la gestión de las interacciones entre tus propios servicios, el monitoreo de la carga de tus servicios y la localización de la causa de problemas como la degradación del rendimiento o las interrupciones del servicio. Aunque la nube está cambiando el papel de las operaciones, la necesidad de operaciones es tan grande como siempre.

Sistemas distribuidos frente a sistemas de un solo nodo

Un sistema en el que varias máquinas se comunican a través de una red se denomina *sistema distribuido*. Cada uno de los procesos que participan en un sistema distribuido se denomina *nodo*. Es posible que desees utilizar este tipo de sistema por varias razones:

Distribución inherente
: Si una aplicación involucra a dos o más usuarios que interactúan entre sí, cada uno utilizando su propio dispositivo, entonces el sistema está inevitablemente distribuido: la comunicación entre los dispositivos tendrá que producirse a través de una red.

Solicitudes entre servicios en la nube
: Si los datos se almacenan en un servicio pero se procesan en otro, esos datos deben transferirse a través de la red de un servicio a otro. Por lo tanto, los sistemas nativos de la nube y los microservicios (consulta "Microservicios y sin servidor" en la página 24) están distribuidos.

Tolerancia a fallos/alta disponibilidad
: Si tu aplicación necesita seguir funcionando incluso si una máquina (o varias máquinas, o la red, o todo un centro de datos) se cae, puedes utilizar varias máquinas para obtener redundancia. Cuando una falla, otra puede tomar el relevo. Consulta "Fiabilidad y tolerancia a fallos" en la página 48 y Capítulo 6.

Escalabilidad

Si tu volumen de datos o tus requisitos informáticos crecen más de lo que puede manejar una sola máquina, puedes distribuir la carga entre varias máquinas. Consulta "Escalabilidad" en la página 55.

Latencia

Si tienes usuarios en todo el mundo, es posible que desees tener servidores en varias regiones del mundo para que cada usuario pueda recibir servicio desde un servidor que se encuentre geográficamente cerca de él. De este modo, se evita que los usuarios tengan que esperar a que los paquetes de red recorran medio mundo para responder a sus solicitudes. Consulta "Descripción del rendimiento" en la página 41.

Elasticidad

Si tu aplicación está ocupada en algunos momentos y ociosa en otros, una implementación en la nube puede ampliarse o reducirse para satisfacer la demanda, de modo que solo pagues por los recursos que utilizas activamente. Esto es más difícil en una sola máquina, que debe estar preparada para manejar la carga máxima, incluso en momentos en los que apenas se utiliza.

Hardware especializado

Las diferentes partes del sistema pueden aprovechar diferentes tipos de hardware para adaptarse a su carga de trabajo. Por ejemplo, un almacén de objetos puede utilizar máquinas con muchos discos pero pocas CPU, mientras que un sistema de análisis de datos puede utilizar máquinas con mucha CPU y memoria pero sin discos, y un sistema de aprendizaje automático puede utilizar máquinas con GPU de (que son mucho más eficientes que las CPU para entrenar redes neuronales profundas y otras tareas de aprendizaje automático).

Cumplimiento normativo

Algunos países tienen leyes de residencia de datos que exigen que los datos sobre las personas que se encuentran en su jurisdicción se almacenen y procesen geográficamente dentro de ese país [40]. El alcance de estas normas varía; por ejemplo, en algunos casos solo se aplica a los datos médicos o financieros, mientras que en otros casos es más amplio. Por lo tanto, un servicio con usuarios en varias de estas jurisdicciones tendrá que distribuir sus datos entre servidores ubicados en varios lugares.

Sostenibilidad

Si tienes flexibilidad en cuanto al lugar y el momento de ejecutar tus trabajos, es posible que puedas ejecutarlos en un momento y en un lugar en los que haya mucha electricidad renovable disponible y evitar ejecutarlos cuando la red eléctrica esté sobrecargada. Esto puede reducir tus emisiones de carbono y permitirte aprovechar la energía barata cuando esté disponible [41, 42].

Estas razones se aplican tanto a los servicios que escribes tú mismo (código de aplicación) como a los servicios que consisten en software comercial (como bases de datos).

Problemas con los sistemas distribuidos

Los sistemas distribuidos también tienen desventajas. Cada solicitud y llamada a la API que atraviesa la red debe contar con la posibilidad de que se produzca un fallo. La red puede interrumpirse, o el servicio puede sobrecargarse o bloquearse, por lo que cualquier solicitud puede agotarse sin recibir una respuesta. En este caso, no sabemos si el servicio recibió la solicitud, y simplemente volver a intentarlo podría no ser seguro. Analizaremos estos problemas en detalle en Capítulo 9.

Aunque las redes de los centros de datos son rápidas, realizar una llamada a otro servicio sigue siendo mucho más lento que llamar a una función en el mismo proceso [43]. Cuando se trabaja con grandes volúmenes de datos, en lugar de transferirlos desde el almacenamiento a una máquina independiente que los procesa, puede ser más rápido llevar el cálculo a la máquina que ya tiene los datos [44]. Un mayor número de nodos no siempre es sinónimo de mayor velocidad; en algunos casos, un simple programa de un solo subproceso en una computadora puede funcionar mucho mejor que un clúster con más de 100 núcleos de CPU [45].

La resolución de problemas en un sistema distribuido suele ser difícil: si el sistema tarda en responder, ¿cómo se puede averiguar dónde está el problema? Las técnicas para diagnosticar problemas en sistemas distribuidos se desarrollan bajo el título de *observabilidad* [46, 47], lo que implica recopilar datos sobre la ejecución de un sistema y permitir que esos datos se consulten de manera que se puedan analizar tanto métricas de alto nivel como eventos individuales. Las herramientas *de rastreo* como OpenTelemetry, Zipkin y Jaeger te permiten rastrear qué cliente llamó a qué servidor para qué operación y cuánto tiempo tardó cada llamada [48].

Las bases de datos proporcionan varios mecanismos para garantizar la coherencia de los datos, como veremos en los capítulos 6 y 8. Sin embargo, cuando cada servicio tiene su propia base de datos, mantener la coherencia de los datos entre los diferentes servicios se convierte en un problema de la aplicación. Las transacciones distribuidas, que exploramos en Capítulo 8, son una técnica posible para garantizar la coherencia, pero rara vez se utilizan en un contexto de microservicios porque van en contra del objetivo de hacer que los servicios sean independientes entre sí, y muchas bases de datos no las admiten [49].

Por todas estas razones, realizar una tarea en una sola máquina suele ser mucho más sencillo y económico que configurar un sistema distribuido [22, 45, 50]. Las CPU, la memoria y los discos se han vuelto más grandes, más rápidos y más confiables. Cuando se combinan con bases de datos de un solo nodo, como DuckDB, SQLite y KùzuDB, muchas cargas de trabajo ahora pueden ejecutarse en un solo nodo. Exploraremos este tema más a fondo en Capítulo 4.

Microservicios y sin servidor

La forma más común de distribuir un sistema entre varias máquinas es dividirlas en clientes y servidores y dejar que los clientes realicen solicitudes a los servidores. Lo más habitual es utilizar HTTP para esta comunicación, como veremos en "Flujo de datos a través de servicios: REST y RPC" en la página 198. El mismo proceso puede ser tanto un servidor (que gestiona las solicitudes entrantes) como un cliente (que realiza solicitudes salientes a otros servicios).

Esta forma de crear aplicaciones se ha denominado tradicionalmente *arquitectura orientada a servicios* (SOA); más recientemente, la idea se ha perfeccionado hasta convertirse en una *arquitectura de microservicios* [51, 52]. En una arquitectura de microservicios, un servicio tiene un propósito bien definido (por ejemplo, en el caso de S3, se trata del almacenamiento de archivos); cada servicio expone una API a la que pueden acceder los clientes a través de la red, y cada servicio cuenta con un equipo responsable de su mantenimiento. Así, una aplicación compleja puede descomponerse en múltiples servicios que interactúan entre sí, cada uno de ellos gestionado por un equipo independiente. Los sistemas nativos de la nube hacen un uso intensivo de la descomposición en servicios, pero los sistemas locales también pueden utilizar un enfoque orientado a servicios.

Dividir un software complejo en múltiples servicios tiene varias ventajas: cada servicio se puede actualizar de forma independiente, lo que reduce el esfuerzo de coordinación entre equipos; a cada servicio se le pueden asignar los recursos de hardware que necesita; y ocultar los detalles de implementación detrás de una API significa que los propietarios del servicio son libres de cambiar la implementación sin afectar a los clientes. En términos de almacenamiento de datos, es común que cada servicio tenga sus propias bases de datos y que no se compartan bases de datos entre servicios. Compartir una base de datos convertiría efectivamente toda la estructura de la base de datos en parte de la API del servicio, y entonces esa estructura sería difícil de cambiar. Las bases de datos compartidas también podrían hacer que las consultas de un servicio afectaran negativamente al rendimiento de otros servicios.

Por otro lado, tener muchos servicios puede generar complejidad. Probar un servicio durante el desarrollo puede ser complicado, ya que también es necesario ejecutar todos los demás servicios de los que depende. Además, cada servicio requiere una infraestructura para la implementación de nuevas versiones, ajustar los recursos de hardware asignados para que se adapten a la carga, recopilar registros, realizar el monitoreo del estado del servicio y alertar a un ingeniero de guardia en caso de que se produzca un problema. Los marcos de orquestación como Kubernetes se han convertido en una forma popular de realizar la implementación de servicios, ya que proporcionan una base para esta infraestructura.

Además, las API de microservicios pueden ser difíciles de desarrollar. Los clientes que llaman a una API esperan que tenga ciertos campos. Es posible que los desarrolladores deseen agregar o eliminar campos en una API a medida que cambian las necesidades comerciales, pero hacerlo puede provocar fallas en los clientes. Peor aún, estas fallas a menudo no se descubren hasta tarde en el ciclo de desarrollo, cuando la API del servicio actualizada se realiza en un entorno de prueba o producción. Los estándares de descripción de API, como OpenAPI y gRPC, ayudan a gestionar la relación entre las API de cliente y servidor; los analizamos más detenidamente en Capítulo 5.

Los microservicios son principalmente una solución técnica a un problema humano: permiten que diferentes equipos avancen de forma independiente sin tener que coordinarse entre sí. Esto es muy valioso en una gran empresa, pero en una pequeña empresa con menos equipos, el uso de microservicios puede suponer una sobrecarga innecesaria, por lo que es preferible implementar la aplicación de la forma más sencilla posible [51].

Serverless, o *función como servicio* (FaaS), es otro enfoque para implementar servicios, en el que la gestión de la infraestructura se subcontrata a un proveedor de nube [32]. Cuando usas máquinas virtuales, tienes que elegir explícitamente cuándo iniciar o apagar una instancia; por el contrario, con el modelo sin servidor, el proveedor de nube asigna y libera automáticamente los recursos de hardware según sea necesario, en función de las solicitudes entrantes a tu servicio [53]. Al igual que el almacenamiento en la nube sustituyó la planificación de la capacidad (decidir de antemano cuántos discos comprar) por un modelo de facturación por consumo, el enfoque sin servidor está llevando la facturación por consumo a la ejecución de código: solo pagas por el tiempo que se ejecuta el código de tu aplicación, en lugar de tener que aprovisionar recursos por adelantado.

Para ofrecer estas ventajas, muchos proveedores de infraestructura sin servidor imponen un límite de tiempo a la ejecución de funciones y restringen los entornos de tiempo de ejecución, por lo que los servicios pueden sufrir lentitud en los tiempos de inicio cuando se invoca una función por primera vez. El término "sin servidor" también puede ser engañoso, ya que cada ejecución de una función sin servidor sigue ejecutándose en un servidor, pero las ejecuciones posteriores pueden ejecutarse en otro diferente. Es más, servicios de infraestructura como BigQuery y diversas ofertas de Kafka han adoptado la terminología "sin servidor" para indicar que sus servicios se autoescalan y que facturan por uso en lugar de por instancias de máquina.

Computación en la nube frente a supercomputación

La computación en la nube no es la única forma de crear sistemas informáticos a gran escala; una alternativa es *la computación de alto rendimiento* (HPC), también conocida como *supercomputación*. Aunque hay solapamientos, la HPC suele tener prioridades diferentes y utiliza técnicas distintas a las de la computación en la nube y los sistemas de centros de datos empresariales. Estas son algunas de las principales diferencias:

- Las supercomputadoras se utilizan normalmente para tareas científicas que requieren un gran esfuerzo computacional, como la predicción meteorológica, la modelización climática, la dinámica molecular (simulación del movimiento de átomos y moléculas), problemas de optimización complejos y la resolución de ecuaciones diferenciales parciales. Por otro lado, la computación en la nube tiende a utilizarse para servicios en línea, sistemas de datos empresariales y sistemas similares que necesitan atender las solicitudes de los usuarios con una alta disponibilidad.
- Una supercomputadora suele ejecutar grandes trabajos por lotes que comprueban el estado de su cálculo en el disco de vez en cuando. Si un nodo falla, una solución común es simplemente detener toda la carga de trabajo del clúster, reparar el nodo defectuoso y luego reiniciar el cálculo desde el último punto de control [54, 55]. Con los servicios en la nube, normalmente no es deseable detener todo el clúster, ya que los servicios necesitan atender continuamente a los usuarios con interrupciones mínimas.
- Los nodos de las supercomputadoras suelen comunicarse a través de memoria compartida y RDMA, que admiten un alto ancho de banda y una baja latencia, pero suponen un alto nivel de confianza entre los usuarios del sistema [56]. En la computación en la nube, la red y las máquinas suelen ser compartidas por organizaciones que no confían entre sí, lo que requiere mecanismos de seguridad más sólidos, como el aislamiento de recursos (por ejemplo, máquinas virtuales), el cifrado y la autenticación.
- Las redes de centros de datos en la nube suelen basarse en IP y Ethernet, dispuestas en topologías Clos para proporcionar un alto ancho de banda de bisección, una medida comúnmente utilizada para evaluar el rendimiento general de una red [54, 57]. Las supercomputadoras suelen utilizar topologías de red especializadas, como mallas multidimensionales y toroides [58], que ofrecen un mejor rendimiento para cargas de trabajo de HPC conpatrones de comunicación conocidos.
- La computación en la nube permite distribuir los nodos por múltiples regiones geográficas, mientras que las supercomputadoras suelen dar por sentado que todos sus nodos están muy próximos entre sí.

Los sistemas analíticos a gran escala a veces comparten algunas características con la supercomputación, por lo que puede ser útil conocer estas técnicas si trabajas en este ámbito. Sin embargo, este libro se centra principalmente en los servicios que deben estar disponibles de forma continua, como se explica en "Fiabilidad y tolerancia a fallos" en la página 48.

Sistemas de datos, legislación y sociedad

Como has visto en este capítulo, la arquitectura de los sistemas de datos no solo está influenciada por los objetivos y requisitos técnicos, sino también por las necesidades humanas de las organizaciones a las que dan soporte. Cada vez más, los ingenieros de sistemas de datos se dan cuenta de que atender las necesidades de su propia empresa no es suficiente; también tenemos una responsabilidad hacia la sociedad en general.

Una preocupación particular son los sistemas que almacenan datos sobre las personas y su comportamiento. Desde 2018, el RGPD ha otorgado a los residentes de muchos países europeos un mayor control y derechos legales sobre sus datos personales, y se han adoptado regulaciones de privacidad similares en otros países y estados de todo el mundo (incluida, por ejemplo, la CCPA). Las regulaciones en torno a la IA, como la Ley de IA de la UE, imponen más restricciones sobre cómo se pueden utilizar los datos personales.

Además, incluso en áreas que no están directamente sujetas a regulación, cada vez se reconocen más los efectos que los sistemas informáticos tienen en las personas y la sociedad. Las redes sociales han cambiado la forma en que las personas consumen las noticias, lo que influye en sus opiniones políticas y, por lo tanto, puede afectar al resultado de las elecciones. Los sistemas automatizados toman cada vez más decisiones que tienen profundas consecuencias para las personas, como a quién se le debe conceder un préstamo o una cobertura de seguro, a quién se debe invitar a una entrevista de trabajo o a quién se debe sospechar de un delito [59].

Todas las personas que trabajan en estos sistemas comparten la responsabilidad de considerar el impacto ético de sus decisiones y garantizar que cumplen con las leyes pertinentes. No es necesario que todos se conviertan en expertos en derecho y ética, pero un conocimiento básico de los principios legales y éticos es tan importante como, por ejemplo, algunos conocimientos fundamentales sobre sistemas distribuidos.

Las consideraciones legales están influyendo en los fundamentos mismos del diseño de los sistemas de datos [60]. Por ejemplo, el RGPD otorga a las personas el derecho a que se borren sus datos si así lo solicitan (lo que a veces se conoce como el *derecho al olvido*). Sin embargo, como veremos en este libro, muchos sistemas de datos se basan en construcciones inmutables, como los registros de solo añadir, como parte de su diseño. ¿Cómo podemos garantizar la eliminación de algunos datos en medio de un archivo que se supone inmutable? ¿Cómo gestionamos la eliminación de datos que se han incorporado a conjuntos de datos derivados (consulta "Sistemas de registro y datos derivados" en la página 12), como los datos de entrenamiento para modelos de aprendizaje automático? Responder a estas preguntas plantea nuevos retos de ingeniería.

En la actualidad, no existen directrices claras sobre qué tecnologías o arquitecturas de sistemas concretas deben considerarse conformes con el RGPD. El reglamento no impone deliberadamente tecnologías concretas, ya que estas pueden cambiar rápidamente a medida que avanza la tecnología. En su lugar, los textos legales establecen principios de alto nivel que están sujetos a interpretación. Por lo tanto, no existe una respuesta sencilla a la pregunta de cómo cumplir con las normativas de privacidad, pero analizaremos algunas de las tecnologías desde esta perspectiva.

En general, almacenamos datos porque creemos que su valor es mayor que los costos de almacenarlos. Sin embargo, conviene recordar que los costos de almacenamiento van más allá de la factura que pagas por S3 u otro servicio. El cálculo de la relación costo-beneficio también debe tener en cuenta los riesgos de responsabilidad y daño a la reputación si los datos se filtraran o fueran comprometidos por adversarios, y el riesgo de costos legales y multas si se determina que el almacenamiento y el procesamiento de los datos no cumplen con la ley [50].

Los gobiernos o las fuerzas policiales también podrían obligar a las empresas a entregar datos. Cuando los datos podrían revelar comportamientos tipificados como delito (por ejemplo, la homosexualidad en varios países de Oriente Medio y africanos, o el hecho de solicitar un aborto en varios estados de los Estados Unidos), el almacenamiento de esos datos crea riesgos reales para la seguridad de los usuarios. El desplazamiento a una clínica de abortos, por ejemplo, podría revelarse fácilmente a través de los datos de localización, o incluso a través del registro de las direcciones IP del usuario a lo largo del tiempo (que indican la ubicación aproximada).

Una vez que se toman en cuenta todos los riesgos, podría ser razonable decidir que simplemente no vale la pena almacenar algunos datos y que, por lo tanto, deben eliminarse. Este principio de *minimización de datos* (a veces conocido por el término alemán *Datensparsamkeit*) va en contra de la filosofía del "big data" de almacenar muchos datos de forma especulativa por si resultan útiles en el futuro [61]. Pero la minimización de datos encaja con el RGPD, que establece que los datos personales solo pueden recopilarse para un fin específico y explícito; no pueden utilizarse posteriormente para ningún otro fin; y no deben conservarse más tiempo del necesario para los fines para los que fueron recopilados [62].

Las empresas también han tomado nota de las preocupaciones en materia de privacidad y seguridad. Las empresas de tarjetas de crédito exigen a las empresas de procesamiento de pagos que cumplan las estrictas normas de la industria de tarjetas de pago (PCI). Los procesadores se someten a frecuentes evaluaciones por parte de auditores independientes para verificar el cumplimiento continuo. Los proveedores de software también han sido objeto de un mayor escrutinio. Muchos compradores exigen ahora a sus proveedores que cumplan las normas de control de organizaciones de servicios (SOC) de tipo 2. Al igual que con el cumplimiento de la PCI, los proveedores se someten a auditorías de terceros para verificar el cumplimiento.

En general, es importante equilibrar las necesidades de tu empresa con las necesidades de las personas cuyos datos recopilas y procesas. Hay mucho más que decir sobre este tema; en Capítulo 14 profundizaremos en la ética y el cumplimiento legal, incluidos los problemas de sesgo y discriminación.

Resumen

El tema de este capítulo ha sido comprender las compensaciones, es decir, reconocer que muchas preguntas no tienen una única respuesta correcta, sino varias posibilidades, cada una con sus ventajas e inconvenientes. Hemos explorado algunas de las opciones más importantes que afectan a la arquitectura de los sistemas de datos y hemos introducido la terminología que se utilizará a lo largo del resto del libro.

Comenzamos haciendo una distinción entre los sistemas operativos (procesamiento de transacciones, OLTP) y analíticos (OLAP) y explorando cómo se diferencian, no solo en la gestión de diferentes tipos de datos con diferentes patrones de acceso, sino también en el servicio a diferentes públicos. En el camino, nos encontramos con los conceptos de almacén de datos y lago de datos, que reciben feeds de datos de los sistemas operativos a través de ETL. En Capítulo 4 veremos que los sistemas operativos y analíticos suelen utilizar diseños de datos internos muy diferentes debido a los distintos tipos de consultas que deben atender.

A continuación, comparamos los servicios en la nube, un desarrollo relativamente reciente, con el paradigma tradicional del software autohospedado que anteriormente dominaba la arquitectura de los sistemas de datos. Cuál de estos enfoques es más rentable depende en gran medida de tu situación particular, pero es innegable que los enfoques nativos de la nube están trayendo grandes cambios a la forma en que se diseñan los sistemas de datos, por ejemplo, en la forma en que separan el almacenamiento y la computación.

Los sistemas en la nube son intrínsecamente distribuidos, y examinamos brevemente algunas de las ventajas e inconvenientes de los sistemas distribuidos en comparación con el uso de una sola máquina. En algunas situaciones no se puede evitar la distribución, pero es aconsejable no precipitarse a la hora de distribuir un sistema si es posible mantenerlo en una sola máquina. En Capítulo 9 trataremos los retos de los sistemas distribuidos con más detalle.

Por último, hemos visto que la arquitectura de un sistema de datos no solo viene determinada por las necesidades de la empresa que realiza la implementación, sino también por las normativas de privacidad que protegen los derechos de las personas cuyos datos se procesan, un aspecto que muchos ingenieros tienden a ignorar. La forma de traducir los requisitos legales en implementaciones técnicas aún no se ha formalizado, pero es importante tener presente esta cuestión a medida que avanzamos en el resto del libro.

Referencias

[1] Richard T. Kouzes, Gordon A. Anderson, Stephen T. Elbert, Ian Gorton, and Deborah K. Gracio. "The Changing Paradigm of Data-Intensive Computing." *IEEE Computer*, volume 42, issue 1, pages 26–34, January 2009. *doi:10.1109/MC.2009.26*

[2] Martin Kleppmann, Adam Wiggins, Peter van Hardenberg, and Mark McGranaghan. "Local-First Software: You Own Your Data, in Spite of the Cloud." At *2019 ACM SIGPLAN International Symposium on New Ideas, New Paradigms, and Reflections on Programming and Software* (Onward!), October 2019. *doi:10.1145/3359591.3359737*

[3] Joe Reis and Matt Housley. *Fundamentals of Data Engineering*. O'Reilly Media, 2022. ISBN: 9781098108304

[4] Rui Pedro Machado and Helder Russa. *Analytics Engineering with SQL and dbt*. O'Reilly Media, 2023. ISBN: 9781098142384

[5] Edgar F. Codd, S. B. Codd, and C. T. Salley. "Providing OLAP to User-Analysts: An IT Mandate." E. F. Codd Associates, 1993. Archived at *perma.cc/RKX8-2GEE*

[6] Chinmay Soman and Neha Pawar. "Comparing Three Real-Time OLAP Databases: Apache Pinot, Apache Druid, and ClickHouse." *startree.ai*, April 2023. Archived at *perma.cc/8BZP-VWPA*

[7] Surajit Chaudhuri and Umeshwar Dayal. "An Overview of Data Warehousing and OLAP Technology." *ACM SIGMOD Record*, volume 26, issue 1, pages 65–74, March 1997. *doi:10.1145/248603.248616*

[8] Fatma Özcan, Yuanyuan Tian, and Pinar Tözün. "Hybrid Transactional/Analytical Processing: A Survey." At *ACM International Conference on Management of Data* (SIGMOD), May 2017. *doi:10.1145/3035918.3054784*

[9] Adam Prout, Szu-Po Wang, Joseph Victor, Zhou Sun, Yongzhu Li, Jack Chen, Evan Bergeron, Eric Hanson, Robert Walzer, Rodrigo Gomes, and Nikita Shamgunov. "Cloud-Native Transactions and Analytics in SingleStore." At *International Conference on Management of Data* (SIGMOD), June 2022. *doi:10.1145/3514221.3526055*

[10] Chao Zhang, Guoliang Li, Jintao Zhang, Xinning Zhang, and Jianhua Feng. "HTAP Databases: A Survey." *IEEE Transactions on Knowledge and Data Engineering*, volume 36, issue 11, pages 6410–6429, April 2024. *doi:10.1109/TKDE.2024.3389693*

[11] Michael Stonebraker and Uğur Çetintemel. "'One Size Fits All': An Idea Whose Time Has Come and Gone." At *21st International Conference on Data Engineering* (ICDE), April 2005. *doi:10.1109/ICDE.2005.1*

[12] Jeffrey Cohen, Brian Dolan, Mark Dunlap, Joseph M. Hellerstein, and Caleb Welton. "MAD Skills: New Analysis Practices for Big Data." *Proceedings of the VLDB Endowment*, volume 2, issue 2, pages 1481–1492, August 2009. *doi:10.14778/1687553.1687576*

[13] Dan Olteanu. "The Relational Data Borg Is Learning." *Proceedings of the VLDB Endowment*, volume 13, issue 12, pages 3502–3515, August 2020. *doi:10.14778/3415478.3415572*

[14] Matt Bornstein, Martin Casado, and Jennifer Li. "Emerging Architectures for Modern Data Infrastructure: 2020." *future.a16z.com*, October 2020. Archived at *perma.cc/LF8W-KDCC*

[15] Rihan Hai, Christos Koutras, Christoph Quix, and Matthias Jarke. "Data Lakes: A Survey of Functions and Systems." *IEEE Transactions on Knowledge and Data Engineering* (TKDE), volume 35, issue 12, pages 12571–12590, December 2023. *doi:10.1109/TKDE.2023.3270101*

[16] Martin Fowler. "Data Lake." *martinfowler.com*, February 2015. Archived at *perma.cc/4WKN-CZUK*

[17] Bobby Johnson and Joseph Adler. "The Sushi Principle: Raw Data Is Better." At *Strata+Hadoop World*, February 2015.

[18] DataKitchen, Inc. "The DataOps Manifesto." *dataopsmanifesto.org*, 2017. Archived at *perma.cc/3F5N-FUQ4*

[19] Tejas Manohar. "What Is Reverse ETL: A Definition & Why It's Taking Off." *hightouch.io*, November 2021. Archived at *perma.cc/A7TN-GLYJ*

[20] Camille Fournier. "Why Is It So Hard to Decide to Buy?" *skamille.medium.com*, July 2021. Archived at *perma.cc/6VSG-HQ5X*

[21] David Heinemeier Hansson. "Why We're Leaving the Cloud." *world.hey.com*, October 2022. Archived at *perma.cc/82E6-UJ65*

[22] Nima Badizadegan. "Use One Big Server." *specbranch.com*, August 2022. Archived at *perma.cc/M8NB-95UK*

[23] Steve Yegge. "Dear Google Cloud: Your Deprecation Policy Is Killing You." *steve-yegge.medium.com*, August 2020. Archived at *perma.cc/KQP9-SPGU*

[24] Alexandre Verbitski, Anurag Gupta, Debanjan Saha, Murali Brahmadesam, Kamal Gupta, Raman Mittal, Sailesh Krishnamurthy, Sandor Maurice, Tengiz Kharatishvili, and Xiaofeng Bao. "Amazon Aurora: Design Considerations for High

Throughput Cloud-Native Relational Databases." At *ACM International Conference on Management of Data* (SIGMOD), May 2017. *doi:10.1145/3035918.3056101*

[25] Panagiotis Antonopoulos, Alex Budovski, Cristian Diaconu, Alejandro Hernandez Saenz, Jack Hu, Hanuma Kodavalla, Donald Kossmann, Sandeep Lingam, Umar Farooq Minhas, Naveen Prakash, Vijendra Purohit, Hugh Qu, Chaitanya Sreenivas Ravella, Krystyna Reisteter, Sheetal Shrotri, Dixin Tang, and Vikram Wakade. "Socrates: The New SQL Server in the Cloud." At *ACM International Conference on Management of Data* (SIGMOD), June 2019. *doi:10.1145/3299869.3314047*

[26] Midhul Vuppalapati, Justin Miron, Rachit Agarwal, Dan Truong, Ashish Motivala, and Thierry Cruanes. "Building an Elastic Query Engine on Disaggregated Storage." At *17th USENIX Symposium on Networked Systems Design and Implementation* (NSDI), February 2020.

[27] Nick Van Wiggeren. "The Real Failure Rate of EBS." *planetscale.com*, March 2025. Archived at *perma.cc/43CR-SAH5*

[28] Colin Breck. "Predicting the Future of Distributed Systems." *blog.colinbreck.com*, August 2024. Archived at *perma.cc/K5FC-4XX2*

[29] Gwen Shapira. "Compute-Storage Separation Explained." *thenile.dev*, January 2023. Archived at perma.cc/QCV3-XJNZ

[30] Ravi Murthy and Gurmeet Goindi. "AlloyDB for PostgreSQL Under the Hood: Intelligent, Database-Aware Storage." *cloud.google.com*, May 2022. Archived at archive.org

[31] Jack Vanlightly. "The Architecture of Serverless Data Systems." *jack-vanlightly.com*, November 2023. Archived at *perma.cc/UDV4-TNJ5*

[32] Eric Jonas, Johann Schleier-Smith, Vikram Sreekanti, Chia-Che Tsai, Anurag Khandelwal, Qifan Pu, Vaishaal Shankar, Joao Carreira, Karl Krauth, Neeraja Yadwadkar, Joseph E. Gonzalez, Raluca Ada Popa, Ion Stoica, and David A. Patterson. "Cloud Programming Simplified: A Berkeley View on Serverless Computing." *arXiv:1902.03383*, February 2019.

[33] Betsy Beyer, Jennifer Petoff, Chris Jones, and Niall Richard Murphy. *Site Reliability Engineering: How Google Runs Production Systems.* O'Reilly Media, 2016. ISBN: 9781491929124

[34] Thomas Limoncelli. "The Time I Stole $10,000 from Bell Labs." *ACM Queue*, volume 18, issue 5, November 2020. *doi:10.1145/3434571.3434773*

[35] Charity Majors. "The Future of Ops Jobs." *acloudguru.com*, August 2020. Archived at *perma.cc/GRU2-CZG3*

[36] Boris Cherkasky. "(Over)Pay as You Go for Your Datastore." *medium.com*, September 2021. Archived at *perma.cc/Q8TV-2AM2*

[37] Shlomi Kushchi. "Serverless Doesn't Mean DevOpsLess or NoOps." *thenewstack.io*, February 2023. Archived at *perma.cc/3NJR-AYYU*

[38] Erik Bernhardsson. "Storm in the Stratosphere: How the Cloud Will Be Reshuffled." *erikbern.com*, November 2021. Archived at *perma.cc/SYB2-99P3*

[39] Benn Stancil. "The Data OS." *benn.substack.com*, September 2021. Archived at *perma.cc/WQ43-FHS6*

[40] Maria Korolov. "Data Residency Laws Pushing Companies Toward Residency as a Service." *csoonline.com*, January 2022. Archived at *perma.cc/CHE4-XZZ2*

[41] Severin Borenstein. "Can Data Centers Flex Their Power Demand?" *energyathaas.wordpress.com*, April 2025. Archived at *perma.cc/MUD3-A6FF*

[42] Bilge Acun, Benjamin Lee, Fiodar Kazhamiaka, Aditya Sundarrajan, Kiwan Maeng, Manoj Chakkaravarthy, David Brooks, and Carole-Jean Wu. "Carbon Dependencies in Datacenter Design and Management." *ACM SIGENERGY Energy Informatics Review*, volume 3, issue 3, pages 21–26, October 2023. *doi:10.1145/3630614.3630619*

[43] Kousik Nath. "These Are the Numbers Every Computer Engineer Should Know." *freecodecamp.org*, September 2019. Archived at *perma.cc/RW73-36RL*

[44] Joseph M. Hellerstein, Jose Faleiro, Joseph E. Gonzalez, Johann Schleier-Smith, Vikram Sreekanti, Alexey Tumanov, and Chenggang Wu. "Serverless Computing: One Step Forward, Two Steps Back." *arXiv:1812.03651*, December 2018.

[45] Frank McSherry, Michael Isard, and Derek G. Murray. "Scalability! But at What COST?" At *15th USENIX Workshop on Hot Topics in Operating Systems* (HotOS), May 2015.

[46] Cindy Sridharan. *Distributed Systems Observability: A Guide to Building Robust Systems*. Report, O'Reilly Media, 2018. Archived at *perma.cc/M6JL-XKCM*

[47] Charity Majors. "Observability—A 3-Year Retrospective." *thenewstack.io*, August 2019. Archived at *perma.cc/CG62-TJWL*

[48] Benjamin H. Sigelman, Luiz André Barroso, Mike Burrows, Pat Stephenson, Manoj Plakal, Donald Beaver, Saul Jaspan, and Chandan Shanbhag. "Dapper, a Large-Scale Distributed Systems Tracing Infrastructure." Google Technical Report dapper-2010-1, April 2010. Archived at *perma.cc/K7KU-2TMH*

[49] Rodrigo Laigner, Yongluan Zhou, Marcos Antonio Vaz Salles, Yijian Liu, and Marcos Kalinowski. "Data Management in Microservices: State of the Practice, Challenges, and Research Directions." *Proceedings of the VLDB Endowment*, volume 14, issue 13, pages 3348–3361, September 2021. *doi:10.14778/3484224.3484232*

[50] Jordan Tigani. "Big Data Is Dead." *motherduck.com*, February 2023. Archived at *perma.cc/HT4Q-K77U*

[51] Sam Newman. *Building Microservices*, 2nd edition. O'Reilly Media, 2021. ISBN: 9781492034025

[52] Chris Richardson. "Microservices: Decomposing Applications for Deployability and Scalability." *infoq.com*, May 2014. Archived at *perma.cc/CKN4-YEQ2*

[53] Mohammad Shahrad, Rodrigo Fonseca, Íñigo Goiri, Gohar Chaudhry, Paul Batum, Jason Cooke, Eduardo Laureano, Colby Tresness, Mark Russinovich, and Ricardo Bianchini. "Serverless in the Wild: Characterizing and Optimizing the Serverless Workload at a Large Cloud Provider." At *USENIX Annual Technical Conference* (ATC), July 2020.

[54] Luiz André Barroso, Urs Hölzle, and Parthasarathy Ranganathan. *The Datacenter as a Computer: Designing Warehouse-Scale Machines*, 3rd edition. Springer Nature, 2019. ISBN: 9783031017612

[55] David Fiala, Frank Mueller, Christian Engelmann, Rolf Riesen, Kurt Ferreira, and Ron Brightwell. "Detection and Correction of Silent Data Corruption for Large-Scale High-Performance Computing." At *International Conference for High Performance Computing, Networking, Storage and Analysis* (SC), November 2012. *doi:10.1109/SC.2012.49*

[56] Anna Kornfeld Simpson, Adriana Szekeres, Jacob Nelson, and Irene Zhang. "Securing RDMA for High-Performance Datacenter Storage Systems." At *12th USENIX Workshop on Hot Topics in Cloud Computing* (HotCloud), July 2020.

[57] Arjun Singh, Joon Ong, Amit Agarwal, Glen Anderson, Ashby Armistead, Roy Bannon, Seb Boving, Gaurav Desai, Bob Felderman, Paulie Germano, Anand Kanagala, Jeff Provost, Jason Simmons, Eiichi Tanda, Jim Wanderer, Urs Hölzle, Stephen Stuart, and Amin Vahdat. "Jupiter Rising: A Decade of Clos Topologies and Centralized Control in Google's Datacenter Network." At *Annual Conference of the ACM Special Interest Group on Data Communication* (SIGCOMM), August 2015. *doi:10.1145/2785956.2787508*

[58] Glenn K. Lockwood. "Hadoop's Uncomfortable Fit in HPC." *glennklockwood.blogspot.co.uk*, May 2014. Archived at *perma.cc/S8XX-Y67B*

[59] Cathy O'Neil. *Weapons of Math Destruction: How Big Data Increases Inequality and Threatens Democracy*. Crown Publishing, 2016. ISBN: 9780553418811

[60] Supreeth Shastri, Vinay Banakar, Melissa Wasserman, Arun Kumar, and Vijay Chidambaram. "Understanding and Benchmarking the Impact of GDPR on Database Systems." *Proceedings of the VLDB Endowment*, volume 13, issue 7, pages 1064–1077, March 2020. *doi:10.14778/3384345.3384354*

[61] Martin Fowler. "Datensparsamkeit." *martinfowler.com*, December 2013. Archived at *perma.cc/R9QX-CME6*

[62] "Regulation (EU) 2016/679 of the European Parliament and of the Council of 27 April 2016 (General Data Protection Regulation)." *Official Journal of the European Union* L 119/1, May 2016.

[illegible] Datenparamaken [illegible] December 2013, archived [illegible]

[illegible] the European Parliament and of the Council of [illegible] April 2016 [illegible] General Data Protection Regulation," Official Journal of the European Union [illegible] 2016.

CAPÍTULO 2

Definición de requisitos no funcionales

Internet se hizo tan bien que la mayoría de la gente lo considera un recurso natural como el océano Pacífico, en lugar de algo creado por el ser humano. ¿Cuándo fue la última vez que una tecnología de tal envergadura estuvo tan libre de errores?

—Alan Kay, en entrevista con *Dr. Dobb's Journal* (2012)

Si estás creando una aplicación, te guiarás por una lista de requisitos. En la parte superior de tu lista probablemente se encuentre la funcionalidad que debe ofrecer la aplicación: qué pantallas y botones necesitas, y qué debe hacer cada operación para cumplir con el propósito de tu software. Estos son tus *requisitos funcionales*.

Además, probablemente tengas *requisitos no funcionales*: por ejemplo, la aplicación debe ser rápida, confiable, segura, cumplir con la legislación y ser fácil de mantener. Es posible que estos requisitos no estén escritos explícitamente, ya que pueden parecer algo obvios, pero son tan importantes como la funcionalidad de la aplicación; una aplicación que sea insoportablemente lenta o poco confiable podría no existir.

Muchos requisitos no funcionales, como la seguridad, quedan fuera del alcance de este libro. Pero consideraremos algunos, y este capítulo te ayudará a articularlos para tus propios sistemas. En particular, veremos lo siguiente:

- Definición y medición del *rendimiento* de un sistema
- Lo que significa que un servicio sea *confiable*, es decir, que siga funcionando correctamente, incluso cuando las cosas salen mal
- Permitir que un sistema sea *escalable* mediante formas eficientes de añadir capacidad informática a medida que aumenta la carga del sistema
- Facilitar el mantenimiento de un sistema a largo plazo

La terminología introducida en este capítulo también te será útil en los siguientes capítulos, cuando entremos en detalles sobre cómo se implementan los sistemas con gran volumen de datos. Sin embargo, las definiciones abstractas pueden ser bastante áridas; para que las ideas sean más concretas, comenzaremos este capítulo con un estudio de caso de un servicio de red social, que proporcionará ejemplos prácticos de rendimiento y escalabilidad.

Estudio de caso: Cronologías de redes sociales

Imaginemos que se nos ha encomendado la tarea de implementar una red social al estilo de X (antes Twitter), en la que los usuarios pueden publicar mensajes y seguir a otros usuarios. Se trata de una enorme simplificación del funcionamiento real de este tipo de servicios [1, 2, 3], pero ayudará a ilustrar algunos de los problemas que surgen en los sistemas a gran escala.

Supongamos que los usuarios publican un total de 500 millones de mensajes al día, o 5,800 mensajes por segundo de media. En ocasiones, la tasa puede alcanzar picos de hasta 150,000 mensajes por segundo [4]. Supongamos también que el usuario medio sigue a 200 personas y tiene 200 seguidores (aunque hay una gran variedad: la mayoría de las personas solo tienen unos pocos seguidores y algunas celebridades, como Barack Obama, tienen más de 100 millones de seguidores).

Representación de usuarios, publicaciones y seguidores

Guardamos todos los datos en una base de datos relacional, como se muestra en Figura 2-1. Tenemos una tabla para los usuarios, otra para las publicaciones y otra para las relaciones de seguimiento.

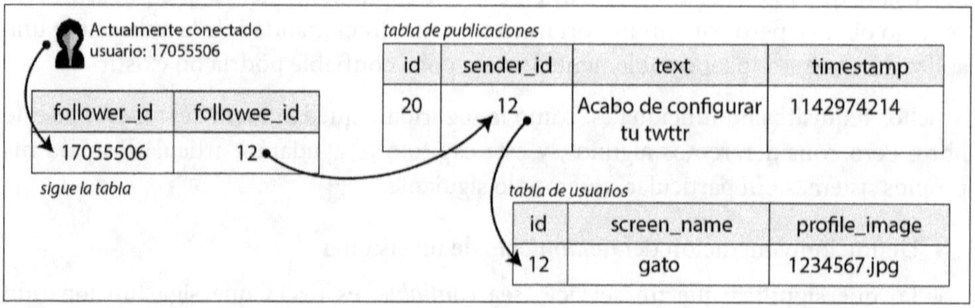

Figura 2-1. Un esquema relacional sencillo para una red social en la que los usuarios pueden seguirse unos a otros

Supongamos que la principal operación de lectura que debe soportar nuestra red social es la *línea de tiempo de inicio*, que muestra las publicaciones recientes de las personas a las que sigues (para simplificar, ignoraremos los anuncios, las publicaciones sugeridas de personas a las que no sigues y otras extensiones). Podríamos escribir la siguiente consulta SQL para obtener la línea de tiempo de inicio de un usuario en particular:

```
SELECT posts.*, users.* FROM posts
  JOIN follows ON posts.sender_id = follows.followee_id
  JOIN users   ON posts.sender_id = users.id
  WHERE follows.follower_id = current_user
  ORDER BY posts.timestamp DESC
  LIMIT 1000
```

Para ejecutar esta consulta, la base de datos utilizará la tabla `follows` para encontrar a todas las personas que `current_user` sigue, buscará las publicaciones recientes de esos usuarios y las ordenará por fecha y hora para obtener las 1,000 publicaciones más recientes de cualquiera de los usuarios seguidos.

Se supone que las publicaciones son oportunas, así que supongamos que después de que alguien haga una publicación, queremos que tus seguidores puedan verla en cinco segundos. Un enfoque consiste en que el cliente del usuario repita la consulta anterior cada cinco segundos mientras el usuario está en línea (esto se conoce como *sondeo*). Si suponemos que 10 millones de usuarios están en línea y conectados al mismo tiempo, eso significaría ejecutar la consulta 2 millones de veces por segundo. Incluso si realizáramos sondeos con menos frecuencia, esto es mucho.

Esta consulta también es bastante costosa: si un usuario sigue a 200 personas, la consulta necesita obtener una lista de las publicaciones recientes de cada una de esas 200 personas y fusionar esas listas. Dos millones de consultas de la línea de tiempo por segundo multiplicadas por 200 cuentas seguidas dan como resultado 400 millones de búsquedas por segundo, una cifra enorme. Y ese es el caso promedio. Algunos usuarios siguen a decenas de miles de cuentas; para ellos, esta consulta es muy costosa de ejecutar y difícil de hacer rápida.

Materialización y actualización de las líneas de tiempo

¿Cómo podemos mejorar? En primer lugar, en lugar de realizar sondeos, sería mejor que el servidor enviara activamente las nuevas publicaciones a todos los seguidores que estén conectados en ese momento. En segundo lugar, deberíamos precalcular los resultados de la consulta para que la solicitud de un usuario de su cronología de inicio se pueda atender desde una caché.

Imaginemos que para cada usuario almacenamos una estructura de datos que contiene su línea de tiempo de inicio (es decir, las publicaciones recientes de las personas a las que siguen). Cada vez que un usuario hace una publicación, buscamos a todos sus seguidores e insertamos esa publicación en la línea de tiempo de inicio de cada seguidor, como si se tratara de entregar un mensaje en un buzón. Ahora, cuando un usuario inicia sesión, simplemente podemos proporcionarle esta línea de tiempo de inicio precalculada. Además, para recibir una notificación sobre cualquier nueva publicación en tu cronología, el cliente del usuario solo tiene que suscribirse al flujo de publicaciones que se añaden a tu cronología de inicio.

La desventaja de este enfoque es que ahora tenemos que trabajar más cada vez que un usuario publica algo, ya que las líneas de tiempo de inicio son datos derivados que deben actualizarse. El proceso se ilustra en Figura 2-2. Cuando una solicitud inicial da lugar a varias solicitudes posteriores, utilizamos el término *fan-out* para describir el factor por el que aumenta el número de solicitudes.

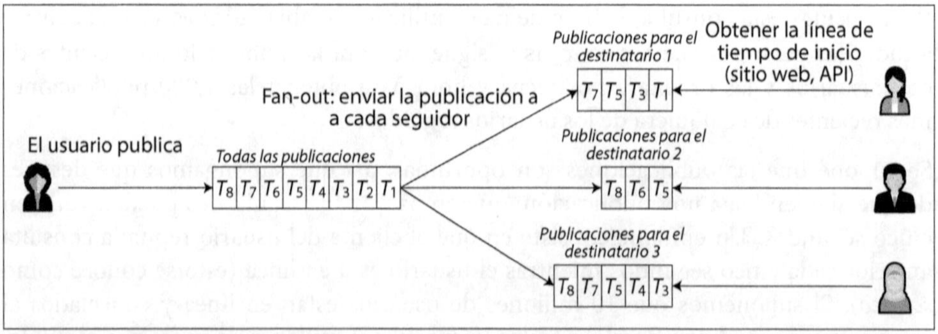

Figura 2-2. Fan-out: entrega de nuevas publicaciones a todos los seguidores del usuario que ha realizado la publicación

A una velocidad de 5,800 publicaciones por segundo, si la publicación media llega a 200 seguidores (es decir, un factor de fan-out de 200), tendremos que realizar algo más de un millón de escrituras en la cronología de inicio por segundo. Esto es mucho, pero sigue siendo un ahorro significativo en comparación con las 400 millones de búsquedas de publicaciones por remitente por segundo que tendríamos que hacer de otro modo.

Si la tasa de publicaciones se dispara debido a un evento especial, no tenemos que realizar las entregas de la línea de tiempo de inmediato, sino que podemos ponerlas en cola y aceptar que, temporalmente, las publicaciones tardarán un poco más en aparecer en las líneas de tiempo de los seguidores. Incluso durante estos picos de carga, las líneas de tiempo siguen cargándose rápidamente, ya que simplemente las servimos desde una caché.

Este proceso de precalcular y actualizar los resultados de una consulta se denomina *materialización*, y la caché de la línea de tiempo es un ejemplo de *vista materializada* (un concepto que discutiremos más adelante en capítulos posteriores). La vista materializada acelera las lecturas, pero a cambio tenemos que trabajar más en las escrituras. El costo de las escrituras para la mayoría de los usuarios es modesto, pero una red social también tiene que considerar algunos casos extremos:

- Si un usuario sigue a un gran número de cuentas y estas publican mucho, ese usuario tendrá una alta tasa de escrituras en su línea de tiempo materializada. Sin embargo, es poco probable que ese usuario lea todas las publicaciones de su línea de tiempo, por lo que no pasa nada si se eliminan algunas de las escrituras de su línea de tiempo y se le muestra al usuario solo una muestra de las publicaciones de las cuentas que sigue [5].

- Cuando una cuenta de una celebridad con un gran número de seguidores publica algo, tenemos que hacer mucho trabajo para insertar esa publicación en las líneas de tiempo de inicio de cada uno de sus millones de seguidores. En este caso, descartar algunas de esas escrituras no está bien. Una forma de resolver este problema es tratar las publicaciones de los famosos por separado de las de los demás: podemos ahorrarnos el esfuerzo de añadir las publicaciones de los famosos a millones de cronologías almacenándolas por separado y fusionándolas con la cronología materializada cuando se lee. A pesar de estas optimizaciones, gestionar a los famosos en una red social puede requerir mucha infraestructura [6].

Descripción del rendimiento

La mayoría de los debates sobre el rendimiento del software tienen en cuenta dos tipos principales de métricas:

Tiempo de respuesta
: El tiempo transcurrido desde el momento en que un usuario realiza una solicitud hasta que recibe la respuesta solicitada. La unidad de medida es segundos (o milisegundos, o microsegundos).

Rendimiento
: El número de solicitudes por segundo, o el volumen de datos por segundo, que el sistema está procesando. Para una asignación determinada de recursos de hardware, existe un *rendimiento máximo* que se puede manejar. La unidad de medida es "algo por segundo".

En el caso práctico de las redes sociales, las "publicaciones por segundo" y las "entradas en el muro por segundo" son métricas de rendimiento, mientras que el "tiempo que tarda en cargarse el muro de inicio" y el "tiempo que tarda una publicación en llegar a los seguidores" son métricas de tiempo de respuesta.

El rendimiento y el tiempo de respuesta suelen estar relacionados. En Figura 2-3 se esboza un ejemplo de esta relación para un servicio en línea. El servicio tiene un tiempo de respuesta bajo cuando el rendimiento de las solicitudes es bajo, pero el tiempo de respuesta aumenta a medida que aumenta la carga. Esto se debe a un e de *las colas*: cuando llega una solicitud a un sistema con mucha carga, es probable que la CPU ya esté procesando una solicitud anterior y, por lo tanto, la solicitud entrante tenga que esperar hasta que se haya completado la solicitud anterior. A medida que el rendimiento se acerca al máximo que el hardware puede gestionar, los retrasos en la cola aumentan considerablemente.

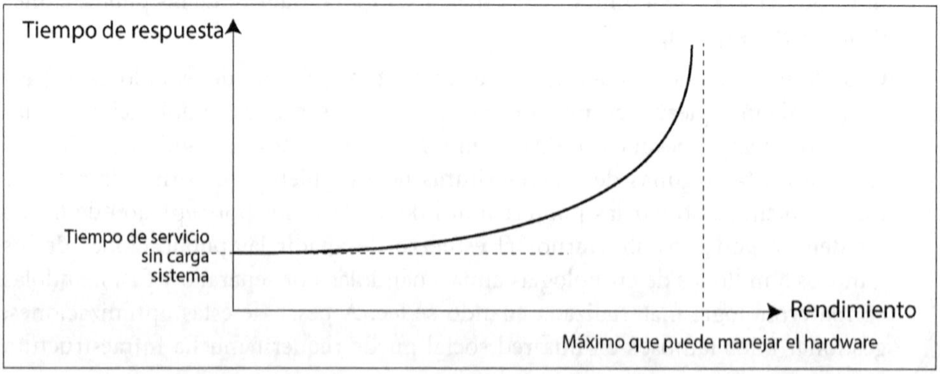

Figura 2-3. A medida que el rendimiento de un servicio se acerca a su capacidad, el tiempo de respuesta aumenta drásticamente debido a las colas.

Cuando un sistema sobrecargado no se recupera

Si un sistema está cerca de la sobrecarga, con un rendimiento cercano al límite, a veces puede entrar en un círculo vicioso en el que se vuelve menos eficiente y, por lo tanto, aún más sobrecargado. Por ejemplo, si hay una larga cola de solicitudes esperando a ser atendidas, los tiempos de respuesta pueden aumentar tanto que los clientes agoten el tiempo de espera y reenvíen sus solicitudes. Esto hace que la tasa de solicitudes aumente aún más, lo que agrava el problema: una *tormenta de reintentos*. Incluso cuando la carga se reduce de nuevo, un sistema de este tipo puede permanecer en un estado de sobrecarga hasta que se reinicia o se restablece de otro modo. Este fenómeno se denomina *fallo metaestable* y puede provocar graves interrupciones en los sistemas de producción [7, 8, 9].

Para evitar que los reintentos sobrecarguen un servicio, puedes aumentar y aleatorizar el tiempo entre reintentos sucesivos en el lado del cliente (*retroceso exponencial* [10, 11]) y detener temporalmente el envío de solicitudes a un servicio que haya devuelto errores o haya agotado el tiempo de espera recientemente (utilizando un *patrón de disyuntor* [12, 13] o un algoritmo *de cubo de tokens* [14]). El servidor también puede detectar cuándo se está acercando a la sobrecarga y empezar a rechazar solicitudes de forma proactiva (*reducción de carga* [15]), o enviar respuestas pidiendo a los clientes que reduzcan la velocidad (*contrapresión* [1, 16]). La elección de los algoritmos de colas y equilibrio de carga también puede marcar la diferencia [17].

En términos de métricas de rendimiento, el tiempo de respuesta suele ser lo que más te importa a los usuarios, mientras que el rendimiento determina los recursos informáticos necesarios (por ejemplo, cuántos servidores necesitas) y, por lo tanto, el costo de atender una carga de trabajo concreta. Si es probable que el rendimiento aumente más allá de la capacidad del hardware actual, es necesario ampliar la capacidad; se dice que un sistema es *escalable* si su rendimiento máximo puede aumentarse significativamente añadiendo recursos informáticos.

En esta sección nos centraremos principalmente en los tiempos de respuesta, y volveremos al rendimiento y la escalabilidad en "Escalabilidad" en la página 55.

Latencia y tiempo de respuesta

Los términos "latencia" y "tiempo de respuesta" a veces se utilizan indistintamente, pero en este libro los utilizaremos, junto con algunos otros términos relacionados, de una manera específica (ilustrada en Figura 2-4):

- *El tiempo de respuesta* es lo que ve el cliente; incluye todos los retrasos que se producen en cualquier parte del sistema.
- El *tiempo de servicio* es la duración durante la cual el servicio procesa activamente la solicitud del cliente.
- *Los retrasos por encolamiento* pueden producirse en varios puntos del flujo; por ejemplo, después de recibir una solicitud, es posible que haya que esperar a que haya una CPU disponible antes de poder procesarla, o que sea necesario almacenar en búfer un paquete de respuesta antes de enviarlo a través de la red si otras tareas de la misma máquina están enviando muchos datos a través de la interfaz de red de salida.
- *La latencia* es un término genérico de que se refiere al tiempo durante el cual una solicitud no se procesa activamente, es decir, durante el cual está *latente*. En particular, *la latencia de red* o *el retraso de red* se refiere al tiempo que una solicitud y una respuesta tardan en viajar a través de la red.

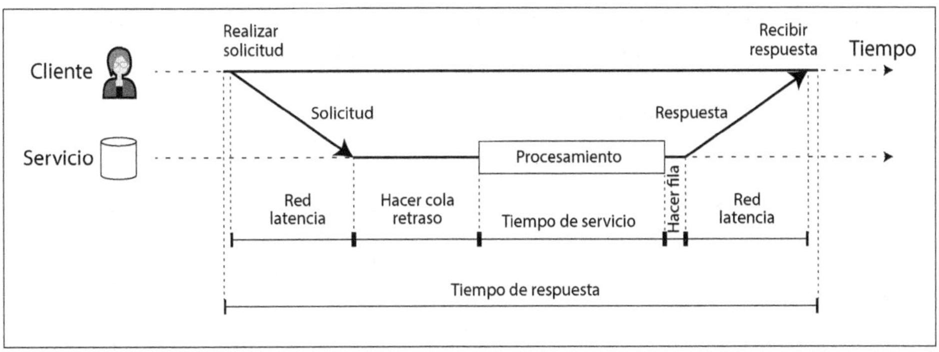

Figura 2-4. Tiempo de respuesta, tiempo de servicio, latencia de la red y retraso en la cola

En Figura 2-4, el tiempo fluye de izquierda a derecha; cada nodo de comunicación se muestra como una línea horizontal, y un mensaje de solicitud o respuesta se muestra como una flecha diagonal gruesa de un nodo a otro. Encontrarás este estilo de diagrama con frecuencia a lo largo de este libro.

El tiempo de respuesta puede variar significativamente de una solicitud a otra, incluso si sigues haciendo la misma solicitud una y otra vez. Hay muchos factores que pueden añadir retrasos aleatorios, por ejemplo, un cambio de contexto a un proceso en segundo plano, la pérdida de un paquete de red y la retransmisión TCP, una pausa en la recolección de basura, un fallo de página que obliga a leer desde el disco o vibraciones mecánicas en el rack del servidor [18]. Trataremos este tema con más detalle en "Tiempos de espera y retrasos ilimitados" en la página 389.

Los retrasos en las colas suelen ser responsables de gran parte de la variabilidad en los tiempos de respuesta. Dado que un servidor solo puede procesar un número reducido de cosas en paralelo (limitado, por ejemplo, por su número de núcleos de CPU), basta con un pequeño número de solicitudes lentas para retrasar el procesamiento de las solicitudes posteriores, un efecto conocido como *bloqueo de cabeza de línea*. Incluso si esas solicitudes posteriores tienen tiempos de servicio rápidos, el cliente verá un tiempo de respuesta general lento debido al tiempo de espera para que se complete la solicitud anterior. El retraso en la cola no forma parte del tiempo de servicio, por lo que es importante medir los tiempos de respuesta en el lado del cliente.

Media, mediana y percentiles

Dado que el tiempo de respuesta varía de una solicitud a otra, debemos considerarlo no como un número único, sino como una *distribución* de valores que podemos medir. En Figura 2-5, cada barra gris representa una solicitud a un servicio, y su altura muestra el tiempo que tardó esa solicitud. La mayoría de las solicitudes son razonablemente rápidas, pero ocasionalmente hay *valores atípicos* que tardan mucho más. La variación en el retraso de la red también se conoce como *jitter*.

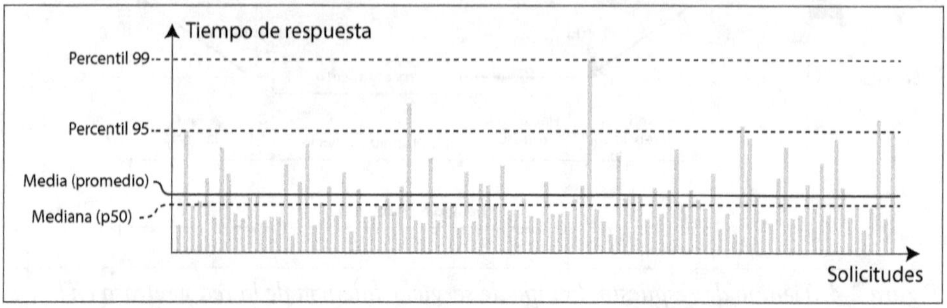

Figura 2-5. Ilustración de la media y los percentiles: tiempos de respuesta para una muestra de 100 solicitudes a un servicio

Es habitual informar del tiempo *medio* de respuesta de un servicio (técnicamente, la *media aritmética*, que se obtiene sumando todos los tiempos de respuesta y dividiendo por el número de solicitudes). El tiempo medio de respuesta es útil para estimar los límites de rendimiento [19]. Sin embargo, la media no es una métrica muy buena si quieres conocer tu tiempo de respuesta "típico", ya que no te indica cuántos usuarios experimentaron realmente ese retraso.

Por lo general, es mejor utilizar *percentiles*. Si tomas tu lista de tiempos de respuesta y la ordenas de más rápido a más lento, la *mediana* es el punto medio; por ejemplo, si tu tiempo de respuesta mediano es de 200 ms, eso significa que la mitad de tus solicitudes se devuelven en menos de 200 milisegundos (ms) y la otra mitad tardan más. Esto hace que la mediana sea una buena métrica si quieres saber cuánto tiempo tienen que esperar normalmente los usuarios. La mediana también se conoce como el *percentil 50*, a veces abreviado como *p50*.

Para averiguar qué tan graves son tus valores atípicos, puedes consultar los percentiles más altos: los *percentiles 95, 99* y *99.9* son comunes (abreviados *p95, p99* y *p999*). Por ejemplo, si el percentil 95 del tiempo de respuesta es de 1.5 segundos, eso significa que 95 de cada 100 solicitudes tardan menos de 1.5 segundos y 5 de cada 100 solicitudes tardan 1.5 segundos o más. Esto se ilustra en Figura 2-5.

Los percentiles de tiempo de respuesta altos, también conocidos como *latencias de cola*, son importantes porque afectan directamente a la experiencia de los usuarios con el servicio. Por ejemplo, Amazon describe los requisitos de tiempo de respuesta para los servicios internos en términos del percentil 99.9, aunque esto solo afecta a 1 de cada 1,000 solicitudes. Esto se debe a que los clientes con las solicitudes más lentas suelen ser aquellos que tienen más datos en sus cuentas, ya que han realizado muchas compras, es decir, son los clientes más valiosos [20]. Es importante mantener contentos a esos clientes asegurándose de que el sitio web sea rápido para ellos.

Se consideró que optimizar el percentil 99.99 (la más lenta de cada 10,000 solicitudes) era demasiado costoso y no reportaba suficientes beneficios para los fines de Amazon. Reducir los tiempos de respuesta en percentiles muy altos es difícil porque se ven fácilmente afectados por eventos aleatorios fuera de tu control, y los beneficios son cada vez menores.

El impacto de los tiempos de respuesta en los usuarios

Parece obvio que un servicio rápido es mejor para los usuarios que uno lento [21]. Sin embargo, es sorprendentemente difícil obtener datos fiables para cuantificar el efecto que la latencia tiene en el comportamiento de los usuarios.

Algunas estadísticas citadas con frecuencia no son fiables. En 2006, por ejemplo, Google informó de que una ralentización en los resultados de búsqueda de 400 ms a 900 ms se asociaba con una caída del 20% en el tráfico y los ingresos [22]. Sin embargo, otro estudio de Google de 2009 informó que un aumento de 400 ms en la latencia solo provocaba una reducción del 0.6% en las búsquedas diarias [23], y ese mismo año Bing descubrió que un aumento de dos segundos en el tiempo de carga reducía los ingresos por publicidad en un 4.3% [24]. Los datos más recientes de estas empresas no parecen estar disponibles públicamente.

Un estudio más reciente de Akamai afirma que un aumento de 100 ms en el tiempo de respuesta reducía la tasa de conversión de los sitios de comercio electrónico hasta en un 7% [25]; sin embargo, al examinarlo más detenidamente, el mismo estudio revela que los tiempos de carga de página muy *rápidos* también se correlacionan con tasas de conversión más bajas. Este resultado aparentemente paradójico se explica por el hecho de que las páginas que se cargan más rápido suelen ser aquellas que no tienen contenido útil (por ejemplo, páginas de error 404). Sin embargo, dado que el estudio no hace ningún esfuerzo por separar los efectos del contenido de la página de los efectos del tiempo de carga, es probable que sus resultados no sean significativos.

Un estudio realizado por Yahoo al año siguiente comparó las tasas de clics en resultados de búsqueda de carga rápida frente a los de carga lenta, controlando la calidad de los resultados de búsqueda [26]. El estudio indica que se producen entre un 20% y un 30% más de clics en las búsquedas rápidas cuando la diferencia entre las respuestas rápidas y lentas es de 1.25 segundos o más.

Uso de métricas de tiempo de respuesta

Los percentiles altos de son especialmente importantes en los servicios de backend que se invocan varias veces como parte del servicio de una sola solicitud de usuario final. Incluso si realizas las invocaciones en paralelo, la solicitud sigue teniendo que esperar a que se complete la más lenta de las invocaciones paralelas. Basta con una sola invocación lenta para que toda la solicitud del usuario final sea lenta, como se ilustra en Figura 2-6. Incluso si solo un pequeño porcentaje de las llamadas al backend son lentas, la probabilidad de obtener una llamada lenta aumenta si una solicitud del usuario final requiere múltiples llamadas al backend, por lo que una mayor proporción de dichas solicitudes del usuario final terminan siendo lentas (un efecto conocido como *amplificación de la latencia de cola* [27]).

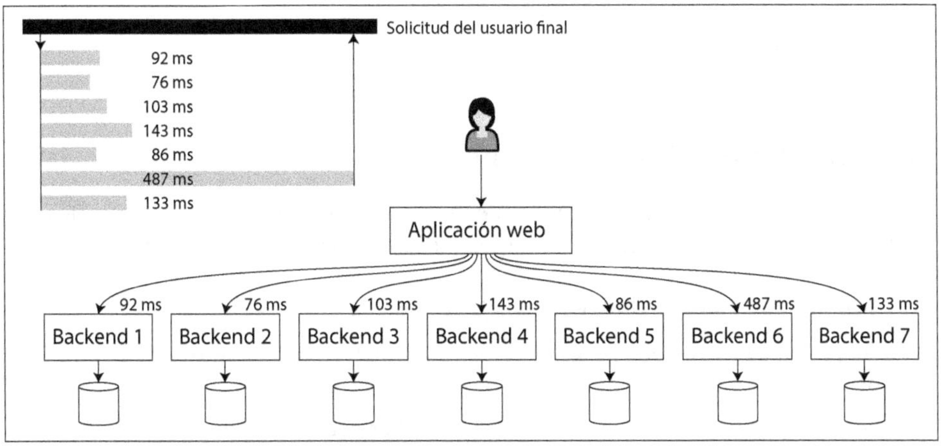

Figura 2-6. Cuando se necesitan varias llamadas al backend para atender una solicitud, una sola llamada lenta puede ralentizar toda la solicitud del usuario final.

Los percentiles son a menudo utilizados en *los objetivos de nivel de servicio* (SLO) y *los acuerdos de nivel de servicio* (SLA) como forma de definir el rendimiento y la disponibilidad esperados de un servicio [28]. Por ejemplo, un SLO puede establecer como objetivo que un servicio tenga un tiempo de respuesta medio inferior a 200 ms y un percentil 99 inferior a 1 segundo, y que al menos el 99.9% de las solicitudes válidas den lugar a respuestas sin errores. Un SLA es un contrato que especifica lo que ocurre si no se cumple el SLO (por ejemplo, los clientes pueden tener derecho a un reembolso). Esa es la idea básica, al menos; en la práctica, definir buenas métricas de disponibilidad para los SLO y los SLA no es sencillo [29, 30].

Cálculo de percentiles

Si quieres añadir percentiles de tiempo de respuesta al panel de monitoreo de tus servicios, necesitas calcularlos de manera eficiente y continua. Por ejemplo, es posible que quieras mantener una ventana móvil de tiempos de respuesta para las solicitudes de los últimos 10 minutos. Cada minuto, calculas la mediana y varios percentiles sobre los valores de esa ventana y trazas esas métricas en un gráfico.

La implementación más sencilla consiste en mantener una lista de los tiempos de respuesta de todas las solicitudes dentro de la ventana de tiempo y ordenar esa lista cada minuto. Si eso te resulta demasiado ineficiente, existen algoritmos que pueden calcular una buena aproximación de los percentiles con un coste mínimo de CPU y memoria. Las bibliotecas de estimación de percentiles de código abierto incluyen HdrHistogram [31], t-digest [32, 33], OpenHistogram [34] y DDSketch [35].

Ten en cuenta que promediar percentiles (por ejemplo, para reducir la resolución temporal o combinar datos de varias máquinas) no tiene sentido desde el punto de vista matemático. La forma correcta de agregar datos de tiempo de respuesta es sumar los histogramas [36].

Fiabilidad y tolerancia a fallos

Todo el mundo tiene una idea intuitiva de lo que significa que algo sea confiable o no confiable. En el caso del software, las expectativas típicas incluyen lo siguiente:

- La aplicación realiza la función que esperabas.
- La aplicación puede tolerar que el usuario cometa errores o utilice el software de formas inesperadas.
- Su rendimiento es lo suficientemente bueno para el caso de uso requerido, bajo la carga y el volumen de datos esperados.
- El sistema impide cualquier acceso no autorizado y cualquier uso indebido.

Si todas esas cosas juntas significan "funcionar correctamente", entonces podemos entender *la confiabilidad* como, a grandes rasgos, "seguir funcionando correctamente, incluso cuando las cosas salen mal". Para ser más precisos sobre las cosas que salen mal, distinguiremos entre fallos y averías [37, 38, 39]:

Fallo
: Se produce un fallo cuando una *parte* concreta del sistema deja de funcionar correctamente, por ejemplo, si un solo disco duro falla, una sola máquina se bloquea o un servicio externo (del que depende el sistema) sufre una interrupción.

Avería
: Se produce una avería cuando el sistema *en su conjunto* deja de proporcionar el servicio requerido al usuario, es decir, cuando no cumple el SLO.

La distinción entre fallos y averías puede resultar confusa porque son lo mismo, solo que a diferentes niveles. Por ejemplo, si un disco duro deja de funcionar, decimos que el disco duro ha fallado; si el sistema consta solo de ese disco duro, ha dejado de proporcionar el servicio requerido y, por lo tanto, también ha fallado. Sin embargo, si el sistema consta de varios discos duros, el fallo de un solo disco duro es solo un defecto desde el punto de vista del sistema más grande, y este podría ser capaz de tolerar ese defecto al tener una copia de los datos en otro disco duro.

Tolerancia a fallos

Decimos que un sistema es *tolerante a fallos* si sigue proporcionando el servicio requerido a los usuarios a pesar de que se produzcan ciertos fallos. Si un sistema no puede tolerar que una determinada parte falle, llamamos a esa parte *punto único de fallo* (SPOF), porque un fallo en esa parte se intensifica y provoca el fallo de todo el sistema.

Por ejemplo, en el caso práctico de la red social, un fallo que podría ocurrir es que, durante el proceso de distribución, una máquina involucrada en la actualización de las líneas de tiempo materializadas se bloquee o deje de estar disponible. Para que este proceso sea tolerante a fallos, tendríamos que asegurarnos de que otra máquina pueda hacerse cargo de esta tarea sin perder ninguna publicación que debería haberse entregado y sin duplicar ninguna publicación. (Esta idea se conoce como *semántica exactly-once* y la examinaremos en detalle en Capítulo 12).

La tolerancia a fallos siempre se limita a un número determinado de tipos de fallos concretos. Por ejemplo, un sistema podría tolerar un máximo de dos discos duros que fallaran al mismo tiempo, o un máximo de uno de cada tres nodos que se colgaran. No tendría sentido tolerar cualquier número de fallos; si todos los nodos se colgaran, no se podría hacer nada. Si todo el planeta Tierra (y todos los servidores que hay en él) fueran engullidos por un agujero negro, la tolerancia a ese fallo requeriría un alojamiento web en el espacio, buena suerte consiguiendo que se apruebe esa partida presupuestaria.

Contrariamente a lo que parece, en sistemas tan tolerantes a fallos, puede tener sentido *aumentar* la tasa de fallos provocándolos deliberadamente, por ejemplo, eliminando aleatoriamente procesos individuales sin previo aviso. Esto se denomina *inyección de fallos*. Muchos errores críticos se deben en realidad a una mala gestión de los errores [40]; al inducir fallos deliberadamente, te aseguras de que el mecanismo de tolerancia a fallos se ejercita y prueba continuamente, lo que puede aumentar tu confianza en que los fallos se gestionarán correctamente cuando se produzcan de forma natural. *La ingeniería del caos* es una disciplina que tiene como objetivo mejorar la confianza en los mecanismos de tolerancia a fallos mediante experimentos como la inyección deliberada de fallos [41].

Aunque, en general, preferimos tolerar los fallos antes que prevenirlos, en algunos casos es mejor prevenir que curar (por ejemplo, porque no existe cura). Este es el caso de las cuestiones de seguridad, por ejemplo; si un atacante ha comprometido un sistema y ha obtenido acceso a datos confidenciales, ese evento no se puede deshacer. Sin embargo, este libro trata principalmente de los tipos de fallos que se pueden curar, como se describe en las siguientes secciones.

Fallos de hardware y software

Cuando pensamos en las causas de los fallos del sistema, rápidamente nos vienen a la mente los fallos de hardware:

- Aproximadamente entre el 2% y el 5% de los discos duros magnéticos fallan cada año [42, 43]; por lo tanto, en un clúster de almacenamiento con 10,000 discos, deberíamos esperar una media de un fallo de disco al día. Datos recientes sugieren que los discos son cada vez más fiables, pero las tasas de fallo siguen siendo significativas [44].

- Aproximadamente entre el 0.5% y el 1% de las unidades de estado sólido (SSD) fallan cada año [45]. Un pequeño número de errores de bits se corrige automáticamente [46], pero se producen errores incorregibles aproximadamente una vez al año por unidad, incluso en unidades que son bastante nuevas (es decir, que han sufrido poco desgaste). Esta tasa de error es superior a la de los discos duros magnéticos [47, 48].
- Otros componentes de hardware (como fuentes de alimentación, controladores RAID y módulos de memoria) también fallan, aunque con menos frecuencia que las unidades de disco duro [49, 50].
- Aproximadamente 1 de cada 1,000 máquinas tiene un núcleo de CPU que ocasionalmente calcula un resultado erróneo, probablemente debido a defectos de fabricación [51, 52, 53]. En algunos casos, un cálculo erróneo provoca un bloqueo, pero en otros casos hace que un programa simplemente devuelva un resultado incorrecto.
- Los datos de la RAM pueden corromperse, ya sea por eventos aleatorios como los rayos cósmicos o por defectos físicos permanentes. Incluso cuando se utiliza memoria con códigos de corrección de errores (ECC), más del 1% de las máquinas encuentran un error incorregible en un año determinado, lo que normalmente provoca un bloqueo de la máquina y la necesidad de sustituir el módulo de memoria afectado [54]. Además, ciertos patrones patológicos de acceso a la memoria pueden invertir bits con alta probabilidad [55].
- Todo un centro de datos podría quedar fuera de servicio (por ejemplo, debido a un corte de energía o una configuración incorrecta de la red) o incluso destruirse de forma permanente (por ejemplo, por un incendio, una inundación o un terremoto [56]). Una tormenta solar, que induce grandes corrientes eléctricas en los cables de larga distancia cuando el sol expulsa una gran masa de partículas cargadas, podría dañar las redes eléctricas y los cables submarinos [57]. Aunque estos fallos a gran escala son poco frecuentes, su impacto puede ser catastrófico si un servicio no puede tolerar la pérdida de un centro de datos [58].

Estos eventos son tan poco frecuentes que, a menudo, no es necesario preocuparse por ellos cuando se trabaja en un sistema pequeño, siempre y cuando se pueda sustituir fácilmente el hardware que falla. Sin embargo, en un sistema a gran escala, los fallos de hardware ocurren con tanta frecuencia que se convierten en parte del funcionamiento normal del sistema.

Tolerancia a los fallos de hardware mediante la redundancia

Nuestra primera respuesta ante un hardware poco fiable suele ser añadir redundancia a los componentes de hardware individuales con el fin de reducir la tasa de fallos del sistema. Los discos pueden configurarse en una configuración RAID de matriz de discos independientes (distribuyendo los datos entre varios discos de la misma máquina para que un disco defectuoso no provoque la pérdida de datos), los servidores pueden tener dos fuentes de alimentación y CPU intercambiables en caliente, y los centros de datos pueden tener baterías y generadores diésel como fuente de alimentación de reserva. Esta redundancia a menudo puede mantener una máquina en funcionamiento ininterrumpido durante años.

La redundancia es más eficaz cuando los fallos de los componentes son independientes, es decir, cuando la aparición de un fallo no cambia la probabilidad de que se produzca otro. Sin embargo, la experiencia ha demostrado que existen correlaciones significativas entre los fallos de los componentes [43, 59, 60]. La indisponibilidad de todo un rack de servidores o de todo un centro de datos sigue ocurriendo con más frecuencia de la que nos gustaría.

La redundancia del hardware aumenta el tiempo de actividad de una sola máquina; sin embargo, como se explica en "Sistemas distribuidos frente a sistemas de un solo nodo" en la página 21, el uso de un sistema distribuido tiene ventajas, como la capacidad de tolerar una interrupción completa de un centro de datos. Por esta razón, los sistemas en la nube tienden a centrarse menos en la confiabilidad de las máquinas individuales y, en cambio, apuntan a hacer que los servicios estén altamente disponibles tolerando los nodos defectuosos a nivel de software. Los proveedores de nube utilizan *zonas de disponibilidad* para identificar qué recursos están ubicados físicamente en el mismo lugar; los recursos que se encuentran en el mismo lugar son más propensos a fallar al mismo tiempo que los recursos separados geográficamente.

Las técnicas de tolerancia a fallos que analizamos en este libro están diseñadas para tolerar la pérdida de máquinas, racks o zonas de disponibilidad completas. Por lo general, funcionan permitiendo que una máquina de un centro de datos se haga cargo cuando una máquina de otro centro de datos falla o deja de estar disponible. Analizaremos estas técnicas de tolerancia a fallos en los capítulos 6 y 10, así como en otros puntos de este libro.

Los sistemas que pueden tolerar la pérdida de máquinas completas también tienen ventajas operativas. Un sistema de servidor único requiere un tiempo de inactividad planificado si necesitas reiniciar la máquina (para aplicar parches de seguridad del sistema operativo, por ejemplo), mientras que un sistema tolerante a fallos de múltiples nodos puede parchearse reiniciando un nodo cada vez, sin afectar al servicio para los usuarios. Esto se denomina *actualización continua*, y lo analizaremos más detenidamente en Capítulo 5.

Fallos de software

Aunque los fallos de hardware pueden estar débilmente correlacionados, siguen siendo en su mayoría independientes; por ejemplo, si falla un disco, es probable que los demás discos de la misma máquina funcionen correctamente, al menos durante un tiempo. Por otro lado, los fallos de software suelen estar muy correlacionados, ya que es habitual que muchos nodos ejecuten el mismo software y, por lo tanto, tengan los mismos errores [61, 62]. Estos fallos son más difíciles de prever y tienden a causar muchos más fallos del sistema que los fallos de hardware no correlacionados [49]. Algunos ejemplos son los siguientes:

- Un error de software que provoca que todos los nodos fallen al mismo tiempo en circunstancias particulares. Por ejemplo, el 30 de junio de 2012, un segundo intercalar provocó que muchas aplicaciones Java se colgaran simultáneamente debido a un error en el núcleo de Linux, lo que provocó la caída de varios servicios de Internet [63]. Y debido a un error de firmware, todos los SSD de ciertos modelos fallan repentinamente después de exactamente 32,768 horas de funcionamiento (menos de cuatro años), lo que hace que los datos que contienen sean irrecuperables [64].
- Un proceso descontrolado que agota un recurso compartido y limitado, como el tiempo de CPU, la memoria, el espacio en disco, el ancho de banda de la red o los subprocesos [65]. Por ejemplo, un proceso que consume demasiada memoria al procesar una solicitud grande puede ser eliminado por el sistema operativo, o un error en una biblioteca de clientes podría provocar un volumen de solicitudes mucho mayor de lo previsto [66].
- Un servicio del que depende el sistema se ralentiza, deja de responder o empieza a devolver respuestas corruptas.
- La interacción entre diferentes sistemas da lugar a un comportamiento emergente que no se produce cuando cada sistema se prueba de forma aislada [67].
- Fallos en cadena, en los que un problema en un componente provoca que otro componente se sobrecargue y se ralentice, lo que a su vez provoca la caída de otro componente [68, 69].

Los errores que causan este tipo de fallos de software suelen permanecer latentes durante mucho tiempo hasta que se desencadenan por una serie de circunstancias inusuales. En esas circunstancias, se revela que el software está haciendo algún tipo de suposición sobre su entorno y, aunque esa suposición *suele* ser cierta, acaba dejando de serlo por alguna razón [70, 71].

El problema de los fallos sistemáticos en el software no tiene una solución rápida. Hay muchas pequeñas cosas que pueden ayudar: pensar detenidamente en las suposiciones e interacciones del sistema; realizar pruebas exhaustivas; garantizar el aislamiento de los procesos; permitir que los procesos se bloqueen y se reinicien; evitar bucles de retroalimentación, como las tormentas de reintentos (consulta Cuando un sistema sobrecargado no se recupera en la página 42); medir, realizar monitoreo y analizar el comportamiento del sistema en producción.

Los seres humanos y la fiabilidad

Los seres humanos diseñan y construyen sistemas de software, y los operadores que mantienen los sistemas en funcionamiento también son seres humanos. A diferencia de las máquinas, los seres humanos no se limitan a seguir las reglas; una de sus fortalezas es ser creativos y adaptables a la hora de realizar su trabajo. Sin embargo, esta característica también conduce a la imprevisibilidad y, a veces, a errores que pueden provocar fallos, a pesar de las mejores intenciones. Por ejemplo, un estudio sobre grandes servicios de Internet reveló que los cambios de configuración realizados por los operadores eran la principal causa de las interrupciones del servicio, mientras que los fallos de hardware (servidores o red) solo influían en entre el 10% y el 25% de los casos [72].

Es tentador etiquetar estos problemas como "errores humanos" y desear que se puedan resolver controlando mejor el comportamiento humano mediante procedimientos más estrictos y el cumplimiento de las normas. Sin embargo, culpar a las personas por los errores es contraproducente. Lo que llamamos "error humano" no es realmente la causa de un incidente, sino más bien un síntoma de un problema con el sistema sociotécnico en el que las personas se esfuerzan por hacer su trabajo lo mejor posible [73]. A menudo, los sistemas complejos tienen un comportamiento emergente, en el que las interacciones inesperadas entre los componentes también pueden provocar fallos [74].

Existen diversas medidas técnicas que pueden ayudar a minimizar el impacto de los errores humanos, entre ellas las pruebas exhaustivas (tanto pruebas escritas a mano como *pruebas de propiedades* en lotes de entradas aleatorias) [40], los mecanismos de reversión para revertir rápidamente los cambios de configuración, la implementación gradual de nuevo código, el monitoreo detallado y claro, las herramientas de observabilidad para diagnosticar problemas de producción (consulta "Problemas con los sistemas distribuidos" en la página 23) y las interfaces bien diseñadas que fomentan "lo correcto" y desalientan "lo incorrecto".

Sin embargo, todo esto requiere una inversión de tiempo y dinero, y en la realidad pragmática del negocio cotidiano, las organizaciones suelen dar prioridad alas actividades que generan ingresos sobre las medidas que aumentan la resiliencia de sus sistemas frente a los errores. Ante la elección entre más funciones y más pruebas, muchas organizaciones optan, comprensiblemente, por las funciones. Entonces, cuando se produce inevitablemente un error evitable, culpar a la persona que lo cometió no tiene sentido; el problema son las prioridades de la organización.

Cada vez más, las organizaciones están adoptando una cultura de *análisis posteriores sin culpas*: después de un incidente, se anima a las personas involucradas a compartir todos los detalles sobre lo que ocurrió, sin temor a ser castigadas, ya que esto permite a otras personas de la organización aprender a prevenir problemas similares en el futuro [75]. Este proceso puede revelar la necesidad de cambiar las prioridades empresariales, invertir en áreas que se han descuidado, cambiar los incentivos para las personas involucradas o llamar la atención de la dirección sobre otra cuestión sistémica.

Como principio general, al investigar un incidente, debes sospechar de las respuestas simplistas. "Bob debería haber tenido más cuidado al implementar ese cambio" no es productivo, pero tampoco lo es "Debemos reescribir el backend en Haskell". En cambio, la dirección debería aprovechar la oportunidad para conocer los detalles del funcionamiento del sistema sociotécnico desde el punto de vista de las personas que trabajan con él a diario y tomar medidas para mejorarlo basándose en esta información [73].

¿Qué importancia tiene la fiabilidad?

La confiabilidad no es solo para las centrales nucleares y el control del tráfico aéreo; también se espera que las aplicaciones más mundanas funcionen de manera confiable. Los errores en las aplicaciones empresariales provocan una pérdida de productividad (y riesgos legales si las cifras se comunican incorrectamente), y las interrupciones en los sitios de comercio electrónico pueden tener enormes costos en términos de pérdida de ingresos y daño a la reputación.

En muchas aplicaciones, una interrupción temporal de unos minutos o incluso de unas horas es tolerable [76], pero la pérdida o corrupción permanente de datos sería catastrófica. Piensa en unos padres que almacenan todas las fotos y vídeos de sus hijos en tu aplicación de fotos [77]. ¿Cómo se sentirían si esa base de datos se dañara de repente? ¿Sabrían cómo restaurar su colección a partir de una copia de seguridad?

Otro ejemplo de cómo un software poco fiable puede perjudicar a las personas es el escándalo de Post Office Horizon. Entre 1999 y 2019, cientos de personas que gestionaban sucursales de correos en Gran Bretaña fueron condenadas por robo o fraude porque el software de contabilidad mostraba un déficit en sus cuentas. Finalmente, quedó claro que muchos de estos déficits se debían a errores en el software, lo que dio lugar a que muchas de estas condenas fueran anuladas [78]. Lo que llevó a esto, probablemente el mayor error judicial de la historia británica, es la suposición de la ley inglesa de que las computadoras funcionan correctamente (y, por lo tanto, las pruebas producidas por las computadoras son fiables) a menos que existan pruebas de lo contrario [79]. Los ingenieros de software pueden reírse de la idea de que el software pueda estar libre de errores, pero esto es poco consuelo para las personas que fueron encarceladas injustamente, declaradas en quiebra o incluso se suicidaron como resultado de una condena injusta debido a un sistema informático poco fiable.

En algunas situaciones, podemos optar por sacrificar la fiabilidad para reducir los costos de desarrollo (por ejemplo, al desarrollar un prototipo de producto para un mercado sin probar), pero debemos ser muy conscientes de cuándo estamos tomando atajos y tener en cuenta las posibles consecuencias.

Escalabilidad

Aunque un sistema funcione de forma fiable hoy en día, eso no significa que vaya a funcionar necesariamente de forma fiable en el futuro. Una razón común para la degradación es el aumento de la carga. Quizás el sistema haya pasado de 10,000 usuarios simultáneos a 100,000, o de 1 millón a 10 millones. Quizás esté procesando volúmenes de datos mucho mayores que antes.

La escalabilidad es el término que utilizamos para describir la capacidad de un sistema para hacer frente a un aumento de la carga. A veces, cuando se habla de escalabilidad, la gente hace comentarios del tipo: "No eres Google ni Amazon. Deja de preocuparte por la escala y utiliza simplemente una base de datos relacional". Que esta máxima se aplique a ti depende del tipo de aplicación que estés creando.

Si estás creando un nuevo producto que actualmente solo tiene un pequeño número de usuarios, tal vez en una startup, el objetivo principal de ingeniería suele ser mantener el sistema lo más simple y flexible posible para que puedas modificar y adaptar fácilmente las características de tu producto a medida que aprendes más sobre las necesidades de los clientes [80]. En un entorno así, es contraproducente preocuparse por una escala hipotética que podría ser necesaria en el futuro. En el mejor de los casos, las inversiones en escalabilidad son un esfuerzo inútil y una optimización prematura; en el peor de los casos, te encadenan a un diseño inflexible y dificultan la evolución de tu aplicación.

La escalabilidad no es una etiqueta unidimensional: no tiene sentido decir "*X* es escalable" o "*Y* no es escalable". Más bien, hablar de escalabilidad significa considerar preguntas como estas:

- Si el sistema crece de una manera determinada, ¿qué opciones tenemos para hacer frente a ese crecimiento?
- ¿Cómo podemos añadir recursos informáticos para manejar la carga adicional?
- Según las proyecciones de crecimiento actuales, ¿cuándo alcanzaremos los límites de nuestra arquitectura actual?

Si logras que tu aplicación sea popular y, por lo tanto, manejas una carga cada vez mayor, descubrirás dónde se encuentran los cuellos de botella en el rendimiento y en qué dimensiones necesitas escalar. En ese momento, será el momento de empezar a preocuparte por las técnicas de escalabilidad.

Comprender la carga

En primer lugar, es necesario comprender claramente la carga actual del sistema. Solo entonces se pueden discutir cuestiones relacionadas con el crecimiento ("¿Qué pasaría si nuestra carga se duplicara?"). A menudo, esto se medirá en términos de rendimiento, por ejemplo, el número de solicitudes por segundo a un servicio, el número de gigabytes de datos nuevos que llegan al día o el número de compras por hora. A veces te interesa el pico de una cantidad variable, como el número de usuarios conectados simultáneamente en nuestro caso práctico de red social.

A menudo, otras características estadísticas de la carga afectan a los patrones de acceso y, por lo tanto, a los requisitos de escalabilidad. Por ejemplo, es posible que necesites conocer la proporción de lecturas y escrituras en una base de datos, la tasa de aciertos en una caché o el número de elementos de datos por usuario (seguidores, en nuestro caso práctico). Quizás lo que te importe sea el caso promedio, o quizás tu cuello de botella esté dominado por un pequeño número de casos extremos. Todo depende de los detalles de tu aplicación en particular.

Una vez que comprendas la carga de tu sistema, podrás investigar qué sucede cuando la carga aumenta. Puedes analizarlo de dos maneras:

- Cuando aumentas la carga de cierta manera y mantienes los recursos del sistema (CPU, memoria, ancho de banda de red, etc.) sin cambios, ¿cómo se ve afectado el rendimiento de tu sistema?
- Cuando aumentas la carga de cierta manera, ¿cuánto necesitas aumentar los recursos si quieres mantener el rendimiento sin cambios?

Por lo general, el objetivo es mantener el rendimiento del sistema dentro de los requisitos del SLA de (consulta "Uso de métricas de tiempo de respuesta" en la página 46) y, al mismo tiempo, minimizar el costo de funcionamiento del sistema. Cuanto mayores sean los recursos informáticos necesarios, mayor será el costo. Algunos tipos de hardware pueden ser más rentables que otros, y estos factores pueden cambiar con el tiempo a medida que se disponga de nuevos tipos de hardware.

Si duplicar los recursos te permite manejar el doble de carga manteniendo el mismo rendimiento, decimos que tienes *escalabilidad lineal*, lo cual se considera algo positivo. En ocasiones, es posible manejar el doble de carga con menos del doble de recursos, debido a las economías de escala o a una mejor distribución de la carga máxima [81, 82]. Es mucho más probable que el costo crezca más rápido que linealmente. Puede haber muchas razones para la ineficiencia; por ejemplo, si tienes una gran cantidad de datos, procesar una sola solicitud de escritura puede implicar más trabajo que si tienes una pequeña cantidad de datos, incluso si el tamaño de la solicitud es el mismo.

Arquitecturas de memoria compartida, disco compartido y nada compartido

La forma más sencilla de aumentar los recursos de hardware de un servicio es trasladarlo a una máquina más potente. Los núcleos de CPU individuales ya no son significativamente más rápidos, pero puedes comprar una máquina (o alquilar una instancia en la nube) con más núcleos de CPU, más RAM y más espacio en disco. Este enfoque se denomina *escalado vertical* o *escalado ascendente*.

Se puede obtener paralelismo en una sola máquina utilizando múltiples procesos o subprocesos. Todos los subprocesos que pertenecen al mismo proceso pueden acceder a la misma RAM, por lo que este enfoque también se denomina *arquitectura de memoria compartida*. El problema del enfoque de memoria compartida es que el costo crece más rápido que linealmente; una máquina de gama alta con el doble de recursos de hardware que una máquina de especificaciones inferiores suele costar mucho más que el doble. Y debido a los cuellos de botella, es poco probable que esa máquina pueda realmente manejar el doble de carga.

Otro enfoque es la *arquitectura de disco compartido*, que utiliza varias máquinas con CPU y RAM independientes, pero almacena los datos en una matriz de discos que se comparte entre las máquinas, las cuales están conectadas a través de una red de alta velocidad: *almacenamiento conectado a la red* (NAS) o *red de área de almacenamiento* (SAN). Esta arquitectura se ha utilizado tradicionalmente para cargas de trabajo de almacenamiento de datos en las instalaciones, pero la contienda y la sobrecarga del bloqueo limitan la escalabilidad del enfoque de disco compartido [83].

Por el contrario, la *arquitectura sin recursos compartidos* [84] (también denominada *escalado horizontal* o *escalado hacia fuera*) implica un sistema distribuido con múltiples nodos, cada uno de los cuales tiene sus propias CPU, RAM y discos. Cualquier coordinación entre los nodos se realiza a nivel de software, a través de una red convencional.

Las ventajas de este enfoque, que ha ganado popularidad en los últimos años, son que tiene el potencial de escalar linealmente, puede utilizar cualquier hardware que ofrezca la mejor relación precio/rendimiento (especialmente en la nube), puede ajustar más fácilmente sus recursos de hardware a medida que la carga aumenta o disminuye, y puede lograr una mayor tolerancia a fallos al distribuir el sistema entre múltiples centros de datos y regiones. Las desventajas son que requiere un fragmentado explícito (consulta Capítulo 7) y conlleva toda la complejidad de los sistemas distribuidos (que se analiza en Capítulo 9).

Algunos sistemas de bases de datos nativas de la nube utilizan servicios separados para el almacenamiento y la ejecución de transacciones (consulta "Separación del almacenamiento y la computación" en la página 18), con múltiples nodos de computación que comparten el acceso al mismo servicio de almacenamiento. Este modelo tiene cierta similitud con una arquitectura de disco compartido, pero evita los problemas de escalabilidad de los sistemas más antiguos. En lugar de proporcionar una abstracción de sistema de archivos (NAS) o dispositivo de bloques (SAN), el servicio de almacenamiento ofrece una API especializada diseñada para las necesidades específicas de la base de datos [85].

Principios de escalabilidad

La arquitectura de los sistemas que operan a gran escala suele ser muy específica para cada aplicación. No existe una arquitectura escalable genérica que sirva para todo (conocida informalmente como *magic scaling sauce*). Por ejemplo, un sistema diseñado para gestionar 100,000 solicitudes por segundo, cada una de 1 kB de tamaño, es muy diferente de un sistema diseñado para 3 solicitudes por minuto, cada una de 2 GB de tamaño, aunque los dos sistemas tengan el mismo rendimiento de datos (100 MB/segundo).

Además, es poco probable que una arquitectura adecuada para un nivel de carga pueda hacer frente a una carga 10 veces superior. Si estás trabajando en un servicio de rápido crecimiento, es probable que tengas que replantearte tu arquitectura cada vez que se produzca un aumento de carga de un orden de magnitud. Dado que es probable que las necesidades de la aplicación evolucionen, no suele valer la pena planificar las necesidades de escalabilidad futuras con más de un orden de magnitud de antelación.

Un buen principio general para la escalabilidad es dividir un sistema en componentes más pequeños que puedan funcionar de forma independiente entre sí. Este es el principio subyacente detrás de los microservicios (consulta "Microservicios y sin servidor" en la página 24), el fragmentado (Capítulo 7), el procesamiento de flujos (Capítulo 12) y las arquitecturas sin nada compartido. El reto radica en saber dónde trazar la línea entre las cosas que deben estar juntas y las que deben estar separadas. Las directrices de diseño para microservicios se pueden encontrar en otros libros [86], y discutimos el fragmentado de sistemas sin nada compartido (shared-nothing) en Capítulo 7.

Otro buen principio es no complicar las cosas más de lo necesario. Si una base de datos de una sola máquina es suficiente, probablemente sea preferible a una complicada configuración distribuida. Los sistemas de autoescalado (que añaden o eliminan recursos automáticamente en respuesta a la demanda) son interesantes, pero si tu carga es bastante predecible, un sistema escalado manualmente puede tener menos sorpresas operativas (consulta "Operaciones: reequilibrio automático frente a manual" en la página 292). Un sistema con 5 servicios es más sencillo que uno con 50. Las buenas arquitecturas suelen implicar una mezcla pragmática de enfoques.

Mantenibilidad

El software no se desgasta ni sufre fatiga material, por lo que no se rompe de la misma manera que los objetos mecánicos. Sin embargo, los requisitos de una aplicación evolucionan con frecuencia, el entorno en el que se ejecuta el software cambia (como sus dependencias y la plataforma subyacente) y puede tener errores que deben corregirse.

Es ampliamente reconocido que la mayor parte del costo del software no está en su desarrollo inicial, sino en su mantenimiento continuo: corregir errores, mantener sus sistemas operativos, investigar fallas, adaptarlo a nuevas plataformas, modificarlo para nuevos casos de uso, pagar la deuda técnica y añadir nuevas características [87, 88].

El mantenimiento puede ser complejo, especialmente en el caso de los sistemas heredados. Un sistema que ha funcionado con éxito durante mucho tiempo puede utilizar tecnologías obsoletas que pocos ingenieros comprenden hoy en día (como los mainframes y el código COBOL), y es posible que se haya perdido el conocimiento institucional sobre cómo y por qué se diseñó el sistema de una determinada manera a medida que las personas han ido abandonando la organización. También puede ser necesario corregir los errores de otras personas. Dado que los sistemas informáticos suelen estar entrelazados con las organizaciones humanas a las que dan soporte, el mantenimiento de dichos sistemas es tanto un problema humano como técnico [89].

Todos los sistemas que creamos hoy en día se convertirán algún día en sistemas heredados si son lo suficientemente valiosos como para sobrevivir durante mucho tiempo. Para minimizar las dificultades de las generaciones futuras que tengan que mantener nuestro software, debemos diseñarlo teniendo en cuenta el mantenimiento. Aunque no siempre podemos predecir qué decisiones pueden crear problemas de mantenimiento en el futuro, en este libro prestaremos atención a varios principios que son ampliamente aplicables:

Operatividad
: Facilita a la organización el mantenimiento del buen funcionamiento del sistema.

Simplicidad
: Facilita a los nuevos ingenieros la comprensión del sistema, implementándolo con patrones y estructuras bien conocidos y coherentes, y evitando complejidades innecesarias.

Evolutividad
: Facilita a los ingenieros la realización de cambios en el sistema en el futuro, adaptándolo y ampliándolo para casos de uso imprevistos a medida que cambien los requisitos.

Operatividad: facilitar la vida a las operaciones

Anteriormente hablamos del papel de las operaciones en "Operaciones en la era de la nube" en la página 19 y vimos que los procesos humanos son al menos tan importantes para unas operaciones fiables como las herramientas de software. De hecho, se ha sugerido que "unas buenas operaciones a menudo pueden sortear las limitaciones de un software malo (o incompleto), pero un buen software no puede funcionar de forma fiable con unas malas operaciones" [62].

En sistemas a gran escala que constan de miles de máquinas, el mantenimiento manual sería excesivamente costoso, por lo que la automatización es esencial. Sin embargo, la automatización puede ser un arma de doble filo. Siempre habrá casos extremos (como situaciones de fallo poco frecuentes) que requieran la intervención manual del equipo de operaciones y, dado que los casos que no se pueden gestionar automáticamente suelen ser los más complejos, una mayor automatización requiere un equipo de operaciones *más* cualificado que pueda resolver esos problemas [90].

Además, un sistema automatizado que falla suele ser más difícil de solucionar que un sistema que depende de un operador para realizar algunas acciones manualmente. Por esa razón, una mayor automatización no siempre es mejor para la operatividad. Sin embargo, es importante contar con cierto grado de automatización: el punto óptimo dependerá de las características específicas de tu aplicación y organización en particular.

Una buena operatividad significa facilitar las tareas rutinarias, lo que permite al equipo de operaciones centrarse en actividades de alto valor. Los sistemas de datos pueden ayudar haciendo lo siguiente [91]:

- Permitir que las herramientas de monitoreo comprueben las métricas clave del sistema y que las herramientas de observabilidad (consulta "Problemas con los sistemas distribuidos" en la página 23) proporcionen información sobre el comportamiento del sistema en tiempo de ejecución. Existen diversas herramientas comerciales y de código abierto que pueden ayudar en este sentido [92].
- Evitar la dependencia de máquinas individuales (permitiendo que las máquinas se apaguen para su mantenimiento mientras el sistema en su conjunto sigue funcionando sin interrupciones).
- Proporcionar una buena documentación y un modelo operativo fácil de entender ("Si hago *X*, sucederá *Y*").
- Proporcionar un buen comportamiento predeterminado, pero también dar a los administradores la libertad de anular los valores predeterminados cuando sea necesario.
- Autocorrección cuando sea apropiado, pero también dar a los administradores control manual sobre el estado del sistema cuando sea necesario.

- Mostrar un comportamiento predecible, minimizando las sorpresas.

Simplicidad: gestionar la complejidad

Los proyectos de software pequeños pueden tener un código deliciosamente sencillo y expresivo, pero a medida que los proyectos se hacen más grandes, a menudo se vuelven muy complejos y difíciles de entender. Esta complejidad ralentiza a todos los que necesitan trabajar en el sistema, lo que aumenta aún más el costo de mantenimiento. Un proyecto de software sumido en la complejidad se describe a veces como una *gran bola de barro* [93].

Cuando la complejidad dificulta el mantenimiento, a menudo se sobrepasan los presupuestos y los plazos. En el software complejo, también existe un mayor riesgo de introducir errores al realizar un cambio. Cuando el sistema es más difícil de entender y razonar para los desarrolladores, es más fácil pasar por alto supuestos ocultos, consecuencias no deseadas e interacciones inesperadas [71]. Por el contrario, reducir la complejidad mejora en gran medida la mantenibilidad del software, por lo que la simplicidad debe ser un objetivo clave para los sistemas que construimos.

Los sistemas simples son más fáciles de entender, por lo que debemos intentar resolver un problema dado de la manera más sencilla posible. Por desgracia, esto es más fácil decirlo que hacerlo. Que algo sea simple suele ser una cuestión subjetiva, ya que no existe un estándar objetivo de simplicidad [94]. Por ejemplo, un sistema puede ocultar una implementación compleja detrás de una interfaz sencilla, mientras que otro puede tener una implementación sencilla que expone más detalles internos a sus usuarios: ¿cuál es más sencillo?

Un intento de razonar sobre la complejidad la divide en dos categorías: esencial y accidental [95]. La idea es que la complejidad *esencial* es inherente al ámbito del problema de la aplicación, mientras que la complejidad *accidental* surge únicamente debido a las limitaciones de nuestras herramientas. Desafortunadamente, esta distinción también es errónea, porque los límites entre lo esencial y lo accidental cambian a medida que nuestras herramientas evolucionan [96].

Una de las mejores herramientas que tenemos para gestionar la complejidad es *la abstracción*. Una buena abstracción puede ocultar una gran cantidad de detalles de implementación detrás de una fachada limpia y fácil de entender. Una buena abstracción también se puede utilizar para una amplia gama de aplicaciones. Esta reutilización no solo es más eficiente que reimplementar algo similar varias veces, sino que también conduce a un software de mayor calidad, ya que las mejoras de calidad en el componente abstraído benefician a todas las aplicaciones que lo utilizan.

Por ejemplo, los lenguajes de programación de alto nivel son abstracciones que ocultan el código máquina, los registros de la CPU y las llamadas al sistema. SQL es una abstracción que oculta complejas estructuras de datos en disco y en memoria, solicitudes simultáneas de otros clientes e inconsistencias tras fallos del sistema. Por supuesto, cuando programamos en un lenguaje de alto nivel, seguimos utilizando código máquina; simplemente no lo utilizamos *directamente*, porque la abstracción del lenguaje de programación nos evita tener que pensar en ello.

Las abstracciones para el código de las aplicaciones que tienen como objetivo reducir su complejidad se pueden crear utilizando metodologías como *los patrones de diseño* [97] y *el diseño basado en el dominio* (DDD) [98]. Este libro no trata sobre esas abstracciones específicas de las aplicaciones, sino sobre abstracciones de propósito general sobre las que puedes construir tus aplicaciones, como transacciones de bases de datos, índices y registros de eventos. Si deseas utilizar técnicas como el DDD, puedes implementarlas sobre los fundamentos descritos en este libro.

Evolutividad: facilitar el cambio

Es muy poco probable que los requisitos de tu sistema permanezcan inalterables para siempre. Es mucho más probable que estén en constante cambio: aprendes cosas nuevas, surgen casos de uso que no habías previsto, cambian las prioridades empresariales, los usuarios solicitan nuevas funciones, las plataformas antiguas son sustituidas por otras nuevas, cambian los requisitos legales o normativos, el crecimiento del sistema obliga a realizar cambios arquitectónicos, etc.

En términos de procesos organizativos, los patrones de trabajo *ágiles* proporcionan un marco para adaptarse al cambio. La comunidad ágil también ha desarrollado herramientas y procesos técnicos que son útiles a la hora de crear software en un entorno que cambia con frecuencia, como el desarrollo basado en pruebas (TDD) y la refactorización. En este libro, buscamos formas de aumentar la agilidad a nivel de un sistema formado por varias aplicaciones o servicios con características diferentes.

La facilidad con la que se puede modificar un sistema de datos y adaptarlo a los requisitos cambiantes está estrechamente relacionada con su simplicidad y sus abstracciones. Los sistemas simples y poco acoplados suelen ser más fáciles de modificar que los complejos y muy acoplados. Dada la importancia de esta idea, utilizaremos una palabra diferente para referirnos a la agilidad a nivel de sistema de datos: *evolutividad* [99].

Un factor importante que dificulta el cambio en los sistemas grandes es la irreversibilidad [100]. Por ejemplo, supongamos que estás migrando de una base de datos a otra. Si no puedes volver al sistema antiguo en caso de que surjan problemas con el nuevo, hay mucho más en juego que si pudieras volver fácilmente. Por lo tanto, las acciones irreversibles deben tomarse con mucha precaución. Minimizar la irreversibilidad mejora la flexibilidad.

Resumen

En este capítulo hemos examinado varios ejemplos de requisitos no funcionales: rendimiento, fiabilidad, escalabilidad y mantenibilidad. A través de estos temas, también hemos encontrado principios y terminología que serán relevantes a lo largo del resto del libro.

Comenzamos con un estudio de caso sobre la implementación de líneas de tiempo en una red social, que ilustraba algunos de los retos que surgen a gran escala. A continuación, debatimos cómo medir el rendimiento (por ejemplo, utilizando percentiles de tiempo de respuesta) y la carga en un sistema (por ejemplo, utilizando métricas de rendimiento), y cómo se utilizan estas métricas en los SLA. La escalabilidad es un concepto estrechamente relacionado: se centra en garantizar que el rendimiento se mantenga igual cuando la carga aumenta. Vimos algunos principios generales de la escalabilidad, como dividir una tarea en partes más pequeñas que puedan funcionar de forma independiente, y profundizaremos en más detalles técnicos sobre las técnicas de escalabilidad en los siguientes capítulos.

Para lograr la confiabilidad, puedes utilizar técnicas de tolerancia a fallos, que permiten que un sistema continúe prestando sus servicios incluso si un componente (por ejemplo, un disco, una máquina u otro servicio) es defectuoso. Vimos ejemplos de fallos de hardware que pueden ocurrir y los distinguimos de los fallos de software, que pueden ser más difíciles de tratar porque a menudo están fuertemente correlacionados. Otro aspecto para lograr la confiabilidad es crear resiliencia frente a los errores humanos, y vimos los análisis posteriores sin culpar a nadie como una técnica para aprender de los incidentes.

Por último, examinamos varias facetas de la mantenibilidad, como el apoyo al trabajo de los equipos de operaciones, la gestión de la complejidad y la facilitación de la evolución de la funcionalidad de una aplicación a lo largo del tiempo. No hay respuestas fáciles sobre cómo alcanzar estos objetivos, pero un enfoque que puede ayudar es crear aplicaciones utilizando bloques de construcción bien conocidos que proporcionen abstracciones útiles. El resto de este libro tratará una selección de bloques de construcción que han demostrado ser valiosos en la práctica.

Referencias

[1] Mike Cvet. "How We Learned to Stop Worrying and Love Fan-in at Twitter." At *QCon San Francisco*, December 2016.

[2] Raffi Krikorian. "Timelines at Scale." At *QCon San Francisco*, November 2012. Archived at *perma.cc/V9G5-KLYK*

[3] Twitter. "Twitter's Recommendation Algorithm." *blog.x.com*, March 2023. Archived at *perma.cc/L5GT-229T*

[4] Raffi Krikorian. “New Tweets per Second Record, and How!” *blog.x.com*, August 2013. Archived at *perma.cc/6JZN-XJYN*

[5] Jaz Volpert. “When Imperfect Systems Are Good, Actually: Bluesky’s Lossy Timelines.” *jazco.dev*, February 2025. Archived at *perma.cc/2PVE-L2MX*

[6] Samuel Axon. “3% of Twitter’s Servers Dedicated to Justin Bieber.” *mashable.com*, September 2010. Archived at *perma.cc/F35N-CGVX*

[7] Nathan Bronson, Abutalib Aghayev, Aleksey Charapko, and Timothy Zhu. “Metastable Failures in Distributed Systems.” At *Workshop on Hot Topics in Operating Systems* (HotOS), May 2021. *doi:10.1145/3458336.3465286*

[8] Marc Brooker. “Metastability and Distributed Systems.” *brooker.co.za*, May 2021. Archived at *perma.cc/7FGJ-7XRK*

[9] Lexiang Huang, Matthew Magnusson, Abishek Bangalore Muralikrishna, Salman Estyak, Rebecca Isaacs, Abutalib Aghayev, Timothy Zhu, and Aleksey Charapko. “Metastable Failures in the Wild.” At *16th USENIX Symposium on Operating Systems Design and Implementation* (OSDI), July 2022.

[10] Marc Brooker. “Exponential Backoff and Jitter.” *aws.amazon.com*, March 2015. Archived at *perma.cc/R6MS-AZKH*

[11] Marc Brooker. “What Is Backoff For?” *brooker.co.za*, August 2022. Archived at *perma.cc/PW9N-55Q5*

[12] Michael T. Nygard. *Release It!*, 2nd edition. Pragmatic Bookshelf, 2018. ISBN: 9781680502398

[13] Frank Chen. “Slowing Down to Speed Up—Circuit Breakers for Slack’s CI/CD.” *slack.engineering*, August 2022. Archived at *perma.cc/5FGS-ZPH3*

[14] Marc Brooker. “Fixing Retries with Token Buckets and Circuit Breakers.” *brooker.co.za*, February 2022. Archived at *perma.cc/MD6N-GW26*

[15] David Yanacek. “Using Load Shedding to Avoid Overload.” Amazon Builders’ Library, *aws.amazon.com*. Archived at *perma.cc/9SAW-68MP*

[16] Matthew Sackman. “Pushing Back.” *wellquite.org*, May 2016. Archived at *perma.cc/3KCZ-RUFY*

[17] Dmitry Kopytkov and Patrick Lee. “Meet Bandaid, the Dropbox Service Proxy.” *dropbox.tech*, March 2018. Archived at *perma.cc/KUU6-YG4S*

[18] Haryadi S. Gunawi, Riza O. Suminto, Russell Sears, Casey Golliher, Swaminathan Sundararaman, Xing Lin, Tim Emami, Weiguang Sheng, Nematollah Bidokhti, Caitie McCaffrey, Gary Grider, Parks M. Fields, Kevin Harms, Robert B. Ross, Andree Jacobson, Robert Ricci, Kirk Webb, Peter Alvaro, H. Birali Runesha, Mingzhe Hao, and Huaicheng Li. “Fail-Slow at Scale: Evidence of Hardware Performance Faults in

Large Production Systems.” At *16th USENIX Conference on File and Storage Technologies*, February 2018.

[19] Marc Brooker. “Is the Mean Really Useless?” *brooker.co.za*, December 2017. Archived at *perma.cc/U5AE-CVEM*

[20] Giuseppe DeCandia, Deniz Hastorun, Madan Jampani, Gunavardhan Kakulapati, Avinash Lakshman, Alex Pilchin, Swaminathan Sivasubramanian, Peter Vosshall, and Werner Vogels. “Dynamo: Amazon’s Highly Available Key-Value Store.” At *21st ACM Symposium on Operating Systems Principles* (SOSP), October 2007. *doi:10.1145/1294261.1294281*

[21] Kathryn Whitenton. “The Need for Speed, 23 Years Later.” *nngroup.com*, May 2020. Archived at *perma.cc/C4ER-LZYA*

[22] Greg Linden. “Marissa Mayer at Web 2.0.” *glinden.blogspot.com*, November 2005. Archived at *perma.cc/V7EA-3VXB*

[23] Jake Brutlag. “Speed Matters for Google Web Search.” *services.google.com*, June 2009. Archived at *perma.cc/BK7R-X7M2*

[24] Eric Schurman and Jake Brutlag. “Performance Related Changes and Their User Impact.” Talk at *Velocity 2009.*

[25] Akamai Technologies, Inc. “The State of Online Retail Performance.” *akamai.com*, April 2017. Archived at *perma.cc/UEK2-HYCS*

[26] Xiao Bai, Ioannis Arapakis, B. Barla Cambazoglu, and Ana Freire. “Understanding and Leveraging the Impact of Response Latency on User Behaviour in Web Search.” *ACM Transactions on Information Systems*, volume 36, issue 2, article 21, April 2018. *doi:10.1145/3106372*

[27] Jeffrey Dean and Luiz André Barroso. “The Tail at Scale.” *Communications of the ACM*, volume 56, issue 2, pages 74–80, February 2013. *doi:10.1145/2408776.2408794*

[28] Alex Hidalgo. *Implementing Service Level Objectives: A Practical Guide to SLIs, SLOs, and Error Budgets.* O’Reilly Media, 2020. ISBN: 9781492076813

[29] Jeffrey C. Mogul and John Wilkes. “Nines Are Not Enough: Meaningful Metrics for Clouds.” At *17th Workshop on Hot Topics in Operating Systems* (HotOS), May 2019. *doi:10.1145/3317550.3321432*

[30] Tamás Hauer, Philipp Hoffmann, John Lunney, Dan Ardelean, and Amer Diwan. “Meaningful Availability.” At *17th USENIX Symposium on Networked Systems Design and Implementation* (NSDI), February 2020.

[31] Gil Tene. “HdrHistogram: A High Dynamic Range Histogram.” *hdrhistogram.github.io/HdrHistogram*

[32] Ted Dunning. "The *t*-digest: Efficient Estimates of Distributions." *Software Impacts*, volume 7, article 100049, February 2021. *doi:10.1016/j.simpa.2020.100049*

[33] David Kohn. "How Percentile Approximation Works (and Why It's More Useful than Averages)." *timescale.com*, September 2021. Archived at *perma.cc/3PDP-NR8B*

[34] Heinrich Hartmann and Theo Schlossnagle. "Circllhist—A Log-Linear Histogram Data Structure for IT Infrastructure Monitoring." *arXiv:2001.06561*, January 2020.

[35] Charles Masson, Jee E. Rim, and Homin K. Lee. "DDSketch: A Fast and Fully-Mergeable Quantile Sketch with Relative-Error Guarantees." *Proceedings of the VLDB Endowment*, volume 12, issue 12, pages 2195–2205, August 2019. *doi:10.14778/3352063.3352135*

[36] Baron Schwartz. "Why Percentiles Don't Work the Way You Think." *solarwinds.com*, November 2016. Archived at *perma.cc/469T-6UGB*

[37] Walter L. Heimerdinger and Charles B. Weinstock. "A Conceptual Framework for System Fault Tolerance." Technical Report CMU/SEI-92-TR-033, Software Engineering Institute, Carnegie Mellon University, October 1992. Archived at *perma.cc/GD2V-DMJW*

[38] Felix C. Gärtner. "Fundamentals of Fault-Tolerant Distributed Computing in Asynchronous Environments." *ACM Computing Surveys*, volume 31, issue 1, pages 1–26, March 1999. *doi:10.1145/311531.311532*

[39] Algirdas Avižienis, Jean-Claude Laprie, Brian Randell, and Carl Landwehr. "Basic Concepts and Taxonomy of Dependable and Secure Computing." *IEEE Transactions on Dependable and Secure Computing*, volume 1, issue 1, pages 11–33, January 2004. *doi:10.1109/TDSC.2004.2*

[40] Ding Yuan, Yu Luo, Xin Zhuang, Guilherme Renna Rodrigues, Xu Zhao, Yongle Zhang, Pranay U. Jain, and Michael Stumm. "Simple Testing Can Prevent Most Critical Failures: An Analysis of Production Failures in Distributed Data-Intensive Systems." At *11th USENIX Symposium on Operating Systems Design and Implementation* (OSDI), October 2014.

[41] Casey Rosenthal and Nora Jones. *Chaos Engineering*. O'Reilly Media, 2020. ISBN: 9781492043867

[42] Eduardo Pinheiro, Wolf-Dietrich Weber, and Luiz Andre Barroso. "Failure Trends in a Large Disk Drive Population." At *5th USENIX Conference on File and Storage Technologies* (FAST), February 2007.

[43] Bianca Schroeder and Garth A. Gibson. "Disk Failures in the Real World: What Does an Mttf of 1,000,000 Hours Mean to You?" At *5th USENIX Conference on File and Storage Technologies* (FAST), February 2007.

[44] Andy Klein. "Backblaze Drive Stats for Q2 2021." *backblaze.com*, August 2021. Archived at *perma.cc/2943-UD5E*

[45] Iyswarya Narayanan, Di Wang, Myeongjae Jeon, Bikash Sharma, Laura Caulfield, Anand Sivasubramaniam, Ben Cutler, Jie Liu, Badriddine Khessib, and Kushagra Vaid. "SSD Failures in Datacenters: What? When? And Why?" At *9th ACM International on Systems and Storage Conference* (SYSTOR), June 2016. *doi:10.1145/2928275.2928278*

[46] Alibaba Cloud Storage Team. "Storage System Design Analysis: Factors Affecting NVMe SSD Performance (1)." *alibabacloud.com*, January 2019. Archived at *archive.org*

[47] Bianca Schroeder, Raghav Lagisetty, and Arif Merchant. "Flash Reliability in Production: The Expected and the Unexpected." At *14th USENIX Conference on File and Storage Technologies* (FAST), February 2016.

[48] Jacob Alter, Ji Xue, Alma Dimnaku, and Evgenia Smirni. "SSD Failures in the Field: Symptoms, Causes, and Prediction Models." At *International Conference for High Performance Computing, Networking, Storage and Analysis* (SC), November 2019. *doi:10.1145/3295500.3356172*

[49] Daniel Ford, François Labelle, Florentina I. Popovici, Murray Stokely, Van-Anh Truong, Luiz Barroso, Carrie Grimes, and Sean Quinlan. "Availability in Globally Distributed Storage Systems." At *9th USENIX Symposium on Operating Systems Design and Implementation* (OSDI), October 2010.

[50] Kashi Venkatesh Vishwanath and Nachiappan Nagappan. "Characterizing Cloud Computing Hardware Reliability." At *1st ACM Symposium on Cloud Computing* (SoCC), June 2010. *doi:10.1145/1807128.1807161*

[51] Peter H. Hochschild, Paul Turner, Jeffrey C. Mogul, Rama Govindaraju, Parthasarathy Ranganathan, David E. Culler, and Amin Vahdat. "Cores That Don't Count." At *Workshop on Hot Topics in Operating Systems* (HotOS), June 2021. *doi:10.1145/3458336.3465297*

[52] Harish Dattatraya Dixit, Sneha Pendharkar, Matt Beadon, Chris Mason, Tejasvi Chakravarthy, Bharath Muthiah, and Sriram Sankar. Silent Data Corruptions at Scale. *arXiv:2102.11245*, February 2021.

[53] Diogo Behrens, Marco Serafini, Sergei Arnautov, Flavio P. Junqueira, and Christof Fetzer. "Scalable Error Isolation for Distributed Systems." At *12th USENIX Symposium on Networked Systems Design and Implementation* (NSDI), May 2015.

[54] Bianca Schroeder, Eduardo Pinheiro, and Wolf-Dietrich Weber. "DRAM Errors in the Wild: A Large-Scale Field Study." At *11th International Joint Conference on Measurement and Modeling of Computer Systems* (SIGMETRICS), June 2009. *doi:10.1145/1555349.1555372*

[55] Yoongu Kim, Ross Daly, Jeremie Kim, Chris Fallin, Ji Hye Lee, Donghyuk Lee, Chris Wilkerson, Konrad Lai, and Onur Mutlu. "Flipping Bits in Memory Without Accessing Them: An Experimental Study of DRAM Disturbance Errors." At *41st Annual International Symposium on Computer Architecture* (ISCA), June 2014. *doi:10.5555/2665671.2665726*

[56] Tim Bray. "Worst Case." *tbray.org*, October 2021. Archived at *perma.cc/4QQM-RTHN*

[57] Sangeetha Abdu Jyothi. "Solar Superstorms: Planning for an Internet Apocalypse." At *ACM SIGCOMM Conference*, August 2021. *doi:10.1145/3452296.3472916*

[58] Adrian Cockcroft. "Failure Modes and Continuous Resilience." *adrianco.medium.com*, November 2019. Archived at *perma.cc/7SYS-BVJP*

[59] Shujie Han, Patrick P. C. Lee, Fan Xu, Yi Liu, Cheng He, and Jiongzhou Liu. "An In-Depth Study of Correlated Failures in Production SSD-Based Data Centers." At *19th USENIX Conference on File and Storage Technologies* (FAST), February 2021.

[60] Edmund B. Nightingale, John R. Douceur, and Vince Orgovan. "Cycles, Cells and Platters: An Empirical Analysis of Hardware Failures on a Million Consumer PCs." At *6th European Conference on Computer Systems* (EuroSys), April 2011. *doi:10.1145/1966445.1966477*

[61] Haryadi S. Gunawi, Mingzhe Hao, Tanakorn Leesatapornwongsa, Tiratat Patana-anake, Thanh Do, Jeffry Adityatama, Kurnia J. Eliazar, Agung Laksono, Jeffrey F. Lukman, Vincentius Martin, and Anang D. Satria. "What Bugs Live in the Cloud? A Study of 3000+ Issues in Cloud Systems." At *5th ACM Symposium on Cloud Computing* (SoCC), November 2014. *doi:10.1145/2670979.2670986*

[62] Jay Kreps. "Getting Real About Distributed System Reliability." *blog.empathybox.com*, March 2012. Archived at *perma.cc/9B5Q-AEBW*

[63] Nelson Minar. "Leap Second Crashes Half the Internet." *somebits.com*, July 2012. Archived at *perma.cc/2WB8-D6EU*

[64] Hewlett Packard Enterprise. "Support Alerts—Customer Bulletin a00092491en_us." *support.hpe.com*, November 2019. Archived at *perma.cc/S5F6-7ZAC*

[65] Lorin Hochstein. "Awesome Limits." *github.com*, November 2020. Archived at *perma.cc/3R5M-E5Q4*

[66] Caitie McCaffrey. "Clients Are Jerks: AKA How Halo 4 DoSed the Services at Launch & How We Survived." *caitiem.com*, June 2015. Archived at *perma.cc/MXX4-W373*

[67] Lilia Tang, Chaitanya Bhandari, Yongle Zhang, Anna Karanika, Shuyang Ji, Indranil Gupta, and Tianyin Xu. "Fail Through the Cracks: Cross-System Interac-

tion Failures in Modern Cloud Systems." At *18th European Conference on Computer Systems* (EuroSys), May 2023. *doi:10.1145/3552326.3587448*

[68] Mike Ulrich. Addressing Cascading Failures. In Betsy Beyer, Jennifer Petoff, Chris Jones, and Niall Richard Murphy (ed). *Site Reliability Engineering: How Google Runs Production Systems.* O'Reilly Media, 2016. ISBN: 9781491929124

[69] Harri Faßbender. "Cascading Failures in Large-Scale Distributed Systems." *blog.mi.hdm-stuttgart.de*, March 2022. Archived at *perma.cc/K7VY-YJRX*

[70] Richard I. Cook. "How Complex Systems Fail." Cognitive Technologies Laboratory, April 2000. Archived at *perma.cc/RDS6-2YVA*

[71] David D. Woods. "STELLA: Report from the SNAFUcatchers Workshop on Coping with Complexity." *snafucatchers.github.io*, March 2017. Archived at *archive.org*

[72] David Oppenheimer, Archana Ganapathi, and David A. Patterson. "Why Do Internet Services Fail, and What Can Be Done About It?" At *4th USENIX Symposium on Internet Technologies and Systems* (USITS), March 2003.

[73] Sidney Dekker. *The Field Guide to Understanding "Human Error"*, 3rd edition. CRC Press, 2017. ISBN: 9781472439055

[74] Sidney Dekker. *Drift into Failure: From Hunting Broken Components to Understanding Complex Systems.* CRC Press, 2011. ISBN: 9781315257396

[75] John Allspaw. "Blameless PostMortems and a Just Culture." *etsy.com*, May 2012. Archived at *perma.cc/YMJ7-NTAP*

[76] Itzy Sabo. "Uptime Guarantees—A Pragmatic Perspective." *world.hey.com*, March 2023. Archived at *perma.cc/F7TU-78JB*

[77] Michael Jurewitz. "The Human Impact of Bugs." *jury.me*, March 2013. Archived at *perma.cc/5KQ4-VDYL*

[78] Mark Halper. "How Software Bugs Led to 'One of the Greatest Miscarriages of Justice' in British History." *Communications of the ACM*, volume 68, issue 3, pages 12–14, January 2025. *doi:10.1145/3703779*

[79] Nicholas Bohm, James Christie, Peter Bernard Ladkin, Bev Littlewood, Paul Marshall, Stephen Mason, Martin Newby, Steven J. Murdoch, Harold Thimbleby, and Martyn Thomas. "The Legal Rule That Computers Are Presumed to be Operating Correctly—Unforeseen and Unjust Consequences." Briefing note, *benthamsgaze.org*, June 2022. Archived at *perma.cc/WQ6X-TMW4*

[80] Dan McKinley. "Choose Boring Technology." *mcfunley.com*, March 2015. Archived at *perma.cc/7QW7-J4YP*

[81] Andy Warfield. "Building and Operating a Pretty Big Storage System Called S3." *allthingsdistributed.com*, July 2023. Archived at *perma.cc/7LPK-TP7V*

[82] Marc Brooker. "Surprising Scalability of Multitenancy." *brooker.co.za*, March 2023. Archived at *perma.cc/ZZD9-VV8T*

[83] Ben Stopford. "Shared Nothing vs. Shared Disk Architectures: An Independent View." *benstopford.com*, November 2009. Archived at *perma.cc/7BXH-EDUR*

[84] Michael Stonebraker. "The Case for Shared Nothing." *IEEE Database Engineering Bulletin*, volume 9, issue 1, pages 4–9, March 1986. perma.cc/P9YL-C4PS

[85] Panagiotis Antonopoulos, Alex Budovski, Cristian Diaconu, Alejandro Hernandez Saenz, Jack Hu, Hanuma Kodavalla, Donald Kossmann, Sandeep Lingam, Umar Farooq Minhas, Naveen Prakash, Vijendra Purohit, Hugh Qu, Chaitanya Sreenivas Ravella, Krystyna Reisteter, Sheetal Shrotri, Dixin Tang, and Vikram Wakade. "Socrates: The New SQL Server in the Cloud." At *ACM International Conference on Management of Data* (SIGMOD), June 2019. *doi:10.1145/3299869.3314047*

[86] Sam Newman. *Building Microservices*, 2nd edition. O'Reilly Media, 2021. ISBN: 9781492034025

[87] Nathan Ensmenger. "When Good Software Goes Bad: The Surprising Durability of an Ephemeral Technology." At *The Maintainers Conference*, April 2016. Archived at *perma.cc/ZXT4-HGZB*

[88] Robert L. Glass. *Facts and Fallacies of Software Engineering.* Addison-Wesley Professional, 2002. ISBN: 9780321117427

[89] Marianne Bellotti. *Kill It with Fire.* No Starch Press, 2021. ISBN: 9781718501188

[90] Lisanne Bainbridge. "Ironies of Automation." *Automatica*, volume 19, issue 6, pages 775–779, November 1983. *doi:10.1016/0005-1098(83)90046-8*

[91] James Hamilton. "On Designing and Deploying Internet-Scale Services." At *21st Large Installation System Administration Conference* (LISA), November 2007.

[92] Dotan Horovits. "Open Source for Better Observability." *horovits.medium.com*, October 2021. Archived at *perma.cc/R2HD-U2ZT*

[93] Brian Foote and Joseph Yoder. "Big Ball of Mud." At *4th Conference on Pattern Languages of Programs* (PLoP), September 1997. Archived at *perma.cc/4GUP-2PBV*

[94] Marc Brooker. "What Is a Simple System?" *brooker.co.za*, May 2022. Archived at *perma.cc/U72T-BFVE*

[95] Frederick P. Brooks. "No Silver Bullet—Essence and Accident in Software Engineering." In *The Mythical Man-Month*, Anniversary edition, Addison-Wesley, 1995. ISBN: 9780201835953

[96] Dan Luu. "Against Essential and Accidental Complexity." *danluu.com*, December 2020. Archived at *perma.cc/H5ES-69KC*

[97] Erich Gamma, Richard Helm, Ralph Johnson, and John Vlissides. *Design Patterns: Elements of Reusable Object-Oriented Software*. Addison-Wesley Professional, 1994. ISBN: 9780201633610

[98] Eric Evans. *Domain-Driven Design: Tackling Complexity in the Heart of Software*. Addison-Wesley Professional, 2003. ISBN: 9780321125217

[99] Hongyu Pei Breivold, Ivica Crnkovic, and Peter J. Eriksson. "Analyzing Software Evolvability." At *32nd Annual IEEE International Computer Software and Applications Conference* (COMPSAC), July 2008. *doi:10.1109/COMPSAC.2008.50*

[100] Enrico Zaninotto. "From X Programming to the X Organisation." At *XP Conference*, May 2002. Archived at *perma.cc/R9AR-QCKZ*

[26] [illegible] Essential and Accidental Complexity [illegible]

[27] [illegible] Richard [illegible] Ralph [illegible] and John Vlissides. Design Patterns: [illegible] of Reusable Object-Oriented Software. Addison-Wesley Professional, [illegible] ISBN 978-0201633610.

[28] Eric Evans. Domain-Driven Design: Tackling Complexity in the Heart of Software. Addison-Wesley Professional, 2003. ISBN 978-0321125217.

[29] [illegible] [illegible] and Peter [illegible] Analyzing Software Evolution [illegible] Annual [illegible] Computer Software and Applications Conference (COMPSAC), July 2008, [illegible] COMPSAC.2008.[illegible]

[30] [illegible] From X Programming to the X Organisation [illegible] XP Conference [illegible] 2002. [illegible]

CAPÍTULO 3

Modelos de datos y lenguajes de consulta

Los límites de mi lenguaje son los límites de mi mundo.

—Ludwig Wittgenstein, *Tractatus Logico-Philosophicus* (1922)

Los modelos de datos son quizás la parte más importante del desarrollo de software, debido al profundo efecto que tienen no solo en cómo se escribe el software, sino también en cómo *pensamos sobre el problema* que estamos resolviendo.

La mayoría de las aplicaciones se construyen superponiendo un modelo de datos sobre otro. Para cada capa, la pregunta clave es cómo se *representa* en términos de la capa inmediatamente inferior. Aquí tienes un ejemplo de capas de aplicación desde el nivel más alto al más bajo:

1. Como desarrollador de aplicaciones, observas el mundo real (que incluye personas, organizaciones, bienes, acciones, flujos de dinero, sensores, etc.) y lo modelas en términos de objetos o estructuras de datos y API que manipulan esas estructuras de datos, que a menudo son específicas de tu aplicación.
2. Cuando quieres almacenar esas estructuras de datos, las expresas en términos de un modelo de datos de uso general, como documentos JSON o XML, tablas en una base de datos relacional o vértices y perímetros en un gráfico. Esos modelos de datos son el tema de este capítulo.
3. Los ingenieros que crearon tu software de base de datos decidieron una forma de representar esos datos de documentos, relacionales o gráficos en términos de bytes en la memoria, en el disco o en una red. La representación puede permitir que los datos se consulten, busquen, manipulen y procesen de diversas formas. Analizaremos estos diseños de motores de almacenamiento en Capítulo 4.

4. En niveles aún más bajos, los ingenieros de hardware han descubierto cómo representar los bytes en términos de corrientes eléctricas, pulsos de luz, campos magnéticos y más.

En una aplicación compleja puede haber más niveles intermedios, como API construidas sobre API, pero la idea básica sigue siendo la misma: cada capa oculta la complejidad de las capas inferiores al proporcionar un modelo de datos limpio. Estas abstracciones permiten que diferentes grupos de personas, por ejemplo, los ingenieros del proveedor de la base de datos y los desarrolladores de aplicaciones que utilizan su base de datos, trabajen juntos de manera eficaz.

En la práctica se utilizan ampliamente varios modelos de datos, a menudo con fines diferentes. Algunos tipos de datos y algunas consultas son fáciles de expresar en un modelo y difíciles en otro. En este capítulo exploraremos esas ventajas e inconvenientes comparando el modelo relacional, el modelo de documentos, los modelos de datos basados en grafos, el abastecimiento de eventos y los DataFrames. También veremos brevemente los lenguajes de consulta que te permiten trabajar con estos modelos. Esta comparación te ayudará a decidir cuándo utilizar cada modelo.

Terminología: lenguajes de consulta declarativos

Muchos de los lenguajes de consulta que se analizan en este capítulo (como SQL, Cypher, SPARQL y Datalog) son *declarativos*, lo que significa que tú especificas el patrón de los datos que deseas (las condiciones que deben cumplir los resultados y cómo deseas que se transformen los datos, por ejemplo, ordenados, agrupados y agregados), pero no *cómo* lograr ese objetivo. El optimizador de consultas del sistema de base de datos puede decidir qué índices y algoritmos de unión utilizar y en qué orden ejecutar las distintas partes de la consulta.

Por el contrario, con la mayoría de los lenguajes de programación (como Python y Java), tendrías que escribir un *algoritmo* que le indicara a la computadora qué operaciones realizar y en qué orden. Un lenguaje de consulta declarativo es atractivo porque suele ser más conciso y fácil de escribir que un algoritmo explícito. Y lo que es más importante, oculta los detalles de implementación del motor de consultas, lo que permite que el sistema de base de datos introduzca mejoras de rendimiento sin necesidad de realizar cambios en las consultas [1, 2].

Por ejemplo, una base de datos podría ejecutar una consulta declarativa en paralelo en varios núcleos de CPU y máquinas, sin que tengas que preocuparte por cómo implementar ese paralelismo [3]. En un algoritmo codificado a mano, sería mucho trabajo implementar tú mismo esa ejecución paralela.

Modelos relacionales frente a modelos de documentos

Probablemente, el modelo de datos más conocido hoy en día es el de SQL, basado en el modelo relacional propuesto por Edgar Codd en 1970 [4]. En este modelo, los datos se organizan en *relaciones* (denominadas *tablas* en SQL), donde cada relación es una colección desordenada de *tuplas* (*filas* en SQL).

El modelo relacional era originalmente una propuesta teórica, y mucha gente en ese momento dudaba de que pudiera implementarse de manera eficiente. Sin embargo, a mediados de la década de 1980, los sistemas de gestión de bases de datos relacionales (RDBMS) y SQL se habían convertido en las herramientas preferidas por la mayoría de las personas que necesitaban almacenar y consultar datos con algún tipo de estructura regular. Muchos casos de uso de la gestión de datos, por ejemplo, el análisis empresarial (consulta "Estrellas y Snowflakes: esquemas para análisis" en la página 86), siguen estando dominados por los datos relacionales décadas después.

A lo largo de los años, ha habido muchos enfoques competitivos para el almacenamiento y la consulta de datos. En la década de 1970 y principios de la de 1980, el *modelo de red* y el *modelo jerárquico* eran las principales alternativas, pero el modelo relacional llegó a dominarlos. Las bases de datos de objetos (que no deben confundirse con el almacenamiento de objetos para archivos de gran tamaño, un servicio en la nube muy popular en la actualidad) aparecieron y desaparecieron a finales de la década de 1980 y principios de la de 1990. Las bases de datos XML aparecieron a principios de la década de 2000, pero solo han tenido una adopción muy limitada. Cada uno de los competidores del modelo relacional generó mucho entusiasmo en su momento, pero ninguno perduró [5]. En cambio, SQL ha crecido para incorporar otros tipos de datos, por ejemplo, añadiendo compatibilidad con XML, JSON y datos gráficos [6].

En la década de 2010, *NoSQL* fue la última palabra de moda que intentó derrocar el dominio de las bases de datos relacionales. NoSQL no se refiere a una sola tecnología, sino a un conjunto de ideas en torno a nuevos modelos de datos, flexibilidad de esquemas, escalabilidad y un movimiento hacia modelos de licencia de código abierto. Algunas bases de datos se autodenominaron *NewSQL*, reflejando su objetivo de proporcionar la escalabilidad de los sistemas NoSQL junto con el modelo de datos y las garantías transaccionales de las bases de datos relacionales tradicionales. Las ideas de NoSQL y NewSQL han tenido una gran influencia en el diseño de los sistemas de datos, pero a medida que los principios se han visto ampliamente adoptados, el uso de esos términos ha ido desapareciendo.

Un efecto duradero del movimiento NoSQL es la popularidad del *modelo de documentos*, que suele representar los datos como JSON. Este modelo fue popularizado originalmente por bases de datos de documentos especializadas como MongoDB y Couchbase, aunque la mayoría de las bases de datos relacionales ahora también han añadido compatibilidad con JSON. En comparación con las tablas relacionales, que a menudo se consideran esquemas rígidos e inflexibles, los documentos JSON se consideran más flexibles.

Las ventajas y desventajas de los datos documentales y relacionales se han debatido ampliamente. Examinemos algunos de los puntos clave de ese debate.

El desajuste entre objetos y relaciones

Hoy en día, gran parte del desarrollo de aplicaciones se realiza en lenguajes de programación orientados a objetos, lo que da lugar a una crítica común al modelo de datos SQL: si los datos se almacenan en tablas relacionales, se requiere una incómoda capa de traducción entre los objetos del código de la aplicación y el modelo de base de datos de tablas, filas y columnas. La desconexión entre los modelos se denomina a veces *desajuste de impedancia*.

> El término *desajuste de impedancia* se toma prestado de la electrónica. Todo circuito eléctrico tiene una cierta impedancia (resistencia a la corriente alterna) en sus entradas y salidas. Cuando conectas la salida de un circuito a la entrada de otro, la transferencia de energía a través de la conexión se maximiza si las impedancias de salida y entrada de los dos circuitos coinciden. Un desajuste de impedancia puede provocar reflexiones de señal y otros problemas.

Mapeo objeto-relacional

Los marcos de mapeo objeto-relacional (ORM), como ActiveRecord e Hibernate, reducen la cantidad de código repetitivo necesario para esta capa de traducción, pero a menudo son objeto de críticas [7]. Algunos de los problemas más citados son los siguientes:

- Los ORM son complejos y no pueden ocultar completamente las diferencias entre los dos modelos, por lo que los desarrolladores siguen teniendo que pensar tanto en la representación relacional como en la representación objetual de los datos.
- Los ORM se utilizan generalmente solo para el desarrollo de aplicaciones OLTP (consulta "Características del procesamiento de transacciones y el análisis" en la página 5); los ingenieros de datos que ponen los datos a disposición para fines analíticos necesitan trabajar con la representación relacional subyacente, por lo que el diseño del esquema relacional sigue siendo importante cuando se utiliza un ORM.
- Muchos ORM solo funcionan con bases de datos OLTP relacionales. Las organizaciones con sistemas de datos diversos, como motores de búsqueda, bases de

datos gráficas y sistemas NoSQL, pueden encontrar que el soporte de ORM es insuficiente.

- Algunos ORM generan automáticamente esquemas relacionales, pero estos pueden resultar incómodos para los usuarios que acceden directamente a los datos relacionales, y pueden ser ineficaces en la base de datos subyacente. Personalizar el esquema y la generación de consultas del ORM puede ser complejo y anular la ventaja de utilizar el ORM en primer lugar.
- Los ORM facilitan la escritura accidental de consultas ineficaces. Un ejemplo de ello es el *problema de la consulta N+1* [8]. Por ejemplo, supongamos que quieres mostrar una lista de comentarios de usuarios en una página, por lo que realizas una consulta que devuelve *N* comentarios, cada uno de los cuales contiene el ID de su autor. Para mostrar el nombre del autor de cada comentario, necesitas buscar el ID en la tabla `users`. En SQL escrito a mano, probablemente realizarías esta unión en la consulta y devolverías el nombre del autor junto con cada comentario. Sin embargo, con un ORM, podrías terminar haciendo una consulta separada en la tabla `users` para cada uno de los *N* comentarios para buscar su autor, lo que daría como resultado *N+1* consultas a la base de datos en total, lo cual es más lento que realizar la unión en la base de datos. Para evitar este problema, es posible que tengas que indicarle al ORM que recupere la información del autor al mismo tiempo que recupera los comentarios.

Sin embargo, los ORM también tienen ventajas:

- Para los datos que se adaptan bien a un modelo relacional, es inevitable algún tipo de traducción entre la representación relacional persistente y la representación de objetos en memoria, y los ORM reducen la cantidad de código repetitivo necesario para esta traducción. Es posible que las consultas complicadas sigan teniendo que gestionarse fuera del ORM, pero este puede ayudar con los casos sencillos y repetitivos.
- Algunos ORM ayudan a almacenar en caché los resultados de las consultas a la base de datos, lo que puede ayudar a reducir la carga sobre la base de datos.
- Los ORM también pueden ayudar a gestionar las migraciones de esquemas y otras actividades administrativas.

El modelo de datos de documentos para relaciones uno a muchos

No todos los datos se prestan bien a una representación relacional. Veamos un ejemplo para explorar una limitación del modelo relacional. Figura 3-1 ilustra cómo se podría expresar un currículum (un perfil de LinkedIn) en un esquema relacional. El perfil en su conjunto se puede identificar mediante un identificador único, `user_id`. Campos como `first_name` y `last_name` aparecen exactamente una vez por usuario, por lo que se pueden modelar como columnas en la tabla `users`.

La mayoría de las personas han tenido más de un trabajo (puesto) en su carrera, y pueden tener diferentes números de períodos de educación y cualquier número de datos de contacto. Una forma de representar estas *relaciones uno a muchos* es colocar los puestos, la educación y la información de contacto en tablas separadas, cada una con una referencia de clave externa a la tabla `users`, como en Figura 3-1.

Otra forma de representar la misma información, que quizá sea más natural y se ajuste más a una estructura de objetos en el código de la aplicación, es como un documento JSON, tal y como se muestra en Ejemplo 3-1.

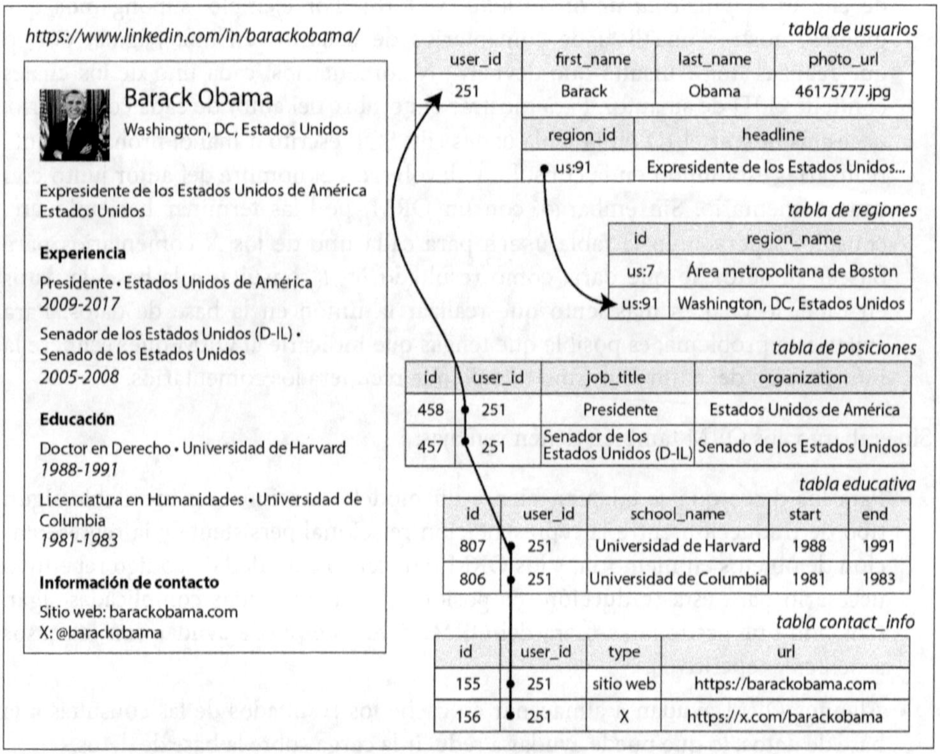

Figura 3-1. Uso de un esquema relacional para representar un perfil de LinkedIn

Ejemplo 3-1. Representación de un perfil de LinkedIn como documento JSON

```
{
  "user_id":     251,
  "first_name":  "Barack",
  "last_name":   "Obama",
  "headline":    "Former President of the United States of America",
  "region_id":   "us:91",
  "photo_url":   "/p/7/000/253/05b/308dd6e.jpg",
  "positions": [
    {"job_title": "President", "organization": "United States of America"},
```

```
    {"job_title": "US Senator (D-IL)", "organization": "United States Senate"}
  ],
  "education": [
    {"school_name": "Harvard University",  "start": 1988, "end": 1991},
    {"school_name": "Columbia University", "start": 1981, "end": 1983}
  ],
  "contact_info": {
    "website": "https://barackobama.com",
    "x": "https://x.com/barackobama"
  }
}
```

Algunos desarrolladores consideran que el modelo JSON reduce la incompatibilidad entre el código de la aplicación y la capa de almacenamiento. La falta de un esquema también se cita a menudo como una ventaja; discutiremos esto en "Flexibilidad del esquema en el modelo de documento" en la página 90. Sin embargo, como veremos en Capítulo 5, también hay problemas con JSON como formato de codificación de datos.

La representación JSON tiene mejor *localidad* que el esquema multitabla en Figura 3-1 (consulta "Localidad de datos para lecturas y escrituras" en la página 91). Si quieres recuperar un perfil en el ejemplo relacional, debes realizar varias consultas (consultar cada tabla por `user_id`) o realizar una unión multivía complicada entre la tabla `users` y sus tablas subordinadas [9, 10]. En la representación JSON, toda la información relevante se encuentra en un solo lugar, lo que hace que la consulta sea más rápida y sencilla.

Las relaciones uno a muchos entre el perfil del usuario y sus puestos, su historial académico y su información de contacto implican una estructura de árbol en los datos, y la representación JSON hace que esta estructura de árbol sea explícita (consulta Figura 3-2).

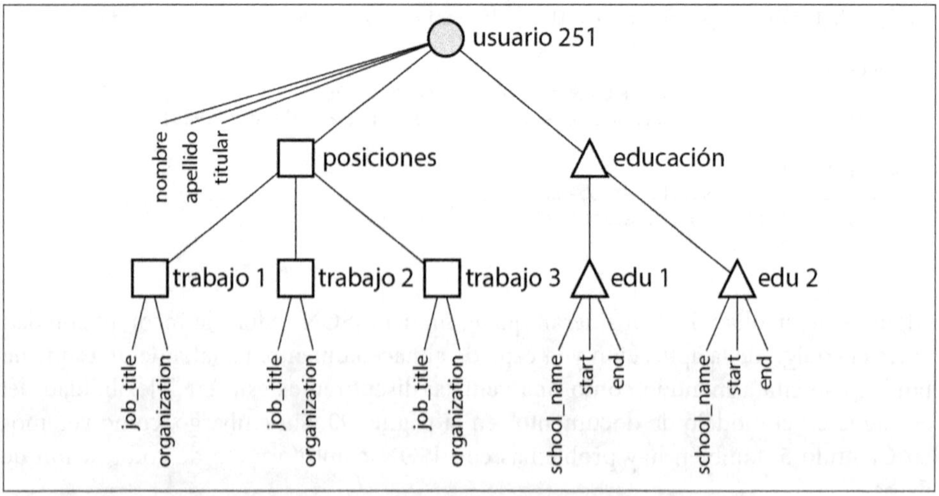

Figura 3-2. Relaciones uno a muchos que forman una estructura de árbol

> Una relación uno a muchos a veces se denomina *uno a pocos*, ya que un currículum suele tener un número reducido de puestos [11, 12]. Si tienes un número realmente grande de elementos relacionados, por ejemplo, comentarios en una publicación de una celebridad en las redes sociales, que pueden ser miles, incrustarlos todos en el mismo documento puede resultar demasiado complicado, por lo que es preferible el enfoque relacional de Figura 3-1.

Normalización, desnormalización y uniones

En Ejemplo 3-1, en la sección anterior, `region_id` se proporciona como un ID, no como la cadena de texto sin formato `Washington, DC, United States`. ¿Por qué?

Si la interfaz de usuario tiene un campo de texto libre para introducir la región, tiene sentido almacenarla como una cadena de texto sin formato. Sin embargo, hay ventajas en tener listas estandarizadas de regiones geográficas y dejar que los usuarios elijan de una lista desplegable o un autocompletador. Entre ellas se incluyen las siguientes:

- Estilo y ortografía coherentes en todos los perfiles
- Evitar la ambigüedad si varios lugares tienen el mismo nombre (si la cadena fuera solo `Washington, DC`, ¿se referiría a DC o al estado?)
- Facilidad de actualización: el nombre se almacena en un solo lugar, por lo que es fácil actualizarlo en todos los casos si alguna vez es necesario cambiarlo (por ejemplo, cambio de nombre de una ciudad debido a acontecimientos políticos)

- Compatibilidad con la localización: cuando el sitio se traduce a otros idiomas, las listas estandarizadas se pueden localizar, de modo que la región se puede mostrar en el idioma del espectador
- Mejor funcionalidad de búsqueda: por ejemplo, una búsqueda de personas en la costa este de EE. UU. puede coincidir con este perfil, ya que la lista de regiones puede codificar el hecho de que Washington se encuentra en la costa este, lo que no resulta evidente a partir de la cadena `Washington, DC` por sí sola

Almacenar un ID o una cadena de texto es una cuestión de *normalización*. Cuando usas un ID, tus datos están más normalizados: la información que tiene sentido para los humanos (como el texto *Washington, DC*) se almacena en un solo lugar, y todo lo que se refiere a ella utiliza un ID (que solo tiene significado dentro de la base de datos). Cuando almacenas el texto directamente, estás duplicando la información significativa para los humanos en cada registro que la utiliza; esta representación está *desnormalizada*.

La ventaja de utilizar un ID es que, al no tener significado para los humanos, nunca es necesario cambiarlo: el ID puede seguir siendo el mismo incluso si cambia la información que identifica. Cualquier cosa que sea significativa para los humanos puede necesitar cambiar en algún momento en el futuro, y si esa información se duplica, todas las copias redundantes deberán actualizarse. Eso requiere más código, más operaciones de escritura y más espacio en disco, y conlleva el riesgo de inconsistencias (ya que algunas copias de la información se actualizan, pero otras no).

La desventaja de una representación normalizada es que cada vez que quieras mostrar un registro que contenga un ID, tendrás que realizar una búsqueda adicional para resolver el ID en algo legible para los humanos. En un modelo de datos relacional, esto se hace mediante una *unión*. Por ejemplo:

```
SELECT users.*, regions.region_name
FROM users
JOIN regions ON users.region_id = regions.id
WHERE users.id = 251;
```

Las bases de datos de documentos pueden almacenar datos tanto normalizados como desnormalizados, pero a menudo se asocian con la desnormalización, en parte porque el modelo de datos JSON facilita el almacenamiento de campos desnormalizados adicionales y en parte porque el débil soporte de las uniones en muchas bases de datos de documentos hace que la normalización sea inconveniente. Algunas bases de datos de documentos no admiten uniones en absoluto, por lo que tienes que realizarlas en el código de la aplicación, es decir, primero recuperas un documento que contiene un ID y, a continuación, realizas una segunda consulta para resolver ese ID en otro documento. En MongoDB, también es posible realizar una unión utilizando el operador `$lookup` en una canalización de agregación:

```
db.users.aggregate([
  { $match: { _id: 251 } },
  { $lookup: {
      from: "regions",
      localField: "region_id",
      foreignField: "_id",
      as: "region"
  } }
])
```

Ventajas e inconvenientes de la normalización

En el ejemplo del currículum, mientras que el campo `region_id` es una referencia a un conjunto estandarizado de regiones, la `organization` (la empresa o el gobierno donde trabajó la persona) y el `school_name` (donde estudió) son solo cadenas de caracteres. Esta representación está desnormalizada: muchas personas pueden haber trabajado en la misma empresa, pero no hay ningún ID que las vincule.

Vale la pena considerar si los nombres de la organización y la escuela deberían ser entidades, y si el perfil debería hacer referencia a tus identificadores. Los mismos argumentos para hacer referencia al identificador de una región también se aplican aquí. Por ejemplo, supongamos que queremos incluir el logotipo de la escuela o la empresa además de su nombre:

- En una representación desnormalizada, incluiríamos la URL de la imagen del logotipo en el perfil de cada persona. Esto hace que el documento JSON sea autónomo, pero supone un quebradero de cabeza si alguna vez necesitamos cambiar el logotipo, ya que ahora tenemos que encontrar todas las apariciones de la URL antigua y actualizarlas [11].
- En una representación normalizada, crearíamos una entidad que representara a una organización o escuela y almacenaríamos su nombre, la URL del logotipo y quizás otros atributos (descripción, fuente de noticias, etc.) una sola vez como parte de esa entidad. Cada currículum que mencionara la organización simplemente haría referencia a su ID, y actualizar el logotipo sería fácil.

Como principio general, los datos normalizados suelen ser más rápidos de escribir (ya que solo hay una copia), pero más lentos de consultar (ya que requieren uniones); los datos desnormalizados suelen ser más rápidos de leer (menos uniones), pero más costosos de escribir (más copias que actualizar, más espacio en disco utilizado). Puede resultarte útil considerar la desnormalización como una forma de datos derivados (consulta "Sistemas de registro y datos derivados" en la página 12), ya que es necesario configurar un proceso para actualizar las copias redundantes de los datos.

Además del costo de realizar todas estas actualizaciones, debes tener en cuenta la coherencia de la base de datos si un proceso se bloquea a mitad de las actualizaciones. Las bases de datos que ofrecen transacciones atómicas (consulta "Atomicidad" en la página 308) facilitan el mantenimiento de la coherencia, pero no todas las bases de datos ofrecen atomicidad en varios documentos. También es posible garantizar la coherencia mediante el procesamiento de flujos, que se analiza en Capítulo 12.

La normalización suele ser mejor para los sistemas OLTP, en los que tanto las lecturas como las actualizaciones deben ser rápidas; los sistemas analíticos suelen funcionar mejor con datos desnormalizados, ya que realizan actualizaciones masivas y el rendimiento de las consultas de solo lectura es la principal preocupación. En sistemas de escala pequeña a moderada, un modelo de datos normalizado suele ser la mejor opción, ya que no hay que preocuparse por mantener la coherencia entre múltiples copias de los datos y el costo de realizar uniones es aceptable. Sin embargo, en sistemas a muy gran escala, el costo de las uniones puede convertirse en un problema.

Desnormalización en el caso práctico de las redes sociales

En "Estudio de caso: Cronologías de redes sociales" en la página 38 comparamos una representación normalizada (Figura 2-1) y otra desnormalizada (líneas de tiempo precalculadas y materializadas). En este caso, la unión entre `posts` y `follows` era demasiado costosa, y la línea de tiempo materializada es una caché del resultado de esa unión. El proceso de distribución que inserta una nueva publicación en las líneas de tiempo de los seguidores era nuestra forma de mantener la coherencia de la representación desnormalizada.

Sin embargo, la implementación de líneas de tiempo materializadas en X (antes Twitter) no almacena el texto real de cada publicación. Cada entrada solo almacena el ID de la publicación, el ID del usuario que la publicó y un poco de información adicional para identificar las reposts y las respuestas [13]. En otras palabras, es un resultado precalculado de (aproximadamente) la siguiente consulta:

```
SELECT posts.id, posts.sender_id FROM posts
  JOIN follows ON posts.sender_id = follows.followee_id
  WHERE follows.follower_id = current_user
  ORDER BY posts.timestamp DESC
  LIMIT 1000
```

Esto significa que cada vez que se lee la línea de tiempo, el servicio aún necesita realizar dos uniones: busca el ID de la publicación para obtener el contenido real de la misma (así como estadísticas como el número de "me gusta" y respuestas), y busca el perfil del remitente por ID (para obtener su nombre de usuario, foto de perfil y otros detalles). Este proceso de buscar la información legible por humanos por ID se denomina *hidratar* los ID, y es esencialmente una unión realizada en el código de la aplicación [13].

La razón para almacenar solo ID en la línea de tiempo precalculada es que los datos a los que hacen referencia cambian rápidamente. El número de "me gusta" y respuestas puede cambiar varias veces por segundo en una publicación popular, y algunos usuarios cambian regularmente su nombre de usuario o foto de perfil. Dado que la línea de tiempo debe mostrar el último recuento de "me gusta" y la foto de perfil cuando se visualiza, desnormalizar esta información en la línea de tiempo materializada no tendría sentido. Además, el costo de almacenamiento se incrementaría significativamente con dicha desnormalización.

Este ejemplo muestra que tener que realizar uniones al leer datos no es, como a veces se afirma, un impedimento para crear servicios escalables y de alto rendimiento. Hidratar las publicaciones y los ID de usuario es en realidad una operación bastante fácil de escalar, ya que se paraleliza bien y el costo no depende del número de cuentas que sigas o del número de seguidores que tengas.

Si necesitas decidir si desnormalizar algo en tu aplicación, el caso práctico de las redes sociales muestra que la elección no es inmediatamente obvia; el enfoque más escalable puede implicar desnormalizar algunas cosas y dejar otras normalizadas. Tendrás que considerar cuidadosamente la frecuencia con la que cambia la información y el costo de las lecturas y escrituras (que podría estar dominado por valores atípicos, como los usuarios con muchos seguidores/seguidos en el caso de una red social típica). La normalización y la desnormalización no son intrínsecamente buenas o malas, simplemente representan compensaciones en términos de rendimiento de las lecturas y escrituras y del esfuerzo de implementación.

Relaciones muchos a uno y muchos a muchos

Mientras que las tablas `positions` y `education` en Figura 3-1 son ejemplos de relaciones uno a muchos o uno a pocos (un currículum tiene varios puestos, pero cada puesto pertenece solo a un currículum), el campo `region_id` es un ejemplo de una relación *muchos a uno* (muchas personas viven en la misma región, pero asumimos que cada persona vive en una sola región en un momento dado).

Si introducimos entidades para organizaciones y escuelas y las referenciamos por su ID desde el currículum, entonces también tenemos relaciones *de muchos a muchos* (una persona puede haber trabajado para varias organizaciones, y una organización tiene varios empleados pasados o presentes). En un modelo relacional, dicha relación se representa normalmente como una *tabla asociativa*, o *tabla de unión*, como se muestra en Figura 3-3: cada puesto asocia un ID de usuario con un ID de organización.

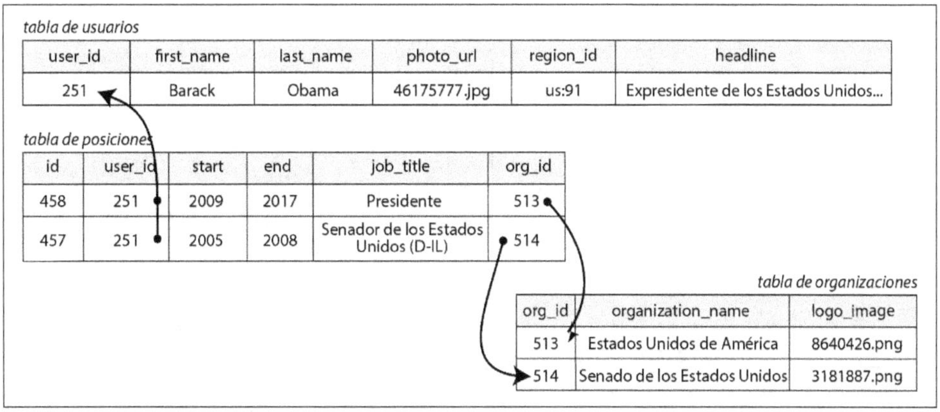

Figura 3-3. Relaciones muchos a muchos en el modelo relacional

Las relaciones muchos a uno y muchos a muchos no encajan fácilmente en un documento JSON autónomo; se prestan más a una representación normalizada. En un modelo de documento, una posible representación se ofrece en Ejemplo 3-2 y se ilustra enFigura 3-4. Los datos dentro de cada rectángulo punteado se pueden agrupar en un documento, pero los enlaces a organizaciones y escuelas se representan mejor como referencias a otros documentos.

Ejemplo 3-2. Un currículum que hace referencia a organizaciones por ID

```
{
  "user_id":    251,
  "first_name": "Barack",
  "last_name":  "Obama",
  "positions": [
    {"start": 2009, "end": 2017, "job_title": "President",         "org_id": 513},
    {"start": 2005, "end": 2008, "job_title": "US Senator (D-IL)", "org_id": 514}
  ],
  ...
}
```

Las relaciones muchos a muchos a menudo deben consultarse en "ambas direcciones", por ejemplo, para encontrar todas las organizaciones para las que ha trabajado una persona en particular y todas las personas que han trabajado en una organización en particular. Una forma de permitir estas consultas es almacenar referencias de identificación en ambos lados, de modo que un currículum incluya la identificación de cada organización en la que ha trabajado la persona, y el documento de la organización incluya las identificaciones de los currículums que mencionan a esa organización. Esta representación está desnormalizada, ya que la relación se almacena en dos lugares, lo que podría dar lugar a inconsistencias entre ellos.

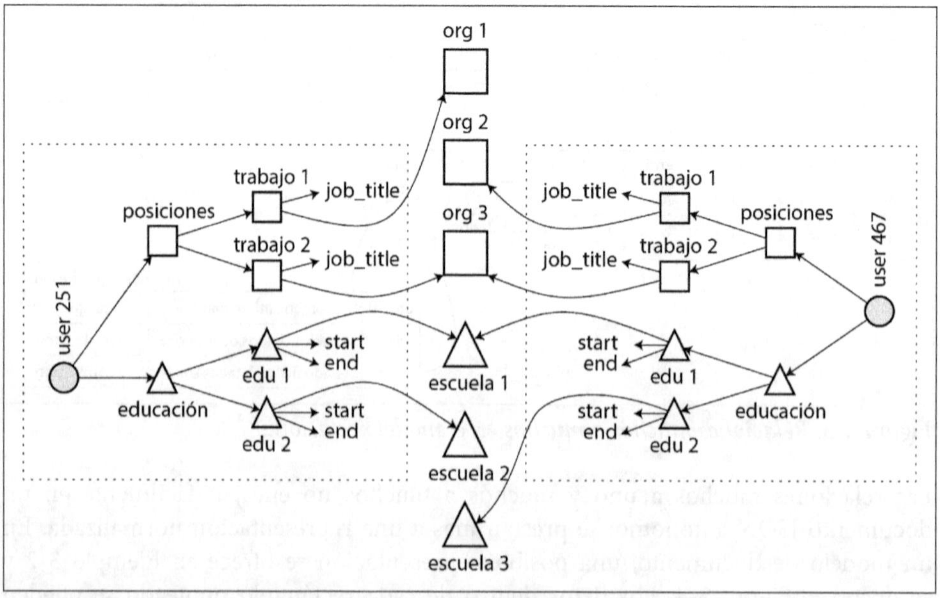

Figura 3-4. Relaciones muchos a muchos en el modelo de documento: los datos dentro de cada cuadro punteado se pueden agrupar en un documento

Una representación normalizada almacena la relación en un solo lugar y se basa en *índices secundarios* (que analizamos en Capítulo 4) para permitir que la relación se consulte de manera eficiente en ambas direcciones. En el esquema relacional que se muestra en Figura 3-3, le indicaríamos a la base de datos que creara índices en las columnas `user_id` y `org_id` de la tabla `positions`.

En el modelo de documento de Ejemplo 3-2, la base de datos necesita indexar el campo `org_id` de los objetos dentro de la matriz `positions`. Muchas bases de datos de documentos y bases de datos relacionales con soporte JSON son capaces de crear dichos índices en valores dentro de un documento.

Estrellas y Snowflakes: esquemas para análisis

Los almacenes de datos (consulta "Almacenamiento de datos" en la página 7) suelen ser relacionales, y existen algunas convenciones ampliamente utilizadas para la estructura de las tablas en un almacén de datos, entre las que se incluyen el esquema en estrella, el esquema Snowflake, el modelado dimensional [14] y una tabla grande (OBT). Estas estructuras están optimizadas para las necesidades de los analistas de negocios. Los procesos ETL traducen los datos de los sistemas operativos al esquema seleccionado.

Figura 3-5 muestra un ejemplo de un *esquema en estrella* que podría encontrarse en el almacén de datos de un minorista de comestibles. En el centro del esquema se encuentra la denominada *tabla de hechos* (en este ejemplo, se llama `fact_sales`). Cada fila de la tabla de hechos representa un evento que ocurrió en un momento determinado (aquí, cada fila representa la compra de un producto por parte de un cliente). Si analizáramos el tráfico del sitio web en lugar de las ventas minoristas, cada fila podría representar una visita a la página o un clic de un usuario.

tabla dim_product

product_sk	sku	description	brand	category
30	OK4012	Plátanos	Freshmax	Fruta fresca
31	KA9511	Alimento para peces	Aquatech	Artículos para mascotas
32	AB1234	Croissant	Dealicious	Panadería

tabla dim_store

store_sk	state	city
1	WA	Seattle
2	CA	San Francisco
3	CA	Palo Alto

tabla fact_sales

date_key	product_sk	store_sk	promotion_sk	customer_sk	quantity	net_price	discount_price
260102	31	3	NULL	NULL	1	2.49	2.49
260102	69	5	19	NULL	3	14.99	9.99
260102	74	3	23	191	1	4.49	3.89
260102	33	8	NULL	235	4	0.99	0.99

tabla dim_date

date_key	year	month	day	weekday	is_holiday
260101	2026	enero	1	lun	sí
260102	2026	enero	2	mar	no
260103	2026	enero	3	miér	no

tabla dim_customer

customer_sk	name	date_of_birth
190	Aaliyah	29 de marzo de 1979
191	Bryce	2 de septiembre de 1961
192	Caleb	13 de diciembre de 1991

tabla dim_promotion

promotion_sk	name	ad_type	coupon_type
18	Rebajas de Año Nuevo	Cartel	NULL
19	Oferta de acuarios	Boletín informativo	Código de descuento
20	Paquete de café y pastel	Cartel en la tienda	NULL

Figura 3-5. Un esquema en estrella para su uso en un almacén de datos

Por lo general, los hechos se capturan como eventos individuales, ya que esto permite la máxima flexibilidad de análisis posterior. Sin embargo, esto significa que la tabla de hechos puede llegar a ser extremadamente grande. Una gran empresa puede tener muchos petabytes de historial de transacciones en su almacén de datos, representados en su mayoría como tablas de hechos.

Algunas de las columnas de la tabla de hechos son atributos, como el precio al que se vendió el producto y el costo de comprarlo al proveedor (lo que permite calcular el margen de beneficio). Otras columnas de la tabla de hechos son referencias de clave externa a otras tablas, llamadas *tablas de dimensiones*. Como cada fila de la tabla de hechos representa un evento, las dimensiones representan el *quién*, *qué*, *dónde*, *cuándo*, *cómo* y *por qué* del evento.

Por ejemplo, en Figura 3-5, una de las dimensiones es el producto que se vendió. Cada fila de la tabla `dim_product` representa un tipo de producto que está a la venta, incluyendo su unidad de mantenimiento de stock (SKU), descripción, marca, categoría, contenido en grasa y tamaño del paquete. Cada fila de la tabla `fact_sales` utiliza una clave externa para indicar qué producto se vendió en esa transacción en particular. Las consultas suelen implicar múltiples uniones a múltiples tablas de dimensiones.

Incluso la fecha y la hora se representan a menudo utilizando tablas de dimensiones, ya que esto permite codificar información adicional sobre las fechas (como los días festivos), lo que permite a las consultas diferenciar entre las ventas en días festivos y no festivos.

El nombre *esquema en estrella* proviene del hecho de que, cuando se visualizan las relaciones de las tablas, la tabla de hechos se encuentra en el centro, rodeada por sus tablas de dimensiones (como se muestra en Figura 3-5); las conexiones con estas tablas son como los rayos de una estrella.

Una variación de esta plantilla es el *esquema Snowflake*, en el que las dimensiones se dividen en subdimensiones. Por ejemplo, podría haber tablas separadas para marcas y categorías de productos, y cada fila de la tabla `dim_product` podría hacer referencia a la marca y la categoría como claves externas, en lugar de almacenarlas como cadenas en la tabla `dim_product`. Los esquemas de Snowflake están más normalizados que los esquemas en estrella, pero a menudo se prefieren estos últimos porque son más sencillos de manejar para los analistas [14].

En un almacén de datos típico, las tablas suelen ser bastante amplias: las tablas de hechos suelen tener más de cien columnas, a veces varios cientos. Las tablas de dimensiones también pueden ser amplias, ya que incluyen todos los metadatos que pueden ser relevantes para el análisis; por ejemplo, la tabla `dim_store` puede incluir detalles sobre qué servicios se ofrecen en cada tienda, si tiene una panadería, la superficie en metros cuadrados, la fecha en que se inauguró la tienda, cuándo se remodeló por última vez y a qué distancia se encuentra de la autopista más cercana.

Un esquema en estrella o en Snowflake consiste principalmente en relaciones muchos a uno (por ejemplo, muchas ventas de un producto concreto en una tienda concreta), representadas como la tabla de hechos que tiene claves externas en tablas de dimensiones, o dimensiones en subdimensiones. En principio, podrían existir otros tipos de relaciones, pero a menudo se desnormalizan para simplificar las consultas. Por ejemplo, si un cliente compra varios productos diferentes a la vez, esa transacción de varios artículos no se representa explícitamente; en su lugar, la tabla de hechos tiene una fila separada para cada producto comprado, y todos esos hechos tienen el mismo ID de cliente, ID de tienda y marca de tiempo.

Algunos esquemas de almacenes de datos llevan la desnormalización aún más lejos y omiten por completo las tablas de dimensiones, plegando la información de las dimensiones en columnas desnormalizadas de la tabla de hechos (esencialmente, precalculando la unión entre la tabla de hechos y las tablas de dimensiones). Este enfoque se conoce como *una gran tabla* (OBT, por sus siglas en inglés) y, aunque requiere más espacio de almacenamiento, a veces permite consultas más rápidas [15].

En el contexto del análisis, esta desnormalización no supone ningún problema, ya que los datos suelen representar un registro de datos históricos que no va a cambiar (excepto, quizá, para corregir algún error ocasionalmente). Los problemas de coherencia de los datos y los gastos generales de escritura que se producen con la desnormalización en los sistemas OLTP no son tan acuciantes en el análisis.

Cuándo utilizar cada modelo

Los principales argumentos a favor del modelo de datos de documentos son la flexibilidad del esquema, un mejor rendimiento debido a la localidad de datos y que, para algunas aplicaciones, se acerca más al modelo de objetos utilizado por la aplicación. El modelo relacional contrarresta esto proporcionando un mejor soporte para las uniones y las relaciones muchos a uno y muchos a muchos. Examinemos estos argumentos con más detalle.

Si los datos de tu aplicación tienen una estructura similar a la de un documento (es decir, un árbol de relaciones uno a muchos, en el que normalmente se carga todo el árbol de una sola vez), probablemente sea una buena idea utilizar un modelo de documento. La técnica relacional de *fragmentación*, que consiste en dividir una estructura similar a un documento en varias tablas (como `positions`, `education` y `contact information` en Figura 3-1), puede dar lugar a esquemas engorrosos y a un código de aplicación innecesariamente complicado.

El modelo de documento tiene limitaciones. Por ejemplo, no puedes hacer referencia directa a un elemento anidado dentro de un documento; en su lugar, debes decir algo como "el segundo elemento de la lista de puestos del usuario 251". Si necesitas hacer referencia a elementos anidados, un enfoque relacional funciona mejor, ya que puedes hacer referencia a cualquier elemento directamente por su ID.

Algunas aplicaciones permiten al usuario elegir el orden de los elementos; por ejemplo, imagina una lista de tareas pendientes o un sistema de seguimiento de incidencias en el que el usuario puede arrastrar y soltar tareas para reordenarlas. El modelo de documento es compatible con este tipo de aplicaciones, ya que los elementos (o sus ID) se pueden almacenar simplemente en una matriz JSON para determinar su orden. En las bases de datos relacionales no existe una forma estándar de representar este tipo de listas reordenables, por lo que se utilizan varios trucos, como ordenar por una columna entera (lo que requiere renumerar cuando se inserta en el medio), mantener una lista enlazada de ID o utilizar indexación fraccionaria [16, 17, 18].

Flexibilidad del esquema en el modelo de documento

La mayoría de las bases de datos de documentos, y la compatibilidad con JSON en las bases de datos relacionales, no imponen ningún esquema a los datos de los documentos. La compatibilidad con XML en las bases de datos relacionales suele incluir una validación de esquema opcional. La ausencia de esquema significa que se pueden añadir claves y valores arbitrarios a un documento y, al leerlo, los clientes no tienen garantías sobre los campos que pueden contener los documentos.

Las bases de datos de documentos a veces se denominan *sin esquema*, pero eso es engañoso, ya que el código que lee los datos suele suponer algún tipo de estructura, es decir, hay un esquema implícito, pero no lo impone la base de datos [19]. Un término más preciso es *esquema en lectura* (la estructura de los datos es implícita y solo se interpreta cuando se leen los datos), en contraste con *el esquema en escritura* (el enfoque tradicional de las bases de datos relacionales, en el que el esquema es explícito y la base de datos garantiza que todos los datos se ajusten a él cuando se escriben) [20].

El esquema en lectura es similar a la comprobación de tipos dinámica (en tiempo de ejecución) en los lenguajes de programación, mientras que el esquema en escritura es similar a la comprobación de tipos estática (en tiempo de compilación). Al igual que los defensores de la verificación de tipos estática y dinámica mantienen grandes debates sobre sus méritos relativos [21], la aplicación de esquemas en las bases de datos es un tema controvertido y, en general, no hay un ganador claro.

La diferencia entre los enfoques es especialmente notable cuando una aplicación quiere cambiar el formato de sus datos. Por ejemplo, supongamos que actualmente almacenas el nombre completo de cada usuario en un campo y que, en cambio, quieres almacenar el nombre y los apellidos por separado [22]. En una base de datos de documentos, solo tendrías que empezar a escribir nuevos documentos con los nuevos campos y tener código en la aplicación que se encargue de los casos en los que se lean documentos antiguos. Por ejemplo:

```
if (user && user.name && !user.first_name) {
    // Documents written before Dec 8, 2023 don't have first_name
    user.first_name = user.name.split(" ")[0];
}
```

La desventaja de este enfoque es que todas las partes de tu aplicación que leen de la base de datos ahora tienen que lidiar con documentos en formatos antiguos que pueden haber sido escritos hace mucho tiempo. Por otro lado, en una base de datos de esquema en escritura, normalmente realizarías una *migración* similar a esta:

```
ALTER TABLE users ADD COLUMN first_name text DEFAULT NULL;
UPDATE users SET first_name = split_part(name, ' ', 1);      -- PostgreSQL
UPDATE users SET first_name = substring_index(name, ' ', 1);      -- MySQL
```

En la mayoría de las bases de datos relacionales, añadir una columna con un valor predeterminado es rápido y no plantea problemas, incluso en tablas grandes. Sin embargo, es probable que la ejecución de la instrucción `UPDATE` sea lenta en una tabla grande, ya que es necesario reescribir cada fila, y otras operaciones de esquema (como cambiar el tipo de datos de una columna) también suelen requerir la copia de toda la tabla.

Existen varias herramientas que permiten realizar este tipo de cambios de esquema en segundo plano sin tiempo de inactividad [23, 24, 25, 26], pero realizar este tipo de migraciones en bases de datos grandes sigue siendo un reto operativo. Las migraciones complicadas pueden evitarse añadiendo la columna `first_name` con un valor predeterminado de NULL (lo cual es rápido) y rellenándola en el momento de la lectura, como se haría con una base de datos de documentos.

El enfoque de esquema en lectura es ventajoso si los elementos de la colección no tienen todos la misma estructura (es decir, los datos son heterogéneos); por ejemplo:

- Hay muchos tipos de objetos, y no es práctico poner cada tipo de objeto en su propia tabla.
- La estructura de los datos viene determinada por sistemas externos sobre los que no tienes control y que pueden cambiar en cualquier momento.

En situaciones como estas, un esquema puede ser más perjudicial que beneficioso, y los documentos sin esquema pueden ser un modelo de datos mucho más natural. Pero cuando se espera que todos los registros tengan la misma estructura, los esquemas son un mecanismo útil para documentar y hacer cumplir esa estructura. Discutiremos los esquemas y su evolución con más detalle en Capítulo 5.

Localidad de datos para lecturas y escrituras

Un documento se suele almacenar como una única cadena continua, codificada como JSON, XML o una variante binaria de estos (como BSON de MongoDB). Si tu aplicación necesita acceder a menudo a todo el documento (por ejemplo, para representarlo en una página web), esta *localidad de almacenamiento* tiene una ventaja en cuanto al rendimiento. Si los datos se dividen en varias tablas, como en Figura 3-1, se requieren múltiples búsquedas en el índice para recuperarlos todos, lo que puede requerir más búsquedas en el disco y llevar más tiempo.

La ventaja de la localidad solo se aplica si necesitas grandes partes del documento al mismo tiempo. La base de datos normalmente necesita cargar todo el documento, lo que puede ser un desperdicio si solo necesitas acceder a una pequeña parte de un documento grande. Además, al actualizar un documento, normalmente es necesario reescribir todo el documento. Por estas razones, generalmente se recomienda mantener los documentos bastante pequeños y evitar pequeñas actualizaciones frecuentes.

Sin embargo, el almacenamiento conjunto de datos relacionados para la localidad no se limita al modelo de documento. Por ejemplo, la base de datos Spanner de Google ofrece las mismas propiedades de localidad en un modelo de datos relacional, al permitir que el esquema declare que las filas de una tabla deben intercalarse (anidarse) dentro de una tabla principal [27]. Oracle permite lo mismo, utilizando una función llamada *tablas de clúster de índices multitabla* [28]. El modelo de datos *de columnas anchas* popularizado por Bigtable de Google y utilizado, por ejemplo, en HBase y Accumulo tiene *familias de columnas*, que tienen un propósito similar de gestionar la localidad de datos [29].

Lenguajes de consulta para documentos

Otra diferencia entre una base de datos relacional y una base de datos de documentos es el lenguaje o la API que se utiliza para realizar consultas. La mayoría de las bases de datos relacionales se consultan utilizando SQL, pero las bases de datos de documentos son más variadas. Algunas solo permiten el acceso clave-valor por clave primaria, mientras que otras también ofrecen índices secundarios para consultar valores dentro de los documentos, y algunas proporcionan lenguajes de consulta enriquecidos.

Las bases de datos XML a menudo se consultan utilizando XQuery y XPath, que están diseñados para permitir consultas complejas, incluidas uniones entre múltiples documentos, y formatear sus resultados como XML [30]. JSON Pointer [31] y JSONPath [32] proporcionan un equivalente a XPath para JSON. La canalización de agregación de MongoDB, cuyo operador `$lookup` para uniones vimos en "Normalización, desnormalización y uniones" en la página 80, es un ejemplo de lenguaje de consulta para colecciones de documentos JSON.

Veamos otro ejemplo para familiarizarnos con este lenguaje, esta vez una agregación, que es especialmente necesaria para el análisis. Imagina que eres biólogo marino y añades un registro de observación a tu base de datos cada vez que ves animales en el océano. Ahora quieres generar un informe que indique cuántos tiburones has avistado al mes. En PostgreSQL, podrías expresar esa consulta así:

```
SELECT date_trunc('month', observation_timestamp) AS observation_month, ❶
       sum(num_animals) AS total_animals
FROM observations
WHERE family = 'Sharks'
GROUP BY observation_month;
```

❶ La función `date_trunc('month', observation_timestamp)` determina el mes natural que contiene `timestamp` y devuelve otra marca de tiempo que representa el comienzo de ese mes. En otras palabras, la función redondea una marca de tiempo al mes más cercano.

Esta consulta primero filtra las observaciones para mostrar solo las especies de la familia `Sharks`, luego agrupa las observaciones por el mes natural en el que se produjeron y, por último, suma el número de animales vistos en todas las observaciones de ese mes. La misma consulta se puede expresar utilizando la tubería de agregación de MongoDB de la siguiente manera:

```
db.observations.aggregate([
    { $match: { family: "Sharks" } },
    { $group: {
        _id: {
            year:  { $year:  "$observationTimestamp" },
            month: { $month: "$observationTimestamp" }
        },
        totalAnimals: { $sum: "$numAnimals" }
    } }
]);
```

El lenguaje del pipeline de agregación es similar en expresividad a un subconjunto de SQL, pero utiliza una sintaxis basada en JSON en lugar de la sintaxis de estilo inglés de SQL. La diferencia es quizás una cuestión de gustos.

Convergencia de las bases de datos documentales y relacionales

Las bases de datos de documentos y las bases de datos relacionales comenzaron como enfoques muy diferentes de la gestión de datos, pero con el tiempo se han ido pareciendo cada vez más [33]. Las bases de datos relacionales añadieron compatibilidad con tipos JSON y operadores de consulta, así como la capacidad de indexar propiedades dentro de los documentos. Algunas bases de datos de documentos (como MongoDB, Couchbase y RethinkDB) añadieron compatibilidad con uniones, índices secundarios y lenguajes de consulta declarativos.

Esta convergencia de los modelos es una buena noticia para los desarrolladores de aplicaciones, ya que el modelo relacional y el modelo de documentos funcionan mejor cuando se pueden combinar ambos en la misma base de datos. Muchas bases de datos de documentos necesitan referencias de estilo relacional a otros documentos, y muchas bases de datos relacionales tienen secciones en las que la flexibilidad del esquema resulta beneficiosa. Los híbridos relacionales-documentales son una potente combinación.

> La descripción original de Codd del modelo relacional [4] permitía algo similar a JSON dentro de un esquema relacional. Lo denominó *dominios no simples*. La idea era que un valor en una fila no tiene por qué ser un tipo de datos primitivo, como un número o una cadena; también puede ser una relación anidada (tabla), por lo que puedes tener una estructura de árbol anidada arbitrariamente como valor. Esta construcción es comparable al soporte JSON y XML que se añadió a SQL más de 30 años después.

Modelos de datos tipo gráfico

Anteriormente vimos que el tipo de relaciones es una característica distintiva importante entre los modelos de datos. Si tu aplicación tiene principalmente relaciones uno a muchos (datos con estructura de árbol) y pocas otras relaciones entre registros, el modelo de documento es el adecuado.

Pero, ¿qué pasa si las relaciones muchos a muchos son muy comunes en tus datos? El modelo relacional puede manejar casos simples de relaciones muchos a muchos, pero a medida que las conexiones dentro de tus datos se vuelven más complejas, resulta más natural empezar a modelar esos datos como un gráfico.

Un gráfico consta de dos tipos de objetos: *vértices* (también conocidos como *nodos* o *entidades*) y *aristas* (también conocidas como *relaciones* o *arcos*). Muchos tipos de datos se pueden modelar como un gráfico. Entre los ejemplos típicos se incluyen los siguientes:

Gráficos sociales
: Los vértices son personas y los bordes indican qué personas se conocen entre sí.

El gráfico web
: Los vértices son páginas web, y los bordes indican enlaces HTML a otras páginas.

Redes de carreteras o ferroviarias
: Los vértices son cruces y los bordes representan las carreteras o las líneas ferroviarias e es que los unen.

Hay algoritmos conocidos que pueden operar en estos grafos; por ejemplo, las aplicaciones de navegación por mapas buscan la ruta más corta entre dos puntos en una red de carreteras , y PageRank se puede utilizar en el grafo web para determinar la popularidad de una página web y, por lo tanto, su clasificación en los resultados de búsqueda [34].

Los grafos se pueden representar de varias maneras. En el modelo *de lista de adyacencia*, cada vértice almacena los ID de sus vértices vecinos que están a una arista de distancia. Alternativamente, puedes utilizar una *matriz de adyacencia*, una matriz bidimensional en la que cada fila y columna corresponde a un vértice, donde el valor es 0 cuando no hay ningún perímetro entre el vértice de la fila y el vértice de la columna y 1 cuando hay un perímetro. Una lista de adyacencia es buena para los recorridos de grafos, y las matrices son buenas para el aprendizaje automático (consulta "DataFrames, matrices y arreglos" en la página 116).

En los ejemplos que acabamos de dar, todos los vértices de un grafo representan el mismo tipo de cosa (personas, páginas web o cruces de carreteras, respectivamente). Sin embargo, los grafos no se limitan a datos tan *homogéneos*. Un uso igualmente potente de los grafos es proporcionar una forma coherente de almacenar tipos de objetos completamente diferentes en una única base de datos. Por ejemplo:

- Facebook mantiene un único gráfico con muchos tipos de vértices y aristas. Los vértices representan personas, lugares, eventos, registros y comentarios realizados por los usuarios; las aristas indican qué personas son amigas entre sí, qué registro se realizó en qué lugar, quién comentó qué publicación, quién asistió a qué evento, etc. [35].
- Los motores de búsqueda utilizan grafos de conocimiento para registrar datos sobre entidades que suelen aparecer en las consultas de búsqueda, como organizaciones, personas y lugares [36]. Esta información se obtiene rastreando y analizando el texto de los sitios web; algunos sitios web, como Wikidata, también publican datos gráficos de forma estructurada.

Los grafos proporcionan varias formas diferentes, pero relacionadas, de estructurar y consultar datos. En esta sección analizaremos el modelo *de grafos de propiedades* (implementado por Neo4j, Memgraph, KùzuDB [37], y otros [38]) y el modelo *de almacenamiento triple* (implementado por Datomic, AllegroGraph, Blazegraph y otros). Estos modelos son bastante similares en lo que pueden expresar, y algunas bases de datos de grafos (como Amazon Neptune) admiten ambos.

También veremos cuatro lenguajes de consulta para grafos e es (Cypher, SPARQL, Datalog y GraphQL), así como la compatibilidad con SQL para consultar grafos. Existen otros lenguajes de consulta de grafos, como Gremlin [39], pero estos nos darán una visión general representativa.

Para ilustrar estos lenguajes y modelos, esta sección utiliza Figura 3-6 como ejemplo práctico. Podría tomarse de una red social o de una base de datos genealógica; muestra a dos personas, Lucy, de Idaho, y Alain, de Saint-Lô, Francia. Están casados y viven en Londres. Cada persona y cada ubicación se representan como un vértice, y las relaciones entre ellos se representan como aristas. Este ejemplo ayudará a demostrar algunas consultas que son fáciles en las bases de datos de grafos, pero difíciles en otros modelos de datos.

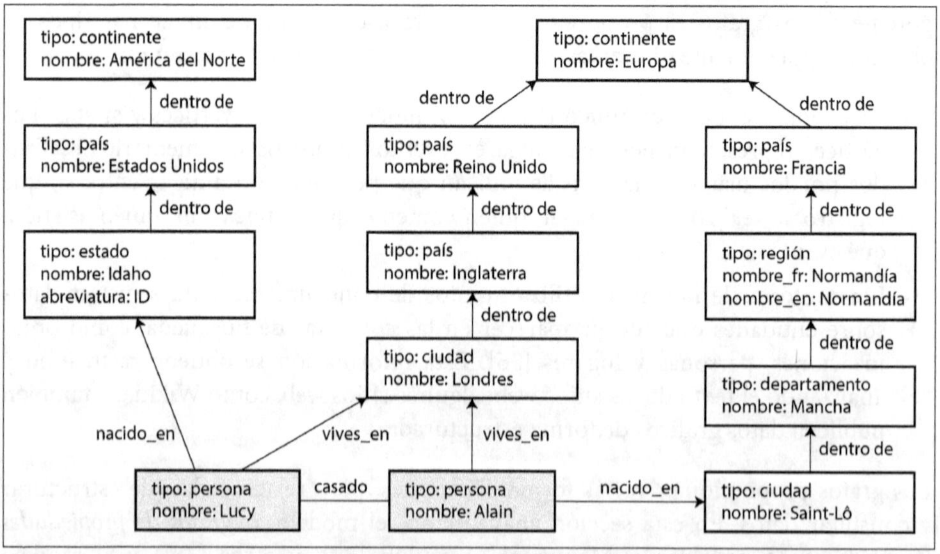

Figura 3-6. Datos estructurados en grafos (las casillas representan vértices, las flechas representan aristas)

Gráficos de propiedades

En el modelo *de gráfico de propiedades* (también conocido como *gráfico de propiedades etiquetadas*), cada vértice consta de lo siguiente:

- Un identificador único
- Una etiqueta (cadena) para describir el tipo de objeto que representa este vértice
- Un conjunto de aristas salientes
- Un conjunto de aristas entrantes
- Una colección de propiedades (pares clave-valor)

Cada perímetro consta de lo siguiente:

- Un identificador único
- El vértice en el que comienza el perímetro (el *vértice de cola*)
- El vértice en el que termina el perímetro (el *vértice de cabeza*)
- Una etiqueta para describir el tipo de relación entre los dos vértices
- Una colección de propiedades (pares clave-valor)

Puedes pensar en un almacén de grafos como compuesto por dos tablas relacionales, una para los vértices y otra para los perímetros, como se muestra en Ejemplo 3-3 (este esquema utiliza el tipo de datos `jsonb` de PostgreSQL para almacenar las propiedades de cada vértice o perímetro). Los vértices de cabeza y cola se almacenan para cada perímetro; si deseas el conjunto de perímetros entrantes o salientes para un vértice, puedes consultar la tabla **`edges`** por **`head_vertex`** o **`tail_vertex`**, respectivamente.

Ejemplo 3-3. Representación de un gráfico de propiedades con un esquema relacional

```
CREATE TABLE vertices (
    vertex_id   integer PRIMARY KEY,
    label       text,
    properties  jsonb
);

CREATE TABLE edges (
    edge_id     integer PRIMARY KEY,
    tail_vertex integer REFERENCES vertices (vertex_id),
    head_vertex integer REFERENCES vertices (vertex_id),
    label       text,
    properties  jsonb
);

CREATE INDEX edges_tails ON edges (tail_vertex);
CREATE INDEX edges_heads ON edges (head_vertex);
```

Algunos aspectos importantes de este modelo son los siguientes:

- Cualquier vértice puede tener un perímetro que lo conecte con cualquier otro vértice. No existe ningún esquema que restrinja qué tipos de cosas se pueden asociar o no.
- Dado cualquier vértice, puedes encontrar de manera eficiente tanto sus perímetros entrantes como salientes y, por lo tanto, *recorrer* el grafo (es decir, seguir una ruta a través de una cadena de vértices) tanto hacia adelante como hacia atrás. (Por eso Ejemplo 3-3 tiene índices en las columnas `tail_vertex` y `head_vertex`).
- Al utilizar diferentes etiquetas para diferentes tipos de vértices y relaciones, puedes almacenar varios tipos de información en un solo grafo, al tiempo que mantienes un modelo de datos limpio.

La tabla **`edges`** es como la tabla asociativa o de unión muchos a muchos que vimos en "Relaciones muchos a uno y muchos a muchos" en la página 84, generalizada para permitir que se almacenen muchos tipos de relaciones en la misma tabla. También puede haber índices en las etiquetas y las propiedades, lo que permite encontrar de manera eficiente vértices o perímetros con ciertas propiedades.

> Una limitación de los modelos de grafos es que un borde solo puede asociar dos vértices entre sí, mientras que una tabla de unión relacional puede representar relaciones de tres vías o incluso de mayor grado al tener múltiples referencias de claves externas en una sola fila. Estas relaciones se pueden representar en un grafo creando un vértice adicional correspondiente a cada fila de la tabla de unión y bordes hacia/desde ese vértice, o utilizando un *hipergrafo*.

Estas características proporcionan a los grafos una gran flexibilidad para el modelado de datos, como se ilustra en Figura 3-6. La figura muestra algunas cosas que serían difíciles de expresar en un esquema relacional tradicional, como los diferentes tipos de estructuras regionales en distintos países (Francia tiene *départements* y *régions*, mientras que Estados Unidos tiene *counties* y *states*), peculiaridades de la historia, como un país dentro de otro país (ignorando por ahora las complejidades de los estados soberanos y las naciones), y la variada granularidad de los datos (la residencia actual de Lucy se especifica como una ciudad, mientras que su lugar de nacimiento solo se especifica a nivel de estado).

Podrías imaginar ampliar el gráfico para incluir también muchos otros datos sobre Lucy y Alain, u otras personas. Por ejemplo, podrías utilizar el gráfico para indicar cualquier alergia alimentaria que tengan (introduciendo un vértice para cada alérgeno y un perímetro entre una persona y un alérgeno para indicar una alergia), y vincular los alérgenos con un conjunto de vértices que muestren qué alimentos contienen qué sustancias. A continuación, se podría escribir una consulta para averiguar qué alimentos son seguros para cada persona. Los gráficos son buenos para la evolutividad: a medida que se añaden características a la aplicación, un gráfico se puede ampliar fácilmente para adaptarse a los cambios en las estructuras de datos de la aplicación.

El lenguaje de consulta Cypher

Cypher es un lenguaje de consulta para grafos de propiedades, creado originalmente para la base de datos de grafos Neo4j y posteriormente desarrollado como estándar abierto con el nombre de *openCypher* [40]. Además de Neo4j, Cypher es compatible con Memgraph, KùzuDB [37], Amazon Neptune, Apache AGE (con almacenamiento en PostgreSQL) y otros. Este lenguaje recibe su nombre de un personaje de la película *The Matrix* y no tiene relación con los cifrados en criptografía [41].

Ejemplo 3-4 muestra la consulta Cypher para insertar la parte izquierda de Figura 3-6 en una base de datos gráfica. El resto del gráfico se puede añadir de forma similar. A cada vértice se le asigna un nombre simbólico, como `usa` o `idaho`. Ese nombre no se almacena en la base de datos, sino que solo se utiliza internamente dentro de la consulta para crear aristas entre los vértices, utilizando una notación de flecha:

`(idaho) -[:WITHIN]-> (usa)` crea una arista etiquetada como `WITHIN`, con `idaho` como nodo final y `usa` como nodo inicial.

Ejemplo 3-4. Un subconjunto de los datos de Figura 3-6, representado como una consulta Cypher

```
CREATE
  (namerica :Location {name:'North America',  type:'continent'}),
  (usa      :Location {name:'United States',  type:'country'  }),
  (idaho    :Location {name:'Idaho',          type:'state'    }),
  (lucy     :Person   {name:'Lucy' }),
  (idaho) -[:WITHIN ]-> (usa)  -[:WITHIN]-> (namerica),
  (lucy)  -[:BORN_IN]-> (idaho)
```

Cuando todos los vértices y aristas de Figura 3-6 se añaden a la base de datos, podemos empezar a formular preguntas interesantes. Por ejemplo, supongamos que queremos encontrar los nombres de todas las personas que emigraron de Estados Unidos a Europa. Podemos hacerlo buscando todos los vértices que tienen una arista `BORN_IN` a una ubicación dentro de EE. UU. y una arista `LIVING_IN` a una ubicación dentro de Europa, y devolviendo la propiedad `name` de cada uno de esos vértices.

Ejemplo 3-5 muestra cómo expresar esa consulta en Cypher. La misma notación de flecha se utiliza en una cláusula `MATCH` para encontrar patrones en el gráfico: `(person) -[:BORN_IN]-> ()` coincide con dos vértices cualesquiera que estén relacionados por un borde etiquetado como `BORN_IN`. El vértice final de ese borde está vinculado a la variable `person`, y el vértice inicial se deja sin nombre.

Ejemplo 3-5. Una consulta Cypher para encontrar personas que emigraron de EE. UU. a Europa

```
MATCH
  (person) -[:BORN_IN]->  () -[:WITHIN*0..]-> (:Location {name:'United States'}),
  (person) -[:LIVES_IN]-> () -[:WITHIN*0..]-> (:Location {name:'Europe'})
RETURN person.name
```

La consulta se puede leer de la siguiente manera:

> Busca cualquier vértice (llámalo `person`) que cumpla *ambas* de las siguientes condiciones:
>
> 1. `person` tiene un perímetro saliente `BORN_IN` hacia un vértice. Desde ese vértice, puedes seguir una cadena de perímetros salientes `WITHIN` hasta llegar finalmente a un vértice de tipo `Location`, cuya propiedad `name` es igual a `United States`.
> 2. Ese mismo vértice de `person` también tiene un perímetro saliente `LIVES_IN`. Siguiendo ese perímetro y, a continuación, una cadena de perímetros salientes

WITHIN, finalmente se llega a un vértice de tipo Location, cuya propiedad name es igual a Europe.

Para cada vértice de person de este tipo, devuelve la propiedad name.

Hay varias formas posibles de ejecutar la consulta. La descripción que se ofrece aquí sugiere que comiences por escanear a todas las personas de la base de datos, examinando el lugar de nacimiento y la residencia de cada una de ellas, y devolviendo solo aquellas que cumplan los criterios.

Pero, de forma equivalente, podrías empezar por los dos vértices Location y trabajar hacia atrás. Si hay un índice en la propiedad name, puedes encontrar de forma eficiente los dos vértices que representan a EE. UU. y Europa. A continuación, puedes proceder a encontrar todas las ubicaciones (estados, regiones, ciudades, etc.) en EE. UU. y Europa, respectivamente, siguiendo todos los perímetros entrantes WITHIN. Por último, puedes buscar personas que se puedan encontrar a través de un borde entrante BORN_IN o LIVES_IN en uno de los vértices de ubicación.

Consultas de grafos en SQL

Ejemplo 3-3 sugirió que los datos de grafos se pueden representar en una base de datos relacional. Pero si ponemos los datos de grafos en una estructura relacional, ¿también podemos consultarlos utilizando SQL?

La respuesta es sí, pero con cierta dificultad. Cada arista que recorres en una consulta de grafos es efectivamente una unión con la tabla edges. En una base de datos relacional, normalmente sabes de antemano qué uniones necesitas en tu consulta. Por otro lado, en una consulta de grafos, es posible que tengas que recorrer un número variable de aristas antes de encontrar el vértice que buscas, es decir, el número de uniones no está fijado de antemano.

En nuestro ejemplo, eso ocurre en el patrón () -[:WITHIN*0..]-> () de la consulta Cypher. El borde LIVES_IN de una persona puede apuntar a cualquier tipo de ubicación, como una calle, una ciudad, un distrito, una región o un estado. Una ciudad puede estar WITHIN una región, una región WITHIN un estado, un estado WITHIN un país, y así sucesivamente. El perímetro LIVES_IN puede apuntar directamente al vértice de ubicación que estás buscando, o puede estar a varios niveles de distancia en la jerarquía de ubicaciones.

En Cypher, :WITHIN*0.. expresa ese hecho de forma muy concisa: significa "sigue un perímetro WITHIN, cero o más veces". Es como el operador * en una expresión regular.

Esta idea de rutas de recorrido de longitud variable en una consulta se puede expresar utilizando *expresiones de tabla comunes recursivas* (la sintaxis WITH RECURSIVE). Ejemplo 3-6 muestra la misma consulta, que busca los nombres de las personas que emigraron de EE. UU. a Europa, expresada en SQL utilizando esta técnica (las líneas que comienzan con `--` son comentarios). Como puedes ver, la sintaxis es muy torpe en comparación con Cypher.

Ejemplo 3-6. La misma consulta que Ejemplo 3-5, escrita en SQL utilizando expresiones de tabla comunes recursivas

```
WITH RECURSIVE

  -- in_usa is the set of vertex IDs of all locations within the United States
  in_usa(vertex_id) AS (
      SELECT vertex_id FROM vertices
        WHERE label = 'Location' AND properties->>'name' = 'United States' ❶
    UNION
      SELECT edges.tail_vertex FROM edges ❷
        JOIN in_usa ON edges.head_vertex = in_usa.vertex_id
        WHERE edges.label = 'within'
  ),

  -- in_europe is the set of vertex IDs of all locations within Europe
  in_europe(vertex_id) AS (
      SELECT vertex_id FROM vertices
        WHERE label = 'location' AND properties->>'name' = 'Europe' ❸
    UNION
      SELECT edges.tail_vertex FROM edges
        JOIN in_europe ON edges.head_vertex = in_europe.vertex_id
        WHERE edges.label = 'within'
  ),

  -- born_in_usa is the set of vertex IDs of all people born in the US
  born_in_usa(vertex_id) AS ( ❹
    SELECT edges.tail_vertex FROM edges
      JOIN in_usa ON edges.head_vertex = in_usa.vertex_id
      WHERE edges.label = 'born_in'
  ),

  -- lives_in_europe is the set of vertex IDs of all people living in Europe
  lives_in_europe(vertex_id) AS ( ❺
    SELECT edges.tail_vertex FROM edges
      JOIN in_europe ON edges.head_vertex = in_europe.vertex_id
      WHERE edges.label = 'lives_in'
  )

SELECT vertices.properties->>'name'
FROM vertices
-- join to find those people who were both born in the US *and* live in Europe
JOIN born_in_usa     ON vertices.vertex_id = born_in_usa.vertex_id ❻
JOIN lives_in_europe ON vertices.vertex_id = lives_in_europe.vertex_id;
```

❶ Primero, busca el vértice cuya propiedad `name` tiene el valor `United States` y conviértelo en el primer elemento del conjunto de vértices `in_usa`.

❷ Sigue todos los perímetros entrantes `within` de los vértices del conjunto `in_usa` y añádelos al mismo conjunto, hasta que se hayan visitado todos los perímetros entrantes `within`.

❸ Haz lo mismo empezando por el vértice cuya propiedad `name` tiene el valor `Europe` y crea el conjunto de vértices `in_europe`.

❹ Para cada uno de los vértices del conjunto `in_usa`, sigue los bordes entrantes `born_in` para encontrar personas que hayan nacido en algún lugar de los Estados Unidos.

❺ Del mismo modo, para cada uno de los vértices del conjunto `in_europe`, sigue los bordes entrantes `lives_in` para encontrar personas que vivan en Europa.

❻ Por último, cruza el conjunto de personas nacidas en EE. UU. con el conjunto de personas que viven en Europa uniéndolos.

El hecho de que una consulta Cypher de 4 líneas requiera 31 líneas en SQL demuestra la gran diferencia que puede suponer la elección correcta del modelo de datos y el lenguaje de consulta. Y esto es solo el principio; hay más detalles que tener en cuenta, por ejemplo, en torno al manejo de ciclos y la elección entre el recorrido en anchura o en profundidad [42]. Oracle tiene una extensión SQL diferente para consultas recursivas, que denomina jerárquica [43]. Otros lenguajes de consulta de grafos son GSQL de TigerGraph [44] y el lenguaje de consulta de grafos de propiedades (PGQL) [45].

La norma ISO del lenguaje de consulta de grafos (GQL) de la Asociación Internacional de Grafos (), basada en Cypher, se publicó en 2024 [46, 47, 48]. Aunque todavía no se ha adoptado de forma generalizada, es de esperar que en los próximos años contribuya a una mayor uniformidad entre las bases de datos de grafos.

Almacenes triples y SPARQL

El *modelo de almacén de triples* es prácticamente equivalente al modelo de grafos de propiedades, ya que utiliza palabras diferentes para describir las mismas ideas. No obstante, merece la pena comentarlo, ya que las diversas herramientas y lenguajes para almacenes de triples pueden ser valiosas incorporaciones a tu caja de herramientas para crear aplicaciones.

En un almacén de triples, toda la información se almacena en forma de declaraciones muy simples de tres partes: (*sujeto*, *predicado*, *objeto*). Por ejemplo, en el triple (*Jim*, *le gusta*, *plátanos*), *Jim* es el sujeto, *le gusta* es el predicado (verbo) y *plátanos* es el objeto.

> Para ser precisos, las bases de datos que ofrecen un modelo de datos similar a un triple a menudo necesitan almacenar metadatos adicionales en cada tupla. Por ejemplo, AWS Neptune utiliza cuádruples (4 tuplas) añadiendo un ID de gráfico a cada triple [49]; Datomic utiliza 5-tuplas, ampliando cada triple con un ID de transacción y un booleano para indicar la eliminación [50]. Dado que estas bases de datos conservan la estructura básica *sujeto-predicado-objeto* explicada aquí, este libro las denomina, no obstante, almacenes de triples.

El sujeto de una triple es equivalente a un vértice en un gráfico. El objeto es una de dos cosas:

- Un valor de un tipo de datos primitivo, como una cadena o un número. En ese caso, el predicado y el objeto de la tripleta son equivalentes a la clave y el valor de una propiedad en el vértice sujeto. Utilizando el ejemplo de Figura 3-6, (*lucy*, *birthYear*, *1989*) es como un vértice `lucy` con propiedades `{"birthYear": 1989}`.

- Otro vértice en el gráfico. En ese caso, el predicado es un borde en el gráfico, el sujeto es el vértice de cola y el objeto es el vértice de cabeza. Por ejemplo, en (*lucy*, *marriedTo*, *alain*), el sujeto y el objeto *lucy* y *alain* son ambos vértices, y el predicado *marriedTo* es la etiqueta del borde que los conecta.

Ejemplo 3-7 muestra los mismos datos que en Ejemplo 3-4 escritos como triples en un formato llamado *Turtle*, un subconjunto de *Notation3* (*N3*) [51].

Ejemplo 3-7. Un subconjunto de los datos de Figura 3-6, representados como triples Turtle

```
@prefix : <urn:example:>.
_:lucy     a       :Person.
_:lucy     :name   "Lucy".
_:lucy     :bornIn _:idaho.
_:idaho    a       :Location.
_:idaho    :name   "Idaho".
_:idaho    :type   "state".
_:idaho    :within _:usa.
_:usa      a       :Location.
_:usa      :name   "United States".
_:usa      :type   "country".
_:usa      :within _:namerica.
_:namerica a       :Location.
_:namerica :name   "North America".
_:namerica :type   "continent".
```

En este ejemplo, los vértices del gráfico se escriben como `_:someName`. El nombre no significa nada fuera de este archivo; solo existe porque, de lo contrario, no sabríamos qué triples se refieren al mismo vértice. Cuando el predicado representa un perímetro, el objeto es un vértice, como en `_:idaho :within _:usa`. Cuando el predicado es una propiedad, el objeto es una cadena literal, como en `_:usa :name "United States"`.

Para una representación más compacta, puedes usar puntos y comas para decir varias cosas sobre el mismo tema, como se muestra en Ejemplo 3-8. Esto hace que el formato Turtle sea bastante legible.

Ejemplo 3-8. Una forma más concisa de escribir los datos en Ejemplo 3-7

```
@prefix : <urn:example:>.
_:lucy     a :Person;   :name "Lucy";          :bornIn _:idaho.
_:idaho    a :Location; :name "Idaho";         :type "state";    :within _:usa.
_:usa      a :Location; :name "United States"; :type "country"; :within _:namerica.
_:namerica a :Location; :name "North America"; :type "continent".
```

La web semántica

Parte del esfuerzo de investigación y desarrollo en almacenes de triples fue motivado por la *Web Semántica*, un esfuerzo de principios de la década de 2000 para facilitar el intercambio de datos en Internet mediante la publicación de datos no solo como páginas web legibles por humanos, sino también en un formato estandarizado y legible por máquinas. Aunque la Web Semántica tal y como se concibió originalmente no tuvo éxito [52, 53], el legado del proyecto sigue vivo, por ejemplo, en los estándares de datos enlazados como JSON-LD [54], las ontologías utilizadas en la ciencia biomédica [55], el protocolo Open Graph de Facebook [56] (que se utiliza para desplegar enlaces [57]), los grafos de conocimiento como Wikidata y los vocabularios estandarizados para datos estructurados mantenidos por Schema.org.

Los almacenes de tripletas son otra tecnología de la web semántica que ha encontrado un uso fuera de su caso de uso original; incluso si no te interesa la web semántica, las tripletas pueden ser un buen modelo de datos interno para aplicaciones.

El modelo de datos RDF

El lenguaje Turtle que utilizamos en Ejemplo 3-8 es en realidad una forma de codificar datos en el *Resource Description Framework* (RDF) [58], un modelo de datos diseñado para la web semántica. Los datos RDF también se pueden codificar de otras formas, incluyendo (de forma más detallada) XML, como se muestra en Ejemplo 3-9. Herramientas como Apache Jena pueden convertir automáticamente entre diferentes codificaciones RDF.

Ejemplo 3-9. Los datos de Ejemplo 3-8 expresados utilizando la sintaxis RDF/XML

```
<rdf:RDF xmlns="urn:example:"
    xmlns:rdf="http://www.w3.org/1999/02/22-rdf-syntax-ns#">

  <Location rdf:nodeID="idaho">
    <name>Idaho</name>
    <type>state</type>
    <within>
      <Location rdf:nodeID="usa">
        <name>United States</name>
        <type>country</type>
        <within>
          <Location rdf:nodeID="namerica">
            <name>North America</name>
            <type>continent</type>
          </Location>
        </within>
      </Location>
    </within>
  </Location>

  <Person rdf:nodeID="lucy">
    <name>Lucy</name>
    <bornIn rdf:nodeID="idaho"/>
  </Person>
</rdf:RDF>
```

RDF tiene algunas peculiaridades porque está diseñado para el intercambio de datos en Internet. El sujeto, el predicado y el objeto de una tripleta suelen ser URI. Por ejemplo, un predicado puede ser un URI como `<http://my-company.com/namespace#within>` o `<http://my-company.com/namespace#lives_in>`, en lugar de simplemente `WITHIN` o `LIVES_IN`. El razonamiento detrás de este diseño es que deberías poder combinar tus datos con los datos de otra persona, y si ellos le dan un significado diferente a la palabra `within` o `lives_in`, no habrá conflicto porque sus predicados son en realidad `<http://other.org/foo#within>` y `<http://other.org/foo#lives_in>`.

La URL `<http://my-company.com/namespace>` no tiene por qué resolverse en nada; desde el punto de vista de RDF, es simplemente un espacio de nombres. Para evitar posibles confusiones con las URL `http://`, los ejemplos de esta sección utilizan URI no resolubles, como `urn:example:within`. Afortunadamente, puedes especificar este prefijo una sola vez en la parte superior del archivo y luego olvidarte de él.

El lenguaje de consulta SPARQL

SPARQL es un lenguaje de consulta para almacenes de tripletas que utiliza el modelo de datos RDF [59]. (El nombre es un acrónimo recursivo de *SPARQL Protocol and RDF Query Language*, que se pronuncia "sparkle"). Es anterior a Cypher y, dado que el patrón de coincidencia de Cypher se ha tomado prestado de SPARQL, ambos son bastante similares.

La misma consulta que antes, encontrar personas que se han mudado de EE. UU. a Europa, es igualmente concisa en SPARQL como en Cypher (consulta Ejemplo 3-10).

Ejemplo 3-10. La misma consulta que Ejemplo 3-5, expresada en SPARQL

```
PREFIX : <urn:example:>

SELECT ?personName WHERE {
  ?person :name ?personName.
  ?person :bornIn  / :within* / :name "United States".
  ?person :livesIn / :within* / :name "Europe".
}
```

La estructura es muy similar. Las dos expresiones siguientes son equivalentes (las variables comienzan con un signo de interrogación en SPARQL):

```
(person) -[:BORN_IN]-> () -[:WITHIN*0..]-> (location)   # Cypher

?person :bornIn / :within* ?location.                   # SPARQL
```

Dado que RDF no distingue entre propiedades y perímetros, sino que utiliza predicados para ambas, puedes utilizar la misma sintaxis para hacer coincidir propiedades. En la siguiente expresión, la variable `usa` está vinculada a cualquier vértice que tenga una propiedad `name` cuyo valor sea la cadena `United States`:

```
(usa {name:'United States'})   # Cypher

?usa :name "United States".    # SPARQL
```

SPARQL es compatible con Amazon Neptune, AllegroGraph, Blazegraph, OpenLink Virtuoso, Apache Jena y otros almacenes de triples [38].

Datalog: consultas relacionales recursivas

Datalog, un lenguaje mucho más antiguo que SPARQL o Cypher, surgió de la investigación académica en la década de 1980 [60, 61, 62]. Es menos conocido entre los ingenieros de software y no es ampliamente compatible con las bases de datos convencionales, pero debería ser más conocido, ya que es un lenguaje muy expresivo y especialmente potente para consultas complejas. Varias bases de datos especializadas, como Datomic, LogicBlox, CozoDB y LIquid de LinkedIn [63], utilizan Datalog como lenguaje de consulta. Se trata de un basada en un modelo de datos relacional, no en un gráfico, pero la comentamos aquí porque las consultas recursivas en gráficos son uno de los puntos fuertes de Datalog.

El contenido de una base de datos Datalog se conoce como *hechos*, y cada hecho corresponde a una fila en una tabla relacional. Por ejemplo, supongamos que tenemos una tabla de `locations` que contiene ubicaciones y tiene tres columnas: `ID`, `name` y `type`. El hecho de que Estados Unidos sea un país podría escribirse como `location(2, "United States", "country")`, donde `2` es el ID de Estados Unidos. En general, la instrucción `table(val1, val2, …)` significa que `table` contiene una fila en la que la primera columna contiene `val1`, la segunda columna contiene `val2`, y así sucesivamente.

Ejemplo 3-11 muestra cómo escribir los datos del lado izquierdo de Figura 3-6 en Datalog. Los perímetros del gráfico (`within`, `born_in` y `lives_in`) se representan como tablas de unión de dos columnas. Por ejemplo, Lucy tiene el ID `100` e Idaho tiene el ID `3`, por lo que la relación "Lucy nació en Idaho" se representa como `born_in(100, 3)`.

Ejemplo 3-11. Un subconjunto de los datos de Figura 3-6, representados como hechos Datalog

```
location(1, "North America", "continent").
location(2, "United States", "country").
location(3, "Idaho", "state").

within(2, 1).    /* US is in North America */
within(3, 2).    /* Idaho is in the US     */

person(100, "Lucy").
born_in(100, 3). /* Lucy was born in Idaho */
```

Ahora que hemos definido los datos, podemos escribir la misma consulta que antes, como se muestra en Ejemplo 3-12. Parece un poco diferente de la equivalente en Cypher o SPARQL, pero no dejes que eso te desanime. Datalog es un subconjunto de Prolog, un lenguaje de programación que quizás hayas visto antes si has estudiado informática.

Ejemplo 3-12. La misma consulta que Ejemplo 3-5, expresada en Datalog

```
within_recursive(LocID, PlaceName) :- location(LocID, PlaceName, _). /* Rule 1 */

within_recursive(LocID, PlaceName) :- within(LocID, ViaID),          /* Rule 2 */
                                      within_recursive(ViaID, PlaceName).

migrated(PName, BornIn, LivingIn)  :- person(PersonID, PName),       /* Rule 3 */
                                      born_in(PersonID, BornID),
                                      within_recursive(BornID, BornIn),
                                      lives_in(PersonID, LivingID),
                                      within_recursive(LivingID, LivingIn).
```

```
us_to_europe(Person) :- migrated(Person, "United States", "Europe"). /* Rule 4 */
/* us_to_europe contains the row "Lucy". */
```

Cypher y SPARQL empiezan directamente con SELECT, pero Datalog va paso a paso. Definimos *reglas* que derivan nuevas tablas virtuales a partir de los hechos subyacentes. Estas tablas derivadas son como vistas SQL (virtuales): no se almacenan en la base de datos, pero puedes consultarlas de la misma manera que una tabla que contiene hechos almacenados.

En Ejemplo 3-12 definimos tres tablas derivadas: `within_recursive`, `migrated` y `us_to_europe`. Los nombres y las columnas de las tablas virtuales se definen por lo que aparece antes del símbolo `:-` en cada regla. Por ejemplo, `migrated(PName, BornIn, LivingIn)` es una tabla virtual con tres columnas: el nombre de una persona, el nombre del lugar donde nació y el nombre del lugar donde vive.

El contenido de una tabla virtual se define por la parte de la regla que sigue al símbolo `:-`, donde intentamos encontrar filas que coincidan con un patrón determinado en las tablas. Por ejemplo, `person(PersonID, PName)` coincide con la fila `person(100, "Lucy")`, con la variable `PersonID` vinculada al valor `100` y la variable `PName` vinculada al valor `"Lucy"`. Una regla se aplica si el sistema puede encontrar una coincidencia para *todos* los patrones a la derecha del operador `:-`. Cuando se aplica la regla, es como si el lado izquierdo de `:-` se hubiera añadido a la base de datos (con las variables sustituidas por los valores con los que coinciden).

Una forma posible de aplicar las reglas es, por lo tanto, la siguiente (como se ilustra en Figura 3-7):

1. `location(1, "North America", "continent")` existe en la base de datos, por lo que se aplica la regla 1. Genera `within_recursive(1, "North America")`.
2. `within(2, 1)` existe en la base de datos y el paso anterior generó `within_recursive(1, "North America")`, por lo que se aplica la regla 2. Genera `within_recursive(2, "North America")`.
3. `within(3, 2)` existe en la base de datos y el paso anterior generó `within_recursive(2, "North America")`, por lo que se aplica la regla 2. Genera `within_recursive(3, "North America")`.

Mediante la aplicación repetida de las reglas 1 y 2, la tabla virtual `within_recursive` puede indicarnos todas las ubicaciones de Norteamérica (o cualquier otra ubicación) contenidas en nuestra base de datos.

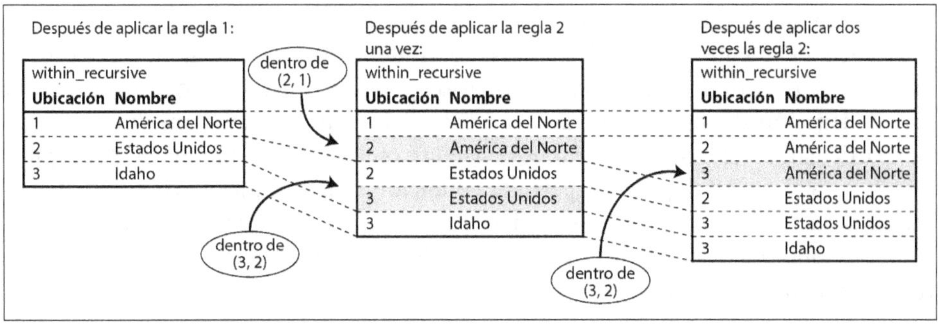

Figura 3-7. Determinación de que Idaho se encuentra en América del Norte, utilizando las reglas de Datalog de Ejemplo 3-12

Ahora, la regla 3 puede encontrar personas que hayan nacido en algún lugar `BornIn` y vivan en algún lugar `LivingIn`. La regla 4 invoca la regla 3 con `BornIn = 'United States'` y `LivingIn = 'Europe'` y devuelve solo los nombres de las personas que coinciden con la búsqueda. Al consultar el contenido de la tabla virtual `us_to_europe`, el sistema Datalog finalmente obtiene la misma respuesta que las consultas anteriores de Cypher y SPARQL.

El enfoque de Datalog requiere un tipo de pensamiento diferente en comparación con los otros lenguajes de consulta analizados en este capítulo. Permite construir consultas complejas regla por regla, con una regla que hace referencia a otras reglas, de manera similar a como se divide el código en funciones que se llaman entre sí. Al igual que las funciones pueden ser recursivas, las reglas de Datalog también pueden invocarse a sí mismas, como la regla 2 en Ejemplo 3-12, que permite recorrer grafos en consultas Datalog.

GraphQL

GraphQL es un lenguaje de consulta que, por su diseño, es mucho más restrictivo que los demás que hemos visto en este capítulo. Está pensado para consultas OLTP; su objetivo es permitir que el software cliente que se ejecuta en el dispositivo de un usuario (como una aplicación móvil o una interfaz de aplicación web JavaScript) solicite un documento JSON con una estructura concreta, que contenga los campos necesarios para renderizar su interfaz de usuario.

Las interfaces GraphQL permiten a los desarrolladores cambiar rápidamente las consultas en el código del cliente sin modificar las API del lado del servidor. Sin embargo, esa flexibilidad tiene un costo. Las organizaciones que adoptan GraphQL a menudo necesitan herramientas para convertir las consultas en solicitudes a servicios internos, que suelen utilizar REST o gRPC (consulta Capítulo 5). La autorización, la limitación de la velocidad y los retos de rendimiento son preocupaciones adicionales [64].

El lenguaje también está limitado intencionadamente, ya que las consultas GraphQL provienen de fuentes no confiables. No permite nada que pueda ser costoso de ejecutar, ya que, de lo contrario, los usuarios podrían (quizás sin querer) provocar una denegación de servicio en un servidor al ejecutar muchas consultas costosas. En particular, GraphQL no permite consultas recursivas (a diferencia de Cypher, SPARQL, SQL o Datalog), y no permite condiciones de búsqueda arbitrarias (como nuestra "encontrar personas que nacieron en EE. UU. y ahora viven en Europa"), a menos que los propietarios del servicio decidan específicamente ofrecer dicha funcionalidad de búsqueda.

No obstante, GraphQL es útil. Ejemplo 3-13 muestra cómo se podría implementar una aplicación de chat grupal como Discord o Slack utilizando GraphQL. La consulta solicita todos los canales a los que tú tienes acceso, incluyendo el nombre del canal y los 50 mensajes más recientes de cada canal. Para cada mensaje, la consulta solicita la marca de tiempo, el contenido del mensaje y el nombre y la URL de la foto de perfil del remitente. Si un mensaje es una respuesta a otro mensaje, la consulta también solicita el nombre del remitente y el contenido de ese mensaje (que puede mostrarse en una fuente más pequeña encima de la respuesta, con el fin de proporcionar algo de contexto).

Ejemplo 3-13. Una consulta GraphQL para una aplicación de chat grupal

```
query ChatApp {
  channels {
    name
    recentMessages(latest: 50) {
      timestamp
      content
      sender {
        fullName
        imageUrl
      }
      replyTo {
        content
        sender {
          fullName
        }
      }
    }
  }
}
```

Ejemplo 3-14 muestra cómo podría ser una respuesta a la consulta en Ejemplo 3-13. La respuesta es un documento JSON que refleja la estructura de la consulta: contiene exactamente los atributos que se solicitaron, ni más ni menos. Este enfoque tiene la ventaja de que el servidor no necesita saber qué atributos requiere el cliente para mostrar la interfaz de usuario; el cliente simplemente puede solicitar lo que necesita. Por ejemplo, esta consulta no solicita la URL de la foto de perfil del remitente del mensaje `replyTo`, pero si la interfaz de usuario se modificara para incluir esa foto de perfil, sería fácil para el cliente añadir el atributo `imageUrl` requerido a la consulta sin necesidad de realizar cambios en el lado del servidor.

Ejemplo 3-14. Una posible respuesta a la consulta en Ejemplo 3-13

```
{
  "data": {
    "channels": [
      {
        "name": "#general",
        "recentMessages": [
          {
            "timestamp": 1693143014,
            "content": "Hey! How are y'all doing?",
            "sender": {"fullName": "Aaliyah", "imageUrl": "https://..."},
            "replyTo": null
          },
          {
            "timestamp": 1693143024,
            "content": "Great! And you?",
            "sender": {"fullName": "Caleb", "imageUrl": "https://..."},
            "replyTo": {
              "content": "Hey! How are y'all doing?",
              "sender": {"fullName": "Aaliyah"}
            }
          },
          ...
```

En este ejemplo, el nombre y la URL de la imagen del remitente del mensaje están incrustados directamente en el objeto del mensaje. Si el mismo usuario envía varios mensajes, esta información se repetirá en cada mensaje. En principio, sería posible reducir esta duplicación, pero GraphQL opta por aceptar un tamaño de respuesta mayor para simplificar la representación de la interfaz de usuario basada en los datos solicitados.

El campo `replyTo` es similar: en Ejemplo 3-14, el segundo mensaje es una respuesta al primero, y el contenido ("Hey...") y el nombre del remitente (Aaliyah) se duplican en `replyTo`. Sería posible devolver en su lugar el ID del mensaje al que se responde, pero entonces el cliente tendría que realizar una solicitud adicional al servidor si ese ID no se encontrara entre los 50 mensajes más recientes devuelta. Duplicar el contenido simplifica mucho el trabajo con los datos.

La base de datos del servidor puede almacenar los datos de una forma más normalizada y realizar las uniones necesarias para procesar una consulta. Por ejemplo, el servidor podría almacenar un mensaje junto con el ID de usuario del remitente y el ID del mensaje al que se está respondiendo; cuando recibe una consulta como la de Ejemplo 3-13, el servidor resolvería esos ID para encontrar los registros a los que se refieren. Sin embargo, el cliente solo puede solicitar las uniones que se han declarado explícitamente en el esquema GraphQL.

Aunque la respuesta a una consulta GraphQL se parece a la respuesta de una base de datos de documentos, y aunque tiene "graph" en su nombre, GraphQL se puede implementar sobre cualquier tipo de base de datos: relacional, de documentos o de grafos.

Event Sourcing y CQRS

En todos los modelos de datos que hemos comentado hasta ahora, los datos se consultan en la misma forma en que están escritos, ya sean documentos JSON, filas en tablas o vértices y aristas en un gráfico. Sin embargo, en aplicaciones complejas, a veces puede resultar difícil encontrar una única representación de datos que sea capaz de satisfacer todas las formas en que los datos deben consultarse y presentarse. En tales situaciones, puede ser beneficioso escribir los datos en un formato y luego derivar de él representaciones optimizadas para diferentes tipos de lecturas.

Anteriormente vimos esta idea en "Sistemas de registro y datos derivados" en la página 12, y ETL (consulta "Almacenamiento de datos" en la página 7) es un ejemplo de dicho proceso de derivación. Ahora llevaremos la idea más allá. Si vamos a derivar una representación de datos a partir de otra de todos modos, podemos elegir diferentes representaciones que estén optimizadas para la escritura y la lectura, respectivamente. ¿Cómo modelarías tus datos si quisieras optimizarlos solo para la escritura y no te preocuparan las consultas eficientes?

Quizás la forma más sencilla, rápida y expresiva de escribir datos sea un *registro de eventos*: cada vez que quieras escribir algunos datos, los codificas como una cadena autónoma (quizás como JSON), incluyendo una marca de tiempo, y luego los añades a una secuencia de eventos. Los eventos de este registro son *inmutables*; nunca los cambias ni los eliminas, sino que solo añades más eventos al registro (que pueden sustituir a eventos anteriores). Un evento puede contener propiedades arbitrarias.

Figura 3-8 muestra un ejemplo que podría tomarse de un sistema de gestión de conferencias. Una conferencia puede ser un ámbito empresarial complejo: no solo los asistentes individuales pueden registrarse y pagar con tarjeta, sino que las empresas también pueden reservar asientos al por mayor, pagar con factura y luego asignar los asientos a personas individuales. Se puede reservar un cierto número de asientos para ponentes, patrocinadores, ayudantes voluntarios, etc. Las reservas también pueden cancelarse, y el organizador de la conferencia puede cambiar la capacidad del evento trasladándolo a otra sala. Con todo esto, el simple cálculo del número de asientos disponibles se convierte en una consulta complicada.

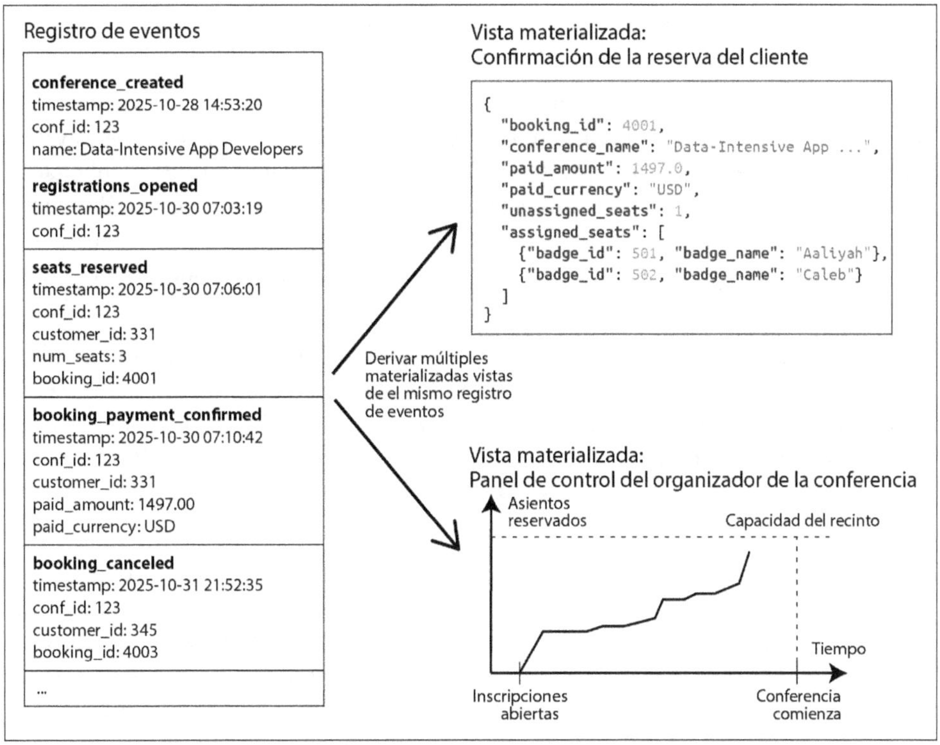

Figura 3-8. Usar un registro de eventos inmutables como fuente de verdad y derivar vistas materializadas a partir de él

En Figura 3-8, cada cambio en el estado de la conferencia (como la apertura de inscripciones por parte del organizador o la realización y cancelación de inscripciones por parte de los asistentes) se almacena primero como un evento. Cada vez que se añade un evento al registro, también se actualizan varias *vistas materializadas* (también conocidas como *proyecciones* o *modelos de lectura*) para reflejar el efecto de ese evento. En el ejemplo de la conferencia, podría haber una vista materializada que recopile toda la información relacionada con el estado de cada reserva, otra que calcule gráficos para el panel de control del organizador de la conferencia y una tercera que genere archivos para la impresora que produce las credenciales de los asistentes.

La idea de utilizar eventos como fuente de verdad y expresar cada cambio de estado como un evento se conoce como *event sourcing* [65, 66]. El principio de mantener representaciones optimizadas para la lectura por separado y derivarlas de la representación optimizada para la escritura se denomina *segregación de responsabilidades de comando y consulta* (CQRS) [67]. Estos términos se originaron en la comunidad DDD, aunque ideas similares existen desde hace mucho tiempo, por ejemplo, en la replicación de máquinas de estado (consulta "Uso de registros compartidos" en la página 479).

Cuando llega una solicitud de un usuario, se denomina *comando* y primero debe validarse. Una vez que el comando se ha ejecutado y se ha determinado que es válido (por ejemplo, que había suficientes asientos disponibles para la reserva solicitada), se convierte en un hecho y el evento correspondiente se añade al registro. Por consiguiente, el registro de eventos solo debe contener eventos válidos, y un consumidor del registro de eventos que construye una vista materializada no puede rechazar un evento.

Al modelar tus datos en un estilo de origen de eventos, se recomienda que nombres tus eventos en tiempo pasado (por ejemplo, "los asientos fueron reservados"), ya que un evento es un registro del hecho de que algo ha sucedido. Incluso si el usuario decide más tarde cambiar o cancelar su reserva, el hecho sigue siendo cierto que anteriormente tenía una reserva, y el cambio o la cancelación es un evento separado que se añade más tarde.

Una similitud entre el abastecimiento de eventos y una tabla de hechos de esquema en estrella, que se analiza en "Estrellas y Snowflakes: esquemas para análisis" en la página 86, es que ambas son colecciones de eventos que ocurrieron en el pasado. Sin embargo, las filas de una tabla de hechos tienen todas el mismo conjunto de columnas, mientras que en el event sourcing puede haber muchos tipos de eventos, cada uno con propiedades diferentes. Además, una tabla de hechos es una colección sin ordenar, mientras que en el event sourcing el orden de los eventos es importante: si una reserva se realiza primero y luego se cancela, procesar esos eventos en el orden incorrecto no tendría sentido.

El abastecimiento de eventos y el CQRS tienen varias ventajas:

- Para las personas que desarrollan el sistema, los eventos comunican mejor la intención de *por qué* sucedió algo. Por ejemplo, es más fácil entender el evento "la reserva fue cancelada" que "la columna `active` en la fila 4001 de la tabla `bookings` se estableció en `false`, tres filas asociadas con esa reserva se eliminaron de la tabla `seat_assignments` y se insertó una fila que representa el reembolso en la tabla `payments`". Esas modificaciones de filas pueden seguir ocurriendo cuando una vista materializada procesa el evento de cancelación, pero cuando son impulsadas por un evento, la razón de las actualizaciones se vuelve mucho más clara.
- Un principio clave del origen de eventos es que las vistas materializadas se derivan del registro de eventos de una manera reproducible. Siempre deberías poder eliminar las vistas materializadas y volver a calcularlas procesando los mismos eventos en el mismo orden, utilizando el mismo código. Si hubiera un error en el código de mantenimiento de la vista, solo tendrías que eliminar la

vista y volver a calcularla con el nuevo código. También es más fácil encontrar el error porque puedes volver a ejecutar el código de mantenimiento de la vista tantas veces como quieras e inspeccionar su comportamiento.

- Puedes tener varias vistas materializadas optimizadas para las consultas específicas que requiera tu aplicación. Estas vistas se pueden almacenar en la misma base de datos que los eventos o en otra diferente, según tus necesidades. Pueden utilizar cualquier modelo de datos y se pueden desnormalizar para acelerar las lecturas. Incluso puedes mantener una vista solo en la memoria y evitar persistirla, siempre y cuando no haya problema en recalcular la vista desde el registro de eventos cada vez que se reinicie el servicio.
- Si decides que quieres presentar la información existente de una nueva forma, crear una nueva vista materializada a partir del registro de eventos existente es fácil. También puedes hacer evolucionar el sistema para que admita nuevas funcionalidades añadiendo nuevos tipos de eventos o nuevas propiedades a los tipos de eventos existentes (los eventos más antiguos permanecerán sin modificar). También puedes encadenar nuevos comportamientos a partir de eventos existentes (por ejemplo, cuando un asistente a una conferencia cancela, su plaza podría ofrecerse a la siguiente persona en la lista de espera).
- Si un evento se ha escrito por error, puedes escribir un evento de eliminación posterior para revertirlo. Las vistas posteriores incorporarán esta eliminación automáticamente, corrigiendo así los datos. Por otro lado, en una base de datos en la que se actualizan y eliminan datos directamente, una transacción confirmada suele ser difícil de revertir. Por lo tanto, el origen de eventos puede reducir el número de acciones irreversibles en el sistema, facilitando los cambios (consulta "Evolutividad: facilitar el cambio" en la página 62).
- El registro de eventos también puede servir como registro de auditoría de lo que ha ocurrido en el sistema, lo cual es valioso en industrias reguladas que requieren dicha auditabilidad.
- Los registros de eventos suelen manejar un mayor rendimiento de escritura que las bases de datos debido a sus patrones de acceso secuencial. Si tienes una ráfaga temporal de eventos, el registro puede absorberla, y los sistemas descendentes que mantienen vistas materializadas pueden ponerse al día a su propio ritmo sin verse abrumados.

Sin embargo, el abastecimiento de eventos y CQRS también tienen desventajas:

- Hay que tener cuidado si hay información externa involucrada. Por ejemplo, supongamos que un evento contiene un precio dado en una moneda y que, para una de las vistas, es necesario convertirlo a otra moneda. Dado que el tipo de cambio puede fluctuar, sería problemático obtener el tipo de cambio de una fuente externa al procesar el evento, ya que se obtendría un resultado diferente si se volviera a calcular la vista materializada en otra fecha. Para que la lógica de procesamiento de eventos sea determinista, debes incluir el tipo de cambio en el propio evento o disponer de una forma de consultar el tipo de cambio histórico en la marca de tiempo indicada en el evento, asegurándote de que esta consulta siempre devuelva el mismo resultado para la misma marca de tiempo.

- El requisito de que los eventos sean inmutables crea problemas si los eventos contienen datos personales de los usuarios, ya que estos pueden ejercer su derecho (por ejemplo, en virtud del RGPD) a solicitar la eliminación de sus datos. Si el registro de eventos es por usuario, puedes simplemente eliminar todo el registro de ese usuario, pero eso no funciona si tu registro de eventos contiene eventos relacionados con varios usuarios. Puedes intentar almacenar los datos personales fuera del evento real o cifrarlos con una clave que posteriormente puedas eliminar (una técnica conocida como *crypto-shredding* [68]), pero eso también dificulta el recálculo del estado derivado cuando sea necesario.
- El reprocesamiento de eventos requiere cuidado si hay efectos secundarios visibles externamente; por ejemplo, es probable que no quieras reenviar correos electrónicos de confirmación cada vez que reconstruyas una vista materializada.

Puedes implementar el event sourcing sobre cualquier base de datos, pero algunos sistemas están diseñados específicamente para soportar este patrón, como EventStoreDB, MartenDB (basado en PostgreSQL) y Axon Framework. También puedes utilizar brokers de mensajes como Apache Kafka para almacenar el registro de eventos, y los procesadores de flujo pueden mantener actualizadas las vistas materializadas; volveremos a estos temas en Capítulo 12.

El único requisito importante es que el sistema de almacenamiento de eventos debe garantizar que todas las vistas materializadas procesen los eventos exactamente en el mismo orden en que aparecen en el registro. Como veremos en Capítulo 10, esto no siempre es fácil de lograr en un sistema distribuido.

DataFrames, matrices y arreglos

Los modelos de datos que hemos visto hasta ahora en este capítulo se utilizan generalmente tanto para el procesamiento de transacciones como para fines analíticos (consulta "Sistemas operativos frente a sistemas analíticos" en la página 4). También hay algunos modelos de datos que es probable que encuentres en un contexto analítico o científico, pero que rara vez aparecen en los sistemas OLTP, como los DataFrames y las matrices multidimensionales de números, como las matrices.

El modelo de datos *DataFrame* es compatible con el lenguaje R, la biblioteca Pandas para Python, Apache Spark, ArcticDB, Dask y otros sistemas. Los DataFrames son una herramienta muy utilizada por los científicos de datos que preparan datos para entrenar modelos de ML, pero también se utilizan ampliamente para la exploración de datos, el análisis estadístico de datos, la visualización de datos y fines similares.

A primera vista, un DataFrame es similar a una tabla de una base de datos relacional o una hoja de cálculo. Un DataFrame admite operadores de tipo relacional que realizan operaciones masivas en su contenido; por ejemplo, aplicar una función a todas las filas, filtrar las filas en función de una condición, agrupar filas por algunas columnas y agregar otras columnas, y unir las filas de un DataFrame con otro DataFrame en función de una clave (lo que una base de datos relacional denomina *unión* [join] se suele denominar *fusión* [merge] en DataFrames).

En lugar de utilizar un lenguaje de consulta declarativo como SQL, un DataFrame se manipula generalmente a través de una serie de comandos que modifican su estructura y contenido. Esto coincide con el flujo de trabajo típico de los científicos de datos, que "manipulan" ("wrangle") incrementalmente los datos hasta darles una forma que les permita encontrar respuestas a las preguntas que se plantean. Estas manipulaciones suelen tener lugar en la copia privada del conjunto de datos del científico de datos, a menudo en su máquina local, aunque el resultado final puede compartirse con otros usuarios.

Las API de DataFrame también ofrecen una amplia variedad de operaciones que van mucho más allá de lo que ofrecen las bases de datos relacionales, y el modelo de datos se utiliza a menudo de formas muy diferentes al modelado de datos relacionales típico [69]. Por ejemplo, un uso común de DataFrames es transformar datos de una representación de tipo relacional a una representación matricial o de matriz multidimensional, que es la forma en la que muchos algoritmos de ML esperan su entrada.

En Figura 3-9 se muestra un ejemplo sencillo de dicha transformación. A la izquierda tenemos una tabla relacional que indica las valoraciones de los usuarios sobre varias películas (en una escala del 1 al 5), y a la derecha los datos se han transformado en una matriz en la que cada columna es una película y cada fila es un usuario (de forma similar a una *tabla dinámica* en una hoja de cálculo). La matriz es *dispersa*, lo que significa que no hay datos para muchas combinaciones de usuario y película, pero esto no supone ningún problema. Esta matriz puede tener muchos miles de columnas y, por lo tanto, no encajaría bien en una base de datos relacional, pero los DataFrames y las bibliotecas que ofrecen matrices dispersas (como NumPy para Python) pueden manejar fácilmente este tipo de datos.

calificaciones_de_películas

id de usuario	id_película	calificación	fecha
100	12	4	14/12/2017
100	14	5	28/10/2021
101	10	1	18 de abril de 2024
101	11	3	25-05-2004
101	13	2	13/07/2020
102	15	4	11-05-2010
103	13	3	7 de febrero de 2007
104	13	3	25-02-2000
104	14	5	15-11-2009
105	11	4	24/10/2005
106	14	5	10 de marzo de 2024

→

usuarios	películas 10	11	12	13	14	15
100			4		5	
101	1	3		2		
102						4
103				3		
104				3	5	
105		4				
106					5	

Figura 3-9. Transformación de una base de datos relacional de calificaciones de películas en una matriz

Una matriz solo puede contener números, y se utilizan diversas técnicas para transformar datos no numéricos en números en la matriz. Por ejemplo:

- Las fechas (que se omiten en la matriz de ejemplo de Figura 3-9) podrían escalarse para que sean números de punto flotante dentro de un rango adecuado.
- Para las columnas que solo pueden tomar uno de un pequeño conjunto fijo de valores (por ejemplo, el género de una película en una base de datos de películas), a menudo se utiliza *la codificación one-hot*. Creamos una columna para cada valor posible ("comedia", "drama", "terror", etc.) y, para cada fila que representa una película, ponemos un 1 en la columna correspondiente al género de esa película y un 0 en todas las demás columnas. Esta representación también se generaliza fácilmente a películas que encajan en varios géneros.

Una vez que los datos están en forma de matriz de números, se pueden someter a operaciones de álgebra lineal, que constituyen la base de muchos algoritmos de aprendizaje automático. Por ejemplo, los datos de Figura 3-9 podrían formar parte de un sistema para recomendar películas que podrían gustarte. Los DataFrames son lo suficientemente flexibles como para permitir que los datos evolucionen gradualmente desde una forma relacional a una representación matricial, al tiempo que dan al científico de datos el control sobre la representación más adecuada para alcanzar los objetivos del proceso de análisis de datos o entrenamiento de modelos.

Algunas bases de datos, como TileDB [70], se especializan en almacenar grandes matrices multidimensionales de números; se denominan *bases de datos de matrices* y se utilizan más comúnmente para conjuntos de datos científicos, como mediciones geoespaciales (datos ráster en una cuadrícula espaciada regularmente), imágenes médicas u observaciones de telescopios astronómicos [71]. Los DataFrames también se utilizan en el sector financiero para representar *datos de series temporales*, como los precios de los activos y las operaciones a lo largo del tiempo [72]. Debido a su popularidad entre los científicos de datos, los DataFrames se han añadido también a marcos de procesamiento por lotes como Spark y Flink; volveremos a este tema en Capítulo 11.

Resumen

Los modelos de datos son un tema muy amplio, y en este capítulo hemos echado un vistazo rápido a una gran variedad de modelos. No hemos tenido espacio para entrar en todos los detalles de cada modelo, pero esperamos que la visión general haya sido suficiente para despertar tu interés por conocer más sobre el modelo que mejor se adapta a los requisitos de tu aplicación.

El *modelo relacional*, a pesar de tener más de medio siglo de antigüedad, sigue siendo un modelo de datos importante para muchas aplicaciones, especialmente en el almacenamiento de datos y el análisis empresarial, donde los esquemas relacionales en estrella o en Snowflake y las consultas SQL son omnipresentes. Sin embargo, varias alternativas a los datos relacionales se han popularizado en otros ámbitos:

- El *modelo de documento* se centra en casos de uso en los que los datos se presentan en documentos JSON autónomos y en los que las relaciones entre un documento y otro son poco frecuentes.
- Los *modelos de datos de grafos* van en la dirección opuesta, y se centran en casos de uso en los que cualquier cosa está potencialmente relacionada con todo y en los que las consultas pueden necesitar atravesar múltiples saltos para encontrar los datos de interés (una necesidad que se puede satisfacer utilizando consultas recursivas en Cypher, SPARQL o Datalog).
- Los *DataFrames* generalizan los datos relacionales a un gran número de columnas, proporcionando un puente entre las bases de datos y las matrices multidimensionales que constituyen la base de gran parte del aprendizaje automático, el análisis estadístico de datos y la computación científica.

Hasta cierto punto, un modelo a menudo puede emularse en términos de otro modelo; por ejemplo, los datos de grafos pueden representarse en una base de datos relacional, pero el resultado puede ser incómodo, como vimos con el soporte para consultas recursivas en SQL.

Por lo tanto, se han desarrollado varias bases de datos especializadas para cada modelo de datos, que proporcionan lenguajes de consulta y motores de almacenamiento optimizados para ese modelo en particular. Sin embargo, también existe una tendencia a que las bases de datos se expandan a nichos vecinos añadiendo compatibilidad con otros modelos de datos; por ejemplo, las bases de datos relacionales han añadido compatibilidad con datos de documentos en forma de columnas

JSON, las bases de datos de documentos han añadido uniones de tipo relacional y la compatibilidad con datos de grafos dentro de SQL está mejorando gradualmente.

Otro modelo que hemos comentado es el *event sourcing*, que representa los datos como un registro de solo añadir de eventos inmutables y puede ser ventajoso para modelar actividades en dominios empresariales complejos. Un registro de solo añadir es bueno para escribir datos (como veremos en Capítulo 4); con el fin de admitir consultas eficientes, el registro de eventos se traduce en vistas materializadas optimizadas para la lectura a través de CQRS.

Una cosa que tienen en común los modelos de datos no relacionales es que normalmente no imponen un esquema para los datos que almacenan, lo que puede facilitar la adaptación de las aplicaciones a los requisitos cambiantes. Sin embargo, es muy probable que tu aplicación siga asumiendo que los datos tienen una estructura determinada; solo es cuestión de si el esquema es explícito (impuesto al escribir) o implícito (asumido al leer).

Aunque hemos cubierto mucho terreno, algunos modelos de datos siguen sin mencionarse. Por citar solo algunos ejemplos breves:

- Los investigadores que trabajan con datos genómicos a menudo necesitan realizar *búsquedas de similitud de secuencias*, que toman una cadena muy larga (que representa una molécula de ADN) y la comparan con una gran base de datos de cadenas que son similares pero no idénticas. Ninguna de las bases de datos aquí descritas puede manejar este tipo de uso, por lo que los investigadores han escrito software especializado en bases de datos genómicas como GenBank [73].
- Muchos sistemas financieros utilizan *libros de contabilidad* con contabilidad por partida doble como modelo de datos. Este tipo de datos se puede representar en bases de datos relacionales, pero también hay bases de datos (como TigerBeetle) que se especializan en este modelo de datos. Las criptomonedas y las cadenas de bloques se basan normalmente en libros de contabilidad distribuidos, que también tienen la transferencia de valor integrada en su modelo de datos.
- La *búsqueda de texto completo* es, podría decirse, un tipo de modelo de datos que se utiliza con frecuencia junto con las bases de datos. La recuperación de información es un tema muy amplio y especializado que no trataremos en detalle en este libro, pero abordaremos los índices de búsqueda y la búsqueda vectorial en "Búsqueda de texto completo" en la página 162.

Tenemos que dejarlo aquí por ahora. En el próximo capítulo analizaremos algunas de las ventajas e inconvenientes que entran en juego al *implementar* los modelos de datos descritos en este capítulo.

Referencias

[1] Jamie Brandon. "Unexplanations: Query Optimization Works Because SQL Is Declarative." *scattered-thoughts.net*, February 2024. Archived at *perma.cc/P6W2-WMFZ*

[2] Neel Krishnaswami. "What Declarative Languages Are." *semantic-domain.blogspot.com*, July 2013. Archived at *perma.cc/R4LP-T2RV*

[3] Joseph M. Hellerstein. "The Declarative Imperative: Experiences and Conjectures in Distributed Logic." Tech report UCB/EECS-2010-90, Electrical Engineering and Computer Sciences, University of California at Berkeley, June 2010. Archived at *perma.cc/K56R-VVQM*

[4] Edgar F. Codd. "A Relational Model of Data for Large Shared Data Banks." *Communications of the ACM*, volume 13, issue 6, pages 377–387, June 1970. *doi:10.1145/362384.362685*

[5] Michael Stonebraker and Joseph M. Hellerstein. "What Goes Around Comes Around." In *Readings in Database Systems*, 4th edition, MIT Press, 2005, pages 2–41. ISBN: 9780262693141

[6] Markus Winand. "Modern SQL: Beyond Relational." *modern-sql.com*, 2015. Archived at *perma.cc/D63V-WAPN*

[7] Martin Fowler. "Orm Hate." *martinfowler.com*, May 2012. Archived at *perma.cc/VCM8-PKNG*

[8] Vlad Mihalcea. "N+1 Query Problem with JPA and Hibernate." *vladmihalcea.com*, January 2023. Archived at *perma.cc/79EV-TZKB*

[9] Jens Schauder. "This Is the Beginning of the End of the N+1 Problem: Introducing Single Query Loading." *spring.io*, August 2023. Archived at *perma.cc/6V96-R333*

[10] Jamie Brandon. "SQL Needed Structure." *scattered-thoughts.net*, September 2025. Archived at *perma.cc/9EVK-HLVR*

[11] William Zola. "6 Rules of Thumb for MongoDB Schema Design." *mongodb.com*, June 2014. Archived at *perma.cc/T2BZ-PPJB*

[12] Sidney Andrews and Christopher McClister. "Data Modeling in Azure Cosmos DB." *learn.microsoft.com*, February 2023. Archived at *archive.org*

[13] Raffi Krikorian. "Timelines at Scale." At *QCon San Francisco*, November 2012. Archived at *perma.cc/V9G5-KLYK*

[14] Ralph Kimball and Margy Ross. *The Data Warehouse Toolkit: The Definitive Guide to Dimensional Modeling*, 3rd edition. John Wiley & Sons, 2013. ISBN: 9781118530801

[15] Michael Kaminsky. "Data Warehouse Modeling: Star Schema vs. OBT." *fivetran.com*, August 2022. Archived at *perma.cc/2PZK-BFFP*

[16] Joe Nelson. "User-defined Order in SQL." *begriffs.com*, March 2018. Archived at *perma.cc/GS3W-F7AD*

[17] Evan Wallace. "Realtime Editing of Ordered Sequences." *figma.com*, March 2017. Archived at *perma.cc/K6ER-CQZW*

[18] David Greenspan. "Implementing Fractional Indexing." *observablehq.com*, October 2020. Archived at *perma.cc/5N4R-MREN*

[19] Martin Fowler. "Schemaless Data Structures." *martinfowler.com*, January 2013.

[20] Amr Awadallah. "Schema-on-Read vs. Schema-on-Write." At *Berkeley EECS RAD Lab Retreat*, May 2009. Archived at *perma.cc/DTB2-JCFR*

[21] Martin Odersky. "The Trouble with Types." At *Strange Loop*, September 2013. Archived at *perma.cc/85QE-PVEP*

[22] Conrad Irwin. "MongoDB—Confessions of a PostgreSQL Lover." At *HTML5DevConf*, October 2013. Archived at *perma.cc/C2J6-3AL5*

[23] "Percona Toolkit Documentation: pt-online-schema-change." *docs.percona.com*, 2023. Archived at *perma.cc/9K8R-E5UH*

[24] Shlomi Noach. "gh-ost: GitHub's Online Schema Migration Tool for MySQL." *github.blog*, August 2016. Archived at *perma.cc/7XAG-XB72*

[25] Shayon Mukherjee. "pg-osc: Zero Downtime Schema Changes in PostgreSQL." *shayon.dev*, February 2022. Archived at *perma.cc/35WN-7WMY*

[26] Carlos Pérez-Aradros Herce. "Introducing pgroll: Zero-Downtime, Reversible, Schema Migrations for Postgres." *xata.io*, October 2023. Archived at *archive.org*

[27] James C. Corbett, Jeffrey Dean, Michael Epstein, Andrew Fikes, Christopher Frost, JJ Furman, Sanjay Ghemawat, Andrey Gubarev, Christopher Heiser, Peter Hochschild, Wilson Hsieh, Sebastian Kanthak, Eugene Kogan, Hongyi Li, Alexander Lloyd, Sergey Melnik, David Mwaura, David Nagle, Sean Quinlan, Rajesh Rao, Lindsay Rolig, Dale Woodford, Yasushi Saito, Christopher Taylor, Michal Szymaniak, and Ruth Wang. "Spanner: Google's Globally-Distributed Database." At *10th USENIX Symposium on Operating System Design and Implementation* (OSDI), October 2012.

[28] Donald K. Burleson. "Reduce I/O with Oracle Cluster Tables." *dba-oracle.com*. Archived at *perma.cc/7LBJ-9X2C*

[29] Fay Chang, Jeffrey Dean, Sanjay Ghemawat, Wilson C. Hsieh, Deborah A. Wallach, Mike Burrows, Tushar Chandra, Andrew Fikes, and Robert E. Gruber. "Bigtable: A Distributed Storage System for Structured Data." At *7th USENIX Symposium on Operating System Design and Implementation* (OSDI), November 2006.

[30] Priscilla Walmsley. *XQuery*, 2nd edition. O'Reilly Media, 2015. ISBN: 9781491915080

[31] Paul C. Bryan, Kris Zyp, and Mark Nottingham. "JavaScript Object Notation (JSON) Pointer." RFC 6901, IETF, April 2013.

[32] Stefan Gössner, Glyn Normington, and Carsten Bormann. "JSONPath: Query Expressions for JSON." RFC 9535, IETF, February 2024.

[33] Michael Stonebraker and Andrew Pavlo. "What Goes Around Comes Around... And Around...." *ACM SIGMOD Record*, volume 53, issue 2, pages 21–37, July 2024. *doi:10.1145/3685980.3685984*

[34] Lawrence Page, Sergey Brin, Rajeev Motwani, and Terry Winograd. "The PageRank Citation Ranking: Bringing Order to the Web." Technical Report 1999-66, Stanford University InfoLab, November 1999. Archived at *perma.cc/UML9-UZHW*

[35] Nathan Bronson, Zach Amsden, George Cabrera, Prasad Chakka, Peter Dimov, Hui Ding, Jack Ferris, Anthony Giardullo, Sachin Kulkarni, Harry Li, Mark Marchukov, Dmitri Petrov, Lovro Puzar, Yee Jiun Song, and Venkat Venkataramani. "TAO: Facebook's Distributed Data Store for the Social Graph." At *USENIX Annual Technical Conference* (ATC), June 2013.

[36] Natasha Noy, Yuqing Gao, Anshu Jain, Anant Narayanan, Alan Patterson, and Jamie Taylor. "Industry-Scale Knowledge Graphs: Lessons and Challenges." *Communications of the ACM*, volume 62, issue 8, pages 36–43, August 2019. *doi:10.1145/3331166*

[37] Xiyang Feng, Guodong Jin, Ziyi Chen, Chang Liu, and Semih Salihoğlu. "KÙZU Graph Database Management System." At *13th Annual Conference on Innovative Data Systems Research* (CIDR 2023), January 2023. Archived at *perma.cc/PS6J-ZBZU*

[38] Maciej Besta, Emanuel Peter, Robert Gerstenberger, Marc Fischer, Michał Podstawski, Claude Barthels, Gustavo Alonso, Torsten Hoefler. "Demystifying Graph Databases: Analysis and Taxonomy of Data Organization, System Designs, and Graph Queries." *arXiv:1910.09017*, October 2019.

[39] "Apache TinkerPop. TinkerPop 3.6.3 Documentation." *tinkerpop.apache.org*, May 2023. Archived at *perma.cc/KM7W-7PAT*

[40] Nadime Francis, Alastair Green, Paolo Guagliardo, Leonid Libkin, Tobias Lindaaker, Victor Marsault, Stefan Plantikow, Mats Rydberg, Petra Selmer, and Andrés Taylor. "Cypher: An Evolving Query Language for Property Graphs." At *International Conference on Management of Data* (SIGMOD), May 2018. *doi:10.1145/3183713.3190657*

[41] Emil Eifrem. Twitter correspondence, January 2014. Archived at *perma.cc/WM4S-BW64*

[42] Francesco Tisiot. "Explore the New SEARCH and CYCLE Features in PostgreSQL® 14." *aiven.io*, December 2021. Archived at *perma.cc/J6BT-83UZ*

[43] Gaurav Goel. "Understanding Hierarchies in Oracle." *towardsdatascience.com*, May 2020. Archived at *perma.cc/5ZLR-Q7EW*

[44] Alin Deutsch, Yu Xu, and Mingxi Wu. "Seamless Syntactic and Semantic Integration of Query Primitives over Relational and Graph Data in GSQL." *tigergraph.com*, November 2018. Archived at *perma.cc/JG7J-Y35X*

[45] Oskar van Rest, Sungpack Hong, Jinha Kim, Xuming Meng, and Hassan Chafi. "PGQL: A Property Graph Query Language." At *4th International Workshop on Graph Data Management Experiences and Systems* (GRADES), June 2016. *doi:10.1145/2960414.2960421*

[46] Philip Rathle and Brad Bebee. "GQL: The ISO Standard for Graphs Has Arrived." *aws.amazon.com*, April 2024. Archived at *perma.cc/5TEU-N2Y8*

[47] Alin Deutsch, Nadime Francis, Alastair Green, Keith Hare, Bei Li, Leonid Libkin, Tobias Lindaaker, Victor Marsault, Wim Martens, Jan Michels, Filip Murlak, Stefan Plantikow, Petra Selmer, Oskar van Rest, Hannes Voigt, Domagoj Vrgoč, Mingxi Wu, and Fred Zemke. "Graph Pattern Matching in GQL and SQL/PGQ." At *International Conference on Management of Data* (SIGMOD), June 2022. *doi:10.1145/3514221.3526057*

[48] Alastair Green. "SQL...And Now GQL." *opencypher.org*, September 2019. Archived at *perma.cc/AFB2-3SY7*

[49] Amazon Web Services. "Neptune Graph Data Model." Amazon Neptune User Guide, *docs.aws.amazon.com*. Archived at *perma.cc/CX3T-EZU9*

[50] Cognitect. "Datomic Data Model." Datomic Cloud Documentation, *docs.datomic.com*. Archived at *perma.cc/LGM9-LEUT*

[51] David Beckett and Tim Berners-Lee. "Turtle—Terse RDF Triple Language." W3C Team Submission, March 2011.

[52] Sinclair Target. "Whatever Happened to the Semantic Web?" *twobithistory.org*, May 2018. Archived at *perma.cc/M8GL-9KHS*

[53] Gavin Mendel-Gleason. "The Semantic Web Is Dead—Long Live the Semantic Web!" *terminusdb.com*, August 2022. Archived at *perma.cc/G2MZ-DSS3*

[54] Manu Sporny. "JSON-LD and Why I Hate the Semantic Web." *manu.sporny.org*, January 2014. Archived at *perma.cc/7PT4-PJKF*

[55] University of Michigan Library. "Biomedical Ontologies and Controlled Vocabularies." *guides.lib.umich.edu/ontology*. Archived at *perma.cc/Q5GA-F2N8*

[56] Facebook. “The Open Graph Protocol.” *ogp.me*. Archived at *perma.cc/C49A-GUSY*

[57] Matt Haughey. “Everything You Ever Wanted to Know About Unfurling but Were Afraid to Ask /or/ How to Make Your Site Previews Look Amazing in Slack.” *medium.com*, November 2015. Archived at *perma.cc/C7S8-4PZN*

[58] W3C RDF Working Group. “Resource Description Framework (RDF).” *w3.org*, February 2004.

[59] Steve Harris, Andy Seaborne, and Eric Prud’hommeaux. “SPARQL 1.1 Query Language.” W3C Recommendation, March 2013.

[60] Todd J. Green, Shan Shan Huang, Boon Thau Loo, and Wenchao Zhou. “Datalog and Recursive Query Processing.” *Foundations and Trends in Databases*, volume 5, issue 2, pages 105–195, November 2013. *doi:10.1561/1900000017*

[61] Stefano Ceri, Georg Gottlob, and Letizia Tanca. “What You Always Wanted to Know About Datalog (And Never Dared to Ask).” *IEEE Transactions on Knowledge and Data Engineering*, volume 1, issue 1, pages 146–166, March 1989. *doi:10.1109/69.43410*

[62] Serge Abiteboul, Richard Hull, and Victor Vianu. *Foundations of Databases*. Addison-Wesley, 1995. ISBN: 9780201537710. Available online at *webdam.inria.fr/Alice*.

[63] Scott Meyer, Andrew Carter, and Andrew Rodriguez. “LIquid: The Soul of a New Graph Database, Part 2.” *engineering.linkedin.com*, September 2020. Archived at *perma.cc/K9M4-PD6Q*

[64] Matt Bessey. “Why, After 6 Years, I’m over GraphQL.” *bessey.dev*, May 2024. Archived at *perma.cc/2PAU-JYRA*

[65] Dominic Betts, Julián Domínguez, Grigori Melnik, Fernando Simonazzi, and Mani Subramanian. *Exploring CQRS and Event Sourcing*. Microsoft Patterns & Practices, 2012. ISBN: 9781621140164. Archived at *perma.cc/7A39-3NM8*

[66] Greg Young. “CQRS and Event Sourcing.” At *Code on the Beach*, August 2014.

[67] Greg Young. “CQRS Documents.” *cqrs.wordpress.com*, November 2010. Archived at *perma.cc/X5R6-R47F*

[68] Brent Robinson. “Crypto Shredding: How It Can Solve Modern Data Retention Challenges.” *medium.com*, January 2019. Archived at *perma.cc/4LFK-S6XE*

[69] Devin Petersohn, Stephen Macke, Doris Xin, William Ma, Doris Lee, Xiangxi Mo, Joseph E. Gonzalez, Joseph M. Hellerstein, Anthony D. Joseph, and Aditya Parameswaran. “Towards Scalable Dataframe Systems.” *Proceedings*

of the VLDB Endowment, volume 13, issue 11, pages 2033–2046, July 2020. *doi:10.14778/3407790.3407807*

[70] Stavros Papadopoulos, Kushal Datta, Samuel Madden, and Timothy Mattson. "The TileDB Array Data Storage Manager." *Proceedings of the VLDB Endowment*, volume 10, issue 4, pages 349–360, November 2016. *doi:10.14778/3025111.3025117*

[71] Florin Rusu. "Multidimensional Array Data Management." *Foundations and Trends in Databases*, volume 12, issues 2–3, pages 69–220, February 2023. *doi:10.1561/1900000069*

[72] Ed Targett. "Bloomberg, Man Group Team Up to Develop Open Source 'ArcticDB' Database." *thestack.technology*, March 2023. Archived at *perma.cc/M5YD-QQYV*

[73] Dennis A. Benson, Ilene Karsch-Mizrachi, David J. Lipman, James Ostell, and David L. Wheeler. GenBank. *Nucleic Acids Research*, volume 36, issue suppl_1, pages D25–D30, January 2008. *doi:10.1093/nar/gkm929*

CAPÍTULO 4

Almacenamiento y recuperación

Una de las desgracias de la vida es que todo el mundo nombra las cosas de forma un poco errónea. Y eso hace que todo sea un poco más difícil de entender en el mundo de lo que sería si se nombrara de otra manera. Una computadora no calcula principalmente en el sentido de hacer aritmética. [...] Son principalmente sistemas de archivo.

—Richard Feynman, seminario *Idiosyncratic Thinking* (1985)

En el nivel más básico, una base de datos debe hacer dos cosas: cuando le proporcionas datos, debe almacenarlos, y cuando los solicitas más tarde, debe devolvértelos.

En Capítulo 3 hablamos de los modelos de datos y los lenguajes de consulta, es decir, el formato en el que se proporcionan los datos a la base de datos y la interfaz a través de la cual se pueden volver a solicitar más adelante. En este capítulo abordamos lo mismo desde el punto de vista de la base de datos: cómo la base de datos puede almacenar los datos que se le proporcionan y cómo puede volver a encontrarlos cuando se solicitan.

¿Por qué debería importarte, como desarrollador de aplicaciones, cómo gestiona la base de datos el almacenamiento y la recuperación internamente? Probablemente no vas a implementar tu propio motor de almacenamiento desde cero, pero *sí necesitas* seleccionar un motor de almacenamiento que sea adecuado para tu aplicación, de entre los muchos que hay disponibles. Para configurar un motor de almacenamiento que funcione bien con tu tipo de carga de trabajo, necesitas tener una idea aproximada de lo que hace el motor de almacenamiento bajo el capó.

En particular, existe una gran diferencia entre los motores de almacenamiento optimizados para cargas de trabajo transaccionales (OLTP) y los optimizados para análisis (introdujimos esta distinción en "Sistemas operativos frente a sistemas analíticos" en la página 4). Este capítulo comienza examinando dos familias de motores de almacenamiento para OLTP: los motores de almacenamiento *estructurados en registros* que escriben archivos de datos inmutables y los motores de almacenamiento como *los árboles B* que actualizan los datos en su lugar. Estas estructuras se utilizan tanto para el almacenamiento de clave-valor como para los índices secundarios.

En "Almacenamiento de datos para análisis" en la página 149 analizaremos una familia de motores de almacenamiento optimizados para análisis, y en "Índices multidimensionales y de texto completo" en la página 161 veremos índices para consultas más avanzadas, como la recuperación de texto.

Almacenamiento e indexación para OLTP

Consideremos la base de datos más sencilla del mundo, implementada como dos funciones bash:

```
#!/bin/bash

db_set () {
    echo "$1,$2" >> database
}

db_get () {
    grep "^$1," database | sed -e "s/^$1,//" | tail -n 1
}
```

Estas dos funciones implementan un almacén de clave-valor. Puedes llamar a `db_set` *`key value`*, que almacenará *`key`* (clave) y *`value`* (valor) en la base de datos. La clave y el valor pueden ser (casi) cualquier cosa que desees; por ejemplo, el valor podría ser un documento JSON. A continuación, puedes llamar a `db_get` *`key`*, que busca el valor más reciente asociado a esa clave en particular y lo devuelve.

Y funciona:

```
$ db_set 12 '{"name":"London","attractions":["Big Ben","London Eye"]}'

$ db_set 42 '{"name":"San Francisco","attractions":["Golden Gate Bridge"]}'

$ db_get 42
{"name":"San Francisco","attractions":["Golden Gate Bridge"]}
```

El formato de almacenamiento es muy sencillo: un archivo de texto en el que cada línea contiene un par clave-valor, separados por una coma (más o menos como un archivo CSV, ignorando los problemas de escape). Cada llamada a `db_set` se añade al final del archivo. Si actualizas una clave varias veces, las versiones antiguas del valor no se sobrescriben; debes buscar la última aparición de una clave en un archivo para encontrar el último valor (de ahí el `tail -n 1` en `db_get`):

```
$ db_set 42 '{"name":"San Francisco","attractions":["Exploratorium"]}'

$ db_get 42
{"name":"San Francisco","attractions":["Exploratorium"]}
```

```
$ cat database
12,{"name":"London","attractions":["Big Ben","London Eye"]}
42,{"name":"San Francisco","attractions":["Golden Gate Bridge"]}
42,{"name":"San Francisco","attractions":["Exploratorium"]}
```

La función `db_set` tiene un rendimiento bastante bueno para ser algo tan simple, ya que añadir datos a un archivo suele ser muy eficiente. De forma similar a lo que hace `db_set`, muchas bases de datos utilizan internamente un *registro*, que es un archivo de datos de solo añadir. Las bases de datos reales tienen más problemas que resolver (como gestionar escrituras simultáneas, recuperar espacio en disco para que el registro no crezca indefinidamente y gestionar registros parcialmente escritos al recuperarse de un fallo), pero el principio básico es el mismo. Los registros son increíblemente útiles y los encontraremos varias veces en este libro.

> La palabra *registro* se utiliza a menudo para referirse a los registros de aplicaciones, en los que una aplicación genera texto que describe lo que está sucediendo. En este libro, el término *registro* se utiliza en un sentido más general: una secuencia de registros en disco de solo añadir. No tiene por qué ser legible para los humanos; puede ser binario y estar destinado únicamente al uso interno del sistema de bases de datos.

Por otro lado, la función `db_get` tiene un rendimiento terrible si tienes una gran cantidad de registros en tu base de datos. Cada vez que quieres buscar una clave, `db_get` tiene que escanear todo el archivo de la base de datos de principio a fin, buscando las ocurrencias de la clave. En términos algorítmicos, el costo de una búsqueda es $O(n)$: si duplicas el número de registros n en tu base de datos, una búsqueda tarda el doble de tiempo. Eso no es bueno.

Para encontrar de manera eficiente el valor de una clave en particular en la base de datos, necesitamos una estructura de datos diferente : un *índice*. En este capítulo veremos una variedad de estructuras de indexación y compararemos cómo funcionan. La idea general es estructurar los datos de una manera particular (ordenados por una clave, por ejemplo) que permita localizar más rápidamente los datos que deseas. Si deseas buscar los mismos datos de varias maneras, es posible que necesites varios índices en diferentes partes de los datos.

Un índice es una estructura *adicional* que se deriva de los datos primarios. Muchas bases de datos te permiten añadir y eliminar índices, lo que no afecta al contenido de la base de datos, sino solo al rendimiento de las consultas. El mantenimiento de estructuras adicionales conlleva una sobrecarga, especialmente en las escrituras. En el caso de las escrituras, es difícil superar el rendimiento de simplemente añadir datos a un archivo, ya que esa es la operación de escritura más sencilla posible. Cualquier tipo de índice suele ralentizar las escrituras, ya que el índice también necesita actualizarse cada vez que se escriben datos.

Esta es una compensación importante en los sistemas de almacenamiento: los índices bien elegidos aceleran las consultas de lectura, pero cada índice consume espacio adicional en el disco y ralentiza las escrituras, a veces de manera sustancial [1]. Por esta razón, las bases de datos no suelen indexar todo por defecto, sino que requieren que tú, la persona que escribe la aplicación o administra la base de datos, selecciones los índices manualmente, utilizando tu conocimiento de los patrones de consulta típicos de la aplicación. A continuación, puedes elegir los índices que proporcionan a tu aplicación el mayor beneficio, sin introducir más sobrecarga en las escrituras de la necesaria.

Almacenamiento estructurado en registros

Para empezar, supongamos que quieres seguir almacenando datos en el archivo de solo añadir escrito por `db_set`, y solo quieres acelerar las lecturas. Una forma de hacerlo es manteniendo un mapa hash en memoria, asignando cada clave al desplazamiento de bytes donde se puede encontrar el valor más reciente para esa clave, como se ilustra en Figura 4-1.

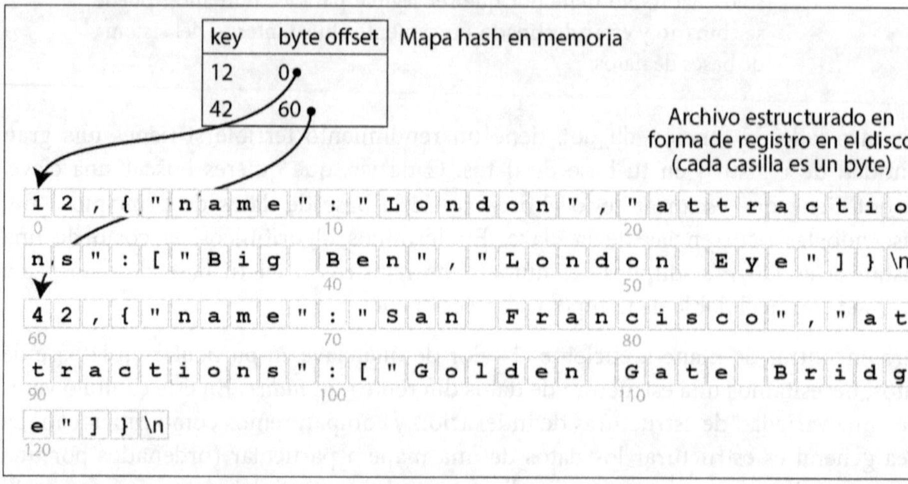

Figura 4-1. Almacenamiento de un registro de pares clave-valor en un formato similar a CSV, indexado con un mapa hash en memoria

Cada vez que añadas un nuevo par clave-valor al archivo, también actualizarás el mapa hash para reflejar la desviación de los datos que acabas de escribir. Cuando quieras buscar un valor, utilizarás el mapa hash para encontrar la desviación en el archivo de registro, buscarás esa ubicación y leerás el valor. Si esa parte del archivo de datos ya se encuentra en la caché del sistema de archivos, la lectura no requiere ninguna E/S de disco.

Este enfoque es mucho más rápido, pero sigue adoleciendo de varios problemas:

- Nunca se libera el espacio en disco ocupado por entradas de registro antiguas que han sido sobrescritas; si sigues escribiendo en la base de datos, es posible que te quedes sin espacio en disco.
- El mapa hash no se conserva, por lo que tienes que reconstruirlo cuando reinicias la base de datos, por ejemplo, escaneando todo el archivo de registro para encontrar el último desplazamiento de bytes para cada clave. Esto hace que los reinicios sean lentos si tienes muchos datos.
- La tabla hash debe caber en la memoria. En principio, podrías mantener una tabla hash en el disco, pero desafortunadamente es difícil hacer que un mapa hash en disco funcione bien. Requiere mucho acceso aleatorio de E/S, es costoso ampliarlo cuando se llena y las colisiones hash requieren una lógica complicada [2].
- Las consultas de rango no son eficientes. Por ejemplo, no puedes escanear fácilmente todas las claves de `10000` a `19999`, sino que tienes que buscar cada clave individualmente en el mapa hash.

El formato de archivo SSTable

En la práctica, las tablas hash no se utilizan con mucha frecuencia para los índices de bases de datos. En cambio, es mucho más común mantener los datos en una estructura *ordenada por clave* [3]. Un ejemplo de dicha estructura es una *tabla de cadenas ordenadas*, o *SSTable* para abreviar, como se muestra en Figura 4-2. Este formato de archivo también almacena pares clave-valor, pero garantiza que estén ordenados por clave y que cada clave aparezca solo una vez en el archivo.

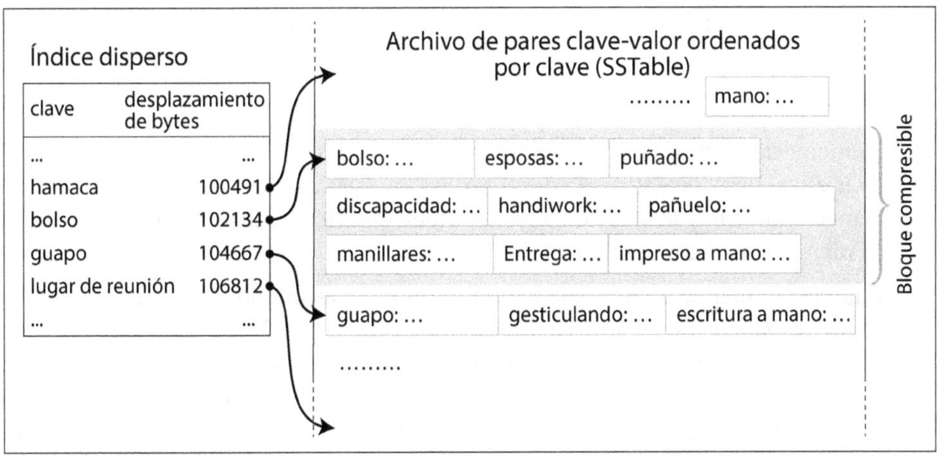

Figura 4-2. Una SSTable con un índice disperso, que permite a las consultas saltar al bloque correcto

Ahora bien, no es necesario mantener todas las claves en la memoria. Puedes agrupar los pares clave-valor dentro de una SSTable en *bloques* de unos pocos kilobytes y, a continuación, almacenar la primera clave de cada bloque en el índice. Este tipo de índice, que solo almacena algunas de las claves, se denomina *índice disperso*. Este índice se almacena en una parte separada del SSTable, por ejemplo, utilizando un árbol B inmutable, un árbol trie u otra estructura de datos que permita a las consultas buscar rápidamente una clave concreta [4].

En Figura 4-2, por ejemplo, la primera clave de un bloque es `handbag` y la primera clave del siguiente bloque es `handsome`. Ahora supongamos que buscas la clave `handiwork`, que no aparece en el índice disperso. Gracias a la clasificación, sabes que `handiwork` debe aparecer entre `handbag` y `handsome`. Esto significa que puedes buscar la compensación de `handbag` y escanear el archivo desde allí hasta que encuentres `handiwork` (o no, si la clave no está presente en el archivo). Un bloque de unos pocos kilobytes se puede escanear muy rápidamente.

Cada bloque de registros también se puede comprimir (indicado por el área sombreada en Figura 4-2). Además de ahorrar espacio en disco, la compresión reduce el uso del ancho de banda de E/S, a costa de utilizar un poco más de tiempo de CPU.

Construcción y fusión de SSTables

El formato de archivo SSTable es mejor para leer que un registro de solo añadir, pero dificulta las escrituras. No podemos simplemente añadir al final, porque entonces el archivo ya no estaría ordenado (a menos que las claves se escribieran en orden ascendente). Si tuviéramos que reescribir todo el SSTable cada vez que se insertara una clave en algún lugar del medio, las escrituras se volverían demasiado costosas.

Podemos resolver este problema con un enfoque *estructurado en forma de registro*, que es un híbrido entre un registro de solo añadir y un archivo ordenado:

1. Cuando llega una escritura, añádela a una estructura de datos de mapa ordenado en memoria, como un árbol rojo-negro, una lista saltada [5] o un trie [6]. Con estas estructuras de datos, puedes insertar claves en cualquier orden, buscarlas de manera eficiente y leerlas de nuevo en orden clasificado. Esta estructura de datos en memoria se denomina *memtable*.
2. Cuando la tabla de memoria supera un umbral determinado, normalmente unos pocos megabytes, escríbela en el disco en orden clasificado como un archivo SSTable. A este nuevo archivo SSTable lo llamamos el *segmento* más reciente de la base de datos, y se almacena como un archivo independiente junto con los segmentos más antiguos. Cada segmento tiene un índice independiente de su contenido. Mientras el nuevo segmento se escribe en el disco, la base de datos puede seguir escribiendo en una nueva instancia de memtable, y la memoria de la memtable antigua se libera cuando se completa la escritura del SSTable.

3. Para leer el valor de una clave, primero intenta encontrar la clave en la tabla de memoria y en el segmento más reciente del disco. Si no está ahí, sigue buscando en el siguiente segmento más antiguo hasta que encuentres la clave o llegues al segmento más antiguo. Si la clave no aparece en ninguno de los segmentos, no existe en la base de datos.
4. De vez en cuando, ejecuta un proceso de fusión y compactación en segundo plano para combinar los archivos de segmento y descartar los valores sobrescritos o eliminados.

La fusión de segmentos funciona de manera similar al algoritmo *de ordenación por fusión* [5]. El proceso se ilustra en Figura 4-3: comienza a leer los archivos de entrada uno al lado del otro, mira la primera clave de cada archivo, copia la clave más baja (según el orden de clasificación) al archivo de salida y repite. Si la misma clave aparece en más de un archivo de entrada, conserva solo el valor más reciente. Esto produce un nuevo archivo de segmento fusionado, también ordenado por clave, con un valor por clave, y utiliza una memoria mínima porque podemos iterar sobre las SSTables una clave a la vez.

Para garantizar que los datos de la tabla de memoria no se pierdan si la base de datos falla, el motor de almacenamiento mantiene un registro separado en el disco al que se añade inmediatamente cada escritura. Este registro no está ordenado por clave, pero eso no importa, ya que su único propósito es restaurar la tabla de memoria después de un fallo. Cada vez que la tabla de memoria se escribe en una SSTable, la parte correspondiente del registro se puede descartar.

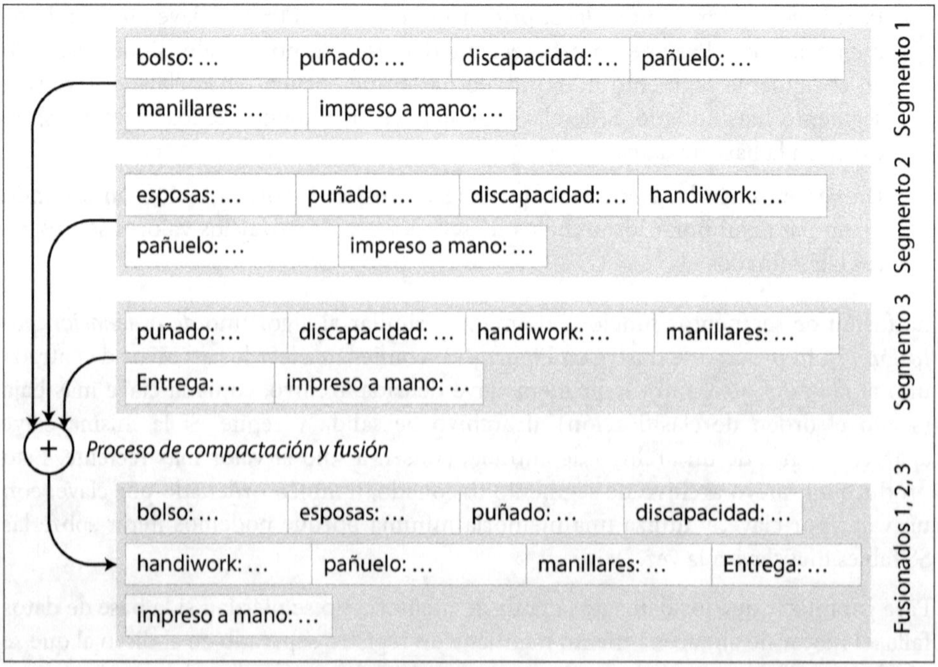

Figura 4-3. Fusionar varios segmentos SSTable, conservando solo el valor más reciente para cada clave

Si quieres eliminar una clave y su valor asociado, debes añadir un registro de eliminación especial llamado *tombstone* al archivo de datos. Cuando se fusionan los segmentos del registro, el tombstone indica al proceso de fusión que descarte cualquier valor anterior de la clave eliminada. Una vez que el tombstone se fusiona con el segmento más antiguo, se puede eliminar.

El algoritmo que se describe aquí es básicamente el que se utiliza en RocksDB [7], Cassandra, ScyllaDB y HBase [8], todos ellos inspirados en el artículo de Google sobre Bigtable [9] (que introdujo los términos *SSTable* y *memtable*). El algoritmo se publicó originalmente en 1996 con el nombre *de Log-Structured Merge-tree*, o LSM-tree [10], basándose en trabajos anteriores sobre sistemas de archivos estructurados en registro [11]. Por este motivo, los motores de almacenamiento que se basan en el principio de fusionar y compactar archivos ordenados a menudo se denominan *motores de almacenamiento LSM.*

En los motores de almacenamiento LSM, un archivo de segmento se escribe en una sola pasada (ya sea escribiendo la tabla de memoria o fusionando algunos segmentos existentes) y, a partir de ese momento, es inmutable. La fusión y compactación de segmentos se puede realizar en un hilo en segundo plano. Mientras se lleva a cabo la fusión, podemos seguir atendiendo las lecturas utilizando los segmentos de entrada de la fusión (como antes, las lecturas buscan primero en la tabla de memoria y en los archivos de segmento más recientes). Cuando se completa el proceso de fusión, cambiamos las solicitudes de lectura para utilizar el nuevo segmento fusionado en lugar de los segmentos de entrada, y entonces los archivos de segmento de entrada se pueden eliminar.

Los archivos de segmento no tienen por qué almacenarse necesariamente en un disco local, sino que también son adecuados para escribirlos en un almacenamiento de objetos. SlateDB y Delta Lake [12] adoptan este enfoque, por ejemplo.

Disponer de archivos de segmento inmutables también simplifica la recuperación tras un fallo. Si se produce un fallo durante la escritura de la tabla de memoria o durante la fusión de segmentos, la base de datos puede simplemente eliminar la SSTable sin terminar y empezar de nuevo. El registro que persiste en la tabla de memoria podría contener registros incompletos si se produjera un fallo a mitad de la escritura de un registro o si el disco estuviera lleno; estos problemas se detectan normalmente incluyendo sumas de comprobación en el registro y descartando las entradas de registro dañadas o incompletas. Hablaremos más sobre la durabilidad y la recuperación tras fallos en Capítulo 8.

Filtros Bloom

Con el almacenamiento LSM, puede resultar lento leer una clave que se actualizó por última vez hace mucho tiempo, o intentar leer una clave que no existe, ya que el motor de almacenamiento tendrá que comprobar varios archivos de segmento. Para acelerar estas lecturas, los motores de almacenamiento LSM suelen incluir un *filtro Bloom* [13] en cada segmento, que proporciona una forma rápida pero aproximada de comprobar si una clave concreta aparece en una SSTable concreta.

Figura 4-4 muestra un ejemplo de un filtro Bloom que contiene dos claves y 16 bits (en realidad, contendría más claves y más bits). Para cada clave de la SSTable, calculamos una función hash, que produce un conjunto de números que luego se interpretan como índices en la matriz de bits [14]. Establecemos los bits correspondientes a esos índices en 1 y dejamos el resto en 0. Por ejemplo, la clave `handbag` se hash a los números (2, 9, 4), por lo que establecemos el segundo, el noveno y el cuarto bit en 1. A continuación, el mapa de bits se almacena como parte de la SSTable, junto con el índice disperso de claves. Esto ocupa un poco de espacio adicional, pero el filtro Bloom suele ser pequeño en comparación con el resto de la SSTable.

Cuando queremos saber si una clave aparece en la SSTable, calculamos el mismo hash de esa clave que antes y verificamos los bits en esos índices. Por ejemplo, en Figura 4-4, estamos consultando la clave `handheld`, que se hash a (6, 11, 2). Uno de esos bits es 1 (concretamente, el bit número 2), mientras que los otros dos son 0. Estas comprobaciones se pueden realizar con extrema rapidez utilizando las operaciones bit a bit que todas las CPU admiten.

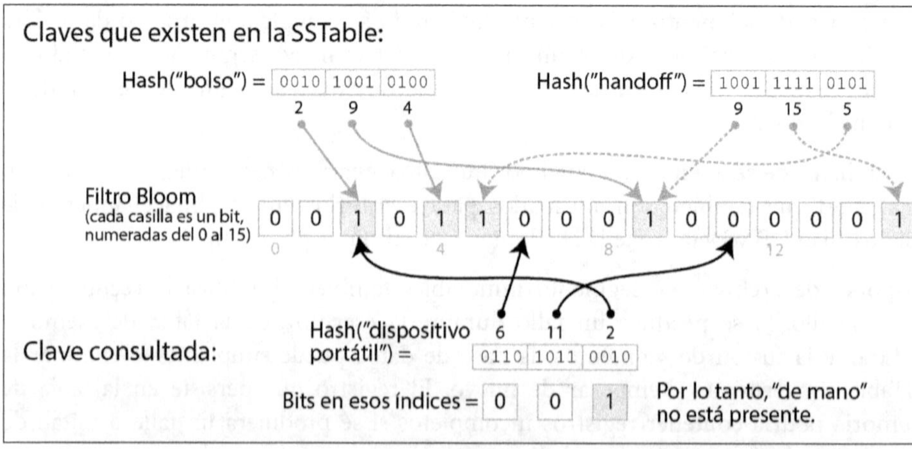

Figura 4-4. Un filtro Bloom proporciona una comprobación rápida y probabilística de si una clave concreta existe en una SSTable concreta.

Si al menos uno de los bits es 0, sabemos que la clave definitivamente no aparece en la SSTable. Si todos los bits de la consulta son 1, es probable que la clave esté en la SSTable, pero también es posible que, por coincidencia, todos esos bits hayan sido establecidos en 1 por otras claves. Este caso, en el que parece que una clave está presente aunque no lo esté, se denomina *falso positivo*.

La probabilidad de falsos positivos depende del número de claves, del número de bits establecidos por clave y del número total de bits en el filtro Bloom. Puedes utilizar una herramienta de cálculo en línea para determinar los parámetros adecuados para tu aplicación [15]. Como regla general, debes asignar 10 bits de espacio del filtro Bloom por cada clave en la SSTable para obtener una probabilidad de falsos positivos del 1%, y la probabilidad se reduce diez veces por cada 5 bits adicionales que asignes por clave.

En el contexto de los motores de almacenamiento LSM, los falsos positivos no suponen ningún problema:

- Si el filtro Bloom indica que una clave *no está* presente, podemos omitir ese SSTable con seguridad, ya que podemos estar seguros de que no contiene la clave.
- Si el filtro Bloom indica que la clave *sí está* presente, tenemos que consultar el índice disperso y decodificar el bloque de pares clave-valor para comprobar si la clave realmente está ahí. Si se trataba de un falso positivo, habremos realizado un trabajo innecesario, pero por lo demás no habrá pasado nada: simplemente continuaremos la búsqueda con el siguiente segmento más antiguo.

Estrategias de compactación

Un detalle importante es cómo el almacenamiento LSM elige cuándo realizar la compactación y qué SSTables incluir en una compactación. Muchos sistemas de almacenamiento basados en LSM te permiten configurar qué estrategia de compactación utilizar. Algunas de las opciones más comunes son las siguientes [16, 17]:

Compactación por niveles de tamaño
: Las SSTables más nuevas y pequeñas se fusionan sucesivamente en SSTables más antiguas y grandes. Por ejemplo, cuatro SSTables de 256 MB podrían compactarse en una SSTable de 898 MB (el resultado no es 1024 MB debido a eliminaciones, sobrescrituras, caducidades, etc.). Las SSTables que contienen datos más antiguos pueden llegar a ser muy grandes, y fusionarlas requiere mucho espacio temporal en disco. La ventaja de esta estrategia es que puede manejar un rendimiento de escritura muy alto, ya que la mayoría de los datos solo se reescriben unas pocas veces en fusiones secuenciales más grandes.

Compactación por niveles
: En lugar de escribir SSTables grandes, la compactación nivelada mantiene fijos los tamaños de las SSTables y las agrupa en "niveles" crecientes (denominados L0, L1, etcétera). L0 contiene los datos escritos más recientemente. Todos los niveles más allá de L0 contienen SSTables particionadas por rango de claves. Por ejemplo, L1 puede tener dos SSTables: la primera con las claves `a-m` y la segunda con `n-z`. Cada nivel tiene su propio límite de tamaño y cada nivel es más grande que el nivel que lo precede (por ejemplo, L2 será más grande que L1). Cuando las SSTables de un nivel se combinan y superan el límite de tamaño máximo, una o varias SSTables del nivel i se fusionan en el nivel $i + 1$ y se eliminan del nivel i. Este enfoque permite que la compactación se realice de forma más incremental y utilice menos espacio en disco que la estrategia por niveles de tamaño. La compactación por niveles es más eficiente para las lecturas que la compactación por tamaños, ya que el motor de almacenamiento necesita leer menos SSTables para comprobar si contienen la clave.

Como regla general, la compactación por niveles de tamaño funciona mejor si tienes principalmente escrituras y pocas lecturas, mientras que la compactación nivelada funciona mejor si tu carga de trabajo está dominada por las lecturas. Si escribes un número pequeño de claves con frecuencia y un número grande de claves con poca frecuencia, entonces la compactación nivelada también puede ser ventajosa [18]. Afortunadamente, la mayoría de las implementaciones de árboles LSM ofrecen diversas estrategias de compactación para diferentes cargas de trabajo.

Aunque hay muchas sutilezas, la idea básica de los árboles LSM (mantener una cascada de SSTables que se fusionan en segundo plano) es sencilla y eficaz. Analizamos sus características de rendimiento con más detalle en "Comparación entre árboles B y árboles LSM" en la página 142.

> **Motores de almacenamiento integrados**
>
> Muchas bases de datos se ejecutan como un servicio que acepta consultas a través de una red, pero también hay bases de datos *integradas* que no exponen una API de red. En su lugar, son bibliotecas que se ejecutan en el mismo proceso que el código de la aplicación, normalmente leyendo y escribiendo archivos en el disco local, y tú interactúas con ellas a través de llamadas a funciones normales. Algunos ejemplos de motores de almacenamiento integrados son RocksDB, SQLite, LMDB, DuckDB y KùzuDB [19].
>
> Las bases de datos integradas se utilizan muy comúnmente en aplicaciones móviles para almacenar los datos locales de los usuarios. En el backend, pueden ser una opción adecuada si los datos son lo suficientemente pequeños como para caber en una sola máquina y si no hay muchas transacciones simultáneas. Por ejemplo, en un sistema multitenant en el que cada inquilino es lo suficientemente pequeño y está completamente separado de los demás (es decir, no necesitas ejecutar consultas que combinen datos de varios inquilinos), puedes utilizar una instancia de base de datos integrada independiente para cada inquilino [20].
>
> Los métodos de almacenamiento y recuperación que analizamos en este capítulo se utilizan tanto en bases de datos integradas como en bases de datos cliente/servidor. En los capítulos 6 y 7 analizaremos técnicas para escalar una base de datos en varias máquinas.

Árboles B

El enfoque estructurado en registro es popular, pero no es la única forma de almacenamiento de clave-valor. La estructura más utilizada para leer y escribir registros de bases de datos por clave es el *árbol B*.

Introducidos en 1970 [21] y calificados de "omnipresentes" menos de 10 años después [22], los árboles B han resistido muy bien el paso del tiempo. Siguen siendo la implementación de índice estándar en casi todas las bases de datos relacionales, y muchas bases de datos no relacionales también los utilizan.

Al igual que las SSTables, los árboles B mantienen los pares clave-valor ordenados por clave, lo que permite búsquedas eficientes de clave-valor y consultas de rango. Pero ahí es donde termina la similitud; los árboles B tienen una filosofía de diseño muy diferente.

Los índices estructurados en forma de registro que vimos anteriormente dividen la base de datos en *segmentos* de tamaño variable, normalmente de varios megabytes o más, que se escriben una vez y luego son inmutables. Por el contrario, los árboles B dividen la base de datos en *bloques* o *páginas* de tamaño fijo y pueden sobrescribir una página en su lugar. Una página tiene tradicionalmente un tamaño de 4 KiB, pero PostgreSQL ahora utiliza 8 KiB y MySQL utiliza 16 KiB por defecto.

Cada página se puede identificar mediante un número de página, lo que permite que una página haga referencia a otra, de forma similar a un puntero, pero en el disco en lugar de en la memoria. Si todas las páginas se almacenan en el mismo archivo, multiplicar el número de página por el tamaño de la página nos da la compensación de bytes en el archivo donde se encuentra la página. Podemos utilizar estas referencias de página para construir un árbol de páginas, como se ilustra en Figura 4-5.

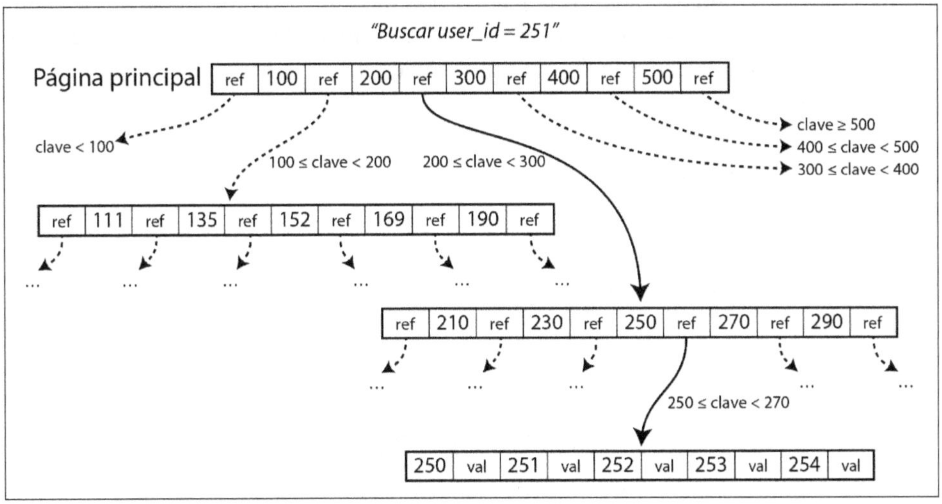

Figura 4-5. Búsqueda de la clave 251 utilizando un índice de árbol B. Desde la página raíz, primero seguimos la referencia a la página de las claves 200-300 y, a continuación, a la página de las claves 250-270.

Una página se designa como la *raíz* del árbol B; siempre que quieras buscar una clave en el índice, comienzas aquí. La página contiene varias claves y referencias a páginas secundarias. Cada secundaria es responsable de un rango continuo de claves, y las claves entre las referencias indican dónde se encuentran los límites entre esos rangos. (Esta estructura a veces se denomina árbol B+, pero no es necesario distinguirla de otras variantes del árbol B).

En el ejemplo de Figura 4-5, buscamos la clave 251, por lo que sabemos que debemos seguir la referencia de página entre los límites 200 y 300. Esto nos lleva a una página de aspecto similar que divide aún más el rango 200-300 en subrangos. Finalmente llegamos a una página que contiene claves individuales (una *página hoja*), que contiene el valor de cada clave en línea o contiene referencias a las páginas donde se pueden encontrar los valores.

El número de referencias a páginas secundarias en una página del árbol B se denomina *factor de ramificación*. Por ejemplo, en Figura 4-5 el factor de ramificación es seis. En la práctica, el factor de ramificación depende de la cantidad de espacio necesario para almacenar las referencias de página y los límites del rango, pero normalmente es de varios cientos.

Si quieres actualizar el valor de una clave existente en un árbol B, debes buscar la página hoja que contiene esa clave y sobrescribir esa página en el disco con una versión que contenga el nuevo valor. Si quieres agregar una nueva clave, debes encontrar la página cuyo rango abarque la nueva clave y agregarla a esa página. Si no hay suficiente espacio libre en la página para acomodar la nueva clave, la página se divide en dos páginas medio llenas y la página principal se actualiza para tener en cuenta la nueva subdivisión de los rangos de claves, como se muestra en Figura 4-6.

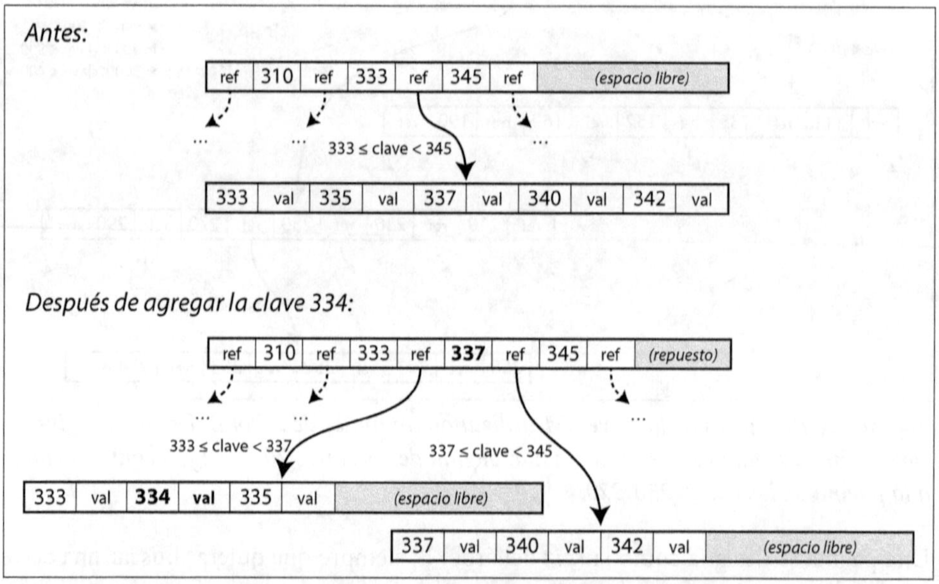

Figura 4-6. Aumento de un árbol B dividiendo una página en la clave límite 337. La página principal se actualiza para hacer referencia a ambas páginas secundarias.

En este ejemplo, queremos insertar la clave 334, pero la página para el rango 333–345 ya está llena. Por lo tanto, la dividimos en una página para el rango 333–337 (que incluye la nueva clave, 334) y una página para 337–345. También tenemos que actualizar la página principal para que tenga referencias a ambas secundarias, con un valor límite de 337 entre ellas. Si la página principal no tiene suficiente espacio para la nueva referencia, es posible que también sea necesario dividirla, y las divisiones pueden continuar hasta la raíz del árbol. Cuando se divide la raíz, creamos una nueva raíz por encima de ella. Eliminar claves (lo que puede requerir la fusión de nodos) es más complejo [5].

Este algoritmo garantiza que el árbol permanezca *equilibrado*: un árbol B con claves *n* siempre tiene una profundidad de $O(\log n)$. La mayoría de las bases de datos pueden encajar en un árbol B de tres o cuatro niveles de profundidad, por lo que no es necesario seguir muchas referencias de página para encontrar la página que buscas. (Un árbol de cuatro niveles de páginas de 4 KiB con un factor de ramificación de 500 puede almacenar hasta 250 TB).

Cómo hacer que los árboles B sean confiables

La operación de escritura básica subyacente de un árbol B consiste en sobrescribir una página en el disco con nuevos datos. Se supone que la sobrescritura no cambia la ubicación de la página; todas las referencias a esa página permanecen intactas cuando se sobrescribe la página. Esto contrasta claramente con los índices estructurados en forma de registro, como los árboles LSM, que solo añaden datos a los archivos (y eventualmente eliminan los archivos obsoletos), pero nunca modifican los archivos en su lugar.

Sobrescribir varias páginas a la vez, como en una división de página, es una operación peligrosa. Si la base de datos se bloquea después de que solo se hayan escrito algunas de las páginas, terminas con un árbol dañado (por ejemplo, puede haber una página *huérfana* que no sea hija de ningún padre). Si el hardware no puede escribir de forma atómica una página completa, también puedes terminar con una página parcialmente escrita (lo que se conoce como *página rota* [23]).

Para que la base de datos sea resistente a los fallos, es habitual que las implementaciones de árboles B incluyan una estructura de datos adicional en el disco: un *registro de escritura anticipada* (WAL). Se trata de un archivo de solo añadir en el que se debe escribir cada modificación del árbol B antes de que se pueda aplicar a las páginas del propio árbol. Cuando la base de datos se recupera después de un fallo, este registro se utiliza para restaurar el árbol B a un estado coherente [2, 24]. En los sistemas de archivos, el mecanismo equivalente se conoce como *registro en diario*.

Para mejorar el rendimiento, las implementaciones de árboles B normalmente no escriben inmediatamente todas las páginas modificadas en el disco, sino que primero almacenan las páginas del árbol B en la memoria durante un tiempo. El registro de escritura anticipada también garantiza que los datos no se pierdan en caso de fallo. Siempre que los datos se hayan escrito en el WAL y se hayan vaciado al disco mediante la llamada al sistema `fsync`, los datos serán duraderos, ya que la base de datos podrá recuperarlos después de un fallo [25].

Uso de variantes del árbol B

Dado que los árboles B existen desde hace mucho tiempo, a lo largo de los años se han desarrollado muchas variantes. Por mencionar solo algunas:

- En lugar de sobrescribir páginas y mantener un WAL para la recuperación tras un fallo, algunas bases de datos (como LMDB) utilizan un esquema de copia en escritura [26]. Una página modificada se escribe en una ubicación diferente y se crea una nueva versión de las páginas principales del árbol que apunta a la nueva ubicación. Este enfoque también es útil para el control de la concurrencia, como veremos en "Aislamiento de instantáneas y lectura repetible" en la página 323.
- Podemos ahorrar espacio en las páginas al no almacenar la clave completa, sino abreviarla. Especialmente en las páginas del interior del árbol, las claves solo necesitan proporcionar la información suficiente para actuar como límites entre los rangos de claves. Al incluir más claves en una página, el árbol puede tener un mayor factor de ramificación y, por lo tanto, menos niveles.
- Para acelerar los escaneos sobre el rango de claves en orden clasificado, algunas implementaciones de árboles B intentan diseñar el árbol de manera que las páginas hoja aparezcan en orden secuencial en el disco, reduciendo el número de búsquedas en el disco. Sin embargo, mantener ese orden es difícil a medida que el árbol crece.
- Se han añadido punteros adicionales al árbol. Por ejemplo, cada página hoja puede tener referencias a tus páginas hermanas a la izquierda y a la derecha, lo que permite escanear las claves en orden sin tener que volver a las páginas principales.

Comparación entre árboles B y árboles LSM

Como regla general, los árboles LSM son más adecuados para aplicaciones con gran volumen de escritura, mientras que los árboles B son más rápidos para las lecturas [27, 28]. Sin embargo, las pruebas de rendimiento suelen ser sensibles a los detalles de la carga de trabajo. Es necesario probar los sistemas con tu carga de trabajo particular para hacer una comparación válida. Además, no se trata de una elección estricta entre árboles LSM y B; los motores de almacenamiento a veces combinan características de ambos enfoques, por ejemplo, teniendo múltiples árboles B y fusionándolos al estilo LSM. En esta sección, discutiremos brevemente algunas cosas que vale la pena considerar al medir el rendimiento de un motor de almacenamiento.

Rendimiento de lectura

En un árbol B, la búsqueda de una clave implica leer una página en cada nivel. Dado que el número de niveles suele ser bastante reducido, las lecturas de un árbol B suelen ser rápidas y tienen un rendimiento predecible. En un motor de almacenamiento LSM, las lecturas a menudo tienen que comprobar varias SSTables en diferentes etapas de compactación, pero los filtros Bloom ayudan a reducir el número de operaciones de E/S de disco operaciones de E/S requeridas. Ambos enfoques pueden funcionar bien, y cuál es más rápido depende de los detalles del motor de almacenamiento y la carga de trabajo.

Las consultas de rango son sencillas y rápidas en los árboles B, ya que pueden aprovechar la estructura ordenada del árbol. En el almacenamiento LSM, las consultas de rango también pueden aprovechar la clasificación de SSTable, pero necesitan escanear todos los segmentos en paralelo y combinar los resultados. Los filtros Bloom no ayudan en las consultas de rango (ya que sería necesario calcular el hash de todas las claves posibles dentro del rango, lo cual no es práctico), lo que hace que las consultas de rango sean más costosas que las consultas puntuales en el enfoque LSM [29].

Un alto rendimiento de escritura puede provocar picos de latencia en un motor de almacenamiento estructurado en registro si la tabla de memoria se llena. Esto ocurre si los datos no se pueden escribir en el disco con la suficiente rapidez, tal vez porque el proceso de compactación no puede seguir el ritmo de las escrituras entrantes. Muchos motores de almacenamiento, incluido RocksDB, aplican *contrapresión* en esta situación: suspenden todas las lecturas y escrituras hasta que la tabla de memoria se ha escrito en el disco [30, 31].

En cuanto al rendimiento de lectura, los SSD modernos (especialmente los SSD NVMe [Non-Volatile Memory Express] que se conectan a través del bus PCIe, mucho más rápido que el bus SATA) pueden realizar muchas solicitudes de lectura independientes en paralelo. Tanto los árboles LSM como los árboles B son capaces de proporcionar un alto rendimiento de lectura, pero los motores de almacenamiento deben diseñarse cuidadosamente para aprovechar este paralelismo [32].

Escrituras secuenciales frente a aleatorias

Con un árbol B, si la aplicación escribe claves que están dispersas por todo el espacio de claves, las operaciones de disco resultantes también se dispersan aleatoriamente, ya que las páginas que el motor de almacenamiento necesita sobrescribir podrían estar ubicadas en cualquier lugar del disco. Por otro lado, un motor de almacenamiento estructurado en registro escribe archivos de segmento completos a la vez (ya sea escribiendo la tabla de memoria o mientras compacta los segmentos existentes), que son mucho más grandes que una página en un árbol B.

El patrón de muchas escrituras pequeñas y dispersas (como las que se encuentran en los árboles B) se denomina *escrituras aleatorias*, mientras que el patrón de menos escrituras grandes (como las que se encuentran en los árboles LSM) se denomina *escrituras secuenciales*. Los discos suelen tener un rendimiento de escritura secuencial más alto que el rendimiento de escritura aleatoria, lo que significa que un motor de almacenamiento estructurado en registro generalmente puede manejar un mayor rendimiento de escritura en el mismo hardware que un árbol B. Esta diferencia es particularmente grande en los discos duros giratorios; en los SSD que utilizan la mayoría de las bases de datos hoy en día, la diferencia es menor, pero aún notable.

Escrituras secuenciales frente a aleatorias en SSD

En los discos duros giratorios (HDD), las escrituras secuenciales son mucho más rápidas que las escrituras aleatorias. Esto se debe a que una escritura aleatoria tiene que mover mecánicamente el cabezal del disco a una nueva posición y esperar a que la parte correcta del plato pase por debajo del cabezal, lo que lleva varios milisegundos, una eternidad en términos informáticos. Sin embargo, los SSD, incluidos los NVMe (o memorias flash conectadas al bus PCI Express), han superado a los HDD en muchos casos de uso y no están sujetos a tales limitaciones mecánicas.

Sin embargo, los SSD también tienen un mayor rendimiento para escrituras secuenciales que para escrituras aleatorias. La razón es que la memoria flash se puede leer o escribir una página (normalmente 4 KiB) a la vez, pero solo se puede borrar un bloque (normalmente 512 KiB) a la vez. Algunas páginas de un bloque pueden contener datos válidos, mientras que otras pueden contener datos que ya no son necesarios. Antes de borrar un bloque, el controlador debe mover las páginas que contienen datos válidos a otros bloques; este proceso se denomina *recolección de basura* (GC) [33].

Una carga de trabajo de escritura secuencial escribe fragmentos de datos más grandes a la vez, por lo que es probable que todo un bloque de 512 KiB pertenezca a un solo archivo. Cuando ese archivo se borra más tarde, todo el bloque se puede borrar sin tener que realizar ninguna GC. Por otro lado, con una carga de trabajo de escritura aleatoria, es más probable que un bloque contenga una mezcla de páginas con datos válidos e inválidos, por lo que el recolector de basura tiene que realizar más trabajo antes de que se pueda borrar un bloque [34, 35, 36]. El ancho de banda de escritura consumido por GC no está entonces disponible para la aplicación. Las escrituras adicionales realizadas debido a GC también contribuyen al desgaste de la memoria flash; por lo tanto, las escrituras aleatorias desgastan la unidad más rápidamente que las escrituras secuenciales.

Amplificación de escritura

Con cualquier tipo de motor de almacenamiento, una solicitud de escritura de la aplicación se convierte en múltiples operaciones de E/S en el disco subyacente. Con los árboles LSM, un valor se escribe primero en el registro para garantizar su durabilidad, luego se vuelve a escribir cuando la tabla de memoria se escribe en el disco, y de nuevo cada vez que el par clave-valor forma parte de una compactación. (Si los valores son significativamente más grandes que las claves, esta sobrecarga se puede reducir almacenando los valores por separado de las claves y realizando la compactación solo en SSTables que contengan claves y referencias a valores [37].)

Un índice B-tree debe escribir cada dato al menos dos veces: una vez en el registro de escritura anticipada y otra vez en la propia página del árbol. Además, a veces es necesario escribir una página completa, aunque solo hayan cambiado unos pocos bytes de esa página, para garantizar que el árbol B se pueda recuperar correctamente después de un fallo o un corte de energía [38, 39].

Si tomas el número total de bytes escritos en el disco en una carga de trabajo y lo divides por el número de bytes que tendrías que escribir si simplemente escribieras un registro de solo añadir sin índice, obtienes la *amplificación de escritura*. (A veces, la amplificación de escritura se define en términos de operaciones de E/S en lugar de bytes). En aplicaciones con gran volumen de escritura, el cuello de botella podría ser la velocidad a la que la base de datos puede escribir en el disco. En este caso, cuanto mayor sea la amplificación de escritura, menos escrituras por segundo podrá gestionar dentro del ancho de banda disponible del disco.

La amplificación de escritura es un problema tanto en los árboles LSM como en los árboles B. Cuál es mejor depende de varios factores, como la longitud de las claves y los valores, y la frecuencia con la que se sobrescriben las claves existentes frente a la inserción de otras nuevas. Para cargas de trabajo típicas, los árboles LSM tienden a tener una menor amplificación de escritura porque no tienen que escribir páginas completas y pueden comprimir fragmentos de la SSTable [40]. Este es otro factor que hace que los motores de almacenamiento LSM sean muy adecuados para cargas de trabajo con gran volumen de escritura.

Además de afectar al rendimiento, la amplificación de escritura también es relevante para el desgaste de los SSD. Un motor de almacenamiento con menor amplificación de escritura desgastará menos rápidamente el SSD.

Al medir el rendimiento de escritura de un motor de almacenamiento, es importante realizar el experimento durante el tiempo suficiente para que los efectos de la amplificación de escritura sean evidentes. Al escribir en un árbol LSM vacío, aún no se producen compactaciones, por lo que todo el ancho de banda del disco está disponible para nuevas escrituras. A medida que la base de datos crece, las nuevas escrituras deben compartir el ancho de banda del disco con la compactación.

Uso del espacio en disco

Los árboles B pueden *fragmentarse* con el tiempo; por ejemplo, si se eliminan un gran número de claves, el archivo de la base de datos puede contener muchas páginas que ya no son utilizadas por el árbol B. Las adiciones posteriores al árbol B pueden utilizar esas páginas libres, pero no pueden devolverse fácilmente al sistema operativo porque se encuentran en medio del archivo, por lo que siguen ocupando espacio en el sistema de archivos. Por lo tanto, las bases de datos necesitan un proceso en segundo plano que mueva las páginas para colocarlas mejor, como el proceso vacuum en PostgreSQL [25].

La fragmentación es menos problemática en los árboles LSM, ya que el proceso de compactación reescribe periódicamente los archivos de datos de todos modos, y las

SSTables no tienen páginas con espacio sin utilizar. Además, los bloques de pares clave-valor se pueden comprimir mejor en las SSTables, lo que a menudo da como resultado archivos más pequeños en el disco que con los árboles B. Las claves y los valores que se han sobrescrito siguen consumiendo espacio hasta que se eliminan mediante una compactación, pero esta sobrecarga es bastante baja cuando se utiliza la compactación por niveles [40, 41]. La compactación por tamaños (consulta "Estrategias de compactación" en la página 137) utiliza más espacio en disco, especialmente de forma temporal durante la compactación.

Tener varias copias de algunos datos en el disco también puede ser un problema cuando necesitas eliminar algunos datos y estar seguro de que realmente se han eliminado (quizás para cumplir con las normativas de protección de datos). Por ejemplo, en la mayoría de los motores de almacenamiento LSM, un registro eliminado puede seguir existiendo en los niveles superiores hasta que la marca de eliminación se haya propagado a través de todos los niveles de compactación, lo que puede llevar mucho tiempo. Los diseños de motores de almacenamiento especializados pueden propagar las eliminaciones más rápidamente [42].

Por otro lado, la naturaleza inmutable de los archivos de segmento SSTable es útil si deseas tomar una instantánea de una base de datos en un momento dado (por ejemplo, para realizar una copia de seguridad o crear una copia de la base de datos para realizar pruebas). Puedes escribir la tabla de memoria y registrar qué archivos de segmento existían en ese momento. Siempre que no elimines los archivos que forman parte de la instantánea, no es necesario copiarlos realmente. En un árbol B cuyas páginas se sobrescriben, tomar una instantánea de este tipo de manera eficiente es más difícil.

Índices multicolumna y secundarios

Hasta ahora solo hemos hablado de índices clave-valor, que son similares a los *índices de clave primaria* en el modelo relacional. Una clave primaria identifica de forma única una fila en una tabla relacional, un documento en una base de datos de documentos o un vértice en una base de datos de grafos. Otros registros de la base de datos pueden hacer referencia a esa fila/documento/vértice mediante su clave primaria (o ID), y el índice se utiliza para resolver dichas referencias.

También es muy común tener *índices secundarios*. En las bases de datos relacionales, puedes crear varios índices secundarios en la misma tabla utilizando el comando `CREATE INDEX`, lo que te permite buscar por columnas distintas de la clave primaria. Por ejemplo, en el esquema relacional que se muestra en Figura 3-1, lo más probable es que tengas un índice secundario en las columnas `user_id` para poder encontrar todas las filas que pertenecen al mismo usuario en cada una de las tablas.

Un índice secundario se puede construir fácilmente a partir de un índice clave-valor. La principal diferencia es que en un índice secundario, los valores indexados no son necesariamente únicos; es decir, puede haber muchas filas (documentos, vértices) bajo la misma entrada del índice. Esto se puede resolver de dos maneras: haciendo que cada valor del índice sea una lista de identificadores de filas coincidentes (como una lista de publicaciones en un índice de texto completo) o haciendo que cada entrada sea única añadiéndole un identificador de fila. Para implementar un índice se pueden utilizar motores de almacenamiento con actualizaciones in situ, como los árboles B, y almacenamiento estructurado en forma de registro.

Almacenamiento de valores dentro del índice

La clave de un índice es lo que buscan las consultas. Se pueden almacenar otros datos en el índice, además de las claves, dependiendo del tipo de índice:

- Si los datos reales (fila, documento, vértice) se almacenan directamente dentro de la estructura del índice, se denomina *índice agrupado*. Por ejemplo, en el motor de almacenamiento InnoDB de MySQL, la clave principal de una tabla es siempre un índice agrupado, y en SQL Server, puedes especificar un índice agrupado por tabla [43].
- Alternativamente, el valor puede ser una referencia a los datos reales: ya sea la clave principal de la fila en cuestión (InnoDB hace esto para los índices secundarios) o una referencia directa a una ubicación en el disco. En este último caso, el lugar donde se almacenan las filas se conoce como *archivo heap* (heap file), y almacena los datos sin ningún orden en particular (puede ser de solo añadir, o puede realizar un seguimiento de las filas eliminadas para sobrescribirlas con nuevos datos más adelante). Por ejemplo, Postgres utiliza el enfoque de archivo heap [44].
- Un término medio entre ambos es un *índice de cobertura* o *índice con columnas incluidas*, que almacena *algunas* de las columnas de una tabla dentro del índice, además de almacenar la fila completa en el montón o en el índice agrupado por clave primaria [45]. Esto permite responder a algunas consultas utilizando solo el índice, sin tener que resolver la clave principal ni buscar en el archivo heap (en cuyo caso, se dice que el índice *cubre* la consulta). Esto puede acelerar algunas consultas, pero la duplicación de datos significa que el índice utiliza más espacio en disco y ralentiza las escrituras.

Los índices comentados hasta ahora solo asignan una única clave a un valor. Si necesitas consultar varias columnas de una tabla (o varios campos de un documento) simultáneamente, consulta "Índices multidimensionales y de texto completo" en la página 161.

Al actualizar un valor sin cambiar la clave, el enfoque del archivo heap permite sobrescribir el registro en su lugar, siempre que el nuevo valor no sea mayor que el antiguo. La situación es más complicada si el nuevo valor es mayor, ya que probablemente sea necesario moverlo a una nueva ubicación en el heap donde haya suficiente espacio. En ese caso, es necesario actualizar todos los índices para que apunten a la nueva ubicación del registro en el heap, o bien se debe dejar un puntero de reenvío en la antigua ubicación del heap [2].

Mantener todo en la memoria

Las estructuras de datos analizadas hasta ahora en este capítulo han sido respuestas a las limitaciones de los discos. En comparación con la memoria principal, los discos son difíciles de manejar. Tanto con los discos magnéticos como con los SSD, los datos deben distribuirse cuidadosamente si se desea un buen rendimiento de lectura y escritura. Toleramos esta incomodidad porque los discos tienen dos ventajas significativas: son duraderos (su contenido no se pierde si se apaga la alimentación) y tienen un costo por gigabyte menor que la RAM.

A medida que la RAM se abarata, el argumento del costo por gigabyte se va desvaneciendo. Muchos conjuntos de datos simplemente no son tan grandes, por lo que es bastante factible mantenerlos íntegramente en la memoria, potencialmente distribuidos entre varias máquinas. Esto ha llevado al desarrollo de *bases de datos en memoria*.

Algunos almacenes de claves-valores en memoria, como Memcached, están pensados solo para el almacenamiento en caché, donde es aceptable que se pierdan datos si se reinicia una máquina. Sin embargo, otras bases de datos en memoria tienen como objetivo la durabilidad, lo que se puede lograr con hardware especial (como RAM alimentada por batería) o, más comúnmente, escribiendo un registro de cambios en el disco, escribiendo instantáneas periódicas en el disco o replicando el estado en memoria en otras máquinas.

Esto permite que la base de datos recargue su estado, ya sea desde el disco o a través de la red desde una réplica (a menos que se utilice hardware especial), cuando se reinicia. A pesar de escribir en el disco, estos sistemas siguen considerándose bases de datos en memoria porque el disco se utiliza simplemente como un registro de solo añadir para mayor durabilidad, y las lecturas se realizan íntegramente desde la memoria. Escribir en el disco también tiene ventajas operativas: los archivos del disco pueden copiarse, inspeccionarse y analizarse fácilmente con utilidades externas.

Productos como VoltDB, SingleStore y Oracle TimesTen son bases de datos en memoria con un modelo relacional, y los proveedores afirman que pueden ofrecer grandes mejoras de rendimiento al eliminar todas las sobrecargas asociadas con la gestión de estructuras de datos en disco [46, 47]. RAMCloud es un almacén de claves-valores en memoria de código abierto con durabilidad (que utiliza un enfoque estructurado en forma de registro tanto para los datos en memoria como para los datos en disco) [48]. Redis y Couchbase proporcionan una durabilidad débil al escribir en disco de forma asíncrona.

Contrariamente a lo que cabría esperar, la ventaja de rendimiento de las bases de datos en memoria no se debe al hecho de que no necesitan leer desde el disco. Incluso un motor de almacenamiento basado en disco puede no necesitar nunca leer desde el disco si se dispone de suficiente memoria, ya que el sistema operativo almacena en caché los bloques de disco utilizados recientemente en la memoria de todos modos. Más bien, son más rápidas porque evitan la sobrecarga que supone codificar las estructuras de datos en memoria en un formato que se pueda escribir en el disco [49].

Además del rendimiento, otro caso de uso interesante de las bases de datos en memoria es proporcionar modelos de datos que son difíciles de implementar con índices basados en disco. Por ejemplo, Redis ofrece una interfaz similar a una base de datos para diversas estructuras de datos, como colas y conjuntos de prioridad. Dado que mantiene todos los datos en memoria, su implementación es relativamente sencilla.

Almacenamiento de datos para análisis

El modelo de datos de un almacén de datos suele ser relacional, ya que SQL suele ser adecuado para las consultas analíticas. Existen muchas herramientas gráficas de análisis de datos que generan consultas SQL, visualizan los resultados y permiten a los analistas explorar los datos (mediante operaciones, como *el desglose* y *el corte y troceado*).

A simple vista, un almacén de datos y una base de datos OLTP relacional parecen similares, ya que ambos tienen una interfaz de consulta SQL. Sin embargo, el funcionamiento interno de los sistemas puede ser muy diferente, ya que están optimizados para patrones de consulta muy distintos. Muchos proveedores de bases de datos se centran ahora en dar soporte al procesamiento de transacciones o a las cargas de trabajo analíticas, pero no a ambos.

Algunas bases de datos, como Microsoft SQL Server, SAP HANA y SingleStore, admiten el procesamiento de transacciones y el almacenamiento de datos en el mismo producto. Sin embargo, estas bases de datos híbridas de procesamiento transaccional y analítico (HTAP) (introducidas en "Almacenamiento de datos" en la página 7) se están convirtiendo cada vez más en dos motores de almacenamiento y consulta independientes, a los que se puede acceder a través de una interfaz SQL común. [50, 51, 52, 53].

Almacenes de datos en la nube

Los proveedores de almacenes de datos consolidados, como Teradata, Vertica y SAP HANA, ofrecen implementaciones locales bajo licencias comerciales, así como soluciones basadas en la nube. Pero a medida que más clientes se han pasado a la nube, también se han generalizado los nuevos almacenes de datos exclusivos de la nube, como BigQuery de Google Cloud, Amazon Redshift y Snowflake. A diferencia de los almacenes de datos tradicionales, los almacenes de datos en la nube pueden aprovechar la infraestructura escalable de la nube, como el almacenamiento de objetos y las plataformas de computación sin servidor.

Los almacenes de datos en la nube tienden a integrarse mejor con otros servicios en la nube. Por ejemplo, muchos almacenes en la nube admiten la ingesta automática de registros y ofrecen una fácil integración con marcos de procesamiento de datos como Dataflow de Google Cloud o AWS Kinesis. Estos almacenes también son más elásticos porque desacoplan el cálculo de consultas de la capa de almacenamiento [54]. Los datos se conservan en el almacenamiento de objetos en lugar de en discos locales, lo que facilita el ajuste independiente de la capacidad de almacenamiento y los recursos informáticos para las consultas, como vimos en "Arquitectura de sistemas nativos en la nube" en la página 16.

Los almacenes de datos de código abierto, como Apache Hive, Trino y Apache Spark, también han evolucionado con la nube. A medida que el almacenamiento de datos para análisis se ha trasladado a lagos de datos en almacenamiento de objetos, los almacenes de código abierto han comenzado a separarse [55]. Los siguientes componentes, que antes estaban integrados en un único sistema como Hive, ahora se suelen implementar como componentes independientes:

Motor de consultas
: Los motores de consulta como Trino, Apache DataFusion y Presto analizan las consultas SQL, las optimizan en planes de ejecución y las ejecutan con los datos. La ejecución suele requerir tareas de procesamiento de datos paralelas y distribuidas. Algunos motores de consulta proporcionan ejecución de tareas integrada, mientras que otros optan por utilizar marcos de ejecución de terceros como Spark o Flink.

Formato de almacenamiento
: El formato de almacenamiento determina cómo se codifican las filas de una tabla como bytes en un archivo, que luego se almacena normalmente en un almacenamiento de objetos o en un sistema de archivos distribuido [12]. A continuación, no solo el motor de consultas puede acceder a estos datos, sino también otras aplicaciones que utilizan el lago de datos. Algunos ejemplos de estos formatos de almacenamiento son Parquet, ORC, Lance y Nimble; hablaremos más sobre ellos en la siguiente sección.

Formato de tabla
: Los archivos escritos en Parquet y formatos de almacenamiento similares suelen ser inmutables una vez escritos. Para admitir inserciones y eliminaciones de filas, se puede utilizar un formato de tabla como Apache Iceberg o el formato Delta de Databricks. Los formatos de tabla especifican un formato de archivo que define qué archivos constituyen una tabla junto con el esquema de la tabla. Estos

formatos también ofrecen funciones avanzadas como el viaje en el tiempo (la capacidad de consultar una tabla tal y como era en un momento anterior), GC e incluso transacciones.

Catálogo de datos
: Al igual que un formato de tabla define qué archivos componen una tabla, un catálogo de datos define qué tablas contiene una base de datos. Los catálogos se utilizan para crear, renombrar y eliminar tablas. A diferencia de los formatos de almacenamiento y tabla, los catálogos de datos como Polaris de Snowflake y Unity Catalog de Databricks suelen funcionar como un servicio independiente que se puede consultar mediante una interfaz REST. Apache Iceberg también ofrece un catálogo, que se puede ejecutar dentro de un cliente o como un proceso independiente. Los motores de consulta utilizan la información del catálogo al leer y escribir tablas. Tradicionalmente, los catálogos y los motores de consulta han estado integrados, pero su desacoplamiento ha permitido que los sistemas de descubrimiento y gobernanza de datos (analizados en "Sistemas de datos, legislación y sociedad" en la página 27) también accedan a los metadatos de un catálogo.

Almacenamiento orientado a columnas

Como se explica en "Estrellas y Snowflakes: esquemas para análisis" en la página 86, los almacenes de datos suelen utilizar, por convención, un esquema relacional con una gran tabla de hechos que contiene referencias de claves externas a tablas de dimensiones. Si tienes billones de filas y petabytes de datos en tus tablas de hechos, almacenarlos y consultarlos de manera eficiente se convierte en un reto. Las tablas de dimensiones suelen ser mucho más pequeñas y manejables (millones de filas), por lo que en esta sección nos centraremos en el almacenamiento de hechos.

Aunque las tablas de hechos suelen tener más de cien columnas de ancho, una consulta típica de un almacén de datos solo accede a cuatro o cinco de ellas a la vez (las consultas `SELECT *` rara vez son necesarias para el análisis) [52]. Tomemos como ejemplo la consulta de Ejemplo 4-1: accede a un gran número de filas (cada vez que alguien compra fruta o dulces durante el año natural 2024), pero solo necesita acceder a tres columnas de la tabla `fact_sales`: `date_key`, `product_sky` `cantidad`. La consulta ignora todas las demás columnas.

Ejemplo 4-1. Analizar si las personas se inclinan más por comprar fruta fresca o dulces, dependiendo del día de la semana

```
SELECT
  dim_date.weekday, dim_product.category,
  SUM(fact_sales.quantity) AS quantity_sold
FROM fact_sales
  JOIN dim_date    ON fact_sales.date_key   = dim_date.date_key
```

```
  JOIN dim_product ON fact_sales.product_sk = dim_product.product_sk
WHERE
  dim_date.year = 2024 AND
  dim_product.category IN ('Fresh fruit', 'Candy')
GROUP BY
  dim_date.weekday, dim_product.category;
```

¿Cómo podemos ejecutar esta consulta de manera eficiente?

En la mayoría de las bases de datos OLTP, el almacenamiento se organiza de forma *orientada a filas*: todos los valores de una fila de una tabla se almacenan uno junto a otro. Las bases de datos de documentos son similares: un documento completo se almacena normalmente como una secuencia contigua de bytes. Puedes verlo en el ejemplo CSV de Figura 4-1.

Para procesar una consulta como la de Ejemplo 4-1, es posible que tengas índices en `fact_sales.date_key` y/o `fact_sales.product_sk` que indiquen al motor de almacenamiento dónde encontrar todas las ventas de una fecha concreta o de un producto concreto. Pero entonces, un motor de almacenamiento orientado a filas aún necesita cargar todas esas filas (cada una de las cuales consta de más de 100 atributos) desde el disco a la memoria, analizarlas y filtrar aquellas que no cumplen las condiciones requeridas. Eso puede llevar mucho tiempo.

La idea detrás del almacenamiento *orientado a columnas* (o *columnar*) es simple: en lugar de almacenar todos los valores de una fila juntos, almacena todos los valores de cada *columna* juntos [56]. Si cada columna se almacena por separado, una consulta solo necesita leer y analizar las columnas que se utilizan en esa consulta, lo que puede ahorrar mucho trabajo. Figura 4-7 muestra este principio utilizando una versión ampliada de la tabla de hechos de Figura 3-5.

> El almacenamiento en columnas es más fácil de entender en un modelo de datos relacional, pero se aplica igualmente a los datos no relacionales. Por ejemplo, Parquet es un formato de almacenamiento en columnas que admite un modelo de datos de documentos basado en Dremel de Google [57] utilizando una técnica conocida como fragmentación o striping [58]. El almacenamiento en columnas también se utiliza en el modelo de datos de documentos de Hadoop que utiliza una técnica conocida como *fragmentación* o striping [59].

tabla fact_sales

date_key	product_sk	store_sk	promotion_sk	customer_sk	quantity	net_price	discount_price
260102	69	4	NULL	NULL	1	13.99	13.99
260102	69	5	19	NULL	3	14.99	9.99
260102	69	5	NULL	191	1	14.99	14.99
260102	74	3	23	202	5	0.99	0.89
260103	30	2	NULL	NULL	1	2.49	2.49
260103	30	3	NULL	NULL	3	14.99	9.99
260103	30	3	21	123	1	49.99	39.99
260103	30	8	NULL	233	1	0.99	0.99

Diseño de almacenamiento en columnas

date_key: 260102, 260102, 260102, 260102, 260103, 260103, 260103, 260103
product_sk: 69, 69, 69, 74, 30, 30, 30, 30
store_sk: 4, 5, 5, 3, 2, 3, 3, 8
promotion_sk: NULL, 19, NULL, 23, NULL, NULL, 21, NULL
customer_sk: NULL, NULL, 191, 202, NULL, NULL, 123, 233
quantity: 1, 3, 1, 5, 1, 3, 1, 1
net_price: 13.99, 14.99, 14.99, 0.99, 2.49, 14.99, 49.99, 0.99
discount_price: 13.99, 9.99, 14.99, 0.89, 2.49, 9.99, 39.99, 0.99

Figura 4-7. Almacenamiento de datos relacionales por columnas en lugar de por filas

El diseño de almacenamiento orientado a columnas se basa en que cada columna almacene las filas en el mismo orden. Por lo tanto, si necesitas volver a ensamblar una fila completa, puedes tomar la entrada número 23 de cada una de las columnas individuales y juntarlas para formar la fila número 23 de la tabla.

En la práctica, los motores de almacenamiento en columnas no almacenan realmente una columna completa (que puede contener quizás billones de filas) de una sola vez. En su lugar, dividen la tabla en bloques de miles o millones de filas y, dentro de cada bloque, almacenan los valores de cada columna por separado [60]. Dado que muchas consultas se limitan a un intervalo de fechas concreto, es habitual que cada bloque contenga las filas de un intervalo de marcas de tiempo concreto. Así, una consulta solo necesita cargar las columnas que necesita de aquellos bloques que se solapan con el intervalo de fechas requerido.

El almacenamiento columnar se utiliza actualmente en casi todas las bases de datos analíticas [60], desde almacenes de datos en la nube a gran escala, como Snowflake [61], hasta bases de datos integradas de un solo nodo, como DuckDB [62], y sistemas de análisis de productos, como Pinot [63] y Druid [64]. Se utiliza en formatos de almacenamiento como Parquet, ORC [65, 66], Lance [67], y Nimble [68] y formatos de análisis en memoria como Apache Arrow [65, 69] y Pandas/NumPy [70]. Algunas bases de datos de series temporales, como InfluxDB IOx [71] y TimescaleDB [72], también se basan en el almacenamiento orientado a columnas.

Compresión de columnas

Además de cargar desde el disco solo las columnas que son necesarias para una consulta, podemos reducir aún más las exigencias de rendimiento del disco y ancho de banda de la red comprimiendo los datos. Afortunadamente, el almacenamiento orientado a columnas a menudo se presta muy bien a la compresión.

Echa un vistazo a las secuencias de valores de cada columna en Figura 4-7. Hay una gran cantidad de repeticiones, lo cual es una buena señal para la compresión. Dependiendo de los datos de la columna, se pueden utilizar diferentes técnicas de compresión [73]. Una técnica que resulta especialmente eficaz en los almacenes de datos es *la codificación de mapas de bits*, que se ilustra en Figura 4-8.

Valores de columna:

product_sk:	69	69	69	69	74	30	30	30	30	29	31	31	30	30	30	68	69	69

Mapa de bits para cada valor posible:

product_sk = 29:	0	0	0	0	0	0	0	0	0	1	0	0	0	0	0	0	0	0
product_sk = 30:	0	0	0	0	0	1	1	1	1	0	0	0	1	1	1	0	0	0
product_sk = 31:	0	0	0	0	0	0	0	0	0	0	1	1	0	0	0	0	0	0
product_sk = 68:	0	0	0	0	0	0	0	0	0	0	0	0	0	0	0	1	0	0
product_sk = 69:	1	1	1	1	0	0	0	0	0	0	0	0	0	0	0	0	1	1
product_sk = 74:	0	0	0	0	1	0	0	0	0	0	0	0	0	0	0	0	0	0

Codificación por longitud de serie:

product_sk = 29:	9, 1	(9 ceros, 1 uno, el resto ceros)
product_sk = 30:	5, 4, 3, 3	(5 ceros, 4 unos, 3 ceros, 3 unos, el resto ceros)
product_sk = 31:	10, 2	(10 ceros, 2 unos, el resto ceros)
product_sk = 68:	15, 1	(15 ceros, 1 uno, el resto ceros)
product_sk = 69:	0, 4, 12, 2	(0 ceros, 4 unos, 12 ceros, 2 unos)
product_sk = 74:	4, 1	(4 ceros, 1 uno, el resto ceros)

Figura 4-8. Almacenamiento comprimido e indexado por mapa de bits de una sola columna

A menudo, el número de valores distintos en una columna es pequeño en comparación con el número de filas (por ejemplo, un minorista puede tener miles de millones de transacciones de venta, pero solo 100,000 productos distintos). Ahora podemos tomar una columna con *n* valores distintos y convertirla en *n* mapas de bits separados: un mapa de bits para cada valor distinto, con un bit para cada fila. El bit es 1 si la fila tiene ese valor y 0 si no lo tiene.

Una opción es almacenar los mapas de bits utilizando un bit por fila. Sin embargo, estos mapas de bits suelen contener muchos ceros (decimos que son *dispersos*). En ese caso, los mapas de bits pueden además *codificarse por longitud de ejecución*, lo que implica contar los ceros o unos consecutivos y almacenar los recuentos, como se muestra en la parte inferior de Figura 4-8. Técnicas como *los mapas de bits rugientes* alternan entre las dos representaciones de mapas de bits, utilizando la que sea más compacta [74]. Esto puede hacer que la codificación de una columna sea muy eficiente.

Los índices de mapas de bits como estos son muy adecuados para el tipo de consultas que son comunes en un almacén de datos. Por ejemplo:

`WHERE product_sk IN (31, 68, 69)`
: Carga los tres mapas de bits para `product_sk = 31`, `product_sk = 68` y `product_sk = 69`, y calcula el OR bit a bit de los tres mapas de bits, lo que se puede hacer de manera muy eficiente.

`WHERE product_sk = 30 AND store_sk = 3`
: Carga los mapas de bits para `product_sk = 30` y `store_sk = 3`, y calcula el AND bit a bit. Esto funciona porque las columnas contienen las filas en el mismo orden, por lo que el *k-ésimo* bit del mapa de bits de una columna corresponde a la misma fila que el *k-ésimo* bit del mapa de bits de otra columna.

Los mapas de bits también se pueden utilizar para responder a consultas gráficas, como encontrar todos los usuarios de una red social a los que sigue el usuario *X* y que también siguen al usuario *Y* [75].

> No confundas las bases de datos orientadas a columnas con el modelo *de datos de columnas anchas* (también conocido como *familia de columnas*), en el que una fila puede tener miles de columnas y no es necesario que todas las filas tengan las mismas columnas [9]. A pesar de la similitud en el nombre, las bases de datos de columnas anchas están orientadas a filas, ya que almacenan todos los valores de una fila juntos. Google Bigtable, Apache Accumulo y HBase son ejemplos de sistemas que utilizan el modelo de columna ancha.

Orden de clasificación en el almacenamiento de columnas

En un almacén de columnas, el orden en el que se almacenan las filas no importa necesariamente. Lo más fácil es almacenarlas en el orden en que se insertaron, ya que así insertar una nueva fila solo significa añadirla a cada una de las columnas. Sin embargo, podemos optar por imponer un orden, como hicimos anteriormente con SSTables, y utilizarlo como mecanismo de indexación.

Ten en cuenta que ordenar cada columna de forma independiente no tendría sentido, ya que entonces ya no sabríamos qué elementos de las columnas pertenecen a la misma fila. Solo podemos reconstruir una fila porque sabemos que el elemento *k-ésimo* de una columna pertenece a la misma fila que el elemento *k-ésimo* de otra columna.

Más bien, los datos deben ordenarse por filas completas, aunque estén almacenados por columnas. El administrador de la base de datos puede elegir las columnas por las que se debe ordenar la tabla, utilizando su conocimiento de las consultas comunes. Por ejemplo, si las consultas suelen centrarse en rangos de fechas, como el mes pasado, podría tener sentido convertir `date_key` en la primera clave de ordenación. De este modo, la consulta solo podrá escanear las filas del mes pasado, lo que será mucho más rápido que escanear todas las filas.

Una segunda columna puede determinar el orden de clasificación de las filas que tienen el mismo valor en la primera columna. Por ejemplo, si `date_key` es la primera clave de clasificación en Figura 4-7, podría tener sentido que `product_sk` sea la segunda clave de clasificación, de modo que todas las ventas del mismo producto en el mismo día se agrupen juntas en el almacenamiento. Eso ayudará a las consultas que necesitan agrupar o filtrar las ventas por producto dentro de un intervalo de fechas determinado.

Otra ventaja del orden de clasificación es que puede ayudar a comprimir las columnas. Si la columna de clasificación principal no tiene muchos valores distintos, después de la clasificación tendrá secuencias largas en las que el mismo valor se repite muchas veces seguidas. Una simple codificación de longitud de ejecución, como la que utilizamos para los mapas de bits en Figura 4-8, podría comprimir esa columna a unos pocos kilobytes, incluso si la tabla tiene miles de millones de filas.

Ese efecto de compresión es más fuerte en la primera clave de ordenación. La segunda y tercera claves de ordenación estarán más mezcladas y, por lo tanto, no tendrán secuencias tan largas de valores repetidos. Las columnas más abajo en la prioridad de ordenación aparecen en un orden esencialmente aleatorio, por lo que probablemente no se comprimirán tan bien. Aun así, tener las primeras columnas ordenadas es una ventaja en general.

Escribir en un almacenamiento orientado a columnas

En "Características del procesamiento de transacciones y el análisis" en la página 5 vimos que las lecturas en los almacenes de datos suelen consistir en agregaciones de un gran número de filas. El almacenamiento orientado a columnas, la compresión y la clasificación contribuyen a que esas consultas de lectura sean más rápidas.

Las escrituras en los almacenes de datos suelen ser importaciones masivas de datos, a menudo a través de un proceso ETL. Con el almacenamiento en columnas, escribir una fila individual en algún lugar del medio de una tabla ordenada sería muy ineficiente, ya que tendrías que reescribir todas las columnas comprimidas desde la posición de inserción en adelante. Sin embargo, una escritura masiva de muchas filas a la vez amortiza el costo de reescribir esas columnas, lo que la hace eficiente.

A menudo se utiliza un enfoque estructurado en forma de registro para realizar escrituras por lotes. Todas las escrituras van primero a un almacén en memoria ordenado y orientado a filas. Cuando se han acumulado suficientes escrituras, se fusionan con los archivos codificados por columnas en el disco y se escriben en nuevos archivos de forma masiva. Dado que los archivos antiguos permanecen inmutables y los nuevos se escriben de una sola vez, el almacenamiento de objetos es muy adecuado para almacenar estos archivos.

Las consultas deben examinar tanto los datos de las columnas en el disco como las escrituras recientes en la memoria, y combinar ambos. El motor de ejecución de consultas oculta esta distinción al usuario. Desde el punto de vista de un analista, los datos que se han modificado con inserciones, actualizaciones o eliminaciones se reflejan inmediatamente en las consultas posteriores. Snowflake, Vertica, Apache Pinot, Apache Druid y muchas otras bases de datos hacen esto [61, 63, 64, 76].

Ejecución de consultas: compilación y vectorización

Una consulta SQL compleja para análisis se descompone en un *plan de consulta* que consta de varias etapas, denominadas *operadores*, que pueden distribuirse entre varias máquinas para su ejecución en paralelo. Los planificadores de consultas pueden realizar muchas optimizaciones eligiendo qué operadores utilizar, en qué orden ejecutarlos y dónde ejecutar cada operador.

Dentro de cada operador, es posible que el motor de consultas tenga que realizar diversas acciones con los valores de una columna, como buscar todas las filas en las que el valor se encuentre entre un conjunto concreto de valores (quizás como parte de una unión) o comprobar si el valor es mayor que, por ejemplo, 15. Es probable que el motor de consultas también tenga que examinar varias columnas de la misma fila, por ejemplo, para encontrar todas las transacciones de venta en las que el producto sea "plátanos" y la tienda sea una tienda concreta de interés.

En el caso de las consultas de almacenes de datos que deben escanear millones de filas, no solo debemos preocuparnos por la cantidad de datos que deben leer del disco, sino también por el tiempo de CPU necesario para ejecutar operadores complejos. El tipo más simple de operador es como un intérprete de un lenguaje de programación. Mientras itera sobre cada fila, comprueba una estructura de datos que representa la consulta para averiguar qué comparaciones o cálculos debe realizar en qué columnas. Desafortunadamente, esto es demasiado lento para muchos fines analíticos. Han surgido dos enfoques alternativos para la ejecución eficiente de consultas [77]:

Compilación de consultas

El motor de consultas toma la consulta SQL y genera código para ejecutarla. El código itera sobre las filas una por una, examina los valores de las columnas de interés, realiza las comparaciones o cálculos necesarios y copia los valores necesarios a un búfer de salida si se cumplen las condiciones requeridas. A continuación, el motor de consultas compila el código generado en código máquina (a menudo utilizando un compilador existente como LLVM) y lo ejecuta sobre los datos codificados en columnas que se han cargado en la memoria. Este enfoque de la generación de código es similar al enfoque de compilación justo a tiempo (JIT) que se utiliza en la máquina virtual Java (JVM) y en entornos de ejecución similares.

Procesamiento vectorizado

La consulta se interpreta, no se compila, pero se agiliza al procesar muchos valores de una columna en un lote en lugar de iterar sobre las filas una por una. En la base de datos se integra un conjunto fijo de operadores predefinidos; podemos pasarles argumentos y obtener un lote de resultados [50, 73].

Por ejemplo, podríamos pasar la columna `product_sk` y el ID de un producto (por ejemplo, "plátanos") a un operador de igualdad, y obtener un mapa de bits (un bit por cada valor de la columna de entrada, que es 1 si coincide con ese ID). A continuación, podríamos pasar la columna `store_sk` y el ID de la tienda de interés al mismo operador de igualdad, y obtener otro mapa de bits. Por último, podríamos pasar los dos mapas de bits a un operador AND bit a bit, como se muestra en Figura 4-9; el resultado sería un mapa de bits que contiene un 1 para todas las ventas de plátanos en una tienda en particular.

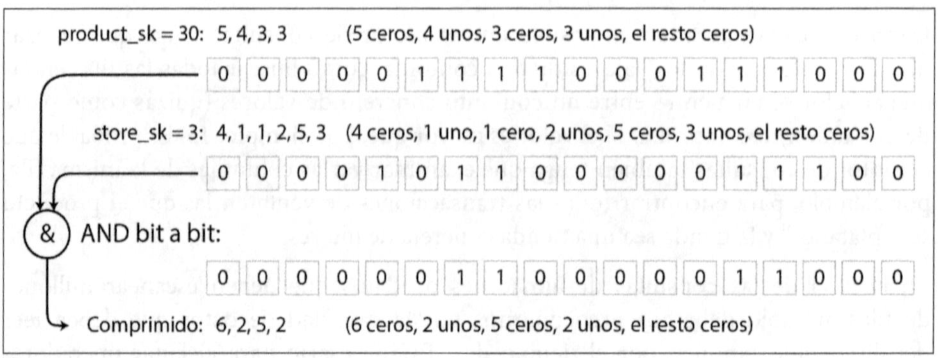

Figura 4-9. Una operación AND bit a bit entre dos mapas de bits se presta a la vectorización.

Los dos enfoques son muy diferentes en cuanto a su implementación, pero ambos se utilizan en la práctica [77]. Ambos pueden lograr un muy buen rendimiento aprovechando las características de las CPU modernas:

- Preferir el acceso secuencial a la memoria en lugar del acceso aleatorio para reducir las fallas de caché [78]
- Realizar la mayor parte del trabajo en bucles internos ajustados (es decir, con un número reducido de instrucciones y sin llamadas a funciones) para mantener ocupada la canalización de procesamiento de instrucciones de la CPU y evitar predicciones erróneas de ramificación
- Hacer un uso del paralelismo, como múltiples subprocesos e instrucciones de una sola instrucción y múltiples datos (SIMD) [79, 80]
- Operar directamente sobre datos comprimidos sin decodificarlos en una representación separada en memoria, lo que ahorra costes de asignación de memoria y copia

Vistas materializadas y cubos de datos

Anteriormente nos encontramos con las *vistas materializadas* en "Materialización y actualización de las líneas de tiempo" en la página 39: en un modelo de datos relacional, son objetos similares a tablas cuyo contenido son los resultados de una consulta. Una vista materializada es una copia real de los resultados de la consulta, escrita en el disco, mientras que una vista virtual es solo un atajo para escribir consultas. Cuando lees desde una vista virtual, el motor SQL la expande sobre la marcha en la consulta subyacente de la vista y luego procesa la consulta expandida.

Cuando los datos subyacentes cambian, es necesario actualizar la vista materializada en consecuencia. Algunas bases de datos pueden hacerlo automáticamente, y también hay sistemas como Materialize que se especializan en el mantenimiento de vistas materializadas [81]. Volveremos a este tema en "Mantenimiento de vistas materializadas" en la página 572. Realizar estas actualizaciones supone más trabajo en las escrituras, pero las vistas materializadas pueden mejorar el rendimiento de lectura en cargas de trabajo que necesitan realizar repetidamente las mismas consultas.

Los *agregados materializados* son un tipo de vista materializada que puede resultar útil en los almacenes de datos. Como se ha comentado anteriormente, las consultas de los almacenes de datos suelen implicar una función de agregado, como `COUNT`, `SUM`, `AVG`, `MIN` o `MAX` en SQL. Si muchas consultas utilizan los mismos agregados, procesar los datos sin procesar cada vez puede ser un desperdicio. ¿Por qué no almacenar en caché algunos de los recuentos o sumas que las consultas utilizan con más frecuencia? Un *cubo de datos* (también conocido como *cubo OLAP*) lo hace creando una cuadrícula de agregados agrupados por diferentes dimensiones [82].Figura 4-10 muestra un ejemplo.

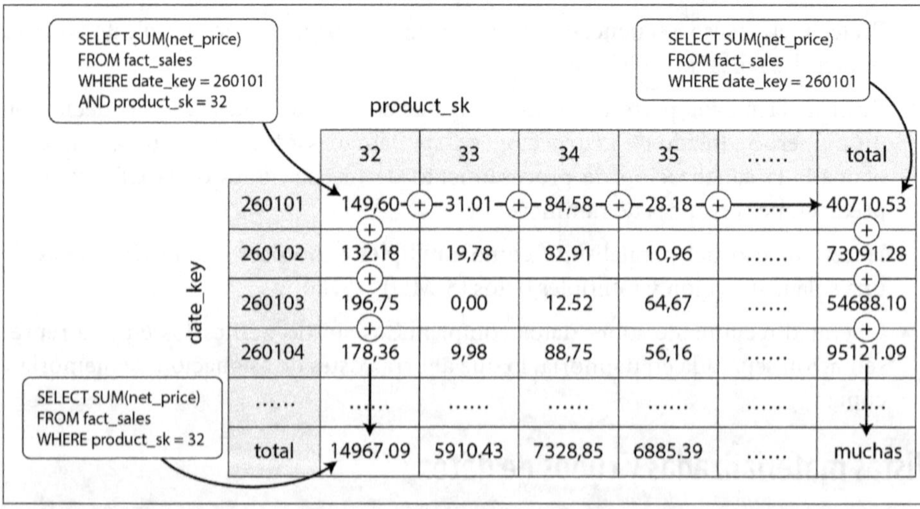

	32	33	34	35	......	total
260101	149,60	31.01	84,58	28.18	......	40710.53
260102	132.18	19,78	82.91	10,96	......	73091.28
260103	196,75	0,00	12.52	64,67	......	54688.10
260104	178,36	9,98	88,75	56,16	......	95121.09
......	......	......	......	......	......	......
total	14967.09	5910.43	7328,85	6885.39	......	muchas

Figura 4-10. Dos dimensiones de un cubo de datos, agregando datos mediante la suma

Imaginemos por ahora que cada hecho tiene claves externas a solo dos tablas de dimensiones; en Figura 4-10, estas son `date_key` y `product_sk`. Ahora puedes dibujar una tabla bidimensional, con las fechas a lo largo de un eje y los productos a lo largo del otro. Cada celda contiene el agregado (por ejemplo, `SUM`) de un atributo (por ejemplo, `net_price`) de todos los hechos con esa combinación de fecha y producto. A continuación, puedes aplicar el mismo agregado a lo largo de cada fila o columna y obtener un resumen que se ha reducido en una dimensión (las ventas por producto independientemente de la fecha, o las ventas por fecha independientemente del producto).

En general, los hechos suelen tener más de dos dimensiones. En Figura 3-5, hay cinco dimensiones: fecha, producto, tienda, promoción y cliente. Es mucho más difícil imaginar cómo sería un hipercubo de cinco dimensiones, pero el principio sigue siendo el mismo: cada celda contiene las ventas para una combinación concreta de fecha-producto-tienda-promoción-cliente. Estos valores pueden resumirse repetidamente a lo largo de cada una de las dimensiones.

La ventaja de un cubo de datos materializado es que ciertas consultas se vuelven muy rápidas porque se han precalculado de manera efectiva. Por ejemplo, si quieres saber las ventas totales por tienda de ayer, solo tienes que mirar los totales a lo largo de la dimensión adecuada, sin necesidad de escanear millones de filas.

La desventaja es que un cubo de datos no tiene la misma flexibilidad que consultar los datos sin procesar. Por ejemplo, no hay forma de calcular qué proporción de las ventas proviene de artículos que cuestan más de 100 dólares, porque el precio no es una de las dimensiones. Por lo tanto, la mayoría de los almacenes de datos intentan conservar tantos datos sin procesar como sea posible y utilizan agregados, como los cubos de datos, solo para mejorar el rendimiento de determinadas consultas.

Índices multidimensionales y de texto completo

Los árboles B y los árboles LSM que vimos en la primera mitad de este capítulo permiten realizar consultas de rango sobre un solo atributo; por ejemplo, si la clave es un nombre de usuario, puedes utilizarlos como índice para encontrar de manera eficiente todos los nombres que comienzan con una *L*. Pero a veces, la búsqueda por un solo atributo no es suficiente.

El tipo más común de índice de varias columnas se denomina *índice concatenado*, que simplemente combina varios campos en una sola clave añadiendo una columna a otra (la definición del índice especifica el orden en que se concatenan los campos). Es como una guía telefónica antigua en papel, que proporciona un índice desde (*apellido*, *nombre*) hasta el número de teléfono. Debido al orden de clasificación, el índice se puede utilizar para encontrar a todas las personas con un apellido concreto, o a todas las personas con una combinación concreta de *apellido y nombre*. Sin embargo, el índice es inútil si quieres encontrar a todas las personas con un nombre concreto.

Por otro lado, los *índices multidimensionales* te permiten consultar varias columnas a la vez. Esto es especialmente importante con los datos geoespaciales. Por ejemplo, un sitio web de búsqueda de restaurantes puede tener una base de datos que contenga la latitud y la longitud de cada restaurante. Cuando un usuario busca restaurantes en un mapa, el sitio web necesita buscar todos los restaurantes dentro del área rectangular del mapa que el usuario está viendo en ese momento. Esto requiere una consulta de rango bidimensional como la siguiente:

```
SELECT * FROM restaurants WHERE latitude  > 51.4946 AND latitude  < 51.5079
                            AND longitude > -0.1162 AND longitude < -0.1004;
```

Un índice concatenado sobre las columnas `de latitud` y `longitud` no puede responder a ese tipo de consulta de manera eficiente. El índice puede darte todos los restaurantes en un rango de latitudes (pero en cualquier longitud) o todos los restaurantes en un rango de longitudes (pero en cualquier lugar entre los polos norte y sur), pero no ambos simultáneamente.

Una opción es traducir una ubicación bidimensional a un solo número mediante una curva de relleno de espacio y, a continuación, utilizar un índice B-tree normal [83]. Más comúnmente, se utilizan índices espaciales especializados, como *R-trees* o *Bkd-trees* [84] ; estos dividen el espacio de manera que los puntos de datos cercanos tienden a agruparse en el mismo subárbol. Por ejemplo, PostGIS implementa índices geoespaciales como árboles R utilizando la función de indexación del árbol de búsqueda generalizado de PostgreSQL [85]. También es posible utilizar cuadrículas de triángulos, cuadrados o hexágonos espaciados regularmente También es posible utilizar cuadrículas de triángulos, cuadrados o hexágonos espaciados regularmente [86].

Sin embargo, los índices multidimensionales no solo sirven para ubicaciones geográficas. Por ejemplo, en un sitio web de comercio electrónico, se podría utilizar un índice tridimensional en las dimensiones (*rojo*, *verde*, *azul*) para buscar productos en una determinada gama de colores, o en una base de datos de observaciones meteorológicas se podría tener un índice bidimensional en (*fecha*, *temperatura*) para buscar de manera eficiente todas las observaciones durante un año determinado en las que la temperatura estuviera entre 25° C y 30° C. Con un índice unidimensional, tendrías que escanear todos los registros de ese año (independientemente de la temperatura) y luego filtrarlos por temperatura, o viceversa. Un índice bidimensional puede reducir los resultados por marca de tiempo y temperatura simultáneamente [87].

Búsqueda de texto completo

La búsqueda de texto completo te permite buscar en una colección de documentos de texto (páginas web, descripciones de productos, etc.) por palabras clave que pueden aparecer en cualquier parte del texto [88]. La recuperación de información es un tema amplio y especializado que a menudo implica un procesamiento específico del idioma; por ejemplo, varios idiomas asiáticos se escriben sin espacios ni puntuación entre las palabras, por lo que dividir el texto en palabras requiere un modelo que indique qué secuencias de caracteres constituyen una palabra. La búsqueda de texto completo también suele implicar la coincidencia de palabras similares pero no idénticas (teniendo en cuenta los errores tipográficos o las diferentes formas gramaticales de las palabras) y los sinónimos. Estos problemas van más allá del alcance de este libro.

Sin embargo, en esencia, puedes considerar la búsqueda de texto completo como otro tipo de consulta multidimensional. En este caso, cada palabra que puede aparecer en un texto (un *término*) es una dimensión. Un documento que contiene el término *x* tiene un valor de 1 en la dimensión *x*, y un documento que no contiene *x* tiene un valor de 0. Buscar documentos que mencionen "manzanas rojas" significa una consulta que busca un 1 en la dimensión *roja* y, simultáneamente, un 1 en la dimensión *manzanas*. Por lo tanto, el número de dimensiones puede ser muy grande.

La estructura de datos que utilizan muchos motores de búsqueda para responder a estas consultas se denomina *índice invertido*. Se trata de una estructura clave-valor en la que la clave es un término y el valor es la lista de identificadores de todos los documentos que contienen el término (la *lista de publicaciones*). Si los ID de los documentos son números secuenciales, la lista de publicaciones también se puede representar como un mapa de bits disperso, como en Figura 4-8; el bit *n-ésimo* del mapa de bits para el término x es un 1 si el documento con el ID n contiene el término x [89].

Encontrar todos los documentos que contienen los términos x e y es ahora similar a una consulta de almacén de datos vectorizada que busca filas que coincidan con dos condiciones (Figura 4-9): carga los dos mapas de bits para los términos x e y y calcula su AND bit a bit. Incluso si los mapas de bits están codificados por longitud de ejecución, esto se puede hacer de manera muy eficiente.

Por ejemplo, Lucene, el motor de indexación de texto completo utilizado por Elasticsearch y Solr, funciona así [90]. Almacena la correspondencia entre el término y la lista de publicaciones en archivos ordenados similares a SSTable, que se fusionan en segundo plano utilizando el mismo enfoque estructurado en registro que vimos anteriormente en este capítulo [91]. El tipo de índice GIN de PostgreSQL también utiliza listas de publicaciones para admitir la búsqueda y el indexado de texto completo dentro de documentos JSON [92, 93].

En lugar de dividir el texto en palabras, una alternativa es buscar todas las subcadenas de longitud *n*, que se denominan *n-gramas*. Por ejemplo, los trigramas (*n*= 3) de la cadena `hello` son `hello`, `ell` y `llo`. Si creamos un índice invertido de todos los trigramas, podemos buscar en los documentos subcadenas arbitrarias de al menos tres caracteres de longitud. Los índices de trigramas incluso permiten expresiones regulares en las consultas de búsqueda; la desventaja es que son bastante grandes [94].

Para hacer frente a los errores tipográficos en documentos o consultas, Lucene es capaz de buscar en el texto palabras dentro de una determinada distancia de edición (una *distancia de edición* de 1 significa que se ha añadido, eliminado o sustituido una letra) [95]. Para ello, almacena el conjunto de términos como un autómata de estados finitos sobre los caracteres de las claves, similar a un árbol trie [96], y lo transforma en un *autómata de Levenshtein*, que permite buscar de forma eficaz palabras dentro de una distancia de edición determinada [97].

Incrustaciones vectoriales

La búsqueda semántica va más allá de los sinónimos y los errores tipográficos para tratar de comprender los conceptos de los documentos y las intenciones de los usuarios. Se está convirtiendo en una parte importante de las aplicaciones de IA, como*la generación aumentada por recuperación*, que incorpora los resultados de la búsqueda en la salida de un gran modelo de lenguaje (LLM). Por ejemplo, si tus páginas de ayuda contienen una página titulada "cancelar tu suscripción", los usuarios deberían poder encontrar esa página al buscar "cómo cerrar mi cuenta" o "rescindir el contrato", que son términos cercanos en cuanto a significado, aunque utilicen palabras completamente diferentes.

Para comprender la semántica de un documento, es decir, su significado, los índices de búsqueda semántica utilizan modelos de incrustación para traducir un documento de texto a un vector de valores de punto flotante, denominado *incrustación vectorial.* A menudo, esto se hace utilizando LLMs. El vector representa un punto en un espacio multidimensional, y cada valor de punto flotante representa la ubicación del documento a lo largo del eje de una dimensión. Los modelos de incrustación generan incrustaciones vectoriales que están cerca unas de otras (en este espacio multidimensional) cuando los documentos de entrada de la incrustación son semánticamente similares.

> Vimos el término *procesamiento vectorizado* en "Ejecución de consultas: compilación y vectorización" en la página 157. Los vectores en la búsqueda semántica tienen un significado diferente. En el procesamiento vectorizado, el vector se refiere a un lote de bits que se pueden procesar con código especialmente optimizado. En los modelos de incrustación, un vector es una matriz de númerosde punto flotante que representa una ubicación en un espacio multidimensional.

Por ejemplo, una incrustación vectorial tridimensional para una página de Wikipedia sobre agricultura podría ser [0.38; 0.83; 0.41]. Una página de Wikipedia sobre verduras estaría bastante cerca, quizás con una incrustación de [0.36, 0.64, 0.67]. Una página sobre esquemas en estrella podría tener una incrustación de [0.85, 0.10, -0.52], comparativamente más lejana. Podemos ver que los dos primeros vectores están más cerca que el tercero.

Los modelos de incrustación utilizan vectores mucho más grandes (a menudo más de 1,000 números), pero los principios son los mismos. No intentamos entender lo que significan los números individuales; son simplemente una forma de que el modelo señale una ubicación en un espacio multidimensional abstracto. Los motores de búsqueda utilizan funciones de distancia como *la similitud coseno* o *la distancia euclidiana* para medir la distancia entre vectores: la similitud coseno mide el coseno del ángulo de dos vectores para determinar su proximidad, mientras que la distancia euclidiana mide la distancia en línea recta entre dos puntos en el espacio.

Muchos de los primeros modelos de incrustación, como Word2Vec [98], BERT [99] y GPT [100], funcionaban con datos de texto. Estos modelos suelen implementarse como redes neuronales. Los investigadores continuaron creando modelos de incrustación para vídeo, audio e imágenes. Más recientemente, la arquitectura de los modelos se ha vuelto *multimodal*: un solo modelo puede generar incrustaciones vectoriales para múltiples modalidades, como texto e imágenes.

Los motores de búsqueda semánticos utilizan un modelo de incrustación para generar una incrustación vectorial cuando un usuario introduce una consulta. La consulta del usuario y el contexto relacionado (como la ubicación del usuario) se introducen en el modelo de incrustación. Una vez que el modelo de incrustación genera la incrustación vectorial de la consulta, el motor de búsqueda debe encontrar documentos con incrustaciones vectoriales similares utilizando un índice vectorial.

Los índices de incrustación vectorial almacenan las incrustaciones vectoriales de una colección de documentos. Para consultar el índice, se pasa la incrustación vectorial de la consulta y el índice devuelve los documentos cuyos vectores son más cercanos al vector de la consulta. Dado que los árboles R que vimos anteriormente no funcionan bien para vectores con muchas dimensiones, se utilizan índices vectoriales especializados, como estos:

Índices planos
: Los vectores se almacenan en el índice tal cual. Una consulta debe leer cada vector y medir su distancia al vector de consulta. Los índices planos son precisos, pero medir la distancia entre la consulta y cada vector es lento.

Índices de archivos invertidos (IVF)
: El espacio vectorial se agrupa en particiones (denominadas *centroides*) de vectores para reducir el número de vectores que deben compararse. Los índices IVF son más rápidos que los índices planos, pero solo pueden dar resultados aproximados; la consulta y un documento pueden caer en particiones diferentes, aunque estén cerca uno del otro. Una consulta en un índice IVF primero define *sondas*, que son simplemente el número de particiones que hay que comprobar. Las consultas que utilizan más sondas serán más precisas, pero más lentas, ya que hay que comparar más vectores.

Índices jerárquicos navegables de mundo pequeño (HNSW)
: Los índices HNSW mantienen múltiples capas del espacio vectorial, tal y como se ilustra en Figura 4-11. Cada capa se representa como un gráfico, en el que los nodos representan vectores y los perímetros representan la proximidad a vectores cercanos. Una consulta comienza localizando el vector más cercano en la capa superior, que tiene un número reducido de nodos. A continuación, la consulta se desplaza al mismo nodo de la capa inferior y sigue los perímetros de esa capa, que está más densamente conectada, en busca de un vector más cercano al vector de consulta. El proceso continúa hasta llegar a la última capa. Al igual que los índices IVF, los índices HNSW son aproximados.

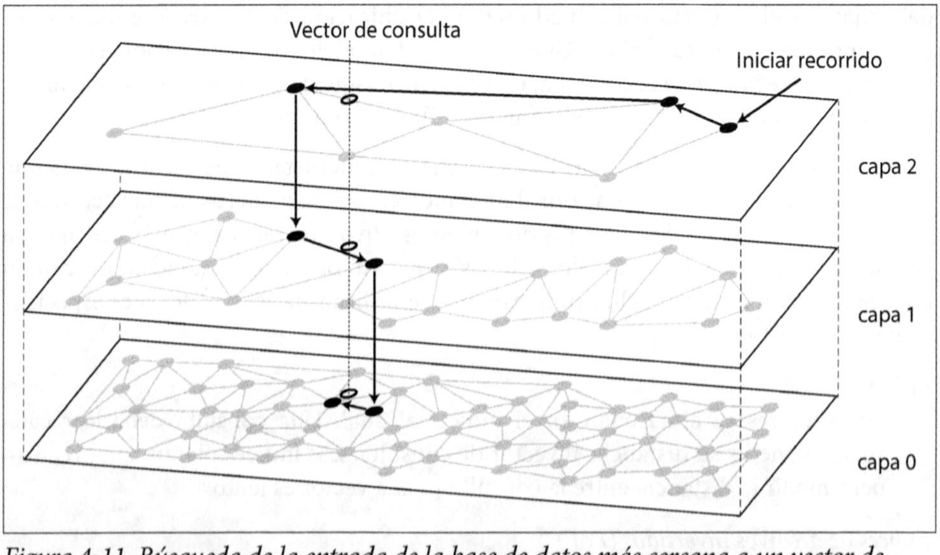

Figura 4-11. Búsqueda de la entrada de la base de datos más cercana a un vector de consulta dado en un índice HNSW

Muchas bases de datos vectoriales populares implementan índices IVF y HNSW. La biblioteca Faiss de Facebook tiene varias variaciones de cada uno [101], y pgvector de PostgreSQL también es compatible con ambos [102]. Los detalles completos de los algoritmos IVF y HNSW exceden el alcance de este libro, pero sus artículos son excelentes recursos [103, 104].

Resumen

En este capítulo hemos intentado llegar al fondo de cómo las bases de datos realizan el almacenamiento y la recuperación. ¿Qué sucede cuando se almacenan datos en una base de datos y qué hace la base de datos cuando se consultan los datos de nuevo más tarde?

"Sistemas operativos frente a sistemas analíticos" en la página 4 En el capítulo anterior se introdujo la distinción entre procesamiento de transacciones (OLTP) y análisis (OLAP). En este capítulo hemos visto que los motores de almacenamiento optimizados para OLTP son muy diferentes de los optimizados para análisis:

- Los sistemas OLTP están optimizados para un gran volumen de solicitudes, cada una de las cuales lee y escribe un pequeño número de registros y necesita respuestas rápidas. Normalmente se accede a los registros a través de una clave primaria o un índice secundario, y estos índices suelen ser asignaciones ordenadas de clave a registro, que también admiten consultas de rango.

- Los almacenes de datos y los sistemas analíticos similares están optimizados para consultas de lectura complejas que escanean un gran número de registros. Por lo general, utilizan un diseño de almacenamiento orientado a columnas con compresión que minimiza la cantidad de datos que dicha consulta necesita leer del disco, y compilación JIT de consultas o vectorización para minimizar la cantidad de tiempo de CPU dedicado al procesamiento de los datos.

En el lado OLTP, vimos motores de almacenamiento de dos escuelas de pensamiento principales:

- El enfoque estructurado en registros, que permite añadir archivos y eliminar archivos obsoletos, pero nunca actualiza un archivo que ya se ha escrito. En general, los motores de almacenamiento estructurados en registros tienden a proporcionar un alto rendimiento de escritura. SSTables, LSM-trees, RocksDB, Cassandra, HBase, ScyllaDB, Lucene y otros pertenecen a este grupo.
- El enfoque de actualización in situ, que trata el disco como un conjunto de páginas de tamaño fijo que se pueden sobrescribir. Los árboles B, el ejemplo más común de esta filosofía, se utilizan en todas las principales bases de datos OLTP relacionales y en muchas no relacionales. Como regla general, los árboles B suelen ser mejores para las lecturas, ya que proporcionan un mayor rendimiento de lectura y tiempos de respuesta más bajos que el almacenamiento estructurado en forma de registro.

A continuación, analizamos los índices que pueden buscar varias condiciones al mismo tiempo: índices multidimensionales como los árboles R, que pueden buscar puntos en un mapa por latitud y longitud al mismo tiempo, e índices de búsqueda de texto completo, que pueden buscar varias palabras clave que aparecen en el mismo texto. Por último, vimos que las bases de datos vectoriales se utilizan para la búsqueda semántica en documentos de texto y otros medios; utilizan vectores con un mayor número de dimensiones y encuentran documentos similares comparando la similitud de los vectores.

Como desarrollador de aplicaciones, contar con estos conocimientos sobre el funcionamiento interno de los motores de almacenamiento te coloca en una posición mucho mejor para saber qué herramienta es la más adecuada para tu aplicación en particular. Si necesitas ajustar los parámetros de optimización de una base de datos, esta comprensión te permite imaginar qué efecto puede tener un valor más alto o más bajo.

Aunque este capítulo no puede convertirte en un experto en el ajuste de un motor de almacenamiento concreto, esperamos que te haya proporcionado el vocabulario y las ideas suficientes para que puedas entender la documentación de la base de datos que elijas.

Referencias

[1] Nikolay Samokhvalov. "How Partial, Covering, and Multicolumn Indexes May Slow Down UPDATEs in PostgreSQL." *postgres.ai*, October 2021. Archived at *perma.cc/PBK3-F4G9*

[2] Goetz Graefe. "Modern B-Tree Techniques." *Foundations and Trends in Databases*, volume 3, issue 4, pages 203–402, August 2011. *doi:10.1561/1900000028*

[3] Evan Jones. "Why Databases Use Ordered Indexes but Programming Uses Hash Tables." *evanjones.ca*, December 2019. Archived at *perma.cc/NJX8-3ZZD*

[4] Branimir Lambov. "CEP-25: Trie-Indexed SSTable Format." *cwiki.apache.org*, November 2022. Archived at *perma.cc/HD7W-PW8U* (linked Google Doc archived at *perma.cc/UL6C-AAAE*)

[5] Thomas H. Cormen, Charles E. Leiserson, Ronald L. Rivest, and Clifford Stein. *Introduction to Algorithms*, 3rd edition. MIT Press, 2009. ISBN: 9780262533058

[6] Branimir Lambov. "Trie Memtables in Cassandra." *Proceedings of the VLDB Endowment*, volume 15, issue 12, pages 3359–3371, August 2022. *doi:10.14778/3554821.3554828*

[7] Dhruba Borthakur. "The History of RocksDB." *rocksdb.blogspot.com*, November 2013. Archived at *perma.cc/Z7C5-JPSP*

[8] Matteo Bertozzi. "Apache HBase I/O—HFile." *blog.cloudera.com*, June 2012. Archived at *perma.cc/U9XH-L2KL*

[9] Fay Chang, Jeffrey Dean, Sanjay Ghemawat, Wilson C. Hsieh, Deborah A. Wallach, Mike Burrows, Tushar Chandra, Andrew Fikes, and Robert E. Gruber. "Bigtable: A Distributed Storage System for Structured Data." At *7th USENIX Symposium on Operating System Design and Implementation* (OSDI), November 2006.

[10] Patrick O'Neil, Edward Cheng, Dieter Gawlick, and Elizabeth O'Neil. "The Log-Structured Merge-Tree (LSM-Tree)." *Acta Informatica*, volume 33, issue 4, pages 351–385, June 1996. *doi:10.1007/s002360050048*

[11] Mendel Rosenblum and John K. Ousterhout. "The Design and Implementation of a Log-Structured File System." *ACM Transactions on Computer Systems*, volume 10, issue 1, pages 26–52, February 1992. *doi:10.1145/146941.146943*

[12] Michael Armbrust, Tathagata Das, Liwen Sun, Burak Yavuz, Shixiong Zhu, Mukul Murthy, Joseph Torres, Herman van Hovell, Adrian Ionescu, Alicja Łuszczak, Michał Świtakowski, Michał Szafrański, Xiao Li, Takuya Ueshin, Mostafa Mokhtar, Peter Boncz, Ali Ghodsi, Sameer Paranjpye, Pieter Senster, Reynold Xin, and Matei Zaharia. "Delta Lake: High-Performance ACID Table Storage over Cloud Object

Stores." *Proceedings of the VLDB Endowment*, volume 13, issue 12, pages 3411–3424, August 2020. *doi:10.14778/3415478.3415560*

[13] Burton H. Bloom. "Space/Time Trade-offs in Hash Coding with Allowable Errors." *Communications of the ACM*, volume 13, issue 7, pages 422–426, July 1970. *doi:10.1145/362686.362692*

[14] Adam Kirsch and Michael Mitzenmacher. "Less Hashing, Same Performance: Building a Better Bloom Filter." *Random Structures & Algorithms*, volume 33, issue 2, pages 187–218, September 2008. *doi:10.1002/rsa.20208*

[15] Thomas Hurst. "Bloom Filter Calculator." *hur.st*, September 2023. Archived at *perma.cc/L3AV-6VC2*

[16] Chen Luo and Michael J. Carey. "LSM-Based Storage Techniques: a Survey." *The VLDB Journal*, volume 29, pages 393–418, July 2019. *doi:10.1007/s00778-019-00555-y*

[17] Subhadeep Sarkar and Manos Athanassoulis. "Dissecting, Designing, and Optimizing LSM-Based Data Stores." Tutorial at *ACM International Conference on Management of Data* (SIGMOD), June 2022. Slides archived at *perma.cc/93B3-E827*

[18] Mark Callaghan. "Name That Compaction Algorithm." *smalldatum.blogspot.com*, August 2018. Archived at *perma.cc/CN4M-82DY*

[19] Prashanth Rao. "Embedded Databases (1): The Harmony of DuckDB, KùzuDB and LanceDB." *thedataquarry.com*, August 2023. Archived at *perma.cc/PA28-2R35*

[20] Hacker News discussion. "Bluesky Migrates to Single-Tenant SQLite." *news.ycombinator.com*, October 2023. Archived at *perma.cc/69LM-5P6X*

[21] Rudolf Bayer and Edward M. McCreight. "Organization and Maintenance of Large Ordered Indices." Boeing Scientific Research Laboratories, Mathematical and Information Sciences Laboratory, report no. 20, July 1970. *doi:10.1145/1734663.1734671*

[22] Douglas Comer. "The Ubiquitous B-Tree." *ACM Computing Surveys*, volume 11, issue 2, pages 121–137, June 1979. *doi:10.1145/356770.356776*

[23] Alex Miller. "Torn Write Detection and Protection." *transactional.blog*, April 2025. Archived at *perma.cc/G7EB-33EW*

[24] C. Mohan and Frank Levine. "ARIES/IM: An Efficient and High Concurrency Index Management Method Using Write-Ahead Logging." At *ACM International Conference on Management of Data* (SIGMOD), June 1992. *doi:10.1145/130283.130338*

[25] Hironobu Suzuki. "The Internals of PostgreSQL." *interdb.jp*, 2017. Archived at *archive.org*

[26] Howard Chu. "LDAP at Lightning Speed." At *Build Stuff '14*, November 2014. Archived at *perma.cc/GB6Z-P8YH*

[27] Manos Athanassoulis, Michael S. Kester, Lukas M. Maas, Radu Stoica, Stratos Idreos, Anastasia Ailamaki, and Mark Callaghan. "Designing Access Methods: The RUM Conjecture." At *19th International Conference on Extending Database Technology* (EDBT), March 2016. *doi:10.5441/002/edbt.2016.42*

[28] Ben Stopford. "Log Structured Merge Trees." *benstopford.com*, February 2015. Archived at *perma.cc/E5BV-KUJ6*

[29] Mark Callaghan. "The Advantages of an LSM vs. a B-Tree." *smalldatum.blogspot.co.uk*, January 2016. Archived at *perma.cc/3TYZ-EFUD*

[30] Oana Balmau, Florin Dinu, Willy Zwaenepoel, Karan Gupta, Ravishankar Chandhiramoorthi, and Diego Didona. "SILK: Preventing Latency Spikes in Log-Structured Merge Key-Value Stores." At *USENIX Annual Technical Conference*, July 2019.

[31] Igor Canadi, Siying Dong, Mark Callaghan, et al. "RocksDB Tuning Guide." *github.com*, 2023. Archived at *perma.cc/UNY4-MK6C*

[32] Gabriel Haas and Viktor Leis. "What Modern NVMe Storage Can Do, and How to Exploit It: High-Performance I/O for High-Performance Storage Engines." *Proceedings of the VLDB Endowment*, volume 16, issue 9, pages 2090–2102. May 2023. *doi:10.14778/3598581.3598584*

[33] Emmanuel Goossaert. "Coding for SSDs." *codecapsule.com*, February 2014.

[34] Jack Vanlightly. "Is Sequential IO Dead in the Era of the NVMe Drive?" *jack-vanlightly.com*, May 2023. Archived at *perma.cc/7TMZ-TAPU*

[35] Alibaba Cloud Storage Team. "Storage System Design Analysis: Factors Affecting NVMe SSD Performance (2)." *alibabacloud.com*, January 2019. Archived at *archive.org*

[36] Xiao-Yu Hu and Robert Haas. "The Fundamental Limit of Flash Random Write Performance: Understanding, Analysis and Performance Modelling." *domino-web.draco.res.ibm.com*, March 2010. Archived at *perma.cc/8JUL-4ZDS*

[37] Lanyue Lu, Thanumalayan Sankaranarayana Pillai, Andrea C. Arpaci-Dusseau, and Remzi H. Arpaci-Dusseau. "WiscKey: Separating Keys from Values in SSD-Conscious Storage." At *4th USENIX Conference on File and Storage Technologies* (FAST), February 2016.

[38] Peter Zaitsev. "Innodb Double Write." *percona.com*, August 2006. Archived at *perma.cc/NT4S-DK7T*

[39] Tomas Vondra. "On the Impact of Full-Page Writes." *2ndquadrant.com*, November 2016. Archived at *perma.cc/7N6B-CVL3*

[40] Mark Callaghan. "Read, Write & Space Amplification—B-Tree vs. LSM." *smalldatum.blogspot.com*, November 2015. Archived at *perma.cc/S487-WK5P*

[41] Mark Callaghan. "Choosing Between Efficiency and Performance with RocksDB." At *Code Mesh*, November 2016

[42] Subhadeep Sarkar, Tarikul Islam Papon, Dimitris Staratzis, Zichen Zhu, and Manos Athanassoulis. "Enabling Timely and Persistent Deletion in LSM-Engines." *ACM Transactions on Database Systems*, volume 48, issue 3, article no. 8, August 2023. *doi:10.1145/3599724*

[43] Lukas Fittl. "Postgres vs. SQL Server: B-Tree Index Differences & the Benefit of Deduplication." *pganalyze.com*, April 2025. Archived at *perma.cc/XY6T-LTPX*

[44] Drew Silcock. "How Postgres Stores Data on Disk—This One's a Page Turner." *drew.silcock.dev*, August 2024. Archived at *perma.cc/8K7K-7VJ2*

[45] Joe Webb. "Using Covering Indexes to Improve Query Performance." *simple-talk.com*, September 2008. Archived at *perma.cc/6MEZ-R5VR*

[46] Michael Stonebraker, Samuel Madden, Daniel J. Abadi, Stavros Harizopoulos, Nabil Hachem, and Pat Helland. "The End of an Architectural Era (It's Time for a Complete Rewrite)." At *33rd International Conference on Very Large Data Bases* (VLDB), September 2007.

[47] "VoltDB Technical Overview White Paper." VoltDB, 2017. Archived at *perma.cc/B9SF-SK5G*

[48] Stephen M. Rumble, Ankita Kejriwal, and John K. Ousterhout. "Log-Structured Memory for DRAM-Based Storage." At *12th USENIX Conference on File and Storage Technologies* (FAST), February 2014.

[49] Stavros Harizopoulos, Daniel J. Abadi, Samuel Madden, and Michael Stonebraker. "OLTP Through the Looking Glass, and What We Found There." At *ACM International Conference on Management of Data* (SIGMOD), June 2008. *doi:10.1145/1376616.1376713*

[50] Per-Åke Larson, Cipri Clinciu, Campbell Fraser, Eric N. Hanson, Mostafa Mokhtar, Michal Nowakiewicz, Vassilis Papadimos, Susan L. Price, Srikumar Rangarajan, Remus Rusanu, and Mayukh Saubhasik. "Enhancements to SQL Server Column Stores." At *ACM International Conference on Management of Data* (SIGMOD), June 2013. *doi:10.1145/2463676.2463708*

[51] Franz Färber, Norman May, Wolfgang Lehner, Philipp Große, Ingo Müller, Hannes Rauhe, and Jonathan Dees. "The SAP HANA Database—An Architecture

Overview." *IEEE Data Engineering Bulletin*, volume 35, issue 1, pages 28–33, March 2012. Archived at *perma.cc/H2WC-YQZY*

[52] Michael Stonebraker. "The Traditional RDBMS Wisdom Is (Almost Certainly) All Wrong." Presentation at *EPFL*, May 2013.

[53] Adam Prout, Szu-Po Wang, Joseph Victor, Zhou Sun, Yongzhu Li, Jack Chen, Evan Bergeron, Eric Hanson, Robert Walzer, Rodrigo Gomes, and Nikita Shamgunov. "Cloud-Native Transactions and Analytics in SingleStore." At *ACM International Conference on Management of Data* (SIGMOD), June 2022. *doi:10.1145/3514221.3526055*

[54] Tino Tereshko and Jordan Tigani. "BigQuery Under the Hood." *cloud.google.com*, January 2016. Archived at *perma.cc/WP2Y-FUCF*

[55] Wes McKinney. "The Road to Composable Data Systems: Thoughts on the Last 15 Years and the Future." *wesmckinney.com*, September 2023. Archived at *perma.cc/6L2M-GTJX*

[56] Michael Stonebraker, Daniel J. Abadi, Adam Batkin, Xuedong Chen, Mitch Cherniack, Miguel Ferreira, Edmond Lau, Amerson Lin, Sam Madden, Elizabeth O'Neil, Pat O'Neil, Alex Rasin, Nga Tran, and Stan Zdonik. "C-Store: A Column-Oriented DBMS." At *31st International Conference on Very Large Data Bases* (VLDB), September 2005.

[57] Julien Le Dem. "Dremel Made Simple with Parquet." *blog.x.com*, September 2013. Archived at *archive.org*

[58] Sergey Melnik, Andrey Gubarev, Jing Jing Long, Geoffrey Romer, Shiva Shivakumar, Matt Tolton, and Theo Vassilakis. "Dremel: Interactive Analysis of Web-Scale Datasets." At *36th International Conference on Very Large Data Bases* (VLDB), September 2010. *doi:10.14778/1920841.1920886*

[59] Joe Kearney. "Understanding Record Shredding: Storing Nested Data in Columns." *joekearney.co.uk*, December 2016. Archived at *perma.cc/ZD5N-AX5D*

[60] Jamie Brandon. "A Shallow Survey of OLAP and HTAP Query Engines." *scattered-thoughts.net*, September 2023. Archived at *perma.cc/L3KH-J4JF*

[61] Benoit Dageville, Thierry Cruanes, Marcin Zukowski, Vadim Antonov, Artin Avanes, Jon Bock, Jonathan Claybaugh, Daniel Engovatov, Martin Hentschel, Jiansheng Huang, Allison W. Lee, Ashish Motivala, Abdul Q. Munir, Steven Pelley, Peter Povinec, Greg Rahn, Spyridon Triantafyllis, and Philipp Unterbrunner. "The Snowflake Elastic Data Warehouse." At *ACM International Conference on Management of Data* (SIGMOD), June 2016. *doi:10.1145/2882903.2903741*

[62] Mark Raasveldt and Hannes Mühleisen. "Data Management for Data Science Towards Embedded Analytics." At *10th Conference on Innovative Data Systems Research* (CIDR), January 2020. Archived at *perma.cc/65G2-NYDT*

[63] Jean-François Im, Kishore Gopalakrishna, Subbu Subramaniam, Mayank Shrivastava, Adwait Tumbde, Xiaotian Jiang, Jennifer Dai, Seunghyun Lee, Neha Pawar, Jialiang Li, and Ravi Aringunram. "Pinot: Realtime OLAP for 530 Million Users." At *ACM International Conference on Management of Data* (SIGMOD), May 2018. *doi:10.1145/3183713.3190661*

[64] Fangjin Yang, Eric Tschetter, Xavier Léauté, Nelson Ray, Gian Merlino, and Deep Ganguli. "Druid: A Real-Time Analytical Data Store." At *ACM International Conference on Management of Data* (SIGMOD), June 2014. *doi:10.1145/2588555.2595631*

[65] Chunwei Liu, Anna Pavlenko, Matteo Interlandi, and Brandon Haynes. "Deep Dive into Common Open Formats for Analytical DBMSs." *Proceedings of the VLDB Endowment*, volume 16, issue 11, pages 3044–3056, July 2023. *doi:10.14778/3611479.3611507*

[66] Xinyu Zeng, Yulong Hui, Jiahong Shen, Andrew Pavlo, Wes McKinney, and Huanchen Zhang. "An Empirical Evaluation of Columnar Storage Formats." *Proceedings of the VLDB Endowment*, volume 17, issue 2, pages 148–161. *doi:10.14778/3626292.3626298*

[67] Weston Pace. "Lance v2: A Columnar Container Format for Modern Data." *blog.lancedb.com*, April 2024. Archived at *perma.cc/ZK3Q-S9VJ*

[68] Yoav Helfman. "Nimble, A New Columnar File Format." At *VeloxCon*, April 2024.

[69] Wes McKinney. "Apache Arrow: High-Performance Columnar Data Framework." At *CMU Database Group—Vaccination Database Tech Talks*, December 2021.

[70] Wes McKinney. *Python for Data Analysis*, 3rd edition. O'Reilly Media, 2022. ISBN: 9781098104023

[71] Paul Dix. "The Design of InfluxDB IOx: An In-Memory Columnar Database Written in Rust with Apache Arrow." At *CMU Database Group—Vaccination Database Tech Talks*, May 2021.

[72] Carlota Soto and Mike Freedman. "Building Columnar Compression for Large PostgreSQL Databases." *timescale.com*, March 2024. Archived at *perma.cc/7KTF-V3EH*

[73] Daniel J. Abadi, Peter Boncz, Stavros Harizopoulos, Stratos Idreos, and Samuel Madden. "The Design and Implementation of Modern Column-Oriented Database Systems." *Foundations and Trends in Databases*, volume 5, issue 3, pages 197–280, December 2013. *doi:10.1561/1900000024*

[74] Daniel Lemire, Gregory Ssi-Yan-Kai, and Owen Kaser. "Consistently Faster and Smaller Compressed Bitmaps with Roaring." *Software: Practice and Experience*, volume 46, issue 11, pages 1547–1569, November 2016. *doi:10.1002/spe.2402*

[75] Jaz Volpert. "An Entire Social Network in 1.6GB (GraphD Part 2)." *jazco.dev*, April 2024. Archived at *perma.cc/L27Z-QVMG*

[76] Andrew Lamb, Matt Fuller, Ramakrishna Varadarajan, Nga Tran, Ben Vandiver, Lyric Doshi, and Chuck Bear. "The Vertica Analytic Database: C-Store 7 Years Later." *Proceedings of the VLDB Endowment*, volume 5, issue 12, pages 1790–1801, August 2012. *doi:10.14778/2367502.2367518*

[77] Timo Kersten, Viktor Leis, Alfons Kemper, Thomas Neumann, Andrew Pavlo, and Peter Boncz. "Everything You Always Wanted to Know About Compiled and Vectorized Queries But Were Afraid to Ask." *Proceedings of the VLDB Endowment*, volume 11, issue 13, pages 2209–2222, September 2018. *doi:10.14778/3275366.3284966*

[78] Forrest Smith. "Memory Bandwidth Napkin Math." *forrestthewoods.com*, February 2020. Archived at *perma.cc/Y8U4-PS7N*

[79] Peter Boncz, Marcin Zukowski, and Niels Nes. "MonetDB/X100: Hyper-Pipelining Query Execution." At *2nd Biennial Conference on Innovative Data Systems Research* (CIDR), January 2005. Archived at *perma.cc/R4KF-QKHF*

[80] Jingren Zhou and Kenneth A. Ross. "Implementing Database Operations Using SIMD Instructions." At *ACM International Conference on Management of Data* (SIGMOD), June 2002. *doi:10.1145/564691.564709*

[81] Kevin Bartley. "OLTP Queries: Transfer Expensive Workloads to Materialize." *materialize.com*, August 2024. Archived at *perma.cc/4TYM-TYD8*

[82] Jim Gray, Surajit Chaudhuri, Adam Bosworth, Andrew Layman, Don Reichart, Murali Venkatrao, Frank Pellow, and Hamid Pirahesh. "Data Cube: A Relational Aggregation Operator Generalizing Group-By, Cross-Tab, and Sub-Totals." *Data Mining and Knowledge Discovery*, volume 1, issue 1, pages 29–53, March 2007. *doi:10.1023/A:1009726021843*

[83] Frank Ramsak, Volker Markl, Robert Fenk, Martin Zirkel, Klaus Elhardt, and Rudolf Bayer. "Integrating the UB-Tree into a Database System Kernel." At *26th International Conference on Very Large Data Bases* (VLDB), September 2000.

[84] Octavian Procopiuc, Pankaj K. Agarwal, Lars Arge, and Jeffrey Scott Vitter. "Bkd-Tree: A Dynamic Scalable kd-Tree." At *8th International Symposium on Spatial and Temporal Databases* (SSTD), July 2003. *doi:10.1007/978-3-540-45072-6_4*

[85] Joseph M. Hellerstein, Jeffrey F. Naughton, and Avi Pfeffer. "Generalized Search Trees for Database Systems." At *21st International Conference on Very Large Data Bases* (VLDB), September 1995.

[86] Isaac Brodsky. "H3: Uber's Hexagonal Hierarchical Spatial Index." *eng.uber.com*, June 2018. Archived at *archive.org*

[87] Robert Escriva, Bernard Wong, and Emin Gün Sirer. "HyperDex: A Distributed, Searchable Key-Value Store." At *ACM SIGCOMM Conference*, August 2012. *doi:10.1145/2377677.2377681*

[88] Christopher D. Manning, Prabhakar Raghavan, and Hinrich Schütze. *Introduction to Information Retrieval*. Cambridge University Press, 2008. ISBN: 9780521865715. Available online at *nlp.stanford.edu/IR-book*.

[89] Jianguo Wang, Chunbin Lin, Yannis Papakonstantinou, and Steven Swanson. "An Experimental Study of Bitmap Compression vs. Inverted List Compression." At *ACM International Conference on Management of Data* (SIGMOD), May 2017. *doi:10.1145/3035918.3064007*

[90] Adrien Grand. "What Is in a Lucene Index?" At *Lucene/Solr Revolution*, November 2013. Archived at *perma.cc/Z7QN-GBYY*

[91] Michael McCandless. "Visualizing Lucene's Segment Merges." *blog.mikemccandless.com*, February 2011. Archived at *perma.cc/3ZV8-72W6*

[92] Lukas Fittl. "Understanding Postgres GIN Indexes: The Good and the Bad." *pganalyze.com*, December 2021. Archived at *perma.cc/V3MW-26H6*

[93] Jimmy Angelakos. "The State of (Full) Text Search in PostgreSQL 12." At *FOSDEM*, February 2020. Archived at *perma.cc/J6US-3WZS*

[94] Alexander Korotkov. "Index Support for Regular Expression Search." At *PGConf.EU Prague*, October 2012. Archived at *perma.cc/5RFZ-ZKDQ*

[95] Michael McCandless. "Lucene's FuzzyQuery Is 100 Times Faster in 4.0." *blog.mikemccandless.com*, March 2011. Archived at *perma.cc/E2WC-GHTW*

[96] Steffen Heinz, Justin Zobel, and Hugh E. Williams. "Burst Tries: A Fast, Efficient Data Structure for String Keys." *ACM Transactions on Information Systems*, volume 20, issue 2, pages 192–223, April 2002. *doi:10.1145/506309.506312*

[97] Klaus U. Schulz and Stoyan Mihov. "Fast String Correction with Levenshtein Automata." *International Journal on Document Analysis and Recognition*, volume 5, issue 1, pages 67–85, November 2002. *doi:10.1007/s10032-002-0082-8*

[98] Tomas Mikolov, Kai Chen, Greg Corrado, and Jeffrey Dean. "Efficient Estimation of Word Representations in Vector Space." *arXiv:1301.3781*, September 2013

[99] Jacob Devlin, Ming-Wei Chang, Kenton Lee, and Kristina Toutanova. “BERT: Pre-Training of Deep Bidirectional Transformers for Language Understanding.” At *Conference of the North American Chapter of the Association for Computational Linguistics: Human Language Technologies*, June 2019. *doi:10.18653/v1/N19-1423*

[100] Alec Radford, Karthik Narasimhan, Tim Salimans, and Ilya Sutskever. “Improving Language Understanding by Generative Pre-Training.” *openai.com*, June 2018. Archived at *perma.cc/5N3C-DJ4C*

[101] Matthijs Douze, Maria Lomeli, and Lucas Hosseini. “Faiss Indexes.” *github.com*, August 2024. Archived at *perma.cc/2EWG-FPBS*

[102] Varik Matevosyan. “Understanding pgvector’s HNSW Index Storage in Postgres.” *lantern.dev*, August 2024. Archived at *perma.cc/B2YB-JB59*

[103] Dmitry Baranchuk, Artem Babenko, and Yury Malkov. “Revisiting the Inverted Indices for Billion-Scale Approximate Nearest Neighbors.” At *European Conference on Computer Vision* (ECCV), September 2018. *doi:10.1007/978-3-030-01258-8_13*

[104] Yury A. Malkov and Dmitry A. Yashunin. “Efficient and Robust Approximate Nearest Neighbor Search Using Hierarchical Navigable Small World Graphs.” *IEEE Transactions on Pattern Analysis and Machine Intelligence*, volume 42, issue 4, pages 824–836, April 2020. *doi:10.1109/TPAMI.2018.2889473*

CAPÍTULO 5

Codificación y evolución

Todo cambia y nada permanece.

—Heráclito de Éfeso, citado por Platón en *Cratilo* (360 a. C.)

Las aplicaciones cambian inevitablemente con el tiempo. Se añaden o modifican características a medida que se lanzan nuevos productos, se comprenden mejor los requisitos de los usuarios o cambian las circunstancias empresariales. En Capítulo 2 introdujimos la idea de *la capacidad de evolución*: debemos aspirar a crear sistemas que faciliten la adaptación al cambio (consulta "Evolutividad: facilitar el cambio" en la página 62).

En la mayoría de los casos, un cambio en las características de una aplicación también requiere un cambio en los datos que almacena. Quizás sea necesario capturar un nuevo campo o tipo de registro, o presentar los datos existentes de una nueva manera.

Los modelos de datos que comentamos en Capítulo 3 tienen diferentes formas de hacer frente a ese cambio. Las bases de datos relacionales suelen asumir que todos los datos de la base de datos se ajustan a un esquema. Aunque ese esquema se puede cambiar (mediante migraciones de esquema, es decir, sentencias `ALTER`), solo un esquema está en vigor en un momento dado. Por el contrario, las bases de datos de esquema en lectura ("sin esquema") no imponen un esquema, por lo que la base de datos puede contener una mezcla de formatos de datos antiguos y nuevos escritos en diferentes momentos (consulta "Flexibilidad del esquema en el modelo de documento" en la página 90).

Cuando cambia un formato de datos o un esquema, a menudo es necesario realizar el cambio correspondiente en el código de la aplicación (por ejemplo, se añade un nuevo campo a un registro y el código de la aplicación comienza a leer y escribir ese campo). Sin embargo, en una aplicación grande, los cambios en el código a menudo no pueden realizarse de forma instantánea, por diversas razones. Por ejemplo:

- Con las aplicaciones del lado del servidor, es posible que desees realizar una *actualización continua* (también conocida como *implementación por etapas*), implementando la nueva versión en unos pocos nodos a la vez, realizando monitoreo para verificar si funciona correctamente y avanzando gradualmente por todos los nodos. Esto permite implementar nuevas versiones sin interrupciones del servicio y, por lo tanto, fomenta lanzamientos más frecuentes y una mejor capacidad de evolución.
- Con las aplicaciones del lado del cliente, estás a merced del usuario, que puede no instalar la actualización durante algún tiempo.

Esto significa que las versiones antiguas y nuevas del código, así como los formatos de datos antiguos y nuevos, pueden coexistir en el sistema al mismo tiempo. Para que el sistema siga funcionando correctamente, es necesario mantener la compatibilidad en ambas direcciones:

Compatibilidad con versiones anteriores
: Garantiza que el código más reciente pueda leer los datos escritos por el código más antiguo

Compatibilidad con versiones posteriores
: Garantiza que el código más antiguo pueda leer los datos escritos por el código más reciente

En el contexto de las API, si quieres que un cliente antiguo pueda llamar correctamente a un servicio más nuevo, necesitas compatibilidad con versiones anteriores en la solicitud y compatibilidad con versiones posteriores en la respuesta. Para que un cliente más nuevo llame a un servicio más antiguo, necesitas compatibilidad con versiones posteriores en la solicitud y compatibilidad con versiones anteriores en la respuesta.

La compatibilidad con versiones anteriores no suele ser difícil de lograr. Como autor del código más nuevo, conoces el formato de los datos escritos por el código más antiguo, por lo que puedes manejarlo explícitamente (si es necesario, simplemente manteniendo el código antiguo para leer los datos antiguos). La compatibilidad con versiones futuras puede ser más complicada, ya que requiere que el código más antiguo ignore las adiciones realizadas por una versión más nueva del código.

Otro reto de la compatibilidad hacia adelante se ilustra en Figura 5-1. Supongamos que añades un campo a un esquema de registro y que el código más reciente crea un registro que contiene ese nuevo campo y lo almacena en una base de datos. Posteriormente, una versión anterior del código (que aún no conoce el nuevo campo) lee el registro, lo actualiza y lo vuelve a escribir. En esta situación, el comportamiento deseable suele ser que el código antiguo mantenga intacto el nuevo campo, aunque no haya sido capaz de interpretarlo. Pero si el registro se decodifica en un objeto modelo que no conserva explícitamente los campos desconocidos, se pueden perder datos, como se muestra aquí.

En este capítulo veremos varios formatos para codificar datos, incluidos JSON, XML, Protocol Buffers y Avro. En particular, veremos cómo gestionan los cambios de esquema y cómo admiten sistemas que necesitan que coexistan datos y código antiguos y nuevos. A continuación, analizaremos cómo se utilizan esos formatos para el almacenamiento y la comunicación de datos: en bases de datos, servicios web, API REST, llamadas a procedimientos remotos (RPC), motores de flujo de trabajo y sistemas basados en eventos, como actores y colas de mensajes.

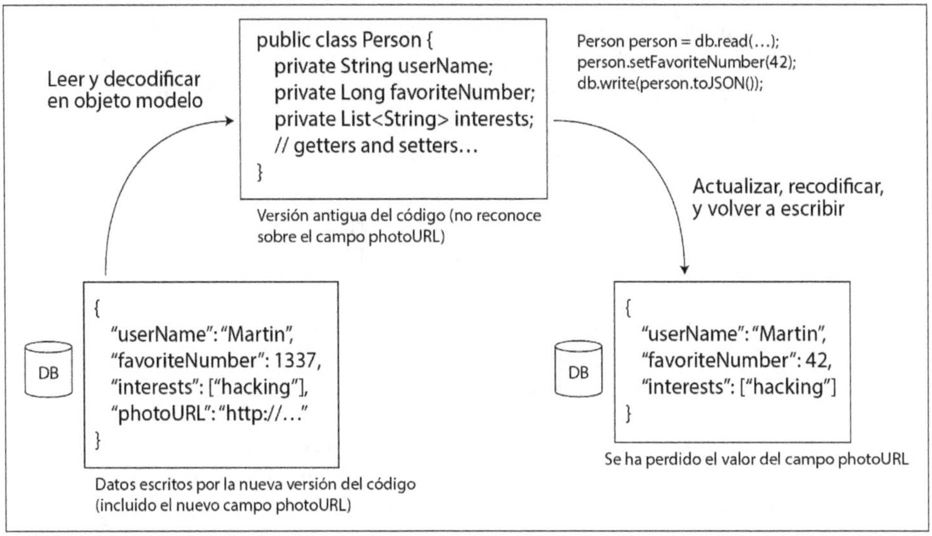

Figura 5-1. Cuando una versión anterior de la aplicación actualiza datos escritos previamente por una versión más reciente de la aplicación, se pueden perder datos si no se tiene cuidado.

Formatos para codificar datos

Los programas suelen trabajar con datos en (al menos) dos representaciones:

- En la memoria, los datos se guardan en objetos, estructuras, listas, matrices, tablas hash, árboles, etc. Estas estructuras de datos están optimizadas para un acceso y una manipulación eficientes por parte de la CPU (normalmente utilizando punteros).
- Cuando quieres escribir datos en un archivo o enviarlos a través de la red, tienes que codificarlos como algún tipo de secuencia de bytes autónoma (por ejemplo, un documento JSON). Dado que un puntero no tendría sentido para ningún otro

proceso, esta representación de secuencia de bytes suele ser bastante diferente de las estructuras de datos que se utilizan normalmente en la memoria.

Por lo tanto, necesitamos algún tipo de traducción entre las dos representaciones. La traducción de la representación en memoria a una secuencia de bytes se denomina *codificación* (también conocida como *serialización* o *marshaling*), y lo contrario se denomina *decodificación* (también conocida como *análisis sintáctico*, *deserialización* o *unmarshaling*).

> **Conflicto terminológico**
>
> Lamentablemente, el término *serialización* también se utiliza en el contexto de las transacciones (consulta Capítulo 8), con un significado completamente diferente. Para evitar la sobrecarga del término, en este libro nos ceñiremos a *la codificación*, aunque la serialización sea quizás más común.

A veces, la codificación/decodificación no es necesaria, por ejemplo, cuando una base de datos opera directamente sobre datos comprimidos cargados desde el disco, como se explica en "Ejecución de consultas: compilación y vectorización" en la página 157. También existen formatos de datos *sin copia* que están diseñados para ser utilizados tanto en tiempo de ejecución como en el disco/en la red, sin un paso de conversión explícito, como Cap'n Proto y FlatBuffers.

Sin embargo, la mayoría de los sistemas necesitan convertir entre objetos en memoria y secuencias de bytes planas. Como se trata de un problema tan común, hay una gran variedad de bibliotecas y formatos de codificación entre los que elegir. Hagamos un breve resumen.

Formatos específicos del lenguaje

Muchos lenguajes de programación incluyen soporte integrado para codificar objetos en memoria en secuencias de bytes. Por ejemplo, Java tiene `java.io.Serializable`, Python tiene `pickle` y Ruby tiene `Marshal`. También existen muchas bibliotecas de terceros, como Kryo para Java.

Estas bibliotecas de codificación son convenientes, ya que permiten guardar y restaurar objetos en memoria con un mínimo de código adicional. Sin embargo, también tienen una serie de problemas profundos:

- La codificación suele estar vinculada a un lenguaje de programación concreto, y leer los datos en otro lenguaje resulta difícil. Si almacenas o transmites datos con dicha codificación, te comprometes con tu lenguaje de programación actual durante un periodo de tiempo potencialmente largo y excluyes la posibilidad de integrar tus sistemas con los de otras organizaciones (que pueden utilizar lenguajes diferentes).

- Para restaurar datos en los mismos tipos de objetos, el proceso de decodificación debe ser capaz de instanciar clases arbitrarias. Esto suele ser una fuente de problemas de seguridad [1]; si un atacante consigue que tu aplicación decodifique una secuencia de bytes arbitraria, puede instanciar clases arbitrarias, lo que a su vez a menudo le permite hacer cosas terribles, como ejecutar de forma remota código arbitrario [2, 3].
- El control de versiones de los datos suele ser una cuestión secundaria en estas bibliotecas. Dado que están pensadas para codificar datos de forma rápida y fácil, a menudo descuidan los inconvenientes problemas de compatibilidad hacia adelante y hacia atrás [4].
- La eficiencia (el tiempo de CPU que se tarda en codificar o descodificar, y el tamaño de la estructura codificada) también suele ser una cuestión secundaria. Por ejemplo, la serialización integrada en Java es conocida por su mal rendimiento y su codificación inflada [5].

Por estas razones, generalmente no es buena idea utilizar la codificación integrada de tu lenguaje para nada que no sea muy transitorio.

JSON, XML y variantes binarias

A la hora de pasar a codificaciones estandarizadas que puedan ser escritas y leídas por muchos lenguajes de programación, JSON y XML son los candidatos obvios: son ampliamente conocidos y compatibles. CSV es otro formato popular independiente del lenguaje, pero solo admite datos tabulares sin anidamiento.

JSON, XML y CSV son formatos textuales y, por lo tanto, son algo legibles para los humanos, aunque la sintaxis es un tema común de debate. Además de los problemas sintácticos superficiales, también tienen otros problemas:

- A menudo se critica a XML por ser demasiado prolijo e innecesariamente complicado [6].
- Existe mucha ambigüedad en torno a la codificación de números. En XML y CSV, no se puede distinguir entre un número y una cadena que casualmente consta de dígitos (excepto haciendo referencia a un esquema externo). JSON distingue entre cadenas y números, pero no distingue entre números enteros y números de coma flotante, y no especifica una precisión.

  Esto supone un problema cuando se trabaja con números grandes; por ejemplo, los números enteros mayores que 2^{53} no pueden representarse con exactitud en un número de coma flotante de doble precisión IEEE 754, por lo que dichos números se vuelven inexactos cuando se analizan en un lenguaje que utiliza números de coma flotante, como JavaScript [7]. Un ejemplo de números mayores que 2^{53} se da en X, que utiliza un número de 64 bits para identificar cada publicación. El JSON devuelto por la API incluye dos veces los ID de las publicaciones, una como número JSON y otra como cadena decimal, para solucionar el análisis incorrecto de los números por parte de las aplicaciones JavaScript [8].

- JSON y XML son compatibles con cadenas de caracteres Unicode (es decir, texto legible por humanos), pero no admiten cadenas binarias (secuencias de bytes sin codificación de caracteres). Las cadenas binarias son una característica útil, por lo que se soluciona esta limitación codificando los datos binarios como texto mediante Base64. A continuación, se utiliza el esquema para indicar que el valor debe interpretarse como codificado en Base64. Esto funciona, pero es un poco chapucero y aumenta el tamaño de los datos en aproximadamente un tercio.
- El esquema XML y el esquema JSON son potentes y, por lo tanto, bastante complicados de aprender e implementar. Dado que la interpretación correcta de los datos (como números y cadenas binarias) depende de la información del esquema, es posible que las aplicaciones que no utilizan esquemas XML/JSON tengan que codificar de forma rígida la lógica de codificación/decodificación adecuada.
- El CSV no tiene ningún esquema, por lo que depende de la aplicación definir el significado de cada fila y columna. Si un cambio en la aplicación añade una nueva fila o columna, tienes que gestionar ese cambio manualmente. El CSV es también un formato bastante impreciso (¿qué ocurre si un valor contiene una coma o un carácter de nueva línea?). Aunque sus reglas de escape se han especificado formalmente [9], no todos los analizadores las implementan correctamente.

A pesar de estos defectos, JSON, XML y CSV son suficientemente buenos para muchos fines. Probablemente seguirán siendo populares, especialmente como formatos de intercambio de datos (es decir, para enviar datos de una organización a otra). En estas situaciones, siempre que las personas estén de acuerdo con el formato, a menudo no importa lo bonito o eficiente que sea. La dificultad de conseguir que diferentes organizaciones se pongan de acuerdo en *algo* supera la mayoría de las demás preocupaciones.

Esquema JSON

El esquema JSON se ha adoptado ampliamente como una forma de modelar datos cada vez que se intercambian entre sistemas o se escriben en el almacenamiento. Encontrarás esquemas JSON en servicios web (consulta "Servicios web" en la página 199) como parte de la especificación de servicios web OpenAPI, en registros de esquemas como el Registro de esquemas de Confluent y el Registro Apicurio de Red Hat, y en bases de datos (por ejemplo, la extensión validadora `pg_jsonschema` de PostgreSQL y la sintaxis validadora `$jsonSchema` de MongoDB).

La especificación JSON Schema ofrece una serie de características. Los esquemas incluyen tipos primitivos estándar como `string`, `number`, `integer`, `object`, `array`, `boolean` y `null`. Pero JSON Schema también ofrece una especificación de validación independiente que permite a los desarrolladores superponer restricciones en los campos. Por ejemplo, un campo `port` puede tener un valor mínimo de 1 y un máximo de 65,535.

Los esquemas JSON pueden tener modelos de contenido abiertos o cerrados. Un modelo de contenido abierto permite que cualquier campo no definido en el esquema exista con cualquier tipo de datos, mientras que un modelo de contenido cerrado solo permite los campos que están definidos explícitamente. El modelo de contenido abierto en JSON Schema se habilita cuando `additionalProperties` se establece en `true`, que es el valor predeterminado. Por lo tanto, los esquemas JSON suelen ser una definición de lo que *no está* permitido (es decir, valores no válidos en cualquiera de los campos definidos) en lugar de lo que *está* permitido.

Los modelos de contenido abiertos son potentes, pero pueden ser complejos. Por ejemplo, supongamos que quieres definir un mapa de enteros (como ID) a cadenas. JSON no tiene un tipo de mapa o diccionario que permita claves enteras; los objetos JSON siempre utilizan cadenas como claves. Para satisfacer tus necesidades, puedes restringir este tipo con JSON Schema de modo que las claves solo puedan contener dígitos y los valores solo puedan ser cadenas utilizando `patternProperties` y `additionalProperties`, como se muestra en Ejemplo 5-1.

Ejemplo 5-1. Un esquema JSON con claves enteras y valores de cadena

```
{
  "$schema": "http://json-schema.org/draft-07/schema#",
  "type": "object",
  "patternProperties": {
    "^[0-9]+$": {
      "type": "string"
    }
  },
  "additionalProperties": false
}
```

Además de los modelos de contenido abiertos y cerrados y los validadores, JSON Schema admite lógica de esquema condicional `if/else`, tipos con nombre, referencias a esquemas remotos y mucho más. Todo ello lo convierte en un lenguaje de esquema muy potente. Estas características también dan lugar a definiciones poco manejables. Puede resultar difícil resolver esquemas remotos, razonar sobre reglas condicionales o desarrollar esquemas de una manera compatible con versiones anteriores o posteriores [10, 11]. Se aplican consideraciones similares al esquema XML [12].

Codificaciones binarias

JSON es menos prolijo que XML, pero ambos siguen utilizando mucho espacio en comparación con los formatos binarios. Esta observación llevó al desarrollo de una profusión de codificaciones binarias para JSON (MessagePack, CBOR, BSON, BJSON, UBJSON, BISON, Hessian y Smile, por nombrar algunas) y XML (WBXML y Fast Infoset, por ejemplo). Estos formatos se han adoptado en diversos nichos, ya que son más compactos y a veces más rápidos de analizar, pero ninguno de ellos tiene tanta aceptación como las versiones textuales de JSON y XML [13].

Algunos de estos formatos amplían el conjunto de tipos de datos (por ejemplo, distinguiendo entre números enteros y números de coma flotante, o añadiendo compatibilidad con cadenas binarias), pero por lo demás mantienen el modelo de datos JSON/XML sin cambios. En particular, dado que no prescriben un esquema, deben incluir todos los nombres de los campos de los objetos dentro de los datos codificados. Es decir, en una codificación binaria del documento JSON en Ejemplo 5-2, tendrán que incluir las cadenas `userName`, `favoriteNumber` e `interests` en algún lugar.

Ejemplo 5-2. Un registro que codificaremos en varios formatos binarios en este capítulo

```
{
    "userName": "Martin",
    "favoriteNumber": 1337,
    "interests": ["daydreaming", "hacking"]
}
```

Veamos un ejemplo de MessagePack, una codificación binaria para JSON. Figura 5-2 muestra la secuencia de bytes que se obtiene al codificar el documento JSON de Ejemplo 5-2 con MessagePack.

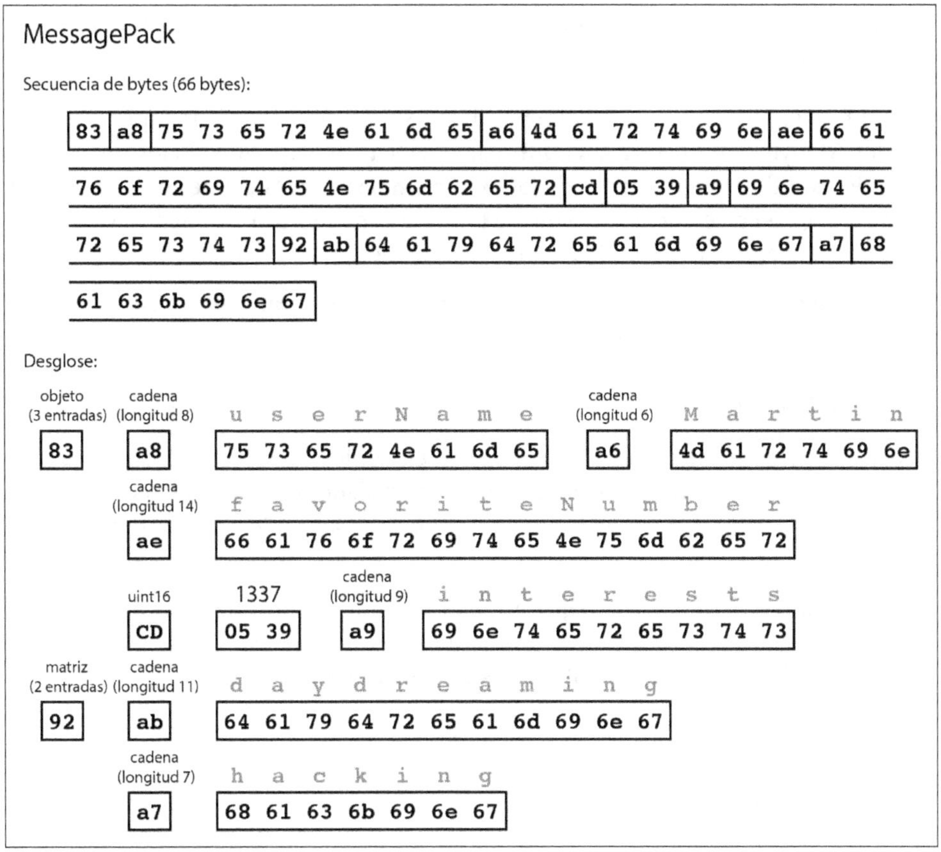

Figura 5-2. Nuestro registro (Ejemplo 5-2) codificado con MessagePack

Los primeros bytes son los siguientes:

1. El primer byte, `0x83`, indica que lo que sigue es un objeto (los cuatro bits más significativos = `0x80`) con tres campos (los cuatro bits menos significativos = `0x03`). (En caso de que te preguntes qué sucede si un objeto tiene más de 15 campos, de modo que el número de campos no cabe en cuatro bits, entonces obtiene un indicador de tipo diferente y el número de campos se codifica en dos o cuatro bytes).
2. El segundo byte, `0xa8`, indica que lo que sigue es una cadena (los cuatro bits más significativos = `0xa0`) que tiene ocho bytes de longitud (los cuatro bits menos significativos = `0x08`).
3. Los siguientes ocho bytes son el nombre del campo `userName` en ASCII. Dado que la longitud se indicó anteriormente, no es necesario ningún marcador que nos indique dónde termina la cadena (ni ningún escape).

4. Los siguientes siete bytes codifican el valor de la cadena de seis letras `Martin` con el prefijo `0xa6`, y así sucesivamente.

La codificación binaria tiene una longitud de 66 bytes, lo que es solo un poco menos que los 81 bytes que ocupa la codificación textual JSON (sin espacios en blanco). Todas las codificaciones binarias de JSON son similares en este aspecto. No está claro si una reducción de espacio tan pequeña (y quizás una mayor velocidad en el análisis) compensa la pérdida de legibilidad para los humanos.

En las siguientes secciones veremos cómo podemos mejorar mucho, codificando el mismo registro en la mitad de bytes.

Protocol Buffers

Protocol Buffers (protobuf) es una biblioteca de codificación binaria desarrollada por Google. Es similar a Apache Thrift, que fue desarrollado originalmente por Facebook [14]; la mayor parte de lo que se dice en esta sección sobre Protocol Buffers también se aplica a Thrift.

Protocol Buffers requiere un esquema para cualquier dato que se codifique. Para codificar los datos en Ejemplo 5-2, se describiría el esquema en el lenguaje de definición de interfaz (IDL) de Protocol Buffers de la siguiente manera:

```
syntax = "proto3";

message Person {
    string user_name = 1;
    int64 favorite_number = 2;
    repeated string interests = 3;
}
```

Protocol Buffers incluye una herramienta de generación de código que toma una definición de esquema como la que se muestra aquí y produce clases que implementan el esquema en varios lenguajes de programación. El código de tu aplicación puede llamar a este código generado para codificar o decodificar registros que se ajusten al esquema. El lenguaje del esquema es muy sencillo en comparación con JSON Schema; define los campos de cada registro y sus tipos, pero no admite otras restricciones sobre los posibles valores de los campos.

La codificación de Ejemplo 5-2 utilizando un codificador Protocol Buffers requiere 33 bytes, como se muestra en Figura 5-3 [15]. Al igual que en Figura 5-2, cada campo tiene una anotación de tipo (para indicar si es una cadena, un entero, etc.) y, cuando es necesario, una indicación de longitud (como la longitud de una cadena). Las cadenas que aparecen en los datos (`Martin`, `daydreaming`, `hacking`) están codificadas en ASCII (para ser precisos, UTF-8), como antes.

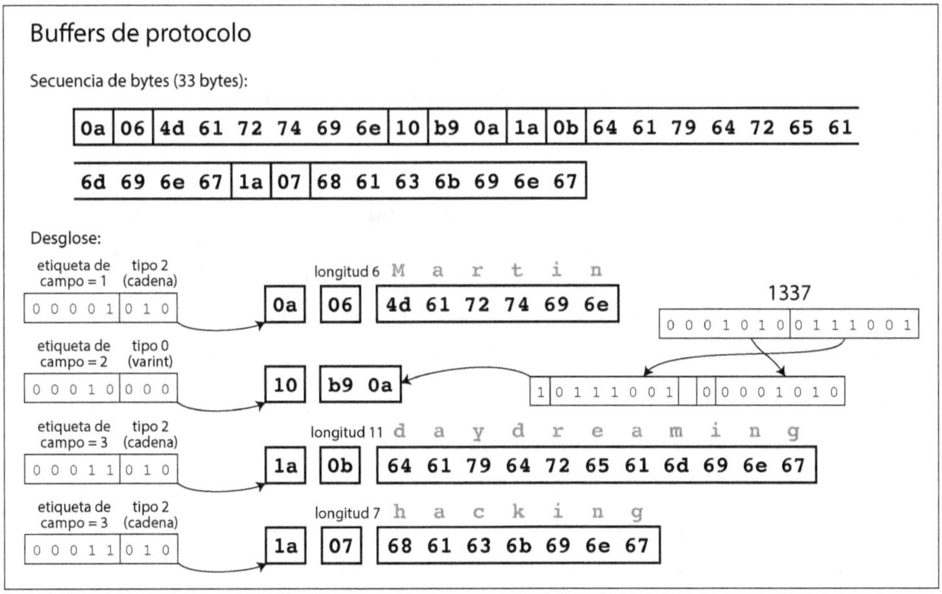

Figura 5-3. Nuestro registro codificado utilizando Protocol Buffers

A diferencia de Figura 5-2, este ejemplo no tiene nombres de campo (`userName`, `favoriteNumber`, `interests`). En su lugar, los datos codificados contienen *etiquetas de campo*, que son números (`1`, `2` y `3`). Esos son los números que aparecen en la definición del esquema. Las etiquetas de campo son como alias para los campos: son una forma compacta de indicar el campo del que estamos hablando, sin tener que escribir el nombre del campo.

Como puedes ver, Protocol Buffers ahorra aún más espacio al empaquetar el tipo de campo y el número de etiqueta en un solo byte. Utiliza enteros de longitud variable: el número 1337 se codifica en dos bytes, y el bit superior de cada byte se utiliza para indicar si aún quedan más bytes por venir (los siete bits menos significativos se almacenan en el primer byte para simplificar la reconstrucción del entero a medida que se leen los bytes). Esto significa que los números del –64 al 63 se codifican en un byte, los números del –8,192 al 8,191 se codifican en dos bytes, etc. Los números más grandes utilizan más bytes.

Protocol Buffers no tiene un tipo de datos explícito de lista o matriz. En su lugar, el modificador `repeated` en el campo de `interests` indica que el campo contiene una lista de valores en lugar de un único valor. En la codificación binaria, los elementos de la lista se representan simplemente como ocurrencias repetidas de la misma etiqueta de campo dentro del mismo registro.

Etiquetas de campo y evolución del esquema

Anteriormente dijimos que los esquemas inevitablemente necesitan cambiar con el tiempo. A esto lo llamamos *evolución del esquema*. ¿Cómo maneja Protocol Buffers los cambios en el esquema mientras mantiene la compatibilidad hacia atrás y hacia adelante?

Como puedes ver en los ejemplos, un registro codificado es simplemente la concatenación de sus campos codificados. Cada campo se identifica por su número de etiqueta (los números 1, 2, 3 en el esquema de ejemplo) y se anota con un tipo de datos (por ejemplo, cadena o entero). Si no se establece el valor de un campo, simplemente se omite del registro codificado. A partir de esto, puedes ver que las etiquetas de campo son fundamentales para el significado de los datos codificados. Puedes cambiar el nombre de un campo en el esquema, ya que los datos codificados nunca hacen referencia a los nombres de los campos, pero no puedes cambiar la etiqueta de un campo, ya que eso invalidaría todos los datos codificados existentes.

Puedes agregar nuevos campos al esquema, siempre que le des a cada campo un nuevo número de etiqueta. Si el código antiguo (que no conoce los nuevos números de etiqueta que has agregado) intenta leer datos escritos por el nuevo código, incluyendo un nuevo campo con un número de etiqueta que no reconoce, simplemente puede ignorar ese campo. La anotación del tipo de datos permite al analizador determinar cuántos bytes necesita omitir mientras conserva los campos desconocidos, para evitar el problema de Figura 5-1. Esto mantiene la compatibilidad con versiones posteriores: el código antiguo puede leer registros que fueron escritos por el nuevo código.

¿Qué pasa con la compatibilidad con versiones anteriores? Siempre que cada campo tenga un número de etiqueta único, el nuevo código puede leer datos antiguos, ya que los números de etiqueta siguen teniendo el mismo significado. Si se añade un campo en el nuevo esquema y lees datos antiguos que aún no contienen ese campo, se rellena con un valor predeterminado (por ejemplo, la cadena vacía si el tipo de campo es cadena, o 0 si es un número).

Eliminar un campo es similar a añadirlo, pero con las preocupaciones de compatibilidad con versiones anteriores y posteriores invertidas. Nunca puedes volver a utilizar el mismo número de etiqueta, ya que es posible que aún tengas datos escritos en algún lugar que incluyan el número de etiqueta antiguo, y ese campo debe ser ignorado por el nuevo código. Los números de etiqueta utilizados en el pasado pueden reservarse en la definición del esquema para garantizar que no se olviden.

¿Qué pasa con el cambio del tipo de datos de un campo? Eso es posible con algunos tipos (consulta la documentación para obtener más detalles), pero existe el riesgo de que los valores se trunquen. Por ejemplo, supongamos que cambias un entero de 32 bits por uno de 64 bits. El nuevo código puede leer fácilmente los datos escritos por el código antiguo, ya que el analizador sintáctico puede rellenar los bits que faltan con ceros. Sin embargo, si el código antiguo lee datos escritos por el nuevo código, el código antiguo seguirá utilizando una variable de 32 bits para almacenar el valor. Si el valor decodificado de 64 bits no cabe en 32 bits, se truncará.

Avro

Apache Avro es otro formato de codificación binaria, con algunas diferencias interesantes respecto a Protocol Buffers. Se inició en 2009 como un subproyecto de Hadoop, debido a que Protocol Buffers no se adaptaba bien a los casos de uso de Hadoop [16].

Avro también utiliza un esquema para especificar la estructura de los datos que se codifican. Tiene dos lenguajes de esquema: uno (Avro IDL) destinado a la edición humana y otro (basado en JSON) que es más fácil de leer por máquina. Al igual que con Protocol Buffers, los lenguajes de esquema solo especifican los campos y sus tipos y no admiten reglas de validación complejas como las de JSON Schema.

Escrito en Avro IDL, nuestro esquema de ejemplo podría tener este aspecto:

```
record Person {
    string               userName;
    union { null, long } favoriteNumber = null;
    array<string>        interests;
}
```

La representación JSON equivalente de ese esquema es la siguiente:

```
{
    "type": "record",
    "name": "Person",
    "fields": [
        {"name": "userName",       "type": "string"},
        {"name": "favoriteNumber", "type": ["null", "long"], "default": null},
        {"name": "interests",      "type": {"type": "array", "items": "string"}}
    ]
}
```

Obsérvese que el esquema no tiene números de etiqueta. Si codificamos nuestro registro (Ejemplo 5-2) utilizando este esquema, la codificación binaria Avro tiene una longitud de solo 32 bytes, la más compacta de todas las codificaciones que hemos visto. El desglose de la secuencia de bytes codificados se muestra en Figura 5-4.

Si examinas la secuencia de bytes, verás que nada identifica los campos ni sus tipos de datos. La codificación consiste simplemente en valores concatenados entre sí. Una cadena es solo un prefijo de longitud seguido de bytes UTF-8, pero nada en los datos codificados indica que se trate de una cadena. También podría ser un entero o algo completamente diferente. Un entero se codifica utilizando una codificación de longitud variable.

Para analizar los datos binarios, se recorren los campos en el orden en que aparecen en el esquema y se utiliza el esquema para determinar el tipo de datos de cada campo. Esto significa que los datos binarios solo se pueden decodificar correctamente si el código que lee los datos utiliza *exactamente el mismo esquema* que el código que escribió los datos. Cualquier discrepancia en el esquema entre el lector y el escritor significaría una decodificación incorrecta de los datos.

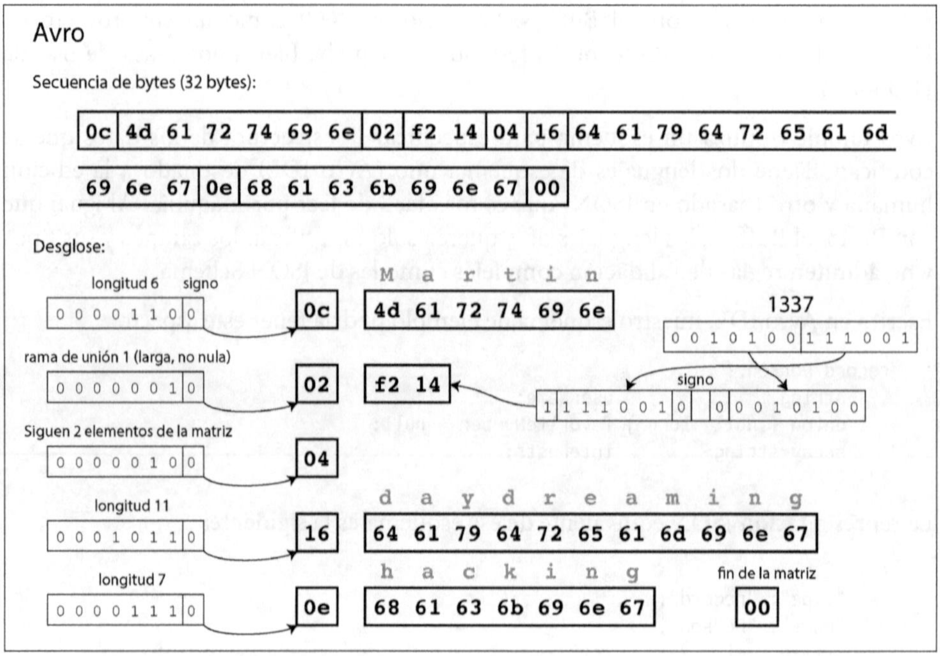

Figura 5-4. Nuestro registro codificado con Avro

Entonces, ¿cómo admite Avro la evolución del esquema?

El esquema del escritor y el esquema del lector

Cuando una aplicación quiere codificar algunos datos (para escribirlos en un archivo o base de datos, enviarlos a través de la red, etc.), utiliza cualquier versión del esquema que conozca, por ejemplo, un esquema que se compila en la aplicación. Esto se conoce como el *esquema del escritor*.

Para decodificar algunos datos (leerlos de un archivo o base de datos, recibirlos de la red, etc.), una aplicación utiliza dos esquemas: el esquema del escritor, que es idéntico al utilizado para la codificación, y el *esquema del lector*, que puede ser diferente. Esto se ilustra en Figura 5-5. El esquema del lector define los campos de cada registro que el código de la aplicación espera, y sus tipos.

Si los esquemas del lector y del escritor son iguales, la decodificación es fácil. Si son diferentes, Avro resuelve las diferencias comparando ambos y traduciendo los datos del esquema del escritor al esquema del lector.

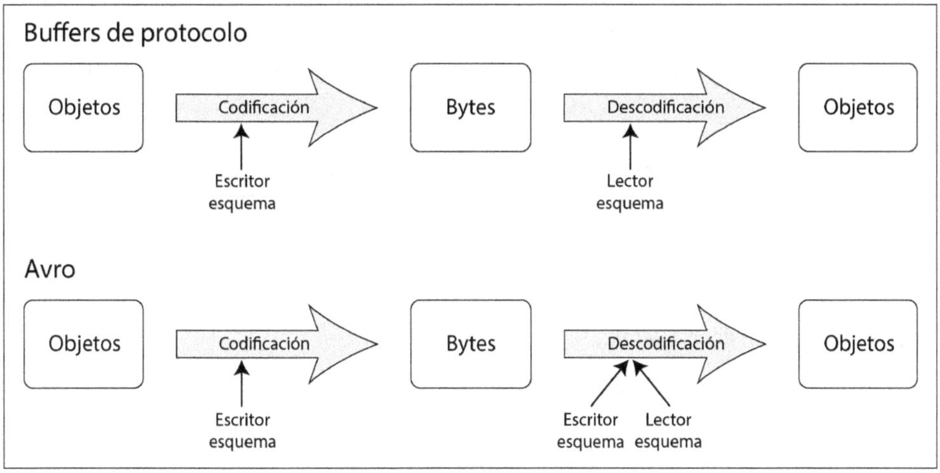

Figura 5-5. En Protocol Buffers, la codificación y la decodificación pueden utilizar diferentes versiones de un esquema. En Avro, la decodificación utiliza dos esquemas: el esquema del escritor debe ser idéntico al utilizado para la codificación, pero el esquema del lector puede ser una versión anterior o posterior.

La especificación de Avro [17, 18] define exactamente cómo funciona esta resolución. Como se ilustra en Figura 5-6, no hay ningún problema si el esquema del escritor y el esquema del lector tienen sus campos en un orden diferente, porque la resolución del esquema hace coincidir los campos por nombre de campo. Si el código que lee los datos encuentra un campo que aparece en el esquema del escritor pero no en el del lector, se ignora. Si el código que lee los datos espera un campo determinado, pero el esquema del escritor no contiene un campo con ese nombre, se rellena con un valor predeterminado declarado en el esquema del lector.

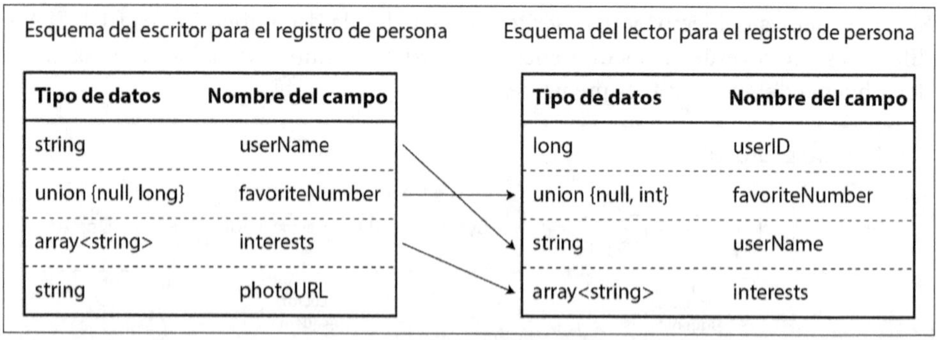

Figura 5-6. Un lector Avro que resuelve las diferencias entre el esquema del escritor y el esquema del lector

Reglas de evolución del esquema

Con Avro, la compatibilidad hacia adelante significa que el escritor puede utilizar una versión más reciente del esquema que el lector. Por el contrario, la compatibilidad hacia atrás significa que el escritor puede utilizar una versión más antigua del esquema que el lector.

Para mantener la compatibilidad, solo puedes añadir o eliminar un campo que tenga un valor predeterminado (como el campo `favoriteNumber` en nuestro esquema Avro). Por ejemplo, supongamos que añades un campo con un valor predeterminado, por lo que este nuevo campo existe en el nuevo esquema, pero no en el antiguo. Cuando un lector que utiliza el nuevo esquema lee un registro escrito con el esquema antiguo, se rellena el valor predeterminado para el campo que falta.

Si agregaras un campo que no tiene un valor predeterminado, los nuevos lectores no podrían leer los datos escritos por los escritores antiguos, por lo que romperías la compatibilidad con versiones anteriores. Si eliminaras un campo que no tiene un valor predeterminado, los lectores antiguos no podrían leer los datos escritos por los nuevos escritores, por lo que romperías la compatibilidad con versiones futuras.

En algunos lenguajes de programación, `null` es un valor predeterminado aceptable para cualquier variable, pero este no es el caso en Avro: si quieres permitir que un campo sea `null`, debes utilizar un *tipo de unión*. Por ejemplo, `union { null, long, string } field;` indica que `field` puede ser un número, una cadena o `null`. Puedes utilizar `null` como valor predeterminado solo si es la primera rama de la unión. Esto es un poco más prolijo que tener todo como nulo por defecto, pero ayuda a evitar errores al ser explícito sobre lo que puede y no puede ser `null` [19].

Es posible cambiar el tipo de datos de un campo, siempre que Avro pueda convertir el tipo. También es posible cambiar el nombre de un campo, pero es un poco complicado. El esquema del lector puede contener alias para los nombres de los campos, de modo que puede hacer coincidir los nombres de los campos del esquema del escritor antiguo con los alias. Esto significa que cambiar el nombre de un campo es compatible con versiones anteriores, pero no con versiones posteriores. Del mismo modo, añadir una rama a un tipo de unión es compatible con versiones anteriores, pero no con versiones posteriores.

Pero, ¿qué es el esquema del escritor?

Hemos pasado por alto una pregunta importante: ¿cómo sabe el lector el esquema que se utilizó para codificar un dato concreto? No podemos incluir todo el esquema en cada registro, porque probablemente sería mucho más grande que los datos codificados, lo que anularía todo el ahorro de espacio de la codificación binaria.

La respuesta depende del contexto en el que se utilice Avro. Por poner algunos ejemplos:

Archivo grande con muchos registros
: Un uso común de Avro es almacenar un archivo grande que contiene millones de registros, todos codificados con el mismo esquema. (Analizaremos este tipo de situación en Capítulo 11). En este caso, el autor de ese archivo solo tiene que incluir el esquema una vez al principio del archivo. Avro especifica un formato de archivo (archivos contenedores de objetos) para hacerlo.

Base de datos con registros escritos individualmente
: En una base de datos, se pueden escribir diferentes registros en diferentes momentos utilizando diferentes esquemas; no se puede asumir que todos los registros tendrán el mismo esquema. La solución más sencilla en este caso es incluir un número de versión al principio de cada registro codificado y mantener una lista de versiones de esquemas en la base de datos. Un lector puede recuperar un registro, extraer el número de versión y, a continuación, recuperar el esquema del escritor correspondiente a ese número de versión de la base de datos. A continuación, puede decodificar el resto del registro utilizando ese esquema. El registro de esquemas de Confluent para Apache Kafka [20] y Espresso de LinkedIn [21] funcionan de esta manera, por ejemplo.

Envío de registros a través de una conexión de red
: Cuando dos procesos se comunican a través de una conexión de red bidireccional, pueden negociar la versión del esquema al establecer la conexión y luego utilizar ese esquema durante toda la duración de la conexión. El protocolo Avro RPC (consulta "Flujo de datos a través de servicios: REST y RPC" en la página 198) funciona de esta manera.

En cualquier caso, es útil disponer de una base de datos de versiones de esquemas, ya que actúa como documentación y te permite comprobar la compatibilidad de los esquemas [22]. Puedes utilizar un simple entero incremental o un hash del esquema como número de versión.

Esquemas generados dinámicamente

Una ventaja del enfoque de Avro, en comparación con Protocol Buffers, es que el esquema no contiene ningún número de etiqueta. Pero, ¿por qué es esto importante? ¿Qué problema hay en mantener un par de números en el esquema?

La diferencia es que Avro es más compatible con los esquemas *generados dinámicamente*. Por ejemplo, supongamos que tienes una base de datos relacional cuyo contenido deseas volcar en un archivo y quieres utilizar un formato binario para evitar los problemas mencionados anteriormente con los formatos textuales (JSON, CSV, XML). Si usas Avro, puedes generar con bastante facilidad un esquema Avro (en la representación JSON que vimos anteriormente) a partir del esquema relacional y codificar el contenido de la base de datos utilizando ese esquema, volcándolo todo a un archivo contenedor de objetos Avro [23]. Puedes generar un esquema de registro para cada tabla de la base de datos, y cada columna se convierte en un campo de ese registro. El nombre de la columna en la base de datos se asigna al nombre del campo en Avro.

Ahora bien, si el esquema de la base de datos cambia (por ejemplo, si se añade una columna a una tabla y se elimina otra), solo tienes que generar un nuevo esquema Avro a partir del esquema actualizado de la base de datos y exportar los datos en el nuevo esquema Avro. El proceso de exportación de datos no tiene que prestar ninguna atención al cambio de esquema, simplemente puede realizar la conversión del esquema cada vez que se ejecuta. Cualquiera que lea los nuevos archivos de datos verá que los campos del registro han cambiado, pero como los campos se identifican por su nombre, el esquema actualizado del escritor seguirá coincidiendo con el esquema antiguo del lector.

Por el contrario, si utilizas Protocol Buffers para este fin, es probable que las etiquetas de campo tengan que asignarse manualmente. Cada vez que cambiara el esquema de la base de datos, un administrador tendría que actualizar manualmente la asignación de los nombres de las columnas de la base de datos a las etiquetas de campo. (Podría ser posible automatizar esto, pero el generador de esquemas tendría que tener mucho cuidado de no asignar etiquetas de campo utilizadas anteriormente). Este tipo de esquema generado dinámicamente simplemente no era un objetivo de diseño de Protocol Buffers, mientras que sí lo era para Avro.

Las ventajas de los esquemas

Como hemos visto, Protocol Buffers y Avro utilizan un esquema para describir un formato de codificación binaria. Sus lenguajes de esquema son mucho más sencillos que XML Schema o JSON Schema, que admiten reglas de validación más detalladas (por ejemplo, "el valor de cadena de este campo debe coincidir con esta expresión regular" o "el valor entero de este campo debe estar entre 0 y 100"). Como Protocol

Buffers y Avro son más sencillos de implementar y utilizar, han ganado adeptos entre una amplia gama de lenguajes de programación.

Las ideas en las que se basan estas codificaciones no son en absoluto nuevas. Por ejemplo, tienen mucho en común con ASN.1, un lenguaje de definición de esquemas que se estandarizó por primera vez en 1984 [24, 25]. Se utilizó para definir varios protocolos de red, y su codificación binaria (DER) todavía se utiliza para codificar certificados SSL (X.509), por ejemplo [26]. ASN.1 admite la evolución de esquemas mediante números de etiqueta, de forma similar a Protocol Buffers [27]. Sin embargo, también es muy complejo y está mal documentado, por lo que ASN.1 probablemente no sea una buena opción para nuevas aplicaciones.

Muchos sistemas de datos también implementan algún tipo de codificación binaria propietaria para sus datos. Por ejemplo, la mayoría de las bases de datos relacionales tienen un protocolo de red a través del cual puedes enviar consultas a la base de datos y obtener respuestas. Estos protocolos suelen ser específicos de una base de datos concreta, y el proveedor de la base de datos proporciona un controlador (por ejemplo, utilizando las API ODBC o JDBC) que decodifica las respuestas del protocolo de red de la base de datos en estructuras de datos en memoria.

Así pues, podemos ver que, aunque los formatos de datos textuales como JSON, XML y CSV están muy extendidos, las codificaciones binarias basadas en esquemas también son una opción viable. Tienen una serie de propiedades interesantes:

- Pueden ser mucho más compactos que las diversas variantes de "JSON binario", ya que pueden omitir los nombres de los campos de los datos codificados.
- El esquema es una forma valiosa de documentación y, dado que es necesario para la decodificación, puedes estar seguro de que está actualizado (mientras que la documentación mantenida manualmente puede diferir fácilmente de la realidad).
- Mantener una base de datos de esquemas te permite verificar la compatibilidad hacia adelante y hacia atrás de los cambios en el esquema antes de realizar la implementación.
- Para los usuarios de lenguajes de programación de tipado estático, la capacidad de generar código a partir del esquema es útil, ya que permite la comprobación de tipos en tiempo de compilación.

En resumen, la evolución de los esquemas permite el mismo tipo de flexibilidad que ofrecen las bases de datos JSON sin esquema o con esquema en lectura (consulta "Flexibilidad del esquema en el modelo de documento" en la página 90), al tiempo que proporciona mejores garantías sobre tus datos y mejores herramientas. Aun así, es recomendable mantener al mínimo el número de formatos de esquema e es simultáneos para que las operaciones sean sencillas.

Modos de flujo de datos

Al principio de este capítulo dijimos que siempre que quieras enviar datos a otro proceso con el que no compartes memoria, por ejemplo, cuando quieres enviar datos a través de la red o escribirlos en un archivo, necesitas codificarlos como una secuencia de bytes. A continuación, analizamos una variedad de codificaciones para hacerlo.

Hablamos de la compatibilidad hacia adelante y hacia atrás, que es importante para la evolutividad (facilitar los cambios al permitirte actualizar partes de tu sistema de forma independiente en lugar de tener que cambiar todo a la vez). La compatibilidad es una relación entre un proceso que codifica los datos y otro proceso que los decodifica.

Se trata de una idea bastante abstracta, ya que los datos pueden fluir de un proceso a otro de muchas maneras. ¿Quién codifica los datos y quién los decodifica? En el resto de este capítulo, exploraremos algunas de las formas más comunes en que los datos fluyen entre procesos a través de bases de datos, llamadas de servicio, motores de flujo de trabajo y mensajes asincrónicos.

Flujo de datos a través de bases de datos

En una base de datos, el proceso que realiza la escritura codifica los datos, y el proceso que realiza la lectura los decodifica. Es posible que solo un proceso acceda a la base de datos, en cuyo caso el lector es simplemente una versión posterior del mismo proceso; en tal caso, puedes pensar en almacenar algo en la base de datos como *enviar un mensaje a tu yo futuro*. La compatibilidad con versiones anteriores es claramente necesaria aquí, ya que de lo contrario tu yo futuro no podrá decodificar lo que escribiste anteriormente.

Sin embargo, en general, es común que varios procesos accedan a una base de datos al mismo tiempo. Esos procesos pueden ser diferentes aplicaciones o servicios, o simplemente pueden ser múltiples instancias del mismo servicio (que se ejecutan en paralelo para lograr escalabilidad o tolerancia a fallos). En cualquier caso, en un entorno así, es probable que algunos procesos que acceden a la base de datos ejecuten código más reciente y otros ejecuten código más antiguo, por ejemplo, porque se está realizando la implementación de una nueva versión en una actualización continua, por lo que algunas instancias se han actualizado mientras que otras aún no.

Esto significa que un valor de la base de datos puede ser escrito por una versión *más reciente* del código y posteriormente leído por una versión *más antigua* del código que todavía se está ejecutando. Por lo tanto, la compatibilidad con versiones futuras también suele ser necesaria para las bases de datos.

Valores diferentes escritos en momentos diferentes

Una base de datos generalmente permite que cualquier valor se actualice en cualquier momento. Dentro de una sola base de datos, puedes tener algunos valores que se escribieron hace cinco milisegundos y otros que se escribieron hace cinco años.

Cuando realizas la implementación de una nueva versión de tu aplicación (al menos, de una aplicación del lado del servidor), puedes reemplazar por completo la versión antigua por la nueva en pocos minutos. No ocurre lo mismo con el contenido de la base de datos; los datos de hace cinco años seguirán ahí, en la codificación original, a menos que los hayas reescrito explícitamente desde entonces. Esta observación se resume a veces como *los datos sobreviven al código*.

Aunque es posible reescribir (*migrar*) los datos a un nuevo esquema, resulta costoso en el caso de conjuntos de datos grandes. Por lo tanto, la mayoría de las bases de datos aplazan la operación, realizándola de forma asíncrona y en la medida de lo posible. Por ejemplo, los motores de almacenamiento LSM-tree (consulta "Almacenamiento estructurado en registros" en la página 130) reescribirán los datos utilizando el último formato durante la compactación. La mayoría de las bases de datos relacionales también permiten cambios simples en el esquema, como añadir una nueva columna con un valor predeterminado `null`, sin reescribir los datos existentes. Cuando se lee una fila antigua, la base de datos rellena con valores `null` en cualquier columna que falte en los datos codificados en el disco. Así, la evolución del esquema permite que toda la base de datos parezca como si estuviera codificada con un único esquema, aunque el almacenamiento subyacente pueda contener registros codificados con varias versiones históricas del esquema.

Los cambios de esquema más complejos, por ejemplo, cambiar un atributo de valor único a multivalor o mover algunos datos a una tabla separada, siguen requiriendo la reescritura de los datos, a menudo a nivel de aplicación [28]. Mantener la compatibilidad hacia adelante y hacia atrás en estas migraciones sigue siendo un problema de investigación [29].

Almacenamiento de archivos

Quizás realices instantáneas de tu base de datos de vez en cuando, por ejemplo, con fines de copia de seguridad o para cargarlas en un almacén de datos (consulta "Almacenamiento de datos" en la página 7). En este caso, el volcado de datos normalmente se codificará utilizando el esquema más reciente, incluso si la codificación original de la base de datos de origen contenía una mezcla de versiones de esquemas de diferentes épocas. Dado que vas a copiar los datos de todos modos, es mejor que codifiques la copia de los datos de forma coherente.

Dado que el volcado de datos se escribe de una sola vez y, a partir de entonces, es inmutable, los formatos como los archivos contenedores de objetos Avro son una buena opción. Esta es también una buena oportunidad para codificar los datos en un formato orientado a columnas y fácil de analizar, como Parquet (consulta "Compresión de columnas" en la página 154).

En Capítulo 11 hablaremos más sobre el uso de datos en el almacenamiento de archivos.

Flujo de datos a través de servicios: REST y RPC

Cuando tienes procesos que necesitan comunicarse a través de una red, puedes organizar esa comunicación de varias maneras. La organización más común es tener dos roles: clientes y servidores. Los *servidores* exponen una API a través de la red y los *clientes* pueden conectarse a los servidores para realizar solicitudes a esa API. La API expuesta por el servidor se conoce como *servicio*.

La web funciona de esta manera: los clientes (navegadores web) realizan solicitudes a los servidores web, haciendo solicitudes `GET` para descargar HTML, CSS, JavaScript, imágenes, etc., y haciendo solicitudes `POST` para enviar datos al servidor. La API consiste en un conjunto estandarizado de protocolos y formatos de datos (HTTP, URL, SSL/TLS, HTML, etc.). Dado que los navegadores web, los servidores web y los autores de sitios web están en su mayoría de acuerdo con estos estándares, puedes utilizar cualquier navegador web para acceder a cualquier sitio web (¡al menos en teoría!).

Los navegadores web no son el único tipo de cliente. Por ejemplo, las aplicaciones nativas que se ejecutan en dispositivos móviles y computadoras de escritorio a menudo se comunican con los servidores, y las aplicaciones JavaScript del lado del cliente que se ejecutan dentro de los navegadores web también pueden realizar solicitudes HTTP. En este caso, la respuesta del servidor no suele ser HTML para mostrar a un humano, sino datos en una codificación que resulte conveniente para su posterior procesamiento por parte del código de la aplicación del lado del cliente (la mayoría de las veces JSON). Aunque HTTP puede utilizarse como protocolo de transporte, la API implementada en la parte superior es específica de la aplicación, y el cliente y el servidor deben ponerse de acuerdo sobre los detalles de esa API. En cierto modo, los servicios son similares a las bases de datos: normalmente permiten a los clientes enviar y consultar.

En cierto modo, los servicios son similares a las bases de datos: normalmente permiten a los clientes enviar y consultar datos. Sin embargo, mientras que las bases de datos permiten consultas arbitrarias utilizando los lenguajes de consulta que hemos comentado en Capítulo 3, los servicios exponen una API específica de la aplicación que solo permite entradas y salidas predeterminadas por la lógica de negocio (código de la aplicación) del servicio [30]. Esta restricción proporciona un grado de encapsulación: los servicios pueden imponer restricciones muy precisas sobre lo que pueden y no pueden hacer los clientes.

Un objetivo clave del diseño de una arquitectura orientada a servicios/microservicios es facilitar el cambio y el mantenimiento de la aplicación haciendo que los servicios se puedan implementar y evolucionar de forma independiente. Un principio común es que cada servicio debe ser propiedad de un equipo, y que ese equipo debe poder lanzar nuevas versiones del servicio con frecuencia, sin tener que coordinarse con otros equipos. Por lo tanto, debemos esperar que las versiones antiguas y nuevas de los servidores y clientes se ejecuten al mismo tiempo, por lo que la codificación de datos utilizada por los servidores y clientes debe ser compatible entre las versiones de la API del servicio. Mientras las API sigan siendo compatibles, los equipos son libres de modificar sus sistemas como quieran; esta propiedad facilita mucho a los desarrolladores las migraciones internas de datos, servicios o incluso sistemas completos.

Servicios web

Cuando se utiliza HTTP como protocolo subyacente para comunicarse con el servicio, se denomina *servicio web*. Los servicios web se utilizan habitualmente al crear una arquitectura orientada a servicios o de microservicios (como se ha explicado anteriormente en "Microservicios y sin servidor" en la página 24). El término es quizás un poco erróneo, ya que los servicios web no solo se utilizan en la web, sino también en varios contextos. Por ejemplo:

- Una aplicación cliente que se ejecuta en el dispositivo de un usuario (por ejemplo, una aplicación nativa en un dispositivo móvil o una aplicación web JavaScript en un navegador) que realiza solicitudes a un servicio a través de HTTP. Estas solicitudes suelen transitar por la Internet pública.
- Un servicio que realiza solicitudes a otro servicio propiedad de la misma organización, a menudo ubicado dentro de la misma red privada, como parte de una arquitectura orientada a servicios/microservicios.
- Un servicio que realiza solicitudes a un servicio propiedad de una organización diferente, normalmente a través de Internet. Se utiliza para el intercambio de datos entre los sistemas backend de las organizaciones. Esta categoría incluye las API públicas proporcionadas por servicios en línea, como los sistemas de procesamiento de tarjetas de crédito o OAuth para el acceso compartido a los datos de los usuarios.

La filosofía de diseño de servicios más popular es REST, que se basa en los principios de HTTP [31, 32]. REST hace hincapié en los formatos de datos simples, utilizando URL para identificar recursos y utilizando las características de HTTP para el control de caché, la autenticación y la negociación del tipo de contenido. Una API diseñada de acuerdo con los principios de REST se denomina *RESTful*.

El código que necesita invocar una API de servicio web debe saber qué endpoint (punto final) HTTP consultar y qué formato de datos enviar y esperar en respuesta.

Incluso si un servicio adopta los principios de diseño RESTful, los clientes necesitan averiguar de alguna manera estos detalles. Los desarrolladores de servicios suelen utilizar un IDL para definir y documentar endpoints de la API y los modelos de datos de su servicio, y para evolucionarlos con el tiempo. Otros desarrolladores pueden entonces utilizar la definición del servicio para determinar cómo consultar el servicio. Los dos IDL de servicios más populares son OpenAPI (también conocido como Swagger [33]), utilizado para servicios web que envían y reciben JSON, y Protocol Buffers, utilizado para servicios gRPC.

Los desarrolladores suelen escribir las definiciones de servicio OpenAPI en JSON o YAML (consulta Ejemplo 5-3). La definición del servicio permite a los desarrolladores definir los puntos finales del servicio, la documentación, las versiones, los modelos de datos y mucho más. Las definiciones de servicio de Protocol Buffers utilizan el IDL que vimos en "Protocol Buffers" en la página 186.

Ejemplo 5-3. Una definición de servicio OpenAPI en YAML

```
openapi: 3.0.0
info:
  title: Ping, Pong
  version: 1.0.0
servers:
  - url: http://localhost:8080
paths:
  /ping:
    get:
      summary: Given a ping, returns a pong message
      responses:
        '200':
          description: A pong
          content:
            application/json:
              schema:
                type: object
                properties:
                  message:
                    type: string
                    example: Pong!
```

Incluso si se adoptan una filosofía de diseño y un IDL, los desarrolladores deben escribir el código que implementa las llamadas a la API de sus servicios. A menudo se adopta un *marco de servicios*, como Spring Boot, FastAPI o gRPC, para simplificar esta tarea. Los marcos de servicios permiten a los desarrolladores centrarse en escribir la lógica de negocio para cada endpoint de la API, mientras que el código del marco se encarga del enrutamiento, las métricas, el almacenamiento en caché, la autenticación, etc. Ejemplo 5-4 muestra una implementación en Python del servicio definido en Ejemplo 5-3.

Ejemplo 5-4. Un servicio FastAPI que implementa la definición de Ejemplo 5-3

```
from fastapi import FastAPI
from pydantic import BaseModel

app = FastAPI(title="Ping, Pong", version="1.0.0")

class PongResponse(BaseModel):
    message: str = "Pong!"

@app.get("/ping", response_model=PongResponse,
         summary="Given a ping, returns a pong message")
async def ping():
    return PongResponse()
```

Muchos marcos combinan las definiciones de servicio y el código del servidor. En algunos casos, como con el popular marco FastAPI de Python, los servidores se escriben en código y se genera automáticamente un IDL. En otros casos, como con gRPC, primero se escribe la definición del servicio y luego se genera el código del servidor. Ambos enfoques permiten a los desarrolladores generar bibliotecas de clientes y SDK en una variedad de lenguajes a partir de la definición del servicio. Además de la generación de código, las herramientas IDL como Swagger pueden generar documentación, verificar la compatibilidad de los cambios de esquema y proporcionar una interfaz gráfica de usuario (GUI) para que los desarrolladores consulten y prueben los servicios.

Los problemas de las llamadas a procedimientos remotos

Los servicios web son simplemente la última encarnación de una larga lista de tecnologías para realizar solicitudes de API a través de una red, muchas de las cuales recibieron mucha publicidad pero tienen graves problemas. Enterprise JavaBeans (EJB) y Remote Method Invocation (RMI) de Java están limitados a Java. El Distributed Component Object Model (DCOM) está limitado a las plataformas de Microsoft. La arquitectura Common Object Request Broker Architecture (CORBA) es excesivamente complejo y no ofrece compatibilidad con versiones anteriores ni posteriores [34]. SOAP y el marco de servicios web WS-* tienen como objetivo proporcionar interoperabilidad entre proveedores, pero también adolecen de problemas de complejidad y compatibilidad [35, 36, 37].

Todos ellos se basan en la idea de las *llamadas a procedimientos remotos* (RPC), introducidas en la década de 1970 [38]. El modelo RPC intenta que una solicitud a un servicio de red remoto sea similar a llamar a una función o método, dentro del mismo proceso (esta abstracción se denomina *transparencia de ubicación*). Aunque a primera vista esto parece conveniente, el enfoque es fundamentalmente erróneo [39, 40]. Una solicitud de red es muy diferente de una llamada a una función local, por varias razones:

- Una llamada a una función local es predecible y tiene éxito o falla en función de parámetros que están bajo tu control. Una solicitud de red es impredecible, por razones que están totalmente fuera de tu control. La solicitud o la respuesta pueden perderse debido a un problema de red, por ejemplo, o la máquina remota puede ser lenta o no estar disponible. Los problemas de red son comunes, por lo que las aplicaciones deben anticiparlos (por ejemplo, reintentando las solicitudes fallidas).
- Una llamada a una función local devuelve un resultado, lanza una excepción o nunca devuelve nada (porque entra en un bucle infinito o el proceso se bloquea). Una solicitud de red tiene otro posible resultado: puede regresar sin un resultado, debido a un *tiempo de espera agotado*. En ese caso, simplemente no sabes qué sucedió; si no obtienes una respuesta del servicio remoto, no tienes forma de saber si la solicitud se completó. (Discutimos este tema con más detalle en Capítulo 9).
- Si reintentas una solicitud de red fallida, podría ocurrir que la solicitud anterior se hubiera procesado y solo se hubiera perdido la respuesta. En ese caso, reintentar provocará que la acción se realice varias veces, a menos que se cree un mecanismo de deduplicación (*idempotencia*) en el protocolo [41]. Las llamadas a funciones locales no tienen este problema. (Hablamos de la idempotencia con más detalle en Capítulo 12).
- Cada vez que llamas a una función local, normalmente tarda más o menos el mismo tiempo en ejecutarse. Una solicitud de red es mucho más lenta que una llamada a una función, y su latencia también es muy variable: en el mejor de los casos, puede completarse en menos de un milisegundo, pero cuando la red está congestionada o el servicio remoto está sobrecargado, puede tardar muchos segundos en hacer exactamente lo mismo.
- Cuando llamas a una función local, puedes pasarle de manera eficiente referencias (punteros) a objetos en la memoria local. Cuando realizas una solicitud de red, todos esos parámetros deben codificarse en una secuencia de bytes que se pueda enviar a través de la red. Eso está bien si los parámetros son primitivos inmutables, como números o cadenas cortas, pero rápidamente se vuelve problemático con grandes cantidades de datos y objetos mutables.
- El cliente y el servicio pueden estar implementados en diferentes lenguajes de programación, por lo que el marco RPC debe traducir los tipos de datos de un lenguaje a otro. Esto puede acabar siendo complicado, ya que no todos los lenguajes tienen los mismos tipos; recuerda los problemas de JavaScript con los números mayores que 2^{53}, por ejemplo (consulta "JSON, XML y variantes binarias" en la página 181). Este problema no existe en un único proceso escrito en un único lenguaje.

Todos estos factores significan que no tiene sentido intentar que un servicio remoto se parezca demasiado a un objeto local en tu lenguaje de programación, porque es algo fundamentalmente diferente. Parte del atractivo de REST es que trata la transferencia de estado a través de una red como un proceso distinto de una llamada a una función.

Equilibradores de carga, descubrimiento de servicios y mallas de servicios

Todos los servicios se comunican a través de la red. Por esta razón, un cliente debe conocer la dirección del servicio al que se conecta, un problema conocido como *descubrimiento de servicios*. El enfoque más sencillo es configurar un cliente para que se conecte a la dirección IP y al puerto donde se ejecuta el servicio. Esta configuración funcionará, pero si el servidor se desconecta, se transfiere a una nueva máquina o se sobrecarga, el cliente tendrá que reconfigurarse manualmente.

Para proporcionar una mayor disponibilidad y escalabilidad, normalmente se ejecutan múltiples instancias de un servicio en numerosas máquinas, cualquiera de las cuales puede gestionar una solicitud entrante. La distribución de las solicitudes entre estas instancias se denomina *equilibrio de carga* [42]. Existen muchas soluciones de equilibrio de carga y descubrimiento de servicios:

Equilibradores de carga de hardware
: Estos equipos especializados se instalan en centros de datos. Permiten a los clientes conectarse a un único host y puerto, y las conexiones entrantes se enrutan a uno de los servidores que ejecutan el servicio. Estos equilibradores de carga detectan fallos de red al conectarse a un servidor descendente y desvían el tráfico a otros servidores.

Equilibradores de carga de software (como NGINX y HAProxy)
: Se comportan de manera muy similar a los equilibradores de carga de hardware, pero en lugar de requerir un dispositivo especial, son aplicaciones que se pueden instalar en una máquina estándar.

El Servicio de Nombres de Dominio (DNS)
: Así es como se resuelven los nombres de dominio en Internet cuando abres una página web. Admite el equilibrio de carga al permitir que múltiples direcciones IP se asocien a un único nombre de dominio. A continuación, se puede configurar a los clientes para que se conecten a un servicio a través de un nombre de dominio en lugar de una dirección IP, y la capa de red del cliente elige qué dirección IP utilizar al establecer una conexión. Una desventaja de este enfoque es que el DNS está diseñado para propagar los cambios durante períodos de tiempo más largos y para almacenar en caché las entradas del DNS. Si los servidores se inician, se detienen o se mueven con frecuencia, es posible que los clientes vean direcciones IP obsoletas que ya no tienen un servidor en funcionamiento.

Sistemas de descubrimiento de servicios

Estos sistemas de descubrimiento de servicios utilizan un registro centralizado, como etcd o Apache ZooKeeper, en lugar del DNS para rastrear qué puntos finales de servicio están disponibles (volveremos a estos sistemas en "Servicios de coordinación" en la página 484). Cuando se inicia una nueva instancia de servicio, se registra en el sistema de descubrimiento de servicios declarando el host y el puerto en el que está a la escucha, junto con metadatos relevantes, como la información de propiedad de los fragmentos (shard ownership) (consulta Capítulo 7), la ubicación del centro de datos y mucho más. A continuación, el servicio envía periódicamente una señal de latido al sistema de descubrimiento para indicar que el servicio sigue estando disponible.

Cuando un cliente desea conectarse a un servicio, primero consulta el sistema de descubrimiento para obtener una lista de los puntos finales disponibles y, a continuación, se conecta directamente al endpoint. En comparación con el DNS, el descubrimiento de servicios admite un entorno mucho más dinámico en el que las instancias de servicio cambian con frecuencia. Los sistemas de descubrimiento también proporcionan a los clientes más metadatos sobre el servicio al que se conectan, lo que les permite tomar decisiones más inteligentes sobre el equilibrio de carga.

Mallas de servicios

Esta forma sofisticada de equilibrio de carga combina equilibradores de carga de software y descubrimiento de servicios. A diferencia de los equilibradores de carga de software tradicionales, que se ejecutan en una máquina independiente, un equilibrador de carga de malla de servicios se implementa normalmente como una biblioteca de cliente en proceso o como un contenedor de proceso o "sidecar" (proceso secundario) tanto en el cliente como en el servidor. Las aplicaciones de cliente se conectan a su propio equilibrador de carga de servicios local, que se conecta al equilibrador de carga del servidor. Desde ahí, la conexión se enruta al proceso del servidor local.

Aunque es complicada, esta topología ofrece ventajas. Dado que los clientes y los servidores se enrutan íntegramente a través de conexiones locales, el cifrado de la conexión se puede gestionar completamente a nivel del equilibrador de carga. Esto evita que los clientes y los servidores tengan que lidiar con las complejidades de los certificados SSL y TLS. Los sistemas de malla también proporcionan una observabilidad sofisticada. Pueden rastrear qué servicios se llaman entre sí en tiempo real, detectar fallos, rastrear la carga de tráfico y mucho más.

La solución adecuada depende de las necesidades de cada organización. Aquellas que operan en un entorno de servicios muy dinámico con un orquestador como Kubernetes suelen optar por ejecutar una malla de servicios como Istio o Linkerd. Las infraestructuras especializadas, como las bases de datos o los sistemas de mensajería, pueden requerir sus propios equilibradores de carga específicos. Las implementaciones más sencillas se gestionan mejor con equilibradores de carga de software.

Codificación y evolución de datos para RPC

Para la evolutividad, es importante que los clientes y servidores RPC puedan modificarse e implementarse de forma independiente. En comparación con los datos que fluyen a través de bases de datos (como se describe en "Flujo de datos a través de bases de datos" en la página 196), podemos hacer una suposición simplificadora en el caso del flujo de datos a través de servicios: es razonable suponer que todos los servidores se actualizarán primero y todos los clientes después. Por lo tanto, solo necesitas compatibilidad con versiones anteriores en las solicitudes y compatibilidad con versiones posteriores en las respuestas.

Las propiedades de compatibilidad hacia atrás y hacia adelante de un esquema RPC se heredan de cualquier codificación que utilice:

- gRPC (Protocol Buffers) y Avro RPC pueden evolucionar de acuerdo con las reglas de compatibilidad del formato de codificación respectivo.
- Las API RESTful suelen utilizar JSON para las respuestas y JSON o parámetros de solicitud codificados en URI/formularios para las solicitudes. Añadir parámetros de solicitud opcionales y nuevos campos a los objetos de respuesta suele considerarse un cambio que mantiene la compatibilidad.

La compatibilidad del servicio se ve dificultada por el hecho de que el RPC se utiliza a menudo para la comunicación entre organizaciones, por lo que el proveedor de un servicio no suele tener control sobre sus clientes y no puede obligarlos a actualizarse. Por lo tanto, la compatibilidad debe mantenerse durante mucho tiempo, quizás indefinidamente. Si se requiere un cambio que rompa la compatibilidad, el proveedor del servicio suele acabar manteniendo varias versiones de la API del servicio en paralelo.

No hay acuerdo sobre cómo debe funcionar el control de versiones de la API (es decir, cómo puede un cliente indicar qué versión de la API quiere utilizar [43]). En el caso de las API RESTful, los enfoques más comunes consisten en utilizar un número de versión en la URL o en el encabezado HTTP `Accept`. Para los servicios que utilizan claves API para identificar a un cliente concreto, otra opción es almacenar la versión de la API solicitada por el cliente en el servidor y permitir que esta selección de versión se actualice a través de una interfaz administrativa independiente [44].

Ejecución y flujos de trabajo duraderos

Por definición, las arquitecturas basadas en servicios tienen múltiples servicios que se encargan de diferentes partes de una aplicación. Consideremos una aplicación de procesamiento de pagos que carga un cargo en una tarjeta de crédito y deposita los fondos en una cuenta bancaria. Es probable que este sistema tenga diferentes servicios encargados de la detección de fraudes, la integración de tarjetas de crédito, la integración bancaria, etcétera.

El procesamiento de un solo pago en nuestro ejemplo requiere muchas llamadas de servicio. Un servicio de procesamiento de pagos podría invocar el servicio de detección de fraudes para comprobar si hay fraude, llamar al servicio de tarjetas de crédito para cargar el importe en la tarjeta de crédito y llamar al servicio bancario para depositar los fondos cargados, como se muestra en Figura 5-7. A esta secuencia de pasos la llamamos *flujo de trabajo*, y cada paso es una *tarea*. Los flujos de trabajo se definen normalmente como un gráfico de tareas. Las definiciones de los flujos de trabajo pueden escribirse en un lenguaje de programación de uso general, un lenguaje específico del dominio (DSL) o un lenguaje de marcado como Business Process Execution Language (BPEL)[45].

Tareas, actividades y funciones

Los diferentes motores de flujo de trabajo utilizan nombres distintos para las tareas. Temporal, por ejemplo, utiliza el término *actividad*. Otros se refieren a las tareas como *funciones duraderas*. Aunque los nombres difieren, los conceptos son los mismos.

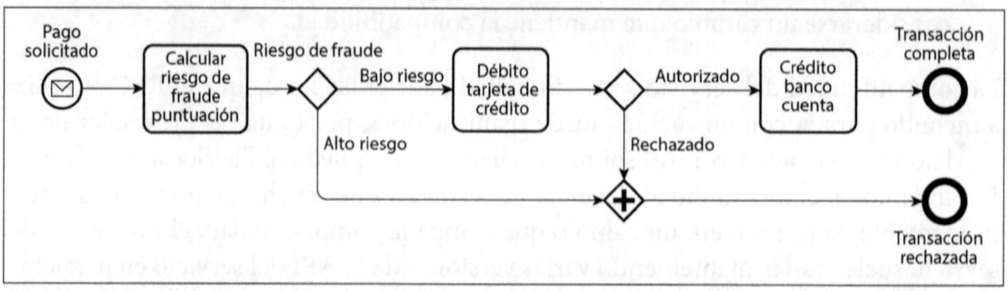

Figura 5-7. Un flujo de trabajo expresado mediante el Modelo y Notación de Procesos de Negocio (BPMN), una notación gráfica

Los flujos de trabajo son ejecutados por un *motor de flujo de trabajo*. Los motores de flujo de trabajo determinan cuándo y en qué máquina se ejecuta cada tarea, qué hacer si una tarea falla (por ejemplo, si la máquina se bloquea mientras se ejecuta la tarea), cuántas tareas se pueden ejecutar en paralelo, y mucho más.

Los motores de flujo de trabajo suelen estar compuestos por un coordinador y un ejecutor: el *coordinador* se encarga de programar las tareas que se van a ejecutar y el *ejecutor* se encarga de ejecutarlas. La ejecución comienza cuando se activa un flujo de trabajo. El orquestador activa el flujo de trabajo si los usuarios definen una programación basada en el tiempo, como la ejecución cada hora. Fuentes externas, como un servicio web o incluso una persona, también pueden activar la ejecución de flujos de trabajo. Una vez activados, se invoca a los ejecutores para que ejecuten las tareas.

Existen muchos tipos de motores de flujo de trabajo que abordan un conjunto diverso de casos de uso. Algunos, como Airflow, Dagster y Prefect, se integran con sistemas de datos y coordinan tareas ETL. Otros, como Camunda y Orkes, proporcionan una notación gráfica para los flujos de trabajo (como BPMN, utilizada en) para que las personas que no son ingenieros puedan definir y ejecutar flujos de trabajo más fácilmente. Otros, como Temporal y Restate, proporcionan Figura 5-7 *una ejecución duradera.*

Los marcos de ejecución duradera se han convertido en una forma popular de crear arquitecturas basadas en servicios que requieren transaccionalidad. En nuestro ejemplo de pago, nos gustaría procesar cada pago exactamente una vez. Un fallo durante la ejecución del flujo de trabajo podría dar lugar a un cargo en la tarjeta de crédito, pero sin el correspondiente depósito en la cuenta bancaria. En una arquitectura basada en servicios, no podemos simplemente envolver las dos tareas en una transacción de base de datos. Además, es posible que interactuemos con pasarelas de pago de terceros sobre las que tenemos un control limitado.

Los marcos de ejecución duradera son una forma de proporcionar *una semántica de exactamente una vez* para los flujos de trabajo. Si una tarea falla, el marco volverá a ejecutarla, pero omitirá cualquier llamada RPC o cambio de estado que la tarea haya realizado con éxito antes de fallar. Fingirá realizar la llamada, pero en su lugar devolverá los resultados de la llamada anterior. Esto es posible porque los marcos de ejecución duradera registran todas las RPC y los cambios de estado en un almacenamiento duradero, como un registro de escritura anticipada [46, 47]. Ejemplo 5-5 muestra una definición de flujo de trabajo que admite la ejecución duradera utilizando Temporal.

Ejemplo 5-5. Fragmento de definición de flujo de trabajo de Temporal para el flujo de trabajo de pago en Figura 5-7

```
@workflow.defn
class PaymentWorkflow:
    @workflow.run
    async def run(self, payment: PaymentRequest) -> PaymentResult:
        is_fraud = await workflow.execute_activity(
            check_fraud,
            payment,
            start_to_close_timeout=timedelta(seconds=15),
        )
        if is_fraud:
            return PaymentResultFraudulent
        credit_card_response = await workflow.execute_activity(
            debit_credit_card,
            payment,
```

```
        start_to_close_timeout=timedelta(seconds=15),
    )
    # ...
```

Los marcos como Temporal no están exentos de desafíos. Los servicios externos, como la pasarela de pago de terceros de nuestro ejemplo, deben seguir proporcionando una API idempotente. Los desarrolladores deben recordar utilizar identificadores únicos para estas API a fin de evitar la ejecución duplicada [48]. Y como los marcos de ejecución duradera registran cada llamada RPC en orden, esperan que las ejecuciones posteriores realicen las mismas llamadas RPC en el mismo orden. Esto hace que los cambios en el código sean frágiles; se puede introducir un comportamiento indefinido simplemente reordenando las llamadas a las funciones [49]. En lugar de modificar el código de un flujo de trabajo existente, es más seguro implementar una nueva versión del código por separado, de modo que las reejecuciones de las invocaciones del flujo de trabajo existente sigan utilizando la versión antigua y solo las nuevas invocaciones utilicen el nuevo código [50].

Del mismo modo, dado que los marcos de ejecución duradera esperan reproducir todo el código de forma determinista (las mismas entradas producen los mismos resultados), el código no determinista, como las llamadas a generadores de números aleatorios o relojes del sistema, resulta problemático [49]. Los marcos suelen proporcionar sus propias implementaciones deterministas de dichas funciones de biblioteca, pero hay que acordarse de utilizarlas. Algunos también proporcionan herramientas de análisis estático, como Workflow Check de Temporal, para determinar si se ha introducido un comportamiento no determinista.

> Hacer que el código sea determinista es una idea poderosa, pero difícil de llevar a cabo de forma sólida. Volveremos a este tema en Capítulo 9.

Arquitecturas basadas en eventos

En esta última sección, analizaremos brevemente las *arquitecturas basadas en eventos*, que son otra forma en que los datos codificados pueden fluir de un proceso a otro. En este contexto, una solicitud se denomina *evento* o *mensaje*. A diferencia de lo que ocurre con RPC, el remitente no suele esperar a que el destinatario procese el evento. Además, los eventos no se envían normalmente al destinatario a través de una conexión de red directa, sino que van por un intermediario denominado *agente de mensajes* (también llamado *agente de eventos*, *cola de mensajes* o *middleware orientado a mensajes*), que almacena el mensaje temporalmente [51].

El uso de un intermediario de mensajes tiene varias ventajas en comparación con el RPC directo:

- Puede actuar como búfer si el destinatario no está disponible o está sobrecargado, lo que mejora la confiabilidad del sistema.
- Puede reenviar automáticamente los mensajes a un proceso que se haya bloqueado, evitando que se pierdan.
- Evita la necesidad de descubrir servicios, ya que los remitentes no necesitan conectarse directamente a la dirección IP del destinatario.
- Permite enviar el mismo mensaje a varios destinatarios.
- Desacopla lógicamente al remitente del destinatario (el remitente solo publica mensajes y no le importa quién los consume).

La comunicación a través de un intermediario de mensajes es *asíncrona*: el remitente no espera a que se entregue el mensaje, sino que simplemente lo envía y se olvida de él. Sin embargo, es posible implementar un modelo sincrónico similar al RPC haciendo que el remitente espere una respuesta en un canal separado.

Corredores de mensajes

En el pasado, el panorama de los brokers de mensajes estaba dominado por el software comercial empresarial de empresas como TIBCO, IBM WebSphere y webMethods, antes de que se popularizaran las implementaciones de código abierto como RabbitMQ, ActiveMQ, HornetQ, NATS, Redpanda y Apache Kafka. Más recientemente, se han adoptado servicios en la nube como Amazon Kinesis, Azure Service Bus y Google Cloud Pub/Sub. Los compararemos con más detalle en Capítulo 12.

La semántica detallada de la entrega varía según la implementación y la configuración, pero, en general, se utilizan con mayor frecuencia dos patrones de distribución de mensajes:

- Un proceso añade un mensaje a una *cola* con nombre y, a continuación, un *consumidor* de la cola recibe el mensaje. Si hay varios consumidores, uno de ellos recibe el mensaje.
- Un proceso publica un mensaje en un *tema* con nombre y el bróker entrega ese mensaje a todos *los suscriptores* de ese tema. Si hay varios suscriptores, todos reciben el mensaje.

Los brokers de mensajes no suelen imponer ningún modelo de datos concreto. Un mensaje es simplemente una secuencia de bytes con algunos metadatos, por lo que puedes utilizar cualquier formato de codificación. Un enfoque común es utilizar Protocol Buffers, Avro o JSON, e implementar un registro de esquemas junto con el broker de mensajes para almacenar todas las versiones válidas del esquema y comprobar su compatibilidad [20, 22]. AsyncAPI, un equivalente basado en mensajería de OpenAPI, también se puede utilizar para especificar el esquema de los mensajes.

Los brokers de mensajes difieren en cuanto a la durabilidad de sus mensajes. Muchos escriben los mensajes en el disco para que no se pierdan si el broker de mensajes se bloquea o es necesario reiniciarlo. A diferencia de las bases de datos, muchos brokers de mensajes eliminan automáticamente los mensajes después de que han sido consumidos. Sin embargo, algunos brokers pueden configurarse para almacenar mensajes de forma indefinida, lo que sería necesario si se desea utilizar el origen de eventos (consulta "Event Sourcing y CQRS" en la página 112).

Si un consumidor vuelve a publicar mensajes en otro tema, es posible que tengas que tener cuidado de conservar los campos desconocidos, para evitar el problema descrito anteriormente en el contexto de las bases de datos (Figura 5-1).

Marcos de actores distribuidos

El *modelo de actores* es un modelo de programación para la concurrencia en un solo proceso. En lugar de tratar directamente con subprocesos (y los problemas asociados de condiciones de carrera, bloqueo y interbloqueo), la lógica se encapsula en *actores*. Cada actor suele representar a un cliente o entidad. Puede tener algún estado local (que no se comparte con ningún otro actor) y se comunica con otros actores mediante el envío y la recepción de mensajes asíncronos. La entrega de mensajes no está garantizada; en ciertos escenarios de error, los mensajes se perderán. Dado que cada actor procesa solo un mensaje a la vez, no es necesario preocuparse por los subprocesos, y cada actor puede ser programado de forma independiente por el marco.

En *marcos de actores distribuidos* como Akka, Orleans [52] y Erlang/OTP, este modelo de programación se utiliza para escalar una aplicación a través de múltiples nodos. Se utiliza el mismo mecanismo de paso de mensajes, independientemente de si el remitente y el destinatario se encuentran en el mismo nodo o en nodos diferentes. Si se encuentran en nodos diferentes, el mensaje se codifica de forma transparente en una secuencia de bytes, se envía a través de la red y se decodifica en el otro lado.

La transparencia de ubicación funciona mejor en el modelo de actor que en RPC, porque el modelo de actor ya asume que los mensajes pueden perderse, incluso dentro de un mismo proceso. Aunque la latencia en la red es probablemente mayor que dentro del mismo proceso, hay menos desajuste fundamental entre la comunicación local y la remota cuando se utiliza el modelo de actor.

Un marco de actores distribuido integra esencialmente un agente de mensajes y el modelo de programación de actores en un único marco. Sin embargo, si deseas realizar actualizaciones continuas de tu aplicación basada en actores, aún debes preocuparte por la compatibilidad hacia adelante y hacia atrás, ya que los mensajes pueden enviarse desde un nodo que ejecuta la nueva versión a un nodo que ejecuta la versión anterior, y viceversa. Esto se puede lograr utilizando una de las codificaciones discutidas en este capítulo.

Resumen

En este capítulo hemos visto varias formas de convertir estructuras de datos en bytes en la red o en el disco. Hemos visto cómo los detalles de estas codificaciones afectan no solo a su eficiencia, sino también, y lo que es más importante, a la arquitectura de las aplicaciones y a las opciones para evolucionarlas.

En particular, muchos servicios necesitan admitir actualizaciones continuas, en las que una nueva versión de un servicio se implementa gradualmente en unos pocos nodos a la vez, en lugar de en todos los nodos simultáneamente. Las actualizaciones continuas permiten lanzar nuevas versiones de un servicio sin tiempo de inactividad (lo que fomenta lanzamientos pequeños y frecuentes en lugar de lanzamientos grandes y esporádicos) y hacen que las implementaciones sean menos arriesgadas (ya que permiten detectar y revertir los lanzamientos defectuosos antes de que afecten a un gran número de usuarios). Estas propiedades son muy beneficiosas para la *evolutividad*, es decir, la facilidad para realizar cambios en una aplicación.

Durante las actualizaciones continuas, o por otras razones, debemos asumir que los diferentes nodos ejecutan diferentes versiones del código de nuestra aplicación. Por lo tanto, es importante que todos los datos que circulan por el sistema estén codificados de manera que proporcionen compatibilidad con versiones anteriores (el nuevo código puede leer datos antiguos) y compatibilidad con versiones futuras (el código antiguo puede leer datos nuevos).

Hemos analizado varios formatos de codificación de datos y sus propiedades de compatibilidad:

- Las codificaciones específicas del lenguaje de programación están restringidas a un único lenguaje de programación y, a menudo, no proporcionan compatibilidad hacia adelante y hacia atrás.
- Los formatos textuales como JSON, XML y CSV están muy extendidos, y su compatibilidad depende de cómo los utilices. Tienen lenguajes de esquema opcionales, que a veces son útiles y otras veces un obstáculo. Estos formatos son algo vagos en cuanto a los tipos de datos, por lo que debes tener cuidado con cosas como los números y las cadenas binarias.
- Los formatos binarios basados en esquemas, como Protocol Buffers y Avro, permiten una codificación compacta y eficiente con una semántica de compatibilidad hacia adelante y hacia atrás claramente definida. Los esquemas pueden ser útiles para la documentación y la generación de código en lenguajes de tipado estático. Sin embargo, estos formatos tienen la desventaja de que los datos deben decodificarse antes de que sean legibles para los humanos.

También hemos analizado varios modos de flujo de datos, ilustrando diferentes escenarios en los que las codificaciones de datos son importantes:

Bases de datos

El proceso de escritura en la base de datos codifica los datos y el proceso de lectura de la base de datos los decodifica.

RPC y API REST

El cliente codifica una solicitud, el servidor la decodifica y codifica una respuesta, y el cliente finalmente decodifica la respuesta.

Arquitecturas basadas en eventos (que utilizan brokers de mensajes o actores)

Los nodos se comunican enviándose mutuamente mensajes que son codificados por el remitente y descodificados por el destinatario.

Podemos concluir que, con un poco de cuidado, la compatibilidad hacia atrás/adelante y las actualizaciones continuas son perfectamente factibles. Que la evolución de tu aplicación sea rápida y tus implementaciones frecuentes.

Referencias

[1] "CWE-502: Deserialization of Untrusted Data." Common Weakness Enumeration, *cwe.mitre.org*, July 2006. Archived at *perma.cc/26EU-UK9Y*

[2] Steve Breen. "What Do WebLogic, WebSphere, JBoss, Jenkins, OpenNMS, and Your Application Have in Common? This Vulnerability." *foxglovesecurity.com*, November 2015. Archived at *perma.cc/9U97-UVVD*

[3] Patrick McKenzie. "What the Rails Security Issue Means for Your Startup." *kalzumeus.com*, January 2013. Archived at *perma.cc/2MBJ-7PZ6*

[4] Brian Goetz. "Towards Better Serialization." *openjdk.org*, June 2019. Archived at *perma.cc/UK6U-GQDE*

[5] Eishay Smith. "jvm-serializers Wiki." *github.com*, October 2023. Archived at *perma.cc/PJP7-WCNG*

[6] "XML Is a Poor Copy of S-Expressions." *wiki.c2.com*, May 2013. Archived at *perma.cc/7FAN-YBKL*

[7] Julia Evans. "Examples of Floating Point Problems." *jvns.ca*, January 2023. Archived at *perma.cc/M57L-QKKW*

[8] Matt Harris. "Snowflake: An Update and Some Very Important Information." Email to *Twitter Development Talk* mailing list, October 2010. Archived at *perma.cc/8UBV-MZ3D*

[9] Yakov Shafranovich. "RFC 4180: Common Format and MIME Type for Comma-Separated Values (CSV) Files." IETF, October 2005.

[10] Andy Coates. "Evolving JSON Schemas—Part I." *creekservice.org*, January 2024. Archived at *perma.cc/MZW3-UA54*

[11] Andy Coates. "Evolving JSON Schemas—Part II." *creekservice.org*, January 2024. Archived at *perma.cc/GT5H-WKZ5*

[12] Pierre Genevès, Nabil Layaïda, and Vincent Quint. "Ensuring Query Compatibility with Evolving XML Schemas." INRIA Technical Report 6711, November 2008. Archived at *arxiv.org*

[13] Tim Bray. "Bits on the Wire." *tbray.org*, November 2019. Archived at *perma.cc/3BT3-BQU3*

[14] Mark Slee, Aditya Agarwal, and Marc Kwiatkowski. "Thrift: Scalable Cross-Language Services Implementation." Facebook Technical Report, April 2007. Archived at *perma.cc/22BS-TUFB*

[15] Martin Kleppmann. "Schema Evolution in Avro, Protocol Buffers and Thrift." *martin.kleppmann.com*, December 2012. Archived at *perma.cc/E4R2-9RJT*

[16] Doug Cutting et al. "[PROPOSAL] New Subproject: Avro." Email thread on *hadoop-general* mailing list, *lists.apache.org*, April 2009. Archived at *perma.cc/4A79-BMEB*

[17] Apache Software Foundation. "Apache Avro 1.12.0 Specification." *avro.apache.org*, August 2024. Archived at *perma.cc/C36P-5EBQ*

[18] Apache Software Foundation. "Avro Schemas as LL(1) CFG Definitions." *avro.apache.org*, August 2024. Archived at *perma.cc/JB44-EM9Q*

[19] Tony Hoare. "Null References: The Billion Dollar Mistake." At *QCon London*, March 2009.

[20] Confluent, Inc. "Schema Registry Overview." *docs.confluent.io*, 2024. Archived at *perma.cc/92C3-A9JA*

[21] Aditya Auradkar and Tom Quiggle. "Introducing Espresso—LinkedIn's Hot New Distributed Document Store." *engineering.linkedin.com*, January 2015. Archived at *perma.cc/FX4P-VW9T*

[22] Jay Kreps. "Putting Apache Kafka to Use: A Practical Guide to Building a Stream Data Platform (Part 2)." *confluent.io*, February 2015. Archived at *perma.cc/8UA4-ZS5S*

[23] Gwen Shapira. "The Problem of Managing Schemas." *oreilly.com*, November 2014. Archived at *perma.cc/BY8Q-RYV3*

[24] John Larmouth. *ASN.1 Complete*. Morgan Kaufmann, 1999. ISBN: 9780122334351. Archived at *perma.cc/GB7Y-XSXQ*

[25] Burton S. Kaliski Jr. "A Layman's Guide to a Subset of ASN.1, BER, and DER." Technical Note, RSA Data Security, Inc., November 1993. Archived at *perma.cc/2LMN-W9U8*

[26] Jacob Hoffman-Andrews. "A Warm Welcome to ASN.1 and DER." *letsencrypt.org*, April 2020. Archived at *perma.cc/CYT2-GPQ8*

[27] Lev Walkin. "Question: Extensibility and Dropping Fields." *lionet.info*, September 2010. Archived at *perma.cc/VX8E-NLH3*

[28] Jacqueline Xu. "Online Migrations at Scale." *stripe.com*, February 2017. Archived at *perma.cc/X59W-DK7Y*

[29] Geoffrey Litt, Peter van Hardenberg, and Orion Henry. "Project Cambria: Translate Your Data with Lenses." Technical Report, October 2020. Archived at *perma.cc/WA4V-VKDB*

[30] Pat Helland. "Data on the Outside Versus Data on the Inside." At *2nd Biennial Conference on Innovative Data Systems Research* (CIDR), January 2005. Archived at *perma.cc/GH56-WYZS*

[31] Roy Thomas Fielding. "Architectural Styles and the Design of Network-Based Software Architectures." PhD thesis, University of California, Irvine, 2000. Archived at *perma.cc/LWY9-7BPE*

[32] Roy Thomas Fielding. "REST APIs Must Be Hypertext-Driven." *roy.gbiv.com*, October 2008. Archived at *perma.cc/M2ZW-8ATG*

[33] "OpenAPI Specification Version 3.1.0." *swagger.io*, February 2021. Archived at *perma.cc/3S6S-K5M4*

[34] Michi Henning. "The Rise and Fall of CORBA." *Communications of the ACM*, volume 51, issue 8, pages 52–57, August 2008. *doi:10.1145/1378704.1378718*

[35] Pete Lacey. "The S Stands for Simple." *harmful.cat-v.org*, November 2006. Archived at *perma.cc/4PMK-Z9X7*

[36] Stefan Tilkov. "Interview: Pete Lacey Criticizes Web Services." *infoq.com*, December 2006. Archived at *perma.cc/JWF4-XY3P*

[37] Tim Bray. "The Loyal WS-Opposition." *tbray.org*, September 2004. Archived at *perma.cc/J5Q8-69Q2*

[38] Andrew D. Birrell and Bruce Jay Nelson. "Implementing Remote Procedure Calls." *ACM Transactions on Computer Systems* (TOCS), volume 2, issue 1, pages 39–59, February 1984. *doi:10.1145/2080.357392*

[39] Jim Waldo, Geoff Wyant, Ann Wollrath, and Sam Kendall. "A Note on Distributed Computing." Sun Microsystems Laboratories, Inc., Technical Report TR-94-29, November 1994. Archived at *perma.cc/8LRZ-BSZR*

[40] Steve Vinoski. "Convenience over Correctness." *IEEE Internet Computing*, volume 12, issue 4, pages 89–92, July 2008. *doi:10.1109/MIC.2008.75*

[41] Brandur Leach. "Designing Robust and Predictable APIs with Idempotency." *stripe.com*, February 2017. Archived at *perma.cc/JD22-XZQT*

[42] Sam Rose. "Load Balancing." *samwho.dev*, April 2023. Archived at *perma.cc/Q7BA-9AE2*

[43] Troy Hunt. "Your API Versioning Is Wrong, Which Is Why I Decided to Do It 3 Different Wrong Ways." *troyhunt.com*, February 2014. Archived at *perma.cc/9DSW-DGR5*

[44] Brandur Leach. "APIs As Infrastructure: Future-Proofing Stripe with Versioning." *stripe.com*, August 2017. Archived at *perma.cc/L63K-USFW*

[45] AOASIS Web Services Business Process Execution Language (WSBPEL) Technical Committee. "Web Services Business Process Execution Language Version 2.0." *docs.oasis-open.org*, April 2007.

[46] "Temporal. Temporal Service." *docs.temporal.io*, 2024. Archived at *perma.cc/32P3-CJ9V*

[47] Stephan Ewen. "Why We Built Restate." *restate.dev*, August 2023. Archived at *perma.cc/BJJ2-X75K*

[48] Keith Tenzer and Joshua Smith. "Understanding Idempotency in Distributed Systems." *temporal.io*, February 2024. Archived at *perma.cc/TY4U-EH3W*

[49] "Temporal. Temporal Workflow." *docs.temporal.io*, 2024. Archived at *perma.cc/B5C5-Y396*

[50] Jack Kleeman. "Solving Durable Execution's Immutability Problem." *restate.dev*, February 2024. Archived at *perma.cc/G55L-EYH5*

[51] Srinath Perera. "Exploring Event-Driven Architecture: A Beginner's Guide for Cloud Native Developers." *wso2.com*, August 2023. Archived at *archive.org*

[52] Philip A. Bernstein, Sergey Bykov, Alan Geller, Gabriel Kliot, and Jorgen Thelin. "Orleans: Distributed Virtual Actors for Programmability and Scalability." Microsoft Research Technical Report MSR-TR-2014-41, March 2014. Archived at *perma.cc/PD3U-WDMF*

CAPÍTULO 6

Replicación

La principal diferencia entre algo que puede salir mal y algo que no puede salir mal es que, cuando algo que no puede salir mal sale mal, suele resultar imposible acceder a ello o repararlo.

—Douglas Adams, *Mostly Harmless* (1992)

La *replicación* consiste en mantener una copia de los mismos datos en varias máquinas conectadas a través de una red. Como se explica en "Sistemas distribuidos frente a sistemas de un solo nodo" en la página 21, hay varias razones por las que puede ser conveniente replicar datos, entre ellas:

- Para mantener los datos geográficamente cerca de tus usuarios (y así reducir la latencia de acceso)
- Para permitir que el sistema siga funcionando incluso si algunas de sus partes han fallado (y así aumentar la disponibilidad y la durabilidad)
- Para ampliar el número de máquinas que pueden atender consultas de lectura (y así aumentar el rendimiento de lectura)

En este capítulo daremos por sentado que tu conjunto de datos es lo suficientemente pequeño como para que cada máquina pueda almacenar una copia del conjunto completo. En Capítulo 7 relajaremos esa suposición y hablaremos *del fragmentado* (*particionamiento*) de conjuntos de datos que son demasiado grandes para una sola máquina. En capítulos posteriores hablaremos de varios tipos de fallos que pueden producirse en un sistema de datos replicado y de cómo solucionarlos.

Si los datos que estás replicando no cambian con el tiempo, la replicación es fácil; solo tienes que copiar los datos a cada nodo una vez y ya está. Toda la dificultad de la replicación radica en gestionar los *cambios* en los datos replicados, y de eso trata este capítulo. Analizaremos tres familias de algoritmos para replicar cambios entre nodos:

replicación *con un solo líder*, *con múltiples líderes* y *sin líderes*. Casi todas las bases de datos distribuidas utilizan uno de estos tres enfoques. Cada uno tiene sus pros y sus contras, que examinaremos en detalle.

Hay muchas ventajas e inconvenientes que debes tener en cuenta con la replicación, por ejemplo, si utilizar la replicación sincrónica o asincrónica, y cómo gestionar las réplicas fallidas. A menudo se trata de opciones de configuración en las bases de datos y, aunque los detalles varían según la base de datos, los principios generales son similares en muchas implementaciones. En este capítulo analizaremos las consecuencias de tales elecciones.

La replicación de bases de datos es un tema antiguo. Los principios no han cambiado mucho desde que se estudiaron en la década de 1970 [1], ya que las limitaciones fundamentales de las redes siguen siendo las mismas. Sin embargo, conceptos como la *consistencia eventual* siguen causando confusión. En "Problemas con el retraso en la replicación" en la página 230 seremos más precisos sobre la consistencia eventual y discutiremos aspectos como las garantías de *lectura de escrituras* y *lecturas monotónicas*.

Copias de seguridad y replicación

Quizás te preguntes si sigues necesitando copias de seguridad si tienes replicación. La respuesta es sí, porque tienen fines diferentes: las réplicas reflejan rápidamente las escrituras de un nodo en otros nodos, pero las copias de seguridad almacenan instantáneas antiguas de los datos para que puedas retroceder en el tiempo. Si accidentalmente eliminas algunos datos, la replicación no te ayudará, ya que la eliminación también se habrá propagado a las réplicas; necesitas una copia de seguridad si quieres restaurar los datos eliminados.

De hecho, la replicación y las copias de seguridad suelen ser complementarias. Las copias de seguridad a veces forman parte del proceso de configuración de la replicación, como veremos en "Configuración de nuevos seguidores" en la página 222. Por el contrario, el archivo de los registros de replicación puede formar parte de un proceso de copia de seguridad.

Algunas bases de datos mantienen internamente instantáneas inmutables de estados pasados, que sirven como una especie de copia de seguridad interna. Sin embargo, esto significa mantener versiones antiguas de los datos en el mismo medio de almacenamiento que el estado actual. Si tienes una gran cantidad de datos, puede resultar más económico mantener las copias de seguridad de los datos antiguos en un almacén de objetos optimizado para datos a los que se accede con poca frecuencia y almacenar solo el estado actual de la base de datos en el almacenamiento primario.

Replicación de líder único

Cada nodo que almacena una copia de la base de datos se denomina *réplica*. Con múltiples réplicas, surge inevitablemente una pregunta: ¿cómo nos aseguramos de que todos los datos terminen en todas las réplicas?

Cada escritura en la base de datos debe ser procesada por todas las réplicas; de lo contrario, las réplicas ya no contendrían los mismos datos. La solución más común se denomina replicación *basada en líder, copia de seguridad primaria* o *activa/pasiva*. Funciona de la siguiente manera (consulta Figura 6-1):

1. Una de las réplicas se design o *líder* (también conocida como *primaria* o *fuente* [2]). Cuando los clientes desean escribir en la base de datos, deben enviar sus solicitudes al líder, que primero escribe los nuevos datos en su almacenamiento local.
2. Las otras réplicas se conocen como *seguidores* (o *réplicas de lectura, secundarias* o *en espera activa*). Cada vez que el líder escribe nuevos datos en su almacenamiento local, también envía el cambio de datos a todos tus seguidores como parte de un *registro de replicación* o *flujo de cambios*. Cada seguidor toma el registro del líder y actualiza su copia local de la base de datos en consecuencia, aplicando todas las escrituras en el mismo orden en que se procesaron en el líder.
3. Cuando un cliente desea leer la base de datos, puede consultar al líder o a cualquiera de los seguidores. Sin embargo, solo el líder acepta escrituras (los seguidores son de solo lectura desde el punto de vista del cliente).

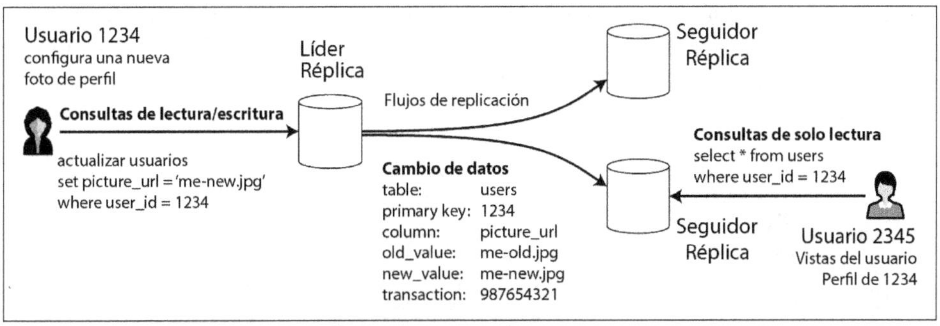

Figura 6-1. La replicación de líder único dirige todas las escrituras a un líder designado, que envía un flujo de cambios a las réplicas seguidoras.

Si la base de datos está fragmentada (consulta Capítulo 7), cada fragmento tiene un líder. Los diferentes fragmentos pueden tener líderes en diferentes nodos, pero cada fragmento debe tener un nodo líder. En "Replicación con múltiples líderes" en la página 237 analizaremos un modelo alternativo en el que un sistema puede tener varios líderes para el mismo fragmento al mismo tiempo.

La replicación con un solo líder es muy utilizada. Es una característica integrada en muchas bases de datos relacionales, como PostgreSQL, MySQL, Oracle Data Guard [3] y los grupos de disponibilidad Always On de SQL Server [4]. También se utiliza en algunas bases de datos de documentos (como MongoDB y DynamoDB [5]), brokers de mensajes como Kafka, dispositivos de bloques replicados como DRBD y algunos sistemas de archivos de red. Muchos algoritmos de consenso, como Raft, que se utiliza para la replicación en CockroachDB [6], TiDB [7], etcd y las colas de quórum RabbitMQ (entre otros), también se basan en un único líder y eligen automáticamente a un nuevo líder si el anterior falla (analizaremos el consenso con más detalle en Capítulo 10).

> En documentos más antiguos es posible que veas el término *replicación maestro-esclavo*. Significa lo mismo que replicación basada en líder, pero el término debe evitarse, ya que se considera ofensivo [8].

Replicación sincrónica frente a asincrónica

Un detalle importante de un sistema replicado es si la replicación se produce *de forma sincrónica* o *asincrónica*. (En las bases de datos relacionales, esto suele ser una opción configurable; otros sistemas suelen estar codificados de forma rígida para ser uno u otro).

Piensa en lo que ocurre en Figura 6-1, donde el usuario de un sitio web actualiza su imagen de perfil. En algún momento, el cliente envía la solicitud de actualización al líder; poco después, esta es recibida por el líder. A continuación, el líder reenvía el cambio de datos a los seguidores y notifica al cliente que la actualización se ha realizado correctamente. Figura 6-2 muestra una posible forma en que podrían funcionar los tiempos.

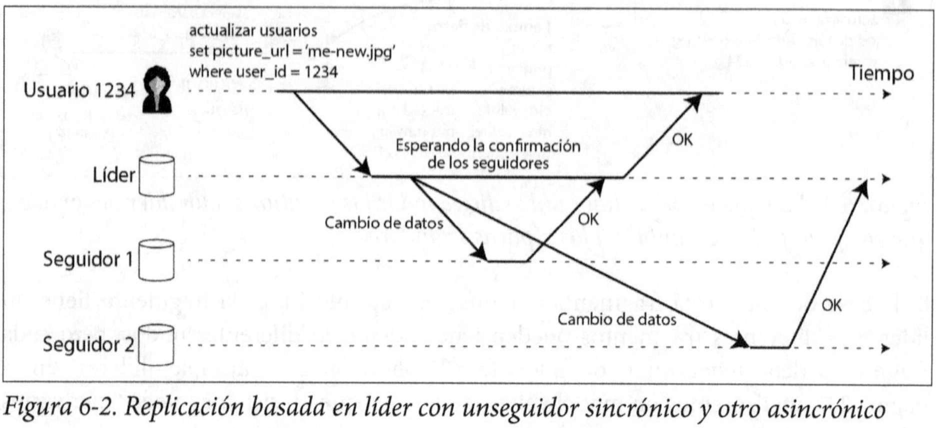

Figura 6-2. Replicación basada en líder con unseguidor sincrónico y otro asincrónico

En este ejemplo, la replicación al seguidor 1 es *sincrónica*: el líder espera hasta que el seguidor 1 haya confirmado que ha recibido la escritura antes de informar del éxito al usuario y antes de hacer visible la escritura para otros clientes. La replicación al seguidor 2 es *asincrónica* (o *sin bloqueo*): el líder envía el mensaje, pero no espera la respuesta del seguidor.

El diagrama muestra un retraso considerable antes de que el seguidor 2 procese el mensaje. Normalmente, la replicación es bastante rápida; la mayoría de los sistemas de bases de datos aplican los cambios a los seguidores en menos de un segundo. Sin embargo, no hay garantía de cuánto tiempo puede tardar. En algunas circunstancias, los seguidores pueden quedarse atrás del líder varios minutos o más, por ejemplo, si un seguidor se está recuperando de un fallo, si el sistema está funcionando cerca de su capacidad máxima o si hay problemas de red entre los nodos.

La ventaja de la replicación sincrónica es que se garantiza que el seguidor tenga una copia actualizada de los datos que sea coherente con la del líder. Si el líder falla repentinamente, podemos estar seguros de que los datos seguirán estando disponibles en el seguidor. La desventaja es que, si el seguidor sincrónico no responde (porque se ha bloqueado, porque hay un fallo en la red o por cualquier otra razón), la escritura no se puede procesar. El líder debe bloquear todas las escrituras y esperar hasta que la réplica sincrónica vuelva a estar disponible.

Por esa razón, no es práctico que todos los seguidores sean síncronos, ya que cualquier interrupción en un nodo provocaría la paralización de todo el sistema. En la práctica, si una base de datos ofrece replicación sincrónica, a menudo significa que *uno* de los seguidores es sincrónico y los demás son asincrónicos. Si el seguidor sincrónico deja de estar disponible o se ralentiza, uno de los seguidores asincrónicos se convierte en sincrónico. Esto garantiza que tengas una copia actualizada de los datos en al menos dos nodos: el líder y un seguidor sincrónico. Esta configuración también se denomina a veces *semisincrónica*.

En algunos sistemas, la *mayoría* de las réplicas (por ejemplo, tres de cinco, incluido el líder) se actualizan de forma sincrónica, y la minoría restante es asincrónica. Este es un ejemplo de *quórum*, que trataremos más adelante en "Uso de quórums para la lectura y la escritura" en la página 256. Los quórum mayoritarios se utilizan a menudo en sistemas eventualmente consistentes o en sistemas que utilizan un protocolo de consenso para la elección automática del líder. Volveremos a estos sistemas en Capítulo 10.

A veces, la replicación basada en líderes se configura para que sea completamente asincrónica. En este caso, si el líder falla y no se puede recuperar, cualquier escritura que aún no se haya replicado en los seguidores se pierde. Esto significa que no se garantiza la durabilidad de una escritura, incluso si se ha confirmado al cliente. Sin embargo, una configuración totalmente asincrónica tiene la ventaja de que el líder puede seguir procesando escrituras, incluso si todos sus seguidores se han quedado atrás.

Debilitar la durabilidad puede parecer una mala compensación, pero la replicación asíncrona se utiliza ampliamente, especialmente si hay muchos seguidores o si están distribuidos geográficamente [9]. Volveremos a este tema en "Problemas con el retraso en la replicación" en la página 230.

Configuración de nuevos seguidores

De vez en cuando, es necesario configurar nuevos seguidores, tal vez para aumentar el número de réplicas o para sustituir nodos que han fallado. ¿Cómo se garantiza que el nuevo seguidor tenga una copia exacta de los datos del líder?

Por lo general, no basta con copiar los archivos de datos de un nodo a otro. Los clientes escriben constantemente en la base de datos y los datos están en constante cambio, por lo que una copia de archivos estándar vería diferentes partes de la base de datos en diferentes momentos. El resultado podría no tener ningún sentido.

Podrías hacer que los archivos del disco fueran coherentes bloqueando la base de datos (haciendo que no estuviera disponible para escrituras), pero eso iría en contra de nuestro objetivo de alta disponibilidad. Afortunadamente, la configuración de un seguidor normalmente se puede realizar sin tiempo de inactividad. Conceptualmente, el proceso es el siguiente:

1. Toma una instantánea coherente de la base de datos del líder en un momento dado, a ser posible sin bloquear toda la base de datos. La mayoría de las bases de datos tienen esta función, ya que también es necesaria para las copias de seguridad. En algunos casos, se necesitan herramientas de terceros, como Percona XtraBackup para MySQL.
2. Copia la instantánea en el nuevo nodo seguidor.
3. El seguidor se conecta al líder y solicita todos los cambios de datos que se han producido desde que se tomó la instantánea. Para ello, es necesario que la instantánea esté asociada a una posición exacta en el registro de replicación del líder. Esa posición tiene varios nombres; por ejemplo, PostgreSQL la denomina *número de secuencia del registro*; MySQL tiene dos mecanismos, *las coordenadas binlog* y *los identificadores de transacción globales* (GTID).
4. Cuando el seguidor ha procesado el retraso de los cambios en los datos desde la instantánea, decimos que *se ha puesto al día*. Ahora puede continuar procesando los cambios en los datos del líder a medida que se producen.

Los pasos prácticos para configurar un seguidor varían significativamente según la base de datos. En algunos sistemas, el proceso está totalmente automatizado, mientras que en otros puede ser un flujo de trabajo de varios pasos algo arcano que debe realizar manualmente un administrador.

También puedes archivar el registro de replicación en un almacén de objetos junto con instantáneas periódicas de toda la base de datos. Esta es una buena forma de implementar copias de seguridad de la base de datos y recuperación ante desastres, y puedes realizar los pasos 1 y 2 de la configuración de un nuevo seguidor descargando esos archivos del almacén de objetos. Por ejemplo, WAL-G hace esto para PostgreSQL, MySQL y SQL Server, y Litestream hace lo equivalente para SQLite.

Bases de datos respaldadas por almacenamiento de objetos

El almacenamiento de objetos se puede utilizar para algo más que archivar datos. Muchas bases de datos están empezando a utilizar almacenamientos de objetos como Amazon S3, Google Cloud Storage y Azure Blob Storage para servir datos para consultas en tiempo real. Almacenar los datos de la base de datos en un almacenamiento de objetos tiene muchas ventajas:

- El almacenamiento de objetos es económico en comparación con otras opciones de almacenamiento en la nube. Esto permite que las bases de datos en la nube almacenen los datos que se consultan con menos frecuencia en un almacenamiento más barato y con mayor latencia, mientras que sirven el conjunto de trabajo desde la memoria, los SSD y NVMe.
- Los almacenes de objetos proporcionan replicación multizona, de doble región o multirregión con garantías de durabilidad muy altas. Esto también permite a las bases de datos evitar las tarifas de red entre zonas.
- Las bases de datos pueden utilizar la función *de escritura condicional* de un almacén de objetos, esencialmente una operación *de comparación y establecimiento* (CAS), para implementar transacciones y la elección de liderazgo [10, 11].
- Almacenar datos de varias bases de datos en el mismo almacén de objetos puede simplificar la integración de datos (consulta "Almacenes de datos en la nube" en la página 149), especialmente cuando se utilizan formatos abiertos como Parquet e Iceberg.

Estas ventajas simplifican enormemente la arquitectura de la base de datos al trasladar la responsabilidad de las transacciones, la elección del líder y la replicación al almacenamiento de objetos.

Sin embargo, los sistemas que adoptan el almacenamiento de objetos para la replicación deben lidiar con ciertas desventajas. En particular, los almacenamientos de objetos tienen latencias de lectura y escritura mucho más altas que los discos locales o los dispositivos de bloques virtuales como Amazon EBS. Muchos proveedores de nube también cobran una tarifa por llamada a la API, lo que obliga a los sistemas a agrupar las lecturas y escrituras para reducir el costo. Esta agrupación aumenta aún más la latencia. Los objetos suelen ser inmutables, lo que hace que las escrituras aleatorias en un objeto grande sean una operación que consume muchos recursos. Por último, muchos almacenes de objetos no ofrecen interfaces de sistema de archivos estándar, lo que impide que los sistemas que carecen de integración de almacenamiento de objetos aprovechen este tipo de almacenamiento. Interfaces como *el sistema de archivos en el espacio de usuario* (FUSE) permiten a los operadores montar buckets de almacenamiento de objetos como sistemas de archivos que las aplicaciones pueden utilizar sin saber que sus datos están almacenados en el almacenamiento de objetos. Aun así, muchas interfaces FUSE para almacenes de objetos carecen de características POSIX como escrituras no secuenciales o enlaces simbólicos, de los que pueden depender los sistemas.

Los diferentes sistemas abordan estas compensaciones de diversas maneras. Algunos introducen una *arquitectura de almacenamiento por niveles* que coloca los datos a los que se accede con menos frecuencia en el almacenamiento de objetos, mientras que los datos nuevos o a los que se accede con frecuencia se mantienen en dispositivos de almacenamiento más rápidos, como SSD o NVMe, o incluso en la memoria. Otros sistemas utilizan el almacenamiento de objetos como su nivel de almacenamiento principal, pero utilizan un sistema de almacenamiento independiente de baja latencia (como Amazon EBS o Safekeepers de Neon [12]) para almacenar su WAL. Recientemente, algunos sistemas han ido aún más lejos al adoptar una *arquitectura sin discos* (ZDA). Los sistemas basados en ZDA persisten todos los datos en el almacenamiento de objetos y utilizan los discos y la memoria estrictamente para el almacenamiento en caché. Esto permite que los nodos no tengan un estado persistente, lo que simplifica drásticamente las operaciones. WarpStream, Confluent Freight, Buf's Bufstream y Redpanda Serverless son sistemas compatibles con Kafka creados utilizando una arquitectura sin disco. Casi todos los almacenes de datos en la nube modernos también adoptan esta arquitectura, al igual que Turbopuffer (un motor de búsqueda vectorial) y SlateDB (un motor de almacenamiento LSM nativo de la nube).

Gestión de las interrupciones de los nodos

Cualquier nodo del sistema puede fallar, tal vez de forma inesperada debido a un fallo, pero también debido a un mantenimiento planificado (por ejemplo, reiniciar una máquina para instalar un parche de seguridad del kernel). Ser capaz de reiniciar nodos individuales sin tiempo de inactividad es una gran ventaja para las operaciones y el mantenimiento. Por lo tanto, nuestro objetivo es mantener el sistema en su conjunto en funcionamiento a pesar de los fallos de nodos individuales, y mantener el impacto de una interrupción de un nodo lo más pequeño posible.

¿Cómo se consigue una alta disponibilidad con la replicación basada en líderes?

Fallo de los seguidores: recuperación de puesta al día

En un en su disco local, cada seguidor mantiene un registro de los cambios de datos que ha recibido del líder. Si un seguidor se bloquea y se reinicia, o si la red entre el líder y el seguidor se interrumpe temporalmente, el seguidor puede recuperarse con bastante facilidad: a partir de su registro, conoce la última transacción que se procesó antes de que se produjera el fallo. Así, el seguidor puede conectarse al líder y solicitar todos los cambios de datos que se produjeron durante el tiempo en que el seguidor estuvo desconectado. Cuando ha aplicado estos cambios, se ha puesto al día con el líder y puede seguir recibiendo un flujo de cambios de datos como antes.

Aunque la recuperación del seguidor es conceptualmente sencilla, puede resultar complicada en términos de rendimiento. Si la base de datos tiene un alto rendimiento de escritura o si el seguidor ha estado desconectado durante mucho tiempo, es posible que haya muchas escrituras que recuperar. Habrá una gran carga tanto para el seguidor que se está recuperando como para el líder (que necesita enviar el trabajo atrasado de escrituras al seguidor) mientras se lleva a cabo esta recuperación.

El líder puede eliminar su registro de escrituras después de que todos los seguidores hayan confirmado que lo han procesado, pero si un seguidor no está disponible durante mucho tiempo, el líder se enfrenta a una elección: conservar el registro hasta que el seguidor se recupere y se ponga al día (con el riesgo de quedarse sin espacio en disco en el líder), o eliminar el registro que el seguidor no disponible aún no ha confirmado (en cuyo caso el seguidor no podrá recuperarse del registro y tendrá que restaurarse desde una copia de seguridad cuando vuelva a estar operativo).

Fallo del líder: conmutación por error

Manejar un fallo del líder es más complicado. Uno de los seguidores debe ser ascendido a nuevo líder, los clientes deben reconfigurarse para enviar sus escrituras al nuevo líder y los demás seguidores deben empezar a consumir los cambios de datos del nuevo líder. Este proceso se denomina *conmutación por error* (failover).

La conmutación por error puede realizarse de forma manual (se notifica al administrador que el líder ha fallado y este toma las medidas necesarias para nombrar a un nuevo líder) o automática. Un proceso de conmutación por error automático suele constituirse de los siguientes pasos:

1. *Determinar que el líder ha fallado.* Hay muchas cosas que pueden salir mal: fallos, cortes de energía, problemas de red y mucho más. No hay una forma infalible de detectar lo que ha ocurrido, por lo que la mayoría de los sistemas simplemente utilizan un tiempo de espera; los nodos intercambian mensajes con frecuencia entre sí y, si un nodo no responde durante un periodo de tiempo determinado, por ejemplo, 30 segundos, se da por muerto. (Si el líder se desconecta deliberada-

mente para realizar un mantenimiento planificado, esto no se aplica, ya que el líder puede activar un traspaso seguro antes de apagarse).

2. *Elección de un nuevo líder.* Esto podría hacerse mediante un proceso de elección (en el que el líder es elegido por la mayoría de las réplicas restantes), o bien se podría nombrar a un nuevo líder mediante un *nodo controlador* previamente establecido [13]. El mejor candidato para el liderazgo suele ser la réplica con los cambios de datos más actualizados del antiguo líder (para minimizar cualquier pérdida de datos). Conseguir que todos los nodos se pongan de acuerdo sobre un nuevo líder es un problema de consenso, que se analiza en detalle en Capítulo 10.

3. *Reconfiguración del sistema para utilizar el nuevo líder.* Ahora los clientes deben enviar sus solicitudes de escritura al nuevo líder (lo discutimos en "Enrutamiento de solicitudes" en la página 293). Si el antiguo líder regresa, es posible que siga creyendo que es el líder, sin darse cuenta de que las otras réplicas lo han obligado a dimitir. El sistema debe asegurarse de que el antiguo líder se convierta en seguidor y reconozca al nuevo líder.

La conmutación por error está plagada de cosas que pueden salir mal:

- Si se utiliza la replicación asíncrona, es posible que el nuevo líder no haya recibido todas las escrituras del antiguo líder antes de que fallara. Si el antiguo líder se reincorpora al clúster después de que se haya elegido un nuevo líder, ¿qué debería ocurrir con esas escrituras? Es posible que el nuevo líder haya recibido escrituras conflictivas mientras tanto. La solución más común es que las escrituras no replicadas del antiguo líder simplemente se descarten, lo que significa que las escrituras que creías que se habían confirmado no eran duraderas después de todo.

- Descartar escrituras es especialmente peligroso si otros sistemas de almacenamiento externos a la base de datos necesitan coordinarse con el contenido de la base de datos. Por ejemplo, en un incidente en GitHub [14], un seguidor de MySQL desactualizado fue ascendido a líder. La base de datos utilizaba un contador de autoincremento para asignar claves primarias a las nuevas filas, pero como el contador del nuevo líder iba por detrás del del antiguo líder, reutilizó algunas claves primarias que habían sido asignadas previamente por el antiguo líder. Estas claves primarias también se utilizaban en un almacén Redis, por lo que la reutilización de las claves primarias provocó una inconsistencia entre MySQL y Redis, lo que hizo que algunos datos privados se revelaran a usuarios equivocados.

- En ciertos escenarios de fallo (consulta Capítulo 9), dos nodos podían creer que eran el líder. Esta situación, denominada *split brain* (cerebro dividido), es peligrosa; si ambos líderes aceptan escrituras y no existe un proceso para resolver conflictos (consulta "Replicación con múltiples líderes" en la página 237), es probable que los datos se pierdan o se corrompan. Como medida de seguridad, algunos sistemas cuentan con un mecanismo para apagar un nodo si se detectan dos líderes. Sin embargo, si este mecanismo no se diseña cuidadosamente, se puede llegar a apagar ambos nodos [15]. Además, existe el riesgo de que, para cuando se detecte el split brain y se apague el nodo antiguo, ya sea demasiado tarde y los datos ya se hayan dañado.

- Decidir el tiempo de espera adecuado antes de declarar muerto al líder puede ser complicado. Un tiempo de espera más largo significa un tiempo de recuperación más largo en caso de que el líder falle. Sin embargo, si el tiempo de espera es demasiado corto, podrían producirse conmutaciones por error innecesarias. Por ejemplo, un pico de carga temporal podría hacer que el tiempo de respuesta de un nodo aumentara por encima del tiempo de espera, o un fallo en la red podría provocar retrasos en los paquetes. Si el sistema ya está luchando con una alta carga o problemas de red, es probable que una conmutación por error innecesaria empeore la situación, en lugar de mejorarla.

La protección contra el split brain mediante la limitación o el apagado de los antiguos líderes se conoce como fencing; lo discutimos con más detalle en "Bloqueos y arrendamientos distribuidos" en la página 412. Sin embargo, estos problemas no tienen soluciones fáciles. Por esta razón, algunos equipos de operaciones prefieren realizar las conmutaciones por error de forma manual, incluso si el software admite la conmutación por error automática.

Lo más importante en la conmutación por error es elegir un seguidor actualizado como nuevo líder. Si se utiliza la replicación sincrónica o semisincrónica, este sería el seguidor que el antiguo líder esperaba antes de confirmar las escrituras. Con la replicación asincrónica, puedes elegir al seguidor con el número de secuencia de registro más alto. Esto minimiza la cantidad de datos que se pierden durante la conmutación por error; perder una fracción de segundo de escrituras puede ser tolerable, pero elegir un seguidor que lleve varios días de retraso podría ser catastrófico.

Estos problemas (fallos de nodos, redes poco fiables y compensaciones en torno a la consistencia, durabilidad, disponibilidad y latencia de las réplicas) son, de hecho, problemas fundamentales en los sistemas distribuidos. En los capítulos 9 y 10 los analizaremos con mayor profundidad.

Implementación de registros de replicación

¿Cómo funciona la replicación basada en líderes? En la práctica se utilizan varios métodos de replicación. Veamos cada uno de ellos brevemente.

Replicación basada en sentencias

En el caso más sencillo, el líder registra cada solicitud de escritura (*instrucción*) que ejecuta y envía ese registro de instrucciones a tus seguidores. Para una base de datos relacional, esto significa que cada instrucción `INSERT`, `UPDATE` o `DELETE` se reenvía a los seguidores, y cada seguidor analiza y ejecuta esa instrucción SQL como si la hubiera recibido de un cliente.

Aunque este enfoque de la replicación puede parecer razonable, puede fallar de varias maneras:

- Cualquier instrucción que llame a una función no determinista, como `NOW` para obtener la fecha y la hora actuales o `RAND` para obtener un número aleatorio, probablemente generará un valor diferente en cada réplica.
- Si las sentencias utilizan una columna de autoincremento o dependen de los datos existentes en la base de datos (por ejemplo, `UPDATE... WHERE` *`<some condition>`*), deben ejecutarse exactamente en el mismo orden en cada réplica, o de lo contrario pueden tener un efecto diferente. Esto puede ser limitante cuando hay múltiples transacciones ejecutándose simultáneamente.
- Las sentencias que tienen efectos secundarios (por ejemplo, disparadores, procedimientos almacenados, funciones definidas por el usuario) pueden dar lugar a diferentes efectos secundarios en cada réplica, a menos que los efectos secundarios sean absolutamente determinísticos.

Es posible solucionar esos problemas; por ejemplo, el líder puede sustituir cualquier llamada a una función no determinista por un valor de retorno fijo cuando se registra la instrucción, de modo que todos los seguidores obtengan el mismo valor. La idea de ejecutar instrucciones deterministas en un orden fijo es similar al modelo de origen de eventos que hemos comentado anteriormente en "Event Sourcing y CQRS" en la página 112. Este enfoque también se conoce como *replicación de máquina de estados*, y discutiremos la teoría que lo sustenta en "Uso de registros compartidos" en la página 479.

La replicación basada en sentencias se utilizaba en MySQL antes de la versión 5.1. Todavía se utiliza en ocasiones hoy en día, ya que es bastante compacta, pero por defecto MySQL ahora cambia a la replicación basada en filas (que se explica a continuación) si hay algún indeterminismo en una sentencia. VoltDB utiliza la replicación basada en sentencias y la hace segura al exigir que las transacciones sean deterministas [16]. Sin embargo, el determinismo puede ser difícil de garantizar en la práctica, por lo que muchas bases de datos prefieren otros métodos de replicación.

Envío de registros por adelantado

En Capítulo 4 vimos que se necesita un registro de escritura anticipada para que los motores de almacenamiento B-tree sean robustos; cada modificación se escribe primero en el WAL para que el árbol pueda restaurarse a un estado coherente después de un fallo. Dado que el WAL contiene toda la información necesaria para restaurar los índices y el montón a un estado coherente, podemos utilizar exactamente el mismo registro para crear una réplica en otro nodo; además de escribir el registro en el disco, el líder también lo envía a través de la red a tus seguidores. Cuando el seguidor procesa este registro, crea una copia de los mismos archivos que se encuentran en el líder.

Este método de replicación se utiliza en PostgreSQL y Oracle, entre otros [17, 18]. La principal desventaja es que el registro describe los datos a un nivel muy bajo: un WAL contiene detalles sobre qué bytes se modificaron en qué bloques del disco. Esto hace que la replicación esté estrechamente vinculada al motor de almacenamiento. Si la base de datos cambia su formato de almacenamiento de una versión a otra, normalmente no es posible ejecutar diferentes versiones del software de la base de datos en el líder y los seguidores.

Esto puede parecer un detalle de implementación menor, pero puede tener un gran impacto operativo. Si el protocolo de replicación permite al seguidor utilizar una versión de software más reciente que el líder, puedes realizar una actualización del software de la base de datos sin tiempo de inactividad, actualizando primero los seguidores y luego realizando una conmutación por error para que uno de los nodos actualizados se convierta en el nuevo líder. Si el protocolo de replicación no permite esta incompatibilidad de versiones, como suele ocurrir con el envío de WAL, estas actualizaciones requieren tiempo de inactividad.

Replicación lógica (basada en filas) del registro

Una alternativa es utilizar diferentes formatos de registro para la replicación y para el motor de almacenamiento, lo que permite desacoplar el registro de replicación de los componentes internos del motor de almacenamiento. Este tipo de registro de replicación se denomina *registro lógico*, para distinguirlo de la representación de datos (física) del motor de almacenamiento.

Un registro lógico para una base de datos relacional suele ser una secuencia de registros que describen las escrituras en las tablas de la base de datos con la granularidad de una fila:

- Para una fila insertada, el registro contiene los nuevos valores de todas las columnas.
- Para una fila eliminada, el registro contiene información suficiente para identificar de forma única la fila que se ha eliminado. Normalmente, esta sería la clave

principal, pero si no hay ninguna clave principal en la tabla, es necesario registrar los valores antiguos de todas las columnas.

- Para una fila actualizada, el registro contiene información suficiente para identificar de forma única la fila actualizada y los nuevos valores de todas las columnas (o al menos de todas las columnas cuyos valores hayan cambiado).

Una transacción que modifica varias filas genera varios registros de registro de este tipo, seguidos de un registro que indica que la transacción se ha confirmado. Cuando se configura para utilizar la replicación basada en filas, MySQL mantiene un registro de replicación lógica independiente, denominado *binlog*, además del WAL. PostgreSQL implementa la replicación lógica decodificando el WAL físico en eventos de inserción/actualización/eliminación de filas [19]. Dado que un registro lógico está desacoplado de los componentes internos del motor de almacenamiento,

Dado que un registro lógico está desacoplado de los componentes internos del motor de almacenamiento, es más fácil mantener la compatibilidad con versiones anteriores, lo que permite que el líder y el seguidor ejecuten diferentes versiones del software de la base de datos. Esto, a su vez, permite actualizar a una nueva versión con un tiempo de inactividad mínimo [20].

Un formato de registro lógico también es más fácil de analizar para las aplicaciones externas. Este aspecto es útil si deseas enviar el contenido de una base de datos a un sistema externo, como un almacén de datos para su análisis fuera de línea o un sistema especializado para crear índices y cachés personalizados [21]. Esta técnica se denomina *captura de datos modificados* y volveremos a ella en Capítulo 12.

Problemas con el retraso en la replicación

La capacidad de tolerar fallos de nodos es solo una de las razones para querer la replicación. Como se menciona en "Sistemas distribuidos frente a sistemas de un solo nodo" en la página 21, otras razones son la escalabilidad (procesar más solicitudes de las que puede manejar una sola máquina) y la latencia (colocar réplicas geográficamente más cerca de los usuarios).

La replicación basada en líderes requiere que todas las escrituras pasen por un único nodo, pero las consultas de solo lectura pueden ir a cualquier réplica. Para cargas de trabajo que consisten principalmente en lecturas con solo un pequeño porcentaje de escrituras (lo que suele ser el caso de los servicios en línea), existe una opción atractiva: crear muchos seguidores y distribuir las solicitudes de lectura entre ellos. Esto elimina la carga del líder y permite que las solicitudes de lectura sean atendidas por réplicas cercanas.

En esta arquitectura *de escalado de lectura*, puedes aumentar la capacidad para atender solicitudes de solo lectura simplemente añadiendo más seguidores. Sin embargo, este enfoque solo funciona de manera realista con la replicación asíncrona. Si intentaras replicar de forma sincrónica a todos los seguidores, un solo fallo de nodo o una interrupción de la red haría que todo el sistema dejara de estar disponible para la escritura. Y cuantos más nodos tengas, más probable es que uno de ellos falle, por lo que una configuración totalmente sincrónica sería muy poco fiable.

Desafortunadamente, una aplicación que lea desde un seguidor *asíncrono* puede ver información desactualizada si el seguidor se ha quedado atrás. Esto conduce a inconsistencias aparentes en la base de datos; si ejecutas la misma consulta en el líder y en un seguidor al mismo tiempo, puedes obtener resultados diferentes, porque no todas las escrituras se han reflejado en el seguidor. Esta inconsistencia es un estado temporal: si dejas de escribir en la base de datos y esperas un rato, los seguidores acabarán poniéndose al día y serán consistentes con el líder. Por esa razón, este efecto se conoce como *consistencia eventual* [22].

> El término *consistencia eventual* fue acuñado por Douglas Terry et al. [23] y popularizado por Werner Vogels [24], y se convirtió en el grito de guerra de muchos proyectos NoSQL. Sin embargo, no solo las bases de datos NoSQL son eventualmente consistentes; los seguidores de una base de datos relacional replicada de forma asíncrona tienen las mismas características.

El término "eventualmente" es deliberadamente vago; en general, no hay límite en cuanto al retraso que puede acumular una réplica. En condiciones normales, el retraso entre una escritura en el líder y su reflejo en un seguidor (el *retraso de replicación*) puede ser solo una fracción de segundo y no notarse en la práctica. Sin embargo, si el sistema está funcionando cerca de su capacidad máxima o si se produce un problema en la red, el retraso puede aumentar fácilmente a varios segundos o incluso minutos.

Cuando el retraso es tan grande, las inconsistencias que introduce no son solo una cuestión teórica, sino un problema real para las aplicaciones. En esta sección destacaremos tres ejemplos de problemas que pueden ocurrir con el retraso de replicación. También describiremos algunos enfoques para resolverlos.

Leer tus propias escrituras

Muchas aplicaciones permiten al usuario enviar algunos datos y luego ver lo que ha enviado. Esto podría ser un registro en una base de datos de clientes, un comentario en un hilo de discusión o algo por el estilo. Cuando se envían nuevos datos, deben enviarse al líder, pero cuando el usuario ve los datos, estos pueden leerse desde un seguidor. Esto es especialmente apropiado si los datos se ven con frecuencia, pero solo se escriben ocasionalmente.

Con la replicación asíncrona, surge un problema, como se ilustra en Figura 6-3: si el usuario ve los datos poco después de realizar una escritura, es posible que los nuevos datos aún no hayan llegado a la réplica. Para el usuario, parece como si los datos que envió se hubieran perdido, por lo que es comprensible que se sienta insatisfecho.

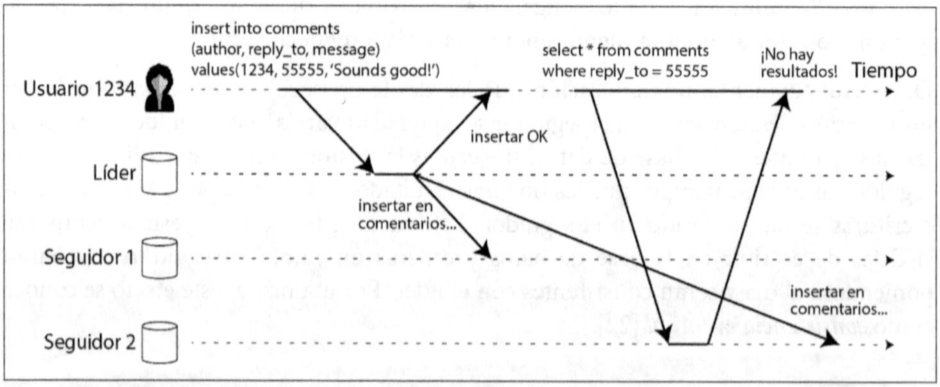

Figura 6-3. Pueden surgir inconsistencias cuando un usuario realiza una escritura, seguida de una lectura desde una réplica obsoleta.

En esta situación, necesitamos *la consistencia de lectura después de la escritura*, también conocida como *consistencia de lectura de tus escrituras* [23]. Esto garantiza que, si el usuario recarga la página, siempre verá las actualizaciones que ha enviado tú mismo. No promete nada con respecto a otros usuarios; es posible que las actualizaciones de otros usuarios no sean visibles hasta más tarde. Sin embargo, le asegura al usuario que su propia entrada se ha guardado correctamente.

¿Cómo podemos implementar la consistencia de lectura después de la escritura en un sistema con replicación basada en líderes? Existen varias técnicas posibles. Por mencionar algunas:

- Cuando leas algo que el usuario pueda haber modificado, léelo desde el líder o desde un seguidor actualizado de forma sincrónica; de lo contrario, léelo desde un seguidor actualizado de forma asincrónica. Esto requiere que tengas alguna forma de saber si algo podría haber sido modificado, sin consultarlo. Por ejemplo, la información del perfil de usuario en una red social normalmente solo puede ser editada por el propietario del perfil, no por nadie más. Por lo tanto, una regla simple es: lee siempre el perfil del usuario desde el líder, y los perfiles de cualquier otro usuario desde un seguidor.
- Si la mayoría de los elementos de la aplicación son potencialmente editables por el usuario, ese enfoque no será eficaz, ya que la mayoría de los elementos tendrían que leerse desde el líder (lo que anularía la ventaja del escalado de lectura). En ese caso, se pueden utilizar otros criterios para decidir si se lee desde el líder. Por ejemplo, se podría rastrear la hora de la última actualización y, durante un minuto después de la última actualización, realizar todas las lecturas desde el líder [25]. También se podría realizar el monitoreo del retraso de replicación

en los seguidores y evitar las consultas en cualquier seguidor que esté más de un minuto por detrás del líder.

- El cliente puede recordar la marca de tiempo de su escritura más reciente, y el sistema puede garantizar que la réplica que sirve cualquier lectura para ese usuario refleje las actualizaciones al menos hasta esa marca de tiempo. Si una réplica no está lo suficientemente actualizada, la lectura puede ser gestionada por otra réplica o la consulta puede esperar hasta que la réplica se haya puesto al día [26]. La marca de tiempo podría ser una *marca de tiempo lógica* (algo que indique el orden de las escrituras, como el número de secuencia del registro) o el reloj real del sistema (en cuyo caso la sincronización del reloj se vuelve crítica; consulta "Relojes poco confiables" en la página 395).
- Si tus réplicas están distribuidas por diferentes regiones (por proximidad geográfica a los usuarios, por disponibilidad o por durabilidad), la complejidad es mayor. Cualquier solicitud que deba ser atendida por el líder debe ser enrutada a la región que contiene al líder.

Otra complicación surge cuando el mismo usuario accede a tu servicio desde varios dispositivos, como un navegador web de escritorio y una aplicación móvil. En este caso, es posible que desees proporcionar consistencia de lectura después de escritura *entre dispositivos*: si el usuario introduce cierta información en un dispositivo y luego la ve en otro dispositivo, debería ver la información que acaba de introducir.

Hay algunas cuestiones adicionales que debes tener en cuenta aquí:

- Los enfoques que requieren recordar la marca de tiempo de la última actualización del usuario se vuelven más difíciles, porque el código que se ejecuta en un dispositivo no sabe qué actualizaciones se han producido en el otro dispositivo. Estos metadatos deberán centralizarse.
- Si tus réplicas están distribuidas en varias regiones, no hay garantía de que las conexiones de diferentes dispositivos se enruten a la misma región. (Por ejemplo, si la computadora de escritorio del usuario utiliza la conexión de banda ancha doméstica y su dispositivo móvil utiliza la red de datos celulares, las rutas de red de los dispositivos pueden ser completamente diferentes). Si tu enfoque requiere leer desde el líder, es posible que primero tengas que enrutar las solicitudes de todos los dispositivos de un usuario a la misma región.

Regiones y zonas de disponibilidad

Utilizamos el término *región* para referirnos a uno o más centros de datos en una única ubicación geográfica. Los proveedores de nube ubican múltiples centros de datos en la misma región geográfica. Cada centro de datos se denomina *zona de disponibilidad* o simplemente *zona*. Por lo tanto, una única región de nube se compone de múltiples zonas. Cada zona es un centro de datos independiente ubicado en una instalación física separada con su propia alimentación, refrigeración, etc.

Las zonas de una misma región están conectadas por conexiones de red de muy alta velocidad. La latencia es lo suficientemente baja como para que la mayoría de los sistemas distribuidos puedan funcionar con nodos repartidos por varias zonas de la misma región, como si estuvieran en una sola zona. Las configuraciones multizona permiten a los sistemas distribuidos sobrevivir a las interrupciones zonales en las que una zona se desconecta, pero no protegen contra las interrupciones regionales en las que todas las zonas de una región quedan indisponibles. Para sobrevivir a un corte regional, un sistema distribuido debe implementarse en varias regiones, lo que puede dar lugar a latencias más altas, un rendimiento menor y un aumento de las facturas de redes en la nube. Analizaremos estas ventajas e inconvenientes más detenidamente en "Topologías de replicación con múltiples líderes" en la página 240. Por ahora, basta con saber que cuando hablamos de región, nos referimos a un conjunto de zonas/centros de datos en una única ubicación geográfica.

Lecturas monotónicas

Nuestro segundo ejemplo de anomalía que puede producirse al leer desde seguidores asíncronos es que es posible que un usuario vea cosas *que retroceden en el tiempo*.

Esto puede suceder si un usuario realiza varias lecturas desde diferentes réplicas. Por ejemplo, Figura 6-4 muestra al usuario 2345 realizando la misma consulta dos veces, primero a un seguidor con poco retraso y luego a un seguidor con mayor retraso. (Este escenario es bastante probable si el usuario actualiza una página web y cada solicitud se enruta a un servidor aleatorio). La primera consulta devuelve un comentario que ha añadido recientemente el usuario 1234, pero la segunda consulta no devuelve nada porque el seguidor con retraso aún no ha recogido esa escritura. En efecto, la segunda consulta observa el estado del sistema en un momento anterior al de la primera consulta. Esto no sería tan grave si la primera consulta no hubiera devuelto nada, porque el usuario 2345 probablemente no sabría que el usuario 1234 había añadido recientemente un comentario. Sin embargo, es muy confuso para el usuario 2345 si primero ve aparecer el comentario del usuario 1234 y luego lo ve desaparecer de nuevo.

Las lecturas monotónicas [22] garantizan que este tipo de anomalía no se produzca. Es una garantía menor que la consistencia fuerte, pero mayor que la consistencia eventual. Cuando lees datos, es posible que veas un valor antiguo; las lecturas monotónicas solo significan que si un usuario realiza varias lecturas seguidas, no verá que el tiempo retrocede (es decir, no leerá datos más antiguos después de haber leído datos más recientes).

Una forma de lograr lecturas monótonas es asegurarse de que cada usuario siempre realice sus lecturas desde la misma réplica (diferentes usuarios pueden leer desde diferentes réplicas). Por ejemplo, la réplica se puede elegir en función de un hash del ID de usuario en lugar de aleatoriamente. Sin embargo, si esa réplica falla, las consultas del usuario deberán redirigirse a otra réplica.

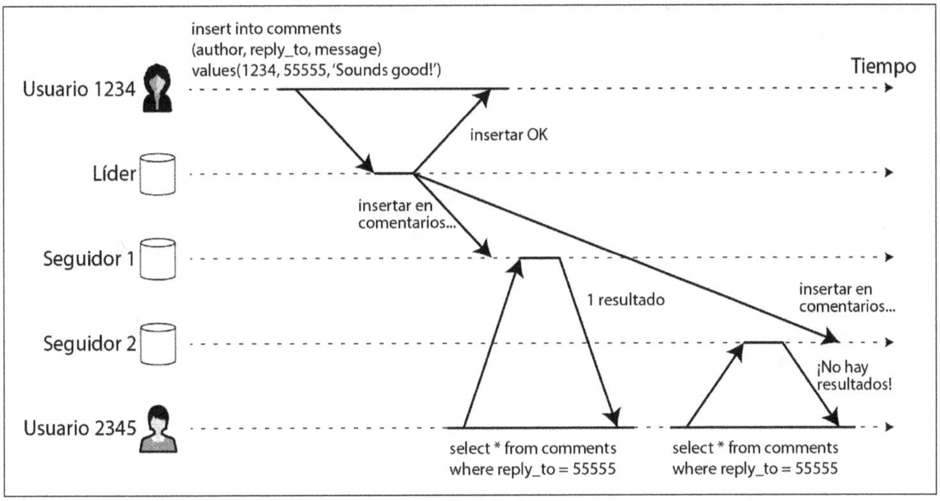

Figura 6-4. Cuando un usuario lee primero una réplica nueva y luego una réplica obsoleta, parece que el tiempo retrocede.

Lecturas de prefijos consistentes

Nuestro tercer ejemplo de anomalías en el retraso de replicación se refiere a la violación de la causalidad. Imagina el siguiente diálogo breve entre el Sr. Poons y la Sra. Cake:

> **Sr. Poons:** ¿Hasta dónde puede ver en el futuro, Sra. Cake?
>
> **Sra. Cake:** Normalmente unos 10 segundos, Sr. Poons.

Existe una dependencia causal entre esas dos frases: la Sra. Cake escuchó la pregunta del Sr. Poons y la respondió.

Ahora, imagina que una tercera persona está escuchando esta conversación a través de seguidores. Las cosas que dice la Sra. Cake pasan por un seguidor con poco retraso, pero las cosas que dice el Sr. Poons tienen un mayor retraso de replicación (consulta Figura 6-5). Este observador oiría lo siguiente:

> **Sra. Cake:** Normalmente unos 10 segundos, Sr. Poons.
>
> **Sr. Poons:** ¿Hasta dónde puede ver en el futuro, Sra. Cake?

Para el observador, parece como si la Sra. Cake estuviera respondiendo a la pregunta antes incluso de que el Sr. Poons la haya formulado. Tales poderes psíquicos son impresionantes, pero muy confusos [27].

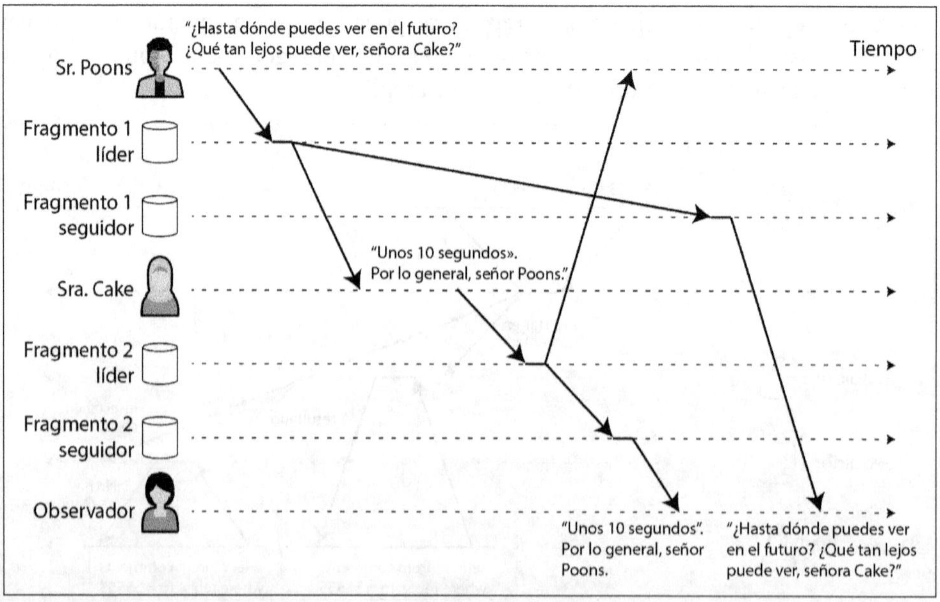

Figura 6-5. Si algunos fragmentos se replican más lentamente que otros, un observador puede ver la respuesta antes de ver la pregunta.

Para evitar este tipo de anomalías se requiere otro tipo de garantía: *lecturas de prefijo consistentes* [22]. Esta garantía establece que si una secuencia de escrituras se produce en un orden determinado, cualquiera que lea esas escrituras las verá aparecer en el mismo orden.

Este es un problema particular en las bases de datos fragmentadas (particionadas), que trataremos en Capítulo 7. Si la base de datos siempre aplica las escrituras en el mismo orden, las lecturas siempre ven un prefijo coherente, por lo que esta anomalía no puede producirse. Sin embargo, en muchas bases de datos distribuidas, los diferentes fragmentos funcionan de forma independiente, por lo que no existe un orden global de las escrituras. Cuando un usuario lee la base de datos, es posible que vea algunas partes de la base de datos en un estado más antiguo y otras en un estado más reciente.

Una solución es asegurarse de que todas las escrituras que están causalmente relacionadas entre sí se escriban en el mismo fragmento, pero en algunas aplicaciones eso no se puede hacer de manera eficiente. Algunos algoritmos realizan un seguimiento explícito de las dependencias causales, un tema al que volveremos en "La relación happens-before (ocurre antes) y la concurrencia" en la página 264.

Soluciones para el retraso en la replicación

Cuando se trabaja con un sistema eventualmente consistente, vale la pena pensar en cómo se comportará la aplicación si el retraso en la replicación aumenta a varios minutos o incluso horas. Si la respuesta es "no hay problema", estupendo. Sin embargo, si el resultado es una mala experiencia para los usuarios, es importante diseñar el sistema para que ofrezca una garantía más sólida, como la lectura después de la escritura. Fingir que la replicación es sincrónica cuando en realidad es asincrónica es una receta para tener problemas más adelante.

Como se ha comentado anteriormente, hay formas de que una aplicación ofrezca una garantía más sólida que la base de datos subyacente, por ejemplo, realizando ciertos tipos de lecturas en el líder o en un seguidor actualizado de forma sincrónica. Sin embargo, tratar estos problemas en el código de la aplicación es complejo y fácil de equivocarse.

El modelo de programación más sencillo para los desarrolladores de aplicaciones es elegir una base de datos que ofrezca una garantía de consistencia sólida para las réplicas, como la linealizabilidad (consulta Capítulo 10), y que admita transacciones ACID (consulta Capítulo 8). Esto te permite ignorar en gran medida los retos que plantea la replicación y tratar la base de datos como si tuviera un solo nodo. A principios de la década de 2010, el movimiento NoSQL promovió la idea de que estas características limitaban la escalabilidad y que los sistemas a gran escala tendrían que adoptar la consistencia eventual.

Sin embargo, desde entonces, varias bases de datos han comenzado a proporcionar una fuerte consistencia y soporte de transacciones, al tiempo que ofrecen las ventajas de tolerancia a fallos, alta disponibilidad y escalabilidad de una base de datos distribuida. Como se menciona en "Modelos relacionales frente a modelos de documentos" en la página 75, esta tendencia se conoce como *NewSQL* para contrastar con NoSQL (aunque se trata menos de SQL específicamente y más de nuevos enfoques para la gestión de transacciones escalables).

Aunque ahora existen bases de datos distribuidas escalables y altamente consistentes, todavía hay buenas razones por las que algunas aplicaciones optan por utilizar diferentes formas de replicación que ofrecen garantías de consistencia más débiles. En particular, pueden ofrecer una mayor resiliencia ante interrupciones de la red y tener menores sobrecargas en comparación con los sistemas transaccionales. Exploraremos estos enfoques en el resto de este capítulo.

Replicación con múltiples líderes

Hasta ahora, en este capítulo solo hemos considerado arquitecturas de replicación que utilizan un único líder. Aunque se trata de un enfoque común, existen alternativas interesantes.

La replicación con un único líder tiene una desventaja importante: todas las escrituras deben pasar por ese líder. Si no puedes conectarte al líder por cualquier motivo, por ejemplo, debido a una interrupción de la red entre tú y el líder, no podrás escribir en la base de datos.

Una extensión natural del modelo de replicación con un solo líder es permitir que más de un nodo acepte escrituras. La replicación sigue ocurriendo de la misma manera: cada nodo que procesa una escritura debe reenviar ese cambio de datos a todos los demás nodos. A esto lo llamamos configuración *con múltiples líderes* (también conocida como replicación *activa/activa* o *bidireccional*). En esta configuración, cada líder actúa simultáneamente como seguidor de los demás líderes.

Al igual que con la replicación de líder único, se puede elegir entre que sea sincrónica o asincrónica. Supongamos que tienes dos líderes, A y B, y estás intentando escribir en A. Si las escrituras se replican de forma sincrónica de A a B, y la red entre los dos nodos se interrumpe, no podrás escribir en A hasta que se restablezca la conexión. Por lo tanto, la replicación sincrónica con varios líderes te ofrece un modelo muy similar a la replicación con un solo líder en la que, por ejemplo, B es el líder y A simplemente reenvía cualquier solicitud de escritura a B para que la ejecute.

Por esa razón, no profundizaremos más en la replicación sincrónica de múltiples líderes y simplemente la trataremos como equivalente a la replicación de un solo líder. El resto de esta sección se centra en la replicación asincrónica de múltiples líderes, en la que cualquier líder puede procesar escrituras, incluso cuando su conexión con los demás líderes se interrumpe.

Operación distribuida geográficamente

Rara vez tiene sentido utilizar una configuración con múltiples líderes dentro de una misma región, ya que las ventajas rara vez compensan la complejidad añadida. Sin embargo, en algunas situaciones esta configuración es razonable.

Imagina que tienes una base de datos con réplicas en varias regiones (quizás para poder tolerar el fallo de toda una región, o quizás por proximidad con tus usuarios). Esto se conoce como configuración *distribuida geográficamente*, *geodistribuida* o *georreplicada*. Con la replicación de líder único, el líder tiene que estar en *una* de las regiones, y todas las escrituras deben pasar por esa región.

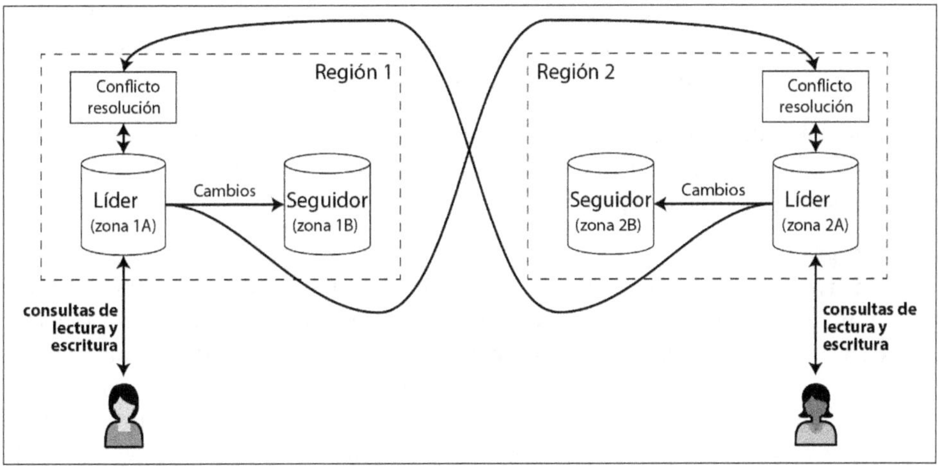

Figura 6-6. Replicación con múltiples líderes en varias regiones

En una configuración de múltiples líderes, puedes tener un líder en *cada* región. Figura 6-6 muestra cómo podría ser esta arquitectura. Dentro de cada región, se utiliza la replicación regular líder-seguidor (con seguidores que pueden estar en una zona de disponibilidad diferente a la del líder); entre regiones, el líder de cada región replica sus cambios a los líderes de otras regiones. Comparemos cómo funcionan las configuraciones de líder único y múltiples líderes en una implementación multirregional:

Rendimiento
: En una configuración de líder único, cada escritura debe pasar por Internet hasta la región con el líder. Esto puede añadir una latencia significativa a las escrituras y podría frustrar el propósito de tener varias regiones en primer lugar. En una configuración de líderes múltiples, cada escritura se puede procesar en la región local y luego replicarse de forma asíncrona en las demás regiones. De este modo, el retraso de la red entre regiones queda oculto para los usuarios, lo que significa que el rendimiento percibido puede ser mejor.

Tolerancia a interrupciones regionales
: En una configuración de líder único, si la región con el líder deja de estar disponible, la conmutación por error puede promover a un seguidor de otra región a líder. En una configuración de múltiples líderes, cada región puede seguir funcionando de forma independiente de las demás, y la replicación se pone al día cuando la región desconectada vuelve a estar en línea.

Tolerancia a problemas de red
: Incluso con conexiones dedicadas, el tráfico entre regiones puede ser menos confiable que el tráfico entre zonas de la misma región o dentro de una sola zona. Una configuración de líder único es muy sensible a los problemas en este enlace

entre regiones, porque cuando un cliente de una región quiere escribir en un líder de otra región, tiene que enviar su solicitud a través de ese enlace y esperar la respuesta antes de poder completar la operación.

Una configuración de múltiples líderes con replicación asíncrona puede tolerar mejor los problemas de red; durante una interrupción temporal de la red, el líder de cada región puede seguir procesando las escrituras de forma independiente.

Consistencia

Un sistema de líder único puede proporcionar garantías de consistencia sólidas, como transacciones serializables, que discutiremos en Capítulo 8. La mayor desventaja de los sistemas de múltiples líderes es que la consistencia que pueden lograr es mucho más débil. Por ejemplo, no se puede garantizar que una cuenta bancaria no vaya a estar en números rojos o que un nombre de usuario sea único; siempre es posible que diferentes líderes procesen escrituras que individualmente están bien (pagar parte del dinero de una cuenta, registrar un nombre de usuario concreto), pero que violan la restricción cuando se combinan con otra escritura en otro líder.

Se trata simplemente de una limitación fundamental de los sistemas distribuidos [28]. Si necesitas aplicar tales restricciones, es mejor que utilices un sistema de líder único. Sin embargo, como veremos en "Cómo lidiar con las escrituras conflictivas" en la página 245, los sistemas con múltiples líderes aún pueden alcanzar propiedades de consistencia que son útiles en una amplia gama de aplicaciones que no necesitan tales restricciones.

La replicación con varios líderes es menos común que la replicación con un solo líder, pero sigue siendo compatible con muchas bases de datos, como MySQL, Oracle, SQL Server y YugabyteDB. En algunos casos, se trata de una función adicional externa, por ejemplo, en Redis Enterprise, EDB Postgres Distributed y pglogical [29].

Dado que la replicación multilíder es una función adaptada en muchas bases de datos, a menudo existen sutiles dificultades de configuración e interacciones sorprendentes con otras funciones de la base de datos. Por ejemplo, las claves de autoincremento, los disparadores y las restricciones de integridad pueden ser problemáticos. Por esta razón, la replicación multilíder se considera a menudo un terreno peligroso que debe evitarse si es posible [30].

Topologías de replicación con múltiples líderes

Una *topología de replicación* describe las rutas de comunicación a lo largo de las cuales se propagan las escrituras de un nodo a otro. Si tienes dos líderes, como en Figura 6-6, solo es plausible una topología: el líder 1 debe enviar todas sus escrituras al líder 2, y viceversa. Con más de dos líderes, son posibles varias topologías. Algunos ejemplos se ilustran en Figura 6-7.

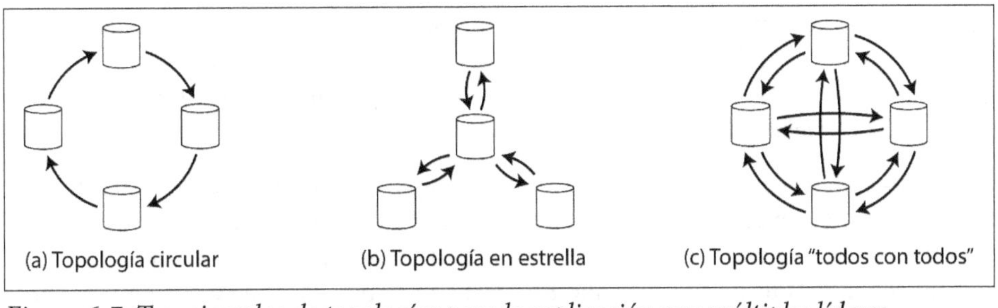

Figura 6-7. Tres ejemplos de topologías para la replicación con múltiples líderes

La topología más general es *la de todos con todos*, que se muestra enFigura 6-7(c), en la que cada líder envía sus escrituras a todos los demás líderes. Sin embargo, también se utilizan topologías más restringidas. Por ejemplo, en la *topología circular*, que se muestra en Figura 6-7(a), cada nodo recibe escrituras de un nodo y reenvía esas escrituras (más cualquier escritura propia) a otro nodo. La *topología en estrella*, que se muestra en Figura 6-7(b), también es popular; aquí, un nodo raíz designado reenvía las escrituras a todos los demás nodos. La topología en estrella se puede generalizar a un árbol.

> Una topología de red en forma de estrella no tiene relación con un *esquema en estrella* (consulta "Estrellas y Snowflakes: esquemas para análisis" en la página 86), que describe la estructura de un modelo de datos.

En las topologías circulares y en estrella, es posible que una escritura tenga que pasar por varios nodos antes de llegar a todas las réplicas. Por lo tanto, los nodos deben reenviar los cambios de datos que reciben de otros nodos. Para evitar bucles de replicación infinitos, a cada nodo se le asigna un identificador único y, en el registro de replicación, cada escritura se etiqueta con los identificadores de todos los nodos por los que ha pasado [31]. Cuando un nodo recibe un cambio de datos etiquetado con su propio identificador, ese cambio de datos se ignora, porque el nodo sabe que ya ha sido procesado.

Problemas con diferentes topologías

Un problema con las topologías circulares y en estrella es que, si solo falla un nodo, puede interrumpir el flujo de mensajes de replicación entre otros nodos, lo que les impide comunicarse hasta que se repare el nodo. La topología podría reconfigurarse para evitar el nodo fallido, pero en la mayoría de las implementaciones dicha reconfiguración tendría que realizarse manualmente. La tolerancia a fallos de una topología más densamente conectada (como la de todos con todos) es mejor porque permite que los mensajes viajen por diferentes rutas, evitando un único punto de fallo.

Sin embargo, las topologías "todos con todos" también pueden tener problemas. En concreto, algunos enlaces de red pueden ser más rápidos que otros (por ejemplo, debido a la congestión de la red), lo que da lugar a que algunos mensajes de replicación puedan "adelantar" a otros, como se ilustra en Figura 6-8.

En Figura 6-8, el cliente A inserta una fila en una tabla en el líder 1, y el cliente B actualiza esa fila en el líder 3. Sin embargo, el líder 2 puede recibir las escrituras en un orden diferente. Puede recibir primero la actualización (que, desde su punto de vista, es una actualización de una fila que no existe en la base de datos) y solo más tarde recibir la inserción correspondiente (que debería haber precedido a la actualización).

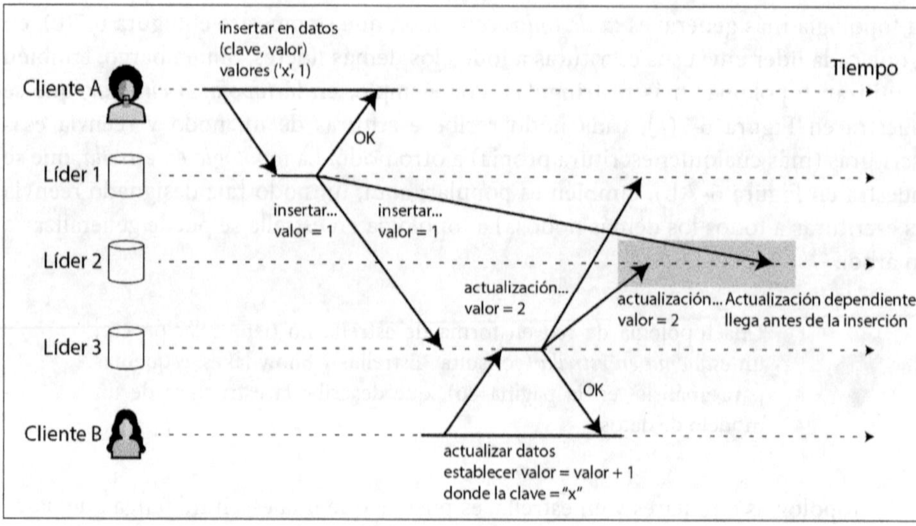

Figura 6-8. Con la replicación multilíder, las escrituras pueden llegar en orden incorrecto a algunas réplicas.

Se trata de un problema de causalidad, similar al que vimos en "Lecturas de prefijos consistentes" en la página 235. La actualización depende de la inserción previa, por lo que debemos asegurarnos de que todos los nodos procesen primero la inserción y luego la actualización. No basta con adjuntar una marca de tiempo a cada escritura, ya que no se puede confiar en que los relojes estén lo suficientemente sincronizados como para ordenar correctamente estos eventos en el líder 2 (consulta Capítulo 9).

Para ordenar estos eventos correctamente, se puede utilizar una técnica llamada *vectores de versión*, que discutiremos en "Detección de escrituras simultáneas" en la página 263. Sin embargo, muchos sistemas de replicación multilíder no utilizan buenas técnicas para ordenar las actualizaciones, lo que los deja vulnerables a problemas como el de Figura 6-8. Si utilizas la replicación multilíder, vale la pena que seas consciente de estos problemas, leas atentamente la documentación y pruebes a fondo tu base de datos para asegurarte de que realmente ofrece las garantías que crees que tiene.

Motores de sincronización y software Local-First

La replicación multilíder también es adecuada si tienes una aplicación que necesita seguir funcionando mientras está desconectada de Internet. Por ejemplo, piensa en las aplicaciones de calendario de tu teléfono móvil, tu computadora portátil y otros dispositivos. Necesitas poder ver tus reuniones (realizar solicitudes de lectura) e introducir nuevas reuniones (realizar solicitudes de escritura) en cualquier momento, independientemente de si tu dispositivo tiene conexión a Internet en ese momento. Si realizas algún cambio mientras estás desconectado, estos deben sincronizarse con un servidor y con tus otros dispositivos cuando el dispositivo se conecte de nuevo.

En este caso, cada dispositivo tiene una réplica de base de datos local que actúa como líder (acepta solicitudes de escritura) y existe un proceso de replicación (sincronización) asíncrono con múltiples líderes entre las réplicas de tu calendario en todos tus dispositivos. El retraso en la replicación puede ser de horas o incluso días, dependiendo de cuándo tengas acceso a Internet.

Desde el punto de vista arquitectónico, esta configuración es muy similar a la replicación multilíder entre regiones, llevada al extremo. Cada dispositivo es una "región" y la conexión de red entre ellos es extremadamente poco fiable.

Aplicaciones de colaboración en tiempo real, offline-first y local-first

Muchas aplicaciones web modernas ofrecen funciones *de colaboración en tiempo real*, como Google Docs y Sheets para documentos de texto y hojas de cálculo, Figma para gráficos y Linear para la gestión de proyectos. Lo que hace que estas aplicaciones sean tan receptivas es que las entradas de los usuarios se reflejan inmediatamente en la interfaz de usuario, sin esperar a que la red realice un viaje de ida y vuelta al servidor, y las ediciones de un usuario se muestran a sus colaboradores con baja latencia [32, 33, 34].

Esto da lugar de nuevo a una arquitectura multilíder: cada pestaña del navegador web que ha abierto el archivo compartido es una réplica, y cualquier actualización que realices en el archivo se replica de forma asíncrona en los dispositivos de los demás usuarios que han abierto el mismo archivo. Incluso si la aplicación no te permite seguir editando un archivo mientras estás sin conexión, el hecho de que varios usuarios puedan realizar ediciones sin esperar una respuesta del servidor ya la convierte en multilíder.

Tanto la edición sin conexión como la colaboración en tiempo real requieren una infraestructura de replicación similar. La aplicación necesita capturar cualquier cambio que el usuario realice en un archivo y enviarlo a los colaboradores inmediatamente (si están conectados) o almacenarlo localmente para enviarlo más tarde (si están desconectados). Además, la aplicación necesita recibir los cambios de los colaboradores, fusionarlos en la copia local del archivo del usuario y actualizar la interfaz de usuario para reflejar la última versión. Si varios usuarios han cambiado el archivo al mismo tiempo, puede ser necesaria una lógica de resolución de conflictos para fusionar esos cambios.

Una biblioteca de software que admite este proceso se denomina *motor de sincronización*. Aunque la idea existe desde hace mucho tiempo, el término ha ganado atención recientemente [35, 36, 37]. Una aplicación que permite al usuario seguir editando un archivo sin conexión (lo que puede implementarse mediante un motor de sincronización) se denomina *offline-first* [38]. El término *software local-first* se refiere a aplicaciones colaborativas que no solo son offline-first, sino que también están diseñadas para seguir funcionando incluso si el desarrollador que creó el software cierra todos sus servicios en línea [39]. Esto se puede lograr utilizando un motor de sincronización con un protocolo de sincronización de estándar abierto para el que hay varios proveedores de servicios disponibles [40].Por ejemplo, Git es un sistema de colaboración local-first (aunque no admite la colaboración en tiempo real), ya que puedes sincronizar a través de GitHub, GitLab o cualquier otro servicio de alojamiento de repositorios.

Ventajas e inconvenientes de los motores de sincronización

La forma predominante de crear aplicaciones web hoy en día es mantener muy poco estado persistente en el cliente y depender de las solicitudes al servidor cada vez que se necesita mostrar un nuevo dato o actualizar algunos datos. Por el contrario, cuando se utiliza un motor de sincronización, se tiene un estado persistente en el cliente y la comunicación con el servidor se traslada a un proceso en segundo plano. El enfoque del motor de sincronización tiene una serie de ventajas:

- Tener los datos localmente significa que la interfaz de usuario puede responder mucho más rápido que si tuviera que esperar una llamada de servicio para obtener algunos datos. Algunas aplicaciones tienen como objetivo responder a la entrada del usuario en el siguiente *fotograma* del sistema gráfico, lo que significa renderizar en 16 ms en una pantalla con una frecuencia de actualización de 60 Hz.
- Permitir a los usuarios seguir trabajando sin conexión es muy valioso, especialmente en dispositivos móviles con conectividad intermitente. Con un motor de sincronización, una aplicación no necesita un modo sin conexión independiente: estar sin conexión es lo mismo que tener un retraso de red muy grande.
- Un motor de sincronización simplifica el modelo de programación de las aplicaciones frontend, en comparación con la realización de llamadas de servicio explícitas en el código de la aplicación. Cada llamada de servicio requiere un manejo

de errores, como se explica en "Los problemas de las llamadas a procedimientos remotos" en la página 201; por ejemplo, si falla una solicitud para actualizar datos en un servidor, la interfaz de usuario debe reflejar de alguna manera ese error. Un motor de sincronización permite a la aplicación realizar lecturas y escrituras en datos locales; estas operaciones casi nunca fallan, lo que da lugar a un estilo de programación más declarativo [41].

- Para mostrar las ediciones de otros usuarios en tiempo real, necesitas recibir notificaciones de esas ediciones y actualizar de manera eficiente la interfaz de usuario en consecuencia. Un motor de sincronización combinado con un modelo de *programación reactiva* es una buena forma de implementar esto [42].

Los motores de sincronización funcionan mejor cuando todos los datos que el usuario puede necesitar se descargan por adelantado y se almacenan de forma persistente en el cliente. Esto significa que los datos están disponibles para el acceso sin conexión cuando es necesario, pero también significa que los motores de sincronización no son adecuados si el usuario tiene acceso a una gran cantidad de datos. Por ejemplo, descargar todos los archivos que ha creado el usuario probablemente esté bien (un usuario no suele generar tantos datos), pero descargar todo el catálogo de un sitio web de comercio electrónico probablemente no tenga sentido.

El motor de sincronización fue pionero en Lotus Notes en la década de 1980 [43] (sin utilizar ese término), y la sincronización para aplicaciones específicas, como los calendarios, también existe desde hace mucho tiempo. Hoy en día, existen numerosos motores de sincronización de uso general. Algunos utilizan un servicio de backend propietario (por ejemplo, Google Firestore, Realm o Ditto), y otros tienen un backend de código abierto, lo que los hace adecuados para crear software de tipo local-first (por ejemplo, PouchDB/CouchDB, Automerge y Yjs).

Los videojuegos multijugador tienen una necesidad similar de responder inmediatamente a las acciones locales del usuario y conciliarlas con las acciones de otros jugadores recibidas de forma asíncrona a través de la red. En la jerga del desarrollo de videojuegos, el equivalente a un motor de sincronización se denomina *netcode*. Las técnicas utilizadas en el netcode son bastante específicas para los requisitos de los videojuegos [44] y no se pueden aplicar directamente a otros tipos de software, por lo que no las consideraremos más en este libro.

Cómo lidiar con las escrituras conflictivas

El mayor problema de la replicación multilíder, tanto en una base de datos del lado del servidor distribuida geográficamente como en un motor de sincronización local en los dispositivos de los usuarios finales, es que las escrituras simultáneas en diferentes líderes pueden dar lugar a conflictos que deben resolverse.

Por ejemplo, consideremos una página wiki que está siendo editada simultáneamente por dos usuarios, como se muestra en Figura 6-9. El usuario 1 cambia el título de la página de A a B, y el usuario 2 cambia independientemente el título de A a C. Los cambios de cada usuario se aplican correctamente a su líder local. Sin embargo, cuando los cambios se replican de forma asíncrona, se detecta un conflicto. Este problema no se produce en una base de datos con un único líder.

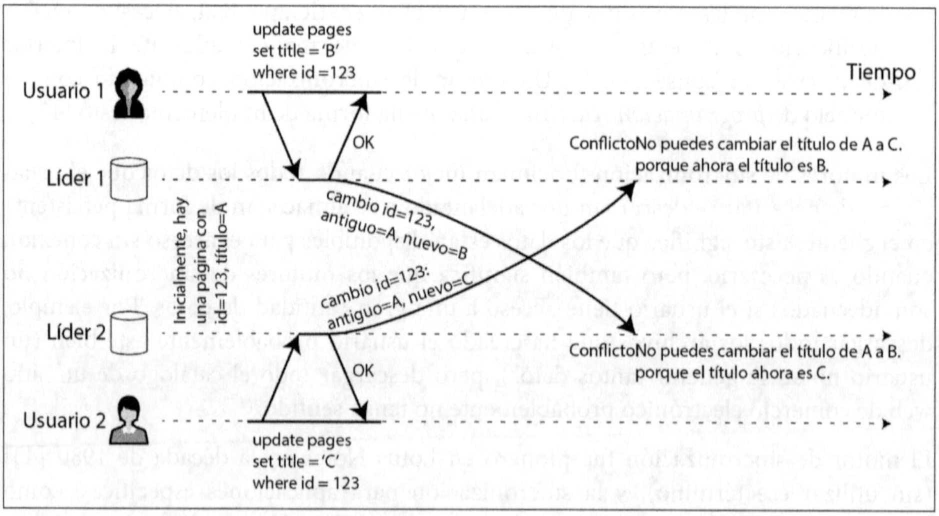

Figura 6-9. Un conflicto de escritura causado por dos líderes que actualizan simultáneamente el mismo registro

> Decimos que las dos escrituras en Figura 6-9 son *concurrentes* porque ninguna de las dos era "consciente" de la otra en el momento en que se realizó la escritura originalmente. No importa si las escrituras se produjeron literalmente al mismo tiempo; de hecho, si las escrituras se realizaron sin conexión, podrían haber ocurrido con cierto tiempo de diferencia. Lo que importa es si una escritura se produjo en un estado en el que la otra escritura ya había surtido efecto.

En "Detección de escrituras simultáneas" en la página 263 abordaremos la cuestión de cómo una base de datos puede determinar si dos escrituras son concurrentes. Por ahora, supondremos que podemos detectar conflictos y queremos descubrir la mejor manera de resolverlos.

Evitar conflictos

Una estrategia para lidiar con los conflictos es evitar que ocurran en primer lugar. Por ejemplo, si la aplicación puede garantizar que todas las escrituras de un registro concreto pasen por el mismo líder, entonces no pueden producirse conflictos, incluso si la base de datos en su conjunto tiene varios líderes. Este enfoque no es posible para un cliente de motor de sincronización que se actualiza sin conexión, pero a veces es posible en sistemas de servidores con replicación geográfica [30].

Por ejemplo, en una aplicación en la que un usuario solo puede editar sus propios datos, puedes asegurarte de que las solicitudes de un usuario concreto se enruten siempre a la misma región y utilizar el líder de esa región para la lectura y la escritura. Los diferentes usuarios pueden tener diferentes regiones "de origen" (quizás elegidas en función de la proximidad geográfica al usuario), pero desde el punto de vista de cualquier usuario, la configuración es esencialmente de líder único.

Sin embargo, a veces es posible que desees cambiar el líder designado para un registro, tal vez porque una región no está disponible y necesitas redirigir el tráfico a otra región, o tal vez porque un usuario se ha trasladado a una ubicación diferente y ahora está más cerca de otra región. Ahora existe el riesgo de que el usuario realice una escritura mientras se está llevando a cabo el cambio de líder designado, lo que provocaría un conflicto que tendría que resolverse utilizando uno de los siguientes métodos. Por lo tanto, la prevención de conflictos falla si se permite cambiar el líder.

Para ver otro ejemplo de cómo evitar conflictos, imagina que quieres insertar nuevos registros y generar ID únicos para ellos basados en un contador autoincremental. Si tienes dos líderes, podrías configurarlos para que uno genere solo números impares y el otro solo números pares. De esa manera, puedes estar seguro de que los dos líderes no asignarán simultáneamente el mismo ID a registros diferentes. Discutiremos otros esquemas de asignación de ID en "Generadores de ID y relojes lógicos" en la página 461.

La última escritura gana (descartando las escrituras simultáneas)

Si no se pueden evitar los conflictos, la forma más sencilla de resolverlos es adjuntar una marca de tiempo a cada escritura y utilizar siempre el valor con la marca de tiempo más reciente (mayor). Por ejemplo, en Figura 6-9, supongamos que la marca de tiempo de la escritura del usuario 1 es mayor que la marca de tiempo de la escritura del usuario 2. En ese caso, ambos líderes determinarán que el nuevo título de la página debe ser B y descartarán la escritura que lo establece como C. Si las escrituras coinciden con la misma marca de tiempo, el ganador se puede elegir comparando los valores (por ejemplo, para cadenas, tomando la que sea anterior en el alfabeto).

Este enfoque se denomina *la última escritura gana* (LWW, por sus siglas en inglés), ya que la escritura con la marca de tiempo más grande puede considerarse la "última". Sin embargo, el término es engañoso, ya que cuando dos escrituras son concurrentes (como en Figura 6-9), no se define cuál es la más reciente, por lo que el orden de las marcas de tiempo de las escrituras concurrentes es esencialmente aleatorio.

Por lo tanto, el significado real de LWW es el siguiente: cuando el mismo registro se escribe simultáneamente en diferentes líderes, una de esas escrituras se elige al azar como ganadora y las demás se descartan silenciosamente, aunque hayan sido procesadas con éxito por sus respectivos líderes. De este modo se consigue el objetivo de que, al final, todas las réplicas terminen en un estado coherente, pero a costa de la pérdida de datos.

Si puedes evitar los conflictos, por ejemplo, insertando solo registros con una clave única y sin actualizarlos nunca, entonces LWW no supone ningún problema. Pero si actualizas registros existentes o si diferentes líderes pueden insertar registros con la misma clave, entonces tienes que decidir si las actualizaciones perdidas son un problema para tu aplicación. Si las actualizaciones perdidas no son aceptables, debes utilizar uno de los enfoques de resolución de conflictos que se describen a continuación.

Otro problema del LWW es que, si se utiliza un reloj en tiempo real (por ejemplo, una marca de tiempo Unix) como marca de tiempo para las escrituras, el sistema se vuelve muy sensible a la sincronización del reloj. Si un nodo tiene un reloj que va por delante de los demás y tratas de sobrescribir un valor escrito por ese nodo, tu escritura puede ser ignorada, ya que puede tener una marca de tiempo inferior, aunque claramente haya ocurrido más tarde. Este problema puede resolverse utilizando un *reloj lógico*, que discutiremos en "Generadores de ID y relojes lógicos" en la página 461.

Resolución manual de conflictos

Si no es deseable descartar aleatoriamente algunas de tus escrituras, la siguiente opción es resolver el conflicto manualmente. Es posible que estés familiarizado con la resolución manual de conflictos de Git y otros sistemas de control de versiones: si las confirmaciones en dos ramas editan las mismas líneas del mismo archivo y intentas fusionar esas ramas, obtendrás un conflicto de fusión que deberá resolverse antes de que se complete la fusión.

En una base de datos, no sería práctico que un conflicto detuviera todo el proceso de replicación hasta que un ser humano lo resolviera. En cambio, las bases de datos suelen almacenar todos los valores escritos simultáneamente para un registro determinado, por ejemplo, tanto B como C en Figura 6-9. Estos valores se denominan a veces *hermanos*. La próxima vez que consultes ese registro, la base de datos devolverá *todos* esos valores en lugar de solo el último. A continuación, puedes resolver esos valores como quieras, ya sea automáticamente en el código de la aplicación (por ejemplo, podrías concatenar B y C en B/C) o preguntando al usuario. A continuación, vuelves a escribir un nuevo valor en la base de datos para resolver el conflicto.

Este enfoque para la resolución de conflictos se utiliza en algunos sistemas, como CouchDB. Sin embargo, también adolece de estos problemas:

- La API de la base de datos cambia; por ejemplo, donde antes el título de la página wiki era solo una cadena, ahora se convierte en un conjunto de cadenas que suelen contener un elemento, pero que a veces pueden contener varios elementos si hay un conflicto. Esto puede hacer que sea complicado trabajar con los datos en el código de la aplicación.
- Pedirte que fusionen manualmente los elementos hermanos supone mucho trabajo, tanto para el desarrollador de la aplicación (que necesita crear la interfaz de usuario para la resolución de conflictos) como para ti (que puedes sentirte confundido sobre lo que se te pide que hagas y por qué). En muchos casos, es mejor fusionar automáticamente que molestar al usuario.
- La fusión automática de elementos hermanos puede dar lugar a un comportamiento sorprendente si no se realiza con cuidado. Por ejemplo, el carrito de la compra de Amazon solía permitir actualizaciones simultáneas, que luego se fusionaban manteniendo todos los artículos del carrito que aparecían en cualquiera de los elementos hermanos (es decir, tomando la unión de los carritos). Esto significaba que si el cliente había eliminado un artículo de su carrito en un hermano, pero otro hermano todavía contenía ese artículo antiguo, el artículo eliminado reaparecía inesperadamente en el carrito del cliente [45]. En Figura 6-10, el dispositivo 1 elimina `Book` del carrito de compras y, al mismo tiempo, el dispositivo 2 elimina `DVD`, pero después de fusionar los hermanos, ambos artículos reaparecen.
- Si varios nodos observan el conflicto y lo resuelven simultáneamente, el proceso de resolución de conflictos puede introducir un nuevo conflicto. Esas resoluciones podrían incluso ser inconsistentes: por ejemplo, un nodo puede fusionar B y C en B/C y otro puede fusionarlos en C/B si no se tiene cuidado de ordenarlos de forma coherente. Cuando se fusiona el conflicto entre B/C y C/B, puede dar lugar a B/C/C/B o algo igualmente sorprendente.

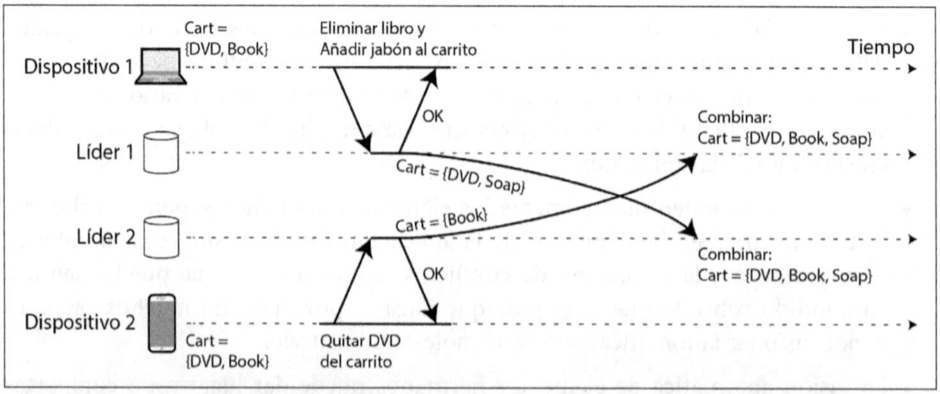

Figura 6-10. Un ejemplo de anomalía en el carrito de la compra de Amazon: si los conflictos se fusionan tomando la unión del conjunto, los artículos eliminados pueden reaparecer.

Resolución automática de conflictos

Para muchas aplicaciones, la mejor manera de manejar los conflictos es utilizar un algoritmo que fusiona automáticamente las escrituras concurrentes en un estado coherente. La resolución automática de conflictos garantiza que todas las réplicas *converjan* en el mismo estado, es decir, que todas las réplicas que han procesado el mismo conjunto de escrituras tengan el mismo estado, independientemente del orden en que llegaron las escrituras. La combinación de la coherencia eventual con una garantía de convergencia se conoce como *coherencia eventual fuerte* [46].

LWW es un ejemplo sencillo de algoritmo de resolución de conflictos. Se han desarrollado algoritmos de fusión más sofisticados para diferentes tipos de datos, con el objetivo de preservar en la medida de lo posible el efecto deseado de todas las actualizaciones y, por lo tanto, evitar la pérdida de datos:

- Si los datos son texto (por ejemplo, el título o el cuerpo de una página wiki), podemos detectar qué caracteres se han insertado o eliminado de una versión a otra. El resultado fusionado conserva entonces todas las inserciones y eliminaciones realizadas en cualquiera de los hermanos. Si los usuarios insertan texto simultáneamente en la misma posición, se puede ordenar de forma determinista para que todos los nodos obtengan el mismo resultado fusionado.
- Si los datos son una colección de elementos (ordenados como una lista de tareas pendientes o sin ordenar como un carrito de la compra), podemos fusionarlos de forma similar al texto, rastreando las inserciones y eliminaciones. Para evitar el problema del carrito de la compra en Figura 6-10, los algoritmos rastrean el hecho de que `el Book` y `DVD` se eliminaron, por lo que el resultado fusionado es `Cart = {Soap}`.

- Si los datos son un número entero que representa un contador que se puede incrementar o decrementar (por ejemplo, el número de "me gusta" en una publicación de redes sociales), el algoritmo de fusión puede determinar cuántos incrementos y decrementos se produjeron en cada elemento y sumarlos correctamente para que el resultado no se cuente dos veces y no se pierdan actualizaciones.
- Si los datos son una asignación de clave-valor, podemos fusionar las actualizaciones de la misma clave aplicando uno de los otros algoritmos de resolución de conflictos a los valores bajo esa clave. Las actualizaciones de diferentes claves se pueden gestionar de forma independiente entre sí.

Hay límites a lo que es posible con la resolución de conflictos. Por ejemplo, si quieres imponer que una lista no contenga más de cinco elementos y varios usuarios añaden elementos a la lista simultáneamente de modo que hay más de cinco en total, tu única opción es eliminar algunos de los elementos. No obstante, la resolución automática de conflictos es suficiente para crear muchas aplicaciones útiles. Y si partes del requisito de querer crear una aplicación colaborativa que dé prioridad al modo sin conexión o al modo local, la resolución de conflictos es inevitable, y automatizarla suele ser el mejor enfoque.

Tipos de datos replicados sin conflictos y transformación operativa

Hay dos familias de algoritmos que se utilizan habitualmente para implementar la resolución automática de conflictos: *los tipos de datos replicados sin conflictos* (CRDT) [46] y *la transformación operativa* (OT) [47]. Tienen filosofías de diseño y características de rendimiento diferentes, pero ambos son capaces de realizar fusiones automáticas para todos los tipos de datos mencionados anteriormente.

Figura 6-11 A continuación se muestra un ejemplo de cómo la OT y un CRDT fusionan actualizaciones simultáneas de un texto. Supongamos que tienes dos réplicas que comienzan con el texto `ice`. Una réplica antepone la letra `n` para formar `nice`, mientras que, simultáneamente, la otra réplica añade un signo de exclamación para `ice!`.

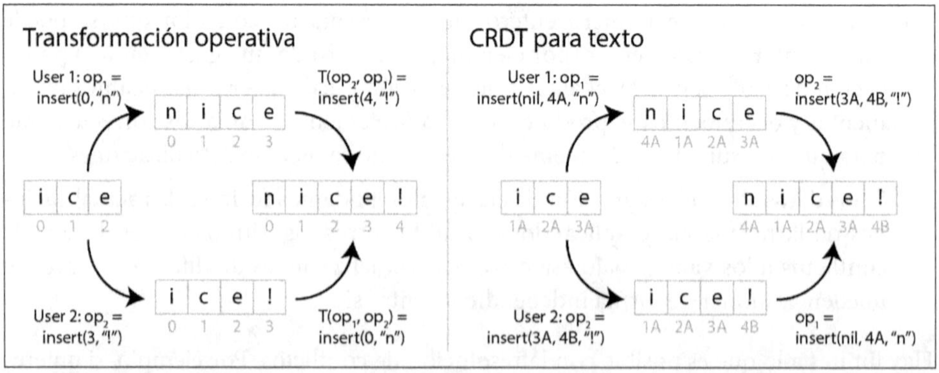

Figura 6-11. Cómo se fusionan dos inserciones simultáneas en una cadena mediante OT y CRDT, respectivamente

El resultado fusionado `nice!` se consigue de forma diferente con los dos tipos de algoritmos:

OT

Registramos el índice en el que se insertan o eliminan los caracteres: `n` se inserta en el índice 0 y `!` en el índice 3. A continuación, las réplicas intercambian sus operaciones. La inserción de `n` en el índice 0 se puede aplicar tal cual, pero si la inserción de `!` en el índice 3 se aplicara al estado `nice`, obtendríamos `nic!e`, lo cual es incorrecto. Por lo tanto, necesitamos transformar el índice de cada operación para tener en cuenta las operaciones concurrentes que ya se han aplicado. En este caso, la inserción de `!` se transforma en el índice 4 para tener en cuenta la inserción de `n` en un índice anterior.

CRDT

La mayoría de los CRDT asignan a cada carácter un ID único e inmutable y los utilizan para determinar las posiciones de las inserciones/eliminaciones, en lugar de los índices. Por ejemplo, en Figura 6-11 asignamos el ID 1A a `i`, el ID 2A a `c`, etc. Al insertar el signo de exclamación, generamos una operación que contiene el ID del nuevo carácter (4B) y el ID del carácter existente después del cual queremos insertarlo (3A). Para insertar al principio de la cadena, damos `nil` como el ID del carácter precedente. Las inserciones simultáneas en la misma posición se ordenan por los ID de los caracteres. Esto garantiza que las réplicas converjan sin realizar ninguna transformación.

Muchos algoritmos se basan en variaciones de estas ideas. Las listas y las matrices pueden admitirse de manera similar, utilizando elementos de lista en lugar de caracteres, y otros tipos de datos, como los mapas de clave-valor, pueden añadirse con bastante facilidad. Los OT y los CRDT tienen algunas ventajas e inconvenientes en cuanto a rendimiento y funcionalidad, pero es posible combinar las ventajas de ambos en un solo algoritmo [48].

Los OT se utilizan con mayor frecuencia para la edición colaborativa de texto en tiempo real, como en Google Docs [32], mientras que los CRDT se pueden encontrar en bases de datos distribuidas como Redis Enterprise, Riak y Azure Cosmos DB [49]. Los motores de sincronización para datos JSON se pueden implementar tanto con CRDT (por ejemplo, Automerge o Yjs) como con OT (por ejemplo, ShareDB).

Tipos de conflicto

Algunos tipos de conflicto son evidentes. En el ejemplo de Figura 6-9, dos escrituras modificaron simultáneamente el mismo campo en el mismo registro, estableciendo dos valores diferentes. No hay duda de que se trata de un conflicto.

Otros tipos de conflictos pueden ser más difíciles de detectar. Por ejemplo, consideremos un sistema de reserva de salas de reuniones que registra qué sala reserva cada grupo de personas y en qué momento. En lugar de actualizar un campo específico al reservar una reunión, este sistema inserta un nuevo registro en la base de datos por cada reserva. La aplicación debe garantizar que cada sala sea reservada por un solo grupo de personas en un momento dado (es decir, no debe haber reservas superpuestas para la misma sala). En este caso, puede surgir un conflicto si se crean dos reservas para la misma sala al mismo tiempo. Incluso si la aplicación comprueba la disponibilidad antes de permitir que un usuario realice una reserva, puede surgir un conflicto si las dos reservas se realizan con suficiente proximidad como para que ambos vean la sala como no reservada antes de insertar su nuevo registro.

No hay una respuesta rápida y lista para usar, pero en los siguientes capítulos trazaremos un camino hacia una buena comprensión de este problema. Veremos más ejemplos de conflictos en Capítulo 8, y en Capítulo 13 discutiremos enfoques escalables para detectar y resolver conflictos en un sistema replicado.

Replicación sin líder

Los enfoques de replicación que hemos discutido hasta ahora en este capítulo, la replicación de un solo líder y la replicación de múltiples líderes, se basan en la idea de que un cliente envía una solicitud de escritura a un nodo (el líder) y el sistema de base de datos se encarga de copiar esa escritura a las otras réplicas. Un líder determina el orden en que se deben procesar las escrituras, y los seguidores aplican las escrituras del líder en el mismo orden.

Algunos sistemas de almacenamiento de datos adoptan un enfoque diferente, abandonando el concepto de líder y permitiendo que cualquier réplica acepte directamente las escrituras de los clientes. Algunos de los primeros sistemas de datos replicados no tenían líder [1, 50], pero la idea cayó en el olvido durante la era del dominio de las bases de datos relacionales. Volvió a convertirse en una arquitectura de moda para las bases de datos después de que Amazon la utilizara para su sistema interno Dynamo en 2007 [45]. Riak, Cassandra y ScyllaDB son almacenes de datos de código abierto con modelos de replicación sin líder inspirados en Dynamo, por lo que este tipo de base de datos también se conoce como *estilo Dynamo*.

> La arquitectura original del sistema Dynamo se describió en un artículo [45], pero nunca se publicó fuera de Amazon. DynamoDB, una base de datos en la nube más reciente de Amazon con un nombre similar, tiene una arquitectura completamente diferente: utiliza la replicación de líder único basada en el algoritmo de consenso Multi-Paxos de [5, 51].

En algunas implementaciones sin líder, el cliente envía directamente sus escrituras a varias réplicas, mientras que en otras, un nodo coordinador lo hace en nombre del cliente. Sin embargo, a diferencia de una base de datos con líder, ese coordinador no impone un orden concreto para las escrituras. Como veremos, esta diferencia en el diseño tiene profundas consecuencias en la forma en que se utiliza la base de datos.

Escribir en la base de datos cuando un nodo está inactivo

Imagina que tienes una base de datos con tres réplicas y una de ellas no está disponible en ese momento, quizás porque se está reiniciando para instalar una actualización del sistema. En una configuración de líder único, si deseas continuar procesando las escrituras, es posible que tengas que realizar una conmutación por error (consulta "Gestión de las interrupciones de los nodos" en la página 224).

Por otro lado, en una configuración sin líder, no existe la conmutación por error, ya que todas las réplicas son iguales y no hay líderes. Figura 6-12 muestra lo que sucede.

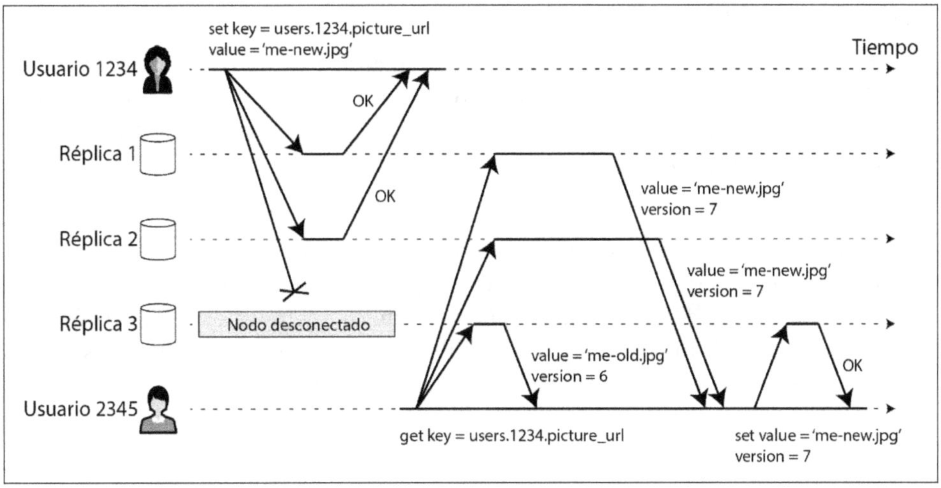

Figura 6-12. Escribir en la mayoría de las réplicas, leer en la mayoría y reenviar el último valor a una réplica que no estaba disponible durante la escritura

El cliente (usuario 1234) envía la escritura a las tres réplicas en paralelo, y las dos réplicas disponibles aceptan la escritura, pero la réplica no disponible la pierde. Supongamos que es suficiente que dos de las tres réplicas reconozcan la escritura. Una vez que el usuario 1234 ha recibido dos respuestas OK, consideramos que la escritura se ha realizado correctamente. El cliente simplemente ignora el hecho de que una de las réplicas no haya recibido la escritura.

Ahora imagina que el nodo no disponible vuelve a estar en línea y los clientes comienzan a leerlo. Cualquier escritura que se haya producido mientras el nodo estaba inactivo no aparecerá en él. Por lo tanto, si lees desde ese nodo, es posible que obtengas valores *obsoletos* (desactualizados) como respuestas.

Para resolver ese problema, cuando un cliente lee de la base de datos, no solo envía su solicitud a una réplica: *las solicitudes de lectura también se envían a varios nodos en paralelo*. El cliente puede obtener respuestas diferentes de diferentes nodos; por ejemplo, el valor actualizado de un nodo y un valor obsoleto de otro.

Para que el cliente pueda determinar qué respuestas están actualizadas y cuáles están desactualizadas, cada valor que se escribe debe etiquetarse con un número de versión o una marca de tiempo, de forma similar a lo que vimos en "La última escritura gana (descartando las escrituras simultáneas)" en la página 247. Cuando un cliente recibe varios valores en respuesta a una lectura, utiliza el que tiene la marca de tiempo más reciente (incluso si ese valor fue devuelto por una sola réplica y varias otras réplicas devolvieron valores más antiguos). Consulta "Detección de escrituras simultáneas" en la página 263 para obtener más detalles.

Poner al día las escrituras perdidas

El sistema de replicación debe garantizar que, finalmente, todos los datos se copien en cada réplica. Después de que un nodo no disponible vuelva a estar en línea, ¿cómo se ponen al día las escrituras que se perdieron? En los almacenes de datos de tipo Dynamo se utilizan varios mecanismos:

Reparación de lectura
: Cuando un cliente realiza una lectura desde varios nodos en paralelo, puede detectar cualquier respuesta obsoleta. Por ejemplo, en Figura 6-12, el usuario 2345 obtiene un valor de la versión 6 de la réplica 3 y un valor de la versión 7 de las réplicas 1 y 2. El cliente ve que la réplica 3 tiene un valor obsoleto y escribe el valor más reciente en esa réplica. Este enfoque funciona bien para los valores que se leen con frecuencia.

Transferencia sugerida
: Si una réplica no está disponible, otra réplica puede almacenar las escrituras en su nombre en forma de *sugerencias*. Cuando la réplica que debía recibir esas escrituras vuelve a estar disponible, la réplica que almacena las sugerencias las envía a la réplica recuperada y, a continuación, elimina las sugerencias. Este proceso *de traspaso* ayuda a mantener las réplicas actualizadas, incluso en el caso de valores que nunca se leen y, por lo tanto, no son gestionados por la reparación de lectura.

Antientropía
: Además, un proceso en segundo plano busca periódicamente diferencias en los datos entre las réplicas y, a continuación, copia los datos que faltan de una réplica a otra. A diferencia del registro de replicación en la replicación basada en líderes, este *proceso antientropía* no copia las escrituras en ningún orden en particular, y puede haber un retraso significativo antes de que se copien los datos.

Uso de quórums para la lectura y la escritura

En Figura 6-12, consideramos que la escritura se había realizado correctamente aunque solo se hubiera procesado en dos de las tres réplicas. ¿Qué pasaría si solo una de las tres réplicas aceptara la escritura? ¿Hasta dónde podemos llegar?

Si sabemos que cada escritura exitosa está garantizada en al menos dos de las tres réplicas, eso significa que, como máximo, una réplica puede estar desactualizada. Por lo tanto, si leemos al menos dos réplicas, podemos estar seguros de que al menos una de las dos está actualizada. Si la tercera réplica está inactiva o tarda en responder, las lecturas pueden continuar devolviendo un valor actualizado.

En términos más generales, si hay n réplicas, cada escritura debe ser confirmada por w nodos para considerarse exitosa, y debes consultar al menos r nodos para cada lectura. (En nuestro ejemplo, $n = 3$, $w = 2$, $r = 2$). Siempre que $w + r > n$, esperamos obtener un valor actualizado al leer, porque al menos uno de los r nodos desde los que estamos leyendo debe estar actualizado. Las lecturas y escrituras que obedecen estos valores r y w se denominan lecturas y escrituras*de quórum* [50]. Puedes pensar en r y w como el número mínimo de votos necesarios para que la lectura o la escritura sean válidas.

En las bases de datos de tipo Dynamo, los parámetros n, w y r suelen ser configurables. Una opción común es hacer que n sea un número impar (normalmente 3 o 5) y establecer $w = r = (n + 1) / 2$ (redondeado al alza). Sin embargo, puedes variar los números como mejor te parezca. Por ejemplo, una carga de trabajo con pocas escrituras y muchas lecturas puede beneficiarse de establecer $w = n$ y $r = 1$. Esto agiliza las lecturas, pero tiene la desventaja de que un solo nodo fallido provoca que todas las escrituras de la base de datos fallen.

> Puede haber más de n nodos en el clúster, pero cualquier valor dado se almacena solo en n nodos. Esto permite fragmentar el conjunto de datos, lo que admite conjuntos de datos más grandes de lo que cabe en un solo nodo. Volveremos a la fragmentación en Capítulo 7.

La condición de quórum, $w + r > n$, permite que el sistema tolere los nodos no disponibles de la siguiente manera:

- Si $w < n$, aún podemos procesar las escrituras si un nodo no está disponible.
- Si $r < n$, aún podemos procesar las lecturas si un nodo no está disponible.
- Con $n = 3$, $w = 2$, $r = 2$, podemos tolerar un nodo no disponible, como en Figura 6-12.
- Con $n = 5$, $w = 3$, $r = 3$, podemos tolerar dos nodos no disponibles. Este caso se ilustra en Figura 6-13.

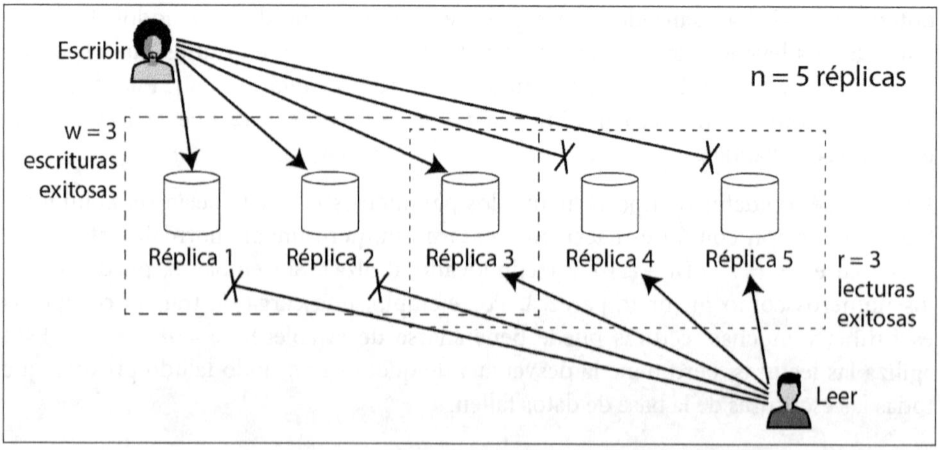

Figura 6-13. Si w + r > n, *al menos una de las* r *réplicas de las que lees debe haber visto la última escritura correcta.*

Normalmente, las lecturas y escrituras siempre se envían a todas *las n* réplicas en paralelo. Los parámetros *w* y *r* determinan cuántos nodos esperamos, es decir, cuántos de los *n* nodos deben informar del éxito antes de que consideremos que la lectura o escritura se ha realizado correctamente.

Si hay menos nodos *w* o *r* disponibles de los necesarios, las escrituras o lecturas devuelven un error. Un nodo puede no estar disponible por muchas razones: el nodo está inactivo (por ejemplo, se ha bloqueado o se ha apagado), se ha producido un error al ejecutar la operación (por ejemplo, no se puede escribir porque el disco está lleno), se ha producido una interrupción de la red entre el cliente y el nodo, o cualquier otra razón. Solo nos importa si el nodo ha devuelto una respuesta satisfactoria y no necesitamos distinguir entre diferentes tipos de fallos.

Comprender las limitaciones de la consistencia del quórum

Si tienes *n* réplicas y eliges *w* y *r* de manera que *w* + *r* > *n*, por lo general puedes esperar que cada lectura devuelva el valor más reciente escrito para una clave. Esto es así porque el conjunto de nodos en los que ha escrito y el conjunto de nodos desde los que ha leído deben solaparse. Es decir, entre los nodos que lees, debe haber al menos un nodo con el valor más reciente (como se ilustra en Figura 6-13).

A menudo, *r* y *w* se eligen para que sean una mayoría (más de *n* / 2) de los nodos, ya que eso garantiza que *w* + *r* > *n* y sigue tolerando hasta *n* / 2 (redondeado hacia abajo) fallos de nodos. Pero los quórums no son necesariamente mayorías, solo importa que los conjuntos de nodos utilizados por las operaciones de lectura y escritura se superpongan en al menos un nodo. Son posibles otras asignaciones de quórum, lo que permite cierta flexibilidad en el diseño de algoritmos distribuidos [52].

También puedes establecer *w* y *r* en números más pequeños, de modo que $w + r \leq n$ (es decir, no se cumple la condición de quórum). En este caso, las lecturas y escrituras seguirán enviándose a nodos *n*, pero se requiere un número menor de respuestas correctas para que la operación tenga éxito.

Con una *w* y una *r* más pequeños, es más probable que leas valores obsoletos, ya que es más probable que tu lectura no incluya el nodo con el valor más reciente. La ventaja es que esta configuración permite una menor latencia, lo que resulta especialmente beneficioso con la replicación *sincrónica* (*bloqueante*). Esta configuración también ofrece una mayor disponibilidad; si se produce una interrupción de la red y muchas réplicas quedan inaccesibles, hay más posibilidades de que puedas seguir procesando lecturas y escrituras. Solo cuando el número de réplicas accesibles cae por debajo de *w* o *r*, la base de datos deja de estar disponible para la escritura o la lectura, respectivamente.

Sin embargo, incluso con $w + r > n$, las propiedades de consistencia pueden resultar confusas en ciertos casos del perímetro. Algunos escenarios son los siguientes:

- Si un nodo que transporta un nuevo valor falla y sus datos se restauran desde una réplica que transporta un valor antiguo, el número de réplicas que almacenan el nuevo valor puede caer por debajo de *w*, rompiendo la condición de quórum.
- Mientras se lleva a cabo un reequilibrio, en el que algunos datos se trasladan de un nodo a otro (consulta Capítulo 7), los nodos pueden tener visiones inconsistentes sobre qué nodos deben contener las réplicas *n* de un valor concreto. Esto puede dar lugar a que los quórums de lectura y escritura dejen de solaparse.
- Si una lectura es simultánea a una operación de escritura, la lectura puede ver o no el valor escrito simultáneamente. En particular, es posible que una lectura vea el nuevo valor y una lectura posterior vea el valor antiguo, como veremos en "Implementación de sistemas linealizables" en la página 455.
- Si una escritura se ha realizado correctamente en algunas réplicas pero ha fallado en otras (por ejemplo, porque los discos de algunos nodos están llenos) y, en general, se ha realizado correctamente en menos de réplicas *w*, no se revierte en las réplicas en las que se ha realizado correctamente. Esto significa que, si se ha informado de que una escritura ha fallado, las lecturas posteriores pueden o no devolver el valor de esa escritura [53].
- Si la base de datos utiliza marcas de tiempo de un reloj en tiempo real para determinar qué escritura es más reciente (como hacen Cassandra y ScyllaDB, por ejemplo), las escrituras podrían descartarse silenciosamente si otro nodo con un reloj más rápido ha escrito en la misma clave, un problema que vimos anteriormente en "La última escritura gana (descartando las escrituras simultáneas)" en la página 247. Discutiremos esto con más detalle en "Confiar en relojes sincronizados" en la página 399.

- Si se producen dos escrituras simultáneamente, una de ellas podría procesarse primero en una réplica y la otra podría procesarse primero en otra réplica. Esto da lugar a un conflicto, similar al que vimos en la replicación con múltiples líderes (consulta "Cómo lidiar con las escrituras conflictivas" en la página 245). Volveremos a este tema en "Detección de escrituras simultáneas" en la página 263.

Por lo tanto, aunque los quórums parecen garantizar que una lectura devuelva el último valor escrito, en la práctica no es tan sencillo. Las bases de datos de tipo Dynamo suelen estar optimizadas para casos de uso que pueden tolerar la consistencia eventual. Los parámetros *w* y *r* te permiten ajustar la probabilidad de que se lean valores obsoletos [54], pero es aconsejable no tomarlos como garantías absolutas.

Monitoreo de la obsolescencia

Desde una perspectiva operativa, es importante realizar el monitoreo para verificar si tus bases de datos están devolviendo resultados actualizados. Incluso si tu aplicación puede tolerar lecturas obsoletas, debes estar al tanto del estado de tu replicación. Si se retrasa significativamente, debería alertarte para que puedas investigar la causa (por ejemplo, un problema en la red o un nodo sobrecargado).

En el caso de la replicación basada en líderes, la base de datos suele exponer métricas sobre el retraso en la replicación, que puedes introducir en un sistema de monitoreo. Esto es posible porque las escrituras se aplican al líder y a los seguidores en el mismo orden, y cada nodo tiene una posición en el registro de replicación (el número de escrituras que ha aplicado localmente). Restando la posición actual de un seguidor de la posición actual del líder, puedes medir la cantidad de retraso en la replicación.

Sin embargo, en los sistemas con replicación sin líder, no hay un orden fijo en el que se apliquen las escrituras, lo que dificulta el monitoreo. El número de sugerencias que almacena una réplica para el traspaso puede ser una medida del estado del sistema, pero es difícil de interpretar de forma útil [55]. La consistencia eventual es una garantía deliberadamente vaga, pero para la operatividad es importante poder cuantificar "eventual".

Rendimiento de la replicación con un único líder frente a la replicación sin líderes

Un sistema de replicación basado en un líder único puede proporcionar garantías de consistencia sólidas que son difíciles o imposibles de lograr en un sistema sin líder. Sin embargo, como vimos en "Problemas con el retraso en la replicación" en la página 230, las lecturas en un sistema replicado basado en un líder también pueden devolver valores obsoletos si las realizas en un seguidor actualizado de forma asíncrona.

La lectura desde el líder garantiza respuestas actualizadas, pero adolece de problemas de rendimiento:

- El rendimiento de lectura está limitado por la capacidad del líder para gestionar las solicitudes (en contraste con el escalado de lectura, que distribuye las lecturas entre réplicas actualizadas de forma asíncrona que pueden devolver valores obsoletos).
- Si el líder falla, debes esperar a que se detecte el fallo y a que se complete la conmutación por error antes de poder seguir gestionando las solicitudes. Incluso si el proceso de conmutación por error es muy rápido, los usuarios lo notarán debido al aumento temporal de los tiempos de respuesta; si la conmutación por error tarda mucho tiempo, el sistema no estará disponible durante ese tiempo.
- El sistema es muy sensible a los problemas de rendimiento del líder. Si el líder tarda en responder (por ejemplo, debido a una sobrecarga o a una disputa por los recursos), el aumento de los tiempos de respuesta afecta inmediatamente también a los usuarios.

Una gran ventaja de la arquitectura sin líder es que es más resistente a este tipo de problemas. Dado que no hay conmutación por error y las solicitudes se envían a varias réplicas en paralelo, el hecho de que una réplica se vuelva lenta o no esté disponible tiene muy poco impacto en los tiempos de respuesta; el cliente simplemente utiliza las respuestas de las otras réplicas que son más rápidas en responder. El uso de las respuestas más rápidas se denomina *cobertura de solicitudes* (*request hedging*) y puede reducir significativamente la latencia de cola [56].

En esencia, la resistencia de un sistema sin líder proviene del hecho de que no distingue entre el caso normal y el caso de fallo. Esto es especialmente útil cuando se manejan *fallos grises*, en los que un nodo no está completamente inactivo, sino que funciona en un estado degradado en el que es inusualmente lento para manejar las solicitudes [57], o cuando un nodo simplemente está sobrecargado (por ejemplo, si un nodo ha estado desconectado durante un tiempo, la recuperación mediante un traspaso sugerido puede causar mucha carga adicional). Un sistema basado en líderes tiene que decidir si la situación es lo suficientemente grave como para justificar una conmutación por error (lo que en sí mismo puede causar más interrupciones), mientras que en un sistema sin líderes esa cuestión ni siquiera se plantea.

Dicho esto, los sistemas sin líder también pueden tener problemas de rendimiento:

- Aunque el sistema no necesite realizar una conmutación por error, una réplica sí necesita detectar cuándo otra réplica no está disponible para poder almacenar pistas sobre las escrituras que la réplica no disponible ha perdido. Cuando la réplica no disponible vuelve a estar disponible, el proceso de traspaso necesita enviarle esas pistas. Esto supone una carga adicional para las réplicas en un momento en el que el sistema ya está bajo presión [55].

- Cuantas más réplicas tengas, mayor será el tamaño de tus quórum y más respuestas tendrás que esperar antes de que se complete una solicitud. Incluso si solo esperas a que respondan las réplicas *r* o *w* más rápidas, e incluso si realizas las solicitudes en paralelo, un *r* o *w* más grande aumenta las posibilidades de que te encuentres con una réplica lenta, lo que aumenta el tiempo de respuesta general (consulta "Uso de métricas de tiempo de respuesta" en la página 46). En la práctica, los quórums rara vez superan los cuatro de siete nodos o los cinco de nueve nodos.
- Una interrupción de la red a gran escala que desconecte a un cliente de un gran número de réplicas puede hacer imposible formar un quórum. Algunas bases de datos sin líder ofrecen una opción de configuración que permite que cualquier réplica accesible acepte escrituras, incluso si no es una de las réplicas habituales para esa clave (Riak y Dynamo lo llaman *quórum descuidado* [45]; Cassandra y ScyllaDB lo llaman *nivel de consistencia ANY*). No hay garantía de que las lecturas posteriores vean el valor escrito, pero dependiendo de la aplicación, puede que siga siendo mejor que tener un fallo en la escritura.

La replicación con múltiples líderes puede ofrecer una resistencia aún mayor frente a las interrupciones de la red que la replicación sin líder, ya que las lecturas y escrituras solo requieren la comunicación con un líder, que puede estar ubicado junto al cliente. Sin embargo, dado que una escritura en un líder se propaga de forma asíncrona a los demás, las lecturas pueden estar arbitrariamente desactualizadas. Las lecturas y escrituras por quórum ofrecen un término medio: buena tolerancia a fallos y una alta probabilidad de leer datos actualizados.

Operación multirregional

Anteriormente hemos hablado de la replicación entre regiones como un caso de uso de la replicación con varios líderes (consulta "Replicación con múltiples líderes" en la página 237). La replicación sin líder también es adecuada para el funcionamiento en varias regiones, ya que está diseñada para tolerar escrituras simultáneas conflictivas, interrupciones de red y picos de latencia.

En Cassandra y ScyllaDB, un cliente que desea realizar una escritura multirregional primero elige un nodo en su región local, llamado *nodo coordinador*, y envía su escritura a ese nodo. El nodo coordinador reenvía la escritura a todas las réplicas de su propia región y a una réplica de cada una de las demás regiones, que a su vez la reenvía a las demás réplicas de esa región. Esta optimización evita tener que realizar la solicitud entre regiones varias veces.

Puedes elegir entre varios niveles de consistencia que determinan cuántas respuestas se requieren para que una solicitud se realice correctamente. Por ejemplo, puedes solicitar un quórum entre las réplicas de todas las regiones, un quórum independiente en cada una de las regiones o un quórum solo en la región local del cliente. Un quórum local evita tener que esperar solicitudes lentas a otras regiones, pero también es más probable que devuelva resultados obsoletos.

Riak mantiene todas las comunicaciones entre los clientes y los nodos de la base de datos locales en una región, por lo que *n* describe el número de réplicas dentro de una región. La replicación entre regiones entre clústeres de bases de datos se produce de forma asíncrona en segundo plano, de manera similar a la replicación con múltiples líderes.

Detección de escrituras simultáneas

Al igual que con la replicación multilíder, las bases de datos sin líder permiten escrituras simultáneas en la misma clave, lo que da lugar a conflictos que deben resolverse. Estos conflictos pueden detectarse a medida que se producen las escrituras, pero no siempre: también pueden detectarse más tarde, durante la reparación de lectura, el traspaso sugerido o la antientropía.

El problema es que los eventos pueden llegar en un orden diferente a los distintos nodos, debido a los retrasos variables de la red y a los fallos parciales. Por ejemplo, Figura 6-14 muestra dos clientes, A y B, escribiendo simultáneamente en una clave *X* en un almacén de datos de tres nodos:

- El nodo 1 recibe la escritura de A, pero nunca recibe la escritura de B debido a una interrupción transitoria.
- El nodo 2 recibe primero la escritura de A y luego la de B.
- El nodo 3 recibe primero la escritura de B y luego la de A.

Si cada nodo simplemente sobrescribiera el valor de una clave cada vez que recibiera una solicitud de escritura de un cliente, los nodos se volverían permanentemente inconsistentes, como se muestra en la solicitud final *get* en Figura 6-14: el nodo 2 cree que el valor final de *X* es B, mientras que los demás nodos creen que el valor es A.

Para llegar a ser eventualmente consistentes, las réplicas deberían converger hacia el mismo valor. Para ello, podemos utilizar cualquiera de los mecanismos de resolución de conflictos que hemos comentado anteriormente en "Cómo lidiar con las escrituras conflictivas" en la página 245, como LWW (utilizado por Cassandra y ScyllaDB), la resolución manual o CRDT (utilizado por Riak).

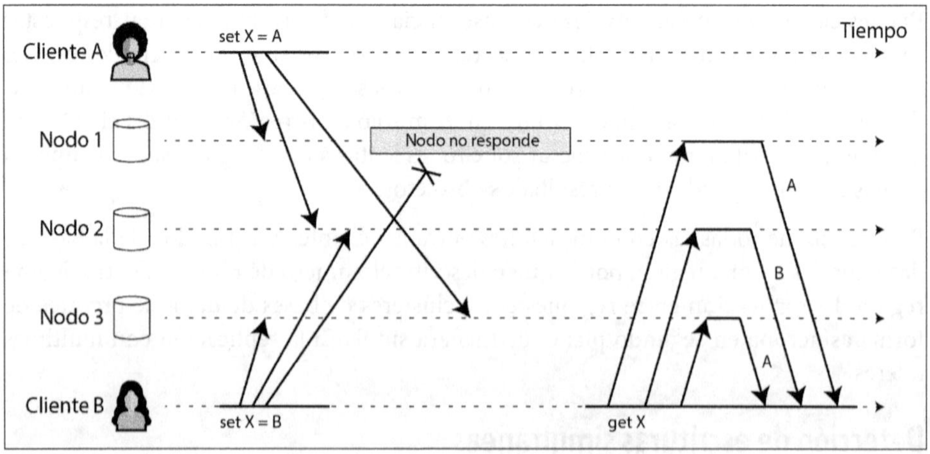

Figura 6-14. Escrituras simultáneas en un almacén de datos de tipo Dynamo: no hay un orden bien definido

LWW es fácil de implementar. Cada escritura se etiqueta con una marca de tiempo, y un valor con una marca de tiempo más alta siempre sobrescribe un valor con una marca de tiempo más baja. Sin embargo, una marca de tiempo no indica si dos valores están realmente en conflicto (es decir, si se escribieron simultáneamente) o no (si se escribieron uno tras otro). Si quieres resolver los conflictos de forma explícita, el sistema debe tener más cuidado a la hora de detectar las escrituras simultáneas.

La relación happens-before (ocurre antes) y la concurrencia

¿Cómo decidimos si dos operaciones son concurrentes? Para desarrollar una intuición, veamos algunos ejemplos:

- En Figura 6-8, las dos escrituras no son simultáneas: la inserción de A *se produce antes* del incremento de B, porque el valor incrementado por B es el valor insertado por A. En otras palabras, la operación de B se basa en la operación de A, por lo que la operación de B debe haber ocurrido después. También decimos que B *depende causalmente* de A.
- Por otro lado, las dos escrituras en Figura 6-14 son concurrentes: cuando cada cliente inicia la operación, no sabe que otro cliente también está realizando una operación sobre la misma clave. Por lo tanto, no existe dependencia causal entre las operaciones.

Una operación A *ocurre antes que* otra operación B si B conoce a A, o depende de A, o se basa en A de alguna manera. Si una operación ocurre antes que otra es la clave para definir lo que significa concurrencia. De hecho, podemos decir simplemente que dos operaciones son concurrentes si ninguna ocurre antes que la otra [58].

Por lo tanto, siempre que tengas dos operaciones A y B, hay tres posibilidades: o bien A ocurrió antes que B, o bien B ocurrió antes que A, o bien A y B son concurrentes. Lo que necesitamos es un algoritmo que nos diga si dos operaciones son concurrentes. Si una operación ocurrió antes que otra, la última debería sobrescribir la operación anterior, pero si las operaciones son concurrentes, tenemos un conflicto que hay que resolver.

Concurrencia, tiempo y relatividad

Podría parecer que dos operaciones deben considerarse concurrentes si se producen "al mismo tiempo", pero, en realidad, no es importante que se solapen literalmente en el tiempo. Debido a los problemas con los relojes en los sistemas distribuidos, en realidad es bastante difícil saber si dos cosas han ocurrido exactamente al mismo tiempo, una cuestión que trataremos con más detalle en Capítulo 9.

Para definir la concurrencia, el tiempo exacto no importa. Simplemente llamamos concurrentes a dos operaciones si ninguna de ellas es consciente de la otra, independientemente del tiempo físico en el que se hayan producido. A veces se establece una conexión entre este principio y la teoría especial de la relatividad en física [58], que introdujo la idea de que la información no puede viajar más rápido que la velocidad de la luz. En consecuencia, dos eventos que ocurren a cierta distancia entre sí no pueden afectarse mutuamente si el tiempo entre los eventos es menor que el tiempo que tarda la luz en recorrer la distancia entre ellos.

En los sistemas informáticos, dos operaciones pueden ser concurrentes aunque la velocidad de la luz, en teoría, hubiera permitido que una operación afectara a la otra. Por ejemplo, si la red fuera lenta o se interrumpiera en ese momento, dos operaciones podrían ocurrir con cierto tiempo de diferencia y seguir siendo concurrentes, porque los problemas de la red impidieron que una operación pudiera saber de la otra.

Capturar la relación happens-before

Veamos un algoritmo que determina si dos operaciones son concurrentes o si una ocurrió antes que otra. Para simplificar las cosas, comencemos con una base de datos que solo tiene una réplica. Una vez que hayamos resuelto cómo hacer esto en una sola réplica, podemos generalizar el enfoque a una base de datos sin líder con múltiples réplicas. El algoritmo funciona de la siguiente manera:

- El servidor mantiene un número de versión para cada clave, incrementa el número de versión cada vez que se escribe la clave y almacena el nuevo número de versión junto con el valor escrito.
- Cuando un cliente lee una clave, el servidor devuelve todos los valores hermanos (todos los valores que no han sido sobrescritos), así como el último número de versión. Un cliente debe leer una clave antes de escribirla.

- Cuando un cliente escribe una clave, debe incluir el número de versión de la lectura anterior y debe fusionar todos los valores que recibió en la lectura anterior (por ejemplo, utilizando un CRDT con la entrada del usuario). La respuesta a una solicitud de escritura también devuelve todos los hermanos, lo que nos permite encadenar varias escrituras (como en el ejemplo del carrito de la compra que se analiza en "Cómo lidiar con las escrituras conflictivas" en la página 245).
- Cuando el servidor recibe una escritura con un número de versión concreto, puede sobrescribir todos los valores con ese número de versión o inferiores (ya que sabe que se han fusionado en el nuevo valor), pero debe conservar todos los valores con un número de versión superior (porque esos valores son concurrentes con la escritura entrante).

Ten en cuenta que el servidor puede determinar si dos operaciones son concurrentes mirando los números de versión. El servidor no necesita interpretar el valor en sí, por lo que el valor podría ser cualquier estructura de datos.

Cuando una escritura incluye el número de versión de una lectura anterior, eso nos indica en qué estado anterior se basa la escritura. Si realizas una escritura sin incluir un número de versión, será concurrente con todas las demás escrituras, por lo que no sobrescribirá nada, sino que simplemente se devolverá como uno de los valores en las lecturas posteriores. Figura 6-15 muestra este algoritmo en acción.

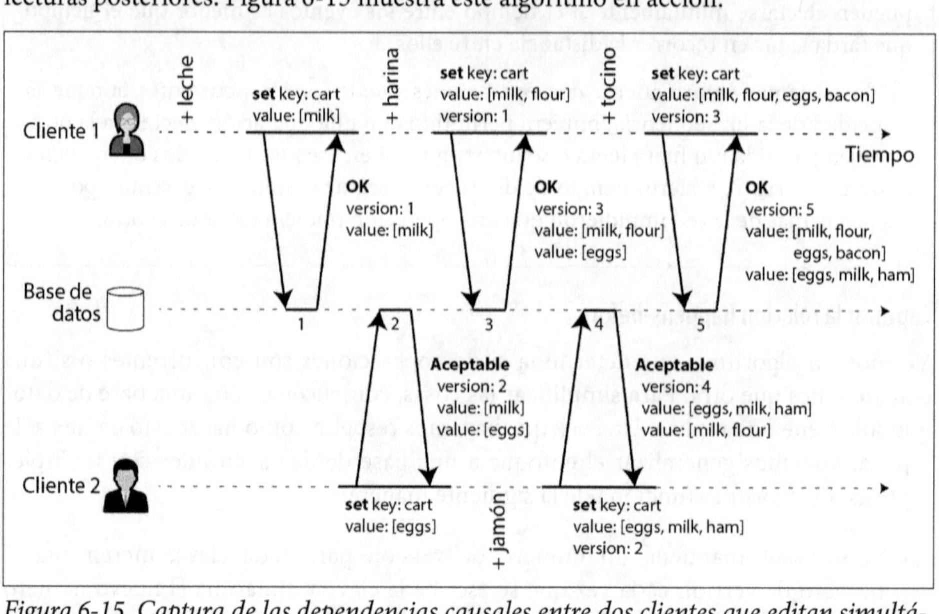

Figura 6-15. Captura de las dependencias causales entre dos clientes que editan simultáneamente un carrito de la compra

En este ejemplo, dos clientes están añadiendo elementos simultáneamente al mismo carrito de la compra. (Si este ejemplo te parece demasiado trivial, imagina en su lugar a dos controladores aéreos añadiendo simultáneamente aviones al sector que están rastreando). Inicialmente, el carrito está vacío. Entre ambos, los clientes realizan cinco escrituras en la base de datos:

1. El cliente 1 añade `milk` al carrito. Esta es la primera escritura en esa clave, por lo que el servidor la almacena correctamente y le asigna la versión 1. El servidor también devuelve el valor al cliente, junto con el número de versión.
2. El cliente 2 añade `eggs` al carrito, sin saber que el cliente 1 ha añadido `milk` al mismo tiempo (el cliente 2 pensaba que sus `eggs` eran el único artículo del carrito). El servidor asigna la versión 2 a esta escritura y almacena `eggs` y `milk` como dos valores separados (hermanos). A continuación, devuelve *ambos* valores al cliente, junto con el número de versión, 2.
3. El cliente 1, ajeno a la escritura del cliente 2, quiere añadir `flour` al carrito, tras lo cual asume que el contenido del carrito será `[milk, flour]`. Envía este valor al servidor, junto con el número de versión que el servidor le dio anteriormente (1). El servidor puede deducir por el número de versión que la escritura de `[milk, flour]` sustituye al valor anterior de `[milk]`, pero que es concurrente con `[eggs]`. Por lo tanto, el servidor asigna la versión 3 a `[milk, flour]`, sobrescribe el valor de la versión 1 `[milk]`, pero mantiene el valor de la versión 2 `[eggs]` y devuelve ambos valores restantes al cliente.
4. Mientras tanto, el cliente 2 quiere añadir `ham` al carrito, sin saber que el cliente 1 acaba de añadir `flour`. El cliente 2 recibió los dos valores `[milk]` y `[eggs]` del servidor en la última respuesta, por lo que ahora fusiona esos valores y añade `jamón` para formar un nuevo valor, `[eggs, milk, ham]`. Envía ese valor al servidor, junto con el número de versión anterior (2). El servidor detecta que la versión 2 sobrescribe `[eggs]`, pero es concurrente con `[milk, flour]`, por lo que los dos valores restantes son `[milk, flour]` con la versión 3 y `[eggs, milk, ham]` con la versión 4.
5. Finalmente, el cliente 1 quiere añadir `bacon`. Anteriormente recibió `[milk, flour]` y `[eggs]` del servidor en la versión 3, por lo que los fusiona, añade `bacon` y envía el valor final `[milk, flour, eggs, bacon]` al servidor, junto con el número de versión 3. Esto sobrescribe `[milk, flour]` (tenga en cuenta que `[eggs]` ya se sobrescribió en el último paso), pero es concurrente con `[eggs, milk, ham]`, por lo que el servidor mantiene esos dos valores concurrentes.

El flujo de datos entre las operaciones en Figura 6-15 se ilustra gráficamente en Figura 6-16. Las flechas indican qué operación *ocurrió antes que* otra, en el sentido de que la operación posterior *conocía o dependía de* la anterior. En este ejemplo, los clientes nunca están completamente actualizados con los datos del servidor, ya que siempre hay otra operación ocurriendo al mismo tiempo. Pero las versiones antiguas del valor se sobrescriben eventualmente, y no se pierden escrituras.

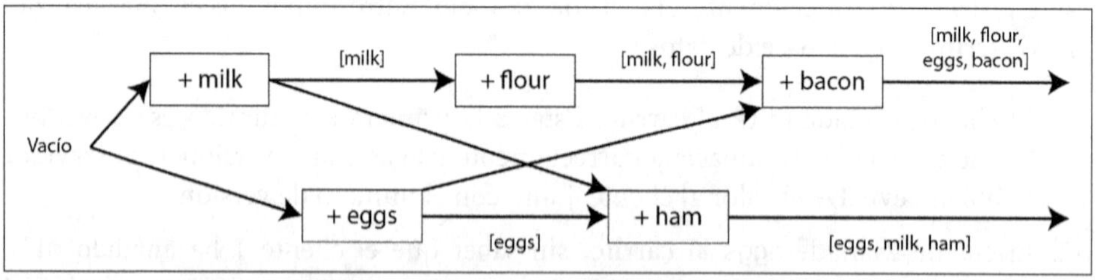

Figura 6-16. Un gráfico de las dependencias causales en Figura 6-15

Vectores de versión

El ejemplo de Figura 6-15 solo utilizaba una única réplica. ¿Cómo cambia el algoritmo cuando hay varias réplicas pero no hay un líder?

Figura 6-15 utiliza un único número de versión para capturar las dependencias entre operaciones, pero eso no es suficiente cuando hay varias réplicas que aceptan escrituras simultáneamente. En su lugar, necesitamos utilizar un número de versión *por réplica*, así como por clave. Cada réplica incrementa su propio número de versión al procesar una escritura y también realiza un seguimiento de los números de versión que ha visto de cada una de las otras réplicas. Esta información indica qué valores sobrescribir y qué valores mantener como hermanos.

La colección de números de versión de todas las réplicas se denomina *vector de versión* [59]. Se utilizan algunas variantes de esta idea, pero la más interesante es probablemente el *vector de versión punteado* [60, 61], que se utiliza en Riak 2.0 [62, 63]. No entraremos en detalles, pero su funcionamiento es bastante similar al que vimos en nuestro ejemplo del carrito.

Al igual que los números de versión en Figura 6-15, los vectores de versión se envían desde las réplicas de la base de datos a los clientes cuando se leen los valores, y deben devolverse a la base de datos cuando se escribe un valor posteriormente. (Riak codifica el vector de versión como una cadena que denomina *contexto causal*). El vector de versión permite a la base de datos distinguir entre sobrescrituras y escrituras simultáneas.

El vector de versión también garantiza que sea seguro leer desde una réplica y posteriormente volver a escribir en otra réplica. Hacerlo puede dar lugar a la creación de hermanos, pero no se pierden datos siempre que los hermanos se fusionen correctamente.

Vectores de versión y relojes vectoriales

Un *vector de versión* también se denomina a veces *reloj vectorial*, aunque no son exactamente lo mismo. La diferencia es sutil [61, 64, 65]. Consulta las referencias para obtener más detalles; en resumen, al comparar el estado de las réplicas, los vectores de versión son la estructura de datos adecuada que debes utilizar.

Resumen

En este capítulo hemos analizado la cuestión de la replicación. La replicación puede tener varios propósitos:

Alta disponibilidad
: Mantener el sistema en funcionamiento, incluso cuando una máquina (o varias máquinas, una zona o incluso toda una región) deja de funcionar

Durabilidad
: Garantizar que no se pierdan datos, incluso si toda una máquina (o incluso toda una región) falla de forma permanente

Operación desconectada
: Permitir que una aplicación siga funcionando a pesar de una interrupción de la red

Latencia
: Colocar los datos geográficamente cerca de los usuarios para que estos puedan interactuar con ellos más rápidamente

Escalabilidad
: Ser capaz de manejar un mayor volumen de lecturas que el que podría manejar una sola máquina, realizando lecturas en réplicas

A pesar de que el concepto es sencillo (mantener una copia de los mismos datos en varias máquinas), la replicación resulta ser un problema muy complicado. Requiere pensar detenidamente en la concurrencia, en todo lo que puede salir mal y en cómo lidiar con las consecuencias de esos fallos. Como mínimo, debemos lidiar con nodos no disponibles e interrupciones de red (y eso sin tener en cuenta los tipos de fallos más insidiosos, como la corrupción silenciosa de datos debido a errores de software o hardware).

Hemos analizado tres enfoques principales para la replicación:

Replicación de líder único
: Los clientes envían todas las escrituras a un único nodo (el líder), que envía un flujo de eventos de cambio de datos a las demás réplicas (seguidores). Las lecturas

se pueden realizar en cualquier réplica, pero las lecturas de los seguidores pueden estar desactualizadas.

Replicación con múltiples líderes
: Los clientes envían cada escritura a uno de varios nodos líderes, cualquiera de los cuales puede aceptar escrituras. Los líderes se envían flujos de eventos de cambio de datos entre sí y a cualquier nodo seguidor.

Replicación sin líder
: Los clientes envían cada escritura a varios nodos y leen desde varios nodos en paralelo para detectar y corregir los nodos con datos obsoletos.

Cada enfoque tiene ventajas y desventajas. La replicación de líder único es popular porque es bastante fácil de entender y ofrece una gran consistencia. La replicación de líderes múltiples y sin líder puede ser más robusta en presencia de nodos defectuosos, interrupciones de red y picos de latencia, a costa de requerir la resolución de conflictos y proporcionar garantías de consistencia más débiles.

La replicación puede ser sincrónica o asincrónica, lo que tiene un profundo efecto en el comportamiento del sistema cuando se produce un fallo. Aunque la replicación asincrónica puede ser rápida cuando el sistema funciona sin problemas, es importante averiguar qué sucede cuando aumenta el retraso de la replicación y los servidores fallan. Si un líder falla y se promueve a un seguidor actualizado de forma asincrónica para que sea el nuevo líder, los datos recientemente confirmados pueden perderse.

Hemos analizado algunos efectos extraños que puede causar el retraso en la replicación y hemos comentado algunos modelos de consistencia que son útiles para decidir cómo debe comportarse una aplicación ante un retraso en la replicación:

Consistencia de lectura después de escritura
: Los usuarios siempre deben ver los datos que tú mismo has enviado.

Lecturas monotónicas
: Una vez que los usuarios han visto los datos en un momento dado, no deberían ver más tarde los datos de un momento anterior.

Lecturas de prefijo consistentes
: Los usuarios deben ver los datos en un estado que tenga sentido causal, por ejemplo, ver una pregunta y su respuesta en el orden correcto.

Por último, hemos analizado cómo la replicación multilíder y sin líder garantizan que todas las réplicas acaben convergiendo en un estado coherente: utilizando un vector de versión o un algoritmo similar para detectar qué escrituras son concurrentes y utilizando un algoritmo de resolución de conflictos, como un CRDT, para fusionar los valores escritos de forma concurrente. También es posible utilizar LWW y la resolución manual de conflictos.

En este capítulo se ha supuesto que cada réplica almacena una copia completa de toda la base de datos, lo cual no es realista para conjuntos de datos grandes. En el siguiente capítulo veremos *el fragmentado* (*sharding*), que permite que cada máquina almacene solo un subconjunto de los datos.

Referencias

[1] B. G. Lindsay, P. G. Selinger, C. Galtieri, J. N. Gray, R. A. Lorie, T. G. Price, F. Putzolu, I. L. Traiger, and B. W. Wade. "Notes on Distributed Databases." IBM Research, Research Report RJ2571(33471), July 1979. Archived at *perma.cc/EPZ3-MHDD*

[2] Kenny Gryp. "MySQL Terminology Updates." *dev.mysql.com*, July 2020. Archived at *perma.cc/S62G-6RJ2*

[3] Oracle Corporation. "Oracle (Active) Data Guard 19c: Real-Time Data Protection and Availability." White Paper, *oracle.com*, March 2019. Archived at *perma.cc/P5ST-RPKE*

[4] Microsoft. "What Is an Always On Availability Group?" *learn.microsoft.com*, September 2024. Archived at *perma.cc/ABH6-3MXF*

[5] Mostafa Elhemali, Niall Gallagher, Nicholas Gordon, Joseph Idziorek, Richard Krog, Colin Lazier, Erben Mo, Akhilesh Mritunjai, Somu Perianayagam, Tim Rath, Swami Sivasubramanian, James Christopher Sorenson III, Sroaj Sosothikul, Doug Terry, and Akshat Vig. "Amazon DynamoDB: A Scalable, Predictably Performant, and Fully Managed NoSQL Database Service." At *USENIX Annual Technical Conference* (ATC), July 2022.

[6] Rebecca Taft, Irfan Sharif, Andrei Matei, Nathan VanBenschoten, Jordan Lewis, Tobias Grieger, Kai Niemi, Andy Woods, Anne Birzin, Raphael Poss, Paul Bardea, Amruta Ranade, Ben Darnell, Bram Gruneir, Justin Jaffray, Lucy Zhang, and Peter Mattis. "CockroachDB: The Resilient Geo-Distributed SQL Database." At *ACM SIGMOD International Conference on Management of Data* (SIGMOD), June 2020. *doi:10.1145/3318464.3386134*

[7] Dongxu Huang, Qi Liu, Qiu Cui, Zhuhe Fang, Xiaoyu Ma, Fei Xu, Li Shen, Liu Tang, Yuxing Zhou, Menglong Huang, Wan Wei, Cong Liu, Jian Zhang, Jianjun Li, Xuelian Wu, Lingyu Song, Ruoxi Sun, Shuaipeng Yu, Lei Zhao, Nicholas Cameron, Liquan Pei, and Xin Tang. "TiDB: A Raft-Based HTAP Database." *Proceedings of the VLDB Endowment*, volume 13, issue 12, pages 3072–3084, August 2020. *doi:10.14778/3415478.3415535*

[8] Mallory Knodel and Niels ten Oever. "Terminology, Power, and Inclusive Language in Internet-Drafts and RFCs." *IETF Internet-Draft*, August 2023. Archived at *perma.cc/5ZY9-725E*

[9] Buck Hodges. "Postmortem: VSTS 4 September 2018." *devblogs.microsoft.com*, September 2018. Archived at *perma.cc/ZF5R-DYZS*

[10] Gunnar Morling. "Leader Election with S3 Conditional Writes." *www.morling.dev*, August 2024. Archived at *perma.cc/7V2N-J78Y*

[11] Vignesh Chandramohan, Rohan Desai, and Chris Riccomini. "SlateDB Manifest Design." *github.com*, May 2024. Archived at *perma.cc/8EUY-P32Z*

[12] Stas Kelvich. "Why Does Neon Use Paxos Instead of Raft, and What's the Difference?" *neon.tech*, August 2022. Archived at *perma.cc/SEZ4-2GXU*

[13] Dimitri Fontaine. "An Introduction to the pg_auto_failover Project." *tapoueh.org*, November 2021. Archived at *perma.cc/3WH5-6BAF*

[14] Jesse Newland. "GitHub Availability This Week." *github.blog*, September 2012. Archived at *perma.cc/3YRF-FTFJ*

[15] Mark Imbriaco. "Downtime Last Saturday." *github.blog*, December 2012. Archived at *perma.cc/M7X5-E8SQ*

[16] John Hugg. "'All In' with Determinism for Performance and Testing in Distributed Systems." At *Strange Loop*, September 2015.

[17] Hironobu Suzuki. "The Internals of PostgreSQL." *interdb.jp*, 2017. Archived at *archive.org*

[18] Amit Kapila. "WAL Internals of PostgreSQL." At *PostgreSQL Conference* (PGCon), May 2012. Archived at *perma.cc/6225-3SUX*

[19] Amit Kapila. "Evolution of Logical Replication." *amitkapila16.blogspot.com*, September 2023. Archived at *perma.cc/F9VX-JLER*

[20] Aru Petchimuthu. "Upgrade Your Amazon RDS for PostgreSQL or Amazon Aurora PostgreSQL Database, Part 2: Using the pglogical Extension." *aws.amazon.com*, August 2021. Archived at *perma.cc/RXT8-FS2T*

[21] Yogeshwer Sharma, Philippe Ajoux, Petchean Ang, David Callies, Abhishek Choudhary, Laurent Demailly, Thomas Fersch, Liat Atsmon Guz, Andrzej Kotulski, Sachin Kulkarni, Sanjeev Kumar, Harry Li, Jun Li, Evgeniy Makeev, Kowshik Prakasam, Robbert van Renesse, Sabyasachi Roy, Pratyush Seth, Yee Jiun Song, Benjamin Wester, Kaushik Veeraraghavan, and Peter Xie. "Wormhole: Reliable Pub-Sub to Support Geo-Replicated Internet Services." At *12th USENIX Symposium on Networked Systems Design and Implementation* (NSDI), May 2015.

[22] Douglas B. Terry. "Replicated Data Consistency Explained Through Baseball." Microsoft Research, Technical Report MSR-TR-2011-137, October 2011. Archived at *perma.cc/F4KZ-AR38*

[23] Douglas B. Terry, Alan J. Demers, Karin Petersen, Mike J. Spreitzer, Marvin M. Theher, and Brent B. Welch. "Session Guarantees for Weakly Consistent Replicated Data." At *3rd International Conference on Parallel and Distributed Information Systems* (PDIS), September 1994. *doi:10.1109/PDIS.1994.331722*

[24] Werner Vogels. "Eventually Consistent." *ACM Queue*, volume 6, issue 6, pages 14–19, October 2008. *doi:10.1145/1466443.1466448*

[25] Simon Willison. Reply to: "My thoughts about Fly.io (so far) and other newish technology I'm getting into". *news.ycombinator.com*, May 2022.

[26] Nithin Tharakan. "Scaling Bitbucket's Database." *atlassian.com*, October 2020. Archived at *perma.cc/JAB7-9FGX*

[27] Terry Pratchett. *Reaper Man: A Discworld Novel.* Victor Gollancz, 1991. ISBN: 9780575049796

[28] Peter Bailis, Alan Fekete, Michael J. Franklin, Ali Ghodsi, Joseph M. Hellerstein, and Ion Stoica. "Coordination Avoidance in Database Systems." *Proceedings of the VLDB Endowment*, volume 8, issue 3, pages 185–196, November 2014. *doi:10.14778/2735508.2735509*

[29] Yaser Raja and Peter Celentano. "PostgreSQL Bi-Directional Replication Using pglogical." *aws.amazon.com*, January 2022. Archived at *perma.cc/BUQ2-5QWN*

[30] Robert Hodges. "If You *Must* Deploy Multi-Master Replication, Read This First." *scale-out-blog.blogspot.com*, April 2012. Archived at *perma.cc/C2JN-F6Y8*

[31] Lars Hofhansl. "HBASE-7709: Infinite Loop Possible in Master/Master Replication." *issues.apache.org*, January 2013. Archived at *perma.cc/24G2-8NLC*

[32] John Day-Richter. "What's Different About the New Google Docs: Making Collaboration Fast." *drive.googleblog.com*, September 2010. Archived at *perma.cc/5TL8-TSJ2*

[33] Evan Wallace. "How Figma's Multiplayer Technology Works." *figma.com*, October 2019. Archived at *perma.cc/L49H-LY4D*

[34] Tuomas Artman. "Scaling the Linear Sync Engine." *linear.app*, June 2023.

[35] Amr Saafan. "Why Sync Engines Might Be the Future of Web Applications." *nilebits.com*, September 2024. Archived at *perma.cc/5N73-5M3V*

[36] Isaac Hagoel. "Are Sync Engines the Future of Web Applications?" *dev.to*, July 2024. Archived at *perma.cc/R9HF-BKKL*

[37] Sujay Jayakar. "A Map of Sync." *stack.convex.dev*, October 2024. Archived at *perma.cc/82R3-H42A*

[38] Alex Feyerke. "Designing Offline-First Web Apps." *alistapart.com*, December 2013. Archived at *perma.cc/WH7R-S2DS*

[39] Martin Kleppmann, Adam Wiggins, Peter van Hardenberg, and Mark McGranaghan. "Local-First Software: You Own Your Data, in Spite of the Cloud." At *ACM SIGPLAN International Symposium on New Ideas, New Paradigms, and Reflections on Programming and Software* (Onward!), October 2019. *doi:10.1145/3359591.3359737*

[40] Martin Kleppmann. "The Past, Present, and Future of Local-First." At *Local-First Conference*, May 2024.

[41] Conrad Hofmeyr. "API Calling Is to Sync Engines as jQuery Is to React." *powersync.com*, November 2024. Archived at *perma.cc/2FP9-7WJJ*

[42] Peter van Hardenberg and Martin Kleppmann. "PushPin: Towards Production-Quality Peer-to-Peer Collaboration." At *7th Workshop on Principles and Practice of Consistency for Distributed Data* (PaPoC), April 2020. *doi:10.1145/3380787.3393683*

[43] Leonard Kawell, Jr., Steven Beckhardt, Timothy Halvorsen, Raymond Ozzie, and Irene Greif. "Replicated Document Management in a Group Communication System." At *ACM Conference on Computer-Supported Cooperative Work* (CSCW), September 1988. *doi:10.1145/62266.1024798*

[44] Ricky Pusch. "Explaining How Fighting Games Use Delay-Based and Rollback Netcode." *words.infil.net* and *arstechnica.com*, October 2019. Archived at *perma.cc/DE7W-RDJ8*

[45] Giuseppe DeCandia, Deniz Hastorun, Madan Jampani, Gunavardhan Kakulapati, Avinash Lakshman, Alex Pilchin, Swaminathan Sivasubramanian, Peter Vosshall, and Werner Vogels. "Dynamo: Amazon's Highly Available Key-Value Store." At *21st ACM Symposium on Operating Systems Principles* (SOSP), October 2007. *doi:10.1145/1323293.1294281*

[46] Marc Shapiro, Nuno Preguiça, Carlos Baquero, and Marek Zawirski. "Conflict-Free Replicated Data Types." At *13th International Symposium on Stabilization, Safety, and Security of Distributed Systems* (SSS), October 2011. *doi:10.1007/978-3-642-24550-3_29*

[47] Chengzheng Sun and Clarence Ellis. "Operational Transformation in Real-Time Group Editors: Issues, Algorithms, and Achievements." At *ACM Conference on Computer Supported Cooperative Work* (CSCW), November 1998. *doi:10.1145/289444.289469*

[48] Joseph Gentle and Martin Kleppmann. "Collaborative Text Editing with Eg-walker: Better, Faster, Smaller." At *20th European Conference on Computer Systems* (EuroSys), March 2025. *doi:10.1145/3689031.3696076*

[49] Dharma Shukla. "Azure Cosmos DB: Pushing the Frontier of Globally Distributed Databases." *azure.microsoft.com*, September 2018. Archived at *perma.cc/UT3B-HH6R*

[50] David K. Gifford. "Weighted Voting for Replicated Data." At *7th ACM Symposium on Operating Systems Principles* (SOSP), December 1979. *doi:10.1145/800215.806583*

[51] Marc Brooker. "Dynamo, DynamoDB, and Aurora DSQL." *brooker.co.za*, August 2025. Archived at *perma.cc/XG3C-ALDQ*

[52] Heidi Howard, Dahlia Malkhi, and Alexander Spiegelman. "Flexible Paxos: Quorum Intersection Revisited." At *20th International Conference on Principles of Distributed Systems* (OPODIS), December 2016. *doi:10.4230/LIPIcs.OPODIS.2016.25*

[53] Joseph Blomstedt. "Bringing Consistency to Riak." At *RICON West*, October 2012. Archived at *archive.org*

[54] Peter Bailis, Shivaram Venkataraman, Michael J. Franklin, Joseph M. Hellerstein, and Ion Stoica. "Quantifying Eventual Consistency with PBS." *The VLDB Journal*, volume 23, issue 2, pages 279–302, April 2014. *doi:10.1007/s00778-013-0330-1*

[55] Colin Breck. "Shared-Nothing Architectures for Server Replication and Synchronization." *blog.colinbreck.com*, December 2019. Archived at *perma.cc/48P3-J6CJ*

[56] Jeffrey Dean and Luiz André Barroso. "The Tail at Scale." *Communications of the ACM*, volume 56, issue 2, pages 74–80, February 2013. *doi:10.1145/2408776.2408794*

[57] Peng Huang, Chuanxiong Guo, Lidong Zhou, Jacob R. Lorch, Yingnong Dang, Murali Chintalapati, and Randolph Yao. "Gray Failure: The Achilles' Heel of Cloud-Scale Systems." At *16th Workshop on Hot Topics in Operating Systems* (HotOS), May 2017. *doi:10.1145/3102980.3103005*

[58] Leslie Lamport. "Time, Clocks, and the Ordering of Events in a Distributed System." *Communications of the ACM*, volume 21, issue 7, pages 558–565, July 1978. *doi:10.1145/359545.359563*

[59] D. Stott Parker Jr., Gerald J. Popek, Gerard Rudisin, Allen Stoughton, Bruce J. Walker, Evelyn Walton, Johanna M. Chow, David Edwards, Stephen Kiser, and Charles Kline. "Detection of Mutual Inconsistency in Distributed Systems." *IEEE Transactions on Software Engineering*, volume SE-9, issue 3, pages 240–247, May 1983. *doi:10.1109/TSE.1983.236733*

[60] Nuno Preguiça, Carlos Baquero, Paulo Sérgio Almeida, Victor Fonte, and Ricardo Gonçalves. "Dotted Version Vectors: Logical Clocks for Optimistic Replication." *arXiv:1011.5808*, November 2010.

[61] Giridhar Manepalli. "Clocks and Causality—Ordering Events in Distributed Systems." *exhypothesi.com*, November 2022. Archived at *perma.cc/8REU-KVLQ*

[62] Sean Cribbs. "A Brief History of Time in Riak." At *RICON*, October 2014. Archived at *perma.cc/7U9P-6JFX*

[63] Russell Brown. "Vector Clocks Revisited Part 2: Dotted Version Vectors." *riak.com*, November 2015. Archived at *perma.cc/96QP-W98R*

[64] Carlos Baquero. "Version Vectors Are Not Vector Clocks." *haslab.wordpress.com*, July 2011. Archived at *perma.cc/7PNU-4AMG*

[65] Reinhard Schwarz and Friedemann Mattern. "Detecting Causal Relationships in Distributed Computations: In Search of the Holy Grail." *Distributed Computing*, volume 7, issue 3, pages 149–174, March 1994. *doi:10.1007/BF02277859*

CAPÍTULO 7

Fragmentación

Es evidente que debemos romper con lo secuencial y no limitar las computadoras. Debemos establecer definiciones y proporcionar prioridades y descripciones de los datos. Debemos establecer relaciones, no procedimientos.

—Grace Murray Hopper, *Management and the Computer of the Future* (1962)

Una base de datos distribuida suele distribuir los datos entre los nodos de dos maneras:

- Almacena una copia de los mismos datos en varios nodos. Esto es *la replicación*, que ya hemos visto en Capítulo 6.
- Si hay tantos datos o un rendimiento de escritura tan alto que un solo nodo no puede manejarlo, divide los datos en *fragmentos* (*shards*) o *particiones* más pequeños y almacena diferentes fragmentos en diferentes nodos. Hablaremos del fragmentado en este capítulo.

Normalmente, los fragmentos se definen de tal manera que cada dato (cada registro, fila o documento) pertenece exactamente a un fragmento. Hay varias formas de lograrlo, que analizaremos en profundidad en este capítulo. En efecto, cada fragmento es una pequeña base de datos en sí misma, aunque algunos sistemas de bases de datos admiten operaciones que afectan a varios fragmentos al mismo tiempo.

El fragmentado suele combinarse con la replicación, de modo que las copias de cada fragmento se almacenan en varios nodos. Esto significa que, aunque cada registro pertenezca exactamente a un fragmento, puede almacenarse en varios nodos diferentes para garantizar la tolerancia a fallos.

Un nodo puede almacenar más de un fragmento. Si se utiliza un modelo de replicación de líder único, la combinación de fragmentación y replicación puede parecerse a Figura 7-1, por ejemplo. El líder de cada fragmento se asigna a un nodo, y sus seguidores se asignan a otros nodos. Cada nodo puede ser el líder de algunos fragmentos y un seguidor de otros, pero cada fragmento sigue teniendo un solo líder.

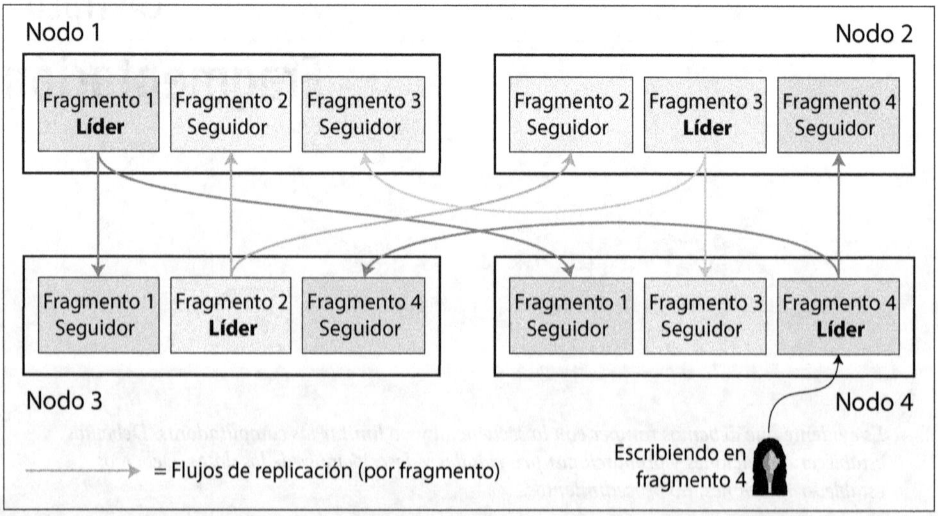

Figura 7-1. Combinación de replicación y fragmentación: cada nodo actúa como líder para algunos fragmentos y como seguidor para otros

Fragmentación y partición

Lo que llamamos *fragmentación* en este capítulo tiene muchos nombres dependiendo del software que utilices. Se llama *partición* en Kafka, *rango* en CockroachDB, *región* en HBase y TiDB, *vBucket* en Couchbase, *vnode* en Riak, *rango de tokens* en Cassandra y *tablet* en Bigtable, YugabyteDB y ScyllaDB, por nombrar solo algunos.

Algunas bases de datos tratan las particiones y los fragmentos como dos conceptos distintos. Por ejemplo, en PostgreSQL, la partición es una forma de dividir una tabla grande en varios archivos que se almacenan en la misma máquina (lo que tiene varias ventajas, como la rapidez con la que se puede eliminar una partición completa), mientras que el fragmentado divide un conjunto de datos entre varias máquinas [1, 2]. En muchos otros sistemas, la partición es simplemente otra palabra para referirse al fragmentado.

Mientras que *partición* es bastante descriptivo, el término *fragmentación* puede resultar sorprendente. Según una teoría, el término surgió del juego de rol en línea *Ultima Online*, en el que un cristal mágico se rompía en pedazos y cada uno de los fragmentos refractaba una copia del mundo del juego [3]. Así, el término *fragmentación* pasó a significar uno de un conjunto de servidores de juegos paralelos y, más tarde, se trasladó a las bases de datos. Otra teoría es que originalmente era un acrónimo de *System for Highly Available Replicated Data* (*Sistema para datos replicados de alta disponibilidad*), supuestamente una base de datos de la década de 1980, cuyos detalles se han perdido en la historia.

Por cierto, la partición no tiene nada que ver con *las particiones de red* (netsplits), un tipo de fallo en la red entre nodos. Hablaremos de estos fallos en Capítulo 9.

Todo lo relacionado con la replicación de bases de datos en Capítulo 6 se aplica igualmente a la replicación de fragmentos. Dado que la elección del esquema de fragmentación es en gran medida independiente de la elección del esquema de replicación, en este capítulo ignoraremos la replicación en aras de la simplicidad.

Ventajas e inconvenientes del sharding

La razón principal para fragmentar una base de datos es la *escalabilidad*. La fragmentación es una solución si el volumen de datos o el rendimiento de escritura se ha vuelto demasiado grande para que lo maneje un solo nodo, ya que permite distribuir esos datos y esas escrituras entre varios nodos. (Si el problema es el rendimiento de lectura, no es necesario fragmentar, sino que se puede utilizar el *escalado de lectura*, como se explica en Capítulo 6).

De hecho, el fragmentado es una de las principales herramientas de las que disponemos para lograr el *escalado horizontal* (una arquitectura de *escalabilidad horizontal*), como se explica en "Arquitecturas de memoria compartida, disco compartido y nada compartido" en la página 57, es decir, permitir que un sistema aumente su capacidad no pasando a una máquina más grande, sino añadiendo más máquinas (más pequeñas). Si puedes dividir la carga de trabajo de manera que cada fragmento maneje una parte aproximadamente igual, puedes asignar esos fragmentos a diferentes máquinas para procesar sus datos y consultas en paralelo.

Si bien la replicación es útil tanto a pequeña como a gran escala, ya que permite la tolerancia a fallos y el funcionamiento sin conexión, el fragmentado es una solución pesada que resulta más relevante a gran escala. Si tu volumen de datos y tu rendimiento de escritura son tales que una sola máquina puede manejarlos (¡y una sola máquina puede hacer mucho hoy en día!), a menudo es mejor evitar el fragmentado y quedarse con una base de datos de un solo fragmento.

La razón de esta recomendación es que el fragmentado añade complejidad. Normalmente tienes que decidir qué registros colocar en cada fragmento eligiendo una *clave de partición*; todos los registros con la misma clave de partición se colocan en el mismo fragmento [4]. Esta elección es importante porque el acceso a un registro es rápido si sabes en qué fragmento se encuentra, pero si no lo sabes, tienes que realizar una búsqueda ineficaz en todos los fragmentos. El esquema de fragmentación también es difícil de cambiar.

La fragmentación suele funcionar bien con datos clave-valor, en los que se puede fragmentar fácilmente por clave, pero es más difícil con datos relacionales, en los que es posible que desee buscar por un índice secundario o unir registros que pueden estar distribuidos en diferentes fragmentos. Trataremos este tema más a fondo en "Fragmentación e índices secundarios" en la página 296.

Otro problema del fragmentado es que una escritura puede necesitar actualizar registros relacionados en varios fragmentos. Aunque las transacciones en un solo nodo son bastante comunes, garantizar la coherencia entre varios fragmentos requiere una *transacción distribuida*. Como veremos en Capítulo 8, las transacciones distribuidas están disponibles en algunas bases de datos, pero suelen ser mucho más lentas que las transacciones de un solo nodo y pueden convertirse en un cuello de botella para el sistema en su conjunto.

Algunos sistemas utilizan el fragmentado incluso en una sola máquina, normalmente ejecutando un proceso de un solo subproceso por núcleo de CPU para aprovechar el paralelismo de la CPU o para sacar partido de una arquitectura de *acceso a memoria no uniforme* (NUMA) en la que algunos bancos de memoria están más cerca de una CPU que de otras [5]. Por ejemplo, Redis, VoltDB y FoundationDB utilizan un proceso por núcleo y se basan en el fragmentado para distribuir la carga entre los núcleos de la CPU de la misma máquina [6].

Fragmentación para la multitenencia

Los productos de software como servicio (SaaS) y los servicios en la nube suelen ser *multitenant*, donde cada inquilino es un cliente. Varios usuarios pueden tener inicios de sesión en el mismo inquilino, pero cada inquilino tiene un conjunto de datos autónomo que está separado de los de otros inquilinos. Por ejemplo, en un servicio de marketing por correo electrónico, cada empresa que se registra suele ser un inquilino independiente, ya que las suscripciones al boletín informativo, los datos de entrega, etc. de una empresa están separados de los de otras empresas.

A veces se utiliza el fragmentado para implementar sistemas multitenant. O bien se asigna a cada inquilino un fragmento independiente, o bien se agrupan varios inquilinos pequeños en un fragmento más grande. Estos fragmentos pueden ser bases de datos físicamente separadas (como ya hemos mencionado en Motores de almacenamiento integrados en la página 138) o partes de una base de datos lógica más grande que se pueden gestionar por separado [7]. El uso del fragmentado para la multitenencia tiene varias ventajas:

Aislamiento de recursos

Si un inquilino realiza una operación que requiere muchos recursos computacionales, es menos probable que el rendimiento de otros inquilinos se vea afectado si se ejecutan en fragmentos diferentes.

Aislamiento de permisos
: Si hay un error en tu lógica de control de acceso, es menos probable que accidentalmente le des a un inquilino acceso a los datos de otro inquilino si los conjuntos de datos de esos inquilinos están almacenados físicamente separados entre sí.

Arquitectura basada en celdas
: Puede aplicar el fragmentado no solo a nivel de almacenamiento de datos, sino también a los servicios que ejecutan el código de su aplicación. En una *arquitectura basada en celdas*, los servicios y el almacenamiento de un conjunto concreto de inquilinos se agrupan en una *celda* autónoma, y las diferentes celdas se configuran de manera que puedan ejecutarse de forma prácticamente independiente unas de otras. Este enfoque proporciona *aislamiento de fallos*: un fallo en una celda se limita a esa celda, y los inquilinos de otras celdas no se ven afectados [8].

Copia de seguridad y restauración por inquilino
: Hacer una copia de seguridad del fragmento de cada inquilino por separado permite restaurar el estado de un inquilino a partir de una copia de seguridad sin afectar a otros inquilinos, lo que puede ser útil si el inquilino borra o sobrescribe accidentalmente datos importantes [9].

Cumplimiento normativo
: Las normativas de privacidad de datos, como el RGPD y la CCPA, otorgan a las personas el derecho a acceder y solicitar la eliminación de la información personal que las empresas almacenan sobre ellas. Si los datos de cada persona se almacenan en un fragmento independiente, esto se traduce en operaciones sencillas de exportación y eliminación de datos en su fragmento [10].

Residencia de datos
: Si los datos de un inquilino concreto deben almacenarse en una jurisdicción determinada para cumplir con las leyes de residencia de datos, una base de datos sensible a la región puede permitirte asignar el fragmento de ese inquilino a una región concreta.

Implementación gradual del esquema
: Las migraciones de esquemas (anteriormente discutidas en "Flexibilidad del esquema en el modelo de documento" en la página 90) pueden implementarse gradualmente, un inquilino a la vez. Esto reduce el riesgo, ya que puedes detectar problemas antes de que afecten a todos los inquilinos, pero puede ser difícil de hacer transaccionalmente [11].

Los principales retos que plantea el uso del fragmentado para la multitenencia son los siguientes:

- Se supone que cada inquilino individual es lo suficientemente pequeño como para caber en un solo nodo. Si no es así y tienes un solo inquilino que es demasiado grande para una máquina, tendrás que realizar además un fragmentado dentro de ese inquilino, lo que nos lleva de vuelta al tema del fragmentado para la escalabilidad [12].

- Si tienes muchos inquilinos pequeños, crear un fragmentado independiente para cada uno de ellos puede suponer una sobrecarga excesiva. Podrías agrupar varios inquilinos pequeños en un fragmentado más grande, pero entonces se te presenta el problema de cómo mover a los inquilinos de un fragmentado a otro a medida que crecen.
- Si alguna vez necesitas admitir funciones que conecten datos entre varios inquilinos, estas se vuelven más difíciles de implementar si necesitas unir datos entre varios fragmentos.

Fragmentación de datos clave-valor

Supongamos que tienes una gran cantidad de datos y quieres fragmentarlos. ¿Cómo decides qué registros almacenar en cada nodo?

El objetivo del fragmentado es distribuir los datos y la carga de consultas de manera uniforme entre los nodos. Si cada nodo asume una parte equitativa, entonces, en teoría, 10 nodos deberían poder manejar 10 veces más datos y 10 veces el rendimiento de lectura y escritura de un solo nodo (sin tener en cuenta la replicación). Si añades o eliminas un nodo, también querrás poder *reequilibrar* la carga para que se distribuya de manera uniforme entre el nuevo número de nodos.

Si el fragmentado es injusto, de modo que algunos fragmentos tienen más datos o consultas que otros, lo llamamos *sesgado*. La presencia de sesgos hace que el fragmentado sea mucho menos eficaz. En un caso extremo, toda la carga podría terminar en un fragmento, por lo que 9 de cada 10 nodos estarían inactivos y el cuello de botella sería el único nodo ocupado. Un fragmento con una carga desproporcionadamente alta se denomina *fragmento caliente* o *punto caliente*. Si una clave tiene una carga particularmente alta (por ejemplo, una celebridad en una red social), la llamamos *clave caliente*.

Para dividir el conjunto de datos en fragmentos, necesitamos un algoritmo que tome como entrada la clave de partición de un registro y nos indique qué fragmento contiene ese registro. En un almacén de clave-valor, la clave de partición suele ser la clave o la primera parte de la clave. En un modelo relacional, la clave de partición puede ser una columna de una tabla (no necesariamente su clave principal). Ese algoritmo debe ser capaz de reequilibrarse a fin de aliviar los puntos calientes.

Fragmentación por rango de claves

Una forma de fragmentar es asignar un rango contiguo de claves de partición (desde un mínimo hasta un máximo) a cada fragmento, como los volúmenes de una enciclopedia en papel, tal y como se ilustra en Figura 7-2. En este ejemplo, la clave de partición de una entrada es su título. Si quieres buscar la entrada de un título concreto, puedes determinar fácilmente qué fragmento contiene esa entrada y, así, elegir el libro correcto de la estantería, buscando el volumen cuyo rango de claves contenga el título que estás buscando.

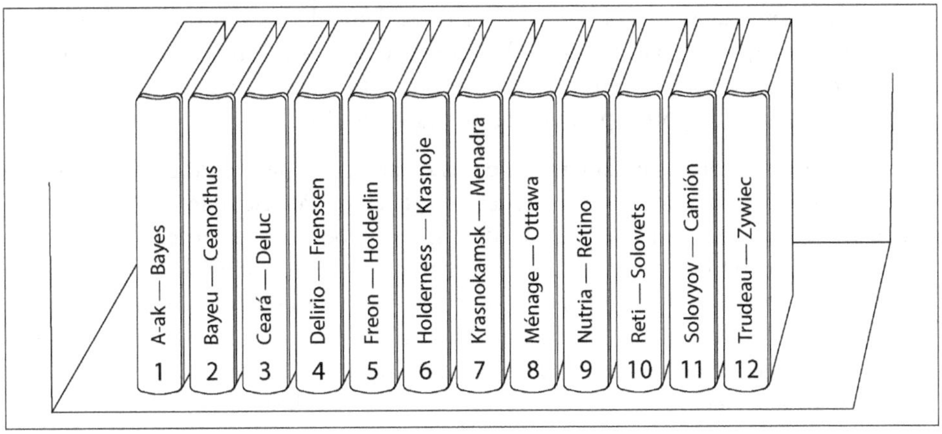

Figura 7-2. Una enciclopedia impresa se fragmenta por rango de claves.

Los rangos de claves no están necesariamente espaciados de manera uniforme, ya que es posible que tus datos no estén distribuidos de manera uniforme. Por ejemplo, en Figura 7-2, el volumen 1 contiene palabras que comienzan con *A* y *B*, pero el volumen 12 contiene palabras que comienzan con *T*, *U*, *V*, *W*, *X*, *Y* y *Z*. El simple hecho de tener un volumen por cada dos letras del alfabeto haría que algunos volúmenes fueran mucho más grandes que otros. Para distribuir los datos de manera uniforme, los límites de los fragmentos deben adaptarse a los datos.

Los límites de los fragmentos pueden ser elegidos manualmente por un administrador, o la base de datos puede elegirlos automáticamente. El fragmentado manual por rango de claves es utilizado por Vitess (una capa de fragmentado para MySQL), por ejemplo; la variante automática es utilizada por Bigtable y su equivalente de código abierto HBase utilizan la variante automática, la opción de fragmentación basada en rangos de MongoDB, así como CockroachDB, RethinkDB y FoundationDB [6]. YugabyteDB ofrece tanto la división manual como la automática de tabletas.

Dentro de cada fragmentación, las claves se almacenan en orden clasificado (por ejemplo, en un árbol B o en SSTables, como se explica en Capítulo 4). Esto tiene la ventaja de que los escaneos de rango son fáciles y puedes tratar la clave como un índice concatenado para recuperar varios registros relacionados en una sola consulta (consulta "Índices multidimensionales y de texto completo" en la página 161). Por ejemplo, considera una aplicación que almacena datos de una red de sensores, donde la clave es la marca de tiempo de la medición. Los escaneos de rango son muy útiles en este caso, ya que permiten recuperar fácilmente, por ejemplo, todas las lecturas de un mes en particular.

Una desventaja del fragmentado por rango de claves es que puedes obtener fácilmente un fragmento caliente si hay muchas escrituras en claves cercanas. Por ejemplo, si la clave es una marca de tiempo, los fragmentos corresponden a rangos de tiempo, por ejemplo, un fragmento por mes. Si escribes datos de los sensores en la base de datos a medida que se realizan las mediciones, todas las escrituras terminarán yendo al mismo fragmento (el de este mes), por lo que ese fragmento se sobrecargará con escrituras mientras que otros permanecerán inactivos [13].

Para evitar este problema en la base de datos de sensores, debes utilizar algo distinto a la marca de tiempo como primer elemento de la clave. Por ejemplo, podrías anteponer el ID del sensor a cada marca de tiempo, de modo que el orden de las claves sea primero por ID de sensor y luego por marca de tiempo. Suponiendo que tengas muchos sensores activos al mismo tiempo, la carga de escritura se distribuirá de manera más uniforme entre los fragmentos. La desventaja es que, cuando quieras obtener los valores de varios sensores dentro de un intervalo de tiempo, ahora deberás realizar una consulta de rango separada para cada sensor.

Reequilibrio de datos fragmentados por rango de claves

Cuando configuras tu base de datos por primera vez, no hay rangos de claves que dividir en fragmentos. Algunas bases de datos, como HBase y MongoDB, te permiten configurar un conjunto inicial de fragmentos en una base de datos vacía, lo que se denomina *pre-división*. Para ello, es necesario que tengas una idea previa de cómo va a ser la distribución de las claves, de modo que puedas elegir los límites adecuados para los rangos de claves [14].

Más adelante, a medida que aumentan el volumen de datos y el rendimiento de escritura, un sistema con fragmentación por rango de claves crece al dividir un fragmento existente en dos o más fragmentos más pequeños, cada uno de los cuales contiene un subrango contiguo del rango de claves del fragmento original. Los fragmentos más pequeños resultantes pueden distribuirse entre varios nodos. Si se eliminan grandes cantidades de datos, es posible que también sea necesario fusionar varios fragmentos adyacentes que se han vuelto pequeños en uno más grande. Este proceso es similar a lo que ocurre en el nivel superior de un árbol B (consulta "Árboles B" en la página 138).

En las bases de datos que gestionan automáticamente los límites de los fragmentos, la división de un fragmento suele activarse cuando este alcanza un tamaño configurado (por ejemplo, en HBase, el valor predeterminado es 10 GB) o, en algunos sistemas, cuando el rendimiento de escritura se mantiene por encima de un umbral determinado. Por lo tanto, un fragmento activo puede dividirse aunque no almacene una gran cantidad de datos, de modo que su carga de escritura pueda distribuirse de forma más uniforme.

Desafortunadamente, el número de fragmentos se adapta al volumen de datos. Si solo hay una pequeña cantidad de datos, basta con un número reducido de fragmentos, por lo que los gastos generales son pequeños; si hay una gran cantidad de datos, el tamaño de cada fragmento individual se limita a un máximo configurable [15].

Desafortunadamente, dividir un fragmento es una operación costosa, ya que requiere que todos sus datos se reescriban en nuevos archivos, de manera similar a una compactación en un motor de almacenamiento estructurado en registro. Un fragmento que necesita dividirse suele ser también uno que está sometido a una alta carga, y el costo de la división puede agravar esa carga, con el riesgo de que se sobrecargue.

Fragmentación por hash de clave

La fragmentación por rango de claves es útil si deseas que los registros con claves de partición cercanas (pero diferentes) se agrupen en el mismo fragmento; por ejemplo, este podría ser el caso de las marcas de tiempo. Si no te importa si las claves de partición están cerca unas de otras (por ejemplo, si son ID de inquilinos en una aplicación multitenant), un enfoque común es primero hacer un hash de la clave de partición antes de asignarla a un fragmento.

Una buena función hash toma datos sesgados y los distribuye de manera uniforme. Supongamos que tienes una función hash de 32 bits que toma una cadena. Cada vez que le das una nueva cadena, devuelve un número aparentemente aleatorio entre 0 y $2^{32} - 1$. Incluso si las cadenas de entrada son muy similares, sus hash se distribuyen uniformemente en ese rango de números (pero la misma entrada siempre produce la misma salida).

A efectos de fragmentación, la función hash no necesita ser criptográficamente fuerte: por ejemplo, MongoDB utiliza MD5, mientras que Cassandra y ScyllaDB utilizan Murmur3. Muchos lenguajes de programación tienen funciones hash simples incorporadas (ya que se utilizan para tablas hash), pero pueden no ser adecuadas para el fragmentado: por ejemplo, en `Object.hashCode()` de Java y `Object#hash` de Ruby, la misma clave puede tener un valor hash diferente en diferentes procesos, lo que las hace inadecuadas para el fragmentado [16].

Hash módulo número de nodos

Una vez que has hash la clave, ¿cómo eliges en qué fragmento almacenarla? Lo primero que se te puede ocurrir es tomar el valor hash *módulo* el número de nodos del sistema (utilizando el operador `%` en muchos lenguajes de programación). Por ejemplo, *hash*(*key*) % 10 devolvería un número del 0 a 9 (si escribimos el hash como un número decimal, *hash* % 10 sería el último dígito). Si tenemos 10 nodos, numerados del 0 al 9, parece una forma fácil de asignar cada clave a un nodo.

El problema con el enfoque *mod N* es que, si cambia el número de nodos *N*, la mayoría de las claves tienen que moverse de un nodo a otro. Figura 7-3 muestra lo que ocurre cuando tienes tres nodos y añades un cuarto. Antes del reequilibrio, el nodo 0 almacenaba las claves cuyos hash son 0, 3, 6, 9, y así sucesivamente. Después de añadir el cuarto nodo, la clave con hash 3 se ha movido al nodo 3, la clave con hash 6 se ha movido al nodo 2, la clave con hash 9 se ha movido al nodo 1, y así sucesivamente.

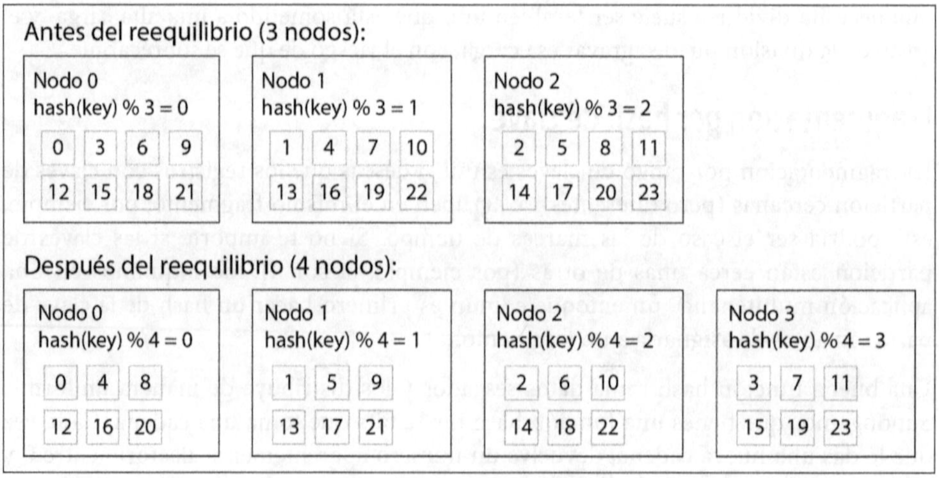

Figura 7-3. Asignar claves a los nodos mediante el hash de la clave y tomando el módulo del número de nodos. Cambiar el número de nodos da como resultado que muchas claves se muevan de un nodo a otro.

La función *mod N* es fácil de calcular, pero conduce a un reequilibrio muy ineficiente porque hay muchos movimientos innecesarios de registros de un nodo a otro. Necesitamos un enfoque que mueva la menor cantidad de datos posible.

Número fijo de fragmentos

Una solución sencilla pero muy utilizada es crear muchos más fragmentos que nodos y asignar varios fragmentos a cada nodo. Por ejemplo, una base de datos que se ejecuta en un clúster de 10 nodos puede dividirse en 1,000 fragmentos desde el principio, de modo que se asignen 100 fragmentos a cada nodo. A continuación, una clave se almacena en el fragmento número *hash*(*key*) % 1,000, y el sistema realiza un seguimiento por separado de qué fragmento se almacena en cada nodo.

Ahora bien, si se añade un nodo al clúster, el sistema puede reasignar algunos de los fragmentos de los nodos existentes al nuevo nodo hasta que vuelvan a distribuirse de forma equitativa. Este proceso se ilustra en Figura 7-4. Si se elimina un nodo del clúster, ocurre lo mismo a la inversa.

En este modelo, solo se mueven fragmentos completos entre nodos, lo cual es más económico que dividir fragmentos. El número de fragmentos no cambia, ni tampoco la asignación de claves a los fragmentos. Lo único que cambia es la asignación de fragmentos a los nodos. Esta reasignación no es inmediata, ya que se necesita cierto tiempo para transferir una gran cantidad de datos a través de la red, por lo que la antigua asignación de fragmentos se utiliza para cualquier lectura y escritura que se produzca mientras la transferencia está en curso.

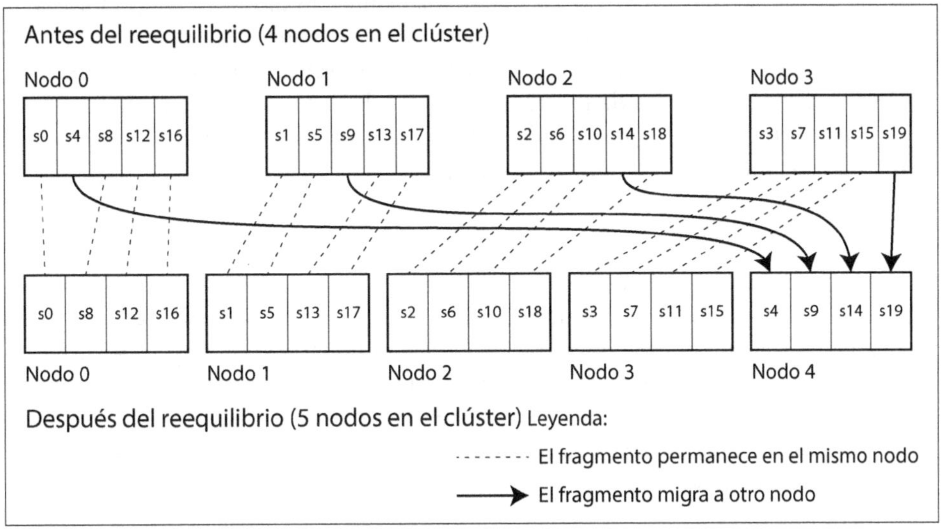

Figura 7-4. Añadir un nuevo nodo a un clúster de bases de datos con varios fragmentos por nodo

Es común elegir un número de fragmentos divisible por muchos factores, de modo que el conjunto de datos se pueda dividir de manera uniforme entre varios números de nodos, sin necesidad de que el número de nodos sea una potencia de 2, por ejemplo [4]. Incluso puedes tener en cuenta el hardware no compatible de tu clúster: al asignar más fragmentos a los nodos más potentes, puedes hacer que esos nodos asuman una mayor parte de la carga.

Este enfoque de fragmentación se utiliza en Citus (una capa de fragmentación para PostgreSQL), Riak, Elasticsearch y Couchbase, entre otros. Funciona bien siempre que tengas una buena estimación de cuántos fragmentos necesitarás cuando crees la base de datos por primera vez. A continuación, puedes añadir o eliminar nodos fácilmente, con la limitación de que no puedes tener más nodos que fragmentos.

Si consideras que el número de fragmentos configurado originalmente es incorrecto, por ejemplo, si has alcanzado una escala en la que necesitas más nodos que fragmentos, entonces se requiere una costosa operación de refragmentación. Es necesario dividir cada fragmento y escribirlo en nuevos archivos, lo que requiere mucho espacio adicional en el disco durante el proceso. Algunos sistemas no permiten la refragmentación mientras se escribe simultáneamente en la base de datos, lo que dificulta cambiar el número de fragmentos sin tiempo de inactividad.

Es difícil elegir el número adecuado de fragmentos si el tamaño total del conjunto de datos es muy variable (por ejemplo, si empieza siendo pequeño pero puede crecer mucho con el tiempo). Dado que cada fragmento contiene una fracción fija del total de datos, el tamaño de cada fragmento crece proporcionalmente a la cantidad total de datos del clúster. Si los fragmentos son muy grandes, el reequilibrio y la recuperación de los fallos de los nodos se vuelven costosos. Pero si los fragmentos son demasiado pequeños, suponen una sobrecarga excesiva. El mejor rendimiento se consigue cuando el tamaño de los fragmentos es "el adecuado", ni demasiado grande ni demasiado pequeño, lo que puede ser difícil de lograr si el número de fragmentos es fijo pero el tamaño del conjunto de datos varía.

Fragmentación por rango de hash

Si no se puede predecir de antemano el número de fragmentos necesario, es mejor utilizar un esquema en el que el número de fragmentos se pueda adaptar fácilmente a la carga de trabajo. El esquema de fragmentación por rango de claves mencionado anteriormente tiene esta propiedad, pero conlleva el riesgo de que se produzcan puntos calientes cuando hay muchas escrituras en claves cercanas. Una solución es combinar la fragmentación por rango de claves con una función hash, de modo que cada fragmento contenga un rango de *valores hash* en lugar de un rango de *claves*.

Figura 7-5 muestra un ejemplo en el que se utiliza una función hash de 16 bits que devuelve un número entre 0 y 65,535 = $2^{16} - 1$ (en realidad, el hash suele ser de 32 bits o más). Incluso si las claves de entrada son muy similares (por ejemplo, marcas de tiempo consecutivas), sus hash se distribuyen uniformemente a lo largo de ese rango. A continuación, podemos asignar un rango de valores hash a cada fragmento, por ejemplo, valores de 0 a 16,383 al fragmento 0, valores de 16,384 a 32,767 al fragmento 1, y así sucesivamente.

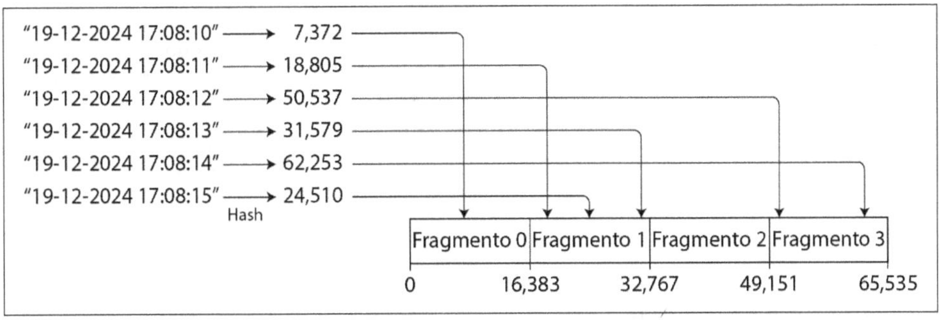

Figura 7-5. Asignar un rango contiguo de valores hash a cada fragmento.

Al igual que con la fragmentación por rango de claves, en la fragmentación por rango de hash un fragmento se puede dividir cuando se vuelve demasiado grande o está demasiado cargado. Sigue siendo una operación costosa, pero se puede realizar según sea necesario, por lo que el número de fragmentos se adapta al volumen de datos en lugar de ser fijo de antemano.

La desventaja en comparación con el fragmentado por rango de claves es que las consultas de rango sobre la clave de partición no son eficientes, ya que las claves del rango ahora están dispersas en todos los fragmentos. Sin embargo, si las claves constan de dos o más columnas y la clave de partición es solo la primera de estas columnas, aún puedes realizar consultas de rango eficientes sobre la segunda columna y las siguientes. Siempre que todos los registros de la consulta de rango tengan la misma clave de partición, estarán en el mismo fragmento.

Partición y consultas de rango en almacenes de datos

Los almacenes de datos como BigQuery, Snowflake y Delta Lake admiten un enfoque de indexación similar, aunque la terminología difiere. En BigQuery, por ejemplo, la clave de partición determina en qué partición reside un registro, mientras que las "columnas de clúster" determinan cómo se ordenan los registros dentro de la partición. Snowflake asigna registros a "micro particiones" automáticamente, pero permite a los usuarios definir claves de clúster para una tabla. Delta Lake admite la asignación de particiones tanto manual como automática y admite claves de clúster. La agrupación de datos en clústeres no solo mejora el rendimiento del escaneo de rango, sino que también puede mejorar el rendimiento de la compresión y el filtrado.

YugabyteDB y DynamoDB [17] utilizan fragmentación por rango hash, y es una opción en MongoDB. Cassandra y ScyllaDB utilizan una variante de este enfoque que se ilustra en Figura 7-6.

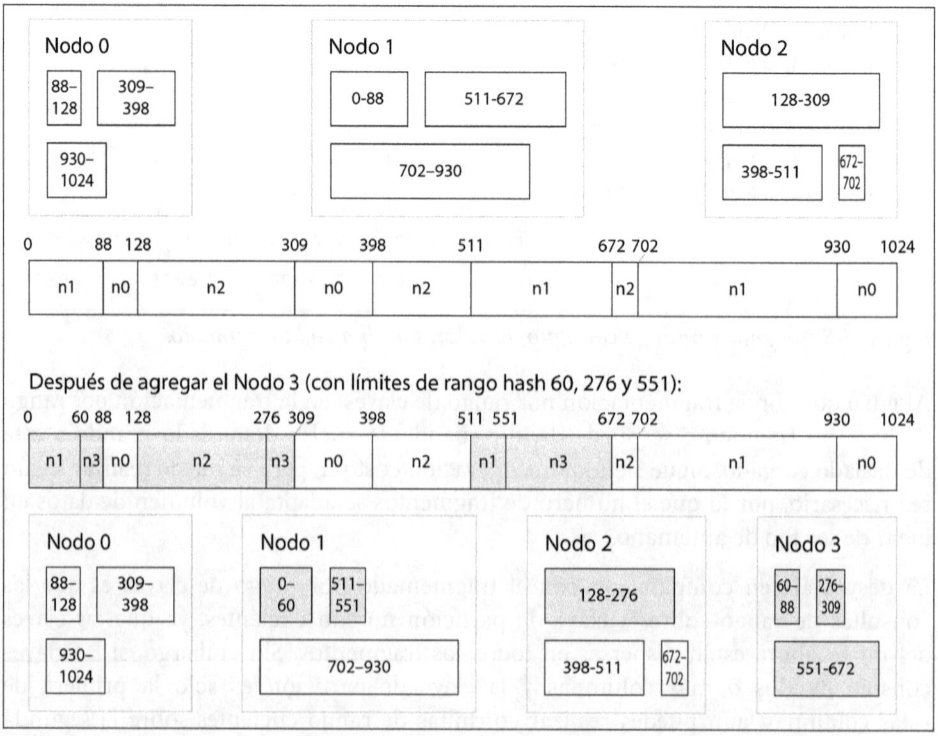

Figura 7-6. Cassandra y ScyllaDB dividen el rango de posibles valores hash (aquí 0-1024) en rangos contiguos con límites aleatorios y asignan varios rangos a cada nodo.

El espacio de los valores hash se divide en varios rangos proporcionales al número de nodos (la figura muestra 3 rangos por nodo, pero los números reales son 16 por nodo en Cassandra por defecto y 256 por nodo en ScyllaDB), con límites aleatorios entre esos rangos. Esto significa que algunos rangos son más grandes que otros, pero al tener varios rangos por nodo, esos desequilibrios tienden a equilibrarse [15].

Cuando se añaden o eliminan nodos, los límites de los rangos se ajustan y los fragmentos se dividen o fusionan en consecuencia. En Figura 7-6, cuando se añade el nodo 3, el nodo 1 transfiere partes de dos de sus rangos al nodo 3, y el nodo 2 transfiere parte de uno de sus rangos al nodo 3. Esto tiene el efecto de dar al nuevo nodo una parte aproximadamente equitativa del conjunto de datos, sin transferir más datos de los necesarios de un nodo a otro.

Hash consistente

Un algoritmo de *hash consistente* es una función hash que asigna claves a un número específico de fragmentos de manera que se satisfacen dos propiedades:

- El número de claves asignadas a cada fragmento es aproximadamente igual.

- Cuando cambia el número de fragmentos, se mueven de un fragmento a otro el menor número posible de claves.

Ten en cuenta que *consistente* aquí no tiene nada que ver con la consistencia de las réplicas (consulta Capítulo 6) o la consistencia ACID (consulta Capítulo 8), sino que describe la tendencia de una clave a permanecer en el mismo fragmento si es posible.

El algoritmo de fragmentación utilizado por Cassandra y ScyllaDB es similar a la definición original de hash consistente [18], pero también se han propuesto otros algoritmos de hash consistente [19], como *el de mayor peso aleatorio*, también conocido como *hash de encuentro* [20], y *el hash consistente de salto* [21]. Con estos enfoques, en lugar de dividir un pequeño número de fragmentos existentes en subrangos para crear nuevos fragmentos para un nodo que se añade, al nuevo nodo se le asignan claves individuales que antes estaban dispersas entre todos los demás nodos. Cuál es preferible depende de la aplicación.

Cargas de trabajo sesgadas y alivio de puntos calientes

El hash consistente garantiza que las claves se distribuyan de manera uniforme entre los nodos, pero eso no significa que la carga real se distribuya de manera uniforme. Si la carga de trabajo está muy sesgada, es decir, hay muchos más datos bajo algunas claves de partición que bajo otras, o la tasa de solicitudes a algunas claves es mucho mayor que a otras, es posible que algunos servidores terminen sobrecargados mientras que otros permanecen casi inactivos.

Por ejemplo, en un sitio de redes sociales, una publicación de un usuario famoso con millones de seguidores puede provocar una tormenta de actividad [22]. Este evento puede dar lugar a un gran volumen de lecturas y escrituras en la misma clave (donde la clave de partición es quizás el ID de usuario del famoso o el ID de la acción sobre la que la gente está comentando).

En tales situaciones, se requiere una política de fragmentación más flexible [23, 24]. Un sistema que define los fragmentos en función de rangos de claves (o rangos de hash) permite colocar una clave individual muy solicitada en un fragmento por sí sola, tal vez incluso asignándole una máquina dedicada [25].

También es posible compensar el sesgo a nivel de aplicación. Por ejemplo, si se sabe que una clave es muy activa, una técnica sencilla consiste en añadir un número aleatorio al principio o al final de la clave. Añadir solo dos dígitos aleatorios dividiría las escrituras en la clave de manera uniforme entre 100 claves, lo que permitiría distribuir esas claves en diferentes fragmentos.

Sin embargo, al haber dividido las escrituras entre varias claves, cualquier lectura tiene ahora que realizar un trabajo adicional, ya que tiene que leer los datos de las 100 claves y combinarlos. El volumen de lecturas de cada fragmento de la clave muy utilizada no se reduce; solo se divide la carga de escritura. Esta técnica también requiere un registro adicional: tiene sentido añadir el número aleatorio solo para el pequeño número de claves activas; para la gran mayoría de las claves con un bajo rendimiento de escritura, esto supondría una sobrecarga innecesaria. Por lo tanto, también necesitas alguna forma de llevar un registro de las claves que se están dividiendo y un proceso para convertir una clave normal en una clave activa gestionada de forma especial.

El problema se complica aún más por los cambios en la carga a lo largo del tiempo: por ejemplo, una publicación concreta en las redes sociales que se ha vuelto viral puede experimentar una carga elevada durante un par de días, pero después es probable que vuelva a calmarse. Además, algunas claves pueden ser calientes para las escrituras, mientras que otras lo son para las lecturas, lo que requiere estrategias diferentes para gestionarlas.

Algunos sistemas (especialmente los servicios en la nube diseñados a gran escala) cuentan con enfoques automatizados para gestionar los fragmentos activos. Amazon, por ejemplo, lo denomina *gestión del calor* [26] o *capacidad adaptativa* [17]. Los detalles sobre el funcionamiento de estos sistemas exceden el alcance de este libro.

Operaciones: reequilibrio automático frente a manual

Hemos pasado por alto una cuestión importante con respecto al reequilibrio: ¿la división de fragmentos y el reequilibrio se producen de forma automática o manual?

Algunos sistemas deciden automáticamente cuándo dividir los fragmentos y cuándo moverlos de un nodo a otro, sin ninguna interacción humana, mientras que otros dejan que sea un administrador quien configure explícitamente la fragmentación. También hay un término medio: por ejemplo, Couchbase y Riak generan una asignación de fragmentos sugerida automáticamente, pero requieren que un administrador la confirme antes de que entre en vigor.

El reequilibrio totalmente automatizado puede ser conveniente, ya que hay menos trabajo operativo que hacer para el mantenimiento normal, y estos sistemas pueden incluso autoescalarse para adaptarse a los cambios en la carga de trabajo. Las bases de datos en la nube, como DynamoDB, se promocionan por su capacidad para añadir y eliminar fragmentos automáticamente para adaptarse a grandes aumentos o disminuciones de la carga en cuestión de minutos [17, 27].

Sin embargo, la gestión automática de fragmentos también puede ser impredecible. El reequilibrio es una operación costosa, ya que requiere redirigir las solicitudes y mover una gran cantidad de datos de un nodo a otro. Si este proceso no se realiza con cuidado, puede sobrecargar la red o los nodos y perjudicar el rendimiento de otras solicitudes. El sistema debe seguir procesando las escrituras mientras se lleva a cabo el reequilibrio; si un sistema está cerca de su rendimiento máximo de escritura, es posible que el proceso de división de fragmentos ni siquiera pueda seguir el ritmo de las escrituras entrantes [27].

Esta automatización puede ser peligrosa si se combina con la detección automática de fallos. Por ejemplo, supongamos que un nodo está sobrecargado y tarda temporalmente en responder a las solicitudes. Los demás nodos concluyen que el nodo sobrecargado está inactivo y reequilibran automáticamente el clúster para alejar la carga de él. Esto supone una carga adicional para los demás nodos y la red, lo que empeora la situación. Existe el riesgo de provocar un fallo en cadena en el que otros nodos se sobrecarguen y también se sospeche erróneamente que están inactivos.

Por esa razón, puede ser bueno contar con una persona en el circuito para el reequilibrio. Es más lento que un proceso totalmente automático, pero puede ayudar a evitar sorpresas operativas. El reequilibrio manual también es útil para reequilibrar de forma preventiva si se espera un aumento del tráfico debido a un evento conocido, como las rebajas del Cyber Monday o la venta de entradas para un evento deportivo popular como la Copa Mundial.

Enrutamiento de solicitudes

Hemos hablado de cómo fragmentar un conjunto de datos en varios nodos y cómo reequilibrar esos fragmentos a medida que se añaden o eliminan nodos. Ahora pasemos a otra pregunta: si quieres leer o escribir una clave concreta, ¿cómo sabes a qué nodo, es decir, a qué dirección IP y número de puerto, debes conectarte?

A este problema lo llamamos *enrutamiento de solicitudes* (request routing), y es muy similar al *descubrimiento de servicios*, que ya hemos comentado en "Equilibradores de carga, descubrimiento de servicios y mallas de servicios" en la página 203. La mayor diferencia entre ambos es que, con los servicios que ejecutan código de aplicación, cada instancia suele ser sin estado, y un equilibrador de carga puede enviar una solicitud a cualquiera de las instancias. Con las bases de datos fragmentadas, una solicitud de una clave solo puede ser gestionada por un nodo que sea una réplica del fragmento que contiene esa clave.

Esto significa que el enrutamiento de solicitudes debe tener en cuenta la asignación de claves a fragmentos y de fragmentos a nodos. A alto nivel, existen varios enfoques para este problema (ilustrados en Figura 7-7):

1. Permitir a los clientes ponerse en contacto con cualquier nodo (por ejemplo, a través de un equilibrador de carga round-robin). Si ese nodo casualmente posee el fragmento al que se aplica la solicitud, el nodo puede gestionar la solicitud directamente; de lo contrario, reenvía la solicitud al nodo adecuado, recibe la respuesta y la transmite al cliente.

2. Enviar todas las solicitudes de los clientes primero a un nivel de enrutamiento, que determina el nodo que debe gestionar cada solicitud y la reenvía en consecuencia. Este nivel de enrutamiento no gestiona ninguna solicitud por sí mismo, sino que actúa únicamente como un equilibrador de carga consciente de los fragmentos.
3. Requerir que los clientes conozcan la fragmentación y la asignación de fragmentos a los nodos. En este caso, un cliente puede conectarse directamente al nodo adecuado, sin ningún intermediario.

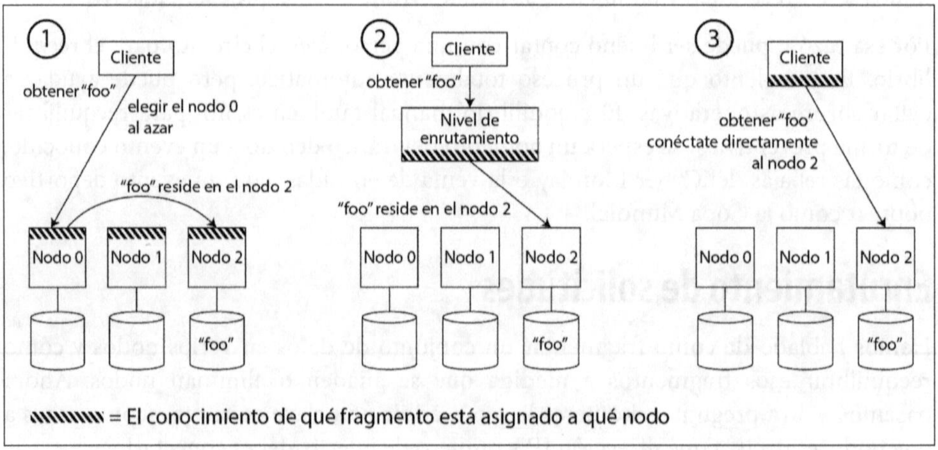

Figura 7-7. Tres formas de enrutar una solicitud al nodo correcto

Cada caso tiene algunos problemas clave:

- ¿Quién decide qué fragmento debe residir en cada nodo? Lo más sencillo es que un único coordinador tome esa decisión, pero en ese caso, ¿cómo se consigue que sea tolerante a fallos en caso de que el nodo que ejecuta el coordinador se caiga? Y si la función de coordinador puede transferirse a otro nodo, ¿cómo se evita una situación de división cerebral (consulta "Gestión de las interrupciones de los nodos" en la página 224) en la que dos coordinadores diferentes realizan asignaciones de fragmentos contradictorias?
- ¿Cómo se entera el componente que realiza el enrutamiento (que puede ser uno de los nodos, el nivel de enrutamiento o el cliente) de los cambios en la asignación de fragmentos a los nodos?
- Mientras un fragmento se traslada de un nodo a otro, hay un periodo de transición durante el cual el nuevo nodo ha tomado el control, pero las solicitudes al nodo antiguo pueden seguir en trámite. ¿Cómo se gestionan esas solicitudes?

Muchos sistemas de datos distribuidos dependen de un servicio de coordinación independiente, como ZooKeeper o etcd, para realizar un seguimiento de las asignaciones de fragmentos, como se ilustra en Figura 7-8. Utilizan algoritmos de consenso (consulta Capítulo 10) para proporcionar tolerancia a fallos y protección contra el split brain. Cada nodo se registra en ZooKeeper, y ZooKeeper mantiene la asignación autorizada de fragmentos a los nodos. Otros actores, como el nivel de enrutamiento o el cliente consciente de la fragmentación, pueden suscribirse a esta información en ZooKeeper. Cada vez que un fragmento cambia de propietario, o se añade o elimina un nodo, ZooKeeper notifica al nivel de enrutamiento para que pueda mantener actualizada su información de enrutamiento.

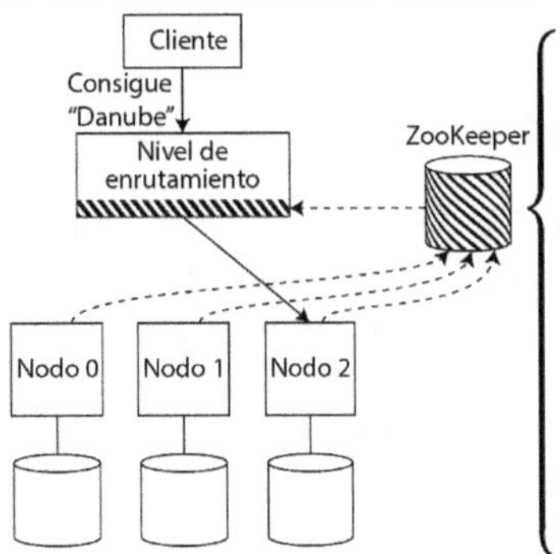

Rango de claves	Fragmento	Nodo	Dirección IP
A-ak — Bayes	fragmento 0	nodo 0	10.20.30.100
Bayeu — Ceanothus	fragmento 1	nodo 1	10.20.30.101
Ceará — Deluc	fragmento 2	nodo 2	10.20.30.102
Delusion — Frenssen	fragmento 3	nodo 0	10.20.30.100
Freon — Holderlin	fragmento 4	nodo 1	10.20.30.101
Holderness — Krasnoje	fragmento 5	nodo 2	10.20.30.102
Krasnokamsk — Menadra	fragmento 6	nodo 0	10.20.30.100
Menage — Ottawa	fragmento 7	nodo 1	10.20.30.101
Otter — Fragmento Rethimnon	fragmento 8	nodo 2	10.20.30.102
Reti — Solovets	fragmento 9	nodo 0	10.20.30.100
Solovyov — Truck	fragmento 10	nodo 1	10.20.30.101
Trudeau — Zywiec	fragmento 11	nodo 2	10.20.30.102

\\\\\\\\\ = El conocimiento de qué fragmento está asignado a qué nodo

Figura 7-8. Uso de ZooKeeper para realizar un seguimiento de la asignación de fragmentos a los nodos

Por ejemplo, HBase y SolrCloud utilizan ZooKeeper para gestionar la asignación de fragmentos, y Kubernetes utiliza etcd para realizar un seguimiento de qué instancia de servicio se está ejecutando y dónde. MongoDB tiene una arquitectura similar, pero se basa en su propia implementación del *servidor de configuración* y en los demonios *mongos* como nivel de enrutamiento. Kafka, YugabyteDB, TiDB y ScyllaDB [28] utilizan implementaciones integradas del protocolo de consenso Raft para realizar esta función de coordinación.

Riak adopta un enfoque diferente: utiliza un *protocolo de gossip* entre los nodos para difundir cualquier cambio en el estado del clúster. Esto proporciona una consistencia mucho más débil que un protocolo de consenso; es posible que se produzca un split brain, en el que diferentes partes del clúster tengan diferentes asignaciones de nodos para el mismo fragmento. Las bases de datos sin líder pueden tolerar esto porque, de todos modos, suelen ofrecer garantías de consistencia débil (consulta "Comprender las limitaciones de la consistencia del quórum" en la página 258).

Cuando se utiliza un nivel de enrutamiento o cuando se envían solicitudes a un nodo aleatorio, los clientes aún necesitan encontrar las direcciones IP a las que conectarse.

Estas no cambian tan rápidamente como la asignación de fragmentos a los nodos, por lo que a menudo basta con utilizar el DNS para este fin.

Este análisis del enrutamiento de solicitudes se ha centrado en encontrar el fragmento para una clave individual, lo cual es más relevante para las bases de datos OLTP fragmentadas. Las bases de datos analíticas también suelen utilizar la fragmentación, pero normalmente tienen un tipo de ejecución de consultas muy diferente: en lugar de ejecutarse en un solo fragmento, una consulta suele necesitar agregar y unir datos de muchos fragmentos en paralelo. Analizaremos las técnicas para dicha ejecución de consultas en paralelo en Capítulo 11.

Fragmentación e índices secundarios

Los esquemas de fragmentación que hemos discutido hasta ahora se basan en que el cliente conozca la clave de partición de cualquier registro al que desee acceder. Esto se consigue más fácilmente en un modelo de datos clave-valor, en el que la clave de partición es la primera parte de la clave primaria (o la clave primaria completa), por lo que podemos utilizar la clave de partición para determinar el fragmento y, así, dirigir las lecturas y escrituras al nodo que es responsable de esa clave.

La situación se complica si intervienen índices secundarios (consulta "Índices multicolumna y secundarios" en la página 146). Un índice secundario no suele identificar un registro de forma única, sino que es una forma de buscar las ocurrencias de un valor concreto: encontrar todas las acciones del usuario `123`, encontrar todos los artículos que contienen la palabra `hogwash`, encontrar todos los coches de color `red`, etc.

Los almacenes de clave-valor a menudo no tienen índices secundarios, pero son una característica estándar de las bases de datos relacionales y son comunes en las bases de datos de documentos. Este tipo de indexación es también la *razón de ser* de los motores de búsqueda de texto completo como Solr y Elasticsearch. El problema de los índices secundarios es que no se asignan claramente a los fragmentos. Hay dos enfoques principales para fragmentar una base de datos con índices secundarios: local y global.

Índices secundarios locales

En el primer enfoque de indexación, cada fragmento mantiene de forma independiente sus propios índices secundarios, que solo cubren los registros de ese fragmento. No importa qué datos se almacenen en otros fragmentos. Cada vez que escribes en la base de datos, ya sea para añadir, eliminar o actualizar un registro, solo tienes que ocuparte del fragmento que contiene el registro que estás escribiendo. Por ese motivo, este tipo de índice secundario se conoce como *índice local*. En el contexto de la recuperación de información, también se conoce como *índice particionado por documentos* [29].

Por ejemplo, imagina que gestionas un sitio web para la venta de coches usados. Cada anuncio tiene un ID único, y utilizas ese ID como clave de partición para la fragmentación, como se ilustra en Figura 7-9 (ID del 0 al 499 en el fragmento 0, ID del 500 al 999 en el fragmento 1, etc.). Si quieres permitir a los usuarios buscar coches, permitiéndoles filtrar por color y marca, necesitas índices secundarios sobre `color` y `make` (en una base de datos de documentos, estos serían campos; en una base de datos relacional, serían columnas). Si has declarado el índice, la base de datos puede realizar la indexación automáticamente. Por ejemplo, cada vez que se añade un coche rojo a la base de datos, el fragmento de la base de datos añade automáticamente su ID a la lista de ID para la entrada del índice `color:red`. Como se explica en Capítulo 4, esa lista de ID también se denomina *lista de publicaciones*.

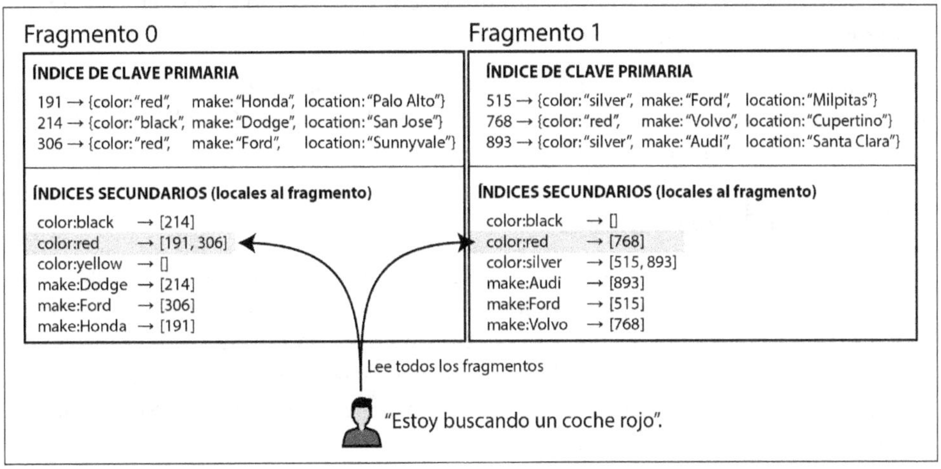

Figura 7-9. Con los índices secundarios locales, cada fragmento indexa solo los registros que contiene.

Si tu base de datos solo admite un modelo de clave-valor, es posible que te sientas tentado a implementar un índice secundario tú mismo creando una asignación de valores a ID en el código de la aplicación. Si sigues este camino, debes tener mucho cuidado para garantizar que tus índices sigan siendo coherentes con los datos subyacentes. Las condiciones de carrera y los fallos de escritura intermitentes (en los que algunos cambios se guardaron pero otros no) pueden provocar fácilmente que los datos se desincronicen; consulta "La necesidad de transacciones con varios objetos" en la página 316.

Al leer desde un índice secundario local, si ya conoces la clave de partición del registro que estás buscando, solo tienes que realizar la búsqueda en el fragmento adecuado. Además, si solo quieres *algunos* resultados y no los necesitas todos, puedes enviar la solicitud a cualquier fragmento. Sin embargo, si quieres todos los resultados y no conoces de antemano su clave de partición, tendrás que enviar la consulta a todos los fragmentos y combinar los resultados que obtengas, ya que los registros coincidentes pueden estar dispersos por todos los fragmentos. En Figura 7-9, por ejemplo, los coches rojos aparecen tanto en el fragmento 0 como en el fragmento 1.

Este enfoque para consultar una base de datos fragmentada puede hacer que las consultas de lectura en índices secundarios sean bastante costosas. Incluso si consultas los fragmentos en paralelo, es propenso a la amplificación de la latencia de cola (consulta "Uso de métricas de tiempo de respuesta" en la página 46). También limita la escalabilidad de tu aplicación: añadir más fragmentos te permite almacenar más datos, pero no aumenta el rendimiento de tus consultas si cada fragmento tiene que procesar todas las consultas de todos modos.

No obstante, los índices secundarios locales se utilizan ampliamente [30], por ejemplo, MongoDB, Riak, Cassandra [31], Elasticsearch [32], SolrCloud y VoltDB [33] utilizan índices secundarios locales.

Índices secundarios globales

En lugar de que cada fragmento tenga su propio índice secundario local, podemos construir un *índice global* que cubra los datos de todos los fragmentos. Sin embargo, no podemos simplemente almacenar ese índice en un solo nodo, ya que probablemente se convertiría en un cuello de botella y frustraría el propósito del fragmentado. Un índice global también debe fragmentarse, pero puede fragmentarse de manera diferente al índice de clave primaria.

Figura 7-10 ilustra cómo podría ser esto. Los ID de los coches rojos de todos los fragmentos aparecen en `color:red` en el índice, pero el índice está fragmentado de manera que los colores que comienzan con las letras *a* a *r* aparecen en el fragmento 0 y los colores que comienzan con *s* a *z* aparecen en el fragmento 1. El índice de la marca del coche se divide de manera similar (con el límite del fragmento entre *f* y *h*).

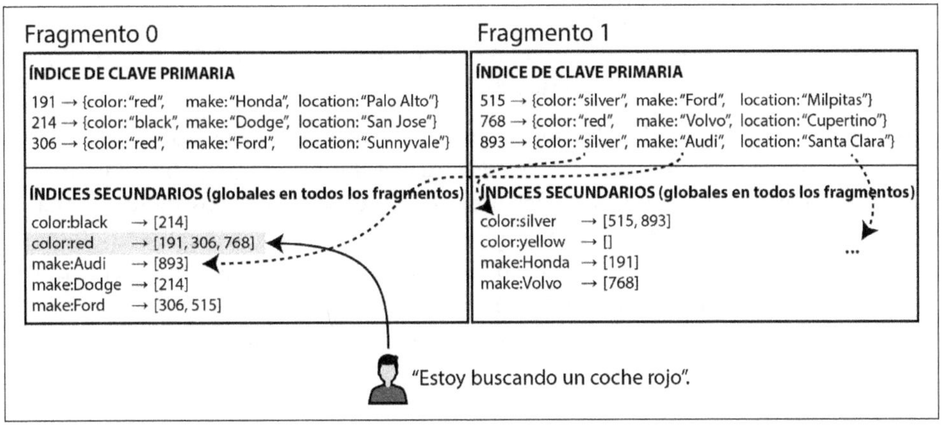

Figura 7-10. Un índice secundario global refleja los datos de todos los fragmentos y está fragmentado por el valor indexado

Este tipo de índice también se denomina *particionado por términos* [29]. Recuerda que, según "Búsqueda de texto completo" en la página 162, en la búsqueda de texto completo, un *término* es una palabra clave de un texto que puedes buscar. Aquí lo generalizamos para que signifique cualquier valor que puedas buscar en el índice secundario.

El índice global utiliza el término como clave de partición, de modo que cuando buscas un término o valor concreto, puedes averiguar qué fragmento debes consultar. Una vez más, un fragmento puede contener un rango contiguo de términos (como en Figura 7-10), o puedes asignar términos a los fragmentos basándote en un hash del término.

Los índices globales tienen la ventaja de que una consulta con una sola condición (como `color = red`) solo necesita leer un único fragmento para obtener la lista de publicaciones. Sin embargo, si deseas obtener registros y no solo ID, aún tienes que leer todos los fragmentos que son responsables de esos ID.

Si tienes varias condiciones o términos de búsqueda (por ejemplo, buscar coches de un determinado color y una determinada marca, o buscar varias palabras que aparecen en el mismo texto), es probable que esos términos se asignen a diferentes fragmentos. Para calcular el AND lógico de las dos condiciones, el sistema necesita encontrar todos los ID que aparecen en ambas listas de publicaciones. Eso no es un problema si las listas de publicaciones son cortas, pero si son largas, puede ser lento enviarlas a través de la red para calcular su intersección [29].

Otro reto de los índices secundarios globales es que las escrituras son más complicadas que con los índices locales, ya que escribir un solo registro puede afectar a varios fragmentos del índice (cada término del documento puede estar en un fragmento diferente). Esto hace que sea más difícil mantener el índice secundario sincronizado con los datos subyacentes. Una opción es utilizar una transacción distribuida para actualizar de forma atómica los fragmentos que almacenan el registro primario y sus índices secundarios (consulta Capítulo 8).

Los índices secundarios globales son utilizados por CockroachDB, TiDB y YugabyteDB; DynamoDB admite tanto índices secundarios locales como globales. En el caso de DynamoDB, las escrituras se reflejan de forma asíncrona en los índices globales, por lo que las lecturas de un índice global pueden estar desactualizadas (esto es similar a la situación que se describe en "Problemas con el retraso en la replicación" en la página 230). No obstante, los índices globales son útiles si el rendimiento de lectura es mayor que el de escritura y si las listas de publicaciones no son demasiado largas.

Resumen

En este capítulo hemos explorado diferentes formas de fragmentar un gran conjunto de datos en subconjuntos más pequeños. La fragmentación es necesaria cuando se tiene tanta información que ya no es viable almacenarla y procesarla en una sola máquina.

El objetivo del fragmentado es distribuir los datos y la carga de consultas de manera uniforme entre varias máquinas, evitando los puntos calientes (nodos con una carga desproporcionadamente alta). Para ello, es necesario elegir un esquema de fragmentado que sea adecuado para tus datos y reequilibrar los fragmentos cuando se añaden o eliminan nodos del clúster.

Hemos analizado dos enfoques principales para el fragmentado:

Fragmentación por rango de claves
: Las claves se ordenan y un fragmento posee todas las claves desde un mínimo hasta un máximo. La ordenación tiene la ventaja de que permite realizar consultas de rango eficientes, pero existe el riesgo de que se produzcan puntos calientes si la aplicación accede con frecuencia a claves que están muy próximas entre sí en el orden de clasificación.

  En este enfoque, los fragmentos suelen reequilibrarse dividiendo el rango en dos subrangos cuando un fragmento se vuelve demasiado grande.

Fragmentación hash
: Se aplica una función hash a cada clave, y un fragmento posee un rango de valores hash (o se puede utilizar otro algoritmo de hash consistente para asignar los hash a los fragmentos). Este método destruye el orden de las claves, lo que hace que las consultas de rango sean ineficaces, pero puede distribuir la carga de forma más uniforme.

Cuando se fragmenta por hash, es común crear un número fijo de fragmentos por adelantado, asignar varios fragmentos a cada nodo y mover fragmentos completos de un nodo a otro cuando se agregan o eliminan nodos. También es posible dividir fragmentos, al igual que con los rangos de claves.

Es habitual utilizar la primera parte de la clave como clave de partición (es decir, para identificar el fragmentado) y ordenar los registros dentro de ese fragmentado por el resto de la clave. De esta manera, puedes seguir realizando consultas de rango eficientes entre los registros con la misma clave de partición.

También analizamos técnicas para enrutar las consultas al fragmento adecuado y vimos cómo a menudo se utiliza un servicio de coordinación para realizar un seguimiento de la asignación de fragmentos a los nodos.

Por último, consideramos la interacción entre el fragmentado y los índices secundarios. Un índice secundario también necesita fragmentarse. Hay dos métodos para ello:

Índices secundarios locales
: Los índices secundarios se almacenan en el mismo fragmento que la clave primaria y el valor. Solo es necesario actualizar un único fragmento al escribir, pero la búsqueda en el índice secundario requiere leer todos los fragmentos.

Índices secundarios globales
: Los índices secundarios se fragmentan por separado en función de los valores indexados. Una entrada en el índice secundario puede hacer referencia a registros de todos los fragmentos de la clave primaria. Cuando se escribe un registro, es posible que sea necesario actualizar varios fragmentos del índice secundario; sin embargo, la lectura de la lista de publicaciones se puede realizar desde un solo fragmento (la recuperación de los registros reales sigue requiriendo la lectura de varios fragmentos).

Por diseño, cada fragmento funciona de forma prácticamente independiente, lo que permite que una base de datos fragmentada se amplíe a varias máquinas. Sin embargo, las operaciones que requieren escribir en varios fragmentos pueden ser problemáticas. Por ejemplo, ¿qué ocurre si la escritura en un fragmento se realiza correctamente, pero falla en otro? Abordaremos esa cuestión en los siguientes capítulos.

Referencias

[1] Claire Giordano. "Understanding Partitioning and Sharding in Postgres and Citus." *citusdata.com*, August 2023. Archived at *perma.cc/8BTK-8959*

[2] Brandur Leach. "Partitioning in Postgres, 2022 Edition." *brandur.org*, October 2022. Archived at *perma.cc/Z5LE-6AKX*

[3] Raph Koster. "Database 'Sharding' Came from UO?" *raphkoster.com*, January 2009. Archived at *perma.cc/4N9U-5KYF*

[4] Garrett Fidalgo. "Herding Elephants: Lessons Learned from Sharding Postgres at Notion." *notion.com*, October 2021. Archived at *perma.cc/5J5V-W2VX*

[5] Ulrich Drepper. "What Every Programmer Should Know About Memory." *akkadia.org*, November 2007. Archived at *perma.cc/NU6Q-DRXZ*

[6] Jingyu Zhou, Meng Xu, Alexander Shraer, Bala Namasivayam, Alex Miller, Evan Tschannen, Steve Atherton, Andrew J. Beamon, Rusty Sears, John Leach, Dave Rosenthal, Xin Dong, Will Wilson, Ben Collins, David Scherer, Alec Grieser, Young Liu, Alvin Moore, Bhaskar Muppana, Xiaoge Su, and Vishesh Yadav. "FoundationDB: A Distributed Unbundled Transactional Key Value Store." At *ACM International Conference on Management of Data* (SIGMOD), June 2021. *doi:10.1145/3448016.3457559*

[7] Marco Slot. "Citus 12: Schema-Based Sharding for PostgreSQL." *citusdata.com*, July 2023. Archived at *perma.cc/R874-EC9W*

[8] Robisson Oliveira. "Reducing the Scope of Impact with Cell-Based Architecture." AWS Well-Architected White Paper, Amazon Web Services, September 2023. Archived at *perma.cc/4KWW-47NR*

[9] Gwen Shapira. "Things DBs Don't Do—But Should." *thenile.dev*, February 2023. Archived at *perma.cc/C3J4-JSFW*

[10] Malte Schwarzkopf, Eddie Kohler, M. Frans Kaashoek, and Robert Morris. "Position: GDPR Compliance by Construction." At *Towards Polystores That Manage Multiple Databases, Privacy, Security and/or Policy Issues for Heterogenous Data* (Poly), August 2019. *doi:10.1007/978-3-030-33752-0_3*

[11] Gwen Shapira. "Introducing pg_karnak: Transactional Schema Migration Across Tenant Databases." *thenile.dev*, November 2024. Archived at *perma.cc/R5RD-8HR9*

[12] Arka Ganguli, Guido Iaquinti, Maggie Zhou, and Rafael Chacón. "Scaling Datastores at Slack with Vitess." *slack.engineering*, December 2020. Archived at *perma.cc/UW8F-ALJK*

[13] Ikai Lan. "App Engine Datastore Tip: Monotonically Increasing Values Are Bad." *ikaisays.com*, January 2011. Archived at *perma.cc/BPX8-RPJB*

[14] Enis Soztutar. "Apache HBase Region Splitting and Merging." *cloudera.com*, February 2013. Archived at *perma.cc/S9HS-2X2C*

[15] Eric Evans. "Rethinking Topology in Cassandra." At *Cassandra Summit*, June 2013. Archived at *perma.cc/2DKM-F438*

[16] Martin Kleppmann. "Java's hashCode Is Not Safe for Distributed Systems." *martin.kleppmann.com*, June 2012. Archived at *perma.cc/LK5U-VZSN*

[17] Mostafa Elhemali, Niall Gallagher, Nicholas Gordon, Joseph Idziorek, Richard Krog, Colin Lazier, Erben Mo, Akhilesh Mritunjai, Somu Perianayagam, Tim Rath, Swami Sivasubramanian, James Christopher Sorenson III, Sroaj Sosothikul, Doug Terry, and Akshat Vig. "Amazon DynamoDB: A Scalable, Predictably Performant, and Fully Managed NoSQL Database Service." At *USENIX Annual Technical Conference* (ATC), July 2022.

[18] David Karger, Eric Lehman, Tom Leighton, Rina Panigrahy, Matthew Levine, and Daniel Lewin. "Consistent Hashing and Random Trees: Distributed Caching Protocols for Relieving Hot Spots on the World Wide Web." At *29th Annual ACM Symposium on Theory of Computing* (STOC), May 1997. *doi:10.1145/258533.258660*

[19] Damian Gryski. "Consistent Hashing: Algorithmic Tradeoffs." *dgryski.medium.com*, April 2018. Archived at *perma.cc/B2WF-TYQ8*

[20] David G. Thaler and Chinya V. Ravishankar. "Using Name-Based Mappings to Increase Hit Rates." *IEEE/ACM Transactions on Networking*, volume 6, issue 1, pages 1–14, February 1998. *doi:10.1109/90.663936*

[21] John Lamping and Eric Veach. "A Fast, Minimal Memory, Consistent Hash Algorithm." *arXiv:1406.2294*, June 2014.

[22] Samuel Axon. "3% of Twitter's Servers Dedicated to Justin Bieber." *mashable.com*, September 2010. Archived at *perma.cc/F35N-CGVX*

[23] Gerald Guo and Thawan Kooburat. "Scaling Services with Shard Manager." *engineering.fb.com*, August 2020. Archived at *perma.cc/EFS3-XQYT*

[24] Sangmin Lee, Zhenhua Guo, Omer Sunercan, Jun Ying, Thawan Kooburat, Suryadeep Biswal, Jun Chen, Kun Huang, Yatpang Cheung, Yiding Zhou, Kaushik Veeraraghavan, Biren Damani, Pol Mauri Ruiz, Vikas Mehta, and Chunqiang Tang. "Shard Manager: A Generic Shard Management Framework for Geo-Distributed Applications." At *28th ACM SIGOPS Symposium on Operating Systems Principles* (SOSP), October 2021. *doi:10.1145/3477132.3483546*

[25] Scott Lystig Fritchie. "A Critique of Resizable Hash Tables: Riak Core & Random Slicing." *infoq.com*, August 2018. Archived at *perma.cc/RPX7-7BLN*

[26] Andy Warfield. "Building and Operating a Pretty Big Storage System Called S3." *allthingsdistributed.com*, July 2023. Archived at *perma.cc/6S7P-GLM4*

[27] Rich Houlihan. "DynamoDB Adaptive Capacity: Smooth Performance for Chaotic Workloads (DAT327)." At *AWS re:Invent*, November 2017.

[28] Kostja Osipov. "ScyllaDB's Safe Topology and Schema Changes on Raft." *scylladb.com*, June 2024. Archived at *perma.cc/4S82-M277*

[29] Christopher D. Manning, Prabhakar Raghavan, and Hinrich Schütze. *Introduction to Information Retrieval*. Cambridge University Press, 2008. ISBN: 9780521865715. Available online at *nlp.stanford.edu/IR-book*.

[30] Michael Busch, Krishna Gade, Brian Larson, Patrick Lok, Samuel Luckenbill, and Jimmy Lin. "Earlybird: Real-Time Search at Twitter." At *28th IEEE International Conference on Data Engineering* (ICDE), April 2012. *doi:10.1109/ICDE.2012.149*

[31] Nadav Har'El. "Indexing in Cassandra 3." *github.com*, April 2017. Archived at *perma.cc/3ENV-8T9P*

[32] Zachary Tong. "Customizing Your Document Routing." *elastic.co*, June 2013. Archived at *perma.cc/97VM-MREN*

[33] Andrew Pavlo. "H-Store Documentation: Frequently Asked Questions." *hstore.cs.brown.edu*, October 2013. Archived at *perma.cc/X3ZA-DW6Z*

CAPÍTULO 8

Transacciones

Algunos autores han afirmado que la confirmación en dos fases general es demasiado costosa de mantener, debido a los problemas de rendimiento o disponibilidad que conlleva. Creemos que es mejor que los programadores de aplicaciones se ocupen de los problemas de rendimiento debidos al uso excesivo de transacciones cuando surgen cuellos de botella, en lugar de codificar siempre en torno a la falta de transacciones.

—James Corbett et al., "Spanner: Google's Globally-Distributed Database" (2012)

En la dura realidad de los sistemas de datos, pueden salir mal muchas cosas:

- El software o el hardware de la base de datos pueden fallar en cualquier momento (incluso en medio de una operación de escritura).
- La aplicación puede bloquearse en cualquier momento (incluso en medio de una serie de operaciones).
- Las interrupciones en la red pueden cortar inesperadamente la aplicación de la base de datos, o un nodo de la base de datos de otro.
- Varios clientes pueden escribir en la base de datos al mismo tiempo, sobrescribiendo los cambios de los demás.
- Un cliente puede leer datos que no tienen sentido porque solo se han actualizado parcialmente.
- Las condiciones de carrera entre clientes pueden provocar errores inesperados.

Para ser confiable, un sistema debe lidiar con todos estos tipos de fallas y garantizar que no causen fallas catastróficas. Sin embargo, implementar mecanismos de tolerancia a fallas es mucho trabajo. Requiere pensar cuidadosamente en todo lo que puede salir mal y realizar pruebas rigurosas para garantizar que las soluciones implementadas realmente funcionen.

Durante décadas, las transacciones han sido el mecanismo elegido para simplificar estas cuestiones. Una *transacción* es una forma que tiene una aplicación de agrupar varias lecturas y escrituras en una unidad lógica. Conceptualmente, todas las lecturas y escrituras de una transacción se ejecutan como una sola operación; o bien toda la transacción se realiza con éxito, lo que da lugar a una *confirmación*, o bien falla, lo que da lugar a un *aborto* o *una reversión*. Si falla, la aplicación puede volver a intentarlo de forma segura. Con las transacciones, el manejo de errores se vuelve mucho más sencillo para una aplicación, ya que no tiene que preocuparse por los fallos parciales (en los que, por cualquier motivo, algunas operaciones se realizan correctamente y otras fallan).

Si estás acostumbrado a trabajar con transacciones, pueden parecer obvias, pero no debemos darlas por sentadas. Las transacciones no son una ley de la naturaleza; se crearon con un propósito, a saber, *simplificar el modelo de programación* para las aplicaciones que acceden a una base de datos. El uso de transacciones permite a la aplicación ignorar ciertos escenarios de error potenciales y problemas de concurrencia, ya que la base de datos se encarga de ellos (lo que denominamos *garantías de seguridad*).

No todas las aplicaciones necesitan transacciones y, a veces, hay ventajas en debilitar las garantías transaccionales o abandonarlas por completo (por ejemplo, para lograr un mejor rendimiento o una mayor disponibilidad). Algunas propiedades de seguridad se pueden lograr sin transacciones. Por otro lado, las transacciones pueden evitar muchos problemas; por ejemplo, la causa técnica detrás del escándalo de Post Office Horizon (consulta ¿Qué importancia tiene la fiabilidad? en la página 54) fue probablemente la falta de transacciones ACID en el sistema contable subyacente [1].

¿Cómo saber si necesitas transacciones? Para responder a esa pregunta, primero debemos comprender las garantías de seguridad exactas que pueden proporcionar las transacciones y los costos asociados a ellas. Aunque las transacciones parecen sencillas a primera vista, hay muchos detalles sutiles pero importantes que entran en juego.

El control de la concurrencia es relevante tanto para las bases de datos de un solo nodo como para las distribuidas. En este capítulo analizaremos detalladamente ese tema, discutiendo los diversos tipos de condiciones de carrera que pueden ocurrir y cómo las bases de datos implementan niveles de aislamiento tales como lectura confirmada, aislamiento de instantáneas y serializabilidad. También examinaremos el protocolo de confirmación en dos fases y el reto de lograr la atomicidad en una transacción distribuida.

¿Qué es exactamente una transacción?

Casi todas las bases de datos relacionales actuales, y algunas no relacionales, admiten transacciones. La mayoría de ellas siguen el estilo introducido en 1975 por IBM System R, la primera base de datos SQL [2, 3, 4]. Aunque algunos detalles de implementación han cambiado, la idea general se ha mantenido prácticamente igual durante 50 años: la compatibilidad con transacciones en MySQL, PostgreSQL, Oracle, SQL Server, etc. es sorprendentemente similar a la de System R.

A finales de la década de 2000, las bases de datos no relacionales (NoSQL) comenzaron a ganar popularidad. Su objetivo era mejorar el statu quo relacional ofreciendo una selección de nuevos modelos de datos (consulta Capítulo 3) e incluyendo la replicación y el fragmentado (analizados en los capítulos 6 y 7) de forma predeterminada. Las transacciones fueron las principales víctimas de este movimiento: muchas de esta generación de bases de datos abandonaron por completo las transacciones o redefinieron el término para describir un conjunto de garantías mucho más débil de lo que se había entendido anteriormente.

El entusiasmo en torno a las bases de datos distribuidas NoSQL llevó a la creencia popular de que las transacciones eran fundamentalmente no escalables y que cualquier sistema a gran escala tendría que abandonarlas para mantener un buen rendimiento y una alta disponibilidad. Más recientemente, esa creencia ha resultado ser errónea. Las llamadas bases de datos "NewSQL", como CockroachDB [5], TiDB [6], Spanner [7], FoundationDB [8] y YugabyteDB han demostrado que los sistemas transaccionales pueden escalarse a grandes volúmenes de datos y alto rendimiento. Estos sistemas combinan el fragmentado con protocolos de consenso, que exploraremos en Capítulo 10, para proporcionar sólidas garantías ACID a escala.

Sin embargo, eso no significa que todos los sistemas deban ser transaccionales; al igual que con cualquier otra opción de diseño técnico, las transacciones tienen ventajas y limitaciones. Para comprender esas ventajas e inconvenientes, en este capítulo exploraremos los detalles de las garantías que pueden proporcionar las transacciones, tanto en condiciones normales de funcionamiento como en diversas circunstancias extremas (pero realistas).

El significado de ACID

Las garantías de seguridad que proporcionan las transacciones se describen a menudo con el conocido acrónimo *ACID*, que significa *atomicidad*, *consistencia*, *aislamiento* y *durabilidad*. El término fue acuñado en 1983 por Theo Härder y Andreas Reuter [9], en un esfuerzo por establecer una terminología precisa para los mecanismos de tolerancia a fallos en las bases de datos.

Sin embargo, en la práctica, la implementación de ACID en una base de datos no es igual a la de otra. Por ejemplo, como veremos, existe mucha ambigüedad en torno al significado de *aislamiento* [10]. La idea general es sólida, pero el problema está en los detalles. Hoy en día, cuando un sistema afirma ser "compatible con ACID", no está claro qué garantías puedes esperar realmente. Lamentablemente, "ACID" se ha convertido principalmente en un término de marketing.

> Los sistemas que no cumplen los criterios ACID a veces se denominan *BASE* (por sus siglas en inglés), que significa *básicamente disponible, estado flexible* y *consistencia eventual* [11]. Esto es aún más vago que la definición de ACID. Parece que la única definición sensata de BASE es "no ACID" (es decir, puede significar casi cualquier cosa que se quiera).

Profundicemos en las definiciones de atomicidad, consistencia, aislamiento y durabilidad, ya que esto nos permitirá refinar nuestra idea de las transacciones.

Atomicidad

En general, *atómico* se refiere a algo que no se puede dividir en partes más pequeñas. La palabra significa cosas similares, pero sutilmente diferentes, en diferentes ramas de la informática. Por ejemplo, en la programación multihilo, si un hilo ejecuta una operación atómica, eso significa que no hay forma de que otro hilo pueda ver el resultado a medio terminar de la operación. El sistema solo puede estar en el estado en el que se encontraba antes de la operación o después de la operación, no en algo intermedio.

Por el contrario, en el contexto de ACID, la atomicidad *no* tiene que ver con la concurrencia. No describe lo que ocurre si varios procesos intentan acceder a los mismos datos al mismo tiempo, ya que eso se trata en la letra *I*, de *aislamiento* (consulta "Aislamiento" en la página 310).

Más bien, la atomicidad ACID describe lo que sucede si un cliente quiere realizar varias escrituras, pero se produce un fallo después de que algunas de las escrituras hayan sido procesadas, por ejemplo, un proceso se bloquea, una conexión de red se interrumpe, un disco se llena o se viola una restricción de integridad. Si las escrituras se agrupan en una transacción atómica y la transacción no se puede completar (confirmar) debido a un fallo, entonces la transacción se aborta y la base de datos debe descartar o deshacer cualquier escritura que haya realizado hasta ese momento en esa transacción.

Sin atomicidad, si se produce un error mientras se realizan múltiples cambios, es difícil saber qué cambios se han aplicado y cuáles no. La aplicación podría volver a intentarlo, pero eso conlleva el riesgo de realizar algunos cambios dos veces, lo que daría lugar a datos duplicados o incorrectos. La atomicidad simplifica este problema: si se aborta una transacción, la aplicación puede estar segura de que no ha cambiado nada, por lo que puede volver a intentarlo con seguridad.

La capacidad de abortar una transacción en caso de error y descartar todas las escrituras de esa transacción es la característica que define la atomicidad ACID. Quizás *abortabilidad* habría sido un término más adecuado que *atomicidad*, pero nos quedaremos con *atomicidad*, ya que es la palabra habitual.

Consistencia

La palabra *consistencia* está terriblemente sobrecargada:

- En Capítulo 6, hablamos de la *consistencia de las réplicas* y del problema de la *consistencia eventual* que surge en los sistemas replicados de forma asíncrona (consulta "Problemas con el retraso en la replicación" en la página 230).
- Una *instantánea coherente* de una base de datos, como la de una copia de seguridad, es una instantánea de toda la base de datos tal y como existía en un momento dado. Más concretamente, una instantánea coherente es coherente con la relación "happen-before" (consulta "La relación happens-before (ocurre antes) y la concurrencia" en la página 264): si la instantánea contiene un valor que se escribió en un momento determinado, esa instantánea también refleja todas las escrituras que se produjeron antes de que se escribiera ese valor.
- El *hash consistente* es un enfoque de fragmentación que algunos sistemas utilizan para reequilibrar (consulta "Hash consistente" en la página 290).
- En el teorema CAP (analizado en Capítulo 10), la palabra *consistencia* se utiliza para referirse a la *linealizabilidad* (consulta "Linealizabilidad" en la página 444).
- En el contexto de ACID, la *consistencia* se refiere a una noción específica de la aplicación de que la base de datos se encuentra en un "buen estado".

Es una pena que la misma palabra tenga al menos cinco significados.

La idea de la consistencia ACID es que tienes ciertas afirmaciones sobre tus datos (*invariantes*) que siempre deben ser ciertas; por ejemplo, en un sistema de contabilidad, los créditos y débitos de todas las cuentas siempre deben estar equilibrados. Si una transacción comienza con una base de datos que es válida según estas invariantes, y cualquier escritura durante la transacción preserva la validez, entonces puedes estar seguro de que las invariantes siempre se cumplen. (Una invariante puede violarse temporalmente durante la ejecución de la transacción, pero debe volver a cumplirse al confirmar la transacción).

Si deseas que la base de datos aplique tus invariantes, debes declararlas como *restricciones* como parte del esquema. Por ejemplo, las restricciones de clave externa, las restricciones de unicidad y las restricciones de verificación (que restringen los valores que pueden aparecer en una fila individual) se utilizan a menudo para modelar tipos específicos de invariantes. Los requisitos de consistencia más complejos a veces se pueden modelar utilizando disparadores o vistas materializadas [12].

Sin embargo, las invariantes complejas pueden ser difíciles o imposibles de modelar utilizando las restricciones que suelen proporcionar las bases de datos. En ese caso, es responsabilidad de la aplicación definir sus transacciones correctamente para que mantengan la consistencia. Si escribes datos incorrectos que violan tus invariantes, pero no has declarado esas invariantes, la base de datos no puede detenerte. Por lo tanto, la C en *ACID* a menudo depende de cómo la aplicación utiliza la base de datos y no es una propiedad de la base de datos por sí sola.

Aislamiento

La mayoría de las bases de datos son accedidas por varios clientes al mismo tiempo. Eso no es un problema si están leyendo y escribiendo diferentes partes de la base de datos, pero si están accediendo a los mismos registros de la base de datos, puedes encontrarte con problemas de concurrencia (condiciones de carrera).

Figura 8-1 Hay un ejemplo sencillo de este tipo de problema. Supongamos que tienes dos clientes que incrementan simultáneamente un contador almacenado en una base de datos. Cada cliente necesita leer el valor actual, sumar 1 y volver a escribir el nuevo valor (suponiendo que no haya ninguna operación de incremento integrada en la base de datos). En Figura 8-1, el contador debería haber aumentado de 42 a 44, porque se produjeron dos incrementos, pero en realidad solo llegó a 43 debido a la condición de carrera.

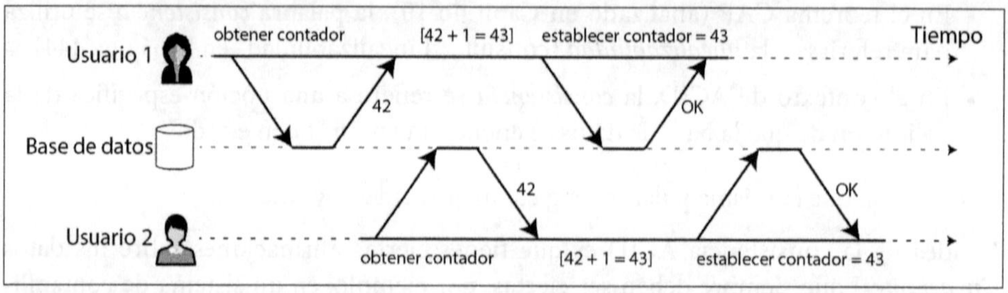

Figura 8-1. Una condición de carrera entre dos clientes que incrementan simultáneamente un contador

El aislamiento en el sentido de ACID significa que las transacciones que se ejecutan simultáneamente están aisladas entre sí; no pueden interferir entre sí. Los libros de texto clásicos sobre bases de datos formalizan el aislamiento como *serializabilidad*, lo que significa que cada transacción puede fingir que es la única transacción que se ejecuta en toda la base de datos. La base de datos garantiza que, cuando las transacciones se han confirmado, el resultado es el mismo que si se hubieran ejecutado *en serie* (una tras otra), aunque en realidad se hayan ejecutado simultáneamente [13].

Sin embargo, la serializabilidad tiene un costo en términos de rendimiento. En la práctica, muchas bases de datos utilizan formas de aislamiento que son más débiles que la serializabilidad, es decir, permiten que las transacciones concurrentes interfieran entre sí de forma limitada. Algunas bases de datos populares, como Oracle, ni siquiera la implementan (Oracle tiene un nivel de aislamiento llamado "serializable", pero en realidad implementa el *aislamiento de instantáneas*, que es una garantía más débil que la serializabilidad [10, 14]). Esto significa que aún pueden producirse algunos tipos de condiciones de carrera. Exploraremos el aislamiento de instantáneas y otras formas de aislamiento en "Niveles de aislamiento débiles" en la página 318.

Durabilidad

El propósito de un sistema de base de datos es proporcionar un lugar seguro donde se puedan almacenar los datos sin temor a perderlos. La *durabilidad* es la promesa de que, después de que una transacción se haya confirmado con éxito, cualquier dato que se haya escrito no se olvidará, incluso si hay un fallo de hardware o la base de datos se bloquea.

En una base de datos de un solo nodo, la durabilidad suele significar que los datos se han escrito en un almacenamiento no volátil, como un disco duro o un SSD. Las escrituras de archivos normales suelen almacenarse en la memoria antes de enviarse al disco más tarde, lo que significa que pueden perderse si se produce un corte de energía repentino; por lo tanto, muchas bases de datos utilizan la llamada al sistema `fsync` para garantizar que los datos realmente se han escrito en el disco. Las bases de datos también suelen tener un registro de escritura anticipada o una función similar (consulta "Cómo hacer que los árboles B sean confiables" en la página 141), lo que les permite recuperarse en caso de que se produzca un fallo durante la escritura. Muchas bases de datos (como MySQL, MongoDB y PostgreSQL) almacenan sus datos con una suma de comprobación, lo que les permite detectar entradas de registro dañadas o incompletas y, por lo tanto, ayuda a restaurar la base de datos a una instantánea coherente después de un fallo.

En una base de datos replicada, la durabilidad puede significar que los datos se han copiado correctamente a un determinado número de nodos. Para garantizar la durabilidad, una base de datos debe esperar a que estas escrituras o replicaciones se completen antes de informar de que una transacción se ha confirmado con éxito. Sin embargo, como se explica en "Fiabilidad y tolerancia a fallos" en la página 48, la durabilidad perfecta no existe; si todos tus discos duros y todas tus copias de seguridad se destruyen al mismo tiempo, es obvio que tu base de datos no puede hacer nada para salvarte.

Replicación y durabilidad

Históricamente, la durabilidad significaba escribir en una cinta de archivo. Luego se entendió como escribir en un disco o SSD. Más recientemente, se ha adaptado para significar replicación. ¿Qué implementación es mejor?

La verdad es que ninguna es perfecta:

- Si escribes en el disco y la máquina se apaga, aunque tus datos no se pierdan, no podrás acceder a ellos hasta que repares la máquina o transfieras el disco a otra máquina. Los sistemas replicados pueden seguir estando disponibles.
- Un fallo correlacionado, por ejemplo, un corte de energía o un error que bloquea todos los nodos en una entrada concreta, puede eliminar todas las réplicas a la vez (consulta "Fiabilidad y tolerancia a fallos" en la página 48), lo que provoca la pérdida de todos los datos que solo se encuentran en la memoria. Por lo tanto, escribir en el disco sigue siendo relevante para las bases de datos replicadas.
- En un sistema replicado de forma asíncrona, las escrituras recientes pueden perderse cuando el líder deja de estar disponible (consulta "Gestión de las interrupciones de los nodos" en la página 224).
- Cuando se produce un corte repentino de energía, se ha demostrado que los SSD, en particular, a veces incumplen las garantías que se supone que deben ofrecer; ni siquiera `fsync` garantiza un funcionamiento correcto [15]. El firmware del disco puede tener errores, como cualquier otro tipo de software [16, 17], por ejemplo, provocando que las unidades fallen después de exactamente 32,768 horas de funcionamiento [18]. Además, `fsync` es difícil de usar; incluso PostgreSQL lo utilizó incorrectamente durante más de 20 años [19, 20, 21].
- Las sutiles interacciones entre el motor de almacenamiento y la implementación del sistema de archivos pueden dar lugar a errores difíciles de detectar y que pueden provocar que los archivos del disco se dañen tras un fallo [22, 23]. Los errores del sistema de archivos en una réplica a veces pueden extenderse también a otras réplicas [24].
- Los datos del disco pueden corromperse gradualmente sin que se detecte [25, 26]. Si los datos llevan corrompidos algún tiempo, es posible que las réplicas y las copias de seguridad recientes también estén corruptas. En este caso, tendrás que intentar restaurar los datos desde una copia de seguridad histórica.
- Un estudio sobre SSD reveló que entre el 30% y el 80% de las unidades desarrollan al menos un bloque defectuoso durante los primeros cuatro años de funcionamiento, y solo algunos de ellos pueden corregirse mediante el firmware [27]. Los discos duros magnéticos tienen una tasa menor de sectores defectuosos, pero una tasa mayor de fallos completos que los SSD.
- Cuando una unidad SSD desgastada (que ha pasado por muchos ciclos de escritura/borrado) se desconecta de la alimentación, puede empezar a perder datos en un plazo de semanas o meses, dependiendo de la temperatura [28]. Esto supone un problema menor para las unidades con niveles de desgaste más bajos [29].

En la práctica, ninguna técnica puede ofrecer garantías absolutas. Solo existen diversas técnicas de reducción de riesgos, como escribir en un disco, replicar en máquinas remotas y realizar copias de seguridad, que pueden y deben utilizarse conjuntamente. Como siempre, es aconsejable tomar cualquier "garantía" teórica con cautela.

Operaciones con un solo objeto y con varios objetos

En resumen, en ACID, la atomicidad y el aislamiento describen lo que debe hacer la base de datos si un cliente realiza varias escrituras dentro de la misma transacción:

Atomicidad
: Si se produce un error a mitad de una secuencia de escrituras, la transacción debe abortarse y las escrituras realizadas hasta ese momento deben descartarse. En otras palabras, la base de datos te evita tener que preocuparte por los fallos parciales al ofrecer una garantía de todo o nada.

Aislamiento
: Las transacciones que se ejecutan simultáneamente no deben interferir entre sí. Por ejemplo, si una transacción realiza varias escrituras, otra transacción debe ver todas o ninguna de esas escrituras, pero no un subconjunto.

Estas definiciones asumen que deseas modificar varios objetos (filas, documentos, registros) a la vez. Estas transacciones con múltiples objetos suelen ser necesarias si hay que mantener sincronizados varios datos. Figura 8-2 muestra un ejemplo de una aplicación de correo electrónico. Para mostrar el número de mensajes no leídos de un usuario, podrías realizar una consulta como esta:

```
SELECT COUNT(*) FROM emails WHERE recipient_id = 2 AND unread_flag = true
```

Sin embargo, es posible que esta consulta te resulte demasiado lenta si hay muchos correos electrónicos y decidas almacenar el número de mensajes no leídos en un campo separado (una especie de desnormalización, que tratamos en "Normalización, desnormalización y uniones" en la página 80). Ahora, cada vez que llegue un nuevo mensaje, tendrás que incrementar también el contador de mensajes no leídos, y cada vez que se marque un mensaje como leído, también tendrás que disminuir el contador de mensajes no leídos.

En Figura 8-2, el usuario 2 experimenta una anomalía: la lista del buzón muestra un mensaje no leído, pero el contador muestra cero mensajes no leídos porque el incremento del contador aún no se ha producido. (Si un contador incorrecto en una aplicación de correo electrónico te parece demasiado insignificante, piensa en el saldo de la cuenta de un cliente en lugar de un contador de mensajes no leídos y en una transacción de pago en lugar de un correo electrónico). El aislamiento habría evitado este problema al garantizar que el usuario 2 viera tanto el correo electrónico insertado como el contador actualizado, o ninguno de los dos, pero no un punto intermedio incoherente.

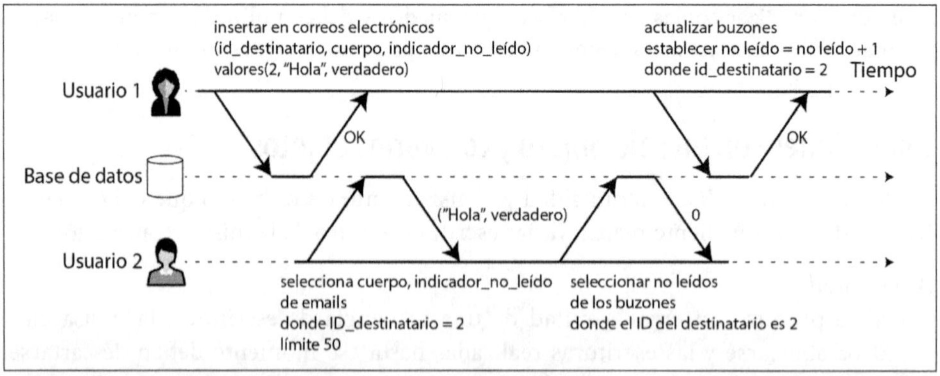

Figura 8-2. Violación del aislamiento: una transacción lee las escrituras no confirmadas de otra transacción (una "lectura sucia").

Figura 8-3 Ilustra la necesidad de la atomicidad: si se produce un error en algún momento durante la transacción, el contenido del buzón y el contador de mensajes no leídos podrían desincronizarse. En una transacción atómica, si la actualización del contador falla, la transacción se aborta y se revierte la inserción del correo electrónico.

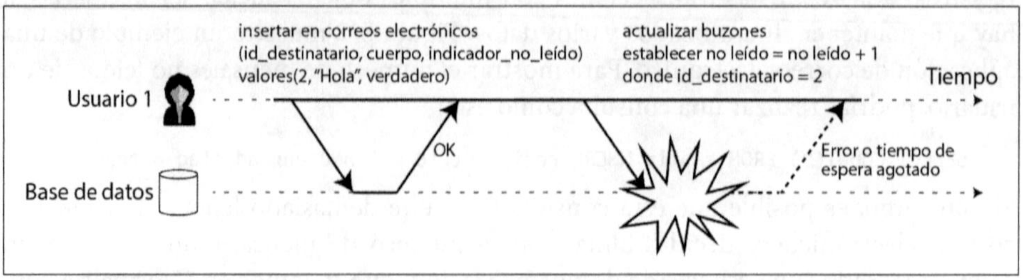

Figura 8-3. La atomicidad garantiza que, si se produce un error, se deshagan todas las escrituras anteriores de esa transacción, para evitar un estado incoherente.

Las transacciones de múltiples objetos requieren alguna forma de determinar qué operaciones de lectura y escritura pertenecen a la misma transacción. En las bases de datos relacionales, esto se suele hacer basándose en la conexión TCP del cliente al servidor de la base de datos. En cualquier conexión concreta, todo lo que se encuentra entre una instrucción BEGIN `TRANSACTION` y una `COMMIT` se considera parte de la misma transacción. Si la conexión TCP se interrumpe, la transacción debe abortarse.

Por otro lado, muchas bases de datos no relacionales no disponen de esa forma de agrupar operaciones. Incluso si existe una API de múltiples objetos (por ejemplo, un almacén de claves-valores puede tener una *operación de múltiples inserciones* que actualiza varias claves en una sola operación), eso no significa necesariamente que tenga semántica de transacción: el comando puede tener éxito para algunas claves y fallar para otras, dejando la base de datos en un estado parcialmente actualizado.

Escrituras de un solo objeto

La atomicidad y el aislamiento también se aplican cuando se modifica un único objeto. Por ejemplo, imagina que estás escribiendo un documento JSON de 20 kB en una base de datos:

- Si la conexión de red se interrumpe después de que se hayan enviado los primeros 10 kB, ¿la base de datos almacena ese fragmento de JSON de 10 kB que no se puede analizar?
- Si se produce un corte de energía mientras la base de datos está sobrescribiendo el valor anterior en el disco, ¿terminas con los valores antiguos y nuevos empalmados?
- Si otro cliente lee ese documento mientras se está realizando la escritura, ¿verá un valor parcialmente actualizado?

Cada uno de esos resultados sería increíblemente confuso, por lo que los motores de almacenamiento casi universalmente tienen como objetivo proporcionar atomicidad y aislamiento a nivel de un solo objeto (como un par clave-valor) en un nodo. La atomicidad se puede implementar utilizando un registro para la recuperación tras un fallo (consulta "Cómo hacer que los árboles B sean confiables" en la página 141), y el aislamiento se puede implementar utilizando un bloqueo en cada objeto (permitiendo que solo un subproceso acceda a un objeto en un momento dado).

Algunas bases de datos también proporcionan operaciones atómicas más complejas, como una operación de incremento, que elimina la necesidad de un ciclo de lectura-modificación-escritura como el de Figura 8-1. Igualmente popular es la operación *de escritura condicional*, que permite que la escritura se produzca solo si el valor no ha sido modificado simultáneamente por otra persona (consulta "Escrituras condicionales (comparar y establecer)" en la página 333), de forma similar a una operación de comparación y establecimiento o comparación e intercambio (CAS) en la concurrencia de memoria compartida.

> En sentido estricto, el término *incremento atómico* utiliza la palabra *atómico* en el sentido de la programación multihilo. En el contexto de ACID, debería llamarse incremento *aislado* o *serializable*, pero ese no es el término habitual.

Estas operaciones de un solo objeto son útiles, ya que pueden evitar la pérdida de actualizaciones cuando varios clientes intentan escribir en el mismo objeto simultáneamente (consulta "Prevención de la pérdida de actualizaciones" en la página 330).

Sin embargo, no son transacciones en el sentido habitual de la palabra. Por ejemplo, el modo de "consistencia fuerte" de Aerospike y la función de "transacciones ligeras" de Cassandra y ScyllaDB ofrecen lecturas linealizables (consulta "Linealizabilidad" en la página 444) y escrituras condicionales en un solo objeto, pero no garantías en varios objetos.

La necesidad de transacciones con varios objetos

¿Necesitamos realmente transacciones con varios objetos? ¿Sería posible implementar cualquier aplicación con solo un modelo de datos clave-valor y operaciones con un solo objeto?

En algunos casos de uso, las inserciones, actualizaciones y eliminaciones de un solo objeto son suficientes. Sin embargo, en muchos otros casos, es necesario coordinar las escrituras en varios objetos:

- En un modelo de datos relacional, una fila de una tabla suele tener una referencia de clave externa a una fila de otra tabla. Del mismo modo, en un modelo de datos tipo gráfico, un vértice tiene aristas con otros vértices. Las transacciones de múltiples objetos te permiten garantizar que estas referencias sigan siendo válidas; al insertar varios registros que se refieren entre sí, las claves externas deben ser correctas y estar actualizadas, o los datos dejarán de tener sentido.
- En un modelo de datos de documentos, los campos que deben actualizarse juntos suelen estar dentro del mismo documento, que se trata como un único objeto; no se necesitan transacciones de múltiples objetos cuando se actualiza un solo documento. Sin embargo, las bases de datos de documentos que carecen de la funcionalidad de unión también fomentan la desnormalización (consulta "Cuándo utilizar cada modelo" en la página 89). Cuando es necesario actualizar información desnormalizada, como en el ejemplo de Figura 8-2, es necesario actualizar varios documentos a la vez. Las transacciones son muy útiles en esta situación para evitar que los datos desnormalizados se desincronicen.
- En las bases de datos con índices secundarios (casi todas excepto los almacenes de clave-valor puros), los índices también deben actualizarse cada vez que se cambia un valor. Estos índices son objetos de base de datos diferentes desde el punto de vista de las transacciones; por ejemplo, sin aislamiento de transacciones, es posible que un registro aparezca en un índice pero no en otro porque la actualización del segundo índice aún no se ha producido (consulta "Fragmentación e índices secundarios" en la página 296).

Estas aplicaciones se pueden implementar sin transacciones. Sin embargo, el manejo de errores se vuelve mucho más complicado sin atomicidad, y la falta de aislamiento puede causar problemas de concurrencia. Discutiremos esos problemas en "Niveles de aislamiento débiles" en la página 318 y exploraremos enfoques alternativos en Capítulo 13.

Gestión de errores y abortos

Una característica clave de una transacción es que se puede abortar y reintentar de forma segura si se produce un error. Las bases de datos ACID se basan en esta filosofía: si la base de datos corre el riesgo de violar su garantía de atomicidad, aislamiento o durabilidad, es preferible abandonar la transacción por completo antes que permitir que quede a medio terminar.

Sin embargo, no todos los sistemas siguen esa filosofía. En particular, los almacenes de datos con replicación sin líder (consulta "Replicación sin líder" en la página 253) funcionan más bien sobre la base del "mejor esfuerzo", lo que se puede resumir en que "la base de datos hará todo lo que pueda y, si se encuentra con un error, no deshará lo que ya ha hecho", por lo que es responsabilidad de la aplicación recuperarse de los errores.

Los errores son inevitables, pero muchos desarrolladores de software prefieren pensar solo en el camino feliz en lugar de en las complejidades del manejo de errores. Por ejemplo, los populares marcos de mapeo objeto-relacional (ORM), como Rails ActiveRecord y Django, no reintentan las transacciones abortadas: el error suele provocar una excepción que se propaga por la pila, por lo que cualquier entrada del usuario se descarta y este recibe un mensaje de error. Es una lástima, porque el objetivo de revertir las transacciones es permitir reintentos seguros.

Aunque reintentar una transacción abortada es un mecanismo de manejo de errores sencillo y eficaz, no es perfecto:

- Si la transacción se ha realizado correctamente pero la red se ha interrumpido mientras el servidor intentaba confirmar la confirmación correcta al cliente (por lo que se ha agotado el tiempo de espera desde el punto de vista del cliente), al reintentar la transacción se realizará dos veces, a menos que se disponga de un mecanismo adicional de deduplicación a nivel de aplicación.
- Si el error se debe a una sobrecarga o a una alta contienda entre transacciones simultáneas, volver a intentar la transacción empeorará el problema, en lugar de mejorarlo. Para evitar estos ciclos de retroalimentación, puedes limitar el número de reintentos, utilizar un retroceso exponencial y tratar los errores relacionados con la sobrecarga de forma diferente a otros errores (consulta Cuando un sistema sobrecargado no se recupera en la página 42).
- Solo vale la pena reintentar después de errores transitorios (por ejemplo, debido a un bloqueo, una violación de aislamiento, interrupciones temporales de la red o una conmutación por error). Después de un error permanente (por ejemplo, una violación de restricción), un reintento no tendría sentido.

- Si la transacción también tiene efectos secundarios fuera de la base de datos, esos efectos secundarios pueden producirse incluso si se aborta la transacción. Por ejemplo, si estás enviando un correo electrónico, no querrás volver a enviarlo cada vez que reintentes la transacción. Si quieres asegurarte de que varios sistemas se confirman o se abortan juntos, la confirmación en dos fases puede ser útil (lo discutiremos en "Confirmación en dos fases" en la página 359).
- Si el proceso del cliente se bloquea durante el reintento, se perderán todos los datos que estaba intentando escribir en la base de datos.

Niveles de aislamiento débiles

Si dos transacciones no acceden a los mismos datos, o si ambas son de solo lectura, pueden ejecutarse de forma segura en paralelo, ya que ninguna depende de la otra. Los problemas de concurrencia (condiciones de carrera) solo entran en juego cuando una transacción lee datos que están siendo modificados simultáneamente por otra transacción, o cuando las dos transacciones intentan modificar los mismos datos.

Los errores de concurrencia son difíciles de detectar mediante pruebas, ya que solo se activan cuando tienes mala suerte con la sincronización. Estos problemas de sincronización pueden ocurrir en raras ocasiones y suelen ser difíciles de reproducir. La concurrencia también es difícil de razonar, especialmente en una aplicación grande en la que no siempre sabes qué otras partes del código están accediendo a la base de datos. El desarrollo de aplicaciones ya es bastante difícil si solo tienes un usuario a la vez; tener muchos usuarios simultáneos lo hace aún más difícil, ya que cualquier dato podría cambiar inesperadamente en cualquier momento.

Por esa razón, las bases de datos han intentado durante mucho tiempo ocultar los problemas de concurrencia a los desarrolladores de aplicaciones proporcionando *aislamiento de transacciones*. En teoría, el aislamiento debería facilitarte la vida al permitirte fingir que no se produce concurrencia; el aislamiento *serializable* significa que la base de datos garantiza que las transacciones tengan el mismo efecto que si se ejecutaran *en serie* (es decir, una a la vez, sin concurrencia).

En la práctica, lamentablemente, el aislamiento no es tan sencillo. El aislamiento serializable tiene un costo de rendimiento, y muchas bases de datos no quieren pagar ese precio [10]. Por lo tanto, los sistemas suelen utilizar niveles de aislamiento más débiles, que protegen contra *algunos* problemas de concurrencia, pero no contra todos. Esos niveles de aislamiento son mucho más difíciles de entender y pueden dar lugar a errores sutiles, pero no obstante se utilizan en la práctica [30].

Los errores de concurrencia causados por un aislamiento débil de las transacciones y las condiciones de carrera no son solo un problema teórico. Han causado pérdidas económicas sustanciales, incluida la quiebra de una bolsa de Bitcoin [31, 32, 33, 34], han dado lugar a investigaciones por parte de auditores financieros [35] y han provocado la corrupción de datos de clientes [36]. Un comentario popular sobre la revelación de estos problemas es "¡Utiliza una base de datos ACID si manejas datos financieros!", pero eso no viene al caso. Incluso muchos sistemas de bases de datos relacionales populares (que normalmente se consideran ACID) utilizan un aislamiento débil, por lo que no habrían evitado necesariamente que se produjeran estos errores.

> Por cierto, gran parte del sistema bancario se basa en archivos de texto que se intercambian a través de FTP seguro [37]. En este contexto, contar con un registro de auditoría y algunas medidas de prevención del fraude a nivel humano es, en realidad, más importante que las propiedades ACID.

Estos ejemplos también ponen de relieve un punto importante: aunque los problemas de concurrencia sean poco frecuentes en el funcionamiento normal, hay que tener en cuenta la posibilidad de que un atacante envíe deliberadamente una ráfaga de solicitudes altamente concurrentes a tu API con el fin de explotar errores de concurrencia [32]. Por lo tanto, para crear aplicaciones fiables y seguras, hay que asegurarse de que esos errores se eviten de forma sistemática.

En esta sección veremos varios niveles de aislamiento débiles (no serializables) que se utilizan en la práctica y discutiremos en detalle los tipos de condiciones de carrera que pueden y no pueden ocurrir con cada uno de ellos, para que puedas decidir qué nivel es el adecuado para tu aplicación. Una vez hecho esto, discutiremos la serializabilidad en detalle (consulta "Serializabilidad" en la página 340). Nuestra discusión sobre los niveles de aislamiento será informal y utilizará ejemplos. Si deseas definiciones y análisis rigurosos de sus propiedades, puedes encontrarlos en la literatura académica [38, 39, 40, 41].

Leer confirmado

El nivel más básico de aislamiento de transacciones es la *lectura confirmada*, que ofrece dos garantías:

- Al leer la base de datos, solo verás los datos que se han confirmado (sin lecturas sucias).
- Al escribir en la base de datos, solo se sobrescribirán los datos que se hayan confirmado (sin escrituras sucias).

Analicemos estas dos garantías con más detalle.

Sin lecturas sucias

Imagina que una transacción ha escrito algunos datos en la base de datos, pero la transacción aún no se ha confirmado ni abortado. ¿Puede otra transacción ver esos datos no confirmados? Si es así, eso se denomina *lectura sucia* [3].

Las transacciones que se ejecutan en el nivel de aislamiento de lectura confirmada deben prevenir las lecturas sucias. Esto significa que cualquier escritura realizada por una transacción solo será visible para otras cuando esa transacción se confirme (y entonces todas sus escrituras serán visibles a la vez). Esto se ilustra en Figura 8-4, donde el usuario 1 ha establecido $x = 3$, pero *el get x* del usuario 2 sigue devolviendo el valor antiguo, 2, mientras que el usuario 1 aún no ha confirmado.

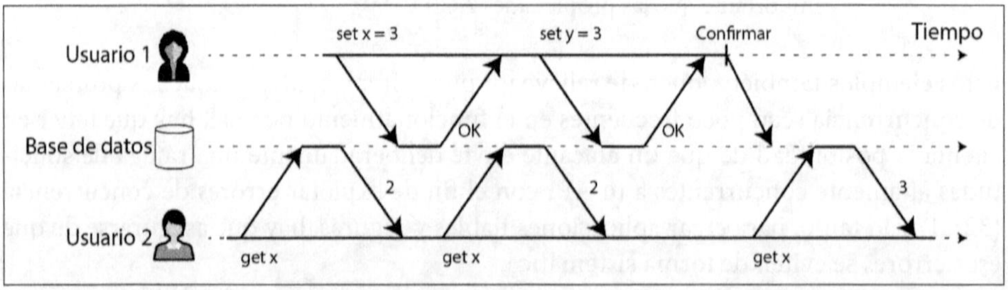

Figura 8-4. Sin lecturas sucias: el usuario 2 ve el nuevo valor de x *solo después de que la transacción del usuario 1 se haya confirmado*

Prevenir las lecturas sucias es útil por varias razones:

- Si una transacción necesita actualizar varias filas, una lectura sucia significa que otra transacción puede ver algunas de las actualizaciones, pero no otras. Por ejemplo, en Figura 8-2, el usuario ve el nuevo correo electrónico no leído, pero no el contador actualizado. Se trata de una lectura sucia del correo electrónico. Ver la base de datos en un estado parcialmente actualizado confunde a los usuarios y puede hacer que otras transacciones tomen decisiones incorrectas.
- Si una transacción se aborta, cualquier escritura que haya realizado debe revertirse (como en Figura 8-3). Si la base de datos permite lecturas sucias, una transacción puede ver datos que posteriormente se revirtieron, es decir, datos que nunca se confirmaron realmente en la base de datos. Cualquier transacción que lea datos no confirmados también tendría que abortarse, lo que daría lugar a un problema denominado *abortos en cascada.*

Sin escrituras sucias

¿Qué sucede si dos transacciones intentan actualizar simultáneamente la misma fila en una base de datos? No sabemos en qué orden se producirán las escrituras, pero normalmente asumimos que la escritura posterior sobrescribe la anterior.

Sin embargo, ¿qué sucede si la escritura anterior forma parte de una transacción que aún no se ha confirmado, por lo que la escritura posterior sobrescribe un valor no confirmado? Esto se denomina *escritura sucia* [38]. Las transacciones que se ejecutan en el nivel de aislamiento de lectura confirmada deben evitar las escrituras sucias, normalmente retrasando la segunda escritura hasta que la transacción de la primera escritura se haya confirmado o abortado.

Al evitar las escrituras sucias, este nivel de aislamiento evita algunos tipos de problemas de concurrencia:

- Si las transacciones actualizan varias filas, las escrituras sucias pueden dar lugar a un mal resultado. Por ejemplo, considera Figura 8-5, que ilustra un sitio web de venta de coches usados en el que dos personas, Aaliyah y Bryce, intentan comprar simultáneamente el mismo coche. La compra de un coche requiere dos escrituras en la base de datos: es necesario actualizar el anuncio en el sitio web para reflejar al comprador y enviar la factura de venta al comprador. En el caso de Figura 8-5, la venta se adjudica a Bryce (porque realiza la actualización ganadora en la tabla `listings`), pero la factura se envía a Aaliyah (porque realiza la actualización ganadora en la tabla `invoices`). El aislamiento de lectura confirmada evita este tipo de contratiempos.
- Sin embargo, el aislamiento de lectura confirmada *no* evita la condición de carrera entre dos incrementos del contador en Figura 8-1. En este caso, la segunda escritura se produce después de que la primera transacción se haya confirmado, por lo que no se trata de una escritura sucia. Sigue siendo incorrecta, pero por una razón diferente; en "Prevención de la pérdida de actualizaciones" en la página 330, discutiremos cómo hacer que dichos incrementos del contador sean seguros.

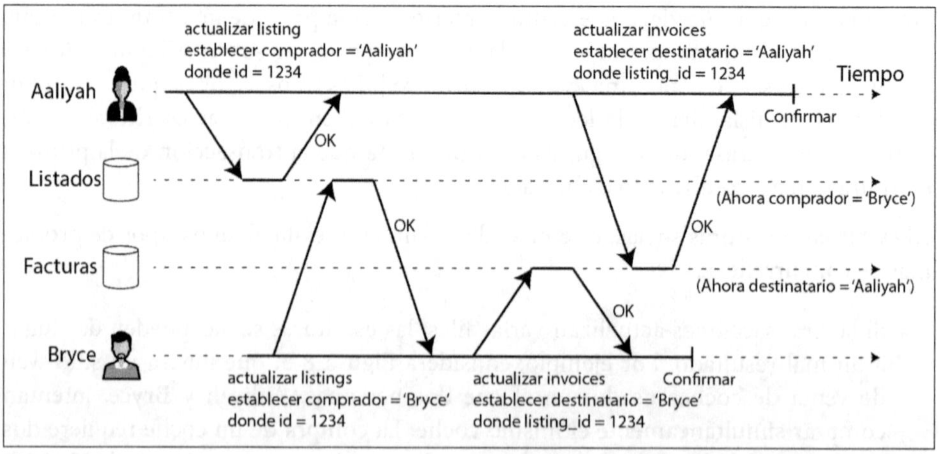

Figura 8-5. Con las escrituras sucias, las escrituras conflictivas de diferentes transacciones pueden mezclarse.

Implementación de la lectura confirmada

La lectura confirmada es un nivel de aislamiento muy popular. Es la configuración predeterminada en Oracle Database, PostgreSQL, SQL Server y muchas otras bases de datos [10].

Lo más habitual es que las bases de datos eviten las escrituras sucias mediante bloqueos a nivel de fila. Cuando una transacción quiere modificar una fila concreta (o un documento u otro objeto), primero debe adquirir un bloqueo sobre esa fila. A continuación, debe mantener ese bloqueo hasta que la transacción se confirme o se aborte. Solo una transacción puede mantener el bloqueo de una fila determinada; si otra transacción desea escribir en la misma fila, debe esperar a que la primera transacción se confirme o se aborte antes de poder adquirir el bloqueo y continuar. Este bloqueo lo realizan automáticamente las bases de datos en modo de lectura confirmada (o en niveles de aislamiento más estrictos).

¿Cómo evitamos las lecturas sucias? Una opción sería utilizar el mismo bloqueo y exigir que cualquier transacción que quiera leer una fila adquiera brevemente el bloqueo y luego lo libere de nuevo inmediatamente después de la lectura. Esto garantizaría que no se pudiera realizar una lectura mientras una fila tuviera un valor sucio y no confirmado (porque durante ese tiempo el bloqueo estaría retenido por la transacción que estaba realizando la escritura).

Sin embargo, el enfoque de exigir bloqueos de lectura no funciona bien en la práctica, porque una transacción de escritura de larga duración puede obligar a muchas otras transacciones a esperar hasta que la transacción de larga duración haya finalizado, incluso si las otras transacciones solo leen y no escriben nada en la base de datos. Esto perjudica el tiempo de respuesta de las transacciones de solo lectura y es malo para la operatividad: una ralentización en una parte de una aplicación puede tener un efecto dominó en una parte completamente diferente de la aplicación, debido a la espera de los bloqueos.

No obstante, los bloqueos se utilizan para evitar lecturas sucias en algunas bases de datos, como IBM Db2 y Microsoft SQL Server con la configuración `read_committed_snapshot=off` [30].

Un enfoque más común para evitar las lecturas sucias es el que se ilustra en Figura 8-4. Por cada fila que se escribe, la base de datos recuerda tanto el valor antiguo confirmado como el nuevo valor establecido por la transacción que actualmente mantiene el bloqueo de escritura. Mientras la transacción está en curso, cualquier otra transacción que lea la fila simplemente recibe el valor antiguo. Solo cuando se confirma el nuevo valor, las transacciones pasan a leer el nuevo valor (consulta "Control de concurrencia multiversión" en la página 325 para obtener más detalles).

Algunas bases de datos admiten un nivel de aislamiento aún más débil denominado *lectura no confirmada*. Evita las escrituras sucias, pero no las lecturas sucias. En otras palabras, devuelve inmediatamente el último valor escrito, incluso si la transacción de escritura aún no se ha confirmado. Esto puede proporcionar un mejor rendimiento, ya que la base de datos no necesita almacenar dos versiones de la fila. También puede reducir la probabilidad de pérdidas de actualizaciones (pero no evitarlas), de lo que hablaremos en "Prevención de la pérdida de actualizaciones" en la página 330.

Aislamiento de instantáneas y lectura repetible

Si se analiza superficialmente el aislamiento de lectura confirmada, sería comprensible pensar que hace todo lo que una transacción necesita hacer: permite abortos (necesarios para la atomicidad), evita la lectura de resultados incompletos de transacciones y evita que las escrituras concurrentes se mezclen. De hecho, esas son características útiles y son garantías mucho más sólidas que las que se pueden obtener de un sistema que no admite transacciones.

Sin embargo, todavía hay muchas formas de tener errores de concurrencia cuando se utiliza este nivel de aislamiento. Por ejemplo, Figura 8-6 ilustra un problema que puede ocurrir con el aislamiento de lectura confirmada.

Supongamos que Aaliyah tiene $1,000 de ahorros en un banco, repartidos en dos cuentas con $500 cada una. Una transacción transfiere $100 de una de sus cuentas a la otra. Si tienes la mala suerte de consultar tu lista de saldos de cuentas en el mismo momento en que se procesa esa transacción, es posible que veas el saldo de una cuenta antes de que haya llegado el pago entrante (todavía con $500) y el de la otra después de que se haya realizado la transferencia saliente (con un nuevo saldo de $400). Para Aaliyah, ahora parece que solo tiene un total de $900 en tus cuentas, es como si $100 se hubieran desvanecido en el aire.

Esta anomalía se denomina *sesgo de lectura* y es un ejemplo de *lectura no repetible*: si Aaliyah volviera a leer el saldo de la cuenta 1 al final de la transacción, vería un valor diferente ($600) al que vio en su consulta anterior. El sesgo de lectura se considera aceptable en el aislamiento de lectura confirmada: los saldos de las cuentas que Aaliyah vio se confirmaron efectivamente en el momento en que los leyó.

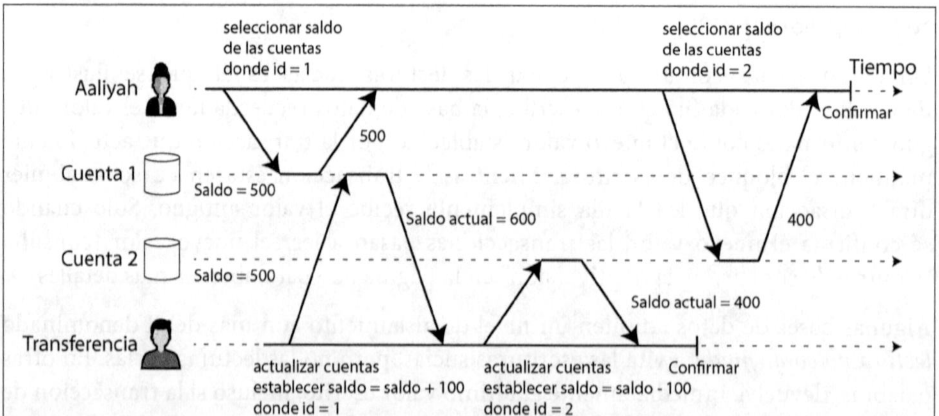

Figura 8-6. Sesgo de lectura: Aaliyah observa la base de datos en un estado inconsistente.

> Desafortunadamente, el término *sesgo* tiene múltiples significados. Anteriormente lo utilizábamos en el sentido de una *carga de trabajo desequilibrada con puntos críticos* (consulta "Cargas de trabajo sesgadas y alivio de puntos calientes" en la página 291), mientras que aquí significa una *anomalía de sincronización.*

En el caso de Aaliyah, no se trata de un problema duradero, ya que lo más probable es que veas saldos de cuenta coherentes si vuelves a cargar el sitio web de la banca en línea unos segundos más tarde. Sin embargo, esta incoherencia temporal no es tolerable en los siguientes casos, por ejemplo:

Copias de seguridad

Hacer una copia de seguridad requiere hacer una copia de toda la base de datos, lo que puede llevar horas en el caso de una base de datos grande. Durante el tiempo que se ejecuta el proceso de copia de seguridad, se seguirán realizando escrituras en la base de datos. Por lo tanto, podrías terminar con algunas partes de la copia de seguridad que contienen una versión más antigua de los datos y otras partes que contienen una versión más reciente. Si necesitas restaurar desde una copia de seguridad de este tipo, las inconsistencias (como la desaparición de dinero) se vuelven permanentes.

Consultas analíticas y comprobaciones de integridad

A veces es posible que desees ejecutar una consulta que analice gran parte de la base de datos. Estas consultas son comunes en el análisis (consulta "Sistemas operativos frente a sistemas analíticos" en la página 4), o pueden formar parte de una verificación periódica de integridad para comprobar que todo está en orden (monitoreo de la corrupción de datos). Es probable que estas consultas devuelvan resultados sin sentido si observan partes de la base de datos en diferentes momentos.

El aislamiento de instantáneas [38] es la solución más común a este problema. La idea es que cada transacción lea desde una *instantánea coherente* de la base de datos, es decir, que vea todos los datos que se confirmaron en la base de datos al comienzo de la misma. Incluso si los datos son modificados posteriormente por otra transacción, cada transacción solo ve los datos antiguos de ese momento concreto.

El aislamiento de instantáneas es una bendición para las consultas de solo lectura de larga duración, como las copias de seguridad y los análisis. Es muy difícil razonar sobre el significado de una consulta si los datos sobre los que opera cambian al mismo tiempo que se ejecuta la consulta. Cuando una transacción puede ver una instantánea coherente de la base de datos, congelada en un momento concreto, es mucho más fácil de entender.

El aislamiento de instantáneas es una característica muy popular: PostgreSQL, MySQL con el motor de almacenamiento InnoDB, Oracle, SQL Server y otros admiten variantes de la misma, aunque el comportamiento detallado varía de un sistema a otro [30, 42, 43]. Algunas bases de datos, como Oracle, TiDB y Aurora DSQL, incluso eligen el aislamiento de instantáneas como su nivel de aislamiento más alto. Los almacenes de datos en la nube, como BigQuery, también utilizan con frecuencia el aislamiento de instantáneas, ya que proporciona una vista puntual de la base de datos para consultas analíticas.

Control de concurrencia multiversión

Al igual que con el aislamiento de lectura confirmada, las implementaciones de aislamiento de instantáneas suelen utilizar bloqueos de escritura para evitar escrituras sucias (consulta "Implementación de la lectura confirmada" en la página 322), lo que significa que una transacción que realiza una escritura puede bloquear el progreso de otra transacción que escribe en la misma fila. Sin embargo, las lecturas no requieren ningún bloqueo. Desde el punto de vista del rendimiento, un principio clave del aislamiento de instantáneas es que *los lectores nunca bloquean a los escritores, y los escritores nunca bloquean a los lectores*. Esto permite que una base de datos maneje consultas de lectura de larga duración en una instantánea consistente al mismo tiempo que procesa las escrituras normalmente, sin ninguna contienda de bloqueo entre las dos.

Para implementar el aislamiento de instantáneas de forma e , las bases de datos utilizan una generalización del mecanismo que vimos para evitar las lecturas sucias en Figura 8-4. En lugar de dos versiones de cada fila (la versión confirmada y la versión sobrescrita pero aún no confirmada), la base de datos debe mantener potencialmente varias versiones confirmadas de una fila, ya que varias transacciones en curso pueden necesitar ver el estado de la base de datos en diferentes momentos. Debido a que mantienes varias versiones de una fila una al lado de la otra, esta técnica se conoce como *control de concurrencia multiversión* (MVCC).

Figura 8-7 ilustra cómo se implementa el aislamiento de instantáneas basado en MVCC en PostgreSQL [42, 44, 45] (otras implementaciones son similares). Cuando se inicia una transacción, se le asigna un ID de transacción (`txid`) único y siempre creciente. Cada vez que una transacción escribe algo en la base de datos, los datos que escribe se etiquetan con el ID de transacción del escritor. (Para ser precisos, los ID de transacción en PostgreSQL son enteros de 32 bits, por lo que se desbordan después de aproximadamente 4 mil millones de transacciones. El proceso de vacío realiza una limpieza para asegurar que el desbordamiento no afecte a los datos).

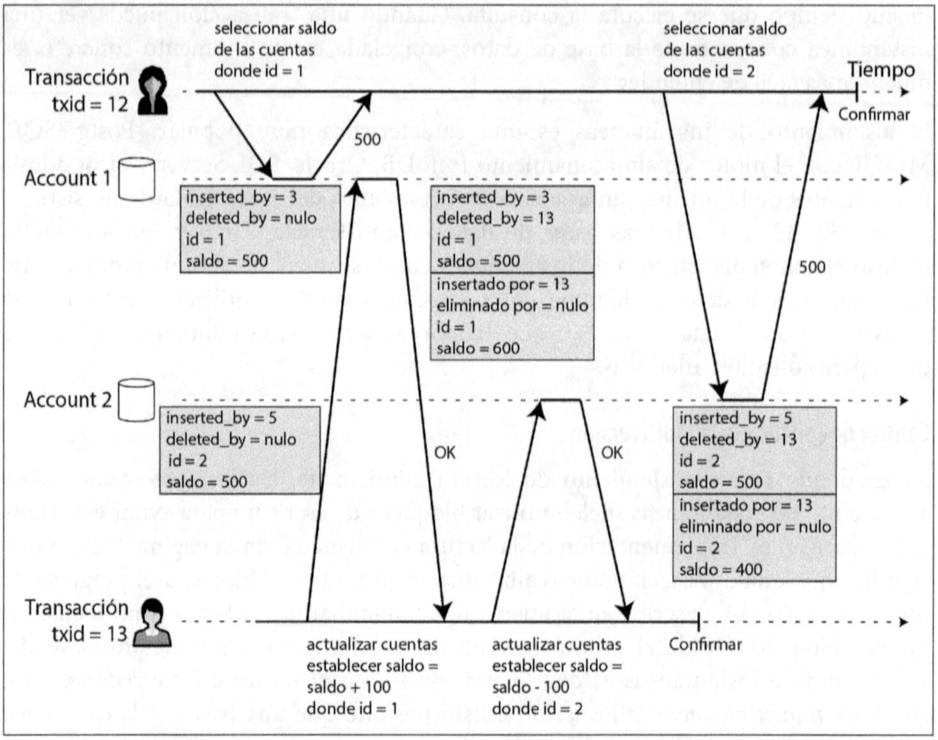

Figura 8-7. Implementación del aislamiento de instantáneas mediante el control de concurrencia multiversión

Cada fila de una tabla tiene un campo `inserted_by`, que contiene el ID de la transacción que insertó esa fila en la tabla. Cada fila también tiene un campo `deleted_by`, que inicialmente está vacío. Si una transacción elimina una fila, esta no se elimina de la base de datos, sino que se marca para su eliminación estableciendo el campo `deleted_by` con el ID de la transacción que solicitó la eliminación. Más adelante, cuando se tiene la certeza de que ninguna transacción puede acceder ya a los datos eliminados o sobrescritos, un proceso de recolección de basura (GC) en la base de datos elimina las filas marcadas para su eliminación y libera su espacio.

Una actualización se traduce internamente en una eliminación y una inserción [46]. Por ejemplo, en Figura 8-7, la transacción 13 deduce $100 de la cuenta 2, cambiando el saldo de $500 a $400. La tabla de `accounts` contiene ahora dos filas para la cuenta 2: una fila con un saldo de $500 que fue marcada como eliminada por la transacción 13, y una fila con un saldo de $400 que fue insertada por la transacción 13.

Todas las versiones de una fila se almacenan en el mismo montón de la base de datos (consulta "Almacenamiento de valores dentro del índice" en la página 147), independientemente de si las transacciones que las escribieron se han confirmado. Las versiones de la misma fila forman una lista enlazada, que va desde la versión más reciente a la más antigua o al revés, de modo que las consultas pueden iterar internamente sobre todas las versiones de una fila [47, 48].

Reglas de visibilidad para observar una instantánea coherente

Cuando una transacción lee desde la base de datos, se utilizan los ID de transacción para decidir qué versiones de filas puede ver y cuáles son invisibles. Al definir cuidadosamente las reglas de visibilidad, la base de datos puede presentar una instantánea coherente de su contenido a la aplicación. Esto funciona aproximadamente de la siguiente manera [45]:

1. Al inicio de cada transacción, la base de datos elabora una lista de todas las demás transacciones que están en curso (aún no confirmadas ni abortadas) en ese momento. Cualquier escritura que hayan realizado esas transacciones se ignora, incluso si las transacciones se confirman posteriormente. Esto garantiza que la aplicación vea una instantánea coherente que no se vea afectada por la confirmación de otra transacción.
2. Cualquier escritura realizada por transacciones con un ID de transacción posterior (es decir, que se iniciaron después de que se iniciara la transacción actual y que, por lo tanto, no se incluyen en la lista de transacciones en curso) se ignora, independientemente de si esas transacciones se han confirmado.
3. Cualquier escritura realizada por transacciones abortadas se ignora, independientemente de cuándo se haya producido el aborto. Esto tiene la ventaja de que, cuando se aborta una transacción, no es necesario eliminar inmediatamente las

filas que ha escrito del almacenamiento, ya que la regla de visibilidad las filtra. El proceso GC puede eliminarlas más tarde.

4. Todas las demás escrituras son visibles para las consultas de la aplicación.

Estas reglas se aplican tanto a la inserción como a la eliminación de filas. En Figura 8-7, cuando la transacción 12 lee la cuenta 2, ve un saldo de $500 porque la eliminación del saldo de $500 fue realizada por la transacción 13 (según la regla 2, la transacción 12 no puede ver una eliminación realizada por la transacción 13), y la inserción del saldo de $400 aún no es visible (según la misma regla).

Dicho de otro modo, una fila es visible si se cumplen las dos condiciones siguientes:

- En el momento en que comenzó la transacción del lector, la transacción que insertó la fila ya se había confirmado.
- La fila no está marcada para su eliminación o, si lo está, la transacción que solicitó la eliminación aún no se había confirmado en el momento en que se inició la transacción del lector.

Una transacción de larga duración puede seguir utilizando una instantánea durante mucho tiempo, continuando con la lectura de valores que (desde el punto de vista de otras transacciones) han sido sobrescritos o eliminados hace tiempo. Al no actualizar nunca los valores en su lugar, sino insertar una nueva versión cada vez que se cambia un valor, la base de datos puede proporcionar una instantánea coherente con solo una pequeña sobrecarga.

Índices y aislamiento de instantáneas

¿Cómo funcionan los índices en una base de datos multiversión? El enfoque más común es que cada entrada del índice apunte a una de las versiones de una fila que coincida con la entrada (ya sea la versión más antigua o la más reciente). Cada versión de fila puede contener una referencia a la siguiente versión más antigua o más reciente. Una consulta que utilice el índice debe entonces iterar sobre las filas para encontrar una que sea visible y en la que el valor coincida con lo que busca la consulta. Cuando GC elimina las versiones antiguas de las filas que ya no son visibles para ninguna transacción, también se pueden eliminar las entradas de índice correspondientes.

Muchos detalles de implementación afectan al rendimiento del control de concurrencia multiversión [47, 48]. Por ejemplo, PostgreSQL tiene optimizaciones para evitar actualizaciones de índices si diferentes versiones de la misma fila caben en la misma página [42]. Otras bases de datos evitan almacenar copias completas de las filas modificadas y solo almacenan las diferencias entre versiones, para ahorrar espacio.

En CouchDB, Datomic y LMDB se utiliza otro enfoque. Aunque también utilizan árboles B (consulta "Árboles B" en la página 138), emplean una variante *inmutable* (copia al escribir) que no sobrescribe las páginas del árbol cuando se actualizan, sino que crea una nueva copia de cada página modificada. Las páginas principales, hasta la raíz del árbol, se copian y actualizan para que apunten a las nuevas versiones de sus páginas secundarias. Las páginas que no se ven afectadas por una escritura no necesitan copiarse y pueden compartirse con el nuevo árbol [49].

Con los árboles B inmutables, cada transacción de escritura (o lote de transacciones) crea una nueva raíz de árbol B, y una raíz concreta es una instantánea coherente de la base de datos en el momento en que se creó. No es necesario filtrar las filas en función de los ID de transacción, ya que las escrituras posteriores no pueden modificar un árbol B existente, sino que solo pueden crear nuevas raíces de árbol. Este enfoque también requiere un proceso en segundo plano para la compactación y la recolección de basura.

Aislamiento de instantáneas, lectura repetible y confusión de nombres

MVCC es una técnica de implementación comúnmente utilizada para bases de datos y, a menudo, se utiliza para implementar el aislamiento de instantáneas. Sin embargo, diferentes bases de datos a veces utilizan términos diferentes para referirse a lo mismo; por ejemplo, el aislamiento de instantáneas se denomina "lectura repetible" en PostgreSQL y "serializable" en Oracle [30]. Además, a veces diferentes sistemas utilizan el mismo término pero con un significado diferente; por ejemplo, mientras que en PostgreSQL "lectura repetible" significa aislamiento de instantáneas, en MySQL significa una implementación de MVCC con una consistencia más débil que el aislamiento de instantáneas [43], e IBM Db2 utiliza "lectura repetible" para referirse a la serializabilidad [10].

La razón de esta confusión en la nomenclatura es que el estándar SQL no tiene el concepto de aislamiento de instantáneas, ya que el estándar se basa en la definición de niveles de aislamiento de System R de 1975 [3] y el aislamiento de instantáneas aún no se había inventado entonces. En su lugar, define el aislamiento de lectura repetible, que a simple vista parece similar al aislamiento de instantánea. PostgreSQL denomina a su nivel de aislamiento de instantánea "lectura repetible" porque cumple los requisitos del estándar y, por lo tanto, puede afirmar que cumple con los estándares.

Desafortunadamente, la definición de los niveles de aislamiento del estándar SQL es defectuosa: es ambigua, imprecisa y no es tan independiente de la implementación como debería ser un estándar [38]. Aunque varias bases de datos implementan el aislamiento de lectura repetible, existen grandes diferencias en las garantías que ofrecen, a pesar de que esas garantías están aparentemente estandarizadas [30]. Este nivel de aislamiento se ha definido formalmente en la literatura científica [39, 40], pero la mayoría de las implementaciones no satisfacen esa definición formal. Como resultado, nadie sabe realmente qué significa el aislamiento de lectura repetible.

Prevención de la pérdida de actualizaciones

Nuestro análisis de los niveles de aislamiento de lectura confirmada y de instantánea se ha centrado principalmente en las garantías sobre lo que una transacción de solo lectura puede ver en presencia de escrituras simultáneas. Hemos ignorado en gran medida la cuestión de dos transacciones que escriben simultáneamente: solo hemos hablado de las escrituras sucias (consulta "Sin escrituras sucias" en la página 320), un tipo concreto de conflicto de escritura-escritura que puede producirse.

Pueden producirse otros tipos interesantes de conflictos entre transacciones que escriben simultáneamente. El más conocido de ellos es el *problema de la pérdida de actualizaciones*, ilustrado en Figura 8-1 con el ejemplo de dos incrementos simultáneos de contador.

El problema de la actualización perdida puede ocurrir si una aplicación lee un valor de la base de datos, lo modifica y vuelve a escribir el valor modificado (el ciclo de lectura-modificación-escritura mencionado anteriormente). Si dos transacciones hacen esto simultáneamente, una de las modificaciones puede perderse, porque la segunda escritura no incluye la primera modificación. (A veces decimos que la escritura posterior *anula* la anterior). Este patrón se da en varios escenarios, como los siguientes:

- Incrementar un contador o actualizar el saldo de una cuenta (requiere leer el valor actual, calcular el nuevo valor y volver a escribir el valor actualizado)
- Realizar un cambio local en un valor complejo, por ejemplo, añadir un elemento a una lista dentro de un documento JSON (requiere analizar el documento, realizar el cambio y volver a escribir el documento modificado)
- Dos usuarios que editan una página wiki al mismo tiempo, donde cada usuario guarda sus cambios enviando todo el contenido de la página al servidor, sobrescribiendo lo que hay actualmente en la base de datos

Dado que se trata de un problema tan común, se han desarrollado diversas soluciones [50]. Aquí veremos las más comunes.

Operaciones de escritura atómicas

Muchas bases de datos proporcionan operaciones de actualización atómicas, que eliminan la necesidad de implementar ciclos de lectura-modificación-escritura en el código de la aplicación. Suelen ser la mejor solución si el código se puede expresar en términos de esas operaciones. Por ejemplo, la siguiente instrucción es segura para la concurrencia en la mayoría de las bases de datos relacionales:

```
UPDATE counters SET value = value + 1 WHERE key = 'foo';
```

Del mismo modo, las bases de datos de documentos como MongoDB proporcionan operaciones atómicas para realizar modificaciones locales en una parte de un documento JSON, y Redis proporciona operaciones atómicas para modificar estructuras de datos como colas de prioridad. No todas las escrituras se pueden expresar fácilmente en términos de operaciones atómicas; por ejemplo, las actualizaciones de una página wiki implican la edición arbitraria de texto, que se puede manejar utilizando los algoritmos descritos en "Tipos de datos replicados sin conflictos y transformación operativa" en la página 251, pero en situaciones en las que se pueden utilizar estas operaciones, suelen ser la mejor opción.

Las operaciones atómicas suelen implementarse bloqueando de forma exclusiva el objeto cuando se lee, de modo que ninguna otra transacción pueda leerlo hasta que se haya aplicado la actualización. Otra opción es simplemente forzar que todas las operaciones atómicas se ejecuten en un solo hilo.

Desafortunadamente, los marcos ORM facilitan la escritura accidental de código que realiza ciclos de lectura-modificación-escritura inseguros en lugar de utilizar las operaciones atómicas proporcionadas por la base de datos [51, 52, 53]. Esto puede ser una fuente de errores sutiles que son difíciles de encontrar mediante pruebas.

Bloqueo explícito

Otra opción para evitar la pérdida de actualizaciones, si las operaciones atómicas integradas en la base de datos no proporcionan la funcionalidad necesaria, es que la aplicación bloquee explícitamente los objetos que se van a actualizar. De este modo, la aplicación puede realizar un ciclo de lectura-modificación-escritura y, si cualquier otra transacción intenta actualizar o bloquear simultáneamente el mismo objeto, se ve obligada a esperar hasta que se haya completado el primer ciclo de lectura-modificación-escritura.

Por ejemplo, consideremos un juego multijugador en el que varios jugadores pueden mover la misma figura simultáneamente. En este caso, una operación atómica puede no ser suficiente, porque la aplicación también necesita garantizar que el movimiento de un jugador se ajuste a las reglas del juego, lo que implica cierta lógica que no se puede implementar de forma sensata como una consulta de base de datos. En su lugar, puedes utilizar un bloqueo para evitar que dos jugadores muevan simultáneamente la misma pieza, como se ilustra en Ejemplo 8-1.

Ejemplo 8-1. Bloquear explícitamente filas para evitar la pérdida de actualizaciones

```
BEGIN TRANSACTION;

SELECT * FROM figures
  WHERE name = 'robot' AND game_id = 222
```

```
    FOR UPDATE; ❶

-- Check whether move is valid, then update the position
-- of the piece that was returned by the previous SELECT.
UPDATE figures SET position = 'c4' WHERE id = 1234;

COMMIT;
```

❶ La cláusula `FOR UPDATE` indica que la base de datos debe bloquear todas las filas devueltas por esta consulta.

Esto funciona, pero para hacerlo bien, es necesario pensar detenidamente en la lógica de la aplicación. Es fácil olvidar añadir un bloqueo necesario en algún lugar del código y, por lo tanto, introducir una condición de carrera.

Además, el bloqueo de varios objetos conlleva el riesgo de un interbloqueo, en el que dos o más transacciones esperan a que las demás liberen sus bloqueos. Muchas bases de datos detectan automáticamente los interbloqueos y abortan una de las transacciones involucradas para que el sistema pueda seguir adelante. Puedes manejar esta situación a nivel de aplicación reintentando la transacción abortada.

Detección automática de actualizaciones perdidas

Las operaciones atómicas y los bloqueos son formas de evitar la pérdida de actualizaciones al forzar que los ciclos de lectura-modificación-escritura se produzcan de forma secuencial. Una alternativa es permitir que se ejecuten en paralelo y, si el gestor de transacciones detecta una actualización perdida, abortar la transacción en cuestión y forzarla a reintentar su ciclo de lectura-modificación-escritura.

Una ventaja de este enfoque es que las bases de datos pueden realizar esta comprobación de manera eficiente junto con el aislamiento de instantáneas. De hecho, los niveles de aislamiento de lectura repetible de PostgreSQL, serializable de Oracle y de instantáneas de SQL Server detectan automáticamente cuándo se ha producido una actualización perdida y abortan la transacción problemática. Sin embargo, el nivel de aislamiento de lectura repetible de MySQL/InnoDB no detecta las actualizaciones perdidas [30, 43]. Algunos autores [38, 40] sostienen que una base de datos debe evitar las actualizaciones perdidas para poder considerarse que proporciona aislamiento de instantáneas, por lo que MySQL no proporciona aislamiento de instantáneas según esta definición.

Una gran ventaja de la detección de actualizaciones perdidas es que no requiere que el código de la aplicación utilice ninguna característica especial de la base de datos. Es posible que olvides utilizar un bloqueo o una operación atómica y, por lo tanto, introduzcas un error, pero la detección de actualizaciones perdidas se produce automáticamente y, por lo tanto, es menos propensa a errores. Sin embargo, también tienes que reintentar las transacciones abortadas en el nivel de la aplicación.

Escrituras condicionales (comparar y establecer)

En las bases de datos que no proporcionan transacciones, a veces se encuentra una operación *de escritura condicional* que puede evitar la pérdida de actualizaciones al permitir que una actualización se produzca solo si el valor no ha cambiado desde la última vez que lo leíste (mencionado anteriormente en "Escrituras de un solo objeto" en la página 315). Si el valor actual no coincide con el que leíste anteriormente, la actualización no tiene ningún efecto y se debe reintentar el ciclo de lectura-modificación-escritura. Es el equivalente en bases de datos de la instrucción CAS atómica que admiten muchas CPU.

Por ejemplo, para evitar que dos usuarios actualicen simultáneamente la misma página wiki, puedes intentar algo como esto, esperando que la actualización se produzca solo si el contenido de la página no ha cambiado desde que el usuario comenzó a editarla:

```
-- This may or may not be safe, depending on the database implementation
UPDATE wiki_pages SET content = 'new content'
  WHERE id = 1234 AND content = 'old content';
```

Si el contenido ha cambiado y ya no coincide con el `old content`, esta actualización no tendrá ningún efecto, por lo que tendrás que comprobar si la actualización se ha aplicado y volver a intentarlo si es necesario. En lugar de comparar el contenido completo, también puedes utilizar una columna de número de versión que se incrementa con cada actualización y aplicar la actualización solo si el número de versión actual no ha cambiado. Este enfoque se denomina a veces *bloqueo optimista* [54].

Ten en cuenta que si otra transacción ha modificado el `content` simultáneamente, es posible que el nuevo contenido no sea visible según las reglas de visibilidad de MVCC (consulta "Reglas de visibilidad para observar una instantánea coherente" en la página 327). Muchas implementaciones de MVCC tienen una excepción a las reglas de visibilidad para este escenario, en el que los valores escritos por otras transacciones son visibles para la evaluación de la cláusula `WHERE` de las consultas `UPDATE` y `DELETE`, aunque esas escrituras no sean visibles de otro modo en la instantánea.

Resolución de conflictos y replicación

En las bases de datos replicadas (consulta Capítulo 6), evitar la pérdida de actualizaciones adquiere otra dimensión. Dado que estas bases de datos tienen copias de los datos en varios nodos y que los datos pueden ser modificados simultáneamente en diferentes nodos, es necesario tomar medidas adicionales.

Los bloqueos y las operaciones de escritura condicionalas asumen que existe una única copia actualizada de los datos. Sin embargo, las bases de datos con replicación multilíder o sin líder suelen permitir que se produzcan varias escrituras simultáneamente y las replican de forma asíncrona, por lo que no pueden garantizar una única copia actualizada de los datos. Por lo tanto, las técnicas basadas en bloqueos o escrituras condicionales no se aplican en este contexto. (Volveremos a tratar este tema con más detalle en "Linealizabilidad" en la página 444).

En cambio, como se explica en "Cómo lidiar con las escrituras conflictivas" en la página 245, un enfoque común en este tipo de bases de datos replicadas es permitir que las escrituras simultáneas creen varias versiones conflictivas de un valor (también conocidas como *hermanas*) y utilizar código de aplicación o estructuras de datos especiales para resolver y fusionar estas versiones posteriormente.

La fusión de valores conflictivos puede evitar la pérdida de actualizaciones si estas son conmutativas (es decir, si puedes aplicarlas en un orden diferente en distintas réplicas y seguir obteniendo el mismo resultado). Por ejemplo, incrementar un contador y añadir un elemento a un conjunto son operaciones conmutativas. Esa es la idea que subyace a los CRDT, que vimos en "Tipos de datos replicados sin conflictos y transformación operativa" en la página 251. Sin embargo, algunas operaciones, como las escrituras condicionales, no pueden hacerse conmutativas.

Además, el método de resolución de conflictos LWW, que es el predeterminado en muchas bases de datos replicadas, es propenso a la pérdida de actualizaciones, como se explica en "La última escritura gana (descartando las escrituras simultáneas)" en la página 247.

Desviación de escritura y fantasmas

En las secciones anteriores hemos visto las *escrituras sucias* y las *actualizaciones perdidas*, dos tipos de condiciones de carrera que pueden producirse cuando diferentes transacciones intentan escribir simultáneamente en los mismos objetos. Para evitar la corrupción de datos, es necesario prevenir esas condiciones de carrera, ya sea de forma automática mediante la base de datos o mediante medidas de protección manuales, como el uso de bloqueos u operaciones de escritura atómicas.

Sin embargo, esa no es la lista completa de posibles condiciones de carrera que pueden producirse entre escrituras simultáneas. En esta sección veremos algunos ejemplos más sutiles de conflictos.

Para empezar, imagina que estás escribiendo una aplicación para que los médicos gestionen sus turnos de guardia en un hospital. El hospital suele intentar tener varios médicos de guardia en todo momento, pero es imprescindible que haya al menos uno. Los médicos pueden renunciar a sus turnos (por ejemplo, si están enfermos), siempre que al menos un colega permanezca de guardia en ese turno [55, 56].

Ahora imagina que Aaliyah y Bryce son los dos médicos de guardia para un turno concreto. Ambos se encuentran mal, por lo que deciden solicitar una baja. Por desgracia, pulsan el botón para salir de guardia aproximadamente al mismo tiempo. Lo que ocurre a continuación se ilustra en Figura 8-8.

En cada transacción, tu aplicación comprueba primero si hay dos o más médicos de guardia en ese momento; si es así, asume que es seguro que un médico salga de guardia. Dado que la base de datos utiliza el aislamiento de instantáneas, ambas comprobaciones devuelven 2, por lo que ambas transacciones pasan a la siguiente fase. Aaliyah actualiza su propio registro para salir de guardia y Bryce actualiza el suyo de la misma manera. Ambas transacciones se confirman y ahora no hay ningún médico de guardia. Se ha incumplido tu requisito de tener al menos un médico de guardia.

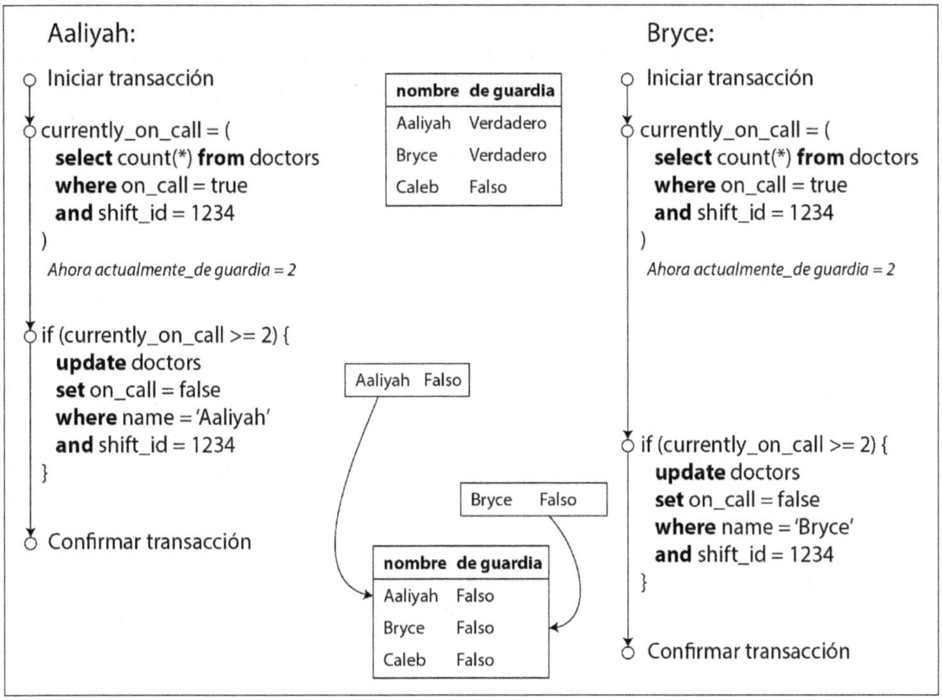

Figura 8-8. Un sesgo de escritura que provoca un error en la aplicación

Características del sesgo de escritura

Esta anomalía se denomina *sesgo de escritura* [38]. No se trata ni de una escritura sucia ni de una actualización perdida, ya que las dos transacciones están actualizando dos objetos (los registros de guardia de Aaliyah y Bryce, respectivamente). No es tan obvio que se haya producido un conflicto aquí, pero sin duda se trata de una condición de carrera: si las dos transacciones se hubieran ejecutado una tras otra, se habría impedido que el segundo médico saliera de guardia. El comportamiento anómalo solo fue posible porque las transacciones se ejecutaron simultáneamente.

Puedes pensar en el sesgo de escritura como una generalización del problema de la actualización perdida. El sesgo de escritura puede producirse si dos transacciones leen los mismos objetos y luego actualizan algunos de ellos (diferentes transacciones pueden actualizar diferentes objetos). En el caso especial de que diferentes transacciones actualicen el mismo objeto, se produce una anomalía de escritura sucia o de actualización perdida (dependiendo del momento).

Hemos visto que hay varias formas de evitar las actualizaciones perdidas. Con el sesgo de escritura, nuestras opciones son más limitadas:

- Las operaciones atómicas de un solo objeto no ayudan, ya que hay varios objetos involucrados.
- La detección automática de actualizaciones perdidas que se encuentra en algunas implementaciones del aislamiento de instantáneas tampoco ayuda, por desgracia, ya que el sesgo de escritura no se detecta automáticamente en la lectura repetible de PostgreSQL, la lectura repetible de MySQL/InnoDB, la serializable de Oracle o el nivel de aislamiento de instantáneas de SQL Server [30]. Para evitar automáticamente el sesgo de escritura se requiere un aislamiento verdaderamente serializable (consulta "Serializabilidad" en la página 340).
- Algunas bases de datos te permiten configurar restricciones, que luego son aplicadas por la base de datos (por ejemplo, unicidad, restricciones de claves externas o restricciones sobre un valor concreto). Sin embargo, para especificar que al menos un médico debe estar de guardia, necesitarías una restricción que implique múltiples objetos. La mayoría de las bases de datos no tienen soporte integrado para tales restricciones, aunque es posible implementarlas con disparadores o vistas materializadas, como se explica en "Consistencia" en la página 309 [12].
- Si no puedes utilizar un nivel de aislamiento serializable, la segunda mejor opción en este caso es probablemente bloquear explícitamente las filas de las que depende la transacción. En el ejemplo de los médicos, podrías escribir algo como lo siguiente:

```
BEGIN TRANSACTION;

SELECT * FROM doctors
  WHERE on_call = true
  AND shift_id = 1234 FOR UPDATE; ❶

UPDATE doctors
  SET on_call = false
  WHERE name = 'Aaliyah'
  AND shift_id = 1234;

COMMIT;
```

❶ Como antes, `FOR UPDATE` le dice a la base de datos que bloquee todas las filas devueltas por esta consulta.

Más ejemplos de desviación de escritura

El sesgo de escritura puede parecer un problema esotérico al principio, pero una vez que te das cuenta de su existencia, es posible que observes otras situaciones en las que puede producirse. A continuación se muestran algunos ejemplos más:

Sistema de reserva de salas de reuniones
: Supongamos que quieres garantizar que no pueda haber dos reservas para la misma sala de reuniones al mismo tiempo [57]. Cuando alguien quiere hacer una reserva, primero compruebas si hay reservas conflictivas (es decir, reservas para la misma sala con un intervalo de tiempo superpuesto) y, si no encuentras ninguna, creas la reunión (consulta Ejemplo 8-2).

Ejemplo 8-2. Un sistema de reserva de salas de reuniones que intenta evitar las reservas duplicadas (no es seguro con el aislamiento de instantáneas)

```
BEGIN TRANSACTION;

-- Check for any existing bookings that overlap with the period of noon-1pm
SELECT COUNT(*) FROM bookings
  WHERE room_id = 123 AND
    end_time > '2025-01-01 12:00' AND start_time < '2025-01-01 13:00';

-- If the previous query returned zero:
INSERT INTO bookings
  (room_id, start_time, end_time, user_id)
  VALUES (123, '2025-01-01 12:00', '2025-01-01 13:00', 666);

COMMIT;
```

Desafortunadamente, el aislamiento de instantáneas no impide que otro usuario inserte simultáneamente una reunión conflictiva. Para garantizar que no se produzcan conflictos de programación, una vez más necesitas aislamiento serializable.

Juego multijugador
: En Ejemplo 8-1, utilizamos un bloqueo para evitar la pérdida de actualizaciones (asegurándonos de que dos jugadores no puedan mover la misma figura al mismo tiempo). Sin embargo, el bloqueo no impide que los jugadores muevan dos figuras diferentes a la misma posición en el tablero o que, potencialmente, realicen otro movimiento que infrinja las reglas del juego. Dependiendo del tipo de regla que estés aplicando, es posible que puedas utilizar una restricción de unicidad, pero, de lo contrario, serás vulnerable a la escritura sesgada.

Reclamar un nombre de usuario
: En un sitio web en el que cada usuario debe tener un nombre de usuario único, dos usuarios pueden intentar crear cuentas con el mismo nombre de usuario al

mismo tiempo. Puedes utilizar una transacción para comprobar si un nombre está ocupado y, si no es así, crear una cuenta con ese nombre. Sin embargo, como en los ejemplos anteriores, eso no es seguro bajo el aislamiento de instantáneas. Afortunadamente, una restricción de unicidad es una solución sencilla en este caso (la segunda transacción que intente registrar el nombre de usuario se abortará por violar la restricción).

Evitar el doble gasto
Un servicio de pago por uso que permite a los usuarios gastar dinero o puntos debe comprobar que un usuario no gasta más de lo que tiene. Puedes implementar esto insertando un elemento de gasto provisional en la cuenta de un usuario, enumerando todos los elementos de la cuenta y comprobando que la suma sea positiva. Sin embargo, con el sesgo de escritura, podría ocurrir que se insertaran dos elementos de gasto simultáneamente que, juntos, hicieran que el saldo fuera negativo, pero que ninguna de las transacciones se percatara de la otra.

Fantasmas que causan sesgo de escritura

Todos los ejemplos anteriores siguen un patrón similar:

1. Una consulta `SELECT` comprueba si se cumple un requisito buscando filas que coincidan con una condición de búsqueda (por ejemplo, que haya al menos dos médicos de guardia, que no haya reservas para esa habitación en ese momento, que la posición en el tablero no tenga ya otra figura, que el nombre de usuario no esté ya en uso, que todavía haya dinero en la cuenta).
2. Dependiendo del resultado de la primera consulta, el código de la aplicación decide cómo continuar (quizás seguir adelante con la operación, o quizás informar de un error al usuario y abortar).
3. Si la aplicación decide continuar, realiza una escritura (`INSERT`, `UPDATE` o `DELETE`) en la base de datos y confirma la transacción.

   El efecto de esta escritura cambia la condición previa de la decisión del paso 2. En otras palabras, si repites la consulta `SELECT` del paso 1 después de confirmar la escritura, obtendrás un resultado diferente, porque la escritura ha cambiado el conjunto de filas que coinciden con la condición de búsqueda (ahora hay un médico de guardia menos, la sala de reuniones está reservada para esa hora, la posición en el tablero ahora la ocupa la ficha que se ha movido, el nombre de usuario ya está ocupado, ahora hay menos dinero en la cuenta).

Los pasos pueden darse en un orden diferente. Por ejemplo, primero podrías realizar la escritura, luego la consulta `SELECT` y, finalmente, decidir si abortar o confirmar en función del resultado de la consulta.

En el ejemplo del médico de guardia, la fila que se modificaba en el paso 3 era una de las filas devuelta en el paso 1, por lo que podrías hacer que la transacción fuera segura y evitar el sesgo de escritura bloqueando las filas en el paso 1 (`SELECT FOR UPDATE`). Sin embargo, los otros cuatro ejemplos son diferentes: comprueban la *ausencia* de filas que coincidan con una condición de búsqueda, y la escritura *añade* una fila que coincide con la misma condición. Si la consulta del paso 1 no devuelve ninguna fila, `SELECT FOR UPDATE` no puede adjuntar bloqueos a nada [58].

Este efecto, en el que una escritura en una transacción cambia el resultado de una consulta de búsqueda en otra transacción, se denomina *fantasma* [4]. El aislamiento de instantáneas evita los fantasmas en las consultas de solo lectura, pero en las transacciones de lectura/escritura como las que hemos comentado, los fantasmas pueden dar lugar a casos especialmente complicados de sesgo de escritura. El SQL generado por los ORM también es propenso al sesgo de escritura [52, 53].

Materialización de conflictos

Si el problema de los fantasmas es que no hay ningún objeto al que podamos adjuntar los bloqueos, ¿quizás podamos introducir artificialmente un objeto de bloqueo en la base de datos?

Por ejemplo, en el caso de la reserva de salas de reuniones, podrías imaginar la creación de una tabla de franjas horarias y salas. Cada fila de esta tabla corresponde a una sala concreta para un periodo de tiempo determinado (por ejemplo, 15 minutos). Se crean filas para todas las combinaciones posibles de salas y periodos de tiempo con antelación (por ejemplo, para los próximos seis meses).

Ahora, una transacción que quiera crear una reserva puede bloquear (`SELECT FOR UPDATE`) las filas de la tabla que correspondan a la sala y al periodo de tiempo deseados. Después de adquirir los bloqueos, la transacción puede comprobar si hay reservas que se solapen e insertar una nueva reserva como antes. Ten en cuenta que la tabla adicional no se utiliza para almacenar información sobre la reserva, sino que es simplemente una colección de bloqueos que se utiliza para evitar que se realicen reservas de la misma habitación y el mismo intervalo de tiempo de forma simultánea.

Este enfoque se denomina *materialización de conflictos*, porque toma un fantasma y lo convierte en un conflicto de bloqueo en un conjunto concreto de filas que existen en la base de datos [14]. Desafortunadamente, puede ser difícil y propenso a errores averiguar cómo materializar los conflictos, y es desagradable dejar que un mecanismo de control de concurrencia se filtre en el modelo de datos de la aplicación. Por estas razones, la materialización de conflictos debe considerarse un último recurso si no hay otra alternativa posible. En la mayoría de los casos, es preferible un nivel de aislamiento serializable.

Serializabilidad

En este capítulo hemos visto varios ejemplos de transacciones propensas a condiciones de carrera. Algunas condiciones de carrera se evitan con los niveles de aislamiento read-committed y snapshot, pero otras no. Nos hemos encontrado con algunos ejemplos especialmente complicados con write skew y phantoms. Es una situación lamentable:

- Los niveles de aislamiento son difíciles de entender y se implementan de forma inconsistente en diferentes bases de datos (por ejemplo, el significado de "lectura repetible" varía significativamente).
- Puede ser difícil saber, al observar el código de la aplicación, si es seguro ejecutarla en un nivel de aislamiento concreto, especialmente en una aplicación grande, en la que es posible que no seas consciente de todas las cosas que pueden estar sucediendo simultáneamente.
- No existen buenas herramientas que nos ayuden a detectar condiciones de carrera. En principio, el análisis estático puede ayudar [35], pero las técnicas de investigación aún no han encontrado su aplicación práctica. Es difícil realizar pruebas para detectar problemas de concurrencia, ya que suelen ser no deterministas: los problemas solo se producen si tienes mala suerte con el tiempo.

No se trata de un problema nuevo. Ha sido así desde la década de 1970, cuando se introdujeron por primera vez los niveles de aislamiento débiles [3]. Durante todo este tiempo, la respuesta de los investigadores ha sido sencilla: ¡utiliza el aislamiento *serializable*!

El aislamiento serializable es el nivel de aislamiento más fuerte. Garantiza que, aunque las transacciones se ejecuten en paralelo, el resultado final sea el mismo que si se hubieran ejecutado una a una, *en serie*, sin concurrencia alguna. Así, la base de datos garantiza que, si las transacciones se comportan correctamente cuando se ejecutan individualmente, seguirán haciéndolo cuando se ejecuten de forma concurrente; en otras palabras, la base de datos evita *todas* las posibles condiciones de carrera.

Pero si el aislamiento serializable es tan superior al desorden de los niveles de aislamiento débiles, ¿por qué no lo utiliza todo el mundo? Para responder a esta pregunta, debemos examinar las opciones para implementar la serializabilidad y su rendimiento. La mayoría de las bases de datos que ofrecen serializabilidad en la actualidad utilizan una de las tres técnicas que exploraremos en el resto de este capítulo:

- Ejecutar literalmente las transacciones en orden secuencial (consulta la siguiente sección)

- Bloqueo en dos fases (consulta "Bloqueo en dos fases" en la página 346), que durante varias décadas fue la única opción viable
- Técnicas de control de concurrencia optimista, como el aislamiento de instantáneas serializables (consulta "Aislamiento de instantáneas serializable" en la página 350)

Ejecución en serie real

La forma más sencilla de evitar los problemas de concurrencia es eliminar por completo la concurrencia: ejecutar solo una transacción a la vez, en orden secuencial, en un único subproceso. Al hacerlo, evitamos por completo el problema de detectar y prevenir conflictos entre transacciones; el aislamiento resultante es, por definición, serializable.

Aunque esto pueda parecer una idea obvia, no fue hasta la década de 2000 cuando los diseñadores de bases de datos decidieron que era viable un bucle de un solo subproceso para ejecutar transacciones [59]. Si la concurrencia multihilo se consideraba esencial para obtener un buen rendimiento durante los 30 años anteriores, ¿qué cambió para que fuera posible la ejecución de un solo subproceso?

Dos avances provocaron este replanteamiento:

- La RAM se ha abaratado tanto que, en muchos casos, ahora es factible mantener todo el conjunto de datos activos en la memoria (consulta "Mantener todo en la memoria" en la página 148). Cuando todos los datos a los que necesita acceder una transacción están en la memoria, las transacciones se pueden ejecutar mucho más rápido que si tuvieran que esperar a que los datos se cargaran desde el disco.
- Los diseñadores de bases de datos se dieron cuenta de que las transacciones OLTP suelen ser cortas y solo realizan un pequeño número de lecturas y escrituras (consulta "Sistemas operativos frente a sistemas analíticos" en la página 4). Por el contrario, las consultas analíticas de larga duración suelen ser de solo lectura, por lo que pueden ejecutarse en una instantánea coherente (utilizando el aislamiento de instantáneas) fuera del bucle de ejecución en serie.

El enfoque de ejecutar transacciones en serie se implementa en VoltDB/H-Store, Redis y Datomic, por ejemplo [60, 61, 62]. Un sistema diseñado para la ejecución de un solo subproceso a veces puede funcionar mejor que un sistema que admite la concurrencia, ya que puede evitar la sobrecarga de coordinación del bloqueo. Sin embargo, su rendimiento se limita al de un solo núcleo de CPU. Para aprovechar al máximo ese único subproceso, las transacciones deben estructurarse de forma diferente a su forma tradicional.

Encapsulación de transacciones en procedimientos almacenados

En los inicios de las bases de datos, la intención era que una transacción de base de datos pudiera abarcar todo el flujo de actividad del usuario. Por ejemplo, reservar un boleto de avión es un proceso de varias etapas (buscar rutas, tarifas y asientos disponibles; decidir un itinerario; reservar asientos en cada uno de los vuelos del itinerario; introducir los datos de los pasajeros; realizar el pago). Los diseñadores de bases de datos pensaron que sería estupendo que todo ese proceso fuera una sola transacción, de modo que pudiera confirmase de forma atómica.

Desafortunadamente, los humanos somos muy lentos para tomar decisiones y responder. Si una transacción de base de datos necesita esperar la entrada de un usuario, la base de datos debe admitir un número potencialmente enorme de transacciones simultáneas, la mayoría de ellas inactivas. La mayoría de las bases de datos no pueden hacerlo de manera eficiente, por lo que casi todas las aplicaciones OLTP mantienen las transacciones cortas evitando esperar interactivamente a un usuario dentro de una transacción. En la web, esto significa que una transacción se confirma dentro de la misma solicitud HTTP, es decir, una transacción no abarca varias solicitudes HTTP. Una nueva solicitud HTTP inicia una nueva transacción.

Aunque el ser humano ha sido eliminado de la ruta crítica, las transacciones han seguido ejecutándose en un estilo interactivo cliente/servidor, una instrucción a la vez. Una aplicación realiza una consulta, lee el resultado, tal vez realiza otra consulta dependiendo del resultado de la primera consulta, y así sucesivamente. Las consultas y los resultados se envían entre el código de la aplicación (que se ejecuta en una máquina) y el servidor de la base de datos (en otra máquina).

En este estilo interactivo de transacción, se dedica mucho tiempo a la comunicación de red entre la aplicación y la base de datos. Si no permitieras la concurrencia en la base de datos y procesaras solo una transacción a la vez, el rendimiento sería pésimo porque la base de datos dedicaría la mayor parte de su tiempo a esperar a que la aplicación emitiera la siguiente consulta para la transacción actual. En este tipo de bases de datos, es necesario procesar varias transacciones simultáneamente para obtener un rendimiento razonable.

Por esta razón, los sistemas con procesamiento de transacciones en serie de un solo subproceso no permiten transacciones interactivas de múltiples sentencias. En su lugar, la aplicación debe limitarse a transacciones que contengan una sola sentencia o enviar todo el código de la transacción a la base de datos con antelación, como un *procedimiento almacenado* [63].

La diferencia entre las transacciones interactivas y los procedimientos almacenados se ilustra en Figura 8-9. Siempre que todos los datos requeridos por una transacción estén en la memoria, el procedimiento almacenado puede ejecutarse muy rápidamente, sin esperar a ninguna red o E/S de disco.

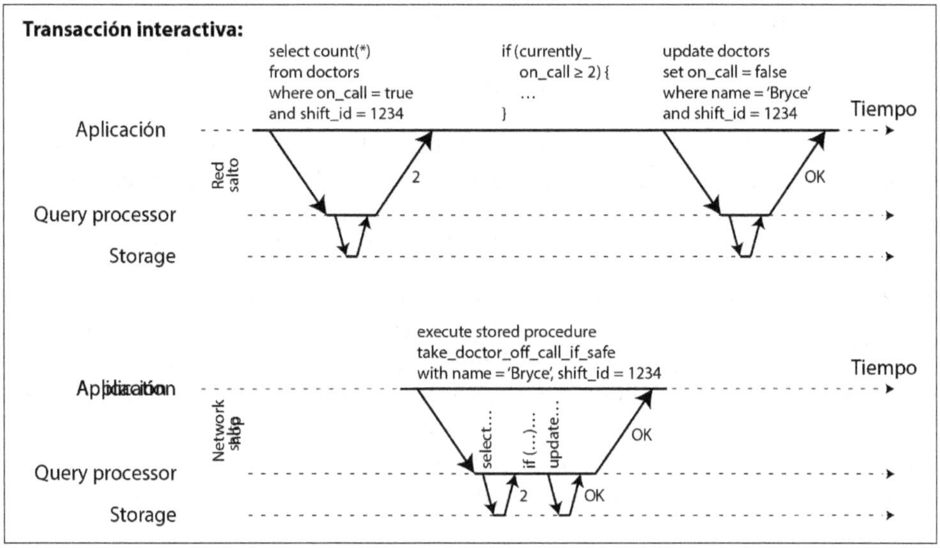

Figura 8-9. La diferencia entre una transacción interactiva y un procedimiento almacenado (utilizando la transacción de ejemplo de Figura 8-8)

Ventajas e inconvenientes de los procedimientos almacenados

Los procedimientos almacenados existen desde hace tiempo en las bases de datos relacionales y forman parte del estándar SQL (SQL/PSM) desde 1999. Han adquirido una reputación algo negativa por diversas razones:

- Tradicionalmente, cada proveedor de bases de datos tenía su propio lenguaje para los procedimientos almacenados (Oracle tiene PL/SQL, SQL Server tiene T-SQL, PostgreSQL tiene PL/pgSQL, etc.). Estos lenguajes no han seguido el ritmo de los avances en los lenguajes de programación de uso general, por lo que parecen bastante feos y arcaicos desde el punto de vista actual, y carecen del ecosistema de bibliotecas que se encuentra en la mayoría de los lenguajes de programación modernos.
- El código que se ejecuta en una base de datos es difícil de gestionar. En comparación con un servidor de aplicaciones, es más difícil depurarlo, más complicado mantenerlo en control de versiones e implementarlo, más difícil de probar y difícil de integrar con un sistema de recopilación de métricas para el monitoreo.
- Una base de datos suele ser mucho más sensible al rendimiento que un servidor de aplicaciones, ya que una sola instancia de base de datos suele ser compartida por muchos servidores de aplicaciones. Un procedimiento almacenado mal escrito (por ejemplo, que utilice mucha memoria o tiempo de CPU, o que incluso provoque un bloqueo) en una base de datos puede causar muchos más problemas que un código equivalente mal escrito en un servidor de aplicaciones.

- En un sistema multitenant que permite a los inquilinos escribir sus propios procedimientos almacenados, es un riesgo de seguridad ejecutar código no confiable en el mismo proceso que el núcleo de la base de datos [64].

Sin embargo, esos problemas se pueden superar. Las implementaciones modernas de procedimientos almacenados han abandonado PL/SQL y utilizan en su lugar lenguajes de programación de uso general existentes. VoltDB utiliza Java o Groovy, Datomic utiliza Java o Clojure, Redis utiliza Lua y MongoDB utiliza JavaScript.

Los procedimientos almacenados también son útiles cuando la lógica de la aplicación no se puede integrar fácilmente en otro lugar. Las aplicaciones que utilizan GraphQL, por ejemplo, pueden exponer directamente su base de datos a través de un proxy GraphQL. Si el proxy no admite una lógica de validación compleja, puedes integrar dicha lógica directamente en la base de datos utilizando un procedimiento almacenado. Si la base de datos no admite procedimientos almacenados, tendrás que realizar la implementación de un servicio de validación entre el proxy y la base de datos para realizar la validación.

Con los procedimientos almacenados y los datos en memoria, resulta factible ejecutar todas las transacciones en un solo subproceso. Cuando los procedimientos almacenados no necesitan esperar a la E/S y evitan la sobrecarga de otros mecanismos de control de concurrencia, pueden alcanzar un rendimiento bastante bueno en un solo subproceso.

VoltDB también utiliza procedimientos almacenados para la replicación. En lugar de copiar las escrituras de una transacción de un nodo a otro, ejecuta el mismo procedimiento almacenado en cada réplica. Por lo tanto, VoltDB requiere que los procedimientos almacenados sean *deterministas* (cuando se ejecutan en diferentes nodos, deben producir el mismo resultado). Si una transacción necesita utilizar la fecha y la hora actuales, por ejemplo, debe hacerlo a través de API determinísticas especiales (consulta “Ejecución y flujos de trabajo duraderos” en la página 205 para obtener más detalles sobre las operaciones determinísticas). Este enfoque se denomina *replicación de máquina de estados*, y volveremos a él en Capítulo 10.

Fragmentación

La ejecución de todas las transacciones en serie simplifica mucho el control de la concurrencia, pero limita el rendimiento de las transacciones de la base de datos a la velocidad de un solo núcleo de CPU en una sola máquina. Las transacciones de solo lectura pueden ejecutarse en otro lugar, utilizando el aislamiento de instantáneas, pero para las aplicaciones con un alto rendimiento de escritura, el procesador de transacciones de un solo subproceso puede convertirse en un serio cuello de botella.

Para escalar a múltiples núcleos de CPU y múltiples nodos, puedes fragmentar tus datos (consulta Capítulo 7), lo cual es compatible con VoltDB. Si encuentras una forma de fragmentar tu conjunto de datos de modo que cada transacción solo tenga que leer y escribir datos dentro de un único fragmento, cada fragmento podrá tener su propio subproceso de procesamiento de transacciones que se ejecute de forma independiente de los demás. En este caso, puedes asignar a cada núcleo de CPU su propio fragmento, lo que permite que el rendimiento de las transacciones se escale linealmente con el número de núcleos de CPU [61].

Sin embargo, para cualquier transacción que necesite acceder a varios fragmentos, la base de datos debe coordinar la transacción entre todos los fragmentos que afecta. El procedimiento almacenado debe realizarse de forma sincronizada en todos los fragmentos para garantizar la serializabilidad en todo el sistema.

Dado que las transacciones entre fragmentos tienen una sobrecarga de coordinación adicional, son mucho más lentas que las transacciones de un solo fragmento. VoltDB informa de un rendimiento de aproximadamente 1,000 escrituras entre fragmentos por segundo, lo que está muy por debajo de su rendimiento de un solo fragmento y no se puede aumentar añadiendo más máquinas [63]. Investigaciones más recientes han explorado formas de hacer que las transacciones multishard sean más escalables [65].

Que las transacciones puedan ser de un solo fragmento depende en gran medida de la estructura de los datos utilizados por la aplicación. Los datos simples de clave-valor a menudo se pueden fragmentar muy fácilmente, pero los datos con múltiples índices secundarios probablemente requieran mucha coordinación entre fragmentos (consulta "Fragmentación e índices secundarios" en la página 296).

Resumen de la ejecución en serie

La ejecución en serie de transacciones se ha convertido en una forma viable de lograr el aislamiento serializable, dentro de ciertas limitaciones:

- Todas las transacciones deben ser pequeñas y rápidas, ya que basta con una sola transacción lenta para paralizar todo el procesamiento de transacciones.
- Lo más adecuado es que el conjunto de datos activo quepa en la memoria. Los datos a los que se accede con poca frecuencia podrían trasladarse al disco, pero si fuera necesario acceder a ellos en una transacción de un solo subproceso, el sistema se ralentizaría mucho.
- El rendimiento de escritura debe ser lo suficientemente bajo como para poder gestionarse en un solo núcleo de CPU, o de lo contrario las transacciones deben fragmentarse sin necesidad de coordinación entre fragmentos.
- Las transacciones entre fragmentos son posibles, pero su rendimiento es difícil de escalar.

Bloqueo en dos fases

Durante unos 30 años, solo se utilizó ampliamente un algoritmo para la serializabilidad en bases de datos: *el bloqueo en dos fases* (2PL), a veces denominado *bloqueo estricto en dos fases* (SS2PL) para distinguirlo de otras variantes del 2PL.

> **2PL no es 2PC**
>
> 2PL y 2PC son cosas muy diferentes. 2PL proporciona aislamiento serializable, mientras que 2PC proporciona confirmación atómica en una base de datos distribuida (consulta "Confirmación en dos fases" en la página 359). Para evitar confusiones, es mejor pensar en ellos como conceptos totalmente separados e ignorar la desafortunada similitud en los nombres.

Anteriormente vimos que los bloqueos se utilizan a menudo para evitar escrituras sucias (consulta "Sin escrituras sucias" en la página 320). Si dos transacciones intentan escribir simultáneamente en el mismo objeto, el bloqueo garantiza que el segundo escritor deba esperar hasta que el primero haya terminado su transacción (abortada o confirmada) antes de poder continuar.

2PL es similar, pero hace que los requisitos de bloqueo sean mucho más estrictos. Se permite que varias transacciones lean simultáneamente el mismo objeto, siempre y cuando nadie esté escribiendo en él. Pero tan pronto como alguien quiera escribir (modificar o eliminar) un objeto, se requiere acceso exclusivo:

- Si la transacción A ha leído un objeto y la transacción B quiere escribir en ese objeto, B debe esperar hasta que A se confirme o se aborte antes de poder continuar. (Esto garantiza que B no pueda cambiar el objeto inesperadamente a espaldas de A).
- Si la transacción A ha escrito un objeto y la transacción B quiere leer ese objeto, B debe esperar hasta que A se confirme o se aborte antes de poder continuar. (Leer una versión antigua del objeto, como en Figura 8-4, no es aceptable en 2PL).

En 2PL, los escritores no solo bloquean a otros escritores, sino también a los lectores, y viceversa. El mantra anteriormente mencionado de que *los lectores nunca bloquean a los escritores y los escritores nunca bloquean a los lectores* del aislamiento de instantáneas (consulta "Control de concurrencia multiversión" en la página 325) captura esta diferencia clave entre el aislamiento de instantáneas y 2PL. Por otro lado, dado que 2PL proporciona serializabilidad, protege contra todas las condiciones de carrera discutidas anteriormente, incluyendo las actualizaciones perdidas y el sesgo de escritura.

Implementación de 2PL

2PL se utiliza en el nivel de aislamiento serializable en MySQL/InnoDB y SQL Server, y en el nivel de aislamiento de lectura repetible en Db2 [30].

El bloqueo de lectores y escritores se implementa mediante un bloqueo en cada objeto de la base de datos. El bloqueo puede estar en *modo compartido* o en *modo exclusivo* (también conocido como bloqueo *de múltiples lectores y un solo escritor*). Se utiliza de la siguiente manera:

- Si una transacción quiere leer un objeto, primero debe adquirir el bloqueo en modo compartido. Varias transacciones pueden mantener el bloqueo en modo compartido simultáneamente, pero si otra transacción ya tiene un bloqueo exclusivo sobre el objeto, estas transacciones deben esperar.
- Si una transacción quiere escribir en un objeto, primero debe adquirir el bloqueo en modo exclusivo. Ninguna otra transacción puede mantener el bloqueo al mismo tiempo (ya sea en modo compartido o exclusivo), por lo que si existe algún bloqueo en el objeto, la transacción debe esperar.
- Si una transacción primero lee y luego escribe un objeto, puede actualizar tu bloqueo compartido a un bloqueo exclusivo. La actualización funciona de la misma manera que obtener un bloqueo exclusivo directamente.
- Una vez que una transacción ha adquirido el bloqueo, debe mantenerlo hasta el final de la transacción (confirmar o abortar). De ahí viene el nombre de "dos fases": la primera fase (la fase *de crecimiento*, mientras se ejecuta la transacción) es cuando se adquieren los bloqueos, y la segunda fase (la fase *de reducción*, al final de la transacción) es cuando se liberan todos los bloqueos. Las dos fases no deben solaparse; una vez que se libera un bloqueo, no se pueden adquirir nuevos bloqueos en una transacción.

Dado que se utilizan tantos bloqueos, puede ocurrir con bastante facilidad que la transacción A se quede atascada esperando a que la transacción B libere su bloqueo, y viceversa. Esta situación se denomina *interbloqueo*. La base de datos detecta automáticamente los interbloqueos entre transacciones y aborta una de ellas para que las demás puedan avanzar. La transacción abortada debe ser reintentada por la aplicación.

Rendimiento de 2PL

La gran desventaja de 2PL, y la razón por la que no ha sido el valor predeterminado para la mayoría de los sistemas desde la década de 1970, es el rendimiento. El rendimiento de las transacciones y los tiempos de respuesta de las consultas son significativamente peores con 2PL que con un aislamiento débil.

Esto se debe en parte a la sobrecarga que supone adquirir y liberar todos esos bloqueos, pero sobre todo a la reducción de la concurrencia. Por diseño, si dos transacciones concurrentes intentan hacer algo que pueda dar lugar a una condición de carrera, una tiene que esperar a que la otra se complete.

Por ejemplo, si tienes una transacción que necesita leer una tabla completa (por ejemplo, una copia de seguridad, una consulta analítica o una comprobación de integridad, como se explica en "Aislamiento de instantáneas y lectura repetible" en la página 323), esa transacción tiene que tomar un bloqueo compartido sobre toda la tabla. Por lo tanto, la transacción de lectura primero tiene que esperar hasta que todas las transacciones en curso que escriben en esa tabla hayan finalizado; luego, mientras se lee toda la tabla (lo que puede llevar mucho tiempo si es una tabla grande), todas las demás transacciones que deseen escribir en esa tabla se bloquean hasta que se confirme la gran transacción de solo lectura. En efecto, la base de datos deja de estar disponible para escribir durante un tiempo prolongado.

Por esta razón, las bases de datos que ejecutan 2PL pueden tener latencias bastante inestables y pueden ser muy lentas en percentiles altos (consulta "Descripción del rendimiento" en la página 41) si hay conflicto en la carga de trabajo. Una sola transacción lenta, o una transacción que acceda a una gran cantidad de datos y adquiera muchos bloqueos, podría hacer que el resto del sistema se paralizara. Los tiempos de espera de las transacciones y el monitoreo de consultas lentas se utilizan para detectar y limitar las consultas que no funcionan correctamente.

Aunque los bloqueos pueden ocurrir con el nivel de aislamiento basado en bloqueos de lectura confirmada, ocurren con mucha más frecuencia bajo el aislamiento serializable 2PL (dependiendo de los patrones de acceso de tu transacción). Esto puede ser un problema de rendimiento adicional: cuando una transacción se aborta debido a un bloqueo y se reintenta, necesita hacer su trabajo de nuevo. Si los bloqueos son frecuentes, esto puede significar un esfuerzo significativo desperdiciado.

Bloqueos de predicados

En la descripción anterior de los bloqueos, hemos pasado por alto un detalle sutil pero importante. En "Fantasmas que causan sesgo de escritura" en la página 338 hemos hablado del problema de los *fantasmas*, es decir, una transacción que cambia los resultados de la consulta de búsqueda de otra transacción. Una base de datos con aislamiento serializable debe evitar los fantasmas.

En el ejemplo de la reserva de salas de reuniones, esto significa que si una transacción ha buscado reservas existentes para una sala dentro de un intervalo de tiempo determinado (consulta Ejemplo 8-2), otra transacción no puede insertar o actualizar simultáneamente otra reserva para la misma sala y el mismo intervalo de tiempo. (Sí se pueden insertar simultáneamente reservas para otras salas, o para la misma sala en un momento diferente que no afecte a la reserva propuesta).

¿Cómo implementamos esto? Conceptualmente, necesitamos un *bloqueo predicativo* [4]. Funciona de manera similar al bloqueo compartido/exclusivo descrito anteriormente, pero en lugar de pertenecer a un objeto en particular (por ejemplo, una fila en una tabla), pertenece a todos los objetos que coinciden con una condición de búsqueda, como esta:

```
SELECT * FROM bookings
  WHERE room_id = 123 AND
    end_time   > '2026-01-01 12:00' AND
    start_time < '2026-01-01 13:00';
```

Un bloqueo de predicado restringe el acceso de la siguiente manera:

- Si la transacción A quiere leer objetos que coincidan con una condición, como en esa consulta `SELECT`, debe adquirir un bloqueo de predicado en modo compartido sobre las condiciones de la consulta. Si otra transacción B tiene actualmente un bloqueo exclusivo sobre cualquier objeto que coincida con esas condiciones, A debe esperar a que B libere su bloqueo antes de que se le permita realizar su consulta.
- Si la transacción A quiere insertar, actualizar o eliminar cualquier objeto, primero debe comprobar si el valor antiguo o el nuevo coincide con algún bloqueo de predicado existente. Si la transacción B tiene un bloqueo de predicado coincidente, entonces A debe esperar hasta que B se haya confirmado o abortado antes de poder continuar.

La idea clave aquí es que un bloqueo de predicado se aplica incluso a objetos que aún no existen en la base de datos, pero que podrían añadirse en el futuro (fantasmas). Si 2PL incluye bloqueos de predicado, la base de datos evita todas las formas de sesgo de escritura y otras condiciones de carrera, por lo que su aislamiento se vuelve serializable.

Bloqueos de rango de índice

Desafortunadamente, los bloqueos de predicado no funcionan bien: si hay muchos bloqueos por transacciones activas, la verificación de los bloqueos coincidentes lleva mucho tiempo. Por esa razón, la mayoría de las bases de datos con 2PL implementan *el bloqueo de rango de índice* (también conocido como *bloqueo de clave siguiente*), que es una aproximación simplificada del bloqueo de predicado [56, 66].

Es seguro simplificar un predicado haciéndolo coincidir con un conjunto mayor de objetos. Por ejemplo, si tienes un bloqueo de predicado para las reservas de la habitación 123 entre el mediodía y la 1 p. m., puedes aproximarlo bloqueando las reservas de la habitación 123 en cualquier momento, o puedes aproximarlo bloqueando todas las habitaciones (no solo la habitación 123) entre el mediodía y la 1 p. m. Esto es seguro porque cualquier escritura que coincida con el predicado original también coincidirá definitivamente con las aproximaciones.

En la base de datos de reservas de habitaciones, probablemente tendrías un índice en la columna `room_id` y/o índices en `start_time` y `end_time` (de lo contrario, la consulta anterior sería muy lenta en una base de datos grande):

- Supongamos que tu índice está en `room_id` y que la base de datos utiliza este índice para encontrar las reservas existentes para la habitación 123. Ahora la base de datos puede simplemente adjuntar un bloqueo compartido a esta entrada del índice, indicando que una transacción ha buscado reservas de la habitación 123.
- Alternativamente, si la base de datos utiliza un índice basado en el tiempo para encontrar reservas existentes, puede adjuntar un bloqueo compartido a un rango de valores en ese índice, indicando que una transacción ha buscado reservas que se superponen con el período de tiempo comprendido entre el mediodía y la 1 p. m. de la fecha especificada.

En cualquier caso, se adjunta una aproximación de la condición de búsqueda a uno de los índices. Ahora bien, si otra transacción quiere insertar, actualizar o eliminar una reserva para la misma habitación y/o un periodo de tiempo superpuesto, tendrá que actualizar la misma parte del índice. Al hacerlo, se encontrará con el bloqueo compartido y se verá obligada a esperar hasta que se libere el bloqueo.

Esto proporciona una protección eficaz contra los fantasmas y el sesgo de escritura. Los bloqueos de rango de índice no son tan precisos como lo serían los bloqueos de predicado (pueden bloquear un rango de objetos mayor del estrictamente necesario para mantener la serializabilidad), pero como tienen una sobrecarga mucho menor, son un buen compromiso.

Si no hay un índice adecuado al que se pueda aplicar un bloqueo de rango, la base de datos puede recurrir a un bloqueo compartido en toda la tabla. Esto no será bueno para el rendimiento, ya que detendrá todas las demás transacciones que escriben en la tabla, pero es una posición de respaldo segura.

Aislamiento de instantáneas serializable

Este capítulo ha pintado un panorama sombrío del control de la concurrencia en las bases de datos. Por un lado, tenemos implementaciones de serializabilidad que no funcionan bien (2PL) o no se escalan bien (ejecución en serie). Por otro lado, tenemos niveles de aislamiento débiles que tienen un buen rendimiento, pero son propensos a diversas condiciones de carrera (pérdida de actualizaciones, sesgo de escritura, fantasmas, etc.). ¿Son el aislamiento serializable y el buen rendimiento fundamentalmente incompatibles entre sí?

Parece que no: un algoritmo llamado *aislamiento de instantáneas serializables* (SSI) proporciona una serializabilidad completa con solo una pequeña penalización en el rendimiento en comparación con el aislamiento de instantáneas. El SSI es relativamente nuevo; se describió por primera vez en 2008 [55, 67].

Hoy en día, el SSI y algoritmos similares se utilizan en bases de datos de un solo nodo (el nivel de aislamiento serializable en PostgreSQL [56], In-Memory OLTP/Hekaton de SQL Server [68] y HyPer [69]), bases de datos distribuidas (CockroachDB [5] y FoundationDB [8]), y motores de almacenamiento integrados como BadgerDB.

Control de concurrencia pesimista frente a optimista

2PL es un mecanismo de control de concurrencia *pesimista*: se basa en el principio de que si algo puede salir mal (como lo indica un bloqueo mantenido por otra transacción), es mejor esperar hasta que la situación sea segura nuevamente antes de hacer algo. Es como *la exclusión mutua*, que se utiliza para proteger las estructuras de datos en la programación multihilo.

La ejecución en serie es, en cierto sentido, pesimista hasta el extremo; es esencialmente equivalente a que cada transacción tenga un bloqueo exclusivo sobre toda la base de datos (o un fragmento de la base de datos) durante la duración de la transacción. Compensamos el pesimismo haciendo que cada transacción sea muy rápida de ejecutar, por lo que solo es necesario mantener el "bloqueo" durante un breve periodo de tiempo.

Por el contrario, el aislamiento de instantáneas serializables es una técnica de control de concurrencia optimista. En este contexto, *optimista* significa que, en lugar de bloquearse si ocurre algo potencialmente peligroso, las transacciones continúan de todos modos, con la esperanza de que todo salga bien. Cuando una transacción quiere confirmarse, la base de datos comprueba si ha ocurrido algo malo (es decir, si se ha violado el aislamiento); si es así, la transacción se aborta y hay que volver a intentarla. Solo las transacciones que se han ejecutado de forma serializable pueden confirmarse.

El control optimista de la concurrencia es una idea antigua [70], y sus ventajas y desventajas se han debatido durante mucho tiempo [71]. Funciona mal si hay mucha contienda (muchas transacciones que intentan acceder a los mismos objetos), ya que esto lleva a que una gran proporción de transacciones tengan que abortarse. Si el sistema ya está cerca de su rendimiento máximo, la carga adicional de las transacciones reintentadas puede empeorar el rendimiento.

Sin embargo, si hay suficiente capacidad libre y la contención entre transacciones no es demasiado alta, las técnicas de control de concurrencia optimistas tienden a funcionar mejor que las pesimistas. La contención se puede reducir con operaciones atómicas conmutativas: por ejemplo, si varias transacciones quieren incrementar simultáneamente un contador, no importa en qué orden se apliquen los incrementos (siempre que el contador no se lea en la misma transacción), por lo que los incrementos simultáneos se pueden aplicar sin entrar en conflicto.

Como su nombre indica, SSI se basa en el aislamiento de instantáneas, es decir, todas las lecturas dentro de una transacción se realizan a partir de una instantánea coherente de la base de datos (consulta "Aislamiento de instantáneas y lectura repetible" en la página 323). Además del aislamiento de instantáneas, SSI añade un algoritmo para detectar conflictos de serialización entre lecturas y escrituras y determinar qué transacciones se deben abortar.

Decisiones basadas en una premisa obsoleta

Cuando anteriormente hablamos del sesgo de escritura en el aislamiento de instantáneas (consulta "Desviación de escritura y fantasmas" en la página 334), observamos un patrón recurrente: una transacción lee datos de la base de datos, examina el resultado de la consulta y decide realizar una acción (escribir en la base de datos) basándose en el resultado que ha visto. Sin embargo, en el aislamiento de instantáneas, es posible que el resultado de la consulta original ya no esté actualizado en el momento en que se confirma la transacción, ya que los datos pueden haber sido modificados mientras tanto.

Dicho de otro modo, la transacción realiza una acción basándose en una *premisa* (un hecho que era cierto al comienzo de la transacción, como "Actualmente hay dos médicos de guardia"). Más tarde, cuando la transacción quiere confirmarse, es posible que los datos originales hayan cambiado y que la premisa ya no sea cierta.

Cuando la aplicación realiza una consulta (por ejemplo, "¿Cuántos médicos están de guardia actualmente?"), la base de datos no sabe cómo utiliza la lógica de la aplicación el resultado de esa consulta. Para estar segura, la base de datos necesita suponer que cualquier cambio en el resultado de la consulta (la premisa) significa que las escrituras en esa transacción pueden no ser válidas. En otras palabras, puede haber una dependencia causal entre las consultas y las escrituras en la transacción. Para proporcionar aislamiento serializable, la base de datos debe detectar situaciones en las que una transacción pueda haber actuado sobre una premisa obsoleta y, en ese caso, abortar la transacción.

¿Cómo sabe la base de datos si el resultado de una consulta puede haber cambiado? Consideremos dos casos:

- Detección de lecturas de una versión obsoleta de un objeto MVCC (se produjo una escritura no confirmada antes de la lectura)
- Detección de escrituras que afectan a lecturas anteriores (la escritura se produce después de la lectura)

Detección de lecturas MVCC obsoletas

Recuerda que el aislamiento de instantáneas suele implementarse mediante MVCC (consulta "Control de concurrencia multiversión" en la página 325). Cuando una transacción lee desde una instantánea coherente en una base de datos MVCC, ignora las escrituras realizadas por cualquier otra transacción que aún no se hubiera confirmado en el momento en que se tomó la instantánea.

En Figura 8-10, la transacción 43 ve que Aaliyah tiene `on_call = true`, porque la transacción 42 (que modificó el estado de guardia de Aaliyah) no se ha confirmado. Sin embargo, en el momento en que la transacción 43 quiere confirmarse, la transacción 42 ya se ha confirmado. Esto significa que la escritura que se ignoró al leer desde la instantánea coherente ya ha surto efecto, y la premisa de la transacción 43 ya no es cierta. Las cosas se complican aún más cuando un escritor inserta datos que no existían antes (consulta "Fantasmas que causan sesgo de escritura" en la página 338). A continuación, analizaremos la detección de escrituras fantasma para SSI.

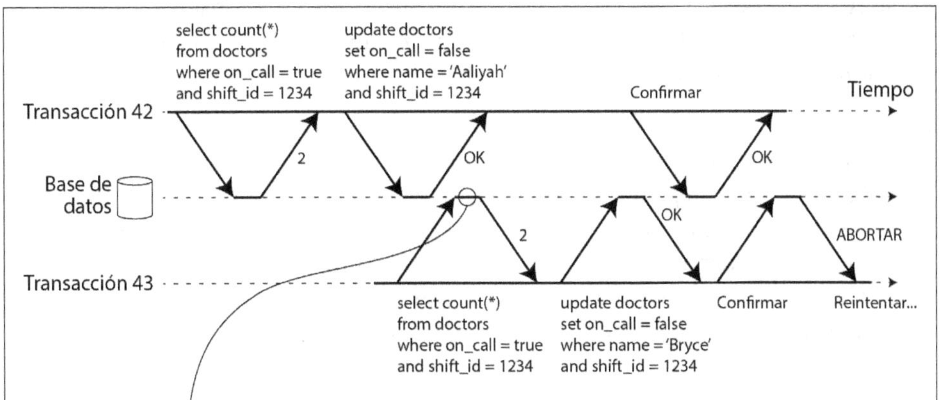

shift_id	Name	on_call	inserted_by	deleted_by
1234	Aaliyah	Verdadero	1	42
1234	Aaliyah	Falso	42	—
1234	Bryce	Verdadero	1	—
1234	Caleb	Falso	1	—

La transacción 42 aún no se ha confirmado. Por lo tanto, la transacción 43 considera que Aaliyah sigue estando de guardia (on call). Sin embargo, el administrador de la transacción señala que este valor ya no está actualizado.

Figura 8-10. Detección de cuándo una transacción lee valores obsoletos de una instantánea MVCC

Para evitar esta anomalía, la base de datos necesita rastrear cuándo una transacción ignora las escrituras de otra transacción debido a las reglas de visibilidad de MVCC. Cuando la transacción quiere confirmarse, la base de datos comprueba si alguna de las escrituras ignoradas se ha confirmado. Si es así, la transacción debe abortarse.

¿Por qué esperar hasta la confirmación? ¿Por qué no abortar la transacción 43 inmediatamente cuando se detecta la lectura obsoleta? Bueno, si la transacción 43 fuera una transacción de solo lectura, no sería necesario abortarla, ya que no hay riesgo de sesgo de escritura. En el momento en que la transacción 43 realiza su lectura, la base de datos aún no sabe si esa transacción va a realizar una escritura más adelante. Además, la transacción 42 aún puede abortarse o puede seguir sin confirmarse en el momento en que se confirma la transacción 43, por lo que la lectura puede resultar no haber sido obsoleta después de todo. Al evitar abortos innecesarios, SSI preserva el soporte de aislamiento de instantáneas para lecturas de larga duración a partir de una instantánea coherente.

Detección de escrituras que afectan a lecturas anteriores

El segundo caso a considerar es otra transacción que modifica los datos después de que hayan sido leídos. Este caso se ilustra en Figura 8-11.

En el contexto de 2PL, hablamos de los bloqueos de rango de índice (consulta "Bloqueos de rango de índice" en la página 349), que permiten a la base de datos bloquear el acceso a todas las filas que coinciden con una consulta de búsqueda, como `WHERE shift_id = 1234`. Podemos utilizar una técnica similar aquí, excepto que los bloqueos SSI no bloquean otras transacciones.

En Figura 8-11, las transacciones 42 y 43 buscan médicos de guardia durante el turno `1234`. Si hay un índice en `shift_id`, la base de datos puede utilizar la entrada de índice `1234` para registrar el hecho de que las transacciones 42 y 43 leen estos datos. (Si no hay índice, esta información se puede rastrear a nivel de tabla). Esta información solo debe conservarse durante un tiempo; una vez que la transacción ha finalizado (confirmada o abortada) y todas las transacciones simultáneas han finalizado, la base de datos puede olvidar los datos que ha leído.

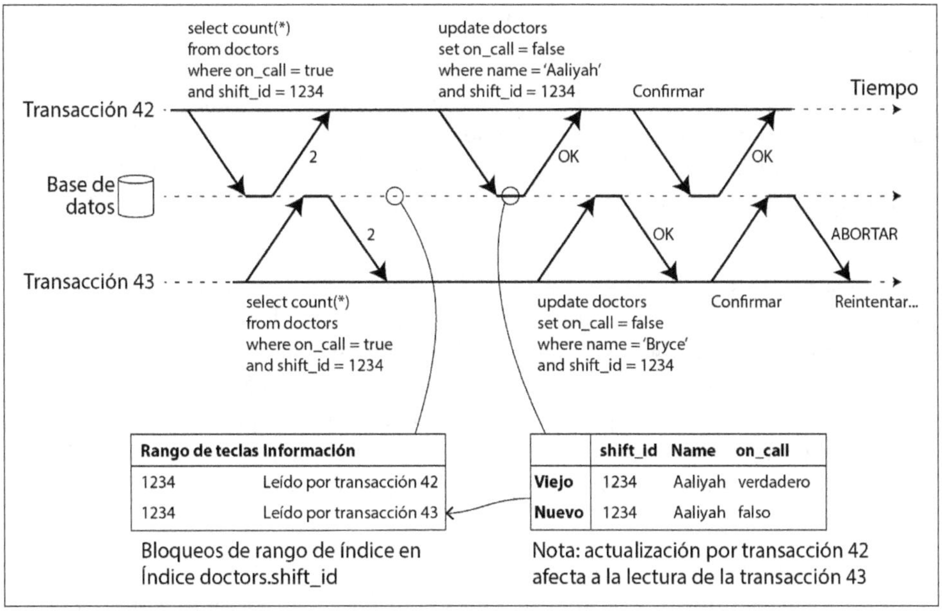

Figura 8-11. En el aislamiento de instantáneas serializables, detectar cuándo una transacción modifica las lecturas de otra transacción

Cuando una transacción escribe en la base de datos, debe buscar en los índices cualquier otra transacción que haya leído recientemente los datos afectados. Este proceso es similar a adquirir un bloqueo de escritura en el rango de claves afectado, pero en lugar de bloquear hasta que los lectores hayan confirmado, el bloqueo actúa como un disparador; simplemente notifica a las transacciones que los datos que leen pueden no estar actualizados.

En Figura 8-11, la transacción 43 notifica a la transacción 42 que su lectura anterior está desactualizada, y viceversa. La transacción 42 es la primera en confirmarse, y lo hace con éxito; aunque la escritura de la transacción 43 afectó a la 42, la 43 aún no se ha confirmado, por lo que la escritura aún no ha surtido efecto. Sin embargo, cuando la transacción 43 quiere confirmarse, la escritura conflictiva de 42 ya se ha confirmado, por lo que 43 debe abortarse.

Rendimiento del aislamiento de instantáneas serializables

Como siempre, muchos detalles de ingeniería afectan al funcionamiento de un algoritmo en la práctica. Por ejemplo, una compensación es la granularidad con la que se realiza el seguimiento de las lecturas y escrituras de las transacciones. Si la base de datos realiza un seguimiento muy detallado de la actividad de cada transacción, puede determinar con precisión qué transacciones deben abortarse, pero la sobrecarga de contabilidad puede ser significativa. Un seguimiento menos detallado es más rápido, pero puede dar lugar a que se aborten más transacciones de las estrictamente necesarias.

En algunos casos, no pasa nada si una transacción lee información que ha sido sobrescrita por otra transacción. Dependiendo de lo que haya ocurrido, a veces es posible demostrar que el resultado de la ejecución es, no obstante, serializable. PostgreSQL utiliza esta teoría para reducir el número de abortos innecesarios [14, 56].

En comparación con 2PL, la gran ventaja del aislamiento de instantáneas serializable es que una transacción no necesita bloquearse esperando los bloqueos mantenidos por otra transacción. Al igual que con el aislamiento de instantáneas, los escritores no bloquean a los lectores, y viceversa. Este principio de diseño hace que la latencia de las consultas sea mucho más predecible y menos variable. En particular, las consultas de solo lectura pueden ejecutarse en una instantánea coherente sin necesidad de bloqueos, lo que resulta muy atractivo para las cargas de trabajo con un gran volumen de lecturas.

En comparación con la ejecución en serie, el aislamiento de instantáneas serializable no se limita al rendimiento de un único núcleo de CPU; por ejemplo, FoundationDB distribuye la detección de conflictos de serialización entre varias máquinas, lo que le permite escalar a un rendimiento muy alto. Aunque los datos puedan estar fragmentados en varias máquinas, las transacciones pueden leer y escribir datos en múltiples fragmentos mientras se garantiza el aislamiento serializable.

En comparación con el aislamiento de instantáneas no serializable, la necesidad de comprobar las violaciones de serializabilidad introduce algunas sobrecargas de rendimiento. La importancia de estas sobrecargas es objeto de debate: algunos creen que la comprobación de la serializabilidad no vale la pena [72], mientras que otros creen que el rendimiento de la serializabilidad es ahora tan bueno que ya no es necesario utilizar el aislamiento de instantáneas más débil [69].

La tasa de abortos afecta significativamente al rendimiento general de SSI. Por ejemplo, una transacción que lee y escribe datos durante un largo periodo de tiempo es probable que se encuentre con conflictos y se aborte, por lo que SSI requiere que las transacciones de lectura/escritura sean bastante cortas (las transacciones de solo lectura de larga duración están bien). Sin embargo, SSI es menos sensible a las transacciones lentas que 2PL o la ejecución en serie.

Transacciones distribuidas

En una transacción de un solo nodo, tienes una sola máquina que se encarga de ejecutar la lógica de la transacción, como los algoritmos de control de concurrencia para el aislamiento de transacciones. Si tu base de datos utiliza la replicación de un solo líder, la ejecución de la transacción solo se produce en el líder, y los seguidores simplemente aplican el registro de las escrituras que fueron confirmadas por las transacciones en el líder.

Sin embargo, ¿qué pasa si hay varios nodos involucrados en una transacción? Por ejemplo, tal vez tengas una transacción que necesita tocar varios fragmentos de una base de datos fragmentada, o un índice secundario global (en el que la entrada del índice puede estar en un nodo diferente al de los datos primarios; consulta "Fragmentación e índices secundarios" en la página 296). Esto se denomina *transacción distribuida*.

Los algoritmos para el control de la concurrencia en transacciones distribuidas son muy similares a los del control de la concurrencia en un solo nodo. Anteriormente hemos hablado de la ejecución en serie en bases de datos fragmentadas; 2PL funciona en un entorno distribuido y, para SSI, existen verificadores de serializabilidad distribuidos [8]. No entraremos en más detalles al respecto.

Sin embargo, lograr la atomicidad en una transacción distribuida es un reto completamente nuevo, y en eso se centrará el resto de este capítulo.

En las transacciones de un solo nodo, la atomicidad suele implementarse mediante el motor de almacenamiento. Cuando el cliente solicita al nodo de la base de datos que confirme la transacción, la base de datos hace que las escrituras de la transacción sean duraderas (normalmente en un registro de escritura anticipada; consulta "Cómo hacer que los árboles B sean confiables" en la página 141) y a continuación añade un registro de confirmación al registro en el disco. Si la base de datos se bloquea en medio de este proceso, la transacción se recupera del registro cuando el nodo se reinicia. Si el registro de confirmación se ha escrito correctamente en el disco antes del fallo, la transacción se considera confirmada; si no es así, cualquier escritura de esa transacción se revierte.

Por lo tanto, en un solo nodo, la confirmación de la transacción depende fundamentalmente del *orden* en que los datos se escriben de forma duradera en el disco: primero los datos y luego el registro de confirmación [22]. El momento clave para decidir si la transacción se confirma o se aborta se produce cuando el disco termina de escribir el registro de confirmación; antes de ese momento, todavía es posible abortar (debido a un fallo), pero después de ese momento, la transacción se confirma (incluso si la base de datos falla). Por lo tanto, es un único dispositivo (el controlador de una unidad de disco concreta, conectada a un nodo concreto) el que hace que la confirmación sea atómica.

En una transacción distribuida, determinar si una transacción se ha confirmado no es tan sencillo. Por ejemplo, cuando una transacción quiere confirmarse, no basta con enviar simplemente una solicitud de confirmación a todos los nodos y confirmar la transacción de forma independiente en cada uno de ellos. Podría ocurrir fácilmente que la confirmación se realizara correctamente en algunos nodos y fallara en otros (como se muestra en Figura 8-12), por diversas razones:

- Algunos nodos pueden detectar una violación de restricción o un conflicto, lo que hace necesario un aborto, mientras que otros nodos pueden confirmar con éxito.
- Algunas de las solicitudes de confirmación pueden perderse en la red, abortándose finalmente debido a un tiempo de espera, mientras que otras solicitudes de confirmación se completan.
- Algunos nodos pueden fallar antes de que el registro de confirmación se haya escrito por completo y revertir la transacción durante la recuperación, mientras que otros la confirman correctamente.

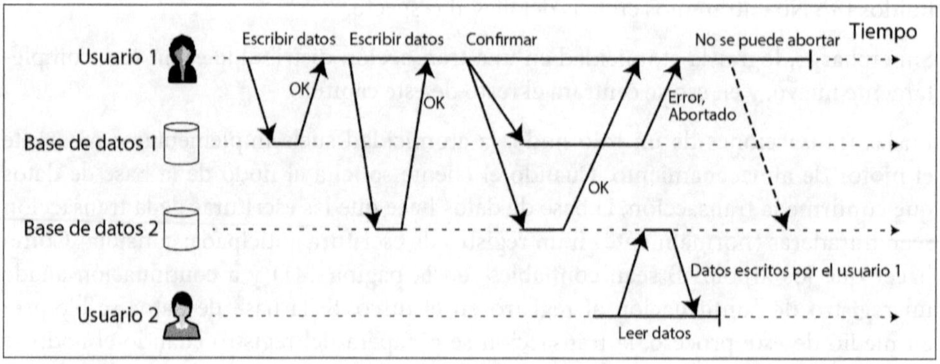

Figura 8-12. Cuando una transacción involucra varios nodos de base de datos, puede confirmarse en algunos y fallar en otros.

Si algunos nodos confirman la transacción, pero otros la abortan, los nodos se vuelven inconsistentes entre sí. Y una vez que una transacción se ha confirmado en un nodo, no se puede retirar de nuevo si más tarde resulta que se abortó en otro nodo. Esto se debe a que, una vez que los datos se han confirmado, se vuelven visibles para otras transacciones bajo aislamiento de lectura confirmada o más fuerte. Por ejemplo, en Figura 8-12, cuando el usuario 1 se da cuenta de que su confirmación ha fallado en la base de datos 1, el usuario 2 ya ha leído los datos de la misma transacción en la base de datos 2. Si la transacción del usuario 1 se abortara posteriormente, la transacción del usuario 2 también tendría que revertirse, ya que se basaba en datos que se declararon retroactivamente como inexistentes.

Un enfoque mejor es asegurarse de que los nodos involucrados en una transacción se confirmen todos o se aborten todos, y evitar una mezcla de ambos. Lograr esto se conoce como el problema de la *confirmación atómica*.

Confirmación en dos fases

La confirmación en dos fases es un algoritmo para lograr la confirmación atómica de transacciones en varios nodos. Se trata de un algoritmo clásico en bases de datos distribuidas [13, 73, 74]. La confirmación en dos fases se utiliza internamente en algunas bases de datos y también está disponible para aplicaciones en forma de *transacciones XA* [75] (que son compatibles con la API de transacciones Java, por ejemplo) o a través de WS-AtomicTransaction para servicios web SOAP [76, 77].

El flujo básico de 2PC se ilustra en Figura 8-13. En lugar de una única solicitud de confirmación, como en el caso de una transacción de un solo nodo, el proceso de confirmación/aborto en 2PC se divide en dos fases (de ahí su nombre).

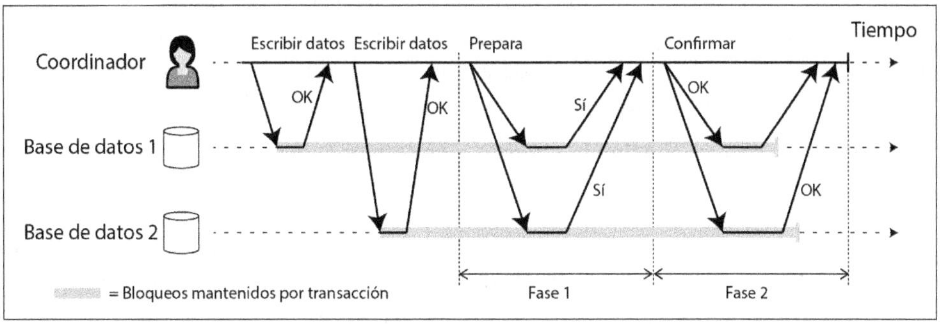

Figura 8-13. Una ejecución correcta de 2PC

El 2PC utiliza un nuevo componente que normalmente no aparece en las transacciones de un solo nodo: *un coordinador* (también conocido como *gestor de transacciones*). El coordinador se implementa a menudo como una biblioteca dentro del mismo proceso de aplicación que solicita la transacción (por ejemplo, integrado en un contenedor Java EE), pero también puede ser un proceso o servicio independiente. Algunos ejemplos de estos coordinadores son Narayana, JOTM, BTM y MSDTC.

Cuando se utiliza 2PC, una transacción distribuida comienza con la aplicación leyendo y escribiendo datos en múltiples nodos de la base de datos, como es habitual. A estos nodos de la base de datos los llamamos *participantes* en la transacción. Cuando la aplicación está lista para confirmar, el coordinador comienza la fase 1 enviando una solicitud *de preparación* a cada uno de los nodos, preguntándoles si pueden confirmar. A continuación, el coordinador realiza un seguimiento de las respuestas de los participantes:

- Si todos los participantes responden que sí, indicando que están listos para confirmar, el coordinador envía una solicitud *de confirmación* en la fase 2 y se lleva a cabo la confirmación.

- Si alguno de los participantes responde que no, el coordinador envía una solicitud *de abortar* a todos los nodos en la fase 2.

Este proceso es algo parecido a la ceremonia matrimonial tradicional en las culturas occidentales: el oficiante pregunta a cada uno de los contrayentes si desean casarse con el otro y, por lo general, recibe la respuesta "Sí, quiero" de ambos. Después de recibir ambos consentimientos, el oficiante declara a la pareja casada, se confirma la transacción y se comunica la feliz noticia a todos los asistentes. Si alguno de los contrayentes no dice que sí, la ceremonia se cancela [78].

Un sistema de promesas

A partir de esta breve descripción, puede que no quede claro por qué el 2PC garantiza la atomicidad, mientras que el compromiso de una sola fase entre varios nodos no lo hace. Sin duda, las solicitudes de preparación y compromiso pueden perderse con la misma facilidad en el caso de dos fases. ¿Qué diferencia al 2PC?

Para entender por qué funciona, tenemos que desglosar el proceso con un poco más de detalle:

1. Cuando la aplicación desea iniciar una transacción distribuida, solicita un ID de transacción al coordinador. Este ID de transacción es único a nivel global.
2. La aplicación inicia una transacción de un solo nodo en cada uno de los participantes y adjunta el ID de transacción único global a la transacción de un solo nodo. Todas las lecturas y escrituras se realizan en una de estas transacciones de un solo nodo. Si algo sale mal en esta etapa (por ejemplo, un nodo se bloquea o una solicitud agota el tiempo de espera), el coordinador o cualquiera de los participantes puede abortar.
3. Cuando la aplicación está lista para confirmar, el coordinador envía una solicitud de preparación a todos los participantes, etiquetada con el ID de transacción global. Si alguna de estas solicitudes falla o se agota el tiempo de espera, el coordinador envía una solicitud de abortar para ese ID de transacción a todos los participantes.
4. Cuando un participante recibe la solicitud de preparación, se asegura de que puede confirmar la transacción en cualquier circunstancia. Esto incluye escribir todos los datos de la transacción en el disco (un fallo, un corte de energía o quedarse sin espacio en el disco no son excusas aceptables para negarse a confirmar más tarde) y comprobar si hay conflictos o violaciones de restricciones. Al responder que sí al coordinador, el nodo se compromete a confirmar la transacción sin errores si se le solicita. En otras palabras, el participante renuncia al derecho de abortar la transacción, pero sin confirmarla realmente.
5. Cuando el coordinador ha recibido respuestas a todas las solicitudes de preparación, toma una decisión definitiva sobre si confirmar o abortar la transacción

(confirmándola solo si todos los participantes han votado que sí). El coordinador debe escribir esa decisión en su registro de transacciones en el disco para saber qué decisión tomó en caso de que se produzca un fallo posterior. Esto se denomina ar el *punto de confirmación*.

6. Una vez que la decisión del coordinador se ha escrito en el disco, la solicitud de confirmación o cancelación se envía a todos los participantes. Si esta solicitud falla o se agota el tiempo de espera, el coordinador debe volver a intentarlo indefinidamente hasta que tenga éxito. Ya no hay vuelta atrás; si la decisión fue confirmar, esa decisión debe aplicarse, sin importar cuántos reintentos se necesiten. Si un participante se ha bloqueado mientras tanto, la transacción se confirmará cuando se recupere, ya que el participante votó sí, no puede negarse a confirmar cuando se recupere.

Por lo tanto, el protocolo contiene dos "puntos de no retorno" cruciales: cuando un participante vota que sí, promete que definitivamente podrá confirmar más tarde (aunque el coordinador aún puede optar por abortar); y una vez que el coordinador decide, esa decisión es irrevocable. Esas promesas garantizan la atomicidad de 2PC. (La confirmación atómica de un solo nodo agrupa estos dos eventos en uno: escribir el registro de confirmación en el registro de transacciones).

Volviendo a la analogía del matrimonio, antes de decir "Sí, quiero", tú y tu pareja tenéis la libertad de abortar la transacción diciendo "¡Ni hablar!" (o algo por el estilo). Sin embargo, después de decir "Sí, quiero", no puedes retractarte de esa declaración. Si te desmayas después de decir "Sí, quiero" y no oyes al oficiante pronunciar que estáis casados, eso no cambia el hecho de que la transacción se haya confirmado. Cuando recuperes la conciencia más tarde, podrás averiguar si estás casado preguntando al oficiante por el estado de tu ID de transacción global, o puedes esperar a que el oficiante vuelva a intentar la solicitud de confirmación (ya que los reintentos habrán continuado durante todo el tiempo que hayas estado inconsciente).

Fallo del coordinador

Hemos hablado de lo que ocurre si uno de los participantes o la red falla durante el 2PC: si alguna de las solicitudes de preparación falla o se agota el tiempo de espera, el coordinador aborta la transacción; si alguna de las solicitudes de confirmación o aborto falla, el coordinador las reintenta indefinidamente. Sin embargo, no está tan claro qué ocurre si el coordinador se bloquea.

Si el coordinador falla antes de enviar las solicitudes de preparación, un participante puede abortar la transacción de forma segura. Pero una vez que el participante ha recibido una solicitud de preparación y ha votado que sí, ya no puede abortar unilateralmente, sino que debe esperar a que el coordinador le informe si la transacción se ha confirmado o abortado. Si el coordinador se bloquea o la red falla en este momento, el participante no puede hacer nada más que esperar. La transacción de un participante en este estado se denomina *dudosa* o *incierta*.

La situación se ilustra en Figura 8-14. En este ejemplo concreto, el coordinador decidió finalmente confirmar y la base de datos 2 recibió la solicitud de confirmación. Sin embargo, el coordinador se bloqueó antes de poder enviar la solicitud de confirmación a la base de datos 1, por lo que esta no sabe si confirmar o abortar. Ni siquiera un tiempo de espera ayuda en este caso: si la base de datos 1 aborta unilateralmente tras un tiempo de espera, terminará siendo inconsistente con la base de datos 2, que ha confirmado. Del mismo modo, no es seguro confirmar unilateralmente, ya que otro participante podría haber abortado.

Sin noticias del coordinador, un participante no tiene forma de saber si debe confirmar o abortar. En principio, los participantes podrían comunicarse entre sí para averiguar cómo ha votado cada uno y llegar a un acuerdo, pero eso no forma parte del protocolo 2PC.

La única forma de completar 2PC es esperar a que el coordinador se recupere. Por eso el coordinador debe escribir su decisión de confirmar o abortar en un registro de transacciones en el disco antes de enviar solicitudes de confirmación o aborto a los participantes: cuando el coordinador se recupera, determina el estado de todas las transacciones dudosas leyendo su registro de transacciones. Cualquier transacción que no tenga un registro de confirmación en el registro del coordinador se aborta. Por lo tanto, el punto de confirmación de 2PC se reduce a una confirmación atómica regular de un solo nodo en el coordinador.

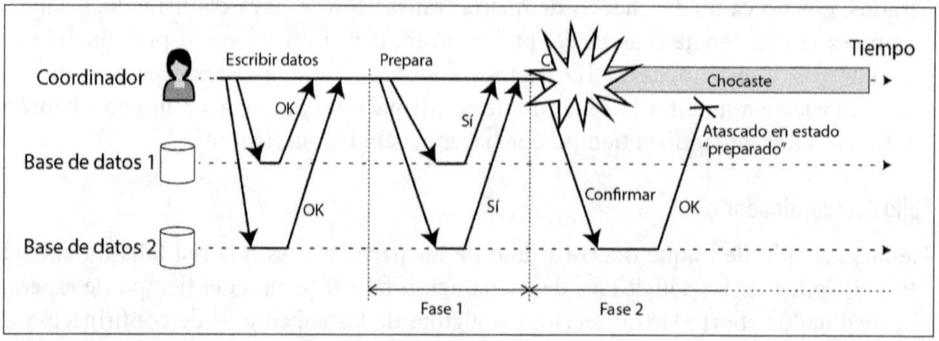

Figura 8-14. El coordinador se bloquea después de que los participantes voten que sí. La base de datos 1 no sabe si confirmar o abortar.

Además, si el disco del coordinador falla y se pierde su registro, el sistema no tiene forma de recuperarse automáticamente. La única opción es que un administrador confirme o cancele manualmente las transacciones dudosas. Si solo se pierde la parte más reciente del registro de transacciones, el coordinador que se está recuperando puede creer que las transacciones ya confirmadas aún no se han confirmado e intentar cancelarlas, violando la atomicidad.

Confirmación en tres fases

El 2PC se denomina protocolo de confirmación atómica *de bloqueo* porque puede quedarse atascado esperando a que el coordinador se recupere. Es posible hacer que un protocolo de confirmación atómica *no sea de bloqueo*, de modo que no se atasque si falla un nodo. Sin embargo, hacer que esto funcione en la práctica no es tan sencillo.

Como alternativa al 2PC, se ha propuesto un algoritmo denominado *compromiso en tres fases* (3PC) [13, 79]. Sin embargo, el 3PC asume una red con un retraso limitado y nodos con tiempos de respuesta limitados; en la mayoría de los sistemas prácticos con retrasos de red ilimitados y pausas de proceso (consulta Capítulo 9), el 3PC no puede garantizar la atomicidad.

Una solución mejor en la práctica es sustituir el coordinador de un solo nodo por un protocolo de consenso tolerante a fallos. Veremos cómo hacerlo en Capítulo 10.

Transacciones distribuidas entre diferentes sistemas

Las transacciones distribuidas y el 2PC tienen una reputación ambigua. Por un lado, se considera que proporcionan una importante garantía de seguridad que sería difícil de conseguir de otro modo; por otro lado, se les critica por causar problemas operativos, reducir el rendimiento y prometer más de lo que pueden ofrecer [80, 81, 82, 83]. Muchos servicios en la nube optan por no implementar transacciones distribuidas debido a los problemas operativos que generan [84].

Algunas implementaciones de transacciones distribuidas conllevan una fuerte penalización en el rendimiento. Gran parte del coste de rendimiento inherente al 2PC se debe a las operaciones `fsync` adicionales necesarias para la recuperación tras un fallo y a los viajes de ida y vuelta adicionales por la red.

Sin embargo, en lugar de descartar las transacciones distribuidas por completo, deberíamos examinarlas con más detalle, ya que hay lecciones importantes que aprender de ellas. Para empezar, deberíamos ser precisos sobre lo que entendemos por "transacciones distribuidas". A menudo se confunden dos tipos muy diferentes de transacciones distribuidas:

Transacciones distribuidas internas de la base de datos

Algunas bases de datos distribuidas (es decir, bases de datos que utilizan replicación y fragmentación en su configuración estándar) admiten transacciones internas entre los nodos de esa base de datos. Por ejemplo, YugabyteDB, TiDB, FoundationDB, Spanner, VoltDB, Cassandra y el motor de almacenamiento NDB de MySQL Cluster admiten este tipo de transacciones internas. En este caso, todos los nodos que participan en la transacción ejecutan el mismo software de base de datos.

Transacciones distribuidas heterogéneas

En una transacción *heterogénea*, los participantes son dos o más tecnologías, por ejemplo, dos bases de datos de diferentes proveedores, o incluso sistemas que no son bases de datos, como los brokers de mensajes. Una transacción distribuida entre estos sistemas debe garantizar una confirmación atómica, aunque los sistemas puedan ser completamente diferentes en su interior.

Las transacciones internas de la base de datos no tienen que ser compatibles con ningún otro sistema, por lo que pueden utilizar cualquier protocolo y aplicar optimizaciones específicas para esa tecnología en particular. Por esa razón, las transacciones distribuidas internas de la base de datos suelen funcionar bastante bien. Por otro lado, las transacciones que abarcan tecnologías heterogéneas son mucho más difíciles. Nos centraremos en ellas aquí y discutiremos las transacciones distribuidas internas de la base de datos en la siguiente sección.

Procesamiento de mensajes exactamente una vez

Las transacciones distribuidas heterogéneas permiten integrar diversos sistemas de forma potente. Por ejemplo, un mensaje de una cola de mensajes puede confirmarse como procesado si y solo si la transacción de la base de datos para procesar el mensaje se ha confirmado correctamente. Esto se implementa confirmando de forma atómica el acuse de recibo del mensaje y las escrituras en la base de datos en una sola transacción. Con el soporte de transacciones distribuidas, esto es posible incluso si el agente de mensajes y la base de datos son dos tecnologías no relacionadas que se ejecutan en máquinas diferentes.

Si falla la entrega del mensaje o la transacción de la base de datos, ambas se abortan para que el intermediario de mensajes pueda volver a entregar el mensaje más tarde de forma segura. Así, al confirmar de forma atómica el mensaje y los efectos secundarios de su procesamiento, podemos garantizar que el mensaje se *procese de forma efectiva* exactamente una vez, incluso si requiere varios reintentos antes de tener éxito. El aborto descarta cualquier efecto secundario de la transacción parcialmente completada. Esto se conoce como *semántica exactamente una vez* (exactly-once).

Sin embargo, una transacción distribuida de este tipo solo es posible si todos los sistemas afectados por la transacción pueden utilizar el mismo protocolo de confirmación atómica. Por ejemplo, supongamos que un efecto secundario del procesamiento de un mensaje es enviar un correo electrónico y que el servidor de correo electrónico no es compatible con 2PC. Podría ocurrir que el correo electrónico se enviara dos o más veces si el procesamiento del mensaje fallara y se reintentara. Pero si todos los efectos secundarios del procesamiento de un mensaje se revierten al abortar la transacción, el paso de procesamiento se puede reintentar de forma segura como si nada hubiera pasado.

Volveremos al tema de la semántica exactamente una vez más adelante en este capítulo. Veamos primero el protocolo de confirmación atómica que permite este tipo de transacciones distribuidas heterogéneas.

Transacciones XA

X/Open XA (abreviatura de *eXtended Architecture*) es un estándar para implementar 2PC en tecnologías heterogéneas [75]. Se introdujo en 1991 y se ha implementado ampliamente. XA es compatible con muchas bases de datos relacionales tradicionales (incluidas PostgreSQL, MySQL, Db2, SQL Server y Oracle) y con intermediarios de mensajes (incluidos ActiveMQ, HornetQ, MSMQ e IBM MQ).

XA no es un protocolo de red, sino simplemente una API en C para interactuar con un coordinador de transacciones. Existen enlaces para esta API en otros lenguajes; por ejemplo, en el mundo de las aplicaciones Java EE, las transacciones XA se implementan utilizando la API de transacciones Java (JTA), que a su vez es compatible con muchos controladores para bases de datos que utilizan Java Database Connectivity (JDBC) y controladores para intermediarios de mensajes que utilizan las API de Java Message Service (JMS).

XA asume que tu aplicación utiliza un controlador de red o una biblioteca de clientes para comunicarse con las bases de datos participantes o los servicios de mensajería. Si el controlador es compatible con XA, eso significa que llama a la API XA para averiguar si una operación debe formar parte de una transacción distribuida y, en caso afirmativo, envía la información necesaria al servidor de la base de datos. El controlador también expone devoluciones de llamada a través de las cuales el coordinador puede pedir al participante que prepare, confirme o aborte.

El coordinador de transacciones implementa la API XA. La norma no especifica cómo debe implementarse, pero en la práctica el coordinador suele ser simplemente una biblioteca que se carga en el mismo proceso que la aplicación que emite la transacción (no un servicio independiente). Realiza un seguimiento de los participantes en una transacción, recopila las respuestas de los participantes después de pedirles que se preparen (mediante una llamada de retorno al controlador) y utiliza un registro en el disco local para realizar un seguimiento de la decisión de confirmar/abortar cada transacción.

Si el proceso de la aplicación se bloquea o la máquina en la que se ejecuta la aplicación se apaga, el coordinador también se apaga. Cualquier participante con transacciones preparadas pero no confirmadas queda entonces en la incertidumbre. Dado que el registro del coordinador se encuentra en el disco local del servidor de aplicaciones, ese servidor debe reiniciarse y la biblioteca del coordinador debe leer el registro para recuperar el resultado de confirmación/aborto de cada transacción.

Solo entonces el coordinador puede utilizar las devoluciones de llamada XA del controlador de la base de datos para pedir a los participantes que confirmen o aborten, según corresponda. El servidor de la base de datos no puede ponerse en contacto con el coordinador directamente, ya que todas las comunicaciones deben pasar por su biblioteca de clientes.

Mantener los bloqueos mientras hay dudas

¿Por qué nos preocupa tanto que una transacción se quede bloqueada en duda? ¿No puede el resto del sistema simplemente seguir con su trabajo e ignorar la transacción en duda que se limpiará eventualmente?

El problema está en *el bloqueo*. Como se explica en "Leer confirmado" en la página 319, las transacciones de bases de datos suelen adquirir bloqueos exclusivos a nivel de fila en cualquier fila que modifiquen, para evitar escrituras sucias. Si quieres un aislamiento serializable, una base de datos que utilice 2PL también tendría que adquirir bloqueos compartidos en cualquier fila *leída* por la transacción.

La base de datos no puede liberar esos bloqueos hasta que la transacción se confirme o se aborte (ilustrado como un área sombreada en Figura 8-13). Por lo tanto, cuando se utiliza 2PC, una transacción debe mantener los bloqueos durante todo el tiempo que esté en duda. Si el coordinador se ha bloqueado y tarda 20 minutos en reiniciarse, esos bloqueos se mantendrán durante 20 minutos. Si el registro del coordinador se pierde por completo por alguna razón, esos bloqueos se mantendrán para siempre, o al menos hasta que un administrador resuelva manualmente la situación.

Mientras se mantengan los bloqueos, ninguna otra transacción podrá modificar esas filas. Dependiendo del nivel de aislamiento, es posible que incluso se bloquee la lectura de las filas por parte de otras transacciones. Por lo tanto, otras transacciones no pueden simplemente continuar con su actividad: si desean acceder a esos mismos datos, se verán bloqueadas. Esto puede provocar que gran parte de tu aplicación no esté disponible hasta que se resuelva la transacción dudosa.

Recuperación tras un fallo del coordinador

En teoría, si el coordinador se bloquea y se reinicia, debería recuperar limpiamente su estado a partir del registro y resolver cualquier transacción dudosa. Sin embargo, en la práctica, se producen transacciones dudosas *huérfanas* [85, 86], es decir, transacciones para las que el coordinador no puede decidir el resultado por cualquier motivo (por ejemplo, porque el registro de transacciones se ha perdido o se ha dañado debido a un error de software). Estas transacciones no se pueden resolver automáticamente, por lo que permanecen para siempre en la base de datos, manteniendo bloqueos y bloqueando otras transacciones.

Ni siquiera reiniciar los servidores de la base de datos solucionará este problema, ya que una implementación correcta de 2PC debe conservar los bloqueos de una transacción dudosa incluso después de los reinicios (de lo contrario, se correría el riesgo de violar la garantía de atomicidad). Es una situación complicada.

La única salida es que un administrador decida manualmente si confirmar o revertir las transacciones. El administrador debe examinar los participantes de cada transacción dudosa, determinar si alguno de ellos ya ha confirmado o abortado, y luego aplicar el mismo resultado a los demás participantes. Resolver el problema puede requerir mucho esfuerzo manual y es muy probable que deba hacerse bajo mucho estrés y presión de tiempo durante una interrupción grave de la producción (de lo contrario, ¿por qué el coordinador estaría en tan mal estado?).

Muchas implementaciones de XA cuentan con una vía de escape de emergencia denominada *decisiones heurísticas*: permiten a un participante decidir unilateralmente abortar o confirmar una transacción dudosa sin una decisión definitiva por parte del coordinador [75]. Para que quede claro, *heurístico* aquí es un eufemismo para referirse a *la probable ruptura de la atomicidad*, ya que la decisión heurística viola el sistema de promesas en 2PC. Por lo tanto, las decisiones heurísticas solo están pensadas para salir de situaciones catastróficas y no para su uso habitual.

Problemas con las transacciones XA

Un coordinador de un solo nodo es un punto único de fallo para todo el sistema, y convertirlo en parte del servidor de aplicaciones también es problemático porque los registros del coordinador en su disco local se convierten en una parte crucial del estado duradero del sistema, tan importante como las propias bases de datos.

En principio, el coordinador de una transacción XA podría ser altamente disponible y replicado, tal y como cabría esperar de cualquier otra base de datos importante. Desgraciadamente, esto sigue sin resolver un problema fundamental de XA, que es que no ofrece ninguna forma de que el coordinador y los participantes de una transacción se comuniquen directamente entre sí. Solo pueden comunicarse a través del código de la aplicación que invocó la transacción y los controladores de la base de datos a través de los cuales llama a los participantes.

Por lo tanto, incluso si el coordinador se replicara, el código de la aplicación sería un único punto de fallo. Resolver este problema requeriría rediseñar totalmente la forma en que se ejecuta el código de la aplicación para que sea replicable o reiniciable, lo que quizás podría parecerse a la ejecución duradera (consulta "Ejecución y flujos de trabajo duraderos" en la página 205). Sin embargo, ninguna herramienta parece adoptar este enfoque en la práctica.

Otro problema es que, dado que XA necesita ser compatible con una amplia gama de sistemas de datos, es necesariamente un mínimo común denominador. Por ejemplo, no puede detectar interbloqueos entre diferentes sistemas (ya que eso requeriría un protocolo estandarizado para que los sistemas intercambien información sobre los bloqueos que cada transacción está esperando), y no funciona con SSI (consulta

"Aislamiento de instantáneas serializable" en la página 350), ya que eso requeriría un protocolo para identificar conflictos entre diferentes sistemas.

Estos problemas son en cierta medida inherentes a la realización de transacciones entre tecnologías heterogéneas. Sin embargo, mantener la coherencia entre varios sistemas de datos heterogéneos sigue siendo un problema real e importante, por lo que necesitamos encontrar una solución diferente. Esto se puede hacer, como veremos en la siguiente sección y en Capítulo 12.

Transacciones distribuidas internas de la base de datos

Como se ha explicado anteriormente, existe una gran diferencia entre las transacciones distribuidas que abarcan múltiples tecnologías de almacenamiento heterogéneas y las que son internas a un sistema, es decir, aquellas en las que todos los nodos participantes forman parte de la misma base de datos y ejecutan el mismo software. Estas transacciones distribuidas internas son una característica definitoria de las bases de datos "NewSQL", como CockroachDB [5], TiDB [6], Spanner [7], FoundationDB [8] y YugabyteDB, por ejemplo. Algunos brokers de mensajes, como Kafka, también admiten transacciones distribuidas internas [87].

Muchos de estos sistemas utilizan 2PC para garantizar la atomicidad de las transacciones que escriben en múltiples fragmentos, pero no sufren los mismos problemas que las transacciones XA. Dado que tus transacciones distribuidas no necesitan interactuar con ninguna otra tecnología, evitan la trampa del mínimo común denominador: los diseñadores de estos sistemas tienen libertad para utilizar protocolos mejores, más fiables y más rápidos.

Los mayores problemas de XA se pueden solucionar de la siguiente manera:

- Replicar el coordinador, con conmutación automática por error a otro nodo coordinador si el principal se bloquea
- Permitir que el coordinador y los fragmentos de datos se comuniquen directamente sin código de aplicación intermediario
- Replicar los fragmentos participantes para reducir el riesgo de tener que abortar una transacción debido a un fallo en uno de los fragmentos
- Acoplar el protocolo de compromiso atómico con un protocolo de control de concurrencia distribuido que admita la detección de interbloqueos y lecturas coherentes en todos los fragmentos

Los algoritmos de consenso se utilizan comúnmente para replicar el coordinador y los fragmentos de la base de datos. Veremos en Capítulo 10 cómo se puede implementar el compromiso atómico para transacciones distribuidas utilizando un algoritmo de consenso. Estos algoritmos toleran los fallos al pasar automáticamente de un nodo a otro sin intervención humana, al tiempo que siguen garantizando propiedades de consistencia sólida.

Los niveles de aislamiento que se ofrecen para las transacciones distribuidas dependen del sistema, pero el aislamiento de instantáneas [6] y el aislamiento de instantáneas serializables [5, 8] son posibles en todos los fragmentos.

Revisión del procesamiento de mensajes exactamente una vez

En "Procesamiento de mensajes exactamente una vez" en la página 364 vimos que un caso de uso importante de las transacciones distribuidas es garantizar que una operación se aplique exactamente una vez, incluso si se produce un fallo durante su procesamiento y es necesario reintentarlo. Si puedes confirmar una transacción de forma atómica a través de un agente de mensajes y una base de datos, puedes acusar recibo del mensaje al agente si y solo si se ha procesado correctamente y se han confirmado las escrituras en la base de datos resultantes del proceso.

Sin embargo, en realidad no se necesitan transacciones distribuidas para lograr una semántica de una sola vez. Un enfoque alternativo es el siguiente, que solo requiere transacciones dentro de la base de datos:

1. Supongamos que cada mensaje tiene un ID único y que en la base de datos tienes una tabla con los ID de los mensajes que se han procesado. Cuando empiezas a procesar un mensaje del bróker, inicias una nueva transacción en la base de datos y compruebas el ID del mensaje. Si el mismo ID de mensaje ya está presente en la base de datos, sabes que ya se ha procesado, por lo que puedes confirmar el mensaje al bróker y descartarlo.
2. Si el ID del mensaje aún no está en la base de datos, lo agregas a la tabla. A continuación, procesas el mensaje, lo que puede dar lugar a escrituras adicionales en la base de datos dentro de la misma transacción. Cuando terminas de procesar el mensaje, confirmas la transacción en la base de datos.
3. Una vez que la transacción de la base de datos se ha confirmado correctamente, puedes confirmar el mensaje al intermediario.
4. Una vez que el mensaje ha sido confirmado correctamente al agente, sabes que no intentará procesar el mismo mensaje de nuevo, por lo que puedes eliminar el ID del mensaje de la base de datos (en una transacción separada).

Si el procesador de mensajes se bloquea antes de confirmar la transacción de la base de datos, la transacción se aborta y el agente de mensajes volverá a intentar el procesamiento. Si se bloquea después de confirmar, pero antes de confirmar el mensaje al agente, también volverá a intentar el procesamiento, pero el reintento verá el ID del mensaje en la base de datos y lo eliminará. Si se bloquea después de confirmar el mensaje, pero antes de eliminar el ID del mensaje de la base de datos, te quedarás con un ID de mensaje antiguo, lo cual no supone ningún problema, salvo ocupar un poco de espacio de almacenamiento. Si se produce un reintento antes de que se aborte la transacción de la base de datos (lo que podría ocurrir si se interrumpe la comunicación entre el procesador de mensajes y la base de datos), una restricción de unicidad en la tabla de ID de mensajes debería impedir que dos transacciones simultáneas inserten el mismo ID de mensaje.

Por lo tanto, para lograr un procesamiento exacto solo se requieren transacciones dentro de la base de datos; la atomicidad entre la base de datos y el agente de mensajes no es necesaria para este caso de uso. El registro del ID del mensaje en la base de datos hace que el procesamiento del mensaje sea *idempotente*, de modo que el procesamiento del mensaje se puede reintentar de forma segura sin duplicar sus efectos secundarios. Se utiliza un enfoque similar en los marcos de procesamiento de flujos como Kafka Streams para lograr una semántica exactamente una vez, como veremos en Capítulo 12.

Dicho esto, las transacciones distribuidas internas dentro de la base de datos siguen siendo útiles para la escalabilidad de patrones como estos; por ejemplo, permitirían almacenar los ID de los mensajes en un fragmento y los datos principales actualizados por el procesamiento de mensajes en otros fragmentos, y garantizarían la atomicidad de la confirmación de la transacción en todos esos fragmentos.

Resumen

Las transacciones son una capa de abstracción que permite a una aplicación simular que ciertos problemas de concurrencia y ciertos tipos de fallos de hardware y software no existen. Una gran clase de errores se reduce a una simple *cancelación de la transacción* (transaction abort), y la aplicación solo tiene que volver a intentarlo.

En este capítulo hemos visto muchos ejemplos de problemas que las transacciones ayudan a prevenir. No todas las aplicaciones son susceptibles a todos esos problemas; una aplicación con patrones de acceso muy simples, como leer y escribir un solo registro, probablemente pueda funcionar sin transacciones. Sin embargo, para patrones de acceso más complejos, las transacciones pueden reducir enormemente el número de posibles casos de error que hay que tener en cuenta.

Sin transacciones, diversos escenarios de error (fallos en los procesos, interrupciones de la red, cortes de energía, disco lleno, concurrencia inesperada, etc.) significan que los datos pueden volverse inconsistentes de diversas maneras. Por ejemplo, los datos desnormalizados pueden desincronizarse fácilmente con los datos de origen. Sin transacciones, resulta muy difícil razonar sobre los efectos que los accesos complejos que interactúan pueden tener en la base de datos.

Profundizamos especialmente en el tema del control de la concurrencia, analizando varios niveles de aislamiento ampliamente utilizados: en particular, *read-committed*, snapshot (a veces denominado *repeatable read*) y *serializable*. Caracterizamos esos niveles de aislamiento analizando varios ejemplos de condiciones de carrera, resumidos en Tabla 8-1.

Tabla 8-1. Resumen de las anomalías que pueden producirse en distintos niveles de aislamiento

Nivel de aislamiento	Lecturas sucias	Sesgo de lectura	Lecturas fantasma	Actualizaciones perdidas	Sesgo de escritura
Leer sin confirmar	✗ Posible	✗ Posible	✗ Posible	✗ Posible	✗ Posible
Lectura confirmada	✓ Impedido	✗ Posible	✗ Posible	✗ Posible	✗ Posible
Aislamiento de instantáneas	✓ Evitado	✓ Evitado	✓ Evitado	? Depende	✗ Posible
Serializable	✓ Evitado	✓ Evitado	✓ Evitado	✓ Evitado	✓ Evitado

He aquí un breve resumen:

Lecturas sucias
: Un cliente lee las escrituras de otro cliente antes de que se hayan confirmado. El nivel de aislamiento read-committed y los niveles más fuertes evitan las lecturas sucias.

Escrituras sucias
: Un cliente sobrescribe datos que otro cliente ha escrito pero aún no ha confirmado. Casi todas las implementaciones de transacciones evitan las escrituras sucias (por lo tanto, no se incluyen en la tabla).

Sesgo de lectura
: Un cliente ve diferentes partes de la base de datos en diferentes momentos. Algunos casos de sesgo de lectura también se conocen como *lecturas no repetibles*. Este problema se evita más comúnmente con el aislamiento de instantáneas, que permite a una transacción leer desde una instantánea coherente correspondiente a un momento concreto. El aislamiento de instantáneas se implementa normalmente con el control de concurrencia multiversión.

Lecturas fantasma
: Una transacción lee objetos que coinciden con una condición de búsqueda. Otro cliente realiza una escritura que afecta a los resultados de esa búsqueda. El aislamiento de instantáneas evita las lecturas fantasma directas, pero las fantasmas en el contexto del sesgo de escritura requieren un tratamiento especial, como los bloqueos de rango de índice.

Actualizaciones perdidas
: Dos clientes realizan simultáneamente un ciclo de lectura-modificación-escritura. Uno sobrescribe la escritura del otro sin incorporar sus cambios, por lo

que se pierden datos. Algunas implementaciones del aislamiento de instantáneas evitan esta anomalía automáticamente, mientras que otras requieren un bloqueo manual (`SELECT FOR UPDATE`).

Sesgo de escritura
: Una transacción lee algo, toma una decisión basada en el valor que ha visto y escribe la decisión en la base de datos. Sin embargo, en el momento en que se realiza la escritura, la premisa de la decisión ya no es cierta. Solo el aislamiento serializable evita esta anomalía.

Los niveles de aislamiento débiles protegen contra algunas de esas anomalías, pero dejan que tú, el desarrollador de la aplicación, te encargues de otras manualmente (por ejemplo, utilizando bloqueos explícitos). Solo el aislamiento serializable protege contra todos estos problemas. Discutimos tres enfoques para implementar transacciones serializables:

Ejecución literal de transacciones en orden secuencial
: Si puedes hacer que cada transacción se ejecute muy rápido (normalmente utilizando procedimientos almacenados) y el rendimiento de la transacción es lo suficientemente bajo como para procesarlo en un solo núcleo de CPU o se puede fragmentar, esta es una opción sencilla y eficaz.

Bloqueo en dos fases
: Durante décadas, 2PL ha sido la forma estándar de implementar la serializabilidad, pero muchas aplicaciones evitan utilizarlo debido a su bajo rendimiento.

Aislamiento de instantáneas serializables
: SSI es un algoritmo relativamente nuevo que evita la mayoría de los inconvenientes de los enfoques anteriores. Utiliza un enfoque optimista, que permite que las transacciones se realicen sin bloqueos. Cuando una transacción quiere confirmarse, se comprueba y se aborta si la ejecución no era serializable.

Por último, examinamos cómo lograr la atomicidad cuando una transacción se distribuye entre varios nodos, utilizando 2PC. Si todos esos nodos ejecutan el mismo software de base de datos, las transacciones distribuidas pueden funcionar bastante bien. Sin embargo, en diferentes tecnologías de almacenamiento (utilizando transacciones XA), 2PC es problemático; es muy sensible a los fallos en el coordinador y en el código de la aplicación que controla la transacción, y interactúa mal con los mecanismos de control de concurrencia. Afortunadamente, la idempotencia puede garantizar una semántica de una sola vez sin requerir una confirmación atómica en diferentes tecnologías de almacenamiento; veremos más sobre esto en capítulos posteriores.

Los ejemplos de este capítulo utilizaban un modelo de datos relacional. Sin embargo, como se explica en "La necesidad de transacciones con varios objetos" en la página

316, las transacciones son una característica valiosa de las bases de datos, independientemente del modelo de datos que se utilice.

Referencias

[1] Steven J. Murdoch. "What Went Wrong with Horizon: Learning from the Post Office Trial." *benthamsgaze.org*, July 2021. Archived at *perma.cc/CNM4-553F*

[2] Donald D. Chamberlin, Morton M. Astrahan, Michael W. Blasgen, James N. Gray, W. Frank King, Bruce G. Lindsay, Raymond Lorie, James W. Mehl, Thomas G. Price, Franco Putzolu, Patricia Griffiths Selinger, Mario Schkolnick, Donald R. Slutz, Irving L. Traiger, Bradford W. Wade, and Robert A. Yost. "A History and Evaluation of System R." *Communications of the ACM*, volume 24, issue 10, pages 632–646, October 1981. *doi:10.1145/358769.358784*

[3] Jim N. Gray, Raymond A. Lorie, Gianfranco R. Putzolu, and Irving L. Traiger. "Granularity of Locks and Degrees of Consistency in a Shared Data Base." In *Modelling in Data Base Management Systems: Proceedings of the IFIP Working Conference on Modelling in Data Base Management Systems*, edited by G. M. Nijssen, pages 364–394, Elsevier/North Holland Publishing, 1976. Also in *Readings in Database Systems*, 4th edition, edited by Joseph M. Hellerstein and Michael Stonebraker, MIT Press, 2005. ISBN: 9780262693141

[4] Kapali P. Eswaran, Jim N. Gray, Raymond A. Lorie, and Irving L. Traiger. "The Notions of Consistency and Predicate Locks in a Database System." *Communications of the ACM*, volume 19, issue 11, pages 624–633, November 1976. *doi:10.1145/360363.360369*

[5] Rebecca Taft, Irfan Sharif, Andrei Matei, Nathan VanBenschoten, Jordan Lewis, Tobias Grieger, Kai Niemi, Andy Woods, Anne Birzin, Raphael Poss, Paul Bardea, Amruta Ranade, Ben Darnell, Bram Gruneir, Justin Jaffray, Lucy Zhang, and Peter Mattis. "CockroachDB: The Resilient Geo-Distributed SQL Database." At *ACM SIGMOD International Conference on Management of Data* (SIGMOD), June 2020. *doi:10.1145/3318464.3386134*

[6] Dongxu Huang, Qi Liu, Qiu Cui, Zhuhe Fang, Xiaoyu Ma, Fei Xu, Li Shen, Liu Tang, Yuxing Zhou, Menglong Huang, Wan Wei, Cong Liu, Jian Zhang, Jianjun Li, Xuelian Wu, Lingyu Song, Ruoxi Sun, Shuaipeng Yu, Lei Zhao, Nicholas Cameron, Liquan Pei, and Xin Tang. "TiDB: A Raft-Based HTAP Database." *Proceedings of the VLDB Endowment*, volume 13, issue 12, pages 3072–3084, August 2020. *doi:10.14778/3415478.3415535*

[7] James C. Corbett, Jeffrey Dean, Michael Epstein, Andrew Fikes, Christopher Frost, JJ Furman, Sanjay Ghemawat, Andrey Gubarev, Christopher Heiser, Peter Hochschild, Wilson Hsieh, Sebastian Kanthak, Eugene Kogan, Hongyi Li, Alexander

Lloyd, Sergey Melnik, David Mwaura, David Nagle, Sean Quinlan, Rajesh Rao, Lindsay Rolig, Dale Woodford, Yasushi Saito, Christopher Taylor, Michal Szymaniak, and Ruth Wang. "Spanner: Google's Globally-Distributed Database." At *10th USENIX Symposium on Operating System Design and Implementation* (OSDI), October 2012.

[8] Jingyu Zhou, Meng Xu, Alexander Shraer, Bala Namasivayam, Alex Miller, Evan Tschannen, Steve Atherton, Andrew J. Beamon, Rusty Sears, John Leach, Dave Rosenthal, Xin Dong, Will Wilson, Ben Collins, David Scherer, Alec Grieser, Young Liu, Alvin Moore, Bhaskar Muppana, Xiaoge Su, and Vishesh Yadav. "FoundationDB: A Distributed Unbundled Transactional Key Value Store." At *ACM International Conference on Management of Data* (SIGMOD), June 2021. *doi:10.1145/3448016.3457559*

[9] Theo Härder and Andreas Reuter. "Principles of Transaction-Oriented Database Recovery." *ACM Computing Surveys*, volume 15, issue 4, pages 287–317, December 1983. *doi:10.1145/289.291*

[10] Peter Bailis, Alan Fekete, Ali Ghodsi, Joseph M. Hellerstein, and Ion Stoica. "HAT, not CAP: Towards Highly Available Transactions." At *14th USENIX Workshop on Hot Topics in Operating Systems* (HotOS), May 2013.

[11] Armando Fox, Steven D. Gribble, Yatin Chawathe, Eric A. Brewer, and Paul Gauthier. "Cluster-Based Scalable Network Services." At *16th ACM Symposium on Operating Systems Principles* (SOSP), October 1997. *doi:10.1145/268998.266662*

[12] Tony Andrews. "Enforcing Complex Constraints in Oracle." *tonyandrews.blogspot.co.uk*, October 2004. Archived at *archive.org*

[13] Philip A. Bernstein, Vassos Hadzilacos, and Nathan Goodman. *Concurrency Control and Recovery in Database Systems*. Addison-Wesley, 1987. ISBN: 9780201107159. Available online at *microsoft.com*.

[14] Alan Fekete, Dimitrios Liarokapis, Elizabeth O'Neil, Patrick O'Neil, and Dennis Shasha. "Making Snapshot Isolation Serializable." *ACM Transactions on Database Systems*, volume 30, issue 2, pages 492–528, June 2005. *doi:10.1145/1071610.1071615*

[15] Mai Zheng, Joseph Tucek, Feng Qin, and Mark Lillibridge. "Understanding the Robustness of SSDs Under Power Fault." At *11th USENIX Conference on File and Storage Technologies* (FAST), February 2013.

[16] Laurie Denness. "SSDs: A Gift and a Curse." *laur.ie*, June 2015. Archived at *perma.cc/6GLP-BX3T*

[17] Adam Surak. "When Solid State Drives Are Not That Solid." *blog.algolia.com*, June 2015. Archived at *perma.cc/CBR9-QZEE*

[18] Hewlett Packard Enterprise. "Bulletin: (Revision) HPE SAS Solid State Drives—Critical Firmware Upgrade Required for Certain HPE SAS Solid State Drive Models

to Prevent Drive Failure at 32,768 Hours of Operation." *support.hpe.com*, November 2019. Archived at *perma.cc/CZR4-AQBS*

[19] Craig Ringer et al. "PostgreSQL's Handling of fsync() Errors Is Unsafe and Risks Data Loss at Least on XFS." Email thread on *pgsql-hackers* mailing list, *postgresql.org*, March 2018. Archived at *perma.cc/5RKU-57FL*

[20] Anthony Rebello, Yuvraj Patel, Ramnatthan Alagappan, Andrea C. Arpaci-Dusseau, and Remzi H. Arpaci-Dusseau. "Can Applications Recover from fsync Failures?" At *USENIX Annual Technical Conference* (ATC), July 2020.

[21] Thanumalayan Sankaranarayana Pillai, Vijay Chidambaram, Ramnatthan Alagappan, Samer Al-Kiswany, Andrea C. Arpaci-Dusseau, and Remzi H. Arpaci-Dusseau. "Crash Consistency: Rethinking the Fundamental Abstractions of the File System." *ACM Queue*, volume 13, issue 7, pages 20–28, July 2015. *doi:10.1145/2800695.2801719*

[22] Thanumalayan Sankaranarayana Pillai, Vijay Chidambaram, Ramnatthan Alagappan, Samer Al-Kiswany, Andrea C. Arpaci-Dusseau, and Remzi H. Arpaci-Dusseau. "All File Systems Are Not Created Equal: On the Complexity of Crafting Crash-Consistent Applications." At *11th USENIX Symposium on Operating Systems Design and Implementation* (OSDI), October 2014.

[23] Chris Siebenmann. "Unix's File Durability Problem." *utcc.utoronto.ca*, April 2016. Archived at *perma.cc/VSS8-5MC4*

[24] Aishwarya Ganesan, Ramnatthan Alagappan, Andrea C. Arpaci-Dusseau, and Remzi H. Arpaci-Dusseau. "Redundancy Does Not Imply Fault Tolerance: Analysis of Distributed Storage Reactions to Single Errors and Corruptions." At *15th USENIX Conference on File and Storage Technologies* (FAST), February 2017.

[25] Lakshmi N. Bairavasundaram, Garth R. Goodson, Bianca Schroeder, Andrea C. Arpaci-Dusseau, and Remzi H. Arpaci-Dusseau. "An Analysis of Data Corruption in the Storage Stack." At *6th USENIX Conference on File and Storage Technologies* (FAST), February 2008.

[26] Richard van der Hoff. "How We Discovered, and Recovered from, Postgres Corruption on the matrix.org Homeserver." *matrix.org*, July 2025. Archived at *perma.cc/CDF5-NRBK*

[27] Bianca Schroeder, Raghav Lagisetty, and Arif Merchant. "Flash Reliability in Production: The Expected and the Unexpected." At *14th USENIX Conference on File and Storage Technologies* (FAST), February 2016.

[28] Don Allison. "SSD Storage—Ignorance of Technology Is No Excuse." *blog.korelogic.com*, March 2015. Archived at *perma.cc/9QN4-9SNJ*

[29] Gordon Mah Ung. "Debunked: Your SSD Won'T Lose Data If Left Unplugged After All." *pcworld.com*, May 2015. Archived at *perma.cc/S46H-JUDU*

[30] Martin Kleppmann. "Hermitage: Testing the 'I' in ACID." *martin.kleppmann.com*, November 2014. Archived at *perma.cc/KP2Y-AQGK*

[31] Vlad Mihalcea. "The Race Condition That Led to Flexcoin Bankruptcy." *vladmihalcea.com*, February 2025. Archived at *perma.cc/RRK5-TFAU*

[32] Todd Warszawski and Peter Bailis. "ACIDRain: Concurrency-Related Attacks on Database-Backed Web Applications." At *ACM International Conference on Management of Data* (SIGMOD), May 2017. *doi:10.1145/3035918.3064037*

[33] Tristan D'Agosta. "BTC Stolen from Poloniex." *bitcointalk.org*, March 2014. Archived at *perma.cc/YHA6-4C5D*

[34] bitcointhief2. "How I Stole Roughly 100 BTC from an Exchange and How I Could Have Stolen More!" *reddit.com*, February 2014. Archived at *archive.org*

[35] Sudhir Jorwekar, Alan Fekete, Krithi Ramamritham, and S. Sudarshan. "Automating the Detection of Snapshot Isolation Anomalies." At *33rd International Conference on Very Large Data Bases* (VLDB), September 2007.

[36] Michael Melanson. "Transactions: The Limits of Isolation." *michaelmelanson.net*, November 2014. Archived at *perma.cc/RG5R-KMYZ*

[37] Edward Kim. "How ACH Works: A Developer Perspective—Part 1." *engineering.gusto.com*, April 2014. Archived at *perma.cc/7B2H-PU94*

[38] Hal Berenson, Philip A. Bernstein, Jim N. Gray, Jim Melton, Elizabeth O'Neil, and Patrick O'Neil. "A Critique of ANSI SQL Isolation Levels." At *ACM International Conference on Management of Data* (SIGMOD), May 1995. *doi:10.1145/568271.223785*

[39] Atul Adya. "Weak Consistency: A Generalized Theory and Optimistic Implementations for Distributed Transactions." PhD thesis, Massachusetts Institute of Technology, March 1999. Archived at *perma.cc/E97M-HW5Q*

[40] Peter Bailis, Aaron Davidson, Alan Fekete, Ali Ghodsi, Joseph M. Hellerstein, and Ion Stoica. "Highly Available Transactions: Virtues and Limitations." *Proceedings of the VLDB Endowment*, volume 7, issue 3, pages 181–192, November 2013. *doi:10.14778/2732232.2732237.*

[41] Natacha Crooks, Youer Pu, Lorenzo Alvisi, and Allen Clement. "Seeing Is Believing: A Client-Centric Specification of Database Isolation." At *ACM Symposium on Principles of Distributed Computing* (PODC), July 2017. *doi:10.1145/3087801.3087802*

[42] Bruce Momjian. "MVCC Unmasked." *momjian.us*, July 2014. Archived at *perma.cc/KQ47-9GYB*

[43] Peter Alvaro and Kyle Kingsbury. "MySQL 8.0.34." *jepsen.io*, December 2023. Archived at *perma.cc/HGE2-Z878*

[44] Egor Rogov. *PostgreSQL 14 Internals*. Postgres Professional, April 2023. Archived at *perma.cc/FRK2-D7WB*

[45] Hironobu Suzuki. "The Internals of PostgreSQL." *interdb.jp*, 2017.

[46] Rohan Reddy Alleti. "Internals of MVCC in Postgres: Hidden Costs of Updates vs Inserts." *medium.com*, March 2025. Archived at *perma.cc/3ACX-DFXT*

[47] Andy Pavlo and Bohan Zhang. "The Part of PostgreSQL We Hate the Most." *cs.cmu.edu*, April 2023. Archived at *perma.cc/XSP6-3JBN*

[48] Yingjun Wu, Joy Arulraj, Jiexi Lin, Ran Xian, and Andrew Pavlo. "An Empirical Evaluation of In-Memory Multi-Version Concurrency Control." *Proceedings of the VLDB Endowment*, volume 10, issue 7, pages 781–792, March 2017. *doi:10.14778/3067421.3067427*

[49] Nikita Prokopov. "Unofficial Guide to Datomic Internals." *tonsky.me*, May 2014. Archived at *perma.cc/ULM2-T2FW*

[50] Daniil Svetlov. "A Practical Guide to Taming Postgres Isolation Anomalies." *dansvetlov.me*, March 2025. Archived at *perma.cc/L7LE-TDLS*

[51] Nate Wiger. "An Atomic Rant." *nateware.com*, February 2010. Archived at *perma.cc/5ZYB-PE44*

[52] James Coglan. "Reading and Writing, Part 3: Web Applications." *blog.jcoglan.com*, October 2020. Archived at *perma.cc/A7EK-PJVS*

[53] Peter Bailis, Alan Fekete, Michael J. Franklin, Ali Ghodsi, Joseph M. Hellerstein, and Ion Stoica. "Feral Concurrency Control: An Empirical Investigation of Modern Application Integrity." At *ACM International Conference on Management of Data* (SIGMOD), June 2015. *doi:10.1145/2723372.2737784*

[54] Jaana Dogan. "Things I Wished More Developers Knew About Databases." *rakyll.medium.com*, April 2020. Archived at *perma.cc/6EFK-P2TD*

[55] Michael J. Cahill, Uwe Röhm, and Alan Fekete. "Serializable Isolation for Snapshot Databases." At *ACM International Conference on Management of Data* (SIGMOD), June 2008. *doi:10.1145/1376616.1376690*

[56] Dan R. K. Ports and Kevin Grittner. "Serializable Snapshot Isolation in PostgreSQL." *Proceedings of the VLDB Endowment*, volume 5, issue 12, pages 1850–1861, August 2012. *doi:10.14778/2367502.2367523*

[57] Douglas B. Terry, Marvin M. Theimer, Karin Petersen, Alan J. Demers, Mike J. Spreitzer and Carl H. Hauser. "Managing Update Conflicts in Bayou, a Weakly Con-

nected Replicated Storage System." At *15th ACM Symposium on Operating Systems Principles* (SOSP), December 1995. *doi:10.1145/224056.224070*

[58] Hans-Jürgen Schönig. "Constraints over Multiple Rows in PostgreSQL." *cybertec-postgresql.com*, June 2021. Archived at *perma.cc/2TGH-XUPZ*

[59] Michael Stonebraker, Samuel Madden, Daniel J. Abadi, Stavros Harizopoulos, Nabil Hachem, and Pat Helland. "The End of an Architectural Era (It's Time for a Complete Rewrite)." At *33rd International Conference on Very Large Data Bases* (VLDB), September 2007.

[60] John Hugg. "H-Store/VoltDB Architecture vs. CEP Systems and Newer Streaming Architectures." At *Data @Scale Boston*, November 2014.

[61] Robert Kallman, Hideaki Kimura, Jonathan Natkins, Andrew Pavlo, Alexander Rasin, Stanley Zdonik, Evan P. C. Jones, Samuel Madden, Michael Stonebraker, Yang Zhang, John Hugg, and Daniel J. Abadi. "H-Store: A High-Performance, Distributed Main Memory Transaction Processing System." *Proceedings of the VLDB Endowment*, volume 1, issue 2, pages 1496–1499, August 2008. *doi:10.14778/1454159.1454211*

[62] Rich Hickey. "The Architecture of Datomic." *infoq.com*, November 2012. Archived at *perma.cc/5YWU-8XJK*

[63] John Hugg. "Debunking Myths About the VoltDB In-Memory Database." *dzone.com*, May 2014. Archived at *perma.cc/2Z9N-HPKF*

[64] Xinjing Zhou, Viktor Leis, Xiangyao Yu, and Michael Stonebraker. "OLTP Through the Looking Glass 16 Years Later: Communication Is the New Bottleneck." At *15th Annual Conference on Innovative Data Systems Research* (CIDR), January 2025. Archived at *perma.cc/Q33D-K9YE*

[65] Xinjing Zhou, Xiangyao Yu, Goetz Graefe, and Michael Stonebraker. "Lotus: Scalable Multi-Partition Transactions On Single-Threaded Partitioned Databases." *Proceedings of the VLDB Endowment* (PVLDB), volume 15, issue 11, pages 2939–2952, July 2022. *doi:10.14778/3551793.3551843*

[66] Joseph M. Hellerstein, Michael Stonebraker, and James Hamilton. "Architecture of a Database System." *Foundations and Trends in Databases*, volume 1, issue 2, pages 141–259, November 2007. *doi:10.1561/1900000002*

[67] Michael J. Cahill. "Serializable Isolation for Snapshot Databases." PhD thesis, University of Sydney, July 2009. Archived at *perma.cc/727J-NTMP*

[68] Cristian Diaconu, Craig Freedman, Erik Ismert, Per-Åke Larson, Pravin Mittal, Ryan Stonecipher, Nitin Verma, and Mike Zwilling. "Hekaton: SQL Server's Memory-Optimized OLTP Engine." At *ACM SIGMOD International Conference on Management of Data* (SIGMOD), June 2013. *doi:10.1145/2463676.2463710*

[69] Thomas Neumann, Tobias Mühlbauer, and Alfons Kemper. "Fast Serializable Multi-Version Concurrency Control for Main-Memory Database Systems." At *ACM SIGMOD International Conference on Management of Data* (SIGMOD), May 2015. *doi:10.1145/2723372.2749436*

[70] D. Z. Badal. "Correctness of Concurrency Control and Implications in Distributed Databases." At *3rd International IEEE Computer Software and Applications Conference* (COMPSAC), November 1979. *doi:10.1109/CMPSAC.1979.762563*

[71] Rakesh Agrawal, Michael J. Carey, and Miron Livny. "Concurrency Control Performance Modeling: Alternatives and Implications." *ACM Transactions on Database Systems* (TODS), volume 12, issue 4, pages 609–654, December 1987. *doi:10.1145/32204.32220*

[72] Marc Brooker. "Snapshot Isolation vs. Serializability." *brooker.co.za*, December 2024. Archived at *perma.cc/5TRC-CR5G*

[73] B. G. Lindsay, P. G. Selinger, C. Galtieri, J. N. Gray, R. A. Lorie, T. G. Price, F. Putzolu, I. L. Traiger, and B. W. Wade. "Notes on Distributed Databases." IBM Research, Research Report RJ2571(33471), July 1979. Archived at *perma.cc/EPZ3-MHDD*

[74] C. Mohan, Bruce G. Lindsay, and Ron Obermarck. "Transaction Management in the R* Distributed Database Management System." *ACM Transactions on Database Systems*, volume 11, issue 4, pages 378–396, December 1986. *doi:10.1145/7239.7266*

[75] X/Open Company Ltd. "Distributed Transaction Processing: The XA Specification." Technical Standard XO/CAE/91/300, December 1991. ISBN: 9781872630243, archived at *perma.cc/Z96H-29JB*

[76] Ivan Silva Neto and Francisco Reverbel. "Lessons Learned from Implementing WS-Coordination and WS-AtomicTransaction." At *7th IEEE/ACIS International Conference on Computer and Information Science* (ICIS), May 2008. *doi:10.1109/ICIS.2008.75*

[77] James E. Johnson, David E. Langworthy, Leslie Lamport, and Friedrich H. Vogt. "Formal Specification of a Web Services Protocol." At *1st International Workshop on Web Services and Formal Methods* (WS-FM), February 2004. *doi:10.1016/j.entcs.2004.02.022*

[78] Jim Gray. "The Transaction Concept: Virtues and Limitations." At *7th International Conference on Very Large Data Bases* (VLDB), September 1981.

[79] Dale Skeen. "Nonblocking Commit Protocols." At *ACM International Conference on Management of Data* (SIGMOD), April 1981. *doi:10.1145/582318.582339*

[80] Gregor Hohpe. "Your Coffee Shop Doesn't Use Two-Phase Commit." *IEEE Software*, volume 22, issue 2, pages 64–66, March 2005. *doi:10.1109/MS.2005.52*

[81] Pat Helland. “Life Beyond Distributed Transactions: An Apostate's Opinion.” At *3rd Biennial Conference on Innovative Data Systems Research* (CIDR), January 2007. Archived at *perma.cc/FC4F-AHGH*

[82] Jonathan Oliver. “My Beef with MSDTC and Two-Phase Commits.” *blog.jonathanoliver.com*, April 2011. Archived at *perma.cc/K8HF-Z4EN*

[83] Oren Eini (Ahende Rahien). “The Fallacy of Distributed Transactions.” *ayende.com*, July 2014. Archived at *perma.cc/VB87-2JEF*

[84] Clemens Vasters. “Transactions in Windows Azure (with Service Bus)—An Email Discussion.” *learn.microsoft.com*, July 2012. Archived at *perma.cc/4EZ9-5SKW*

[85] Ajmer Dhariwal. “Orphaned MSDTC Transactions (-2 spids).” *eraofdata.com*, December 2008. Archived at *perma.cc/YG6F-U34C*

[86] Paul Randal. “Real World Story of DBCC PAGE Saving the Day.” *sqlskills.com*, June 2013. Archived at *perma.cc/2MJN-A5QH*

[87] Guozhang Wang, Lei Chen, Ayusman Dikshit, Jason Gustafson, Boyang Chen, Matthias J. Sax, John Roesler, Sophie Blee-Goldman, Bruno Cadonna, Apurva Mehta, Varun Madan, and Jun Rao. “Consistency and Completeness: Rethinking Distributed Stream Processing in Apache Kafka.” At *ACM International Conference on Management of Data* (SIGMOD), June 2021. *doi:10.1145/3448016.3457556*

CAPÍTULO 9

El problema de los sistemas distribuidos

Los accidentes son cosas curiosas. Nunca los tienes hasta que los tienes.

—A. A. Milne, *The House at Pooh Corner* (1928)

Como se explica en "Fiabilidad y tolerancia a fallos" en la página 48, para que un sistema sea confiable hay que asegurarse de que el sistema en su conjunto siga funcionando, incluso cuando las cosas salen mal (es decir, cuando hay un fallo). Sin embargo, anticipar todos los fallos posibles y gestionarlos no es tan fácil. Como desarrollador, es muy tentador centrarse principalmente en el camino feliz (al fin y al cabo, ¡la mayoría de las veces todo funciona bien!) y descuidar los fallos, ya que introducen muchos casos extremos.

Si quieres que tu sistema sea confiable en presencia de fallas, tienes que cambiar radicalmente tu mentalidad y centrarte en lo que podría salir mal, aunque sea poco probable. No importa si solo hay una posibilidad entre un millón; en un sistema lo suficientemente grande, los eventos de una entre un millón ocurren todos los días. Los operadores de sistemas con experiencia te dirán que todo lo que *puede* salir mal, *saldrá* mal.

Trabajar con sistemas distribuidos también es fundamentalmente diferente a escribir software en una única computadora, siendo la principal diferencia que las cosas pueden salir mal de muchas formas nuevas y emocionantes 1, 2]. En este capítulo, obtendrás una idea de los problemas que surgen en la práctica y comprenderás en qué puedes confiar y en qué no.

Para comprender los retos a los que nos enfrentamos, aumentaremos nuestro pesimismo al máximo y exploraremos los muchos tipos de cosas que pueden salir mal en un sistema distribuido, incluidos los problemas con las redes, así como los relojes y las cuestiones de sincronización. Las consecuencias de todos estos problemas son desorientadoras, por lo que también exploraremos cómo pensar sobre el estado de un sistema distribuido y cómo razonar sobre las cosas que han sucedido. En Capítulo 10, veremos algunos ejemplos de cómo podemos lograr la tolerancia a fallos ante estos eventos.

Fallos y fallos parciales

Cuando escribes un programa en una sola computadora, normalmente se comporta de una manera bastante predecible: o funciona o no funciona. El software con errores puede dar la impresión de que la computadora a veces "tiene un mal día" (un problema que a menudo se soluciona reiniciándola), pero en la mayoría de los casos se trata simplemente de una consecuencia de un software mal escrito.

No hay ninguna razón fundamental por la que el software de una sola computadora deba ser inestable. Cuando el hardware funciona correctamente, la misma operación siempre produce el mismo resultado (es *determinista*). Si hay un problema de hardware (por ejemplo, corrupción de la memoria o un conector suelto), la consecuencia suele ser un fallo total del sistema (por ejemplo, pánico del núcleo, "pantalla azul de la muerte", fallo al arrancar). Un ordenador individual con buen software suele estar totalmente funcional o completamente averiado, pero no hay término medio.

Esta es una elección deliberada en el diseño de las computadoras. Si se produce un fallo interno, preferimos que la computadora se bloquee por completo en lugar de devolver un resultado erróneo, ya que los resultados erróneos son difíciles y confusos de manejar. Por lo tanto, las computadoras ocultan la realidad física difusa en la que se implementan y presentan un modelo de sistema idealizado que funciona con perfección matemática. Una instrucción de la CPU siempre hace lo mismo; si escribes algunos datos en la memoria o en el disco, esos datos permanecen intactos y no se corrompen aleatoriamente. Como se explica en "Fallos de hardware y software" en la página 49, esto no es realmente cierto: en realidad, los datos se corrompen silenciosamente y las CPU a veces devuelven silenciosamente un resultado erróneo, pero ocurre con tan poca frecuencia que podemos ignorarlo.

Cuando escribes software que se ejecuta en varios ordenadores conectados por una red, la situación es fundamentalmente diferente. En los sistemas distribuidos, los fallos se producen con mucha más frecuencia, por lo que ya no podemos ignorarlos: no tenemos más remedio que afrontar la complicada realidad del mundo físico. Y en el mundo físico, pueden salir mal muchas cosas, como ilustra esta anécdota [3]:

> En mi limitada experiencia, he tenido que lidiar con particiones de red de larga duración en un único centro de datos (DC), fallos de PDU [unidades de distribución de energía], fallos de conmutadores, ciclos de energía accidentales de racks completos, fallos de la red troncal de todo el DC, fallos de energía de todo el DC y un conductor hipoglucémico que estrelló su camioneta Ford contra el sistema de climatización [calefacción, ventilación y aire acondicionado] de un DC. Y ni siquiera soy un operador.
>
> —Coda Hale

En un sistema distribuido, es muy posible que algunas partes del sistema se estropeen de forma imprevisible, aunque otras partes del sistema funcionen correctamente. Esto se conoce como *fallo parcial*. La dificultad radica en que los fallos parciales son *no deterministas*: si intentas hacer cualquier cosa que implique múltiples nodos y la red, a veces puede funcionar y otras veces puede fallar de forma impredecible. Como veremos, ¡es posible que ni siquiera *sepas* si algo ha salido bien!

Este no determinismo y la posibilidad de fallos parciales es lo que hace que los sistemas distribuidos sean difíciles de manejar [4]. Por otro lado, si un sistema distribuido puede tolerar fallos parciales, eso abre poderosas posibilidades; por ejemplo, significa que podemos realizar una actualización continua, reiniciando un nodo a la vez para instalar actualizaciones de software mientras el sistema en su conjunto sigue funcionando sin interrupciones. Por lo tanto, la tolerancia a fallos nos permite hacer que los sistemas distribuidos sean más confiables que los sistemas de un solo nodo; podemos construir un sistema confiable a partir de componentes poco confiables.

Pero antes de poder implementar la tolerancia a fallos, necesitamos saber más sobre los fallos que se supone que debemos tolerar. Es importante tener en cuenta una amplia gama de posibles fallos, incluso los bastante improbables, y crear artificialmente esas situaciones en tu entorno de pruebas para ver qué sucede. En los sistemas distribuidos, la sospecha, el pesimismo y la paranoia dan sus frutos.

Redes poco confiables

En el pasado, las computadoras más antiguas, como las mainframes, se hacían confiables asegurando que los componentes individuales fueran redundantes, por ejemplo, empleando RAID para soportar fallas de discos individuales. Como se explica en "Arquitecturas de memoria compartida, disco compartido y nada compartido" en la página 57, los sistemas distribuidos en los que nos centramos en este libro son en su mayoría *sistemas sin nada compartido*: un conjunto de máquinas conectadas por una red. En lugar de tener redundancia de componentes dentro de una sola máquina, los sistemas sin nada compartido utilizan la replicación entre máquinas separadas para lograr la redundancia. La red es la única forma en que estas máquinas pueden comunicarse. Suponemos que cada máquina tiene su propia memoria y disco, y que una máquina no puede acceder a la memoria o al disco de otra máquina (excepto mediante solicitudes a un servicio a través de la red). Incluso cuando el almacenamiento es compartido, como en el caso del almacenamiento de objetos, las máquinas se comunican con los servicios de almacenamiento compartido a través de la red.

Internet y la mayoría de las redes internas de los centros de datos (a menudo Ethernet) son *redes de paquetes asíncronas*. En este tipo de red, un nodo puede enviar un mensaje (un paquete) a otro nodo, pero la red no ofrece garantías sobre cuándo llegará o si llegará. Si envías una solicitud y esperas una respuesta, pueden ocurrir muchas cosas (algunas de las cuales se ilustran en Figura 9-1):

- Es posible que tu solicitud se haya perdido (quizás alguien desconectó un cable de red).
- Tu solicitud puede estar esperando en una cola y se entregará más tarde (quizás la red o el destinatario estén sobrecargados).
- El nodo remoto puede haber fallado (quizás se ha bloqueado o se ha apagado).
- El nodo remoto puede haber dejado de responder temporalmente (quizás esté experimentando una larga pausa GC; consulta "Pausas en los procesos" en la página 405), pero volverá a responder más tarde.
- El nodo remoto puede haber procesado tu solicitud, pero la respuesta se ha perdido en la red (quizás un conmutador de red se ha configurado incorrectamente).
- El nodo remoto puede haber procesado tu solicitud, pero la respuesta se ha retrasado y se entregará más tarde (quizás la red o tu propia máquina están sobrecargadas).

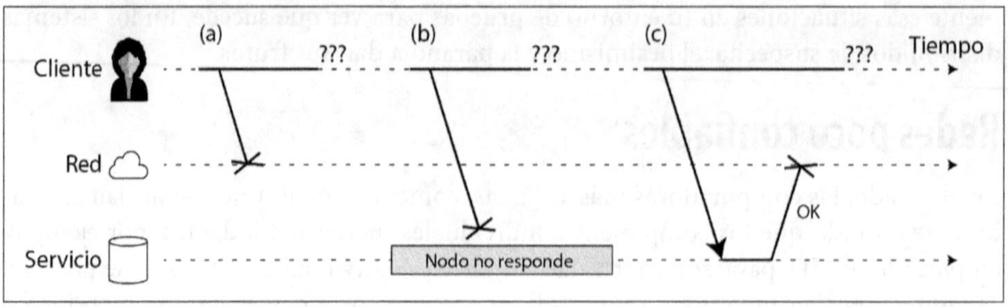

Figura 9-1. Si envías una solicitud y no obtienes respuesta, no es posible distinguir si (a) la solicitud se ha perdido, (b) el nodo remoto está caído o (c) la respuesta se ha perdido.

El remitente ni siquiera puede saber si el paquete se ha entregado. La única opción es que el destinatario envíe un mensaje de respuesta, que a su vez puede perderse o retrasarse. Estos problemas son indistinguibles en una red asíncrona; la única información que tienes es que aún no has recibido una respuesta. Si envías una solicitud a otro nodo y no recibes una respuesta, es *imposible* saber por qué.

La forma habitual de manejar este problema es un *tiempo de espera*: después de un tiempo, dejas de esperar y asumes que la respuesta no va a llegar. Sin embargo, cuando se produce un tiempo de espera, sigues sin saber si el nodo remoto recibió tu solicitud (y si la solicitud sigue en la cola en algún lugar, es posible que aún se entregue al destinatario, incluso si has renunciado a esa posibilidad).

Las limitaciones de TCP

Los paquetes de la red de tienen un tamaño máximo (generalmente unos pocos kilobytes), pero muchas aplicaciones necesitan enviar mensajes (solicitudes, respuestas) que son demasiado grandes para caber en un solo paquete. Estas aplicaciones suelen utilizar el TCP, el Protocolo de Control de Transmisión, para establecer una *conexión* que divide los grandes flujos de datos en paquetes individuales y los vuelve a unir en el lado receptor.

> La mayor parte de de lo que decimos sobre TCP se aplica también a su alternativa más reciente, QUIC, así como al Protocolo de transmisión de control de flujo (SCTP) utilizado en WebRTC, el protocolo uTP de BitTorrent y otros protocolos de transporte. Para una comparación con UDP, consulta TCP frente a UDP en la página 391.

A menudo se dice que el TCP proporciona una entrega "fiable", en el sentido de que detecta y retransmite los paquetes perdidos, detecta los paquetes reordenados y los vuelve a colocar en el orden correcto, y detecta la corrupción de paquetes mediante una simple suma de comprobación. También calcula la velocidad a la que puede enviar los datos para que se transfieran lo más rápido posible, pero sin sobrecargar la red o el nodo receptor; esto se conoce como *control de congestión*, *control de flujo* o *contrapresión* [5].

Cuando "envías" datos escribiéndolos en un socket, no se envían inmediatamente, sino que se colocan en un búfer gestionado por tu sistema operativo. Cuando el algoritmo de control de congestión decide que tiene capacidad para enviar un paquete, toma los datos del siguiente paquete de ese búfer y los pasa a la interfaz de red. El paquete pasa por varios conmutadores y enrutadores, y finalmente el sistema operativo del nodo receptor coloca los datos del paquete en un búfer de recepción y envía un paquete de acuse de recibo al remitente. Solo entonces el sistema operativo receptor notifica a la aplicación que han llegado más datos [6].

Entonces, si el TCP proporciona "fiabilidad", ¿significa eso que ya no tenemos que preocuparnos por la falta de fiabilidad de las redes? Por desgracia, no. El TCP decide que un paquete se ha perdido si no llega ningún acuse de recibo en un plazo determinado, pero no puede saber si se ha perdido el paquete saliente o el acuse de recibo. Aunque puede reenviar el paquete, no puede garantizar que el nuevo paquete llegue a su destino (si el cable de red está desconectado, por ejemplo, TCP no puede volver a conectarlo por ti). Finalmente, tras un tiempo de espera configurable, se da por vencido y señala un error a la aplicación. Las capacidades de deduplicación y retransmisión de TCP solo se aplican a una única conexión, por lo que si la aplicación se vuelve a conecta y retransmite, los datos podrían duplicarse.

Si una conexión TCP se cierra con un error, tal vez porque el nodo remoto se ha bloqueado o la red se ha interrumpido, lamentablemente no hay forma de saber cuántos datos ha procesado realmente el nodo remoto [6]. Incluso si recibes una confirmación de que se ha entregado un paquete, esto solo significa que el núcleo del sistema operativo del nodo remoto lo ha recibido; es posible que la aplicación se haya bloqueado antes de gestionar esos datos. Si quieres asegurarte de que una solicitud se ha realizado correctamente, necesitas una respuesta positiva de la propia aplicación [7].

No obstante, TCP es muy útil porque proporciona una forma cómoda de enviar y recibir mensajes que son demasiado grandes para caber en un solo paquete. Una vez establecida una conexión TCP, también puedes utilizarla para enviar múltiples solicitudes y respuestas. Esto se suele hacer enviando primero un encabezado que indica la longitud del mensaje siguiente en bytes, seguido del mensaje propiamente dicho. HTTP y muchos protocolos RPC (consulta "Flujo de datos a través de servicios: REST y RPC" en la página 198) funcionan así.

Fallos de red en la práctica

Llevamos décadas construyendo redes informáticas, por lo que cabría esperar que a estas alturas ya hubiéramos descubierto cómo hacerlas fiables. Por desgracia, aún no lo hemos conseguido. Algunos estudios sistemáticos y numerosas pruebas anecdóticas demuestran que los problemas de red son sorprendentemente comunes, incluso en entornos controlados como un centro de datos operado por una sola empresa [8]:

- Un estudio realizado en un centro de datos de tamaño medio encontró alrededor de 12 fallos de red al mes, de los cuales la mitad desconectaban una sola máquina y la otra mitad desconectaban todo un rack [9].
- Otro estudio midió las tasas de fallo de componentes como los conmutadores de rack, los conmutadores de agregación y los equilibradores de carga [10]. Descubrió que añadir equipos de red redundantes no reduce los fallos tanto como cabría esperar, ya que no protege contra los errores humanos (por ejemplo, conmutadores mal configurados), que son una de las principales causas de las interrupciones del servicio.
- Las interrupciones de los enlaces de fibra de área amplia se han atribuido a vacas [11], castores [12] y tiburones [13] (aunque las mordeduras de tiburón se han vuelto más raras gracias a un mejor blindaje de los cables submarinos [14]). Los seres humanos también suelen ser los culpables, ya sea por una configuración errónea accidental [15], por hurto [16] o por sabotaje [17].
- En todas las regiones de la nube, se han observado tiempos de ida y vuelta de hasta varios *minutos* en percentiles altos [18, Tabla 3]. Incluso dentro de un mismo centro de datos, puede producirse un retraso de paquetes de más de un

minuto durante una reconfiguración de la topología de la red, provocada por un problema durante la actualización del software de un conmutador [19]. Por lo tanto, debemos asumir que los mensajes pueden retrasarse de forma arbitraria.

- A veces, las comunicaciones se interrumpen parcialmente, dependiendo de con quién estés hablando; por ejemplo, A y B pueden comunicarse, y B y C pueden comunicarse, pero A y C no pueden [20, 21]. Otros fallos sorprendentes incluyen una interfaz de red que a veces descarta todos los paquetes entrantes, pero envía paquetes salientes con éxito [22]. El hecho de que un enlace de red funcione en una dirección no garantiza que también funcione en la dirección opuesta.
- Incluso una breve interrupción de la red puede tener repercusiones que duren mucho más que el problema original [8, 20, 23].

Incluso si los fallos de red son poco frecuentes en tu entorno, el hecho de que *puedan* producirse significa que tu software debe ser capaz de gestionarlos. Siempre que se produce una comunicación a través de una red, puede fallar, no hay forma de evitarlo.

> **Particiones de red**
>
> El término *partición de red*, o *netsplit*, se utiliza a veces cuando una parte de la red se desconecta del resto debido a un fallo de red. Sin embargo, esto no es fundamentalmente diferente de otros tipos de interrupción de la red. Las particiones de red no están relacionadas con el fragmentado de un sistema de almacenamiento, que a veces también se denomina *partición* (consulta Capítulo 7).

Si no se define y prueba el manejo de errores de fallas de red, podrían ocurrir cosas arbitrariamente malas, por ejemplo, el clúster podría quedar bloqueado y ser incapaz de atender solicitudes de forma permanente, incluso cuando la red se recupere [24], o podría borrar potencialmente todos tus datos [25]. Si el software se encuentra en una situación imprevista, puede hacer cosas arbitrarias e inesperadas.

Gestionar los fallos de red no significa necesariamente *tolerarlos*. Si tu red es normalmente bastante fiable, un enfoque válido puede ser simplemente mostrar un mensaje de error a los usuarios mientras tu red experimenta problemas. Sin embargo, es necesario que sepas cómo reacciona tu software ante los problemas de red y te asegures de que el sistema puede recuperarse de ellos. Puede tener sentido provocar deliberadamente problemas de red y probar la respuesta del sistema (consulta "Inyección de fallos" en la página 426).

Detección de fallos

Muchos sistemas necesitan detectar automáticamente los nodos defectuosos. Por ejemplo:

- Un equilibrador de carga debe dejar de enviar solicitudes a un nodo que está inactivo (es decir, sacarlo *de la rotación*).
- En una base de datos distribuida con replicación de líder único, si el líder falla, uno de los seguidores debe ser ascendido a nuevo líder (véase "Gestión de las interrupciones de los nodos" en la página 224).

Desafortunadamente, la incertidumbre sobre la red hace que sea difícil saber si un nodo está funcionando. En circunstancias específicas, es posible que recibas comentarios que te indiquen explícitamente que algo no está funcionando:

- Si puedes acceder a la máquina en la que debería estar ejecutándose el nodo, pero ningún proceso está escuchando en el puerto de destino (por ejemplo, porque el proceso se ha bloqueado), el sistema operativo cerrará o rechazará las conexiones TCP enviando un paquete `RST` o `FIN` como respuesta.
- Si un proceso del nodo se bloquea (o es eliminado por un administrador), pero el sistema operativo del nodo sigue funcionando, un script puede notificar a otros nodos sobre el bloqueo para que otro nodo pueda tomar el control rápidamente sin tener que esperar a que expire el tiempo de espera. Por ejemplo, HBase hace esto [26].
- Si tienes acceso a la interfaz de administración de los conmutadores de red de tu centro de datos, puedes consultarlos para detectar fallos de enlace a nivel de hardware (por ejemplo, si la máquina remota está apagada). Esta opción queda descartada si te conectas a través de Internet, si te encuentras en un centro de datos compartido sin acceso a los propios conmutadores o si no puedes acceder a la interfaz de administración debido a un problema de red.
- Si un enrutador está seguro de que la dirección IP a la que intentas conectarte es inaccesible, puede responderte con un paquete ICMP de destino inaccesible. Sin embargo, el enrutador tampoco tiene una capacidad mágica de detección de fallos, sino que está sujeto a las mismas limitaciones que los demás participantes de la red.

Recibir información rápida sobre la caída de un nodo remoto es útil, pero no puedes confiar en ello. Si algo ha salido mal, es posible que recibas una respuesta de error en algún nivel de la pila, pero en general debes suponer que no recibirás ninguna respuesta. Puedes volver a intentarlo varias veces, esperar a que transcurra el tiempo de espera y, finalmente, declarar el nodo como muerto si no recibes respuesta dentro del tiempo de espera. Dado que el nodo podría estar realmente activo, debes encontrar un equilibrio entre los falsos positivos y los falsos negativos: un tiempo de espera demasiado corto hace que se sospeche erróneamente que los nodos activos están muertos, y un tiempo de espera demasiado largo provoca retrasos innecesarios esperando nodos muertos.

Tiempos de espera y retrasos ilimitados

Si el tiempo de espera es la única forma segura de detectar un fallo, ¿cuánto debe durar? Por desgracia, no hay una respuesta sencilla.

Un tiempo de espera largo implica una larga espera hasta que un nodo se declara muerto (y durante este tiempo, los usuarios pueden tener que esperar o ver mensajes de error). Un tiempo de espera corto detecta los fallos más rápidamente, pero conlleva un mayor riesgo de declarar incorrectamente que un nodo está muerto cuando en realidad solo ha sufrido una ralentización temporal (por ejemplo, debido a un pico de carga en el nodo o en la red).

Declarar prematuramente un nodo como muerto es problemático. Si el nodo está realmente vivo y en medio de la realización de una acción (por ejemplo, enviar un correo electrónico), y otro nodo toma el control, la acción puede terminar realizándose dos veces. Discutiremos este tema con más detalle en "Conocimiento, verdad y mentiras" en la página 410 y en los capítulos 10 y 12.

Cuando se declara muerto un nodo, sus responsabilidades deben transferirse a otros nodos, lo que supone una carga adicional para esos nodos y para la red. Si el sistema ya está luchando con una alta carga, declarar nodos muertos prematuramente puede empeorar el problema. En particular, podría ocurrir que el nodo en realidad no estuviera muerto, sino que solo respondiera lentamente debido a la sobrecarga; transferir su carga a otros nodos puede provocar un fallo en cadena (en el caso extremo, todos los nodos se declaran mutuamente muertos y todo deja de funcionar; consulta Cuando un sistema sobrecargado no se recupera en la página 42).

Imagina un sistema ficticio con una red que garantiza un retraso máximo para los paquetes. Cada paquete se entrega en un tiempo d o se pierde, y la entrega nunca tarda más de d. Además, supongamos que puedes garantizar que un nodo que no ha fallado siempre gestiona una solicitud en un tiempo r. En este caso, podrías garantizar que todas las solicitudes exitosas reciben una respuesta en un tiempo $2d + r$, y si no recibes una respuesta en ese tiempo, sabes que la red o el nodo remoto no funcionan. Si esto fuera cierto, $2d + r$ sería un tiempo de espera razonable.

Desafortunadamente, la mayoría de los sistemas con los que trabajamos no ofrecen ninguna de esas garantías. Las redes asincrónicas tienen *retrasos ilimitados* (intentan entregar los paquetes lo más rápido posible, pero no hay un límite máximo en el tiempo que puede tardar un paquete en llegar), y la mayoría de las implementaciones de servidores no pueden garantizar que puedan gestionar las solicitudes en un tiempo máximo (consulta "Garantizar los tiempos de respuesta" en la página 408). Para la detección de fallos, no basta con que el sistema sea rápido la mayor parte del tiempo: si el tiempo de espera es bajo, basta con un pico transitorio en los tiempos de ida y vuelta para desequilibrar el sistema.

Congestión de la red y colas

Cuando conduces un automóvil, los tiempos de viaje en las redes de carreteras suelen variar mucho debido a la congestión del tráfico. Del mismo modo, la variabilidad de los retrasos de los paquetes en las redes informáticas se debe con mayor frecuencia a las colas [27]:

- Si varios nodos intentan enviar paquetes simultáneamente al mismo destino, el conmutador de red debe ponerlos en cola y introducirlos en el enlace de red de destino uno por uno (como se ilustra en Figura 9-2). En un enlace de red muy transitado, es posible que un paquete tenga que esperar un tiempo hasta que pueda obtener una ranura (esto se denomina *congestión de red*). Si hay tantos datos entrantes que la cola del conmutador se llena, el paquete se descarta, por lo que es necesario reenviarlo, aunque la red funcione correctamente.
- Cuando un paquete llega a la máquina de destino, si todos los núcleos de la CPU o los subprocesos de la aplicación están ocupados en ese momento, el sistema operativo pone en cola la solicitud entrante de la red hasta que la aplicación esté lista para gestionarla. Dependiendo de la carga de la máquina, esto puede llevar un tiempo arbitrario [28].
- En entornos virtualizados, un sistema operativo en ejecución a menudo se pausa durante decenas de milisegundos mientras otra máquina virtual (VM) utiliza un núcleo de CPU. Durante este tiempo, la VM no puede consumir ningún dato de la red, por lo que los datos entrantes son puestos en cola (almacenados en el búfer) por el monitor de la VM [29], lo que aumenta aún más la variabilidad de los retrasos de la red.
- Como se mencionó anteriormente, para evitar sobrecargar la red, el TCP limita la velocidad a la que envía datos. Esto significa una cola adicional en el emisor antes incluso de que los datos entren en la red.

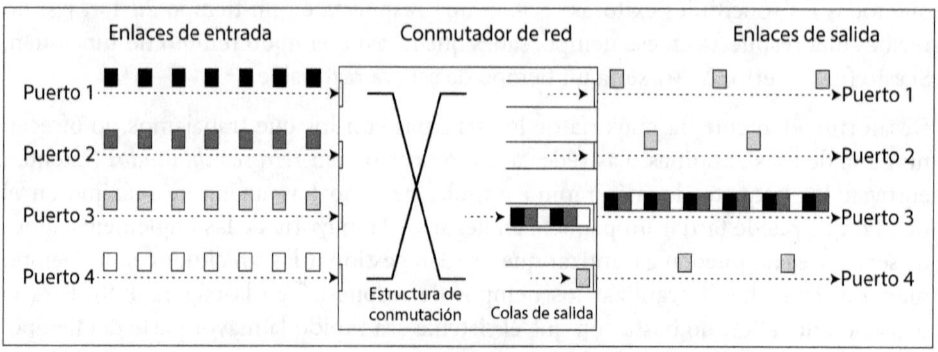

Figura 9-2. Si varias máquinas envían tráfico de red al mismo destino, la cola del conmutador puede llenarse. Aquí, los puertos 1, 2 y 4 están intentando enviar paquetes al puerto 3.

Además, cuando el TCP detecta y retransmite automáticamente un paquete perdido, la aplicación no ve directamente la pérdida del paquete, pero sí ve el retraso resultante (esperar a que expire el tiempo de espera y, a continuación, esperar a que seconfirme el paquete retransmitido).

> ## TCP frente a UDP
>
> Algunas aplicaciones sensibles a la latencia, como las videoconferencias y la voz sobre IP (VoIP), utilizan UDP en lugar de TCP. Esta elección es una compensación entre la fiabilidad y la variabilidad de los retrasos: como UDP no realiza control de flujo y no retransmite los paquetes perdidos, evita algunas de las razones de los retrasos variables de la red (aunque sigue siendo susceptible a las colas de conmutación y a los retrasos de programación).
>
> UDP es una buena opción cuando los datos retrasados no tienen valor. Por ejemplo, en una llamada telefónica VoIP, probablemente no hay tiempo suficiente para retransmitir un paquete perdido antes de que sus datos se reproduzcan por el altavoz. En este caso, no tiene sentido retransmitir el paquete, sino que la aplicación debe llenar el espacio de tiempo del paquete perdido con silencio (lo que provoca una breve interrupción en el sonido) y continuar con la transmisión. El reintento se produce en la capa humana. ("¿Podrías repetir eso, por favor? El sonido se ha cortado un momento").

Variabilidad de los retrasos de la red

Todos estos factores contribuyen a la variabilidad de los retrasos de red. Los retrasos en las colas tienen un alcance especialmente amplio cuando un sistema se acerca a su capacidad máxima. Un sistema con mucha capacidad libre puede agotar fácilmente las colas, mientras que en un sistema muy utilizado, se pueden acumular colas largas muy rápidamente.

En las nubes públicas y los centros de datos multitenant, los recursos se comparten entre muchos clientes. Los enlaces y conmutadores de red, e incluso la interfaz de red y las CPU de cada máquina (cuando se ejecutan en máquinas virtuales), son compartidos. El procesamiento de grandes cantidades de datos puede utilizar toda la capacidad de los enlaces de red (*saturarlos*). Dado que no tienes control ni información sobre el uso que otros clientes hacen de los recursos compartidos, los retrasos de la red pueden ser muy variables si alguien cercano a ti (un *vecino ruidoso*) está utilizando muchos recursos [30, 31].

En tales entornos, solo puedes elegir los tiempos de espera de forma experimental: mide la distribución de los tiempos de ida y vuelta de la red durante un período prolongado y en muchas máquinas para determinar la variabilidad esperada de los retrasos. A continuación, teniendo en cuenta las características de tu aplicación, puedes determinar un equilibrio adecuado entre el retraso en la detección de fallos y el riesgo de tiempos de espera prematuros.

Aún mejor, en lugar de utilizar tiempos de espera constantes configurados, los sistemas pueden medir continuamente los tiempos de respuesta y su variabilidad (*jitter*) y ajustar automáticamente los tiempos de espera de acuerdo con la distribución de tiempos de respuesta observada. El detector de fallos Phi Accrual [32] (que se utiliza, por ejemplo, en Akka y Cassandra [33]), es una forma de hacerlo. Los tiempos de espera de retransmisión TCP funcionan de manera similar [5].

Redes síncronas frente a asíncronas

Los sistemas distribuidos serían mucho más sencillos si pudiéramos confiar en que la red entregara los paquetes con un retraso máximo fijo y no los perdiera. ¿Por qué no podemos resolver esto a nivel de hardware y hacer que la red sea confiable para que el software no tenga que preocuparse por ello?

Para responder a esta pregunta, es interesante comparar las redes de centros de datos con la red telefónica fija tradicional (no celular, no VoIP), que es extremadamente confiable; los retrasos en las tramas de audio y las llamadas perdidas son muy poco frecuentes. Una llamada telefónica requiere una latencia de extremo a extremo constantemente baja y suficiente ancho de banda para transferir las muestras de audio de tu voz. ¿No sería estupendo tener una fiabilidad y previsibilidad similares en las redes informáticas?

Cuando realizas una llamada a través de la red telefónica, se establece un *circuito*: se asigna una cantidad fija y garantizada de ancho de banda para la llamada, a lo largo de toda la ruta entre las dos personas que llaman. Este circuito permanece activo hasta que finaliza la llamada [34]. Por ejemplo, una red RDSI funciona a una velocidad fija de 4,000 tramas por segundo. Cuando se establece una llamada, se le asignan 16 bits de espacio dentro de cada trama (en cada dirección). Así, durante la duración de la llamada, se garantiza que cada parte pueda enviar exactamente 16 bits de datos de audio cada 250 microsegundos [35].

Este tipo de red es *síncrona*: incluso cuando los datos pasan por varios enrutadores, no sufren colas, porque los 16 bits de espacio para la llamada ya se han reservado en el siguiente salto de la red. Y como no hay colas, la latencia máxima de extremo a extremo de la red es fija. A esto lo llamamos un *retraso limitado*.

¿No podemos simplemente hacer que los retrasos de la red sean predecibles?

Ten en cuenta que un circuito en una red telefónica es muy diferente de una conexión TCP. Un circuito tiene una cantidad fija de ancho de banda reservado que nadie más puede utilizar mientras esté establecido, mientras que los paquetes de una conexión TCP utilizan de forma oportunista cualquier ancho de banda de red que esté disponible. Puedes proporcionar a TCP un bloque de datos de tamaño variable (por ejemplo, un correo electrónico o una página web) y este intentará transferirlo en el menor tiempo posible. Mientras una conexión TCP está inactiva, no utiliza ningún ancho de banda (excepto quizás algún paquete ocasional de mantenimiento).

Si las redes de centros de datos e Internet fueran redes con conmutación de circuitos, sería posible establecer un tiempo máximo garantizado de ida y vuelta cuando se configurara un circuito. Sin embargo, no es así. Ethernet e IP son protocolos con conmutación de paquetes, que sufren colas y, por lo tanto, retrasos ilimitados en la red. Estos protocolos no tienen el concepto de circuito.

¿Por qué las redes de centros de datos e Internet utilizan la conmutación de paquetes? La respuesta es que están optimizadas para *el tráfico intermitente*. Un circuito es bueno para una llamada de audio o vídeo, que necesita transferir un número bastante constante de bits por segundo durante toda la llamada. Por otro lado, solicitar una página web, enviar un correo electrónico o transferir un archivo no tiene ningún requisito particular de ancho de banda: solo queremos que se complete lo más rápido posible.

Si quisieras transferir un archivo a través de un circuito, tendrías que adivinar la asignación de ancho de banda. Si tu estimación es demasiado baja, la transferencia será innecesariamente lenta, dejando sin utilizar la capacidad de la red. Si tu estimación es demasiado alta, no se podrá establecer el circuito (porque la red no puede permitir que se cree un circuito si no se puede garantizar su asignación de ancho de banda). Por el contrario, el TCP adapta dinámicamente la velocidad de transferencia de datos a la capacidad disponible de la red.

Latencia y utilización de recursos

En términos más generales, puedes considerar los retrasos variables como una consecuencia de la partición dinámica de recursos.

Supongamos que tienes un cable (o fibra) entre dos conmutadores telefónicos que puede transportar hasta 10,000 llamadas simultáneas. Cada circuito que se conmuta a través de este cable ocupa una de esas ranuras de llamada. Por lo tanto, puedes considerar el cable como un recurso que pueden compartir hasta 10,000 usuarios simultáneos. El recurso se divide de forma *estática*: incluso si tú eres la única llamada en el cable en ese momento y las otras 9,999 ranuras están sin usar, a tu circuito se le sigue asignando la misma cantidad fija de ancho de banda que cuando el cable se utiliza por completo.

Por el contrario, Internet comparte el ancho de banda de la red *de forma dinámica*. Los remitentes se empujan y se pelean entre sí para que sus paquetes lleguen al cable lo más rápido posible, y los conmutadores de red deciden qué paquete enviar (es decir, la asignación de ancho de banda) en cada momento. Este enfoque tiene la desventaja de las colas, pero la ventaja es que maximiza la utilización del cable. El cable tiene un costo fijo, por lo que si lo utilizas mejor, cada byte que envías a través de él es más barato.

Una situación similar se da con las CPU. Si compartes cada núcleo de la CPU de forma dinámica entre varios subprocesos, a veces un subproceso tiene que esperar en la cola de ejecución del sistema operativo mientras se ejecuta otro subproceso, por lo que un subproceso puede quedar en pausa durante períodos de tiempo variables [36]. Sin embargo, esto utiliza el hardware mejor que si asignaras un número estático de ciclos de CPU a cada subproceso (consulta "Garantizar los tiempos de respuesta" en la página 408). Una mejor utilización del hardware es también la razón por la que las plataformas en la nube ejecutan varias máquinas virtuales de diferentes clientes en la misma máquina física.

Las garantías de latencia se pueden lograr en determinados entornos, si los recursos se particionan de forma estática (por ejemplo, hardware dedicado y asignaciones de ancho de banda exclusivas). Sin embargo, estas garantías tienen el costo de una menor utilización, es decir, son más caras. Por otro lado, la multitenencia con partición dinámica de recursos proporciona una mejor utilización, por lo que es más barata, pero tiene el inconveniente de los retrasos variables.

Los retrasos variables en las redes no son una ley de la naturaleza, sino simplemente el resultado de una compensación entre costo y beneficio.

Combinación de conmutación de circuitos y conmutación de paquetes

Se han realizado algunos intentos de construir redes híbridas que admitan tanto la conmutación de circuitos como la conmutación de paquetes. *El modo de transferencia asíncrona* (ATM) fue un competidor de Ethernet en la década de 1980, pero no tuvo mucha aceptación fuera de los conmutadores centrales de las redes telefónicas. InfiniBand tiene algunas similitudes [37]: implementa el control de flujo de extremo a extremo en la capa de enlace, lo que reduce la necesidad de colas en la red, aunque todavía puede sufrir retrasos debido a la congestión del enlace [38].

Con un uso cuidadoso de los mecanismos de *calidad de servicio* (QoS), como la priorización y programación de paquetes de y *el control de admisión* (limitadores de velocidad de los remitentes), es posible emular la conmutación de circuitos en redes de paquetes o proporcionar un retraso estadísticamente limitado [27, 34]. Los nuevos algoritmos de red, como *Low Latency, Low Loss y Scalable Throughput* (L4S), intentan mitigar algunos de los problemas de control de colas y congestión tanto a nivel de cliente como de enrutador. El controlador de tráfico (TC) de Linux también permite a las aplicaciones reordenar la prioridad de los paquetes con fines de QoS.

Sin embargo, estos mecanismos de calidad de servicio no están habilitados actualmente en los centros de datos multitenant y las nubes públicas, ni cuando se comunica a través de Internet. La tecnología desplegada actualmente no nos permite ofrecer ninguna garantía sobre los retrasos o la fiabilidad de la red; tenemos que asumir que se producirán congestiones de red, colas y retrasos ilimitados. Por consiguiente, no existe un valor "correcto" para los tiempos de espera, sino que deben determinarse experimentalmente.

Los acuerdos de interconexión entre proveedores de servicios de Internet y el establecimiento de rutas a través del Protocolo de puerta de enlace fronteriza (BGP) de se parecen más a la conmutación de circuitos que al enrutamiento típico de paquetes IP. En este nivel, es posible comprar ancho de banda dedicado. Dicho esto, el enrutamiento de Internet opera a nivel de redes, no de conexiones individuales entre hosts, y en una escala de tiempo mucho más larga.

Relojes poco confiables

Los relojes y el tiempo son importantes. Las aplicaciones dependen de los relojes de diversas maneras, para responder a preguntas como las siguientes:

1. ¿Ya ha expirado esta solicitud?
2. ¿Cuál es el tiempo de respuesta del percentil 99 de este servicio?
3. ¿Cuántas consultas por segundo ha gestionado este servicio de media en los últimos cinco minutos?
4. ¿Cuánto tiempo pasó el usuario en nuestro sitio?
5. ¿Cuándo se publicó este artículo?
6. ¿En qué fecha y hora se debe enviar el correo electrónico de recordatorio?
7. ¿Cuándo caduca esta entrada de caché?
8. ¿Cuál es la marca de tiempo de este mensaje de error en el archivo de registro?

Las preguntas 1 a 4 miden *duraciones* (por ejemplo, el intervalo de tiempo entre el envío de una solicitud y la recepción de una respuesta), mientras que las preguntas 5 a 8 describen *momentos concretos* (eventos que ocurren en una fecha determinada, a una hora determinada).

En un sistema distribuido, el tiempo es un asunto complicado, porque la comunicación no es instantánea; el mensaje tarda en viajar a través de la red de una máquina a otra. El momento en que se recibe un mensaje es siempre posterior al momento en que se envía, pero debido a los retrasos variables en la red, no sabemos cuánto más tarde. Este hecho a veces dificulta determinar el orden en que ocurrieron las cosas cuando hay varias máquinas involucradas.

Además, cada máquina de la red tiene su propio reloj, que es un dispositivo de hardware, normalmente un oscilador de cristal de cuarzo. Estos dispositivos no son perfectamente precisos, por lo que cada máquina tiene su propia noción del tiempo, que puede ser ligeramente más rápida o más lenta que la de otras máquinas. Es posible sincronizar los relojes hasta cierto punto; el mecanismo más utilizado es el Protocolo de tiempo de red (NTP), que permite ajustar el reloj de la computadora según la hora indicada por un grupo de servidores [39]. A su vez, los servidores obtienen la hora de una fuente más precisa, como un receptor GPS.

Relojes monotónicos frente a relojes de hora del día

Las computadoras modernas tienen al menos dos tipos de relojes: un reloj de hora del día y un reloj monotónico. Aunque ambos miden el tiempo, es importante distinguirlos, ya que tienen fines diferentes.

Relojes con hora del día

Un *reloj de hora del día* hace lo que intuitivamente esperas de un reloj: devuelve la fecha y la hora actuales según un calendario (también conocido como *hora del reloj de pared*). Por ejemplo, `clock_gettime(CLOCK_REALTIME)` en Linux y `System.currentTimeMillis` en Java devuelven el número de segundos (o milisegundos) desde la *época*, definida como la medianoche UTC del 1 de enero de 1970, según el calendario gregoriano, sin contar los segundos intercalares. Algunos sistemas utilizan otras fechas como punto de referencia. (Aunque el reloj de Linux se denomina *en tiempo real*, no tiene nada que ver con los sistemas operativos en tiempo real, como se explica en "Garantizar los tiempos de respuesta" en la página 408).

Los relojes de hora del día suelen sincronizarse con NTP, lo que significa que una marca de tiempo de una máquina (idealmente) significa lo mismo que una marca de tiempo en otra máquina. Sin embargo, los relojes de hora del día también tienen varias peculiaridades, como se describe en la siguiente sección. En particular, si el reloj local está demasiado adelantado respecto al servidor NTP, puede que se reinicie de forma forzada y parezca que retrocede a un punto anterior en el tiempo. Estos saltos, así como otros similares causados por los segundos intercalares, hacen que los relojes de hora del día no sean adecuados para medir el tiempo transcurrido [40].

Los relojes de hora del día también pueden experimentar saltos debido al inicio y el final del horario de verano (DST), aunque estos se pueden evitar utilizando siempre UTC como zona horaria, que no tiene horario de verano. Históricamente, estos relojes tenían una resolución bastante gruesa (por ejemplo, avanzaban en pasos de 10 ms en los sistemas Windows más antiguos [41]). En los sistemas recientes, esto es menos problemático.

Relojes monotónicos

Un *reloj monotónico* es adecuado para medir una duración (intervalo de tiempo), como un tiempo de espera o el tiempo de respuesta de un servicio; `clock_gettime(CLOCK_MONOTONIC)` o `clock_gettime(CLOCK_BOOTTIME)` en Linux [42] y

`System.nanoTime` en Java, por ejemplo, miden el tiempo utilizando un reloj monotónico. El nombre proviene del hecho de que este tipo de reloj garantiza que siempre avanza (mientras que un reloj con la hora del día puede retroceder en el tiempo).

Puedes comprobar el valor de un reloj monotónico en un momento dado, hacer algo y luego volver a comprobar el reloj más tarde. *La diferencia* entre los dos valores te indica cuánto tiempo ha transcurrido entre las dos comprobaciones, más como un cronómetro que como un reloj de pared. Sin embargo, el *valor* absoluto del reloj no tiene sentido; podría ser el número de nanosegundos desde que se encendió la computadora o algo igualmente arbitrario. En particular, no tiene sentido comparar los valores de los relojes monotónicos de dos computadoras, porque no significan lo mismo.

En un servidor con varios zócalos de CPU, puede haber un temporizador independiente por cada CPU, que no está necesariamente sincronizado con las demás CPU [43]. Los sistemas operativos compensan cualquier discrepancia e intentan presentar una visión monótona del reloj a los subprocesos de las aplicaciones, incluso cuando se programan en varias CPU. Sin embargo, es aconsejable tomar esta garantía de monotonía con cautela [44].

El NTP puede ajustar la frecuencia a la que avanza el reloj monótono (lo que se conoce como *desviación* del reloj) si detecta que el cuarzo local del ordenador se mueve más rápido o más lento que el servidor NTP. Por defecto, el NTP permite acelerar o ralentizar la velocidad del reloj hasta un 0.05%, pero no puede hacer que el reloj monótono salte hacia adelante o hacia atrás. La resolución de los relojes monotónicos suele ser bastante buena: en la mayoría de los sistemas pueden medir intervalos de tiempo en microsegundos o menos.

En un sistema distribuido, el uso de un reloj monotónico para medir el tiempo transcurrido (por ejemplo, los tiempos de espera) suele ser adecuado, ya que no supone ninguna sincronización entre los relojes de los diferentes nodos y no es sensible a ligeras imprecisiones en la medición.

Sincronización y precisión del reloj

Los relojes monotónicos no requieren sincronización, pero los relojes de hora del día deben ajustarse según un servidor NTP u otra fuente de tiempo externa para que sean útiles. Desafortunadamente, nuestros métodos para lograr que un reloj marque la hora correcta no son tan confiables o precisos como te gustaría: los relojes de hardware y el NTP pueden ser muy inestables. Por citar solo algunos ejemplos:

- El reloj de cuarzo de un ordenador típico no es muy preciso: se *desvía* (funciona más rápido o más lento de lo que debería). La desviación del reloj varía en función de la temperatura de la máquina. Google asume una desviación del reloj de hasta 200 ppm (partes por millón) para sus servidores [45], lo que equivale a una desviación de 6 ms para un reloj que se resincroniza con un servidor cada 30 segundos, o una desviación de 17 segundos para un reloj que se resincroniza una vez al día. Esta desviación limita la mejor precisión posible que se puede alcanzar, incluso si todo funciona correctamente.

- Si el reloj de una computadora difiere demasiado del servidor NTP, es posible que se niegue a sincronizarse o se reinicie de forma forzada [39]. Cualquier aplicación que observe la hora antes y después de este reinicio puede ver que el tiempo retrocede o avanza repentinamente.
- Si un nodo queda accidentalmente aislado de los servidores NTP por un cortafuegos, la configuración errónea puede pasar desapercibida durante algún tiempo, durante el cual la desviación puede acumularse y dar lugar a grandes discrepancias entre ese reloj y los de otros nodos. Hay pruebas anecdóticas que sugieren que esto ocurre en la práctica.
- La sincronización NTP solo puede ser tan buena como el retraso de la red, por lo que su precisión es limitada cuando se está en una red congestionada con retrasos variables en los paquetes. Un experimento demostró que se puede alcanzar un error mínimo de 35 ms al sincronizar a través de Internet [46], aunque los picos ocasionales en el retraso de la red pueden provocar errores de alrededor de un segundo. Dependiendo de la configuración, los grandes retrasos en la red pueden hacer que el cliente NTP se rinda por completo.
- Algunos servidores NTP son incorrectos o están mal configurados, y reportan una hora que difiere en horas [47, 48]. Los clientes NTP mitigan estos errores consultando varios servidores e ignorando los valores atípicos. Sin embargo, es algo preocupante apostar por la corrección de tus sistemas basándote en la hora que te ha dado un desconocido en Internet.
- Los segundos intercalares dan lugar a minutos de 59 o 61 segundos de duración, lo que altera las suposiciones de sincronización en sistemas que no están diseñados teniendo en cuenta los segundos intercalares [49]. El hecho de que los segundos intercalares hayan colapsado muchos sistemas grandes [40, 50] demuestra lo fácil que es que se cuelen en un sistema suposiciones incorrectas sobre los relojes. La mejor manera de manejar los segundos intercalares puede ser hacer que los servidores NTP "mientan", realizando el ajuste del segundo intercalar gradualmente a lo largo del día (esto se conoce como *smearing o difuminado*) [51, 52], aunque el comportamiento real de los servidores NTP varía en la práctica [53]. A partir de 2035 ya no se utilizarán segundos intercalares, por lo que, afortunadamente, este problema desaparecerá.
- En las máquinas virtuales, el reloj del hardware está virtualizado, lo que plantea retos adicionales para las aplicaciones que necesitan una medición precisa del tiempo [54]. Cuando un núcleo de CPU se comparte entre máquinas virtuales, cada máquina virtual se detiene durante decenas de milisegundos mientras se

ejecuta otra máquina virtual. Desde el punto de vista de la aplicación, esta pausa se manifiesta como un salto repentino del reloj cuando la máquina virtual continúa funcionando [29]. Un cliente NTP que se ejecuta dentro de la máquina virtual no sabe cuándo se produce una pausa, por lo que puede informar incorrectamente de la precisión del reloj [55].

- Si ejecutas software en dispositivos que no controlas por completo (por ejemplo, dispositivos móviles o integrados), probablemente no puedas confiar en absoluto en sus relojes de hardware. Algunos usuarios configuran deliberadamente el reloj de hardware de su dispositivo con una fecha y hora incorrectas, por ejemplo, para hacer trampa en los juegos [56]. Como resultado, el reloj podría estar configurado con una hora muy inexacta.

Es posible lograr una muy buena precisión del reloj si te preocupas lo suficiente como para invertir recursos significativos. Por ejemplo, la normativa europea MiFID II para instituciones financieras exige que todos los fondos de negociación de alta frecuencia sincronicen sus relojes con una precisión de 100 microsegundos respecto al UTC, con el fin de ayudar a depurar anomalías del mercado como los "flash crashes" y ayudar a detectar la manipulación del mercado [57].

Esta precisión se puede lograr con hardware especial (receptores GPS y/o relojes atómicos), el Protocolo de Tiempo de Precisión (PTP) y una implementación y supervisión cuidadosas [58, 59]. Confiar únicamente en el GPS puede ser arriesgado, ya que las señales GPS pueden interferirse fácilmente. En algunos lugares (por ejemplo, cerca de instalaciones militares), esto ocurre con frecuencia [60]. Algunos proveedores de servicios en la nube han comenzado a ofrecer sincronización de reloj de alta precisión para sus máquinas virtuales [61], pero la sincronización de reloj sigue requiriendo mucho cuidado. Si tu demonio NTP está mal configurado o un firewall bloquea el tráfico NTP, el error del reloj debido a la deriva puede aumentar rápidamente.

Confiar en relojes sincronizados

El problema con los relojes es que, aunque parecen sencillos y fáciles de usar, tienen un número sorprendente de inconvenientes. Un día puede no tener exactamente 86,400 segundos, los relojes pueden atrasarse y la hora según el reloj de un nodo puede ser muy diferente de la del reloj de otro nodo.

Anteriormente en este capítulo hemos hablado de las redes que pierden y retrasan arbitrariamente los paquetes. Aunque las redes se comportan bien la mayor parte del tiempo, el software debe diseñarse partiendo de la base de que la red fallará ocasionalmente, y el software debe manejar esos fallos con elegancia. Lo mismo ocurre con los relojes: aunque funcionan bastante bien la mayor parte del tiempo, un software robusto debe estar preparado para lidiar con relojes incorrectos.

Parte del problema es que los relojes incorrectos pasan fácilmente desapercibidos. Si la CPU de una máquina es defectuosa o tu red está mal configurada, lo más probable es que no funcione en absoluto, por lo que el problema se detectará rápidamente y se solucionará. Por otro lado, si tu reloj de cuarzo es defectuoso o tu cliente NTP está mal configurado, la mayoría de las cosas parecerán funcionar bien, aunque tu reloj se aleje gradualmente cada vez más de la realidad. Si un software depende de un reloj sincronizado con precisión, el resultado probablemente será una pérdida de datos silenciosa y sutil, en lugar de un fallo dramático [62, 63].

Por lo tanto, si utilizas software que requiere relojes sincronizados, es esencial que realices un monitoreo cuidadoso de las desviaciones de reloj entre todas las máquinas de tu clúster. Cualquier nodo cuyo reloj se desvíe demasiado de los demás debe declararse muerto y eliminarse. Este monitoreo garantiza que se detecten los relojes defectuosos antes de que puedan causar demasiados daños.

Marcas de tiempo para ordenar eventos

Consideremos una situación concreta en la que resulta tentador, pero peligroso, confiar en los relojes: la ordenación de eventos en varios nodos [64]. Por ejemplo, si dos clientes escriben en una base de datos distribuida, ¿quién llegó primero? ¿Qué escritura es la más reciente?

Figura 9-3 ilustra un uso peligroso de los relojes de hora del día en una base de datos con replicación multilíder (el ejemplo es similar a Figura 6-8). El cliente A escribe $x = 1$ en el nodo 1; la escritura se replica en el nodo 3; el cliente B incrementa x en el nodo 3 (ahora tenemos $x = 2$); y, finalmente, ambas escrituras se replican en el nodo 2. Como muestra esta figura, cuando una escritura se replica en otros nodos, se etiqueta con una marca de tiempo según el reloj de hora del día del nodo donde se originó la escritura. La sincronización del reloj es muy buena en este ejemplo; la desviación entre el nodo 1 y el nodo 3 es inferior a 3 ms, lo que probablemente sea mejor de lo que cabría esperar en la práctica.

Dado que el incremento se basa en la escritura anterior de $x = 1$, cabría esperar que la escritura de $x= 2$ tuviera la marca de tiempo mayor de las dos. Desafortunadamente, eso no es lo que ocurre en Figura 9-3. La escritura $x = 1$ tiene una marca de tiempo de 42.004 segundos, pero la escritura $x = 2$ tiene una marca de tiempo de 42.003 segundos. En otras palabras, la escritura del cliente B es causalmente posterior a la escritura del cliente A, pero la escritura de B tiene una marca de tiempo anterior.

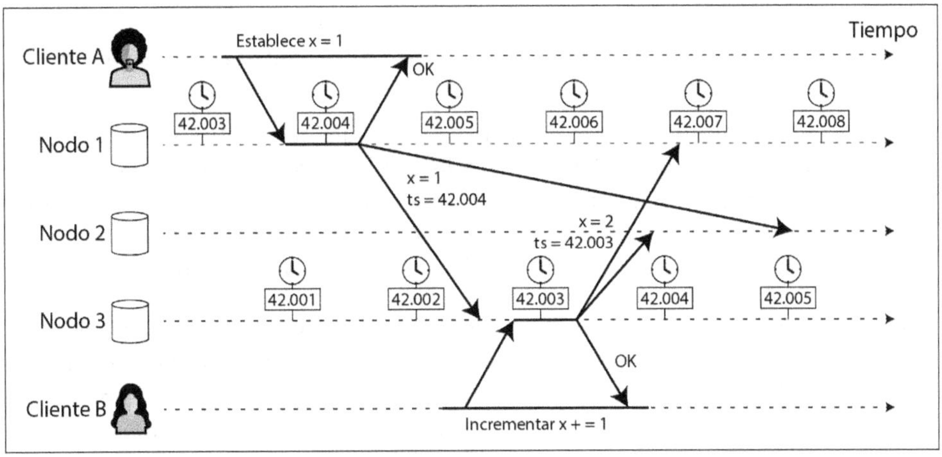

Figura 9-3. Confiar en las marcas de tiempo para ordenar eventos puede causar problemas cuando los relojes no están perfectamente sincronizados.

Como se explica en "Cómo lidiar con las escrituras conflictivas" en la página 245, una forma de resolver los conflictos entre valores escritos simultáneamente en diferentes nodos es *la última escritura gana* (LWW), lo que significa mantener la escritura con la marca de tiempo más reciente para una clave determinada y descartar todas las escrituras con marcas de tiempo más antiguas. En Figura 9-3, cuando el nodo 2 recibe estos dos eventos, concluirá incorrectamente que $x = 1$ es el valor más reciente y descartará la escritura $x = 2$, por lo que se pierde el incremento.

Este problema se puede evitar asegurándose de que, cuando se sobrescribe un valor, el nuevo valor siempre tenga una marca de tiempo superior a la del valor sobrescrito, incluso si esa marca de tiempo es anterior al reloj local del escritor. Sin embargo, eso conlleva el costo de una lectura adicional para encontrar la marca de tiempo existente más alta. Algunos sistemas, como Cassandra y ScyllaDB, están diseñados para evitar esta ida y vuelta adicional y simplemente utilizan la marca de tiempo del reloj del cliente junto con una política LWW [62]. Este enfoque tiene algunos problemas graves:

- Las escrituras en la base de datos pueden desaparecer misteriosamente. Un nodo con un reloj rezagado no puede sobrescribir los valores escritos previamente por un nodo con un reloj más rápido hasta que haya transcurrido el desfase entre los relojes de los nodos [63, 65]. Esta situación puede provocar que se pierdan cantidades arbitrarias de datos sin que se informe de ningún error a la aplicación.
- LWW no puede distinguir entre escrituras que se produjeron secuencialmente en rápida sucesión (en Figura 9-3, el incremento del cliente B se produce definitivamente *después de* la escritura del cliente A) y escrituras que fueron verdaderamente concurrentes (ninguno de los escritores era consciente del otro).

Se necesitan mecanismos adicionales de seguimiento de la causalidad, como los vectores de versión, para evitar violaciones de la causalidad (consulta "Detección de escrituras simultáneas" en la página 263).

- Dos nodos podrían generar de forma independiente escrituras con la misma marca de tiempo, especialmente cuando el reloj solo tiene una resolución de milisegundos. Se requiere un valor de desempate adicional (que puede ser simplemente un número aleatorio grande) para resolver tales conflictos, pero este enfoque también puede conducir a violaciones de la causalidad [62].

Por lo tanto, aunque resulte tentador resolver los conflictos conservando el valor más "reciente" y descartando los demás, es importante tener en cuenta que la definición de "reciente" depende de un reloj local que indica la hora del día, que bien podría ser incorrecta. Incluso con relojes sincronizados con NTP, podrías enviar un paquete con una marca de tiempo de 100 ms (según el reloj del remitente) y que llegara con una marca de tiempo de 99 ms (según el reloj del destinatario), por lo que parecería que el paquete llegó antes de ser enviado, lo cual es imposible.

¿Podría hacerse la sincronización NTP lo suficientemente precisa como para que no se produzcan estos ordenamientos incorrectos? Probablemente no, porque la precisión de la sincronización NTP está limitada por el tiempo de ida y vuelta de la red, además de otras fuentes de error como la deriva del cuarzo. Para garantizar un ordenamiento correcto, sería necesario que el error del reloj fuera significativamente menor que el retraso de la red, lo cual no es posible.

Los denominados *relojes lógicos* [66], que se basan en contadores incrementales en lugar de en un cristal de cuarzo oscilante, son una alternativa más segura para ordenar eventos (consulta "Detección de escrituras simultáneas" en la página 263). Los relojes lógicos no miden la hora del día ni el número de segundos transcurridos, sino solo el orden relativo de los eventos (si un evento ocurrió antes o después de otro). Por el contrario, los relojes de hora del día y monotónicos, que miden el tiempo real transcurrido, se conocen como *relojes físicos*. Veremos los relojes lógicos con más detalle en "Generadores de ID y relojes lógicos" en la página 461.

Lecturas de reloj con un intervalo de confianza

Es posible que puedas leer el reloj de una máquina con una resolución de microsegundos o incluso nanosegundos. Pero, aunque puedas obtener una medición tan precisa, eso no significa que el valor sea realmente exacto con tal precisión. De hecho, lo más probable es que no lo sea. Como se mencionó anteriormente, la desviación en un reloj de cuarzo impreciso puede ser fácilmente de varios milisegundos, incluso si se sincroniza con un servidor NTP en la red local cada minuto. Con un servidor NTP en la Internet pública, la mejor precisión posible es probablemente de decenas de milisegundos, y el error puede fácilmente superar los 100 ms con la congestión de la red.

Por lo tanto, no tiene sentido pensar en la lectura de un reloj como un punto en el tiempo. Es más bien un intervalo de tiempo, dentro de un intervalo de confianza; por ejemplo, un sistema puede estar seguro al 95% de que la hora actual está entre 10.3 y 10.5 segundos después del minuto, pero no sabe nada más preciso que eso [67]. Si solo conocemos la hora con un margen de +/- 100 ms, los dígitos de microsegundos de la marca de tiempo carecen esencialmente de sentido.

El límite de incertidumbre se puede calcular en función de tu fuente de tiempo. Si tienes un receptor GPS o un reloj atómico conectado directamente a tu computadora, el rango de error esperado viene determinado por el dispositivo y, en el caso del GPS, por la calidad de la señal de los satélites. Si obtienes la hora de un servidor, la incertidumbre se basa en la deriva esperada del cuarzo desde tu última sincronización con el servidor, más la incertidumbre del servidor NTP, más el tiempo de ida y vuelta de la red al servidor (en una primera aproximación y suponiendo que confías en el servidor).

Desafortunadamente, la mayoría de los sistemas no exponen esta incertidumbre; por ejemplo, cuando llamas a `clock_gettime`, el valor de retorno no te indica el error esperado de la marca de tiempo, por lo que no sabes si su intervalo de confianza es de cinco milisegundos o de cinco años.

Hay excepciones. La API *TrueTime* de Google Spanner [45] y Amazon ClockBound informan explícitamente del intervalo de confianza del reloj local. Cuando se le solicita la hora actual, se obtienen dos valores: `[earliest, latest]`, que son la marca de tiempo *más temprana* y la *más tardía posibles*. Basándose en sus cálculos de incertidumbre, el reloj sabe que la hora actual real se encuentra en algún punto dentro de ese intervalo. La amplitud del intervalo depende, entre otros factores, del tiempo que ha transcurrido desde la última sincronización del reloj de cuarzo local con una fuente de reloj más precisa.

Relojes sincronizados para instantáneas globales

En "Aislamiento de instantáneas y lectura repetible" en la página 323 hablamos *del control de concurrencia multiversión* (MVCC), que es una característica muy útil en bases de datos que necesitan admitir tanto transacciones pequeñas y rápidas de lectura/escritura como transacciones grandes y de larga duración de solo lectura (por ejemplo, para copias de seguridad o análisis). Permite a las transacciones de solo lectura ver una *instantánea* de la base de datos, un estado coherente en un momento determinado, sin bloquear ni interferir con las transacciones de lectura/escritura.

Por lo general, el MVCC requiere un ID de transacción que aumente de forma monótona. Si una escritura se produce después de la instantánea (es decir, la escritura tiene un ID de transacción mayor que la instantánea), esa escritura es invisible para la transacción de la instantánea. En una base de datos de un solo nodo, un simple contador es suficiente para generar ID de transacción.

Sin embargo, cuando una base de datos se distribuye entre muchas máquinas, potencialmente en múltiples centros de datos, es difícil generar un ID de transacción global y monótonamente creciente (en todos los fragmentos), ya que requiere coordinación. El ID de transacción debe reflejar la causalidad: si la transacción B lee o sobrescribe un valor que fue escrito previamente por la transacción A, entonces B debe tener un ID de transacción más alto que A; de lo contrario, la instantánea no sería coherente. Con muchas transacciones pequeñas y rápidas, la creación de ID de transacción en un sistema distribuido se convierte en un cuello de botella insostenible. (Discutiremos estos generadores de ID en "Generadores de ID y relojes lógicos" en la página 461).

¿Podemos utilizar las marcas de tiempo de los relojes sincronizados como ID de transacción? Si pudiéramos conseguir una sincronización lo suficientemente buena, tendrían las propiedades adecuadas, ya que las transacciones posteriores tienen una marca de tiempo más alta. El problema es la incertidumbre sobre la precisión del reloj.

Spanner implementa el aislamiento de instantáneas entre centros de datos de esta manera [68, 69]. Utiliza el intervalo de confianza del reloj según lo informado por la API TrueTime y se basa en la siguiente observación: si tienes dos intervalos de confianza, cada uno compuesto por una marca de tiempo más temprana y más tardía posible ($A = [A_{earliest}, A_{latest}]$ y $B = [B_{earliest}, B_{latest}]$), y esos dos intervalos no se superponen (es decir, $A_{earliest} < A_{latest} < B_{earliest} < B_{latest}$), entonces B definitivamente ocurrió después de A, no hay duda. Solo si los intervalos se superponen no estamos seguros del orden en que ocurrieron A y B.

Para garantizar que las marcas de tiempo de las transacciones reflejen la causalidad, Spanner espera deliberadamente la duración del intervalo de confianza antes de confirmar una transacción de lectura/escritura. Al hacerlo, se asegura de que cualquier transacción que pueda leer los datos se realice en un momento suficientemente posterior para que sus intervalos de confianza no se superpongan. Para que el tiempo de espera sea lo más breve posible, Spanner necesita mantener la incertidumbre del reloj lo más baja posible; para ello, Google realiza la implementación de un receptor GPS o un reloj atómico en cada centro de datos, lo que permite sincronizar los relojes con una precisión de aproximadamente 7 ms [45].

Los relojes atómicos y los receptores GPS no son estrictamente necesarios en Spanner. Lo importante es tener un intervalo de confianza; las fuentes de reloj precisas solo ayudan a mantener ese intervalo pequeño. Otros sistemas están empezando a adoptar enfoques similares; por ejemplo, YugabyteDB puede aprovechar ClockBound cuando se ejecuta en AWS [70], y varios otros sistemas ahora también dependen de la sincronización del reloj en diversos grados [71, 72].

Pausas en los procesos

Veamos otro ejemplo del uso peligroso del reloj en un sistema distribuido. Supongamos que tienes una base de datos con un único líder por fragmento. Solo el líder puede aceptar escrituras. ¿Cómo sabe un nodo que sigue siendo el líder (que los demás no lo han declarado muerto) y que puede aceptar escrituras de forma segura?

Una opción es que el líder obtenga un *arrendamiento* de los demás nodos, lo que es similar a un bloqueo con un tiempo de espera [73]. Solo un nodo puede mantener el contrato de arrendamiento en un momento dado. Por lo tanto, cuando un nodo obtiene un contrato de arrendamiento, sabe que es el líder durante un cierto tiempo, hasta que expire el contrato. Para seguir siendo líder, el nodo debe renovar periódicamente el contrato de arrendamiento antes de que expire. Si el nodo falla, deja de renovar el contrato de arrendamiento, por lo que otro nodo puede tomar el relevo cuando expire.

Puedes imaginar que el bucle de gestión de solicitudes tiene un aspecto similar a este:

```
while (true) {
    request = getIncomingRequest();

    // Ensure that the lease always has at least 10 seconds remaining
    if (lease.expiryTimeMillis - System.currentTimeMillis() < 10000) {
        lease = lease.renew();
    }

    if (lease.isValid()) {
        process(request);
    }
}
```

¿Qué hay de malo en este código? En primer lugar, se basa en relojes sincronizados: el tiempo de caducidad del arrendamiento lo establece una máquina diferente (donde la caducidad puede calcularse como la hora actual más 30 segundos, por ejemplo) y se compara con el reloj del sistema local. Si los relojes están desincronizados más de unos segundos, el código empezará a hacer cosas extrañas.

En segundo lugar, incluso si cambiamos el protocolo para utilizar solo el reloj monótono local, hay otro problema: el código asume que transcurre muy poco tiempo entre el momento en que comprueba la hora (`System.currentTimeMillis()`) y el momento en que se procesa la solicitud (`process(request)`). Normalmente, este código se ejecuta muy rápidamente, por lo que el búfer de 10 segundos es más que suficiente para garantizar que el arrendamiento no expire en medio del procesamiento de una solicitud.

Sin embargo, ¿qué pasa si se produce una pausa inesperada en la ejecución del programa? Por ejemplo, imagina que el hilo se detiene durante 15 segundos alrededor de la línea que llama a `lease.isValid` antes de continuar finalmente. En ese caso, es probable que la concesión haya caducado cuando se procese la solicitud y otro nodo ya haya asumido el liderazgo. Sin embargo, no hay nada que le indique a este hilo que se detuvo durante tanto tiempo, por lo que el código no notará que el arrendamiento ha expirado hasta la siguiente iteración del bucle, momento en el que es posible que ya haya realizado alguna acción insegura al procesar la solicitud.

¿Es razonable suponer que un hilo pueda estar en pausa durante tanto tiempo? Por desgracia, sí. Hay varias razones por las que esto podría suceder:

- La contienda entre subprocesos que acceden a un recurso compartido, como un bloqueo o una cola, puede hacer que los subprocesos pasen mucho tiempo esperando. Estos problemas suelen ser peores en máquinas con más núcleos de CPU, y los problemas de contienda pueden ser difíciles de diagnosticar [74].
- Muchos entornos de ejecución de lenguajes de programación (como la JVM) tienen un recolector de basura que ocasionalmente necesita detener todos los subprocesos en ejecución. En el pasado, estas *pausas de recolección de basura "stop-the-world"* a veces duraban varios minutos [75]! Con los algoritmos GC modernos, esto es menos problemático, pero las pausas GC aún pueden ser notables (consulta "Limitar el impacto de la recolección de basura" en la página 409).
- En entornos virtualizados, una máquina virtual se puede *suspender* (detener la ejecución de todos los procesos y guardar el contenido de la memoria en el disco) y *reanudar* (restaurar el contenido de la memoria y continuar la ejecución). Esta pausa puede producirse en cualquier momento de la ejecución de un proceso y puede durar un tiempo arbitrario. Esta característica se utiliza a veces para *la migración en vivo* de máquinas virtuales de un host a otro sin necesidad de reiniciar, en cuyo caso la duración de la pausa depende de la velocidad a la que los procesos escriben en la memoria [76].
- En dispositivos de usuario final, como computadoras portátiles y teléfonos, la ejecución también puede suspenderse y reanudarse arbitrariamente (por ejemplo, cuando cierras la tapa de tu computadora portátil).
- Cuando el sistema operativo cambia de contexto a otro subproceso, o cuando el hipervisor cambia a una máquina virtual diferente (cuando se ejecuta en una máquina virtual), el subproceso que se está ejecutando actualmente puede pausarse en cualquier punto arbitrario del código. En el caso de una máquina virtual, el tiempo de CPU dedicado a otras máquinas virtuales es conocido como *tiempo robado*. Si la máquina está sometida a una carga pesada, es decir, si hay una larga cola de subprocesos esperando a ejecutarse, puede pasar algún tiempo antes de que el subproceso pausado vuelva a ejecutarse.
- Si la aplicación realiza un acceso sincrónico al disco, un hilo puede quedar en pausa a la espera de que se complete una operación lenta de E/S del disco [77].

En muchos lenguajes, el acceso al disco puede producirse de forma sorprendente, incluso si el código no menciona explícitamente el acceso a archivos; por ejemplo, el cargador de clases de Java carga de forma diferida los archivos de clase cuando se utilizan por primera vez, lo que puede ocurrir en cualquier momento de la ejecución del programa. Las pausas de E/S y las pausas de GC pueden incluso combinarse para aumentar los retrasos [78]. Si el disco es en realidad un sistema de archivos de red o un dispositivo de bloque de red (como Amazon EBS), la latencia de E/S está además sujeta a la variabilidad de los retrasos de la red [31].

- Si el sistema operativo está configurado para permitir *el intercambio al disco (paginación)*, un simple acceso a la memoria puede dar lugar a un fallo de página que requiera que se cargue una página del disco en la memoria. El hilo se detiene mientras se lleva a cabo esta lenta operación de E/S. Si la presión de la memoria es alta, esto puede a su vez requerir que se intercambie una página diferente al disco. En circunstancias extremas, el sistema operativo puede pasar la mayor parte de su tiempo intercambiando páginas dentro y fuera de la memoria y realizar poco trabajo real (esto se conoce como *thrashing*). Para evitar este problema, la paginación se desactiva a menudo en las máquinas servidoras (si prefieres eliminar un proceso para liberar memoria que arriesgarte al thrashing).

- Un proceso Unix se puede pausar enviándole la señal `SIGSTOP`, por ejemplo, presionando Ctrl-Z en un shell. Esta señal detiene inmediatamente el proceso para que no obtenga más ciclos de CPU hasta que se reanude con `SIGCONT`, momento en el que continúa ejecutándose donde lo dejó. Incluso si tu entorno no utiliza normalmente `SIGSTOP`, un ingeniero de operaciones podría enviarlo accidentalmente.

Todas estas situaciones pueden *interrumpir* el hilo en ejecución en cualquier momento y reanudarlo más tarde, sin que el hilo se dé cuenta. El problema es similar a hacer que el código multihilo en una sola máquina sea seguro para los hilos; no se puede suponer nada sobre el tiempo, porque pueden producirse cambios de contexto arbitrarios y paralelismo.

Al escribir código multihilo en una sola máquina, disponemos de herramientas bastante buenas para hacerlo seguro para subprocesos: mutexes, semáforos, contadores atómicos, estructuras de datos sin bloqueo, colas de bloqueo, etcétera. Desafortunadamente, estas herramientas no se traducen directamente a sistemas distribuidos, porque un sistema distribuido no tiene memoria compartida, solo mensajes enviados a través de una red poco fiable.

Un nodo en un sistema distribuido debe asumir que su ejecución puede pausarse durante un periodo de tiempo significativo en cualquier momento, incluso en medio de una función. Durante la pausa, el resto del mundo sigue moviéndose e incluso puede declarar muerto al nodo pausado porque no responde. Finalmente, el nodo pausado puede continuar ejecutándose, sin siquiera darse cuenta de que estaba inactivo hasta que comprueba su reloj algún tiempo después.

Garantizar los tiempos de respuesta

Como acabamos de comentar, en muchos lenguajes de programación y sistemas operativos, los subprocesos y procesos pueden pausarse durante un tiempo ilimitado. Sin embargo, esas razones para pausarse *pueden* eliminarse si se hace un esfuerzo suficiente.

Algunos programas se ejecutan en entornos en los que la falta de respuesta en un tiempo determinado puede causar graves daños. Las computadoras que controlan los movimientos de aviones, cohetes, robots, automóviles y otros objetos físicos, por ejemplo, deben responder de forma rápida y predecible a las entradas de sus sensores. En estos sistemas denominados *en tiempo real* duro, el software debe responder en un plazo determinado; el incumplimiento de dicho plazo puede provocar un fallo de todo el sistema.

> En los sistemas integrados, *tiempo real* significa que un sistema está cuidadosamente diseñado y probado para cumplir con garantías de tiempo específicas en todas las circunstancias. Este significado contrasta con el uso más vago del término *tiempo real* en la web, donde describe los servidores que envían datos a los clientes y el procesamiento de flujos sin restricciones estrictas de tiempo de respuesta (consulta Capítulo 12).

Por ejemplo, si los sensores a bordo de tu automóvil detectan que estás sufriendo un choque, no querrías que la activación del airbag se retrasara debido a una pausa inoportuna del GC en el sistema de activación del airbag.

Proporcionar garantías en tiempo real en un sistema requiere el apoyo de todos los niveles de la pila de software. Se necesita *un sistema operativo en tiempo real* (RTOS) que permita programar los procesos con una asignación garantizada de tiempo de CPU en intervalos específicos; las funciones de la biblioteca deben documentar sus peores tiempos de ejecución; la asignación dinámica de memoria puede restringirse o prohibirse por completo (existen recolectores de basura en tiempo real, pero la aplicación debe asegurarse de no dar al recolector de basura demasiado trabajo); y se debe realizar una enorme cantidad de pruebas y mediciones para garantizar que se cumplan las garantías.

Todo esto requiere una gran cantidad de trabajo adicional y restringe severamente la gama de lenguajes de programación, bibliotecas y herramientas que se pueden utilizar (ya que la mayoría de los lenguajes y herramientas no ofrecen garantías en tiempo real). Por estas razones, el desarrollo de sistemas en tiempo real es muy costoso, y se utilizan más comúnmente en dispositivos integrados críticos para la seguridad. Además, "tiempo real" no es lo mismo que "alto rendimiento": de hecho, los sistemas en tiempo real pueden tener un rendimiento menor, ya que deben dar prioridad a las respuestas oportunas por encima de todo lo demás (consulta Latencia y utilización de recursos en la página 393).

Para la mayoría de los sistemas de procesamiento de datos del lado del servidor, las garantías en tiempo real simplemente no son económicas ni apropiadas. En consecuencia, estos sistemas deben sufrir las pausas y la inestabilidad del reloj que se derivan de operar en un entorno que no es en tiempo real.

Limitar el impacto de la recolección de basura

La recolección de basura solía ser una de las principales causas de las pausas en los procesos [79], pero, afortunadamente, los algoritmos de GC han mejorado mucho. Un recolector bien ajustado ahora suele pausar los procesos durante no más de unos pocos milisegundos. El tiempo de ejecución de Java ofrece recolectores como el barrido de marcación concurrente (CMS), garbage-first (G1), el recolector de basura Z (ZGC), Epsilon y Shenandoah. Cada uno de ellos está optimizado para diferentes perfiles de memoria, como la creación de objetos de alta frecuencia, grandes montones, etc. Por el contrario, Go ofrece un recolector de basura de barrido y marcación concurrente más sencillo que intenta optimizarse a sí mismo.

Si necesitas evitar por completo las pausas de GC, una opción es utilizar un lenguaje que no tenga recolector de basura. Por ejemplo, Swift utiliza el recuento automático de referencias para determinar cuándo se puede liberar la memoria, mientras que Rust y Mojo realizan un seguimiento de la vida útil de los objetos a través del sistema de tipos para que el compilador pueda determinar cuánto tiempo se debe asignar la memoria.

También es posible utilizar un lenguaje con recolección de basura y mitigar el impacto de las pausas. Por ejemplo, los objetos se pueden almacenar y reutilizar en grupos en lugar de descartarse, o los datos se pueden asignar fuera del montón. Un enfoque más extremo consiste en tratar las pausas de GC como breves interrupciones planificadas de un nodo y dejar que otros nodos gestionen las solicitudes de los clientes mientras un nodo recoge su basura. Si el tiempo de ejecución puede advertir a la aplicación de que un nodo pronto requerirá una pausa de GC, la aplicación puede dejar de enviar nuevas solicitudes a ese nodo, esperar a que termine de procesar las solicitudes pendientes y, a continuación, realizar la GC mientras no hay solicitudes en curso. Este truco oculta las pausas de GC a los clientes y reduce los percentiles altos del tiempo de respuesta [80, 81].

Una variante de esta idea consiste en utilizar el recolector de basura solo para objetos de corta duración (que son rápidos de recolectar) y reiniciar los procesos periódicamente, antes de que acumulen suficientes objetos de larga duración como para requerir un GC completo de objetos de larga duración [79, 82]. Se puede reiniciar un nodo a la vez y desviar el tráfico del nodo antes del reinicio planificado, como en una actualización progresiva (consulta Capítulo 5).

Estas medidas no pueden evitar por completo las pausas de GC, pero pueden reducir de manera útil su impacto en la aplicación.

Conocimiento, verdad y mentiras

Hasta ahora, en este capítulo hemos explorado las diferencias entre los sistemas distribuidos y los programas que se ejecutan en una sola computadora. Los sistemas distribuidos no tienen memoria compartida, solo pasan mensajes a través de una red poco confiable con retrasos variables, y los sistemas pueden sufrir fallas parciales, relojes poco confiables y pausas en el procesamiento.

Las consecuencias de estos problemas son profundamente desorientadoras si no estás acostumbrado a los sistemas distribuidos. Un nodo de la red no puede *saber* nada con certeza sobre los demás nodos, solo puede hacer conjeturas basadas en los mensajes que recibe (o no recibe). Un nodo solo puede averiguar el estado de otro nodo (qué datos tiene almacenados, si funciona correctamente, etc.) intercambiando mensajes con él. Si un nodo remoto no responde, no hay forma de conocer su estado, ya que los problemas de la red no se pueden distinguir de forma fiable de los problemas de un nodo.

Los debates sobre estos sistemas rozan lo filosófico: ¿Qué sabemos que es verdadero o falso en nuestro sistema? ¿Qué grado de certeza podemos tener sobre ese conocimiento, si los mecanismos de percepción y medición son poco fiables [83]? ¿Deben los sistemas de software obedecer las leyes que esperamos del mundo físico, como la de causa y efecto?

Afortunadamente, no necesitamos llegar tan lejos como para descubrir el sentido de la vida. En un sistema distribuido, podemos establecer las suposiciones que hacemos sobre el comportamiento (el *modelo del sistema*) y diseñar el sistema real de tal manera que cumpla con esas suposiciones. Se puede demostrar que los algoritmos funcionan correctamente dentro de un determinado modelo de sistema. Esto significa que se puede lograr un comportamiento confiable, incluso si el modelo de sistema subyacente ofrece muy pocas garantías.

Sin embargo, aunque es posible hacer que el software se comporte bien en un modelo de sistema poco confiable, hacerlo no es sencillo. En el resto de este capítulo exploraremos más a fondo las nociones de conocimiento y verdad en los sistemas distribuidos, lo que nos ayudará a pensar en los tipos de suposiciones que podemos hacer y las garantías que podemos querer ofrecer. En Capítulo 10 pasaremos a ver algunos ejemplos de algoritmos distribuidos que ofrecen garantías específicas bajo supuestos específicos.

La regla de la mayoría

Imagina una red con un fallo asimétrico: un nodo es capaz de recibir todos los mensajes que se le envían, pero cualquier mensaje saliente de ese nodo se descarta o se retrasa [22]. Aunque ese nodo funciona perfectamente y recibe solicitudes de otros nodos, estos no pueden oír sus respuestas. Tras un tiempo de espera, los demás nodos lo declaran muerto, porque no han tenido noticias del nodo. La situación se desarrolla como una pesadilla: el nodo semidesconectado es arrastrado al cementerio, pataleando y gritando "¡No estoy muerto!", pero como nadie puede oír sus gritos, el cortejo fúnebre continúa con estoica determinación.

En un escenario ligeramente menos pesadillesco, el nodo semidesconectado puede notar que los mensajes que envía no son reconocidos por otros nodos y darse cuenta de que debe haber una falla en la red. Sin embargo, los otros nodos declaran erróneamente que el nodo está muerto, y este no puede hacer nada al respecto.

Como tercer escenario, imagina un nodo que pausa la ejecución durante un minuto. Durante ese tiempo, no se procesa ninguna solicitud ni se envía ninguna respuesta. Los demás nodos esperan, vuelven a intentarlo, se impacientan y, finalmente, declaran muerto al nodo y lo cargan en el coche fúnebre. Finalmente, la pausa termina y los hilos del nodo continúan como si nada hubiera pasado. Los demás nodos se sorprenden cuando el nodo supuestamente muerto levanta de repente la cabeza del ataúd, en perfecto estado de salud, y empieza a charlar alegremente con los espectadores. Al principio, el nodo en pausa ni siquiera se da cuenta de que ha pasado un minuto entero y de que ha sido declarado muerto; desde su perspectiva, apenas ha pasado tiempo desde la última vez que habló con los demás nodos.

La moraleja de estas historias es que un nodo no puede confiar necesariamente en su propio juicio sobre una situación. Un sistema distribuido no puede depender exclusivamente de un solo nodo, ya que este puede fallar en cualquier momento, lo que podría dejar el sistema bloqueado y sin posibilidad de recuperación. En cambio, muchos algoritmos distribuidos se basan en un *quórum* (es decir, la votación entre los nodos; consulta "Uso de quórums para la lectura y la escritura" en la página 256): las decisiones requieren un número mínimo de votos de varios nodos para reducir la dependencia de un nodo en particular.

Esto incluye las decisiones sobre la declaración de nodos muertos. Si un quórum de nodos declara muerto a otro nodo, entonces debe considerarse muerto, incluso si ese nodo todavía se siente muy vivo. El nodo individual debe acatar la decisión del quórum y retirarse.

Lo más habitual es que el quórum sea una mayoría absoluta de más de la mitad de los nodos (aunque existen otros tipos de quórum). Un quórum mayoritario permite que el sistema siga funcionando si una minoría de nodos es defectuosa (con tres nodos, se puede tolerar un nodo defectuoso; con cinco nodos, se pueden tolerar dos nodos defectuosos). También es seguro, porque solo puede haber una mayoría en el sistema: no puede haber dos mayorías con decisiones contradictorias al mismo tiempo. Analizaremos el uso de los quórum con más detalle cuando lleguemos a los algoritmos de consenso en Capítulo 10.

Bloqueos y arrendamientos distribuidos

Los bloqueos y arrendamientos en aplicaciones distribuidas son propensos al uso indebido y son una fuente común de errores [84]. Veamos un caso concreto de cómo pueden fallar.

En "Pausas en los procesos" en la página 405 vimos que un arrendamiento es un tipo de bloqueo que caduca y puede asignarse a un nuevo propietario si el antiguo deja de responder (quizás porque se ha bloqueado, se ha pausado durante demasiado tiempo o se ha desconectado de la red). Puedes utilizar arrendamientos cuando un sistema requiere que solo haya uno de algo. Por ejemplo:

- Solo se permite que un nodo sea el líder de un fragmento de base de datos, para evitar la división del cerebro (consulta "Gestión de las interrupciones de los nodos" en la página 224).
- Solo una transacción o cliente puede actualizar un recurso u objeto concreto, para evitar que se corrompa por escrituras simultáneas.
- Solo un nodo debe procesar un archivo de entrada determinado para un trabajo de procesamiento grande, a fin de evitar el esfuerzo innecesario debido a que varios nodos realicen el mismo trabajo de forma redundante.

Vale la pena pensar detenidamente en lo que ocurre si varios nodos creen simultáneamente que tienen el arrendamiento, tal vez debido a una pausa en el proceso. En el tercer ejemplo, la consecuencia es solo un desperdicio de recursos computacionales, lo cual no es gran cosa. Pero en los dos primeros casos, la consecuencia podría ser la pérdida o corrupción de datos, lo cual es mucho más grave.

Por ejemplo, Figura 9-4 muestra un error de corrupción de datos debido a una implementación incorrecta del bloqueo. (El error no es teórico; HBase solía tener este problema [85, 86].) Supongamos que quieres asegurarte de que solo un cliente pueda acceder a un archivo en un servicio de almacenamiento a la vez, ya que si varios clientes intentaran escribir en él, el archivo se dañaría. Intentas implementar esto exigiendo que el cliente obtenga una licencia de un servicio de bloqueo antes de acceder al archivo. Este tipo de servicio de bloqueo se implementa a menudo utilizando un algoritmo de consenso, que se analiza con más detalle en Capítulo 10.

El problema es un ejemplo de lo que comentamos en "Pausas en los procesos" en la página 405. Si el cliente que tiene la concesión permanece en pausa durante demasiado tiempo, esta caduca. Entonces, otro cliente puede obtener una concesión para el mismo archivo y empezar a escribir en él. Cuando el cliente en pausa vuelve, cree (erróneamente) que todavía tiene una concesión válida y continúa escribiendo en el archivo. Ahora nos encontramos con una situación de división cerebral: las escrituras de los clientes entran en conflicto y dañan el archivo.

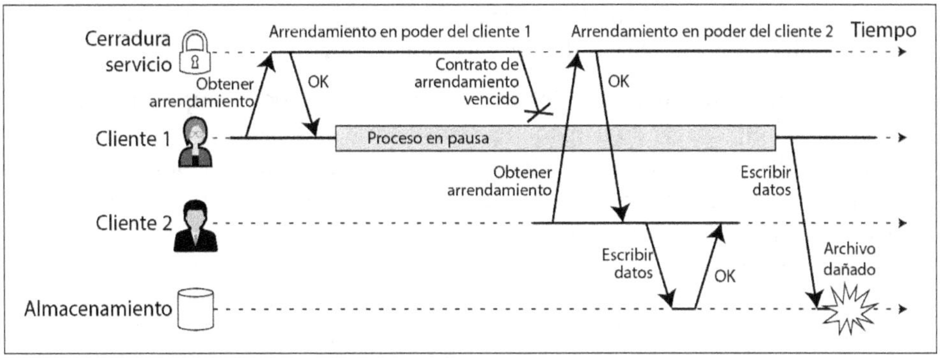

Figura 9-4. Una implementación incorrecta de un bloqueo distribuido: el cliente 1 cree que todavía tiene una concesión válida, aunque haya caducado, y por lo tanto corrompe un archivo en el almacenamiento

Figura 9-5 muestra un problema diferente que tiene consecuencias similares. En este ejemplo no hay ninguna pausa en el proceso, solo un fallo del cliente 1. Justo antes de que el cliente 1 falle, envía una solicitud de escritura al servicio de almacenamiento, pero esta solicitud se retrasa durante mucho tiempo en la red. (Recuerda que, según "Fallos de red en la práctica" en la página 386, los paquetes a veces pueden retrasarse un minuto o más). Cuando la solicitud de escritura llega al servicio de almacenamiento, el contrato del cliente 1 ya ha caducado, lo que permite al cliente 2 adquirirlo y emitir su propia escritura. El resultado es una corrupción similar a la de Figura 9-4.

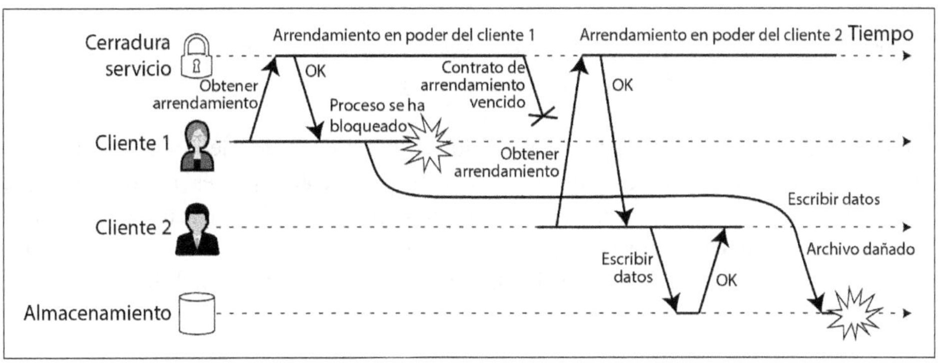

Figura 9-5. Un mensaje de un antiguo arrendatario puede retrasarse mucho tiempo y llegar después de que otro nodo haya asumido el arrendamiento.

Aislamiento de zombis y solicitudes retrasadas

El término *zombi* se utiliza a veces para describir a un antiguo arrendatario que aún no se ha dado cuenta de que ha perdido el arrendamiento y sigue actuando como si fuera el arrendatario actual. Dado que no podemos descartar por completo la existencia de zombis, debemos asegurarnos de que no puedan causar ningún daño en forma de split brain. A esto se le denomina *aislar* al zombi.

Algunos sistemas intentan aislar a los zombis apagándolos, por ejemplo, desconectándolos de la red [9], apagando la máquina virtual a través de la interfaz de administración del proveedor de la nube o incluso apagando físicamente la máquina [87]. Este enfoque se conoce a veces como *disparar al otro nodo en la cabeza* (STONITH, por sus siglas en inglés), aunque preferimos no utilizar una terminología tan violenta. En cualquier caso, no es especialmente eficaz: este enfoque no protege contra los grandes retrasos de red descritos en Figura 9-5; todos los nodos podrían apagarse unos a otros [19]; y para cuando se haya detectado y apagado un zombi, puede que sea demasiado tarde y los datos ya se hayan corrompido.

En Figura 9-6 se ilustra una solución de protección más sólida, que protege tanto contra los zombis como contra las solicitudes retrasadas.

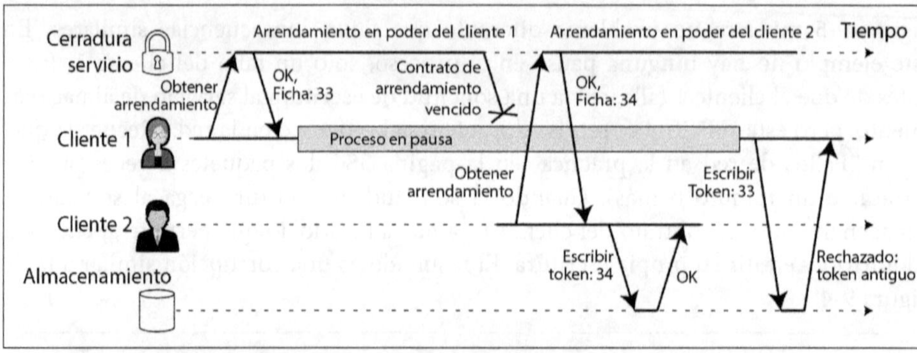

Figura 9-6. Hacer que el acceso al almacenamiento sea seguro permitiendo escrituras solo en el orden ascendente de los tokens de fencing.

Supongamos que cada vez que el servicio de bloqueo concede un bloqueo o un arrendamiento, también devuelve un *token de protección*, que es un número que aumenta cada vez que se concede un bloqueo (por ejemplo, incrementado por el servicio de bloqueo). Entonces podemos exigir que cada vez que un cliente envíe una solicitud de escritura al servicio de almacenamiento, deba incluir su token de protección actual.

> Hay varios nombres alternativos para los tokens de cerco. En Chubby, el servicio de bloqueo de Google, se llaman *secuenciadores* [88], y en Kafka se llaman *números de época*. En los algoritmos de consenso, que discutiremos en Capítulo 10, el *número de voto* (Paxos) o *el número de término* (Raft) tienen una finalidad similar.

En Figura 9-6, el cliente 1 adquiere el arrendamiento con un token de 33, pero luego entra en una larga pausa y el arrendamiento expira. El cliente 2 adquiere el arrendamiento con un token de 34 (el número siempre aumenta) y envía su solicitud de escritura al servicio de almacenamiento, incluyendo el token. Más tarde, el cliente 1 vuelve a la vida y envía su escritura al servicio de almacenamiento, incluyendo el valor de su token, 33. Sin embargo, el servicio de almacenamiento recuerda que ya ha procesado una escritura con un número de token más alto (34), por lo que rechaza la solicitud con el token 33. Un cliente que acaba de adquirir el arrendamiento debe realizar inmediatamente una escritura en el servicio de almacenamiento y, una vez que la escritura se ha completado, se bloquean todos los zombis. Estas operaciones son similares a la técnica de control de concurrencia optimista (OCC) que vimos en "Control de concurrencia pesimista frente a optimista" en la página 351, excepto que el bloqueo es permanente, mientras que los fallos de control de concurrencia se pueden reintentar.

Si ZooKeeper es tu servicio de bloqueo, puedes utilizar el ID de transacción `zxid` o la versión del nodo `cversion` como token de aislamiento [85]. Con etcd, el número de revisión junto con el ID de arrendamiento tiene una finalidad similar [89]. La API FencedLock de Hazelcast genera explícitamente un token de aislamiento [90].

Este mecanismo requiere que el servicio de almacenamiento tenga alguna forma de comprobar si una escritura se basa en un token obsoleto. Alternativamente, basta con que el servicio admita una escritura que solo tenga éxito si el objeto no ha sido escrito por otro cliente desde la última vez que el cliente actual lo leyó, de forma similar a una operación CAS atómica. Por ejemplo, los servicios de almacenamiento de objetos admiten dicha comprobación; Amazon S3 lo denomina *escrituras condicionales*, Azure Blob Storage lo denomina *encabezados condicionales* y Google Cloud Storage lo denomina *condiciones previas de solicitud*.

Protección con múltiples réplicas

Si tus clientes solo necesitan escribir en un servicio de almacenamiento que admita escrituras condicionales, el servicio de bloqueo es algo redundante [91, 92], ya que la asignación de arrendamiento podría haberse implementado directamente basándose en ese servicio de almacenamiento [93]. Sin embargo, una vez que tienes un token de protección, puedes utilizarlo con múltiples servicios o réplicas y asegurarte de que el antiguo arrendatario quede protegido en todos ellos.

Por ejemplo, imagina que el servicio de almacenamiento es un almacén de claves-valores replicado sin líder con resolución de conflictos LWW (consulta "Replicación sin líder" en la página 253). En un sistema de este tipo, el cliente envía las escrituras directamente a cada réplica, y cada réplica decide de forma independiente si acepta una escritura basándose en una marca de tiempo asignada por el cliente.

Como se ilustra en Figura 9-7, puedes colocar el token de aislamiento del escritor en los bits o dígitos más significativos de la marca de tiempo. De este modo, puedes estar seguro de que cualquier marca de tiempo generada por el nuevo arrendatario será mayor que cualquier marca de tiempo del antiguo arrendatario, incluso si las escrituras del antiguo arrendatario se produjeron más tarde.

En Figura 9-7, el cliente 2 tiene un token de protección de 34, por lo que todas sus marcas de tiempo que comienzan por 34... son mayores que cualquier marca de tiempo que comience por 33... generada por el cliente 1. El cliente 2 escribe en un quórum de réplicas, pero no puede llegar a la réplica 3. Esto significa que cuando el cliente zombi 1 intenta escribir más tarde, su escritura puede tener éxito en la réplica 3, aunque sea ignorada por las réplicas 1 y 2. Esto no es un problema, ya que una lectura de quórum posterior preferirá la escritura del cliente 2 con la marca de tiempo mayor, y la reparación de lectura o la antientropía acabarán sobrescribiendo el valor escrito por el cliente 1.

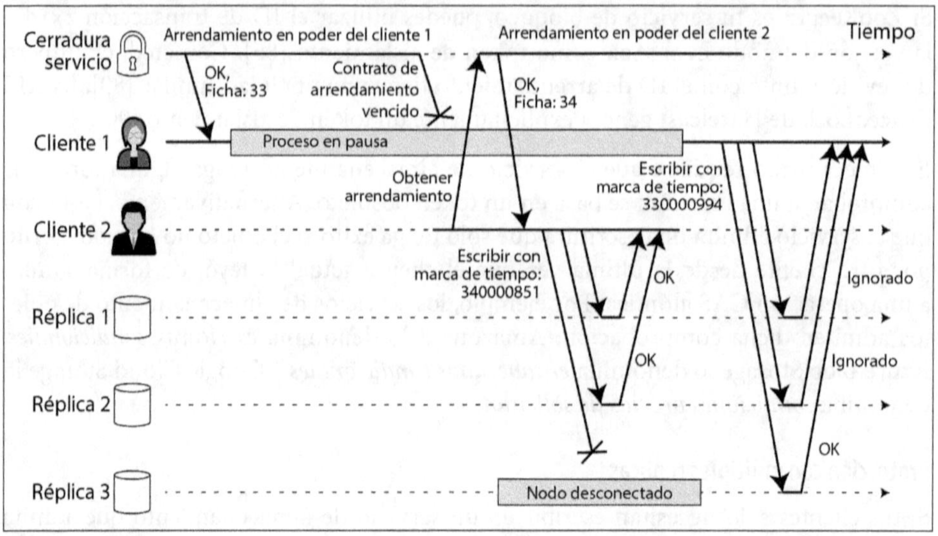

Figura 9-7. Uso de tokens de protección para proteger las escrituras en una base de datos replicada sin líder

Como puedes ver en estos ejemplos, no es seguro asumir que solo un nodo mantiene un arrendamiento en un momento dado. Afortunadamente, con un poco de cuidado, puedes utilizar tokens de protección para evitar que los zombis y las solicitudes retrasadas causen daños.

Fallos bizantinos

Los tokens de protección pueden detectar y bloquear un nodo que actúa *inadvertidamente* de forma errónea (por ejemplo, porque aún no ha descubierto que su concesión ha expirado). Sin embargo, si el nodo quisiera deliberadamente subvertir las garantías del sistema, podría hacerlo fácilmente enviando mensajes con un token de protección falso.

En este libro asumimos que los nodos son poco fiables pero honestos. Pueden ser lentos o no responder nunca (debido a un fallo), y su estado puede estar desactualizado (debido a una pausa de GC o a retrasos en la red), pero asumimos que si un nodo *sí responde*, está diciendo la "verdad". Según su leal saber y entender, está siguiendo las reglas del protocolo.

Los problemas de los sistemas distribuidos se vuelven mucho más difíciles si existe el riesgo de que los nodos puedan "mentir" (enviar respuestas arbitrarias defectuosas o corruptas); por ejemplo, un nodo podría emitir múltiples votos contradictorios en la misma elección. Este comportamiento se conoce como *fallo bizantino*, y el problema de alcanzar un consenso en este entorno de desconfianza se conoce como el *problema de los generales bizantinos* [94].

El problema de los generales bizantinos

El problema de los generales bizantinos es una generalización del *problema de los dos generales* [95], que imagina a dos generales del ejército que necesitan ponerse de acuerdo sobre un plan de batalla. Como han establecido sus campamentos en lugares diferentes, solo pueden comunicarse mediante mensajeros, y estos a veces se retrasan o se pierden (como los paquetes en una red). Analizaremos este problema de *consenso* en Capítulo 10.

En la versión bizantina del problema, *n* generales deben ponerse de acuerdo, y su esfuerzo se ve obstaculizado por traidores entre ellos. La mayoría de los generales son leales y, por lo tanto, envían mensajes veraces, pero los traidores pueden intentar engañar y confundir a los demás enviando mensajes falsos o falsos. No se sabe de antemano quiénes son los traidores.

Bizancio era una antigua ciudad griega que más tarde se convirtió en Constantinopla, en el lugar que hoy es Estambul, en Turquía. No hay ninguna prueba histórica de que los generales de Bizancio fueran más propensos a la intriga y la conspiración que los de otros lugares. Más bien, el nombre deriva de *bizantino* en el sentido de *excesivamente complicado, burocrático y tortuoso*, que se utilizaba en política mucho antes de la aparición de las computadoras [96]. Lamport quería elegir una nacionalidad que no ofendiera a ningún lector, y le aconsejaron que llamarlo *El problema de los generales albaneses* no era una buena idea [97].

Usos de la tolerancia a fallos bizantina

Un sistema es *tolerante a fallos bizantinos* si sigue funcionando correctamente incluso si algunos de los nodos no funcionan correctamente y no obedecen el protocolo, o si atacantes maliciosos interfieren en la red. Esta preocupación es relevante en determinadas circunstancias específicas. Por ejemplo:

- En entornos aeroespaciales, los datos de la memoria de una computadora o del registro de la CPU podrían corromperse por la radiación, lo que haría que respondieran a otros nodos de forma arbitraria e impredecible. Dado que un fallo del sistema sería muy costoso (por ejemplo, un avión que se estrella y mata a todos los pasajeros, o un cohete que colisiona con la Estación Espacial Internacional), los sistemas de control de vuelo deben tolerar fallos bizantinos [98, 99].
- En un sistema con múltiples participantes, algunos de ellos pueden intentar engañar o defraudar a los demás. En tales circunstancias, no es seguro que un nodo confíe simplemente en los mensajes de otro nodo, ya que pueden enviarse con intenciones maliciosas. Los mecanismos de consenso que subyacen a las criptomonedas como Bitcoin y otros sistemas basados en cadenas de bloques pueden considerarse una forma de conseguir que partes que no se fían entre sí acuerden si una transacción se ha producido, sin depender de una autoridad central [100].

Sin embargo, en los tipos de sistemas que tratamos en este libro, normalmente podemos dar por sentado que no hay fallos bizantinos. En un centro de datos, todos los nodos están controlados por tu organización (por lo que es de esperar que sean fiables) y los niveles de radiación son lo suficientemente bajos como para que la corrupción de la memoria no sea un problema importante (aunque se está considerando la posibilidad de crear centros de datos en órbita [101]). Los sistemas multitenant tienen inquilinos que no confían entre sí, pero están aislados unos de otros mediante cortafuegos, virtualización y políticas de control de acceso, sin utilizar la tolerancia a fallos bizantinos. Los protocolos para hacer que los sistemas sean tolerantes a fallos bizantinos son bastante costosos [102], y los sistemas integrados tolerantes a fallos dependen del soporte del nivel de hardware [98]. En la mayoría de los sistemas de datos del lado del servidor, el costo de la implementación de soluciones tolerantes a fallos bizantinos las hace impracticables.

Las aplicaciones web deben prever comportamientos arbitrarios y maliciosos por parte de los clientes que están bajo el control de los usuarios finales, como los navegadores web. Por eso son tan importantes la validación de entradas, la desinfección y el escape de salidas: para evitar, por ejemplo, la inyección de SQL y los scripts entre sitios. Sin embargo, normalmente no utilizamos protocolos tolerantes a fallos bizantinos en este caso, sino que simplemente convertimos al servidor en la autoridad que decide qué comportamientos de los clientes están permitidos y cuáles no. En las redes peer-to-peer, donde no existe tal autoridad central, la tolerancia a fallos bizantinos es más relevante [103, 104].

Un error en el software podría considerarse un fallo bizantino, pero si realizas la implementación del mismo software en todos los nodos, un algoritmo tolerante a fallos bizantinos no puede salvarte. La mayoría de los algoritmos tolerantes a fallos bizantinos requieren que una mayoría cualificada de más de dos tercios de los nodos funcione correctamente (por ejemplo, si tienes cuatro nodos, como máximo uno puede funcionar mal). Para utilizar este enfoque contra los errores, tendrías que tener cuatro implementaciones independientes del mismo software y esperar que un error determinado apareciera solo en una de las cuatro implementaciones.

Del mismo modo, sería atractivo que un protocolo pudiera protegernos de las vulnerabilidades, los riesgos de seguridad y los ataques maliciosos. Por desgracia, esto tampoco es realista. En la mayoría de los sistemas, si un atacante puede comprometer un nodo, probablemente pueda comprometerlos todos, ya que es probable que los nodos ejecuten el mismo software. Por lo tanto, los mecanismos tradicionales (autenticación, control de acceso, cifrado, cortafuegos, etc.) siguen siendo la principal protección contra los atacantes.

Formas leves de mentir

Aunque asumimos que los nodos son generalmente honestos, puede valer la pena añadir mecanismos al software que protejan contra formas débiles de "mentir", por ejemplo, mensajes no válidos debido a problemas de hardware, errores de software y configuraciones incorrectas. Estos mecanismos de protección no son una tolerancia a fallos bizantina completa, ya que no resistirían a un adversario decidido, pero son, no obstante, pasos sencillos y pragmáticos hacia una mayor fiabilidad. Por ejemplo:

- Los paquetes de red a veces se corrompen debido a problemas de hardware o errores en los sistemas operativos, controladores, enrutadores, etc. Por lo general, los paquetes corruptos son detectados por las sumas de comprobación integradas en TCP y UDP, pero a veces evaden la detección [105, 106, 107]. Por lo general, basta con medidas sencillas para protegerse contra este tipo de corrupción, como las sumas de comprobación en el protocolo de nivel de aplicación. Las conexiones cifradas con TLS también ofrecen protección contra la corrupción.
- Una aplicación de acceso público debe sanitizar cuidadosamente cualquier entrada del usuario, por ejemplo, escapando ciertos caracteres para evitar ataques de inyección SQL, comprobando que un valor se encuentre dentro de un rango razonable y limitando el tamaño de las cadenas para evitar la denegación de

servicio a través de grandes asignaciones de memoria. Un servicio interno detrás de un firewall puede salirse con la suya con verificaciones menos estrictas de las entradas, pero las verificaciones básicas en los analizadores de protocolos siguen siendo una buena idea [105].

- Los clientes NTP se pueden configurar con varias direcciones de servidor. Al sincronizar, el cliente se pone en contacto con todas ellas, calcula sus errores y comprueba que la mayoría de los servidores coincidan en un intervalo de tiempo. Siempre que la mayoría de los servidores estén bien, un servidor NTP mal configurado que informe una hora incorrecta se detecta como un valor atípico y se excluye de la sincronización [39]. El uso de varios servidores hace que NTP sea más robusto que si solo utilizara un único servidor.

Modelo de sistema y realidad

Se han diseñado muchos algoritmos para resolver los problemas de los sistemas distribuidos; por ejemplo, examinaremos soluciones para el problema del consenso en Capítulo 10. Para que sean útiles, estos algoritmos deben tolerar los diversos fallos de los sistemas distribuidos que hemos comentado en este capítulo.

Los algoritmos deben escribirse de manera que no dependan en exceso de los detalles de la configuración del hardware y el software en los que se ejecutan. Esto, a su vez, requiere que formalicemos de alguna manera los tipos de fallos que esperamos que se produzcan en un sistema. Para ello, definimos un *modelo de sistema*, que es una abstracción que describe los supuestos de un algoritmo.

En lo que respecta a las suposiciones de sincronización, se utilizan habitualmente tres modelos de sistema:

Modelo síncrono
: El modelo síncrono asume un retraso de red limitado, pausas de proceso limitadas y un error de reloj limitado. Esto no implica relojes sincronizados con exactitud ni un retraso de red nulo; solo significa que sabes que el retraso de red, las pausas y la deriva del reloj nunca superarán un límite superior fijo [108]. El modelo síncrono no es un modelo realista de la mayoría de los sistemas prácticos porque (como se explica en este capítulo) se producen retrasos y pausas ilimitados.

Modelo parcialmente sincrónico
: La sincronía parcial significa que un sistema se comporta como un sistema síncrono *la mayor parte del tiempo*, pero a veces excede los límites de retraso de red, pausas de proceso y desviación del reloj [108]. Este es un modelo realista de muchos sistemas. La mayor parte del tiempo, las redes y los procesos se comportan bastante bien; de lo contrario, nunca podríamos hacer nada, pero tenemos que tener en cuenta el hecho de que cualquier suposición sobre la sincronización

puede romperse ocasionalmente. Cuando esto ocurre, el retraso de la red, las pausas y el error del reloj pueden llegar a ser arbitrariamente grandes.

Modelo asincrónico

En este modelo, un algoritmo no puede hacer ninguna suposición sobre la sincronización; de hecho, ni siquiera tiene reloj (por lo que no puede utilizar tiempos de espera). Algunos algoritmos pueden diseñarse para el modelo asíncrono, pero es muy restrictivo.

Además de las cuestiones de sincronización, también hay que tener en cuenta los fallos de los nodos. Algunos modelos de sistema comunes para los nodos son los siguientes:

Fallos de parada por bloqueo

En el modelo *de parada por fallo* (o *parada por error*), un algoritmo puede suponer que un nodo solo puede fallar de una manera, es decir, colapsando [109]. El nodo puede dejar de responder repentinamente en cualquier momento y, a partir de entonces, ese nodo desaparece para siempre, nunca vuelve.

Fallos de recuperación tras bloqueo

En el modelo de recuperación tras fallo, asumimos que los nodos pueden fallar en cualquier momento y que tal vez vuelvan a responder tras un tiempo desconocido. Se supone que los nodos tienen un almacenamiento estable (es decir, almacenamiento en disco no volátil) que se conserva tras los fallos, mientras que se supone que el estado en memoria se pierde.

Rendimiento degradado y funcionalidad parcial

Además de fallar y reiniciarse, los nodos pueden ralentizarse. Es posible que sigan siendo capaces de responder a las solicitudes de comprobación de estado, pero que sean demasiado lentos para realizar cualquier trabajo real. Por ejemplo, una interfaz de red Gigabit podría caer repentinamente a un rendimiento de 1 Kb/s debido a un error del controlador [110]; un proceso que se encuentre bajo presión de memoria puede pasar la mayor parte de su tiempo realizando la recolección de basura [111]; los SSD desgastados pueden tener un rendimiento errático; y el hardware puede verse afectado por altas temperaturas, conectores sueltos, vibraciones mecánicas, problemas de suministro de energía, errores de firmware y más [112]. Esta situación se denomina *nodo cojo* (limping node), *fallo gris* (gray failure) o *fallo lento* (fail slow) [113], y puede ser incluso más difícil de tratar que un nodo con un fallo limpio. Un problema relacionado se produce cuando un proceso deja de hacer algunas de las cosas que se supone que debe hacer, mientras que otros aspectos siguen funcionando, por ejemplo, porque un subproceso en segundo plano se ha bloqueado o se ha quedado atascado [114].

Fallos bizantinos (arbitrarios)

Los nodos pueden hacer absolutamente cualquier cosa, incluyendo intentar engañar y engañar a otros nodos, como se describe en la sección anterior.

Para modelar sistemas reales, el modelo parcialmente síncrono con fallos de recuperación tras un bloqueo es generalmente el más útil. Permite retrasos ilimitados en la red, pausas en los procesos y nodos lentos. Pero ¿cómo se enfrentan los algoritmos distribuidos a ese modelo?

Definición de la corrección de un algoritmo

Para definir lo que significa que un algoritmo sea *correcto*, podemos describir sus *propiedades*. Por ejemplo, la salida de un algoritmo de clasificación tiene la propiedad de que, para cualquier par de elementos distintos de la lista de salida, el elemento más a la izquierda es menor que el elemento más a la derecha. Esa es simplemente una forma formal de definir lo que significa que una lista esté ordenada: una invariante de una lista ordenada.

Del mismo modo, podemos escribir las propiedades que queremos que tenga un algoritmo distribuido para definir lo que significa que sea correcto. Por ejemplo, si estamos generando tokens de cerco para una cerradura (consulta "Aislamiento de zombis y solicitudes retrasadas" en la página 414), podemos requerir que el algoritmo tenga las siguientes propiedades:

Singularidad

No hay dos solicitudes de un token de protección que devuelvan el mismo valor.

Secuencia monótona

Si la solicitud x devolvió el token t_x y la solicitud y devuelve el token t_y, y x se completó antes de que y comenzara, entonces $t_x < t_y$.

Disponibilidad

Un nodo que solicita un token de protección y no se bloquea, eventualmente recibe una respuesta.

Un algoritmo es correcto en un modelo de sistema si siempre satisface sus propiedades en todas las situaciones que suponemos que pueden ocurrir en ese modelo de sistema. Sin embargo, si todos los nodos se bloquean o todos los retrasos de la red se vuelven repentinamente infinitos, ningún algoritmo podrá hacer nada. ¿Cómo podemos seguir ofreciendo garantías útiles incluso en un modelo de sistema que permite fallos completos?

Distinguir entre seguridad y vivacidad

Para aclarar la situación, vale la pena distinguir entre dos tipos de propiedades: *seguridad* y *vivacidad*. En el ejemplo que acabamos de dar, *la unicidad* y *la secuencia monótona* son propiedades de seguridad, pero *la disponibilidad* es una propiedad de vivacidad.

¿Qué distingue a los dos tipos de propiedades? Una pista es que las propiedades de actividad suelen incluir la palabra "eventualmente" en su definición. (Y sí, lo has adivinado: *la consistencia eventual* es una propiedad de actividad [115].)

La seguridad se define a menudo de manera informal como *no ocurre nada malo*, y la vivacidad como *algo bueno ocurre eventualmente*. Sin embargo, es mejor no dar demasiada importancia a esas definiciones informales, porque "bueno" y "malo" son juicios de valor que no se aplican bien a los algoritmos. Las definiciones reales de seguridad y vivacidad son más precisas [116]:

- Si se viola una propiedad de seguridad, podemos señalar el momento concreto en el que se rompió (por ejemplo, si se violó la propiedad de unicidad, podemos identificar la operación concreta en la que se devolvió un token de cerco duplicado). Una vez que se ha violado una propiedad de seguridad, la violación no se puede deshacer: el daño ya está hecho.
- Una propiedad de actividad funciona al revés. Puede que no se cumpla en un momento determinado (por ejemplo, un nodo puede haber enviado una solicitud pero aún no haber recibido una respuesta), pero siempre existe la esperanza de que se cumpla en el futuro (es decir, al recibir una respuesta).

Una ventaja de distinguir entre las propiedades de seguridad y de vivacidad es que nos ayuda a lidiar con modelos de sistemas difíciles. Para los algoritmos distribuidos, es común exigir que las propiedades de seguridad se mantengan *siempre*, en todas las situaciones posibles de un modelo de sistema [108]. Incluso si todos los nodos fallan, o toda la red falla, el algoritmo debe garantizar que no devuelve un resultado erróneo (es decir, que las propiedades de seguridad siguen cumpliéndose).

Sin embargo, con las propiedades de vivacidad se nos permite hacer salvedades; por ejemplo, podríamos decir que una solicitud solo necesita recibir una respuesta si la mayoría de los nodos no se han bloqueado y solo si la red se recupera finalmente de una interrupción. La definición del modelo parcialmente síncrono requiere que, finalmente, el sistema vuelva a un estado síncrono, es decir, que cualquier período de interrupción de la red dure solo un tiempo finito y luego se repare.

Correspondencia entre los modelos de sistema y el mundo real

Las propiedades de seguridad y vivacidad y los modelos de sistema son muy útiles para razonar sobre la corrección de un algoritmo distribuido. Sin embargo, al implementar un algoritmo en la práctica, los complicados hechos de la realidad vuelven a pasar factura y queda claro que el modelo de sistema es una abstracción simplificada de la realidad.

Por ejemplo, los algoritmos del modelo de recuperación tras un fallo suelen suponer que los datos almacenados de forma estable sobreviven a los fallos. Sin embargo, ¿qué ocurre si los datos del disco se corrompen o se borran por un error de hardware o una configuración incorrecta [117]? ¿Qué pasa si un servidor tiene un error de firmware y no reconoce sus discos duros al reiniciarse, aunque estos estén correctamente conectados al servidor [118]?

Los algoritmos de quórum (consulta "Uso de quórums para la lectura y la escritura" en la página 256) se basan en que un nodo recuerde los datos que afirma haber almacenado. Si un nodo puede sufrir amnesia y olvidar los datos almacenados anteriormente, eso rompe la condición de quórum y, por lo tanto, rompe la corrección del algoritmo. Quizás se necesite un nuevo modelo de sistema, en el que asumamos que el almacenamiento estable sobrevive en su mayor parte a los fallos, pero que a veces puede perderse. Pero ese modelo se vuelve entonces más difícil de razonar.

La descripción teórica de un algoritmo puede declarar que simplemente se supone que ciertas cosas no ocurrirán, y en los sistemas no bizantinos, tenemos que hacer suposiciones sobre los fallos que pueden y no pueden ocurrir. Sin embargo, una implementación real puede tener que incluir código para manejar el caso de que ocurra algo que se suponía imposible, incluso si ese manejo se reduce a `printf("Sucks to be you")` y `exit(666)`, es decir, dejar que un operador humano limpie el desastre [119]. (Esta es una diferencia entre la informática y la ingeniería de software).

Esto no quiere decir que los modelos de sistemas teóricos y abstractos no tengan valor, sino todo lo contrario. Son increíblemente útiles para reducir la complejidad de los sistemas reales a un conjunto manejable de fallos sobre los que podemos razonar, de modo que podamos comprender el problema e intentar resolverlo de forma sistemática.

Métodos formales y pruebas aleatorias

¿Cómo sabemos que un algoritmo cumple las propiedades requeridas? Debido a la concurrencia, los fallos parciales y los retrasos de la red, hay un gran número de estados potenciales. Tenemos que garantizar que las propiedades se mantengan en todos los estados posibles y asegurarnos de que no hemos olvidado ningún caso extremo.

Un enfoque consiste en verificar formalmente un algoritmo describiéndolo matemáticamente y utilizando técnicas de prueba para demostrar que cumple las propiedades requeridas en todas las situaciones que permite el modelo del sistema. Demostrar que un algoritmo es correcto no significa que su *implementación* en un sistema real siempre se comporte correctamente. Pero es un primer paso muy bueno, porque el análisis teórico puede descubrir problemas en un algoritmo que podrían permanecer ocultos durante mucho tiempo en un sistema real y que solo se manifiestan cuando tus suposiciones (por ejemplo, sobre la sincronización) se ven frustradas por circunstancias inusuales.

Es prudente combinar el análisis teórico con pruebas empíricas para verificar que las implementaciones se comportan como se espera. Técnicas como las pruebas basadas en propiedades, el fuzzing y las pruebas de simulación determinista utilizan la aleatorización para probar un sistema en una amplia gama de situaciones. Organizaciones como , Amazon Web Services, FoundationDB y TigerBeetle han utilizado con éxito una combinación de estas técnicas en muchos de sus productos [120, 121, 122, 123].

Verificación de modelos y lenguajes de especificación

Los verificadores de modelos son herramientas que ayudan a comprobar que un algoritmo o sistema se comporta como se espera. La especificación de un algoritmo se escribe en un lenguaje diseñado específicamente para ello, como TLA+, Gallina o FizzBee. Estos lenguajes facilitan centrarse en el comportamiento de un algoritmo sin preocuparse por los detalles de la implementación del código. A continuación, los verificadores de modelos utilizan estos modelos para comprobar que las invariantes se mantienen en todos los estados de un algoritmo, probando sistemáticamente todas las cosas que podrían suceder.

La verificación de modelos no puede demostrar realmente que las invariantes de un algoritmo se mantengan en todos los estados posibles, ya que la mayoría de los algoritmos del mundo real tienen un espacio de estados infinito. Una verdadera verificación de todos los estados requeriría una prueba formal, lo cual es posible, pero suele ser más difícil que ejecutar un verificador de modelos. En su lugar, los verificadores de modelos te animan a reducir el modelo del algoritmo a una aproximación que pueda verificarse por completo, o a limitar la ejecución a un límite superior (por ejemplo, estableciendo un número máximo de mensajes que se pueden enviar). Cualquier error que solo se produzca con ejecuciones más largas no se encontraría.

Aun así, los verificadores de modelos logran un buen equilibrio entre la facilidad de uso y la capacidad de encontrar errores no evidentes. CockroachDB, TiDB, Kafka y muchos otros sistemas distribuidos utilizan especificaciones de modelos para encontrar y corregir errores [124, 125, 126]. Por ejemplo, utilizando TLA+, los investigadores pudieron demostrar el potencial de pérdida de datos en la replicación con sello de vista (VR) causado por la ambigüedad en la descripción prosaica del algoritmo [127].

Por diseño, los verificadores de modelos no ejecutan tu código real, sino un modelo simplificado que especifica solo las ideas fundamentales de tu protocolo. Esto hace que sea más fácil explorar sistemáticamente el espacio de estados, pero conlleva el riesgo de que tu especificación y tu implementación se desincronicen entre sí [128]. Es posible verificar si el modelo y la implementación real tienen un comportamiento equivalente, pero esto requiere instrumentación en la implementación real [129].

Inyección de fallos

Muchos errores se activan cuando se producen fallos en la máquina y en la red. *La inyección de fallos* es una técnica eficaz (y a veces aterradora) que verifica si la implementación de un sistema funciona como se espera cuando las cosas salen mal. La idea es simple: inyectar fallos en el entorno de un sistema en funcionamiento y ver cómo se comporta. Los fallos pueden ser fallos de red, bloqueos de la máquina, corrupción del disco, procesos en pausa, cualquier cosa que puedas imaginar que pueda salir mal en una computadora.

Las pruebas de inyección de fallos se suelen ejecutar en un entorno muy similar al entorno de producción en el que se ejecutará el sistema. Algunos incluso inyectan fallos directamente en su entorno de producción. Netflix popularizó este enfoque con su herramienta Chaos Monkey [130]. La inyección de fallos en producción se conoce a menudo como *ingeniería del caos*, que ya tratamos en "Fiabilidad y tolerancia a fallos" en la página 48.

Para ejecutar pruebas de inyección de fallos, primero se realiza la implementación del sistema sometido a prueba junto con coordinadores y scripts de inyección de fallos. Los coordinadores se encargan de decidir qué fallos ejecutar y cuándo ejecutarlos. Los scripts locales o remotos se encargan de inyectar fallos en nodos o procesos individuales. Los scripts de inyección utilizan muchas herramientas para provocar fallos. Un proceso Linux se puede pausar o eliminar con el comando `kill` de Linux, un disco se puede desmontar con `umount` y las conexiones de red se pueden interrumpir mediante la configuración del firewall. Puedes inspeccionar el comportamiento del sistema durante y después de la inyección de fallos para asegurarte de que todo funciona como se espera.

La gran cantidad de herramientas necesarias para provocar fallos hace que las pruebas de inyección de fallos sean difíciles de escribir. Es habitual adoptar un marco de inyección de fallos como Jepsen para ejecutar pruebas de inyección de fallos y simplificar el proceso. Estos marcos incluyen integraciones para varios sistemas operativos y muchos inyectores de fallos preconstruidos [131]. Jepsen ha sido muy eficaz a la hora de encontrar errores críticos en muchos sistemas de uso generalizado [132, 133].

Pruebas de simulación determinista

Otra técnica de formalización, que se ha convertido en un complemento popular de la verificación de modelos y la inyección de fallos es, *la prueba de simulación determinista* (DST). Utiliza un proceso de exploración del espacio de estados similar al de un verificador de modelos, pero prueba el código real, no un modelo.

En las DST, una simulación ejecuta automáticamente un gran número de ejecuciones aleatorias del sistema. La comunicación de red, la E/S y la sincronización del reloj durante la simulación se sustituyen por simulaciones que permiten al simulador controlar el orden exacto en el que ocurren las cosas, incluyendo diversos tiempos y escenarios de fallo. Esto permite al simulador explorar muchas más situaciones que las pruebas escritas a mano o la inyección de fallos. Si una prueba falla, se puede volver a ejecutar, ya que el simulador conoce el orden exacto de las operaciones que provocaron el fallo, a diferencia de la inyección de fallos, que no tiene un control tan preciso sobre el sistema.

El DST requiere que el simulador sea capaz de controlar todas las fuentes de no determinismo, como los retrasos de red o la programación de subprocesos en código multihilo. Por lo general, se adopta una de estas tres estrategias para hacer que el código sea determinista:

A nivel de aplicación
: Algunos sistemas se crean desde cero para facilitar la ejecución determinista del código. Por ejemplo, FoundationDB, uno de los pioneros en el ámbito DST, se ha creado utilizando una biblioteca de comunicación asíncrona llamada Flow. Flow proporciona un punto para que los desarrolladores inyecten una simulación de red determinista en el sistema [134]. De manera similar, TigerBeetle es una base de datos OLTP con soporte DST de primera clase. El estado del sistema se modela como una máquina de estados, con todas las mutaciones ocurriendo dentro de un único bucle de eventos. Cuando se combina con primitivas deterministas simuladas, como relojes, dicha arquitectura es capaz de ejecutarse de manera determinista [135].

Nivel de tiempo de ejecución
: Los lenguajes con tiempos de ejecución asíncronos y bibliotecas de uso común proporcionan un punto de inserción para introducir el determinismo. Se utiliza un tiempo de ejecución de un solo subproceso para forzar que todo el código asíncrono se ejecute secuencialmente. FrostDB, por ejemplo, parchea el tiempo de ejecución de Go para ejecutar goroutines secuencialmente [136]. La biblioteca MadSim de Rust funciona de manera similar. Proporciona implementaciones deterministas de la API de tiempo de ejecución asíncrono de Tokio, la biblioteca S3 de Amazon, la biblioteca Rust de Kafka y muchas otras; las aplicaciones pueden intercambiar bibliotecas y tiempos de ejecución deterministas para obtener ejecuciones de pruebas deterministas sin cambiar su código.

Nivel de máquina
: En lugar de parchear el código en tiempo de ejecución, se puede hacer que toda una máquina sea determinista. Se trata de un proceso delicado que requiere que una máquina responda a todas las llamadas normalmente no deterministas con respuestas deterministas. Herramientas como Antithesis lo consiguen creando un hipervisor personalizado que sustituye las operaciones normalmente no deterministas por otras deterministas. Hay que tener en cuenta todo, desde los relojes hasta la red y el almacenamiento. Sin embargo, una vez hecho esto,

los desarrolladores pueden ejecutar todo su sistema distribuido en una colección de contenedores dentro del hipervisor y obtener un sistema distribuido completamente determinista.

La DST ofrece varias ventajas más allá de la reproducibilidad. Por ejemplo, Antithesis intenta explorar muchas rutas en el código de la aplicación ramificando la ejecución de una prueba en múltiples subejecuciones cuando descubre un comportamiento menos común. Y como las pruebas deterministas suelen utilizar relojes simulados y llamadas de red, estas pruebas pueden ejecutarse más rápido que el tiempo real. La abstracción temporal de TigerBeetle, por ejemplo, permite que las simulaciones simulen la latencia de la red y los tiempos de espera sin necesidad de esperar realmente todo el tiempo necesario para que se active el tiempo de espera. Estas técnicas permiten al simulador explorar más rutas de código más rápidamente.

El poder del determinismo

El no determinismo es el núcleo de todos los retos de los sistemas distribuidos que hemos tratado en este capítulo: la concurrencia, el retraso de la red, las pausas de los procesos, los saltos de reloj y los fallos se producen de forma impredecible, que varía de una ejecución del sistema a otra. Por el contrario, si puedes hacer que un sistema sea determinista, eso puede simplificar enormemente las cosas.

De hecho, hacer que las cosas sean deterministas es una idea sencilla pero poderosa que surge una y otra vez en el diseño de sistemas distribuidos. Además de las pruebas de simulación determinista, hemos visto varias formas de utilizar el determinismo en los capítulos anteriores:

- Una ventaja clave del abastecimiento de eventos (consulta "Event Sourcing y CQRS" en la página 112) es que puedes reproducir de forma determinista un registro de eventos para reconstruir vistas materializadas derivadas.
- Los motores de flujo de trabajo (consulta "Ejecución y flujos de trabajo duraderos" en la página 205) se basan en definiciones de flujo de trabajo determinísticas para proporcionar una semántica de ejecución duradera.
- *La replicación de máquinas de estado*, que discutiremos en "Uso de registros compartidos" en la página 479, replica los datos ejecutando de forma independiente la misma secuencia de transacciones determinísticas en cada réplica. Ya hemos visto dos variantes de esa idea: la replicación basada en sentencias (consulta "Implementación de registros de replicación" en la página 227) y la ejecución de transacciones en serie utilizando procedimientos almacenados (consulta "Ventajas e inconvenientes de los procedimientos almacenados" en la página 343).

Sin embargo, hacer que el código sea totalmente determinista requiere cuidado. Incluso una vez que hayas eliminado toda la concurrencia y sustituido la E/S, la comunicación de red, los relojes y los generadores de números aleatorios por simulaciones deterministas, pueden quedar elementos de no determinismo. Por ejemplo, en algunos lenguajes de programación, el orden en el que se itera sobre los elementos de una tabla hash puede ser no determinista. El hecho de que te encuentres con un límite de recursos (fallo en la asignación de memoria, desbordamiento de la pila) también es no determinista.

Resumen

En este capítulo hemos analizado una amplia gama de problemas que pueden ocurrir en los sistemas distribuidos. Por ejemplo:

- Cada vez que intentas enviar un paquete a través de la red, este puede perderse o retrasarse arbitrariamente. Del mismo modo, la respuesta puede perderse o retrasarse, por lo que, si no recibes una respuesta, no tienes forma de saber si el mensaje ha llegado a su destino.
- El reloj de un nodo puede estar significativamente desincronizado con otros nodos (a pesar de tus mejores esfuerzos por configurar el NTP), puede saltar repentinamente hacia adelante o hacia atrás en el tiempo, y confiar en él es peligroso porque lo más probable es que no tengas una buena medida del intervalo de confianza de tu reloj.
- Un proceso puede detenerse durante un tiempo considerable en cualquier momento de su ejecución, ser declarado muerto por otros nodos y luego volver a la vida sin darse cuenta de que se había detenido.

El hecho de que puedan producirse *fallos parciales* es la característica que define a los sistemas distribuidos. Siempre que el software intenta hacer algo que implique a otros nodos, existe la posibilidad de que ocasionalmente falle, se ralentice aleatoriamente o no responda en absoluto (y, finalmente, se agote el tiempo de espera). En los sistemas distribuidos, intentamos incorporar tolerancia a los fallos parciales en el software, de modo que el sistema en su conjunto pueda seguir funcionando incluso cuando algunas de sus partes constitutivas estén averiadas.

Para tolerar los fallos, el primer paso es *detectarlos*, pero incluso eso es difícil. La mayoría de los sistemas no cuentan con un mecanismo preciso para detectar si un nodo ha fallado, por lo que la mayoría de los algoritmos distribuidos se basan en tiempos de espera para determinar si un nodo remoto sigue estando disponible. Sin embargo, los tiempos de espera no pueden distinguir entre fallos de red y fallos de nodo, y el retraso variable de la red a veces hace que se sospeche erróneamente que un nodo se ha bloqueado. Manejar nodos que funcionan a duras penas, que responden pero son demasiado lentos para hacer algo útil, es aún más difícil.

Una vez detectado un fallo, tampoco es fácil hacer que un sistema lo tolere; no hay variables globales, ni memoria compartida, ni conocimiento común ni ningún otro tipo de estado compartido entre las máquinas [83]. Los nodos ni siquiera pueden ponerse de acuerdo sobre qué hora es, y mucho menos sobre algo más profundo. La única forma en que la información puede fluir de un nodo a otro es enviándola a través de la red, que no es confiable. Las decisiones importantes no pueden ser tomadas de forma segura por un solo nodo, por lo que necesitamos protocolos que soliciten la ayuda de otros nodos e intenten conseguir un quórum para llegar a un acuerdo.

Si estás acostumbrado a escribir software en la perfección matemática idealizada de una sola computadora, donde la misma operación siempre devuelve de forma determinista el mismo resultado, entonces pasar a la complicada realidad física de los sistemas distribuidos puede ser un poco impactante. Por el contrario, los ingenieros de sistemas distribuidos a menudo considerarán un problema como trivial si se puede resolver en una sola computadora [4], y, de hecho, una sola computadora puede hacer mucho hoy en día. Si puedes evitar abrir la caja de Pandora y simplemente mantener todo en una sola máquina, por ejemplo, utilizando un motor de almacenamiento integrado (consulta Motores de almacenamiento integrados en la página 138), generalmente vale la pena hacerlo.

Sin embargo, como se explica en "Sistemas distribuidos frente a sistemas de un solo nodo" en la página 21, la escalabilidad no es la única razón para querer utilizar un sistema distribuido. La tolerancia a fallos y la baja latencia (colocando los datos geográficamente cerca de los usuarios) son objetivos igualmente importantes, y no se pueden lograr con un solo nodo. La potencia de los sistemas distribuidos radica en que, en principio, pueden funcionar indefinidamente sin interrupciones a nivel de servicio, ya que todos los fallos y el mantenimiento se pueden gestionar a nivel de nodo. (En la práctica, si se implementa un cambio de configuración incorrecto en todos los nodos, eso seguirá provocando el colapso del sistema distribuido).

En este capítulo también nos hemos desviado un poco para explorar si la falta de fiabilidad de las redes, los relojes y los procesos es una ley inevitable de la naturaleza. Hemos visto que no es así: es posible ofrecer garantías de respuesta en tiempo real y retrasos limitados en las redes, pero hacerlo es muy caro y da como resultado una menor utilización de los recursos de hardware. La mayoría de los sistemas que no son críticos para la seguridad eligen lo barato y poco fiable en lugar de lo caro y fiable.

Este capítulo ha tratado exclusivamente de problemas y nos ha presentado un panorama sombrío. Ganamos mucho al utilizar sistemas distribuidos de nivel de producción ampliamente probados que gestionan estos problemas. En el próximo capítulo pasaremos a las soluciones y discutiremos algunos algoritmos que estos sistemas emplean para hacer frente a estos problemas.

Referencias

[1] Mark Cavage. "There's Just No Getting Around It: You're Building a Distributed System." *ACM Queue*, volume 11, issue 4, pages 80–89, April 2013. *doi:10.1145/2466486.2482856*

[2] Jay Kreps. "Getting Real About Distributed System Reliability." *blog.empathybox.com*, March 2012. Archived at *perma.cc/9B5Q-AEBW*

[3] Coda Hale. "You Can't Sacrifice Partition Tolerance." *codahale.com*, October 2010. Archived at *perma.cc/6GJU-X4G5*

[4] Jeff Hodges. "Notes on Distributed Systems for Young Bloods." *somethingsimilar.com*, January 2013. Archived at *perma.cc/B636-62CE*

[5] Van Jacobson. "Congestion Avoidance and Control." At *ACM Symposium on Communications Architectures and Protocols* (SIGCOMM), August 1988. *doi:10.1145/52324.52356*

[6] Bert Hubert. "The Ultimate SO_LINGER Page, or: Why Is My TCP Not Reliable." *blog.netherlabs.nl*, January 2009. Archived at *perma.cc/6HDX-L2RR*

[7] Jerome H. Saltzer, David P. Reed, and David D. Clark. "End-To-End Arguments in System Design." *ACM Transactions on Computer Systems*, volume 2, issue 4, pages 277–288, November 1984. *doi:10.1145/357401.357402*

[8] Peter Bailis and Kyle Kingsbury. "The Network Is Reliable." *ACM Queue*, volume 12, issue 7, pages 48–55, July 2014. *doi:10.1145/2639988.2639988*

[9] Joshua B. Leners, Trinabh Gupta, Marcos K. Aguilera, and Michael Walfish. "Taming Uncertainty in Distributed Systems with Help from the Network." At *10th European Conference on Computer Systems* (EuroSys), April 2015. *doi:10.1145/2741948.2741976*

[10] Phillipa Gill, Navendu Jain, and Nachiappan Nagappan. "Understanding Network Failures in Data Centers: Measurement, Analysis, and Implications." At *ACM SIGCOMM Conference*, August 2011. *doi:10.1145/2018436.2018477*

[11] Urs Hölzle. "But recently a farmer had started grazing a herd of cows nearby. And whenever they stepped on the fiber link, they bent it enough to cause a blip." *x.com*, May 2020. Archived at *perma.cc/WX8X-ZZA5*

[12] CBC News. "Hundreds Lose Internet Service in Northern B.C. After Beaver Chews Through Cable." *cbc.ca*, April 2021. Archived at *perma.cc/UW8C-H2MY*

[13] Will Oremus. "The Global Internet Is Being Attacked by Sharks, Google Confirms." *slate.com*, August 2014. Archived at *perma.cc/P6F3-C6YG*

[14] Jess Auerbach Jahajeeah. "Down to the Wire: The Ship Fixing Our Internet." *continent.substack.com*, November 2023. Archived at *perma.cc/DP7B-EQ7S*

[15] Santosh Janardhan. "More Details About the October 4 Outage." *engineering.fb.com*, October 2021. Archived at *perma.cc/WW89-VSXH*

[16] Tom Parfitt. "Georgian Woman Cuts off Web Access to Whole of Armenia." *theguardian.com*, April 2011. Archived at *perma.cc/KMC3-N3NZ*

[17] Antonio Voce, Tural Ahmedzade and Ashley Kirk. "'Shadow Fleets' and Subaquatic Sabotage: Are Europe's Undersea Internet Cables Under Attack?" *theguardian.com*, March 2025. Archived at *perma.cc/HA7S-ZDBV*

[18] Shengyun Liu, Paolo Viotti, Christian Cachin, Vivien Quéma, and Marko Vukolić. "XFT: Practical Fault Tolerance Beyond Crashes." At *12th USENIX Symposium on Operating Systems Design and Implementation* (OSDI), November 2016.

[19] Mark Imbriaco. "Downtime Last Saturday." *github.blog*, December 2012. Archived at *perma.cc/M7X5-E8SQ*

[20] Tom Lianza and Chris Snook. "A Byzantine Failure in the Real World." *blog.cloudflare.com*, November 2020. Archived at *perma.cc/83EZ-ALCY*

[21] Mohammed Alfatafta, Basil Alkhatib, Ahmed Alquraan, and Samer Al-Kiswany. "Toward a Generic Fault Tolerance Technique for Partial Network Partitioning." At *14th USENIX Symposium on Operating Systems Design and Implementation* (OSDI), November 2020.

[22] Marc A. Donges. "Re: bnx2 Cards Intermittantly Going Offline." Message to Linux *netdev* mailing list, *spinics.net*, September 2012. Archived at *perma.cc/TXP6-H8R3*

[23] Troy Toman. "Inside a CODE RED: Network Edition." *signalvnoise.com*, September 2020. Archived at *perma.cc/BET6-FY25*

[24] Kyle Kingsbury. "Jepsen: Elasticsearch." *aphyr.com*, June 2014. Archived at *perma.cc/JK47-S89J*

[25] Salvatore Sanfilippo. "A Few Arguments About Redis Sentinel Properties and Fail Scenarios." *antirez.com*, October 2014. Archived at *perma.cc/8XEU-CLM8*

[26] Nicolas Liochon. "CAP: If All You Have Is a Timeout, Everything Looks Like a Partition." *blog.thislongrun.com*, May 2015. Archived at *perma.cc/FS57-V2PZ*

[27] Matthew P. Grosvenor, Malte Schwarzkopf, Ionel Gog, Robert N. M. Watson, Andrew W. Moore, Steven Hand, and Jon Crowcroft. "Queues Don't Matter When You Can JUMP Them!" At *12th USENIX Symposium on Networked Systems Design and Implementation* (NSDI), May 2015.

[28] Theo Julienne. "Debugging Network Stalls on Kubernetes." *github.blog*, November 2019. Archived at *perma.cc/K9M8-XVGL*

[29] Guohui Wang and T. S. Eugene Ng. "The Impact of Virtualization on Network Performance of Amazon EC2 Data Center." At *29th IEEE International Conference on Computer Communications* (INFOCOM), March 2010. *doi:10.1109/INFCOM.2010.5461931*

[30] Brandon Philips. "etcd: Distributed Locking and Service Discovery." At *Strange Loop*, September 2014.

[31] Steve Newman. "A Systematic Look at EC2 I/O." *blog.scalyr.com*, October 2012. Archived at *perma.cc/FL4R-H2VE*

[32] Naohiro Hayashibara, Xavier Défago, Rami Yared, and Takuya Katayama. "The ϕ Accrual Failure Detector." Japan Advanced Institute of Science and Technology, School of Information Science, Technical Report IS-RR-2004-010, May 2004. Archived at *perma.cc/NSM2-TRYA*

[33] Jeffrey Wang. "Phi Accrual Failure Detector." *ternarysearch.blogspot.co.uk*, August 2013. Archived at *perma.cc/L452-AMLV*

[34] Srinivasan Keshav. *An Engineering Approach to Computer Networking: ATM Networks, the Internet, and the Telephone Network.* Addison-Wesley Professional, 1997. ISBN: 9780201634426

[35] Othmar Kyas. *ATM Networks.* International Thomson Publishing, 1995. ISBN: 9781850321286

[36] Jialin Li, Naveen Kr. Sharma, Dan R. K. Ports, and Steven D. Gribble. "Tales of the Tail: Hardware, OS, and Application-level Sources of Tail Latency." At *ACM Symposium on Cloud Computing* (SOCC), November 2014. *doi:10.1145/2670979.2670988*

[37] Mellanox Technologies. "InfiniBand FAQ, Rev 1.3." *network.nvidia.com*, December 2014. Archived at *perma.cc/LQJ4-QZVK*

[38] Jose Renato Santos, Yoshio Turner, and G. (John) Janakiraman. "End-to-End Congestion Control for InfiniBand." At *22nd Annual Joint Conference of the IEEE Computer and Communications Societies* (INFOCOM), April 2003. Also published by HP Laboratories Palo Alto, Tech Report HPL-2002-359. *doi:10.1109/INFCOM.2003.1208949*

[39] Ulrich Windl, David Dalton, Marc Martinec, and Dale R. Worley. "The NTP FAQ and HOWTO." *ntp.org*, November 2006. Archived at *archive.org*

[40] John Graham-Cumming. "How and Why the Leap Second Affected Cloudflare DNS." *blog.cloudflare.com*, January 2017. Archived at *archive.org*

[41] David Holmes. “Inside the Hotspot VM: Clocks, Timers and Scheduling Events —Part I—Windows.” *blogs.oracle.com*, October 2006. Archived at *archive.org*

[42] Joran Dirk Greef. “Three Clocks Are Better than One.” *tigerbeetle.com*, August 2021. Archived at *perma.cc/5RXG-EU6B*

[43] Oliver Yang. “Pitfalls of TSC Usage.” *oliveryang.net*, September 2015. Archived at *perma.cc/Z2QY-5FRA*

[44] Steve Loughran. “Time on Multi-Core, Multi-Socket Servers.” *steveloughran.blogspot.co.uk*, September 2015. Archived at *perma.cc/7M4S-D4U6*

[45] James C. Corbett, Jeffrey Dean, Michael Epstein, Andrew Fikes, Christopher Frost, JJ Furman, Sanjay Ghemawat, Andrey Gubarev, Christopher Heiser, Peter Hochschild, Wilson Hsieh, Sebastian Kanthak, Eugene Kogan, Hongyi Li, Alexander Lloyd, Sergey Melnik, David Mwaura, David Nagle, Sean Quinlan, Rajesh Rao, Lindsay Rolig, Dale Woodford, Yasushi Saito, Christopher Taylor, Michal Szymaniak, and Ruth Wang. “Spanner: Google’s Globally-Distributed Database.” At *10th USENIX Symposium on Operating System Design and Implementation* (OSDI), October 2012.

[46] M. Caporaloni and R. Ambrosini. “How Closely Can a Personal Computer Clock Track the UTC Timescale Via the Internet?” *European Journal of Physics*, volume 23, issue 4, pages L17–L21, June 2012. *doi:10.1088/0143-0807/23/4/103*

[47] Nelson Minar. “A Survey of the NTP Network.” *alumni.media.mit.edu*, December 1999. Archived at *perma.cc/EV76-7ZV3*

[48] Viliam Holub. “Synchronizing Clocks in a Cassandra Cluster Pt. 1—The Problem.” *blog.rapid7.com*, March 2014. Archived at *perma.cc/N3RV-5LNL*

[49] Poul-Henning Kamp. “The One-Second War (What Time Will You Die?)” *ACM Queue*, volume 9, issue 4, pages 44–48, April 2011. *doi:10.1145/1966989.1967009*

[50] Nelson Minar. “Leap Second Crashes Half the Internet.” *somebits.com*, July 2012. Archived at *perma.cc/2WB8-D6EU*

[51] Christopher Pascoe. “Time, Technology and Leaping Seconds.” *googleblog.blogspot.co.uk*, September 2011. Archived at *perma.cc/U2JL-7E74*

[52] Mingxue Zhao and Jeff Barr. “Look Before You Leap—The Coming Leap Second and AWS.” *aws.amazon.com*, May 2015. Archived at *perma.cc/KPE9-XMFM*

[53] Darryl Veitch and Kanthaiah Vijayalayan. “Network Timing and the 2015 Leap Second.” At *17th International Conference on Passive and Active Measurement* (PAM), April 2016. *doi:10.1007/978-3-319-30505-9_29*

[54] VMware, Inc. “Timekeeping in VMware Virtual Machines.” *vmware.com*, October 2008. Archived at *perma.cc/HM5R-T5NF*

[55] Victor Yodaiken. "Clock Synchronization in Finance and Beyond." *yodaiken.com*, November 2017. Archived at *perma.cc/9XZD-8ZZN*

[56] Mustafa Emre Acer, Emily Stark, Adrienne Porter Felt, Sascha Fahl, Radhika Bhargava, Bhanu Dev, Matt Braithwaite, Ryan Sleevi, and Parisa Tabriz. "Where the Wild Warnings Are: Root Causes of Chrome HTTPS Certificate Errors." At *ACM SIGSAC Conference on Computer and Communications Security* (CCS), October 2017. *doi:10.1145/3133956.3134007*

[57] European Securities and Markets Authority. "MiFID II / MiFIR: Regulatory Technical and Implementing Standards—Annex I." *esma.europa.eu*, Report ESMA/2015/1464, September 2015. Archived at *perma.cc/ZLX9-FGQ3*

[58] Luke Bigum. "Solving MiFID II Clock Synchronisation with Minimum Spend (Part 1)." *catach.blogspot.com*, November 2015. Archived at *perma.cc/4J5W-FNM4*

[59] Oleg Obleukhov and Ahmad Byagowi. "How Precision Time Protocol Is Being Deployed at Meta." *engineering.fb.com*, November 2022. Archived at *perma.cc/29G6-UJNW*

[60] John Wiseman. "GPSJAM: Daily Maps of GPS Interference." *gpsjam.org*

[61] Josh Levinson, Julien Ridoux, and Chris Munns. "It's About Time: Microsecond-Accurate Clocks on Amazon EC2 Instances." *aws.amazon.com*, November 2023. Archived at *perma.cc/56M6-5VMZ*

[62] Kyle Kingsbury. "Jepsen: Cassandra." *aphyr.com*, September 2013. Archived at *perma.cc/4MBR-J96V*

[63] John Daily. "Clocks Are Bad, or, Welcome to the Wonderful World of Distributed Systems." *riak.com*, November 2013. Archived at *perma.cc/4XB5-UCXY*

[64] Marc Brooker. "It's About Time!" *brooker.co.za*, November 2023. Archived at *perma.cc/N6YK-DRPA*

[65] Kyle Kingsbury. "The Trouble with Timestamps." *aphyr.com*, October 2013. Archived at *perma.cc/W3AM-5VAV*

[66] Leslie Lamport. "Time, Clocks, and the Ordering of Events in a Distributed System." *Communications of the ACM*, volume 21, issue 7, pages 558–565, July 1978. *doi:10.1145/359545.359563*

[67] Justin Sheehy. "There Is No Now: Problems with Simultaneity in Distributed Systems." *ACM Queue*, volume 13, issue 3, pages 36–41, March 2015. *doi:10.1145/2733108*

[68] Murat Demirbas. "Spanner: Google's Globally-Distributed Database." *muratbuffalo.blogspot.co.uk*, July 2013. Archived at *perma.cc/6VWR-C9WB*

[69] Dahlia Malkhi and Jean-Philippe Martin. "Spanner's Concurrency Control." *ACM SIGACT News*, volume 44, issue 3, pages 73–77, September 2013. *doi:10.1145/2527748.2527767*

[70] Franck Pachot. "Achieving Precise Clock Synchronization on AWS." *yugabyte.com*, December 2024. Archived at *perma.cc/UYM6-RNBS*

[71] Spencer Kimball. "Living Without Atomic Clocks: Where CockroachDB and Spanner Diverge." *cockroachlabs.com*, January 2022. Archived at *perma.cc/AWZ7-RXFT*

[72] Murat Demirbas. "Use of Time in Distributed Databases (Part 4): Synchronized Clocks in Production Databases." *muratbuffalo.blogspot.com*, January 2025. Archived at *perma.cc/9WNX-Q9U3*

[73] Cary G. Gray and David R. Cheriton. "Leases: An Efficient Fault-Tolerant Mechanism for Distributed File Cache Consistency." At *12th ACM Symposium on Operating Systems Principles* (SOSP), December 1989. *doi:10.1145/74850.74870*

[74] Daniel Sturman, Scott Delap, Max Ross, et al. "Roblox Return to Service." *corp.roblox.com*, January 2022. Archived at *perma.cc/8ALT-WAS4*

[75] Todd Lipcon. "Avoiding Full GCs with MemStore-Local Allocation Buffers." *slideshare.net*, February 2011. Archived at *perma.cc/CH62-2EWJ*

[76] Christopher Clark, Keir Fraser, Steven Hand, Jacob Gorm Hansen, Eric Jul, Christian Limpach, Ian Pratt, and Andrew Warfield. "Live Migration of Virtual Machines." At *2nd USENIX Symposium on Symposium on Networked Systems Design & Implementation* (NSDI), May 2005.

[77] Mike Shaver. "fsyncers and Curveballs." *shaver.off.net*, May 2008. Archived at *archive.org*

[78] Zhenyun Zhuang and Cuong Tran. "Eliminating Large JVM GC Pauses Caused by Background IO Traffic." *engineering.linkedin.com*, February 2016. Archived at *perma.cc/ML2M-X9XT*

[79] Martin Thompson. "Java Garbage Collection Distilled." *mechanical-sympathy.blogspot.co.uk*, July 2013. Archived at *perma.cc/DJT3-NQLQ*

[80] David Terei and Amit Levy. "Blade: A Data Center Garbage Collector." *arXiv:1504.02578*, April 2015.

[81] Martin Maas, Tim Harris, Krste Asanović, and John Kubiatowicz. "Trash Day: Coordinating Garbage Collection in Distributed Systems." At *15th USENIX Workshop on Hot Topics in Operating Systems* (HotOS), May 2015.

[82] Martin Fowler. "The LMAX Architecture." *martinfowler.com*, July 2011. Archived at *perma.cc/5AV4-N6RJ*

[83] Joseph Y. Halpern and Yoram Moses. "Knowledge and Common Knowledge in a Distributed Environment." *Journal of the ACM* (JACM), volume 37, issue 3, pages 549–587, July 1990. *doi:10.1145/79147.79161*

[84] Chuzhe Tang, Zhaoguo Wang, Xiaodong Zhang, Qianmian Yu, Binyu Zang, Haibing Guan, and Haibo Chen. "Ad Hoc Transactions in Web Applications: The Good, the Bad, and the Ugly." At *ACM International Conference on Management of Data* (SIGMOD), June 2022. *doi:10.1145/3514221.3526120*

[85] Flavio P. Junqueira and Benjamin Reed. *ZooKeeper: Distributed Process Coordination*. O'Reilly Media, 2013. ISBN: 9781449361303

[86] Enis Söztutar. "HBase and HDFS: Understanding Filesystem Usage in HBase." At *HBaseCon*, June 2013. Archived at *perma.cc/4DXR-9P88*

[87] SUSE LLC. "SUSE Linux Enterprise High Availability 15 SP6 Administration Guide, Section 12: Fencing and STONITH." *documentation.suse.com*, March 2025. Archived at *perma.cc/8LAR-EL9D*

[88] Mike Burrows. "The Chubby Lock Service for Loosely-Coupled Distributed Systems." At *7th USENIX Symposium on Operating System Design and Implementation* (OSDI), November 2006.

[89] Kyle Kingsbury. "etcd 3.4.3." *jepsen.io*, January 2020. Archived at *perma.cc/2P3Y-MPWU*

[90] Ensar Basri Kahveci. "Distributed Locks Are Dead; Long Live Distributed Locks!" *hazelcast.com*, April 2019. Archived at *perma.cc/7FS5-LDXE*

[91] Martin Kleppmann. "How to Do Distributed Locking." *martin.kleppmann.com*, February 2016. Archived at *perma.cc/Y24W-YQ5L*

[92] Salvatore Sanfilippo. "Is Redlock Safe?" *antirez.com*, February 2016. Archived at *perma.cc/B6GA-9Q6A*

[93] Gunnar Morling. "Leader Election with S3 Conditional Writes." *morling.dev*, August 2024. Archived at *perma.cc/7V2N-J78Y*

[94] Leslie Lamport, Robert Shostak, and Marshall Pease. "The Byzantine Generals Problem." *ACM Transactions on Programming Languages and Systems* (TOPLAS), volume 4, issue 3, pages 382–401, July 1982. *doi:10.1145/357172.357176*

[95] Jim N. Gray. "Notes on Data Base Operating Systems." In *Operating Systems: An Advanced Course*, Lecture Notes in Computer Science, volume 60, edited by R. Bayer, R. M. Graham, and G. Seegmüller, pages 393–481, Springer-Verlag, 1978. ISBN: 9783540087557. Archived at *perma.cc/7S9M-2LZU*

[96] Brian Palmer. "How Complicated Was the Byzantine Empire?" *slate.com*, October 2011. Archived at *perma.cc/AN7X-FL3N*

[97] Leslie Lamport. "My Writings." *lamport.azurewebsites.net*, December 2014. Archived at *perma.cc/5NNM-SQGR*

[98] John Rushby. "Bus Architectures for Safety-Critical Embedded Systems." At *1st International Workshop on Embedded Software* (EMSOFT), October 2001. *doi:10.1007/3-540-45449-7_22*

[99] Jake Edge. "ELC: SpaceX Lessons Learned." *lwn.net*, March 2013. Archived at *perma.cc/AYX8-QP5X*

[100] Shehar Bano, Alberto Sonnino, Mustafa Al-Bassam, Sarah Azouvi, Patrick McCorry, Sarah Meiklejohn, and George Danezis. "SoK: Consensus in the Age of Blockchains." At *1st ACM Conference on Advances in Financial Technologies* (AFT), October 2019. *doi:10.1145/3318041.3355458*

[101] Ezra Feilden, Adi Oltean, and Philip Johnston. "Why We Should Train AI in Space." White Paper, *starcloud.com*, September 2024. Archived at *perma.cc/7Y3S-8UB6*

[102] James Mickens. "The Saddest Moment." *USENIX ;login*, May 2013. Archived at *perma.cc/T7BZ-XCFR*

[103] Martin Kleppmann and Heidi Howard. "Byzantine Eventual Consistency and the Fundamental Limits of Peer-to-Peer Databases." *arXiv:2012.00472*, December 2020.

[104] Martin Kleppmann. "Making CRDTs Byzantine Fault Tolerant." At *9th Workshop on Principles and Practice of Consistency for Distributed Data* (PaPoC), April 2022. *doi:10.1145/3517209.3524042*

[105] Evan Gilman. "The Discovery of Apache ZooKeeper's Poison Packet." *pagerduty.com*, May 2015. Archived at *perma.cc/RV6L-Y5CQ*

[106] Jonathan Stone and Craig Partridge. "When the CRC and TCP Checksum Disagree." At *ACM Conference on Applications, Technologies, Architectures, and Protocols for Computer Communication* (SIGCOMM), August 2000. *doi:10.1145/347059.347561*

[107] Evan Jones. "How Both TCP and Ethernet Checksums Fail." *evanjones.ca*, October 2015. Archived at *perma.cc/9T5V-B8X5*

[108] Cynthia Dwork, Nancy Lynch, and Larry Stockmeyer. "Consensus in the Presence of Partial Synchrony." *Journal of the ACM*, volume 35, issue 2, pages 288–323, April 1988. *doi:10.1145/42282.42283*

[109] Richard D. Schlichting and Fred B. Schneider. "Fail-Stop Processors: An Approach to Designing Fault-Tolerant Computing Systems." *ACM Transactions on Computer Systems* (TOCS), volume 1, issue 3, pages 222–238, August 1983. *doi:10.1145/357369.357371*

[110] Thanh Do, Mingzhe Hao, Tanakorn Leesatapornwongsa, Tiratat Patana-anake, and Haryadi S. Gunawi. "Limplock: Understanding the Impact of Limpware on Scale-out Cloud Systems." At *4th ACM Symposium on Cloud Computing* (SoCC), October 2013. *doi:10.1145/2523616.2523627*

[111] Josh Snyder and Joseph Lynch. "Garbage Collecting Unhealthy JVMs, a Proactive Approach." *netflixtechblog.medium.com*, November 2019. Archived at *perma.cc/8BTA-N3YB*

[112] Haryadi S. Gunawi, Riza O. Suminto, Russell Sears, Casey Golliher, Swaminathan Sundararaman, Xing Lin, Tim Emami, Weiguang Sheng, Nematollah Bidokhti, Caitie McCaffrey, Gary Grider, Parks M. Fields, Kevin Harms, Robert B. Ross, Andree Jacobson, Robert Ricci, Kirk Webb, Peter Alvaro, H. Birali Runesha, Mingzhe Hao, and Huaicheng Li. "Fail-Slow at Scale: Evidence of Hardware Performance Faults in Large Production Systems." At *16th USENIX Conference on File and Storage Technologies*, February 2018.

[113] Peng Huang, Chuanxiong Guo, Lidong Zhou, Jacob R. Lorch, Yingnong Dang, Murali Chintalapati, and Randolph Yao. "Gray Failure: The Achilles' Heel of Cloud-Scale Systems." At *16th Workshop on Hot Topics in Operating Systems* (HotOS), May 2017. *doi:10.1145/3102980.3103005*

[114] Chang Lou, Peng Huang, and Scott Smith. "Understanding, Detecting and Localizing Partial Failures in Large System Software." At *17th USENIX Symposium on Networked Systems Design and Implementation* (NSDI), February 2020.

[115] Peter Bailis and Ali Ghodsi. "Eventual Consistency Today: Limitations, Extensions, and Beyond." *ACM Queue*, volume 11, issue 3, pages 55–63, March 2013. *doi:10.1145/2460276.2462076*

[116] Bowen Alpern and Fred B. Schneider. "Defining Liveness." *Information Processing Letters*, volume 21, issue 4, pages 181–185, October 1985. *doi:10.1016/0020-0190(85)90056-0*

[117] Flavio P. Junqueira. "Dude, Where's My Metadata?" *fpj.me*, May 2015. Archived at *perma.cc/D2EU-Y9S5*

[118] Scott Sanders. "January 28th Incident Report." *github.com*, February 2016. Archived at *perma.cc/5GZR-88TV*

[119] Jay Kreps. "A Few Notes on Kafka and Jepsen." *blog.empathybox.com*, September 2013. Archived at *perma.cc/XJ5C-F583*

[120] Marc Brooker and Ankush Desai. "Systems Correctness Practices at AWS." *ACM Queue,* volume 22, issue 6, pages 79–96, November/December 2024. *doi:10.1145/3712057*

[121] Andrey Satarin. “Testing Distributed Systems: Curated list of Resources on Testing Distributed Systems.” *asatarin.github.io*. Archived at *perma.cc/U5V8-XP24*

[122] Phil Eaton and Joran Dirk Greef. “We Put a Distributed Database in the Browser—And Made a Game of It!” *tigerbeetle.com*, June 2023. Archived at *perma.cc/L7M7-X4HD*

[123] Apple, Inc. and the FoundationDB project authors. “FoundationDB—Simulation and Testing.” *apple.github.io*. Archived at *perma.cc/4C4L-AUH3*

[124] Jack Vanlightly. “Verifying Kafka Transactions—Diary Entry 2—Writing an Initial TLA+ Spec.” *jack-vanlightly.com*, December 2024. Archived at *perma.cc/NSQ8-MQ5N*

[125] Siddon Tang. “From Chaos to Order—Tools and Techniques for Testing TiDB, A Distributed NewSQL Database.” *pingcap.com*, April 2018. Archived at *perma.cc/5EJB-R29F*

[126] Nathan VanBenschoten. “Parallel Commits: An Atomic Commit Protocol for Globally Distributed Transactions.” *cockroachlabs.com*, November 2019. Archived at *perma.cc/5FZ7-QK6J*

[127] Jack Vanlightly. “Paper: VR Revisited—State Transfer (Part 3).” *jack-vanlightly.com*, December 2022. Archived at *perma.cc/KNK3-K6WS*

[128] Hillel Wayne. “What If the Spec Doesn't Match the Code?” *buttondown.com*, March 2024. Archived at *perma.cc/8HEZ-KHER*

[129] Lingzhi Ouyang, Xudong Sun, Ruize Tang, Yu Huang, Madhav Jivrajani, Xiaoxing Ma, Tianyin Xu. “Multi-Grained Specifications for Distributed System Model Checking and Verification.” At *20th European Conference on Computer Systems* (EuroSys), March 2025. *doi:10.1145/3689031.3696069*

[130] Yury Izrailevsky and Ariel Tseitlin. “The Netflix Simian Army.” *netflixtechblog.com*, July, 2011. Archived at *perma.cc/M3NY-FJW6*

[131] Kyle Kingsbury. “Jepsen: On the Perils of Network Partitions.” *aphyr.com*, May, 2013. Archived at *perma.cc/W98G-6HQP*

[132] Kyle Kingsbury. Analyses. *jepsen.io*, 2024. Archived at *perma.cc/8LDN-D2T8*

[133] Rupak Majumdar and Filip Niksic. “Why Is Random Testing Effective for Partition Tolerance Bugs?” *Proceedings of the ACM on Programming Languages* (PACMPL), volume 2, issue POPL, article no. 46, December 2017. *doi:10.1145/3158134*

[134] FoundationDB project authors. “Simulation and Testing.” *apple.github.io*. Archived at *perma.cc/NQ3L-PM4C*

[135] Alex Kladov. "Simulation Testing for Liveness." *tigerbeetle.com*, July 2023. Archived at *perma.cc/RKD4-HGCR*

[136] Alfonso Subiotto Marqués. "(Mostly) Deterministic Simulation Testing in Go." *polarsignals.com*, May 2024. Archived at *perma.cc/ULD6-TSA4*

CAPÍTULO 10

Consistencia y consenso

Un antiguo adagio advierte: "Nunca vayas a la mar con dos cronómetros; lleva uno o tres".

—Frederick P. Brooks Jr., *El mítico mes-hombre: Ensayos sobre ingeniería de software* (1995)

Muchas cosas pueden salir mal en los sistemas distribuidos, como se explica en Capítulo 9. Si queremos que un servicio siga funcionando correctamente a pesar de que esas cosas salgan mal, necesitamos encontrar formas de tolerar los fallos.

Una de las mejores herramientas que tenemos para la tolerancia a fallos es *la replicación*. Sin embargo, como vimos en Capítulo 6, tener múltiples copias de los datos en múltiples réplicas aumenta el riesgo de inconsistencias. Las lecturas pueden ser gestionadas por una réplica que no esté actualizada, lo que da lugar a resultados obsoletos. Si varias réplicas pueden aceptar escrituras, tenemos que lidiar con posibles conflictos entre valores que se escribieron simultáneamente en diferentes réplicas. A alto nivel, tenemos dos filosofías contrapuestas para abordar estas cuestiones:

Consistencia eventual
: En esta filosofía, el hecho de que un sistema esté replicado se hace visible para la aplicación, y se espera que tú, como desarrollador de la aplicación, te ocupes de las inconsistencias y los conflictos que puedan surgir. Este enfoque se utiliza a menudo en sistemas con replicación multilíder (consulta "Replicación con múltiples líderes" en la página 237) y sin líder (consulta "Replicación sin líder" en la página 253).

Consistencia fuerte
: Esta filosofía sostiene que las aplicaciones no deben preocuparse por los detalles internos de la replicación y que el sistema debe comportarse como si fuera un único nodo. La ventaja de este enfoque es que resulta más sencillo para ti, el desarrollador de la aplicación. La desventaja es que una consistencia más fuerte

tiene un costo en términos de rendimiento, y algunos tipos de fallos que un sistema eventualmente consistente puede tolerar provocan interrupciones en los sistemas fuertemente consistentes.

Como siempre, cuál de los dos enfoques es mejor depende de tu aplicación. Si tu aplicación permite a los usuarios realizar cambios en los datos sin conexión, la consistencia eventual es inevitable, como se explica en "Motores de sincronización y software Local-First" en la página 243. Sin embargo, la consistencia eventual puede ser difícil de manejar para las aplicaciones. Si tus réplicas se encuentran en centros de datos con una comunicación rápida y fiable, la consistencia fuerte suele ser adecuada porque su costo es aceptable.

En este capítulo profundizaremos en el enfoque de consistencia fuerte, centrándonos en tres áreas:

- Un reto es que la "fuerte consistencia" es bastante vaga, por lo que desarrollaremos una definición más precisa de lo que queremos lograr: la linealizabilidad.
- Analizaremos el problema de generar ID y marcas de tiempo. Esto puede parecer que no tiene relación con la consistencia, pero está estrechamente relacionado.
- Exploraremos cómo los sistemas distribuidos pueden lograr la linealizabilidad sin dejar de ser tolerantes a fallos: la respuesta son los algoritmos de consenso.

A lo largo del camino, veremos que existen límites fundamentales en lo que es posible en un sistema distribuido.

Los temas tratados en este capítulo son conocidos por ser difíciles de implementar correctamente. Es muy fácil crear sistemas que funcionan bien cuando no hay fallos, pero que se desmoronan por completo cuando se enfrentan a una combinación desafortunada de fallos u órdenes de mensajes que sus diseñadores no habían tenido en cuenta. Se han desarrollado muchas teorías para ayudarnos a reflexionar sobre esos casos extremos, lo que nos permite crear sistemas que pueden tolerar los fallos de forma robusta.

Este capítulo solo abordará el tema de forma superficial. Nos ceñiremos a intuiciones informales y evitaremos los detalles algorítmicos, los modelos formales y las pruebas. Para trabajar en serio en sistemas de consenso e infraestructuras similares, necesitarás profundizar mucho más en la teoría si quieres que tus sistemas sean robustos. Como de costumbre, las referencias bibliográficas de este capítulo proporcionan pistas iniciales.

Linealizabilidad

Si quieres que una base de datos replicada sea lo más sencilla posible de usar, debes hacer que se comporte como si fuera una base de datos consistente de un solo nodo. De este modo, los usuarios no tendrán que preocuparse por el retraso en la replicación, los conflictos y otras inconsistencias; esto te ofrece la ventaja de la tolerancia a fallos, pero sin la complejidad de tener que pensar en múltiples réplicas.

Esta es la idea detrás de *la linealizabilidad* [1] (también conocida como *consistencia atómica* [2], *consistencia fuerte*, *consistencia inmediata* o *consistencia externa* [3]). La definición exacta de linealizabilidad es bastante sutil, y la exploraremos en el resto de esta sección. Sin embargo, la idea básica es hacer que un sistema parezca que solo hay una copia de los datos, y que todas las operaciones en él son atómicas. Con esta garantía, aunque en realidad pueda haber múltiples réplicas, la aplicación no tiene que preocuparse por ellas.

En un sistema linealizable, tan pronto como un cliente completa con éxito una escritura, todos los clientes que leen la base de datos deben poder ver el valor que se acaba de escribir. Mantener la ilusión de una única copia de los datos significa garantizar que el valor leído es el más reciente y actualizado y que no proviene de una caché o réplica obsoleta. En otras palabras, la linealizabilidad es una *garantía de actualidad*. Para aclarar esta idea, veamos un ejemplo de un sistema que no es linealizable.

Figura 10-1 muestra un sitio web deportivo no linealizable [4]. Aaliyah y Bryce están sentados en la misma habitación, ambos revisando sus teléfonos para ver el resultado de un partido que está jugando su equipo favorito. Justo después de que se anuncie el resultado final, Aaliyah actualiza la página, ve el ganador anunciado y se lo cuenta emocionada a Bryce. Bryce, incrédulo, pulsa "actualizar" en su propio teléfono, pero su solicitud va a una réplica de la base de datos que va con retraso, por lo que su teléfono muestra que el partido aún está en curso.

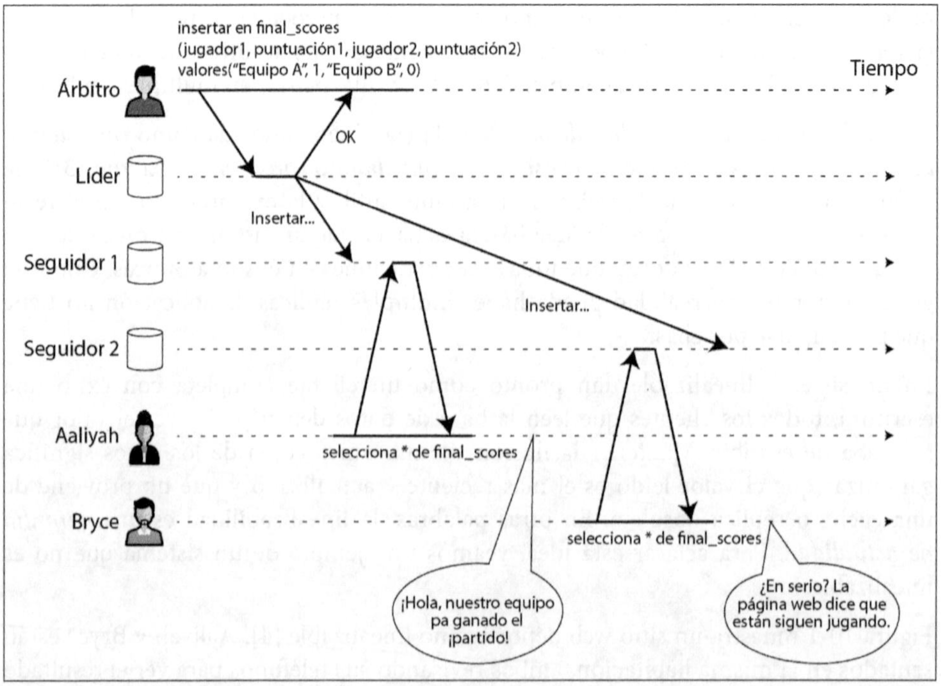

Figura 10-1. Este sistema no es linealizable, lo que confunde a los aficionados al deporte.

Si Aaliyah y Bryce hubieran pulsado el botón de recarga al mismo tiempo, no habría sido tan sorprendente que hubieran obtenido resultados de consulta diferentes, ya que no sabrían exactamente a qué hora sus respectivas solicitudes fueron procesadas por el servidor. Sin embargo, Bryce sabe que pulsó el botón de recarga (inició su consulta) *después de* oír a Aaliyah exclamar el resultado final, por lo que espera que el resultado de su consulta sea al menos tan reciente como el de Aaliyah. El hecho de que su consulta devolviera un resultado obsoleto es una violación de la linealizabilidad.

¿Qué hace que un sistema sea linealizable?

Para comprender mejor la linealizabilidad, veamos más ejemplos. Figura 10-2 muestra tres clientes que leen y escriben simultáneamente el mismo objeto x en una base de datos linealizable. En la teoría de los sistemas distribuidos, x se denomina *registro*; en la práctica, podría ser una clave en un almacén de claves-valores, una fila en una base de datos relacional o un documento en una base de datos de documentos, por ejemplo.

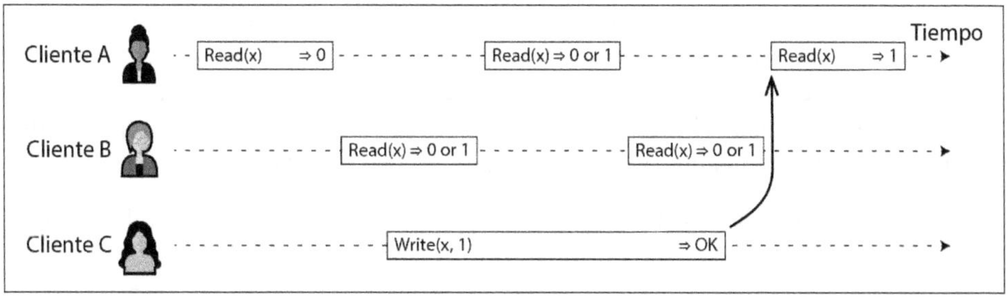

Figura 10-2. Si una solicitud de lectura es simultánea a una solicitud de escritura, puede devolver el valor antiguo o el nuevo.

Para simplificar, Figura 10-2 muestra solo las solicitudes desde el punto de vista de los clientes, no el funcionamiento interno de la base de datos. Cada barra es una solicitud realizada por un cliente. El inicio de la barra es el momento en que se envió la solicitud, y el final de la barra es cuando el cliente recibió la respuesta. Debido a los retrasos variables de la red, un cliente no sabe exactamente cuándo la base de datos procesó su solicitud. Solo sabe que debe haber ocurrido en algún momento entre el envío de la solicitud por parte del cliente y la recepción de la respuesta.

En este ejemplo, el registro tiene dos tipos de operaciones:

- *Read*(x) ⇒ v significa que el cliente solicitó leer el valor del registro x y la base de datos devolvió el valor v.
- *Write*(x, v) ⇒ r significa que el cliente solicitó establecer el registro x en el valor v, y la base de datos devolvió la respuesta r (que podría ser OK o Error).

En Figura 10-2, el valor de x es inicialmente 0, y el cliente C realiza una solicitud de escritura para establecerlo en 1. Mientras esto ocurre, los clientes A y B están sondeando repetidamente la base de datos para leer el último valor. ¿Cuáles son las posibles respuestas que A y B podrían obtener para sus solicitudes de lectura?

Analicémoslo:

- La primera operación de lectura del cliente A se completa antes de que comience la escritura, por lo que debe devolver el valor anterior, 0.
- La última lectura del cliente A comienza después de que la escritura haya finalizado, por lo que, si la base de datos es linealizable, debe devolver el nuevo valor, 1, ya que la lectura debe procesarse después de la escritura.
- Cualquier operación de lectura que se superponga en el tiempo con la operación de escritura podría devolver 0 o 1, porque no sabemos si la escritura ha surtido efecto en el momento en que se procesa la operación de lectura. Estas operaciones son *concurrentes* con la escritura.

Sin embargo, esto aún no es suficiente para describir completamente la linealizabilidad. Si las lecturas que son concurrentes con una escritura pueden devolver el valor antiguo o el nuevo, entonces los lectores podrían ver un valor que cambia varias veces entre el antiguo y el nuevo mientras se realiza una escritura. Eso no es lo que esperamos de un sistema que emula "una única copia de los datos".

Para que el sistema sea linealizable, necesitamos añadir otra restricción, ilustrada en Figura 10-3.

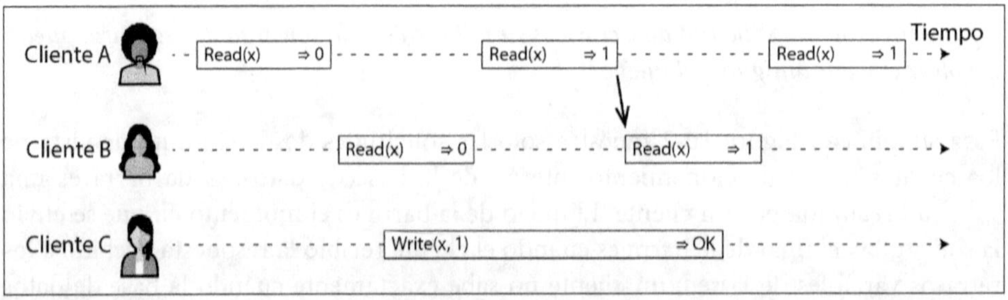

Figura 10-3. Después de que cualquier lectura haya devuelto el nuevo valor, todas las lecturas siguientes (en el mismo cliente u otros) también deben devolver el nuevo valor.

En un sistema linealizable, imaginamos que debe haber un momento (entre el inicio y el final de la operación de escritura) en el que el valor de *x* cambie de forma atómica de 0 a 1. Por lo tanto, si la lectura de un cliente devuelve el nuevo valor 1, todas las lecturas posteriores también deben devolver el nuevo valor, incluso si la operación de escritura aún no se ha completado.

Esta dependencia temporal se ilustra con una flecha en Figura 10-3. El cliente A es el primero en leer el nuevo valor, 1. Justo después de que la lectura de A devuelva el resultado, B inicia una nueva lectura. Dado que la lectura de B se produce estrictamente después de la lectura de A, también debe devolver 1, aunque la escritura de C todavía esté en curso. (Es la misma situación que con Aaliyah y Bryce en Figura 10-1: después de que Aaliyah haya leído el nuevo valor, Bryce también espera leer el nuevo valor).

Podemos refinar aún más este diagrama de tiempo para visualizar cada operación que se lleva a cabo de forma atómica en algún momento [5], como en el ejemplo más complejo que se muestra en Figura 10-4. En este ejemplo, añadimos un tercer tipo de operación además de *la lectura* y *la escritura*:

> *CAS*(x, v_{old}, v_{new}) $\Rightarrow$ *r* significa que el cliente solicitó una operación CAS atómica (consulta "Escrituras condicionales (comparar y establecer)" en la página 333). Si el valor actual del registro *x* es igual a v_{old}, debe establecerse de forma atómica en v_{new}. Si el valor de *x* es diferente de v_{old}, la operación debe dejar el registro sin cambios y devolver un error. *r* es la respuesta de la base de datos (OK o Error).

Cada operación en Figura 10-4 está marcada con una línea vertical (dentro de la barra de cada operación) en el momento en que creemos que se ejecutó la operación. Esos marcadores se unen en un orden secuencial, y el resultado debe ser una secuencia válida de lecturas y escrituras para un registro (cada lectura debe devolver el valor establecido por la escritura más reciente).

El requisito de linealizabilidad es que las líneas que unen los marcadores de operación siempre se muevan hacia adelante en el tiempo (de izquierda a derecha), nunca hacia atrás. Este requisito garantiza la garantía de actualidad que discutimos anteriormente: una vez que se ha escrito o leído un nuevo valor, todas las lecturas posteriores ven el valor que se escribió, hasta que se sobrescribe nuevamente.

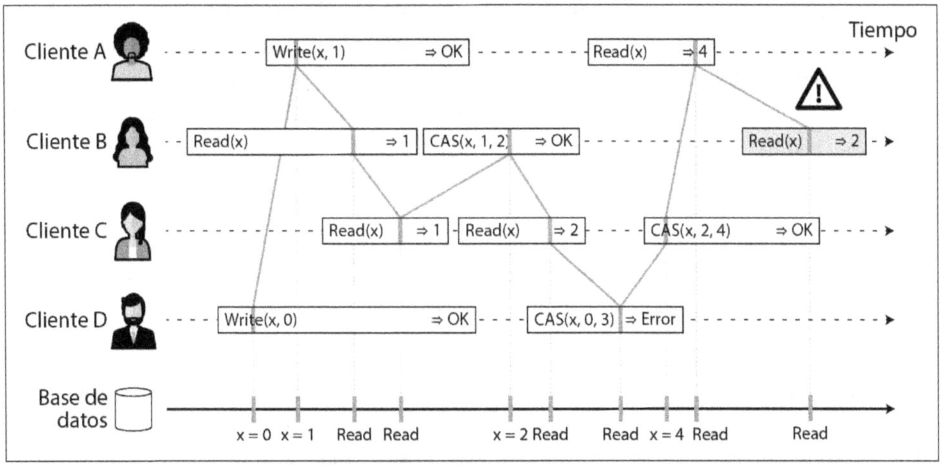

Figura 10-4. Visualización de los momentos en los que las lecturas y escrituras parecen haber surtido efecto: la lectura final de B no es linealizable

Hay algunos detalles interesantes que señalar en Figura 10-4:

- Primero, el cliente B envió una solicitud para leer *x*, luego el cliente D envió una solicitud para establecer *x* en 0 y, a continuación, el cliente A envió una solicitud para establecer *x* en 1. Sin embargo, el valor devuelto a la lectura de B es 1 (el valor escrito por A). Esto está bien: significa que la base de datos procesó primero la escritura de D, luego la de A y, por último, la lectura de B. Aunque este no es el orden en el que se enviaron las solicitudes, es un orden aceptable, ya que las tres solicitudes son concurrentes. Quizás la solicitud de lectura de B se retrasó ligeramente en la red, por lo que llegó a la base de datos solo después de las dos escrituras.
- La lectura del cliente B devolvió 1 antes de que el cliente A recibiera su respuesta de la base de datos indicando que la escritura del valor 1 se había realizado

correctamente. Esto también es correcto, ya que solo significa que la respuesta correcta de la base de datos al cliente A se retrasó ligeramente en la red.

- Este modelo no asume ningún aislamiento de transacciones; otro cliente puede cambiar un valor en cualquier momento. Por ejemplo, C primero lee 1 y luego lee 2, porque el valor fue cambiado por B entre las dos lecturas. Se puede utilizar una operación CAS atómica para comprobar que el valor no ha sido modificado simultáneamente por otro cliente: las solicitudes CAS de B y C tienen éxito, pero la solicitud CAS de D falla (en el momento en que la base de datos la procesa, el valor de *x* ya no es 0).
- La lectura final del cliente B (en una barra sombreada) no es linealizable. La operación es concurrente con la escritura CAS de C, que actualiza *x* de 2 a 4. En ausencia de otras solicitudes, estaría bien que la lectura de B devolviera 2. Sin embargo, el cliente A ya había leído el nuevo valor (4) antes de que comenzara la lectura de B, por lo que B no puede leer un valor más antiguo que A. Una vez más, es la misma situación que con Aaliyah y Bryce en Figura 10-1.

Esa es la intuición detrás de la linealizabilidad; la definición formal [1] la describe con mayor precisión. Es posible (aunque computacionalmente costoso) comprobar si el comportamiento de un sistema es linealizable registrando los tiempos de todas las solicitudes y respuestas y comprobando si se pueden ordenar en un orden secuencial válido [6, 7].

Al igual que existen varios niveles de aislamiento más débiles para las transacciones además de la serializabilidad (consulta "Niveles de aislamiento débiles" en la página 318), existen varios modelos de consistencia más débiles para los sistemas replicados además de la linealizabilidad [8]. Las garantías de consistencia de lectura después de escritura, lecturas monotónicas y lecturas de prefijos consistentes que vimos en "Problemas con el retraso en la replicación" en la página 230 son ejemplos de ello. La linealizabilidad incluye todas estas garantías y más; es el modelo de consistencia más fuerte de uso común.

Linealizabilidad frente a serializabilidad

La linealizabilidad se confunde fácilmente con la serializabilidad (consulta "Serializabilidad" en la página 340), ya que ambas palabras parecen significar algo así como "se puede ordenar de forma secuencial". Sin embargo, son garantías bastante diferentes, y es importante distinguir entre ellas:

Serializabilidad

La serializabilidad es un nivel de aislamiento de las transacciones, en el que cada transacción puede leer y escribir *múltiples objetos* (filas, documentos, registros). Garantiza que las transacciones se comporten igual que si se hubieran ejecutado en *algún* orden serial, es decir, como si primero se hubieran realizado todas las operaciones de una transacción, luego todas las operaciones de otra transacción, y así sucesivamente, sin intercalarlas. No pasa nada si ese orden secuencial es diferente del orden en el que se ejecutaron realmente las transacciones [9].

Linealizabilidad

La linealizabilidad es una garantía sobre las lecturas y escrituras de un registro (un *objeto individual*). No agrupa las operaciones en transacciones, por lo que no evita problemas como el sesgo de escritura que involucran a múltiples objetos (consulta "Desviación de escritura y fantasmas" en la página 334). Sin embargo, la linealizabilidad es una garantía *de actualidad*: requiere que, si una operación finaliza antes de que comience otra, la operación posterior debe observar un estado que sea al menos tan nuevo como el de la operación anterior. La serializabilidad no tiene ese requisito; por ejemplo, la serializabilidad permite lecturas obsoletas [10].

La consistencia secuencial es otra cosa [8], pero no la discutiremos aquí.

Una base de datos puede proporcionar tanto serializabilidad como linealizabilidad; esta combinación se conoce como *serializabilidad estricta* o *serializabilidad fuerte de una copia* (*strong-1SR*) [11, 12]. Las bases de datos de un solo nodo suelen ser linealizables. Con las bases de datos distribuidas que utilizan métodos optimistas como SSI (consulta "Aislamiento de instantáneas serializable" en la página 350), la situación es más complicada. Por ejemplo, CockroachDB proporciona serializabilidad y algunas garantías de actualidad en las lecturas, pero no serializabilidad estricta [13], ya que esto requeriría una costosa coordinación entre transacciones [14]. Por otro lado, Spanner y FoundationDB ofrecen serializabilidad estricta [15, 16].

También es posible combinar un nivel de aislamiento más débil con linealizabilidad, o un modelo de consistencia más débil con serializabilidad; de hecho, el modelo de consistencia y el nivel de aislamiento se pueden elegir de forma bastante independiente entre sí [17, 18].

Confiar en la linealizabilidad

¿En qué circunstancias es útil la linealizabilidad? Ver el resultado final de un partido deportivo es quizás un ejemplo frívolo; un resultado que está desactualizado por unos segundos es poco probable que cause algún daño real en esta situación. Sin embargo, en algunas áreas la linealizabilidad es un requisito importante para que un sistema funcione correctamente.

Bloqueo y elección de líder

Un sistema que utiliza la replicación de líder único debe garantizar que solo haya un líder, y no varios (split brain). Una forma de elegir un líder es utilizar un arrendamiento. Cada nodo que se inicia intenta adquirir el arrendamiento, y el que lo consigue se convierte en el líder [19]. Independientemente de cómo se implemente este mecanismo, debe ser linealizable. No debería ser posible que dos nodos adquieran el contrato de arrendamiento al mismo tiempo.

Los servicios de coordinación como Apache ZooKeeper [20] y etcd se utilizan a menudo para implementar arrendamientos distribuidos y la elección de líderes. Utilizan algoritmos de consenso para implementar operaciones linealizables de forma tolerante a fallos (discutiremos estos algoritmos más adelante en este capítulo). Hay muchos detalles sutiles que intervienen en la implementación correcta de arrendamientos y la elección de líderes (por ejemplo, el problema del fencing en "Bloqueos y arrendamientos distribuidos" en la página 412), y bibliotecas como Apache Curator ayudan proporcionando recetas de alto nivel sobre ZooKeeper. Sin embargo, un servicio de almacenamiento linealizable es la base fundamental para estas tareas de coordinación.

> En sentido estricto, ZooKeeper proporciona escrituras linealizables, pero las lecturas pueden estar obsoletas, ya que no hay garantía de que se sirvan desde el líder actual [20]. etcd desde la versión 3 proporciona lecturas linealizables por defecto.

El bloqueo distribuido también se utiliza a un nivel mucho más granular en algunas bases de datos distribuidas, como Oracle Real Application Clusters (RAC) [21]. RAC utiliza un bloqueo por página de disco, con múltiples nodos que comparten el acceso al mismo sistema de almacenamiento en disco. Dado que estos bloqueos linealizables se encuentran en la ruta crítica de la ejecución de transacciones, las implementaciones de RAC suelen tener una red de interconexión de clústeres dedicada para la comunicación entre los nodos de la base de datos.

Restricciones y garantías de unicidad

Las restricciones de unicidad son comunes en las bases de datos; por ejemplo, un nombre de usuario o una dirección de correo electrónico deben identificar de forma única a un usuario, y en un servicio de almacenamiento de archivos no puede haber dos archivos con la misma ruta y nombre de archivo. Si deseas aplicar esta restricción a medida que se escriben los datos (de modo que si dos personas intentan crear simultáneamente un usuario o un archivo con el mismo nombre, una de ellas reciba un error), necesitas linealizabilidad.

Esta situación es similar a un bloqueo; cuando un usuario se registra en tu servicio, puedes pensar que adquiere un bloqueo sobre el nombre de usuario que ha elegido. La operación también es muy similar a un CAS atómico, que establece el nombre de usuario como el ID del usuario que lo ha reclamado, siempre que el nombre de usuario no esté ya en uso.

Surgen problemas similares si quieres asegurarte de que el saldo de una cuenta bancaria nunca sea negativo, o de que no vendas más artículos de los que tienes en stock en el almacén, o de que dos personas no reserven simultáneamente el mismo asiento en un vuelo o en un teatro. Todas estas restricciones requieren un único valor actualizado (el saldo de la cuenta, el nivel de existencias, la ocupación de los asientos) en el que todos los nodos estén de acuerdo.

En aplicaciones reales, a veces es aceptable tratar estas restricciones de forma flexible; por ejemplo, si un vuelo está sobrevendido, puedes trasladar a los clientes a otro vuelo y ofrecerles una compensación por las molestias causadas. En tales casos, puede que no sea necesaria la linealizabilidad (discutiremos estas restricciones interpretadas de forma flexible en "Puntualidad e integridad" en la página 633).

Sin embargo, una restricción de unicidad estricta, como la que se encuentra normalmente en las bases de datos relacionales, requiere linealizabilidad. Otros tipos de restricciones, como las restricciones de claves externas o de atributos, pueden implementarse sin linealizabilidad [22].

Dependencias temporales entre canales

Hay un detalle importante que hay que tener en cuenta en Figura 10-1: si Aaliyah no hubiera gritado el resultado, Bryce no habría sabido que el resultado de su consulta estaba desactualizado. Simplemente habría vuelto a actualizar la página unos segundos más tarde y, finalmente, habría visto el resultado final. La violación de la linealizabilidad solo se detectó porque había un canal de comunicación adicional en el sistema (la voz de Aaliyah llegando a los oídos de Bryce).

En los sistemas informáticos pueden darse situaciones similares. Por ejemplo, supongamos que tu sitio web permite a los usuarios subir un video y que un proceso en segundo plano transcodifica el video a una calidad inferior que se puede transmitir con conexiones a Internet lentas. La arquitectura y el flujo de datos de este sistema se ilustran en Figura 10-5. El transcodificador de video necesita recibir instrucciones explícitas para realizar un trabajo de transcodificación, y estas instrucciones se envían desde el servidor web al transcodificador a través de una cola de mensajes (consulta Capítulo 12). El servidor web no coloca todo el video en la cola, ya que la mayoría de los intermediarios de mensajes están diseñados para mensajes pequeños y un video puede tener un tamaño de muchos megabytes. En su lugar, el video se escribe primero en un servicio de almacenamiento de archivos y, una vez completada la escritura, la instrucción al transcodificador se coloca en la cola.

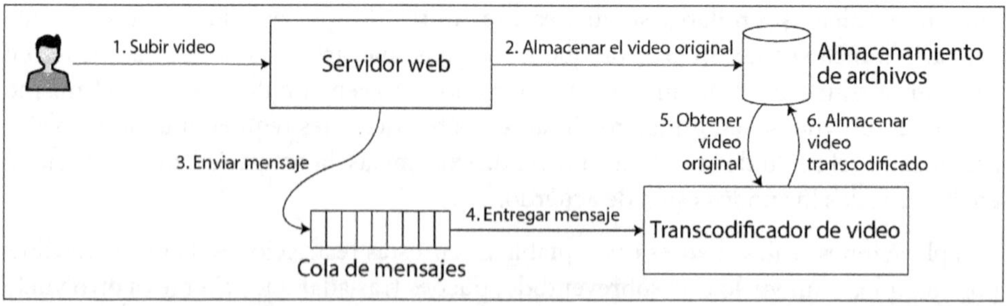

Figura 10-5. El servidor web y el transcodificador de vídeo se comunican a través del almacenamiento de archivos y una cola de mensajes, lo que abre la posibilidad de que se produzcan condiciones de carrera.

Si el servicio de almacenamiento de archivos es linealizable, este sistema debería funcionar correctamente. Si no lo es, existe el riesgo de que se produzca una condición de carrera: la cola de mensajes (pasos 3 y 4 en Figura 10-5) podría ser más rápida que la replicación interna dentro del servicio de almacenamiento. En este caso, cuando el transcodificador recupera el video original (paso 5), podría ver una versión antigua del archivo o nada en absoluto. Si procesa una versión antigua del video, el video original y el transcodificado en el almacenamiento de archivos se vuelven permanentemente inconsistentes entre sí.

Este problema surge porque hay dos canales de comunicación entre el servidor web y el transcodificador: el almacenamiento de archivos y la cola de mensajes. Sin la garantía de actualidad de la linealizabilidad, es posible que se produzcan condiciones de carrera entre estos dos canales. Esta situación es análoga a la de Figura 10-1, donde también se producía una condición de carrera entre dos canales de comunicación: la replicación de la base de datos y el canal de audio real entre la boca de Aaliyah y los oídos de Bryce.

Una condición de carrera similar se produce si tienes una aplicación móvil que puede recibir notificaciones push y la aplicación obtiene algunos datos de un servidor cuando recibe una notificación. Si la obtención de datos puede ir a una réplica rezagada, podría suceder que la notificación push se transmita rápidamente, pero la obtención posterior no vea los datos a los que se refería la notificación.

La linealizabilidad no es la única forma de evitar esta condición de carrera, pero es la más fácil de entender. Si controlas el canal de comunicación adicional (como en el caso de la cola de mensajes, pero no en el caso de Aaliyah y Bryce), puedes utilizar enfoques alternativos similares a los que hemos comentado en "Leer tus propias escrituras" en la página 231, a costa de una mayor complejidad.

Implementación de sistemas linealizables

Ahora que hemos visto algunos ejemplos en los que la linealizabilidad es útil, pensemos en cómo podríamos implementar un sistema que ofrezca semántica linealizable.

Dado que la linealizabilidad significa esencialmente "comportarse como si solo hubiera una única copia de los datos y todas las operaciones sobre ellos fueran atómicas", la respuesta más sencilla sería utilizar realmente una única copia de los datos. Sin embargo, ese enfoque no sería capaz de tolerar fallos: si el nodo que contiene esa única copia fallara, los datos se perderían o, como mínimo, serían inaccesibles hasta que el nodo se reiniciara.

Revisemos los métodos de replicación de Capítulo 6 y veamos si se pueden hacer linealizables:

Replicación de líder único (potencialmente linealizable)
: En un sistema con replicación de líder único, el líder tiene la copia principal de los datos que se utilizan para las escrituras, y los seguidores mantienen copias de seguridad de los datos en otros nodos. Siempre que realices todas las lecturas y escrituras en el líder, es probable que sean linealizables. Sin embargo, esto supone que sabes con certeza quién es el líder. Como se explica en "Bloqueos y arrendamientos distribuidos" en la página 412, es muy posible que un nodo piense que es el líder, cuando en realidad no lo es, y si el líder iluso sigue atendiendo solicitudes, es probable que se viole la linealizabilidad [23]. Con la replicación asíncrona, la conmutación por error puede incluso provocar la pérdida de escrituras confirmadas, lo que viola tanto la durabilidad como la linealizabilidad.

  La fragmentación de una base de datos de líder único, con un líder independiente por fragmento, no afecta a la linealizabilidad, ya que solo se trata de una garantía de objeto único. Las transacciones entre fragmentos son un asunto diferente (consulta "Transacciones distribuidas" en la página 356).

Algoritmos de consenso (probablemente linealizables)
: Algunos algoritmos de consenso son esencialmente una replicación de líder único con elección automática de líder y conmutación por error. Están cuidadosamente diseñados para evitar la división del cerebro, lo que les permite implementar un almacenamiento linealizable de forma segura. ZooKeeper utiliza el algoritmo de consenso Zab [24], y etcd utiliza Raft [25], por ejemplo. Sin embargo, el simple hecho de que un sistema utilice el consenso no garantiza que todas las operaciones que se realizan en él sean linealizables. Si permite lecturas en un nodo sin comprobar que sigue siendo el líder, los resultados de la lectura pueden estar obsoletos si se acaba de elegir un nuevo líder.

Replicación con múltiples líderes (no linealizable)

Los sistemas con replicación multilíder no suelen ser linealizables, ya que procesan simultáneamente las escrituras en varios nodos y las replican de forma asíncrona en otros nodos. Por este motivo, pueden producir escrituras conflictivas que requieren resolución (consulta "Cómo lidiar con las escrituras conflictivas" en la página 245).

Replicación sin líder (probablemente no linealizable)

En el caso de los sistemas con replicación sin líder (estilo Dynamo; consulta "Replicación sin líder" en la página 253), a veces se afirma que se puede obtener una "consistencia fuerte" exigiendo un quórum de lecturas y escrituras ($w + r > n$). Dependiendo del algoritmo exacto y de cómo se defina la consistencia fuerte, esto no es del todo cierto.

Los métodos de resolución de conflictos LWW basados en relojes de hora del día (por ejemplo, en Cassandra y ScyllaDB) son casi con toda seguridad no linealizables, ya que no se puede garantizar que las marcas de tiempo del reloj sean coherentes con el orden real de los eventos debido a la desviación del reloj (consulta "Confiar en relojes sincronizados" en la página 399). Incluso con quórums, es posible un comportamiento no linealizable, como se demuestra en la siguiente sección.

Intuitivamente, parece que las lecturas y escrituras de quórum deberían ser linealizables en un modelo de estilo Dynamo. Sin embargo, cuando tenemos retrasos variables en la red, es posible que se produzcan condiciones de carrera, como se demuestra en Figura 10-6.

En Figura 10-6, el valor inicial de x es 0, y un cliente escritor está actualizando x a 1 enviando la escritura a las tres réplicas ($n = 3$, $w = 3$). Al mismo tiempo, el cliente A lee desde un quórum de dos nodos ($r = 2$) y ve el nuevo valor 1 en un nodo y el valor antiguo 0 en el otro. También al mismo tiempo que la escritura, el cliente B lee desde un quórum diferente de dos nodos y obtiene el valor antiguo 0 de ambos.

Se cumple la condición de quórum ($w + r > n$), pero esta ejecución no es linealizable. La solicitud de B comienza después de que se complete la solicitud de A, pero B devuelve el valor antiguo mientras que A devuelve el nuevo valor. (Una vez más, se trata de la situación de Aaliyah y Bryce de Figura 10-1).

Es posible hacer que los quórums de estilo Dynamo sean linealizables, a costa de reducir el rendimiento. Un lector debe realizar una reparación de lectura de forma sincrónica (consulta "Poner al día las escrituras perdidas" en la página 256) antes de devolver los resultados a la aplicación [26]. Además, antes de escribir, debes leer el estado más reciente de un quórum de nodos para obtener la última marca de tiempo de cualquier escritura anterior y asegurarte de que la nueva escritura tenga una marca de tiempo mayor [27, 28]. Sin embargo, Riak no realiza reparaciones de lectura sincrónicas debido a la pérdida de rendimiento. Cassandra sí espera a que se complete la reparación de lectura en las lecturas de quórum [29], pero pierde linealizabilidad debido al uso de relojes de hora del día para las marcas de tiempo.

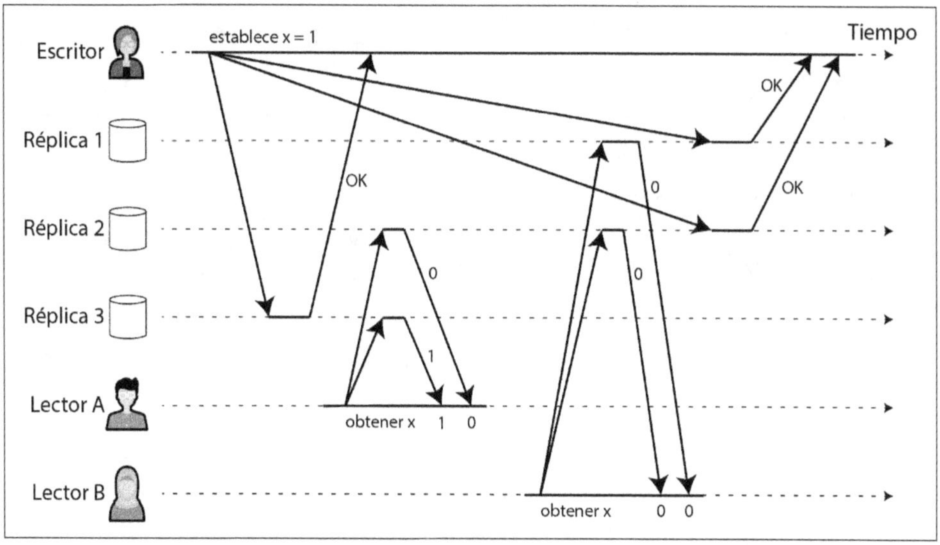

Figura 10-6. Una ejecución no linealizable, a pesar de utilizar un quórum

Es más, solo se pueden implementar de esta manera las operaciones de lectura y escritura linealizables; una operación CAS linealizable no puede, porque requiere un algoritmo de consenso [30]. En resumen, lo más seguro es suponer que un sistema sin líder con replicación de tipo Dynamo no proporciona linealizabilidad, incluso con lecturas y escrituras de quórum.

El costo de la linealizabilidad

Dado que algunos métodos de replicación pueden proporcionar linealizabilidad y otros no, resulta interesante explorar más a fondo las ventajas y desventajas de la linealizabilidad.

Ya hemos comentado algunos casos de uso de diferentes métodos de replicación en Capítulo 6; por ejemplo, hemos visto que la replicación multilíder suele ser una buena opción para la replicación multirregional (consulta "Operación distribuida geográficamente" en la página 238). En Figura 10-7 se ilustra un ejemplo de este tipo de implementación.

Considera qué sucede si se produce una interrupción de la red entre las dos regiones. Supongamos que la red dentro de cada región funciona y que los clientes pueden acceder a sus regiones locales, pero que las regiones no pueden conectarse entre sí. Esto se conoce como *partición de red.*

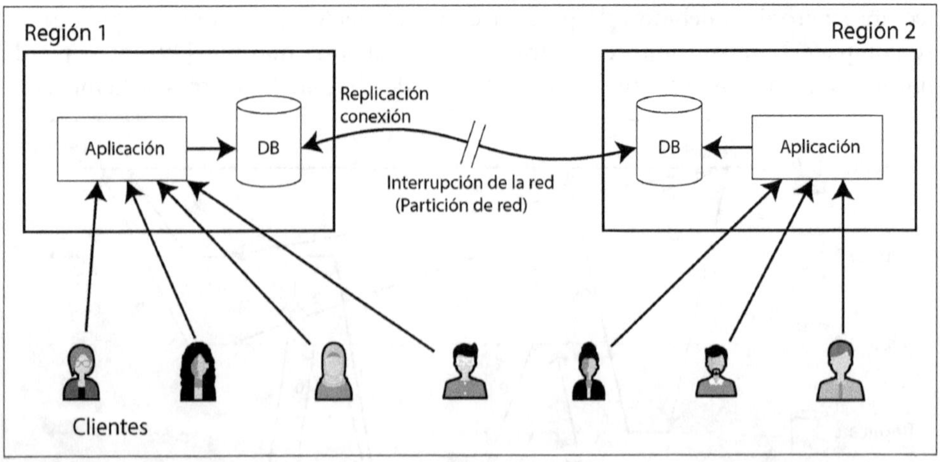

Figura 10-7. Una interrupción de la red que obliga a elegir entre linealizabilidad y disponibilidad

Con una base de datos multilíder, cada región puede seguir funcionando con normalidad. Dado que las escrituras de una región se replican de forma asíncrona en la otra, las escrituras simplemente se ponen en cola y se intercambian cuando se restablece la conectividad de red.

Por otro lado, si se utiliza la replicación de líder único, el líder debe estar en una de las regiones. Cualquier escritura y cualquier lectura linealizable debe enviarse al líder. Por lo tanto, para cualquier cliente conectado a una región seguidora, esas solicitudes de lectura y escritura deben enviarse de forma sincrónica a través de la red a la región líder.

Si la red entre regiones se interrumpe en una configuración de líder único, los clientes conectados a regiones seguidoras no pueden ponerse en contacto con el líder, por lo que no pueden realizar ninguna escritura en la base de datos ni ninguna lectura linealizable. Aún pueden realizar lecturas desde el seguidor, pero pueden estar obsoletas (no linealizables). Si la aplicación requiere lecturas y escrituras linealizables, la interrupción de la red hace que la aplicación no esté disponible en las regiones que no pueden ponerse en contacto con el líder.

Si los clientes pueden conectarse directamente a la región líder, esto no supone ningún problema, ya que la aplicación sigue funcionando con normalidad allí. Sin embargo, los clientes que solo pueden acceder a una región seguidora experimentarán una interrupción del servicio hasta que se repare el enlace de red.

El teorema CAP

Este problema no es solo una consecuencia de la replicación con un único líder y con múltiples líderes. Cualquier base de datos linealizable tiene este problema, independientemente de cómo se implemente. El problema tampoco es específico de las implementaciones multirregionales, sino que puede producirse en cualquier red poco fiable, incluso dentro de una misma región. La compensación es la siguiente:

- Si tu aplicación *requiere* linealizabilidad y algunas réplicas se desconectan de las demás réplicas debido a un problema de red, esas réplicas no podrán procesar solicitudes temporalmente: deberán esperar hasta que se solucione el problema de red o devolver un error (en cualquier caso, dejarán de estar *disponibles*). Esta opción se conoce a veces como *CP* (*consistente bajo particiones de red*).
- Si tu aplicación *no requiere* linealizabilidad, se puede escribir de tal manera que cada réplica pueda procesar solicitudes de forma independiente, incluso si está desconectada de otras réplicas (por ejemplo, multilíder). En este caso, la aplicación puede seguir *estando disponible* ante un problema de red, pero su comportamiento no es linealizable. Esta opción se conoce como *AP* (*disponible bajo particiones de red*).

Por lo tanto, las aplicaciones que no requieren linealizabilidad pueden ser más tolerantes a los problemas de red. Esta idea se conoce popularmente como el *teorema CAP* [31, 32, 33, 34], denominado así por Eric Brewer en 2000, aunque la compensación era conocida por los diseñadores de bases de datos distribuidas desde la década de 1970 [35, 36, 37].

CAP se propuso originalmente como una regla general sin definiciones precisas, con el objetivo de iniciar un debate sobre las compensaciones en las bases de datos. En ese momento, muchas bases de datos distribuidas se centraban en proporcionar semántica linealizable en un clúster de máquinas con almacenamiento compartido [21], y CAP animó a los ingenieros de bases de datos a explorar un espacio de diseño más amplio de sistemas distribuidos sin nada compartido, que eran más adecuados para implementar servicios web a gran escala [38]. CAP merece el crédito por este cambio cultural, ya que ayudó a desencadenar el movimiento NoSQL, una explosión de nuevas tecnologías de bases de datos a mediados de la década de 2000.

El teorema CAP, tal y como se define formalmente [32], tiene un alcance muy limitado. Solo tiene en cuenta un modelo de consistencia (concretamente, la linealizabilidad) y un tipo de fallo (las particiones de red, que según los datos de Google son la causa de menos del 8% de los incidentes [39]). No dice nada sobre los retrasos de la red, los nodos muertos u otras compensaciones. Por lo tanto, aunque CAP ha tenido una gran influencia a lo largo de la historia, tiene poco valor práctico para el diseño de sistemas [4, 45].

Se han realizado esfuerzos para generalizar CAP. Por ejemplo, el *principio PACELC* observa que los diseñadores de sistemas también podrían optar por debilitar la consistencia en momentos en los que la red funciona bien, con el fin de reducir la latencia [40, 46, 47]. Por lo tanto, durante una partición de red (P), debemos elegir entre disponibilidad (A) y consistencia (C); en caso contrario (E), cuando no hay partición, podemos elegir entre baja latencia (L) y consistencia (C). Sin embargo, esta definición hereda varios de los problemas del CAP, como las definiciones contraintuitivas de consistencia y disponibilidad.

Hay muchos más resultados de imposibilidad interesantes en los sistemas distribuidos [41], y CAP ha sido sustituido ahora por resultados más precisos [42, 43], por lo que hoy en día tiene principalmente un interés histórico.

El inútil teorema CAP

El CAP se presenta a veces como *consistencia, disponibilidad y tolerancia a particiones: elige dos de tres*. Desafortunadamente, expresarlo de esta manera es engañoso [34]. Dado que las particiones de red son un tipo de fallo, no son algo que tú elijas, sino que ocurrirán te guste o no. La única forma de garantizar que no haya particiones de red es no tener red, es decir, tener solo una réplica, pero entonces tampoco tendrás alta disponibilidad.

Cuando la red funciona correctamente, un sistema puede proporcionar tanto consistencia (linealizabilidad) como disponibilidad. Cuando se produce un fallo en la red, hay que elegir entre ambas. Por lo tanto, una mejor forma de expresar CAP sería *consistente o disponible cuando se divide* [44]. Una red más confiable necesita tomar esta decisión con menos frecuencia, pero en algún momento la elección es inevitable.

El esquema de clasificación CP/AP tiene otras deficiencias [4]. *La consistencia* se formaliza como linealizabilidad (el teorema no dice nada sobre modelos de consistencia más débiles), y la formalización de *la disponibilidad* [32] no coincide con el significado habitual del término [45]. Muchos sistemas de alta disponibilidad (tolerantes a fallos) en realidad no cumplen la definición idiosincrásica de disponibilidad de CAP. Además, algunos diseñadores de sistemas optan (con razón) por no proporcionar ni linealizabilidad ni la forma de disponibilidad que supone el teorema CAP, por lo que esos sistemas no son ni CP ni AP [46, 47].

En definitiva, hay muchos malentendidos y confusión en torno a CAP, y no nos ayuda a comprender mejor los sistemas, por lo que es mejor no insistir en ello.

Linealizabilidad y retrasos en la red

Aunque la linealizabilidad es una garantía útil, sorprendentemente pocos sistemas son linealizables en la práctica. Por ejemplo, ni siquiera la RAM de una CPU multinúcleo moderna es linealizable [48]. Si un subproceso que se ejecuta en un núcleo de CPU escribe en una dirección de memoria y un subproceso en otro núcleo de CPU lee la misma dirección poco después, no se garantiza que lea el valor escrito por el primer subproceso (a menos que se utilice una *barrera de memoria* o *una valla* [49]).

La razón de este comportamiento es que cada núcleo de CPU tiene su propia caché de memoria y su propio búfer de almacenamiento. Las lecturas se sirven desde la caché de forma predeterminada, y cualquier cambio se escribe de forma asíncrona en la memoria principal. Dado que acceder a los datos de la caché es mucho más rápido que ir a la memoria principal [50], esta característica es esencial para un buen rendimiento en las CPU modernas. Sin embargo, esto significa que ahora hay varias copias de los datos (una en la memoria principal y quizás varias más en diferentes cachés), y estas copias se actualizan de forma asíncrona, por lo que se pierde la linealizabilidad.

¿Por qué hacer esta concesión? No tiene sentido utilizar el teorema CAP para justificar el modelo de consistencia de memoria multinúcleo. Dentro de una computadora, normalmente asumimos que la comunicación es fiable y no esperamos que un núcleo de CPU pueda seguir funcionando normalmente si se desconecta del resto de la computadora. La razón para abandonar la linealizabilidad es *el rendimiento*, no la tolerancia a fallos [46].

Lo mismo ocurre con muchas bases de datos distribuidas que optan por no ofrecer garantías de linealizabilidad: lo hacen principalmente para aumentar el rendimiento, no tanto por la tolerancia a fallos [40]. Los sistemas linealizables tienden a tener una mayor latencia, y esto es así en todo momento, no solo durante un fallo de red.

¿No podemos encontrar una implementación más eficiente del almacenamiento linealizable? Parece que la respuesta es no. Attiya y Welch [51] demuestran que, si se desea linealizabilidad, el tiempo de respuesta de las solicitudes de lectura y escritura es, como mínimo, proporcional a la incertidumbre de los retrasos en la red. En una red con retrasos muy variables, como la mayoría de las redes informáticas (consulta "Tiempos de espera y retrasos ilimitados" en la página 389), el tiempo de respuesta de las lecturas y escrituras linealizables será inevitablemente alto. No existe un algoritmo más rápido para la linealizabilidad, pero los modelos de consistencia más débiles pueden ser mucho más rápidos, por lo que esta compensación es importante para los sistemas sensibles a la latencia. En Capítulo 13 discutiremos algunos enfoques para evitar la linealizabilidad sin sacrificar la corrección.

Generadores de ID y relojes lógicos

En muchas aplicaciones es necesario asignar algún tipo de ID único a los registros de la base de datos cuando se crean, lo que te proporciona una clave principal para hacer referencia a esos registros. En las bases de datos de un solo nodo, es común utilizar un entero autoincrementable, que tiene la ventaja de que se puede almacenar en solo 64 bits (o incluso 32 bits, si estás seguro de que nunca tendrás más de 4 mil millones de registros, pero eso es arriesgado).

Otra ventaja de los ID autoincrementales es que el orden de los ID indica el orden en que se crearon los registros. Por ejemplo, Figura 10-8 muestra una aplicación de chat que asigna ID autoincrementales a los mensajes de chat a medida que se publican. A continuación, puedes mostrar los mensajes en orden ascendente de ID, y los hilos de chat resultantes tendrán sentido: Aaliyah publica una pregunta a la que se le asigna el ID 1, y a la respuesta de Bryce a la pregunta se le asigna un ID mayor, concretamente el 3.

Este generador de ID de un solo nodo es otro ejemplo de sistema linealizable. Cada solicitud para obtener el ID es una operación que incrementa de forma atómica un contador y devuelve el valor antiguo del contador (una operación *fetch-and-add*); la linealizabilidad garantiza que, si la publicación del mensaje de Aaliyah se completa antes de que comience la publicación de Bryce, el ID del mensaje de Bryce debe ser mayor que el de Aaliyah. Los mensajes de Aaliyah y Caleb en Figura 10-8 son concurrentes, por lo que la linealizabilidad no especifica cómo deben ordenarse sus ID, siempre y cuando sean únicos.

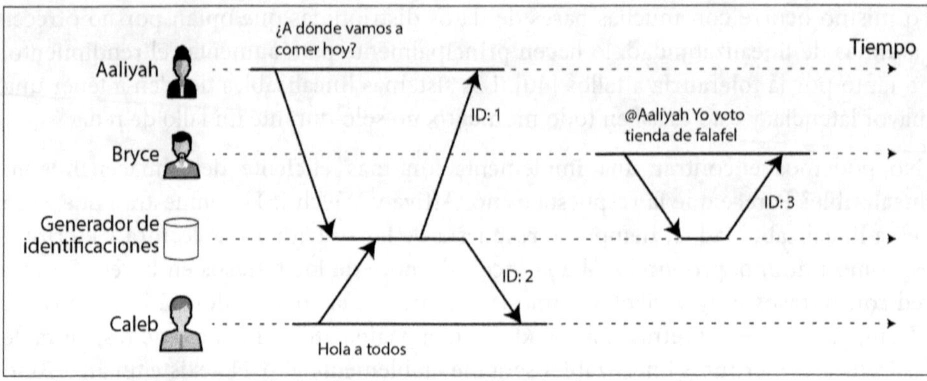

Figura 10-8. Un generador de ID que asigna ID enteros autoincrementales a los mensajes en una aplicación de chat

Un generador de ID de un solo nodo en memoria es fácil de implementar. Puedes utilizar la instrucción de incremento atómico que proporciona tu CPU, que permite que varios subprocesos incrementen de forma segura el mismo contador. Es un poco más complicado hacer que el contador sea persistente, de modo que el nodo pueda fallar y reiniciarse sin restablecer el valor del contador, lo que daría lugar a ID duplicados. Pero los verdaderos problemas son los siguientes:

- Un generador de ID de un solo nodo no es tolerante a fallos porque ese nodo es un único punto de fallo.
- Es lento si quieres crear un registro en otra región, ya que potencialmente tienes que hacer un viaje de ida y vuelta al otro lado del planeta solo para obtener un ID.

- Ese único nodo podría convertirse en un cuello de botella si tienes un alto rendimiento de escritura.

Puedes considerar varias opciones alternativas para los generadores de ID:

Asignación de ID fragmentados
: Podrías tener varios nodos que asignen ID, por ejemplo, uno que genere solo números pares y otro que genere solo números impares. En general, puedes reservar algunos bits en el ID para contener un número de fragmento. Esos ID siguen siendo compactos, pero pierdes la propiedad de ordenación; por ejemplo, si tienes mensajes de chat con los ID 16 y 17, no sabes si el mensaje 16 se envió realmente primero, porque los ID fueron asignados por diferentes nodos y un nodo podría haber estado por delante del otro.

Bloques de ID preasignados
: En lugar de ID individuales, el generador de ID de un solo nodo podría repartir bloques de ID. Por ejemplo, el nodo A podría reclamar el bloque de ID del 1 al 1,000, y el nodo B podría reclamar el bloque del 1,001 al 2,000. Entonces, cada nodo puede repartir de forma independiente los ID de su bloque y solicitar un nuevo bloque al generador de ID cuando su suministro de números de secuencia comience a agotarse. Sin embargo, este esquema tampoco garantiza un orden correcto. Podría ocurrir que a un mensaje se le asignara un ID en el rango de 1,001 a 2,000 y a un mensaje posterior se le asignara un ID en el rango de 1 a 1,000 si el ID fuera asignado por un nodo diferente.

UUID aleatorios
: Puedes utilizar *identificadores únicos universales* (UUID), también conocidos como *identificadores únicos globales* (GUID). Estos tienen la gran ventaja de que pueden generarse localmente en cualquier nodo sin necesidad de comunicación, pero requieren más espacio (128 bits). Los UUID tienen varias versiones; la más sencilla es la versión 4, que es esencialmente un número aleatorio tan largo que es muy improbable que dos nodos elijan el mismo. Desafortunadamente, el orden de estos ID también es aleatorio, por lo que comparar dos ID no te dice nada sobre cuál es más reciente.

Marca de tiempo del reloj de pared única
: Si los relojes de hora de tus nodos se mantienen aproximadamente correctos mediante NTP, puedes generar identificadores poniendo una marca de tiempo de este reloj en los bits más significativos y rellenando los bits restantes con información adicional que garantice que el identificador sea único, incluso si la marca de tiempo no lo es, por ejemplo, un número de fragmento y un número de secuencia incremental por fragmento, o un valor aleatorio largo. Este enfoque se utiliza en los UUID de la versión 7 [52], Snowflake de X [53], ULID [54], el generador de ID Flake de Hazelcast, los ObjectID de MongoDB y muchos

esquemas similares [52]. Puedes implementar estos generadores de ID en el código de la aplicación o dentro de una base de datos [55].

Todos estos esquemas generan ID únicos (al menos con una probabilidad lo suficientemente alta como para que las colisiones sean muy poco frecuentes), pero ofrecen garantías de ordenación de los ID mucho más débiles que el esquema de autoincremento de un solo nodo.

Como se explica en "Marcas de tiempo para ordenar eventos" en la página 400, las marcas de tiempo del reloj de pared pueden proporcionar, en el mejor de los casos, un orden aproximado. Si una escritura anterior obtiene una marca de tiempo de un reloj ligeramente rápido y la marca de tiempo de una escritura posterior es de un reloj ligeramente lento, el orden de las marcas de tiempo puede ser inconsistente con el orden en que realmente ocurrieron los eventos. Con los saltos de reloj debidos al uso de un reloj no monótono, incluso las marcas de tiempo generadas por un solo nodo podrían ordenarse incorrectamente. Por lo tanto, es poco probable que los generadores de ID basados en la hora del reloj de pared sean linealizables.

Puedes reducir estas inconsistencias en el orden confiando en la sincronización de relojes de alta precisión, utilizando relojes atómicos o receptores GPS. Pero también sería bueno poder generar identificadores que sean únicos y estén correctamente ordenados sin depender de hardware especial. A continuación, veremos un tipo de reloj que permite precisamente eso.

Relojes lógicos

En "Relojes poco confiables" en la página 395 hablamos de los relojes de hora del día y los relojes monotónicos. Ambos son *relojes físicos*: dispositivos de hardware que miden el paso del tiempo (segundos, milisegundos, microsegundos, etc.).

En los sistemas distribuidos también es habitual utilizar otro tipo de reloj, denominado *reloj lógico*. A diferencia de un reloj físico, un reloj lógico es un algoritmo que cuenta los eventos que han ocurrido. Por lo tanto, una marca de tiempo de un reloj lógico no indica qué hora es, pero *sí* se pueden comparar dos marcas de tiempo de un reloj lógico para saber cuál es anterior y cuál es posterior.

Los requisitos generales para un reloj lógico son los siguientes:

- Sus marcas de tiempo son compactas (de unos pocos bytes de tamaño) y únicas.
- Puedes comparar dos marcas de tiempo cualesquiera y determinar cuál es anterior (es decir, están *totalmente ordenadas*).
- El orden de las marcas de tiempo es *coherente con la causalidad*. Es decir, si la operación A ocurrió antes que la operación B, entonces la marca de tiempo de A

es menor que la de B. (Ya hemos hablado de la causalidad anteriormente en "La relación happens-before (ocurre antes) y la concurrencia" en la página 264).

Un generador de ID de un solo nodo cumple estos requisitos, pero los generadores de ID distribuidos que acabamos de comentar no cumplen el requisito de orden causal.

Marcas de tiempo Lamport

Afortunadamente, existe un método sencillo para generar marcas de tiempo lógicas que es *coherente con* la causalidad y que puedes utilizar como generador de ID distribuido. Se denomina *reloj Lamport* y fue propuesto en 1978 por Leslie Lamport [56], en lo que hoy es uno de los artículos más citados en el campo de los sistemas distribuidos.

Aunque los relojes Lamport proporcionan un orden total, *no* proporcionan linealizabilidad, es decir, no son una forma de garantizar que un valor esté actualizado. Son simplemente una forma de asignar identificadores a los eventos, de modo que si el evento A ocurrió antes que el evento B, entonces el identificador de A es menor que el de B.

Figura 10-9 muestra cómo funcionaría un reloj Lamport en el ejemplo del chat de Figura 10-8. Cada nodo tiene un identificador único, que en Figura 10-9 es el nombre Aaliyah, Bryce o Caleb, pero que en la práctica podría ser un UUID aleatorio o algo similar. Cada nodo también lleva un recuento de las operaciones que ha procesado. Una marca de tiempo Lamport es simplemente un par (*contador*, *ID de nodo*). A veces, dos nodos pueden tener el mismo valor de contador, pero al incluir el ID del nodo en la marca de tiempo, cada marca de tiempo se convierte en única.

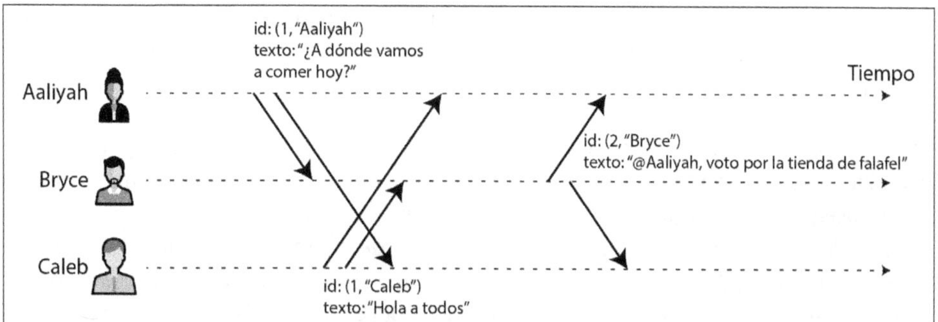

Figura 10-9. Las marcas de tiempo de Lamport proporcionan un orden total coherente con la causalidad.

Cada vez que un nodo genera una marca de tiempo, incrementa el valor de su contador y utiliza el nuevo valor. Cada vez que un nodo ve una marca de tiempo de otro nodo, si el valor del contador en esa marca de tiempo es mayor que el valor de su contador local, aumenta su contador local para que coincida con el valor de la marca de tiempo.

En Figura 10-9, Aaliyah aún no había visto el mensaje de Caleb cuando publicó el suyo, y viceversa. Suponiendo que ambos usuarios comienzan con un valor de contador inicial de 0, ambos incrementan su contador local y adjuntan el nuevo valor de contador de 1 a su mensaje. Cuando Bryce recibe esos mensajes, aumenta el valor de su contador local a 1. Finalmente, Bryce envía una respuesta al mensaje de Aaliyah, incrementando su contador local y adjuntando el nuevo valor de 2 al mensaje.

Para comparar dos marcas de tiempo de Lamport, primero comparamos su valor de contador; por ejemplo, (2, "Bryce") es mayor que (1, "Aaliyah") y también mayor que (1, "Caleb"). Si dos marcas de tiempo tienen el mismo valor de contador, comparamos sus ID de nodo, utilizando la comparación lexicográfica habitual de cadenas. Por lo tanto, el orden de las marcas de tiempo en este ejemplo es (1, "Aaliyah") < (1, "Caleb") < (2, "Bryce").

Relojes lógicos híbridos

Las marcas de tiempo de Lamport son buenas para capturar el orden en que sucedieron las cosas, pero tienen algunas limitaciones:

- Dado que no tienen relación directa con el tiempo físico, no puedes utilizarlas para encontrar, por ejemplo, todos los mensajes que se publicaron en una fecha concreta; necesitarías almacenar el tiempo físico por separado.
- Si dos nodos nunca se comunican, los incrementos del contador de un nodo nunca se reflejarán en el contador del otro. Como resultado, los eventos generados aproximadamente al mismo tiempo en diferentes nodos podrían tener valores de contador muy diferentes.

Un *reloj lógico híbrido* combina las ventajas de los relojes físicos con las garantías de ordenación de los relojes Lamport [57]. Al igual que un reloj físico, cuenta segundos o microsegundos. Al igual que un reloj Lamport, cuando un nodo ve una marca de tiempo de otro nodo que es mayor que el valor de su reloj local, mueve su propio valor local hacia adelante para que coincida con la marca de tiempo del otro nodo. Como resultado, si el reloj de un nodo va rápido, los demás nodos moverán sus relojes hacia adelante de manera similar cuando se comuniquen.

Cada vez que se genera una marca de tiempo de un reloj lógico híbrido, también se incrementa, lo que garantiza que el reloj avance de forma monótona incluso si el reloj físico subyacente retrocede, por ejemplo, debido a ajustes NTP. Por lo tanto, el reloj lógico híbrido puede adelantarse ligeramente al reloj físico subyacente. Los detalles del algoritmo garantizan que esta discrepancia sea lo más pequeña posible.

Como resultado, puedes tratar una marca de tiempo de un reloj lógico híbrido casi como una marca de tiempo de un reloj convencional, con la propiedad añadida de que su ordenación es coherente con la relación happens-before. No depende de ningún hardware especial y solo requiere relojes sincronizados de forma aproximada. Los relojes lógicos híbridos se utilizan, por ejemplo, en CockroachDB.

Relojes lógicos híbridos/Lamport frente a relojes vectoriales

En "Control de concurrencia multiversión" en la página 325 discutimos cómo se implementa a menudo el aislamiento de instantáneas: esencialmente, asignando a cada transacción un ID de transacción y permitiendo que cada transacción vea las escrituras realizadas por transacciones con un ID inferior, pero haciendo invisibles las escrituras de transacciones con ID superiores. Los relojes Lamport y los relojes lógicos híbridos son una buena forma de generar estos ID de transacción, ya que garantizan que la instantánea sea coherente con la causalidad [58].

Cuando se generan varias marcas de tiempo simultáneamente, estos algoritmos las ordenan de forma arbitraria. Esto significa que, cuando observas dos marcas de tiempo, por lo general no puedes saber si se generaron simultáneamente o si una ocurrió antes que la otra. (En Figura 10-9, en realidad puedes saber que los mensajes de Aaliyah y Caleb deben haber sido simultáneos, porque tienen el mismo valor de contador; sin embargo, cuando los valores de contador son diferentes, no puedes saber si fueron simultáneos).

Si deseas poder determinar cuándo se crearon los registros de forma simultánea, necesitas un algoritmo diferente, como un *reloj vectorial*. Los relojes vectoriales mantienen un contador para cada nodo y almacenan todos los valores del contador con cada escritura. Si la escritura A tiene un valor de contador más alto que B para un nodo, y la escritura B tiene un valor de contador más alto que A para otro nodo, entonces A y B deben ser simultáneas (consulta "Detección de escrituras simultáneas" en la página 263). La desventaja es que las marcas de tiempo de un reloj vectorial ocupan mucho más espacio que las otras marcas de tiempo que hemos comentado, potencialmente un entero por cada nodo del sistema.

Generadores de ID linealizables

Aunque los relojes Lamport y los relojes lógicos híbridos proporcionan garantías de ordenación útiles, esa ordenación sigue siendo más débil que el generador de ID de un solo nodo linealizable del que hemos hablado anteriormente. Recuerda que la linealizabilidad requiere que, si la solicitud A se completó antes de que comenzara la solicitud B, entonces B debe tener el ID más alto, incluso si A y B nunca se comunicaron entre sí. Por otro lado, los relojes Lamport solo pueden garantizar que un nodo genere marcas de tiempo que sean mayores que cualquier otra marca de tiempo que ese nodo haya visto; no se pueden ofrecer tales garantías sobre las marcas de tiempo que no haya visto.

Figura 10-10 muestra cómo un generador de ID no linealizable podría causar problemas. Imaginemos que, en una red social, el usuario A quiere compartir una foto embarazosa de forma privada con sus amigos. La cuenta del usuario A es inicialmente pública, pero, utilizando su computadora portátil, cambia la configuración de su cuenta a privada. A continuación, utiliza su teléfono para subir la foto. Dado que el usuario A ha realizado estas actualizaciones de forma secuencial, es razonable que espere que la subida de la foto esté sujeta a los nuevos permisos restringidos de la cuenta. Sin embargo, como muestra la figura, esto no es necesariamente así.

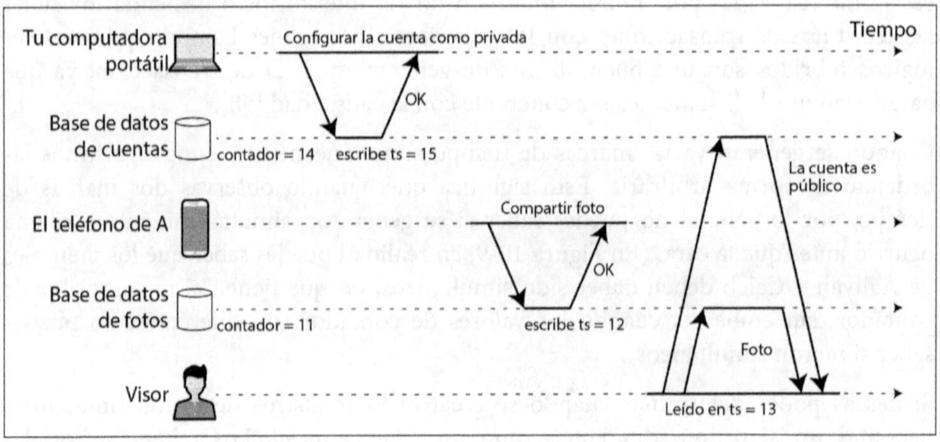

Figura 10-10. El usuario A primero configura tu cuenta como privada y luego comparte una foto. Con un generador de ID no linealizable, un espectador no autorizado podría ver la foto.

El permiso de la cuenta y la foto se almacenan en dos bases de datos separadas (o fragmentos separados de la misma base de datos), y supongamos que utilizan un reloj Lamport o un reloj lógico híbrido para asignar una marca de tiempo a cada escritura. Dado que la base de datos de fotos no leyó la base de datos de cuentas, es posible que el contador local de la base de datos de fotos esté ligeramente atrasado y, por lo tanto, a la foto subida se le asigne una marca de tiempo inferior a la de la actualización de la configuración de la cuenta.

Ahora, supongamos que un espectador (que no es amigo de A) está viendo el perfil de A y su lectura utiliza una implementación MVCC de aislamiento de instantáneas. Podría ocurrir que la lectura del espectador tenga una marca de tiempo mayor que la de la subida de la foto, pero menor que la de la actualización de la configuración de la cuenta. Como resultado, el sistema determinará que la cuenta sigue siendo pública en el momento de la lectura y, por lo tanto, te mostrará la foto embarazosa que no debías ver.

Se pueden imaginar varias formas posibles de solucionar este problema. Quizás la base de datos de fotos debería haber leído el estado de la cuenta del usuario antes de realizar la escritura, pero es fácil olvidarse de esa comprobación. Si las acciones de A se hubieran realizado en el mismo dispositivo, tal vez la aplicación de su dispositivo podría haber rastreado la última marca de tiempo de las escrituras de ese usuario, pero si el usuario utiliza una computadora portátil y un teléfono, como en este ejemplo, no es tan fácil. La solución más sencilla en este caso sería utilizar un generador de ID linealizable, lo que garantizaría que a la subida de fotos se le asignara un ID mayor que el cambio de permisos de la cuenta.

Implementación de un generador de ID linealizable

La forma más sencilla de garantizar que la asignación de ID sea linealizable es utilizar un único nodo para este fin. Ese nodo solo tiene que hacer tres cosas: incrementar de forma atómica un contador y devolver su valor cuando se le solicite, conservar el valor del contador (para que no genere ID duplicados si el nodo se bloquea y se reinicia) y replicarlo para tolerancia a fallos (utilizando la replicación de líder único). Este enfoque se utiliza en la práctica; por ejemplo, TiDB/TiKV lo denomina *Oracle de marca de tiempo*, inspirado en Percolator de Google [59].

Como optimización, puedes evitar realizar una escritura en disco y una replicación en cada solicitud. En su lugar, el generador de ID puede escribir un registro que describa un lote de ID; una vez que ese registro se persiste y se replica, el nodo puede empezar a distribuir esos ID a los clientes en secuencia. Antes de agotar los ID de ese lote, puede persistir y replicar el registro para el siguiente lote. De esa manera, se omitirán algunos ID si el nodo se bloquea y se reinicia o si se produce una conmutación por error a un seguidor, pero no se emitirán ID duplicados o desordenados.

No es fácil fragmentar el generador de identificadores, ya que si tienes varios fragmentos que distribuyen identificadores de forma independiente, ya no puedes garantizar que su orden sea linealizable. Tampoco puedes distribuir fácilmente el generador de IDs entre varias regiones; por lo tanto, en una base de datos distribuida geográficamente, todas las solicitudes de IDs tendrán que ir a un nodo en una sola región. La ventaja es que el trabajo del generador de IDs es muy sencillo, por lo que un solo nodo puede manejar un gran volumen de solicitudes.

Si no deseas utilizar un generador de ID de un solo nodo, puedes hacer lo que hace Spanner de Google, como se explica en "Relojes sincronizados para instantáneas globales" en la página 403. Se basa en un reloj físico que devuelve no solo una única marca de tiempo, sino un rango de marcas de tiempo que indican la incertidumbre en la lectura del reloj. A continuación, Spanner espera a que transcurra la duración de ese intervalo de incertidumbre antes de devolver el resultado.

Suponiendo que el intervalo de incertidumbre es correcto (es decir, que la hora física real actual siempre se encuentra dentro de ese intervalo), este proceso también garantiza que, si una solicitud se completa antes de que otra comience, la solicitud posterior tendrá una marca de tiempo mayor. Este enfoque garantiza esta asignación de ID linealizable sin necesidad de comunicación; incluso las solicitudes en diferentes regiones se ordenarán correctamente, sin esperar a las solicitudes entre regiones. La desventaja es que necesitas soporte de hardware y software para que los relojes estén perfectamente sincronizados y calcular el intervalo de incertidumbre necesario.

Aplicación de restricciones mediante relojes lógicos

En "Restricciones y garantías de unicidad" en la página 452 vimos que una operación CAS linealizable se puede utilizar para implementar bloqueos, restricciones de unicidad y construcciones similares en un sistema distribuido. Esto plantea la pregunta: ¿es un reloj lógico o un generador de ID linealizable también suficiente para implementar estas cosas?

La respuesta es: no del todo. Cuando tienes varios nodos que intentan adquirir el mismo bloqueo o registrar el mismo nombre de usuario, podrías utilizar un reloj lógico para asignar marcas de tiempo a esas solicitudes y elegir la que tenga la marca de tiempo más baja como ganadora. Si el reloj es linealizable, sabes que cualquier solicitud futura siempre generará marcas de tiempo mayores y, por lo tanto, puedes estar seguro de que ninguna solicitud futura recibirá una marca de tiempo inferior a la ganadora.

Desafortunadamente, parte del problema sigue sin resolverse: ¿cómo sabe un nodo si su propia marca de tiempo es la más baja? Para estar seguro, necesita saber de *todos* los demás nodos que podrían haber generado una marca de tiempo [56]. Si uno de los otros nodos ha fallado mientras tanto, o no se puede contactar debido a un problema de red, este sistema se detendría por completo, ya que no podemos estar seguros de que la marca de tiempo de ese nodo no sea más baja. Este no es el tipo de sistema tolerante a fallos que necesitamos.

Para implementar bloqueos, arrendamientos y construcciones similares de una manera tolerante a fallos, necesitamos algo más fuerte que relojes lógicos o generadores de ID. Necesitamos consenso.

Consenso

En este capítulo, hemos visto varios ejemplos de cosas que son fáciles cuando solo tienes un único nodo, pero que se vuelven mucho más difíciles si quieres tolerancia a fallos:

- Una base de datos puede ser linealizable si solo tienes un líder y realizas todas las lecturas y escrituras en ese líder. Pero, ¿cómo se realiza la conmutación por error si ese líder falla, evitando al mismo tiempo la división del cerebro? ¿Cómo te aseguras de que un nodo que se cree líder no haya sido realmente destituido mientras está temporalmente en pausa?

- Un generador de ID linealizable en un solo nodo es simplemente un contador con una instrucción atómica fetch-and-add, pero ¿qué pasa si se bloquea?
- Una operación CAS atómica es útil para decidir quién obtiene un bloqueo o arrendamiento cuando varios procesos compiten por adquirirlo, por ejemplo, o para garantizar la unicidad de un archivo o usuario con un nombre determinado. En un solo nodo, CAS puede ser tan simple como una instrucción de CPU, pero ¿cómo se hace que sea tolerante a fallos?

Resulta que todos estos son ejemplos del mismo problema fundamental de los sistemas distribuidos: *el consenso*. La formulación estándar del consenso implica que varios nodos se pongan de acuerdo en un único valor. Es uno de los problemas más importantes y fundamentales de la informática distribuida; también es muy difícil de resolver correctamente [60, 61], y muchos sistemas lo han hecho mal en el pasado. Ahora que hemos hablado de la replicación (Capítulo 6), las transacciones (Capítulo 8), los modelos de sistema (Capítulo 9) y la linealizabilidad (este capítulo), por fin estamos listos para abordar el problema del consenso.

Los algoritmos de consenso más conocidos son la replicación Viewstamped [62, 63], Paxos [60, 64, 65, 66], Raft [25, 67, 68], y Zab [20, 24, 69]. Estos algoritmos tienen bastantes similitudes, pero no son iguales [70, 71]. Todos funcionan en un modelo de sistema no bizantino, es decir, la comunicación de red puede retrasarse o interrumpirse arbitrariamente, y los nodos pueden fallar, reiniciarse y desconectarse, pero los algoritmos asumen que, por lo demás, los nodos siguen el protocolo correctamente y no se comportan de forma maliciosa.

También hay algoritmos de consenso que pueden tolerar algunos nodos bizantinos (es decir, nodos que no siguen correctamente el protocolo, por ejemplo, enviando mensajes contradictorios a otros nodos). Una suposición común es que menos de un tercio de los nodos son bizantinos [28, 72]. Estos algoritmos se utilizan en cadenas de bloques, por ejemplo [73]. Sin embargo, como se explica en "Fallos bizantinos" en la página 417, los algoritmos tolerantes a fallos bizantinos quedan fuera del alcance de este libro.

La imposibilidad del consenso

Es posible que hayas oído hablar del *resultado FLP* [74], que lleva el nombre de sus autores, Fischer, Lynch y Paterson, y que demuestra que ningún algoritmo es siempre capaz de alcanzar un consenso si existe el riesgo de que un nodo se bloquee. En un sistema distribuido, debemos asumir que los nodos pueden bloquearse, por lo que es imposible alcanzar un consenso fiable. Sin embargo, aquí estamos, discutiendo algoritmos para alcanzar el consenso. ¿Qué está pasando aquí?

En primer lugar, el FLP no dice que nunca podamos alcanzar el consenso, solo dice que no podemos garantizar que un algoritmo de consenso *siempre* vaya a terminar. Además, el resultado del FLP se demuestra suponiendo un algoritmo determinista en el modelo de sistema asíncrono (consulta "Modelo de sistema y realidad" en la página 420), lo que significa que el algoritmo no puede utilizar relojes ni tiempos de espera. Si puede utilizar tiempos de espera (timeouts) para sospechar que otro nodo puede haberse bloqueado (aunque la sospecha a veces sea errónea), entonces el consenso se vuelve resoluble [75]. Incluso permitir que el algoritmo utilice números aleatorios es suficiente [76].

Por lo tanto, aunque el resultado del FLP sobre la imposibilidad del consenso tiene una gran importancia teórica, los sistemas distribuidos suelen alcanzar el consenso en la práctica.

Las múltiples caras del consenso

El consenso se puede expresar de varias maneras. Por ejemplo:

- *El consenso de valor único* es muy similar a una operación CAS atómica. Se puede utilizar para implementar bloqueos, arrendamientos y restricciones de unicidad.
- La construcción de un *registro de solo apéndice* también requiere consenso, que normalmente se formaliza como *difusión de orden total*. Con un registro, puedes implementar la replicación de máquinas de estado, la replicación basada en líderes, el origen de eventos y otros patrones útiles.
- Una operación atómica *fetch-and-add* (o incremento atómico) de un también resulta ser equivalente al consenso.
- *El compromiso atómico* de una transacción multibase de datos o multishard requiere que todos los participantes acuerden si se confirma o se aborta la transacción.

De hecho, todos estos problemas son equivalentes. Si tienes un algoritmo que resuelve uno de estos problemas, puedes convertirlo en una solución para cualquiera de los demás. Se trata de una idea bastante profunda y quizás sorprendente. También es la razón por la que podemos agrupar todas estas cosas bajo el término "consenso", aunque parezcan bastante diferentes a primera vista. Echemos un vistazo más de cerca a cada una de ellas para ver por qué es así.

Consenso de valor único

La capacidad de conseguir que varios nodos se pongan de acuerdo en un único valor es muy útil. Por ejemplo:

- Cuando se inicia por primera vez una base de datos con replicación de líder único, o cuando falla el líder existente, varios nodos pueden intentar simultáneamente convertirse en el líder. Del mismo modo, varios nodos pueden competir por adquirir un bloqueo o un arrendamiento. El consenso les permite decidir cuál de ellos gana.
- Si varias personas intentan simultáneamente reservar el último asiento en un avión o el mismo asiento en un teatro, o intentan registrar una cuenta con el mismo nombre de usuario, un algoritmo de consenso puede determinar cuál de ellas debe tener éxito si no está claro quién llegó primero.

En términos más generales, uno o más nodos pueden *proponer* valores, y el algoritmo de consenso *decide* uno de esos valores. En los ejemplos que se dan aquí, cada nodo podría proponer su propio ID, y el algoritmo decidiría qué ID de nodo debería convertirse en el nuevo líder, el titular del arrendamiento o el comprador del asiento del avión/teatro. En este formalismo, un algoritmo de consenso debe satisfacer las siguientes propiedades [28]:

Acuerdo uniforme
: No hay dos nodos que decidan de forma diferente.

Integridad
: Una vez que un nodo ha decidido un valor, no puede cambiar de opinión y decidir otro valor.

Validez
: Si un nodo decide el valor *v*, entonces *v* fue propuesto por un nodo.

Terminación
: Todos los nodos que no se bloquean acaban decidiendo un valor.

Si deseas decidir varios valores, puedes ejecutar una instancia separada del algoritmo de consenso para cada uno. Por ejemplo, podrías ejecutar un consenso separado para cada asiento reservable en el teatro, de modo que se obtenga una decisión (un comprador) para cada asiento.

Las propiedades de acuerdo uniforme e integridad definen la idea central del consenso: todos deciden el mismo resultado y, una vez que se ha decidido, no se puede cambiar de opinión. La propiedad de validez descarta soluciones triviales; por ejemplo, podrías tener un algoritmo que siempre decida `null`, sin importar lo que se haya propuesto; este algoritmo satisfaría las propiedades de acuerdo e integridad, pero no la propiedad de validez.

Si no te importa la tolerancia a fallos, satisfacer las tres primeras propiedades es fácil. Puedes simplemente codificar un nodo para que sea el "dictador" y dejar que ese nodo tome todas las decisiones. Sin embargo, si ese nodo falla, el sistema ya no puede tomar ninguna decisión, al igual que la replicación de líder único sin conmutación por error. Toda la dificultad surge de la necesidad de tolerancia a fallos.

La propiedad de terminación formaliza la idea de tolerancia a fallos. Básicamente, dice que un algoritmo de consenso no puede quedarse parado y no hacer nada para siempre; en otras palabras, debe avanzar. Incluso si algunos nodos fallan, los demás nodos deben llegar a una decisión. (La terminación es una propiedad de vivacidad, mientras que las otras tres son propiedades de seguridad; consulta "Distinguir entre seguridad y vivacidad" en la página 422).

Si un nodo que ha fallado puede recuperarse, podrías simplemente esperar a que vuelva. Sin embargo, un algoritmo de consenso debe asegurarse de tomar una decisión incluso si un nodo que ha fallado desaparece de repente y nunca vuelve. (En lugar de un fallo de software, imagina que un terremoto provoca que el centro de datos que contiene tu nodo sea destruido por un deslizamiento de tierra. Debes asumir que tu nodo está enterrado bajo 9 metros de barro y que nunca volverá a estar en línea).

Por supuesto, si *todos* los nodos se bloquean y ninguno está en funcionamiento, no es posible que ningún algoritmo decida nada. Hay un límite en el número de fallos que un algoritmo puede tolerar. De hecho, se puede demostrar que cualquier algoritmo de consenso requiere que al menos la mayoría de los nodos funcionen correctamente para garantizar la terminación [75]. Esa mayoría puede formar un quórum de forma segura (consulta "Uso de quórums para la lectura y la escritura" en la página 256).

Por lo tanto, la propiedad de terminación está sujeta al supuesto de que menos de la mitad de los nodos son inaccesibles. Sin embargo, la mayoría de los algoritmos de consenso garantizan que las propiedades de seguridad (acuerdo, integridad y validez) se cumplan siempre, incluso si la mayoría de los nodos fallan o se produce un problema grave en la red [77]. Por lo tanto, una interrupción a gran escala puede impedir que el sistema procese las solicitudes, pero no puede corromper el sistema de consenso provocando que tome decisiones incoherentes.

Comparar y establecer como consenso

Una operación CAS comprueba si el valor actual de un objeto es igual al valor esperado. Si es así, actualiza atómicamente el objeto a un nuevo valor; si no, deja el objeto sin cambios y devuelve un error.

Si tienes una operación CAS linealizable y tolerante a fallos, resolver el problema del consenso es fácil. Inicialmente, establece el objeto en un valor nulo y, a continuación, haz que cada nodo que quiera proponer un valor realice un CAS, con el valor esperado siendo nulo y el nuevo valor siendo el valor que quiere proponer (suponiendo que no sea nulo). El valor decidido es entonces cualquier valor al que se establezca el objeto.

Del mismo modo, si tienes una solución para el consenso, puedes implementar CAS. Siempre que uno o más nodos quieran realizar un CAS con el mismo valor esperado, utiliza el protocolo de consenso para proponer los nuevos valores en la invocación de CAS y, a continuación, establece el objeto en el valor que se haya decidido por consenso. Cualquier invocación de CAS cuyo valor propuesto no se haya decidido devuelve un error. Las invocaciones de CAS con valores esperados diferentes utilizan ejecuciones separadas del protocolo de consenso.

Esto demuestra que CAS y consenso son equivalentes [30, 75]. Una vez más, ambos son sencillos en un solo nodo, pero difíciles de hacer tolerantes a fallos. Como ejemplo de CAS en un entorno distribuido, vimos operaciones de escritura condicional para almacenes de objetos en Bases de datos respaldadas por almacenamiento de objetos en la página 223, que permiten que se produzca una escritura solo si un objeto con el mismo nombre no ha sido creado o modificado por otro cliente desde la última vez que el cliente actual lo leyó.

Registros compartidos como consenso

Hemos visto varios ejemplos de registros, como registros de replicación, registros de transacciones y registros de escritura anticipada. Un registro almacena una secuencia de *entradas de registro*, y cualquiera que lo lea ve las mismas entradas en el mismo orden. A veces, un registro tiene un único escritor al que se le permite añadir nuevas entradas, pero un *registro compartido* es aquel en el que varios nodos pueden solicitar que se añadan entradas. Un ejemplo es la replicación de líder único: cualquier cliente puede pedir al líder que realice una escritura, que el líder añade al registro de replicación, y luego todos los seguidores aplican las escrituras en el mismo orden que el líder.

Más formalmente, un registro compartido admite dos operaciones: puedes solicitar que se añada un valor al registro y puedes leer las entradas del registro. Debe satisfacer las siguientes propiedades:

Anexión eventual
: Si un nodo solicita que se añada un valor al registro y el nodo no falla, entonces ese nodo debe leer finalmente ese valor en una entrada del registro.

Entrega confiable
: No se pierde ninguna entrada del registro: si un nodo lee una entrada del registro, entonces, eventualmente, todos los nodos que no se bloqueen también deben leer esa entrada del registro.

Solo anexar
: Una vez que un nodo ha leído una entrada del registro, esta es inmutable y solo se pueden añadir nuevas entradas después de ella, no antes. Si el nodo vuelve

a leer el registro, verá las mismas entradas en el mismo orden en que las leyó inicialmente (incluso si el nodo falla y se reinicia).

Acuerdo
: Si dos nodos leen una entrada del registro *e*, entonces, antes de *e* deben haber leído exactamente la misma secuencia de entradas del registro en el mismo orden.

Validez
: Si un nodo lee una entrada de registro que contiene un valor, entonces un nodo solicitó previamente la adición de ese valor al registro.

> Un registro compartido se puede implementar utilizando un protocolo *de difusión de orden total*, también conocido como *difusión atómica* o protocolo *de multidifusión de orden total* [28, 78, 79]. Para agregar un valor al registro, lo "difundimos" utilizando el protocolo, y cuando el protocolo lo "entrega", el valor pasa a formar parte de una entrada del registro que se puede leer.

Si tienes una implementación de un registro compartido, resolver el problema del consenso es fácil. Cada nodo que quiera proponer un valor solicita que se añada al registro, y el valor que se lea en la primera entrada del registro es el valor que se decide. Dado que todos los nodos leen las entradas del registro en el mismo orden, se garantiza que estarán de acuerdo en qué valor se entrega primero [30].

Por el contrario, si tienes una solución para el consenso, puedes implementar un registro compartido. Los detalles son un poco más complicados, pero la idea básica es esta [75]:

1. Tienes una ranura en el registro para cada entrada futura y ejecutas una instancia separada del algoritmo de consenso para cada una de esas ranuras para decidir qué valor debe ir en esa entrada.
2. Cuando un nodo quiere añadir un valor al registro, propone ese valor para una de las ranuras que aún no se ha decidido.
3. Cuando el algoritmo de consenso decide una de las ranuras y todas las ranuras anteriores ya se han decidido, el valor decidido se añade como una nueva entrada del registro, y cualquier ranura consecutiva que se haya decidido también tiene su valor decidido añadido al registro.
4. Si no se eligió un valor propuesto para una ranura, el nodo que quería agregarlo lo vuelve a intentar proponiéndolo para una ranura posterior.

Esto demuestra que el consenso es equivalente a la difusión de orden total y a los registros compartidos. La replicación de líder único sin conmutación por error no cumple los requisitos de actividad, ya que deja de entregar mensajes si el líder se bloquea. Como es habitual, el reto consiste en realizar la conmutación por error de forma segura y automática.

Fetch-and-add como consenso

El generador de ID linealizable que vimos en "Generadores de ID linealizables" en la página 467 se acerca a resolver el consenso, pero se queda un poco corto. Podemos implementar dicho generador de ID utilizando una operación de *fetch-and-add*, que incrementa atómicamente un contador y devuelve el valor antiguo del contador.

Si tienes una operación CAS, implementar la operación de búsqueda y adición es fácil. Primero lee el valor del contador, luego realiza un CAS donde el valor esperado es el valor que leíste y el nuevo valor es ese valor más 1. Si el CAS falla, vuelve a intentar todo el proceso hasta que el CAS tenga éxito. Esto es menos eficiente que una operación nativa de fetch-and-add cuando hay contención, pero es funcionalmente equivalente. Dado que puedes implementar CAS utilizando el consenso, también puedes implementar fetch-and-add utilizando el consenso.

Por el contrario, si tienes una operación de fetch-and-add tolerante a fallos, ¿puedes resolver el problema del consenso? Supongamos que inicializas el contador en 0 y que cada nodo que quiere proponer un valor invoca la operación de fetch-and-add para incrementar el contador. Dado que la operación de fetch-and-add es atómica, un nodo leerá el valor inicial de 0 y todos los demás leerán un valor que se ha incrementado al menos una vez.

Ahora supongamos que el nodo que lee 0 es el ganador y su valor queda decidido. Eso funciona para el nodo que leyó 0, pero los demás nodos tienen un problema: saben que no son los ganadores, pero no saben cuál de los demás nodos ha ganado. El ganador podría enviar un mensaje a los demás nodos para informarles de que ha ganado, pero ¿qué pasa si el ganador se bloquea antes de tener la oportunidad de enviar este mensaje? En ese caso, los demás nodos se quedan en suspenso, incapaces de decidir ningún valor, y por lo tanto el consenso no termina. Y los demás nodos no pueden recurrir a otro nodo porque el nodo que leyó 0 aún puede volver y decidir correctamente el valor que propuso.

Se produce una excepción si sabemos con certeza que no más de dos nodos propondrán un valor. En ese caso, los nodos pueden enviarse entre sí los valores que quieren proponer y luego cada uno realizar la operación de obtención y adición. El nodo que lee 0 decide su propio valor, y el nodo que lee 1 decide el valor del otro nodo. Esto resuelve el problema del consenso para dos nodos, por lo que podemos decir que la operación de obtención y adición tiene un *número de consenso* de 2 [30]. Por el contrario, CAS y los registros compartidos resuelven el consenso para cualquier número de nodos que puedan proponer valores, por lo que tienen un número de consenso de ∞ (infinito).

Compromiso atómico como consenso

En "Transacciones distribuidas" en la página 356 vimos el problema *del compromiso atómico*, que consiste en garantizar que las bases de datos o fragmentos involucrados en una transacción distribuida se comprometan o aborten una transacción. También vimos el algoritmo *de compromiso en dos fases*, que se basa en un coordinador que es un único punto de falla.

¿Cuál es la relación entre el consenso y el compromiso atómico? A primera vista, parecen muy similares: ambos requieren que los nodos lleguen a algún tipo de acuerdo. Sin embargo, hay una diferencia importante: con el consenso, está bien decidir cualquier valor que se haya propuesto, mientras que con el compromiso atómico, el algoritmo *debe* abortar si *alguno* de los participantes vota a favor de abortar. Más precisamente, el compromiso atómico requiere las siguientes propiedades [80]:

Acuerdo uniforme
: No es posible que un nodo se comprometa y otro aborte.

Integridad
: Una vez que un nodo se ha comprometido, no puede cambiar de opinión y abortar, y viceversa.

Validez
: Si un nodo se compromete, todos los nodos deben haber votado previamente a favor del compromiso. Si algún nodo ha votado a favor de abortar, todos los nodos deben abortar.

No trivialidad
: Si todos los nodos votan a favor de confirmar y no se producen tiempos de espera de comunicación, todos los nodos deben confirmar.

Terminación
: Cada nodo que no se bloquea finalmente se compromete o aborta.

La propiedad de validez garantiza que una transacción solo se pueda comprometer si todos los nodos están de acuerdo, y la propiedad de no trivialidad garantiza que el algoritmo no pueda simplemente abortar siempre (pero permite un aborto si cualquiera de las comunicaciones entre los nodos se agota). Las otras tres propiedades son básicamente las mismas que para el consenso.

Si tienes una solución para el consenso, podrías resolver el compromiso atómico de múltiples maneras [80, 81]. Una funciona así: cuando quieres confirmar la transacción, cada nodo envía su voto para confirmar o cancelar a todos los demás nodos. Los nodos que reciben un voto a favor de confirmar de sí mismos y de todos los demás nodos proponen "confirmar" a través del algoritmo de consenso; los nodos que reciben un voto a favor de cancelar, o que experimentan un tiempo de espera, proponen "cancelar" a través del algoritmo de consenso. Cuando un nodo descubre lo que ha decidido el algoritmo de consenso, confirma o cancela en consecuencia.

En este algoritmo, solo se propondrá "confirmar" si todos los nodos han votado a favor de confirmar. Si algún nodo ha votado a favor de cancelar, todas las propuestas del algoritmo de consenso serán "cancelar". Podría suceder que algunos nodos propongan "cancelar" mientras que otros propongan "confirmar" si todos los nodos votaron a favor de confirmar, pero algunas comunicaciones se agotaron; en este caso, no importa si los nodos confirman o cancelan, siempre y cuando todos hagan lo mismo.

Si tienes un protocolo de compromiso atómico tolerante a fallos, también puedes resolver el consenso. Cada nodo que quiera proponer un valor inicia una transacción en un quórum de nodos y, en cada nodo, realiza un CAS de un solo nodo para establecer un registro con el valor propuesto si su valor aún no ha sido establecido por otra transacción. Si el CAS tiene éxito, el nodo vota a favor de la confirmación y, en caso contrario, vota a favor de la cancelación. Si el protocolo de confirmación atómica confirma una transacción, su valor se decide por consenso; si la confirmación atómica se cancela, el nodo proponente vuelve a intentarlo con una nueva transacción.

Esto demuestra que la confirmación atómica y el consenso también son equivalentes entre sí.

El consenso en la práctica

Hemos visto que el consenso de valor único, CAS, los registros compartidos y el compromiso atómico son equivalentes: puedes convertir una solución a uno de estos problemas en una solución a cualquiera de los demás. Esa es una valiosa idea teórica, pero no responde a esta pregunta: ¿cuál de estas muchas formulaciones de consenso es la más útil en la práctica?

La respuesta es que la mayoría de los sistemas de consenso proporcionan registros compartidos (una abstracción equivalente a la difusión de orden total). Raft, la replicación Viewstamped y Zab proporcionan registros compartidos desde el primer momento. Paxos proporciona consenso de valor único, pero en la práctica la mayoría de los sistemas que utilizan Paxos utilizan en realidad la extensión llamada Multi-Paxos, que también proporciona un registro compartido.

Uso de registros compartidos

Un registro compartido es ideal para la replicación de bases de datos. Si cada entrada del registro representa una escritura en la base de datos y cada réplica procesa las mismas escrituras en el mismo orden utilizando lógica determinista, todas las réplicas terminarán en un estado coherente. Esta idea se conoce como *replicación de máquina de estados* [82], y es el principio que subyace al origen de eventos, que vimos en "Event Sourcing y CQRS" en la página 112. Los registros compartidos también son útiles para el procesamiento de flujos, como veremos en Capítulo 12.

Del mismo modo, un registro compartido se puede utilizar para implementar transacciones serializables. Como se explica en "Ejecución en serie real" en la página 341, si cada entrada del registro representa una transacción determinista que se va a ejecutar como un procedimiento almacenado, y si cada nodo ejecuta esas transacciones en el mismo orden, las transacciones serán serializables [83, 84].

> Las bases de datos fragmentadas con un modelo de consistencia fuerte suelen mantener un registro independiente por cada fragmento, lo que mejora la escalabilidad, pero limita las garantías de consistencia (por ejemplo, instantáneas consistentes, referencias de claves externas) que pueden ofrecer entre fragmentos. Las transacciones serializables entre fragmentos son posibles, pero requieren una coordinación adicional [85].

Un registro compartido también es potente porque se puede adaptar fácilmente a otras formas de consenso:

- Anteriormente vimos cómo utilizarlo para implementar el consenso de valor único y CAS: simplemente decide el valor que aparece primero en el registro.
- Si quieres muchas instancias de consenso de valor único, por ejemplo, una por asiento en un teatro donde varias personas intentan reservar asientos, incluye el número de asiento en las entradas del registro y decide la primera entrada del registro que contenga un número de asiento determinado.
- Si quieres un fetch-and-add atómico, coloca el número que se va a añadir al contador en una entrada del registro y haz que el valor actual del contador sea la suma de todas las entradas del registro hasta ese momento. Se puede utilizar un simple contador en las entradas del registro para generar tokens de protección (consulta "Aislamiento de zombis y solicitudes retrasadas" en la página 414); por ejemplo, en ZooKeeper, este número de secuencia se denomina `zxid` [20].

De la replicación con un único líder al consenso

Anteriormente vimos que el consenso de valor único es fácil si se tiene un único nodo "dictador" que toma la decisión y, del mismo modo, un registro compartido es fácil si un único líder es el único nodo autorizado para añadir entradas al registro. La pregunta es cómo proporcionar tolerancia a fallos si ese nodo falla.

Tradicionalmente, las bases de datos con replicación de líder único no resolvían este problema: dejaban la conmutación por error del líder como una acción que un administrador humano tenía que realizar manualmente. Desafortunadamente, esto implica una cantidad significativa de tiempo de inactividad, ya que hay un límite en la rapidez con la que los humanos pueden reaccionar, y no satisface la propiedad de terminación del consenso. Para el consenso, necesitamos que el algoritmo pueda elegir automáticamente un nuevo líder. (No todos los algoritmos de consenso tienen un líder, pero los algoritmos más utilizados sí lo tienen [86, 87].)

Esto no es sencillo. Anteriormente discutimos el problema del cerebro dividido y establecimos que todos los nodos deben ponerse de acuerdo sobre quién es el líder; de lo contrario, dos nodos podrían creer que cada uno de ellos es el líder y tomar decisiones inconsistentes. Por lo tanto, parece que necesitamos consenso para elegir un líder, y necesitamos un líder para resolver el consenso. ¿Cómo salimos de este dilema?

De hecho, los algoritmos de consenso no requieren que haya un solo líder en un momento dado. En cambio, ofrecen una garantía más débil: definen un *número de época* (denominado *número de votación* en Paxos, *número de vista* en la replicación Viewstamped y *número de término* en Raft) y garantizan que, dentro de cada época, el líder sea único.

Cuando un nodo cree que el líder actual ha fallecido porque no ha tenido noticias de él durante un tiempo de espera, puede iniciar una votación para elegir a un nuevo líder. A esta elección se le asigna un nuevo número de época que es mayor que cualquier número de época anterior. Si surge un conflicto entre dos líderes en dos épocas (quizás porque el líder anterior no había fallecido después de todo), entonces prevalece el líder con el número de época más alto.

Antes de que un líder pueda añadir la siguiente entrada al registro compartido, primero debe comprobar que no hay otro líder con un número de época más alto que pueda añadir una entrada diferente. Puedes hacerlo recabando los votos de un quórum de nodos, normalmente, aunque no siempre, la mayoría de los nodos [88]. Un nodo solo vota a favor si no tiene conocimiento de ningún otro líder con una época superior.

Por lo tanto, tenemos dos rondas de votación: una para elegir a un líder y otra para votar la propuesta de un líder sobre la siguiente entrada que se añadirá al registro. Los quórumes de esas dos votaciones deben coincidir: si una votación sobre una propuesta tiene éxito, al menos uno de los nodos que votó a favor también debe haber participado en la última elección de líder exitosa [88]. Si la votación sobre una propuesta se aprueba sin revelar ninguna época con un número más alto, el líder actual puede concluir que no se ha elegido a ningún líder con un número de época más alto y, por lo tanto, puede añadir con seguridad la entrada propuesta al registro [28, 89].

Estas dos rondas de votación parecen superficialmente similares al 2PC (consulta "Confirmación en dos fases" en la página 359), pero son protocolos muy diferentes.

En los algoritmos de consenso, cualquier nodo puede iniciar una elección, y solo se requiere un quórum de nodos para responder; en el 2PC, solo el coordinador puede solicitar votos, y se requiere un voto afirmativo de *todos* los participantes antes de poder comprometerse.

Sutilezas del consenso

Esta estructura básica es común a Raft, Multi-Paxos, la replicación Viewstamped y Zab: una votación por parte de un quórum de nodos elige a un líder y, a continuación, se requiere otra votación por quórum para cada entrada que el líder quiera añadir al registro [70, 71]. Cada nueva entrada del registro se replica de forma sincrónica en un quórum de nodos antes de confirmarse al cliente que ha solicitado la escritura. Esto garantiza que la entrada del registro no se pierda si el líder actual falla.

Sin embargo, el problema está en los detalles, y ahí es donde estos algoritmos adoptan diferentes enfoques. Por ejemplo, cuando el antiguo líder falla y se elige uno nuevo, el algoritmo debe asegurarse de que el nuevo líder respete todas las entradas del registro que ya habían sido añadidas por el antiguo líder antes de fallar. Raft lo hace permitiendo que un nodo se convierta en el nuevo líder solo si su registro está al menos tan actualizado como los de la mayoría de sus seguidores [71]. Por el contrario, Paxos permite que cualquier nodo se convierta en el nuevo líder, pero requiere que actualice su registro con otros nodos antes de poder empezar a añadir nuevas entradas propias.

Consistencia frente a disponibilidad en la elección de líderes

Si deseas que el algoritmo de consenso garantice estrictamente las propiedades establecidas en "Registros compartidos como consenso" en la página 475, es esencial que el nuevo líder esté al día con cualquier entrada de registro confirmada antes de que pueda procesar cualquier escritura o lectura linealizable. Si un nodo con datos obsoletos se convirtiera en el nuevo líder, podría escribir nuevos valores en entradas de registro que ya habían sido escritas por el líder anterior, violando la propiedad de solo añadir del registro compartido.

En algunos casos, es posible que decidas debilitar las propiedades de consenso para recuperarte más rápidamente de un fallo del líder o para poder recuperarte en absoluto. Por ejemplo, Kafka ofrece la opción de habilitar *la elección de líderes no limpios*, lo que permite que cualquier réplica se convierta en líder, incluso si no está actualizada. Además, en las bases de datos con replicación asíncrona, no se puede garantizar que ningún seguidor esté actualizado cuando falla el líder.

Si eliminas el requisito de que el nuevo líder esté actualizado, puedes mejorar el rendimiento y la disponibilidad, pero te encuentras en terreno peligroso, ya que la teoría del consenso ya no se aplica. Aunque todo funcionará bien mientras no haya fallos, los problemas que se describen en Capítulo 9 pueden provocar fácilmente la pérdida o corrupción de datos.

Otra sutileza radica en cómo los algoritmos tratan las entradas de registro que habían sido propuestas por el líder anterior antes de fallar, pero para las que aún no se ha completado la votación sobre su adición al registro. Puedes encontrar debates sobre estos detalles en las referencias de este capítulo [25, 71, 89].

En el caso de las bases de datos que utilizan un algoritmo de consenso para la replicación, no basta con convertir las escrituras en entradas de registro y replicarlas en un quórum. Si quieres garantizar lecturas linealizables, también tienen que pasar por una votación de quórum, de forma similar a una escritura, para confirmar que el nodo que se considera a sí mismo el líder realmente sigue estando actualizado. Las lecturas linealizables en etcd funcionan así, por ejemplo.

En su forma estándar, la mayoría de los algoritmos de consenso asumen un conjunto fijo de nodos, es decir, los nodos pueden caerse y volver a levantarse, pero el conjunto de nodos que pueden votar se fija cuando se crea el clúster. En la práctica, a menudo es necesario añadir nuevos nodos o eliminar nodos antiguos en la configuración de un sistema. Los algoritmos de consenso se han ampliado con funciones *de reconfiguración* que lo hacen posible. Esto resulta especialmente útil cuando se añaden nuevas regiones a un sistema o cuando se migra de una ubicación a otra (añadiendo primero los nuevos nodos y eliminando luego los antiguos).

Ventajas e inconvenientes del consenso

Aunque son complejos y sutiles, los algoritmos de consenso suponen un gran avance para los sistemas distribuidos. El consenso es esencialmente una "replicación de líder único bien hecha", con conmutación automática por error en caso de fallo del líder, lo que garantiza que no se pierdan los datos confirmados y que no sea posible el split brain, incluso ante todos los problemas que hemos comentado en Capítulo 9.

Cualquier sistema que proporcione conmutación automática por error pero no utilice un algoritmo de consenso probado probablemente no sea seguro [90]. El uso de un algoritmo de consenso probado no garantiza la corrección de todo el sistema, ya que todavía hay muchos otros lugares donde pueden acechar los errores, pero es un buen comienzo.

Sin embargo, el consenso no se utiliza en todas partes porque sus beneficios tienen un costo. Los sistemas de consenso siempre requieren una mayoría estricta para funcionar: tres nodos para tolerar un fallo o cinco nodos para tolerar dos fallos. Cada operación que realizas requiere la comunicación con un quórum, por lo que no puedes aumentar el rendimiento añadiendo más nodos (de hecho, cada nodo que añades ralentiza el algoritmo). Si una partición de red aísla algunos nodos del resto, solo la parte mayoritaria de la red puede seguir funcionando, y los demás nodos quedan bloqueados.

Los sistemas de consenso suelen basarse en tiempos de espera para detectar los nodos fallidos. En entornos con retrasos de red muy variables, especialmente en sistemas distribuidos en múltiples regiones geográficas, ajustar estos tiempos de espera puede resultar difícil. Si son demasiado largos, la recuperación de un fallo lleva mucho tiempo; si son demasiado cortos, pueden producirse muchas elecciones de líderes innecesarias, lo que da lugar a un rendimiento pésimo, ya que el sistema puede acabar dedicando más tiempo a elegir líderes que a realizar un trabajo útil.

A veces, los algoritmos de consenso son especialmente sensibles a los problemas de red. Por ejemplo, se ha demostrado que Raft tiene casos extremos desagradables [91, 92]. Si toda la red funciona correctamente excepto un enlace de red concreto que es inconsistente, Raft puede entrar en situaciones en las que el liderazgo rebota continuamente entre dos nodos, o el líder actual se ve obligado a dimitir continuamente, por lo que el sistema nunca avanza. El algoritmo Raft original se amplió con una fase de votación previa para solucionar este problema [67]. Paxos también depende de los líderes, lo que puede causar problemas de rendimiento similares. Egalitarian Paxos (EPaxos) y sus derivados utilizan un protocolo sin líderes que es más robusto frente a nodos o conexiones de red con bajo rendimiento [86].

Servicios de coordinación

Los algoritmos de consenso son útiles en cualquier base de datos distribuida que quiera ofrecer operaciones linealizables, y muchas bases de datos distribuidas modernas los utilizan para la replicación. Pero hay una familia de sistemas que es un usuario especialmente destacado del consenso: *los servicios de coordinación* como ZooKeeper, etcd y Consul. Aunque estos sistemas se parecen superficialmente a cualquier otro almacén de clave-valor, no están diseñados para altos volúmenes de escritura o almacenamiento de datos de uso general, como la mayoría de las bases de datos.

En cambio, están diseñados para coordinar los nodos de otro sistema distribuido. Por ejemplo, Kubernetes se basa en etcd, mientras que Spark y Flink en modo de alta disponibilidad se basan en ZooKeeper, que se ejecuta en segundo plano. Los servicios de coordinación están diseñados para almacenar pequeñas cantidades de datos que caben íntegramente en la memoria (aunque siguen escribiéndose en el disco para mayor durabilidad), que se replican en múltiples nodos mediante un algoritmo de consenso tolerante a fallos.

Los servicios de coordinación se basan en el servicio de bloqueo Chubby de Google [19, 60]. Combinan un algoritmo de consenso con otras características que resultan especialmente útiles a la hora de crear sistemas distribuidos:

Bloqueos y arrendamientos

Anteriormente vimos cómo los sistemas de consenso pueden implementar una operación CAS atómica y tolerante a fallos. Los servicios de coordinación se basan en este enfoque para implementar bloqueos y concesiones. Si varios nodos intentan adquirir simultáneamente la misma concesión, solo uno de ellos lo conseguirá.

Compatibilidad con el cercado

Como se explica en "Bloqueos y arrendamientos distribuidos" en la página 412, cuando un recurso está protegido por un arrendamiento, se necesita *una barrera* para evitar que los clientes interfieran entre sí en caso de una pausa en el proceso o un gran retraso en la red. Los sistemas de consenso pueden generar tokens de barrera asignando a cada entrada de registro un ID que aumenta de forma monótona (`zxid` y `cversion` en ZooKeeper, número de revisión en etcd).

Detección de fallos

Los clientes mantienen una sesión de larga duración en el servicio de coordinación e intercambian periódicamente latidos para comprobar si el otro nodo sigue activo. Incluso si la conexión se interrumpe temporalmente o falla un servidor, cualquier arrendamiento que tenga el cliente permanece activo. Sin embargo, si no hay latido durante más tiempo que el tiempo de espera del arrendamiento, el servicio de coordinación asume que el cliente ha muerto y libera el arrendamiento (ZooKeeper llama a estos *nodos efímeros*).

Notificaciones de cambios

Un cliente puede solicitar que el servicio de coordinación te envíe una notificación cada vez que cambien determinadas claves. Esto te permite saber cuándo otro cliente se une al clúster (basándote en el valor que escribe en el servicio de coordinación) o si otro cliente falla (porque tu sesión expira y tus nodos efímeros desaparecen), por ejemplo. Estas notificaciones te evitan tener que consultar frecuentemente el servicio para conocer los cambios.

La detección de fallos y las notificaciones de cambios no requieren consenso, pero son útiles para la coordinación distribuida junto con las operaciones atómicas y el soporte de fencing que sí requieren consenso.

Gestión de la configuración con servicios de coordinación

Las aplicaciones y la infraestructura suelen tener parámetros de configuración como tiempos de espera, tamaños de grupos de subprocesos, etc. A veces se utilizan servicios de coordinación para almacenar esos datos de configuración, representados como pares clave-valor. Los procesos cargan la configuración más reciente al iniciarse y se suscriben para recibir notificaciones de cualquier cambio. Cuando cambia una configuración, el proceso puede empezar a utilizar la nueva configuración inmediatamente o reiniciarse para cargar los últimos cambios.

La gestión de la configuración no necesita el aspecto de consenso de un servicio de coordinación, pero es conveniente utilizar un servicio de coordinación y confiar en su función de notificación si ya estás ejecutando el servicio de todos modos. Alternativamente, un proceso podría sondear periódicamente las actualizaciones de configuración desde un archivo o una URL, lo que evita la necesidad de un servicio especializado.

Asignación de trabajo a los nodos

Un servicio de coordinación es útil si tienes varias instancias de un proceso o servicio y una de ellas debe ser elegida como líder o principal. Si el líder falla, uno de los otros nodos debe tomar el control. Esto es necesario para las bases de datos con un solo líder, pero también es apropiado para los programadores de tareas y sistemas similares con estado.

Otro caso de uso es cuando tienes un recurso fragmentado (base de datos, flujos de mensajes, almacenamiento de archivos, sistema de actores distribuidos, etc.) y necesitas decidir qué fragmento asignar a cada nodo. A medida que nuevos nodos se unen al clúster, algunos de los fragmentos deben trasladarse de los nodos existentes a los nuevos nodos para reequilibrar la carga. A medida que se eliminan o fallan nodos, otros nodos deben hacerse cargo del trabajo de los nodos fallidos.

Este tipo de tareas se pueden lograr mediante el uso juicioso de operaciones atómicas, nodos efímeros y notificaciones en un servicio de coordinación. Si se hace correctamente, este enfoque permite que la aplicación se recupere automáticamente de los fallos sin intervención humana. No es fácil, a pesar de la disponibilidad de bibliotecas como Apache Curator, que han surgido para proporcionar herramientas de alto nivel sobre la API del cliente ZooKeeper, pero sigue siendo mucho mejor que intentar implementar los algoritmos de consenso necesarios desde cero, lo que sería muy propenso a errores.

Un servicio de coordinación dedicado también tiene la ventaja de que puede ejecutarse en un conjunto fijo de nodos (normalmente tres o cinco), independientemente del número de nodos que haya en el sistema distribuido que depende de él para la coordinación. Por ejemplo, en un sistema de almacenamiento con miles de fragmentos, ejecutar un algoritmo de consenso en miles de nodos sería tremendamente ineficiente; es mucho mejor "externalizar" el consenso a un pequeño número de nodos que ejecutan un servicio de coordinación.

Normalmente, el tipo de datos que gestiona un servicio de coordinación cambia muy lentamente. Los datos representan información como "el nodo que se ejecuta en la dirección IP 10.1.1.23 es el líder del fragmento 7", y estas asignaciones suelen cambiar en una escala de tiempo de minutos u horas. Los servicios de coordinación no están pensados para almacenar datos que pueden cambiar miles de veces por segundo. Para eso, es mejor utilizar una base de datos convencional; alternativamente, se pueden utilizar herramientas como Apache BookKeeper [93, 94] para replicar el estado interno de un servicio que cambia rápidamente.

Descubrimiento de servicios

ZooKeeper, etcd y Consul también se utilizan a menudo para el *descubrimiento de servicios*, es decir, para averiguar a qué dirección IP debes conectarte para acceder a un servicio concreto (consulta "Equilibradores de carga, descubrimiento de servicios y mallas de servicios" en la página 203). En entornos en la nube, donde es habitual que las máquinas virtuales aparezcan y desaparezcan continuamente, a menudo no conoces de antemano las direcciones IP de tus servicios. En su lugar, puedes configurar tus servicios de manera que, cuando se inicien, registren sus puntos finales de red en un registro de servicios, donde otros servicios puedan encontrarlos.

El uso de un servicio de coordinación para el descubrimiento de servicios puede resultar conveniente, ya que sus funciones de detección de fallos y notificación de cambios facilitan a los clientes el seguimiento de las instancias de servicio a medida que aparecen y desaparecen. Y si ya utilizas un servicio de coordinación para arrendamientos, bloqueos o elección de líderes, tiene sentido utilizarlo también para el descubrimiento de servicios, ya que ya sabe qué nodo debe recibir las solicitudes de tu servicio.

Sin embargo, utilizar el consenso para el descubrimiento de servicios suele ser excesivo. Este caso de uso no suele requerir linealizabilidad, y es más importante que el descubrimiento de servicios sea altamente disponible y rápido, ya que sin él todo se paralizaría. Por lo tanto, suele ser preferible almacenar en caché la información de descubrimiento de servicios. Los clientes que no pueden conectarse a un servicio pueden omitir la caché, reintentar con el último valor y actualizar la caché si es necesario. Las cachés también se pueden actualizar periódicamente utilizando una configuración de tiempo de vida (TTL). Por ejemplo, el descubrimiento de servicios basado en DNS utiliza múltiples capas de almacenamiento en caché para lograr un buen rendimiento y disponibilidad.

Para dar soporte a este caso de uso, ZooKeeper admite *observadores*. Estas réplicas reciben el registro y mantienen una copia de los datos almacenados en ZooKeeper, pero no participan en el proceso de votación del algoritmo de consenso. Las lecturas de un observador no son linealizables, ya que pueden estar obsoletas, pero siguen estando disponibles incluso si se interrumpe la red, y aumentan el rendimiento de lectura que el sistema puede soportar mediante el almacenamiento en caché.

Resumen

En este capítulo hemos examinado el tema de la consistencia fuerte en los sistemas tolerantes a fallos: qué es y cómo lograrla. Hemos analizado en profundidad la linealizabilidad, una formalización popular de la consistencia fuerte que garantiza que los datos replicados aparezcan como si solo hubiera una única copia, con todas las operaciones actuando sobre ella de forma atómica. Hemos visto que la linealizabilidad es útil si necesitas que algunos datos estén actualizados cuando los lees, o si necesitas resolver una condición de carrera (por ejemplo, si varios nodos intentan hacer lo mismo al mismo tiempo, como crear archivos con el mismo nombre).

Aunque la linealizabilidad es atractiva porque es fácil de entender (hace que una base de datos se comporte como una variable en un programa de un solo subproceso), tiene el inconveniente de ser lenta, especialmente en entornos con grandes retrasos en la red. Muchos algoritmos de replicación no garantizan la linealizabilidad, aunque superficialmente pueda parecer que proporcionan una consistencia fuerte.

A continuación, aplicamos el concepto de linealizabilidad en el contexto de los generadores de ID. Un contador de autoincremento de un solo nodo es linealizable, pero no tolerante a fallos. Muchos esquemas de generación de ID distribuidos no garantizan que los ID se ordenen de forma coherente con el orden en que los eventos ocurrieron realmente. Los relojes lógicos, como los relojes Lamport y los relojes lógicos híbridos, proporcionan un orden que es coherente con la causalidad, pero no garantizan la linealizabilidad.

Esto nos llevó a los algoritmos de consenso, que permiten implementar una replicación tolerante a fallos y linealizable. La linealizabilidad significa que el sistema debe comportarse como si solo hubiera una copia de los datos, y todas las operaciones se realizaran de una en una en esa única copia, en un orden bien definido. El consenso lo consigue haciendo que un grupo de nodos se ponga de acuerdo en una única secuencia de operaciones, incluso si los mensajes se retrasan o algunos nodos fallan. Esa secuencia de operaciones hace que un sistema distribuido se comporte como si solo un nodo estuviera procesando las operaciones en orden, aunque un grupo de nodos esté trabajando conjuntamente.

La formulación clásica del consenso implica decidir un único valor de tal manera que todos los nodos estén de acuerdo con lo que se ha decidido y no puedan cambiar de opinión. Una amplia gama de problemas se pueden reducir en realidad al consenso y son equivalentes entre sí (es decir, si tienes una solución para uno de ellos, puedes transformarla en una solución para todos los demás). Entre estos problemas equivalentes se incluyen los siguientes:

Operaciones CAS linealizables
: El registro debe *decidir* de forma atómica si establecer su valor, basándose en si su valor actual es igual al parámetro dado en la operación.

Bloqueos y arrendamientos

Cuando varios clientes intentan simultáneamente obtener un bloqueo o un arrendamiento, el bloqueo *decide* cuál lo ha adquirido con éxito.

Restricciones de unicidad

Cuando varias transacciones intentan crear simultáneamente registros conflictivos con la misma clave, la restricción debe *decidir* cuál permitir y cuál debe fallar por violación de la restricción.

Registros compartidos

Cuando varios nodos quieren añadir entradas a un registro de forma simultánea, el registro *decide* en qué orden se añaden. Los registros compartidos se implementan utilizando un protocolo de difusión de orden total.

Confirmación de transacciones atómicas

Los nodos de la base de datos que participan en una transacción distribuida deben *decidir* todos de la misma manera si confirmar o cancelar la transacción.

Operaciones linealizables de fetch-and-add

Este tipo de operación se puede utilizar para implementar un generador de ID. Varios nodos pueden invocar simultáneamente la operación, y esta *decide* el orden en el que incrementan el contador. En realidad, este caso solo resuelve el consenso entre dos nodos, mientras que los demás funcionan para cualquier número de nodos.

Todos ellos son sencillos si solo tienes un único nodo o si estás dispuesto a asignar la capacidad de toma de decisiones a un único nodo. Esto es lo que ocurre en una base de datos con un único líder: todo el poder de toma de decisiones recae en el líder, por lo que estas bases de datos pueden proporcionar operaciones linealizables, restricciones de unicidad, un registro de replicación y mucho más.

Sin embargo, si ese único líder falla, o si una interrupción de la red hace que el líder sea inaccesible, dicho sistema se vuelve incapaz de avanzar hasta que un humano realiza una conmutación por error manual. Los algoritmos de consenso ampliamente utilizados, como Raft y Paxos, son esencialmente replicaciones de líder único con elección automática de líder y conmutación por error incorporadas si el líder actual falla.

Los algoritmos de consenso están cuidadosamente diseñados para garantizar que no se pierda ninguna escritura confirmada durante una conmutación por error y que el sistema no pueda entrar en un estado de división cerebral en el que varios nodos acepten escrituras. Esto requiere que cada escritura y cada lectura linealizable sea confirmada por un quórum (normalmente una mayoría) de nodos. Esto puede resultar costoso, especialmente entre regiones geográficas, pero es inevitable si se desea la fuerte consistencia y tolerancia a fallos que proporciona el consenso.

Los servicios de coordinación como ZooKeeper y etcd también se basan en algoritmos de consenso. Proporcionan funciones de bloqueo, arrendamiento, detección de fallos y notificación de cambios que son útiles para gestionar el estado de las aplicaciones distribuidas. Si te encuentras en la situación de querer hacer una de esas cosas que se pueden reducir al consenso y quieres que sea tolerante a fallos, es recomendable utilizar un servicio de coordinación. No te garantizará que lo consigas, pero probablemente te ayudará.

Los algoritmos de consenso son complicados y sutiles, pero están respaldados por un rico corpus teórico que se ha desarrollado desde la década de 1980. Esta teoría permite construir sistemas que pueden tolerar todos los fallos que hemos comentado en Capítulo 9 y seguir garantizando que tus datos no se corrompan. Se trata de un logro increíble, y las referencias al final de este capítulo recogen algunos de los aspectos más destacados de este trabajo.

Sin embargo, el consenso no siempre es la herramienta adecuada. En algunos sistemas, las propiedades de consistencia fuerte que proporciona no son necesarias, y es mejor tener una consistencia más débil con mayor disponibilidad y mejor rendimiento. En estos casos, es común utilizar la replicación sin líder o con múltiples líderes, que discutimos en Capítulo 6. Los relojes lógicos que discutimos en este capítulo son útiles en ese contexto.

Referencias

[1] Maurice P. Herlihy and Jeannette M. Wing. "Linearizability: A Correctness Condition for Concurrent Objects." *ACM Transactions on Programming Languages and Systems* (TOPLAS), volume 12, issue 3, pages 463–492, July 1990. *doi:10.1145/78969.78972*

[2] Leslie Lamport. "On Interprocess Communication." *Distributed Computing*, volume 1, issue 2, pages 77–101, June 1986. *doi:10.1007/BF01786228*

[3] David K. Gifford. "Information Storage in a Decentralized Computer System." Xerox Palo Alto Research Centers, CSL-81-8, June 1981. Archived at *perma.cc/2XXP-3JPB*

[4] Martin Kleppmann. "Please Stop Calling Databases CP or AP." *martin.kleppmann.com*, May 2015. Archived at *perma.cc/MJ5G-75GL*

[5] Kyle Kingsbury. "Jepsen: MongoDB Stale Reads." *aphyr.com*, April 2015. Archived at *perma.cc/DXB4-J4JC*

[6] Kyle Kingsbury. "Computational Techniques in Knossos." *aphyr.com*, May 2014. Archived at *perma.cc/2X5M-EHTU*

[7] Kyle Kingsbury and Peter Alvaro. "Elle: Inferring Isolation Anomalies from Experimental Observations." *Proceedings of the VLDB Endowment*, volume 14, issue 3, pages 268–280, November 2020. *doi:10.14778/3430915.3430918*

[8] Paolo Viotti and Marko Vukolić. "Consistency in Non-Transactional Distributed Storage Systems." *ACM Computing Surveys* (CSUR), volume 49, issue 1, article no. 19, June 2016. *doi:10.1145/2926965*

[9] Peter Bailis. "Linearizability Versus Serializability." *bailis.org*, September 2014. Archived at *perma.cc/386B-KAC3*

[10] Daniel Abadi. "Correctness Anomalies Under Serializable Isolation." *dbmsmusings.blogspot.com*, June 2019. Archived at *perma.cc/JGS7-BZFY*

[11] Peter Bailis, Aaron Davidson, Alan Fekete, Ali Ghodsi, Joseph M. Hellerstein, and Ion Stoica. "Highly Available Transactions: Virtues and Limitations." *Proceedings of the VLDB Endowment*, volume 7, issue 3, pages 181–192, November 2013. *doi:10.14778/2732232.2732237*, extended version published as *arXiv:1302.0309*

[12] Philip A. Bernstein, Vassos Hadzilacos, and Nathan Goodman. *Concurrency Control and Recovery in Database Systems*. Addison-Wesley, 1987. ISBN: 9780201107159. Available online at *microsoft.com*.

[13] Andrei Matei. "CockroachDB's Consistency Model." *cockroachlabs.com*, February 2021. Archived at *perma.cc/MR38-883B*

[14] Murat Demirbas. "Strict-Serializability, but at What Cost, for What Purpose?" *muratbuffalo.blogspot.com*, August 2022. Archived at *perma.cc/T8AY-N3U9*

[15] Doug Judd. "Spanner Under the Hood: Understanding Strict Serializability and External Consistency." *cloud.google.com*, April 2023. Archived at *perma.cc/KJ9F-BJ5T*

[16] FoundationDB project authors. "Developer Guide." *apple.github.io*. Archived at *perma.cc/F53L-TM9P*

[17] Ben Darnell. "How to Talk About Consistency and Isolation in Distributed DBs." *cockroachlabs.com*, February 2022. Archived at *perma.cc/53SV-JBGK*

[18] Daniel Abadi. "An Explanation of the Difference Between Isolation Levels vs. Consistency Levels." *dbmsmusings.blogspot.com*, August 2019. Archived at *perma.cc/QSF2-CD4P*

[19] Mike Burrows. "The Chubby Lock Service for Loosely-Coupled Distributed Systems." At *7th USENIX Symposium on Operating System Design and Implementation* (OSDI), November 2006.

[20] Flavio P. Junqueira and Benjamin Reed. *ZooKeeper: Distributed Process Coordination*. O'Reilly Media, 2013. ISBN: 9781449361303

[21] Murali Vallath. *Oracle 10g RAC Grid, Services & Clustering*. Elsevier Digital Press, 2006. ISBN: 9781555583217

[22] Peter Bailis, Alan Fekete, Michael J. Franklin, Ali Ghodsi, Joseph M. Hellerstein, and Ion Stoica. "Coordination Avoidance in Database Systems." *Proceedings of the VLDB Endowment*, volume 8, issue 3, pages 185–196, November 2014. *doi:10.14778/2735508.2735509*, extended version published as *arXiv:1402.2237*

[23] Kyle Kingsbury. "Jepsen: etcd and Consul." *aphyr.com*, June 2014. Archived at *perma.cc/XL7U-378K*

[24] Flavio P. Junqueira, Benjamin C. Reed, and Marco Serafini. "Zab: High-Performance Broadcast for Primary-Backup Systems." At *41st IEEE International Conference on Dependable Systems and Networks* (DSN), June 2011. *doi:10.1109/DSN.2011.5958223*

[25] Diego Ongaro and John K. Ousterhout. "In Search of an Understandable Consensus Algorithm." At *USENIX Annual Technical Conference* (ATC), June 2014.

[26] Hagit Attiya, Amotz Bar-Noy, and Danny Dolev. "Sharing Memory Robustly in Message-Passing Systems." *Journal of the ACM*, volume 42, issue 1, pages 124–142, January 1995. *doi:10.1145/200836.200869*

[27] Nancy Lynch and Alex Shvartsman. "Robust Emulation of Shared Memory Using Dynamic Quorum-Acknowledged Broadcasts." At *27th Annual International Symposium on Fault-Tolerant Computing* (FTCS), June 1997. *doi:10.1109/FTCS.1997.614100*

[28] Christian Cachin, Rachid Guerraoui, and Luís Rodrigues. *Introduction to Reliable and Secure Distributed Programming*, 2nd edition. Springer, 2011. ISBN: 9783642152597, *doi:10.1007/978-3-642-15260-3*

[29] Niklas Ekström, Mikhail Panchenko, and Jonathan Ellis. "Possible Issue with Read Repair?" Email thread on *cassandra-dev* mailing list, October 2012. Archived at *perma.cc/49GF-QMWA*

[30] Maurice P. Herlihy. "Wait-Free Synchronization." *ACM Transactions on Programming Languages and Systems* (TOPLAS), volume 13, issue 1, pages 124–149, January 1991. *doi:10.1145/114005.102808*

[31] Armando Fox and Eric A. Brewer. "Harvest, Yield, and Scalable Tolerant Systems." At *7th Workshop on Hot Topics in Operating Systems* (HotOS), March 1999. *doi:10.1109/HOTOS.1999.798396*

[32] Seth Gilbert and Nancy Lynch. "Brewer's Conjecture and the Feasibility of Consistent, Available, Partition-Tolerant Web Services." *ACM SIGACT News*, volume 33, issue 2, pages 51–59, June 2002. *doi:10.1145/564585.564601*

[33] Seth Gilbert and Nancy Lynch. "Perspectives on the CAP Theorem." *IEEE Computer Magazine*, volume 45, issue 2, pages 30–36, February 2012. *doi:10.1109/MC.2011.389*

[34] Eric A. Brewer. "CAP Twelve Years Later: How the 'Rules' Have Changed." *IEEE Computer Magazine*, volume 45, issue 2, pages 23–29, February 2012. *doi:10.1109/MC.2012.37*

[35] Susan B. Davidson, Hector Garcia-Molina, and Dale Skeen. "Consistency in Partitioned Networks." *ACM Computing Surveys*, volume 17, issue 3, pages 341–370, September 1985. *doi:10.1145/5505.5508*

[36] Paul R. Johnson and Robert H. Thomas. "RFC 677: The Maintenance of Duplicate Databases." Network Working Group, January 1975.

[37] Michael J. Fischer and Alan Michael. "Sacrificing Serializability to Attain High Availability of Data in an Unreliable Network." At *1st ACM Symposium on Principles of Database Systems* (PODS), March 1982. *doi:10.1145/588111.588124*

[38] Eric A. Brewer. "NoSQL: Past, Present, Future." At *QCon San Francisco*, November 2012.

[39] Eric Brewer. "Spanner, TrueTime & The CAP Theorem." *research.google.com*, February 2017. Archived at *perma.cc/59UW-RH7N*

[40] Daniel J. Abadi. "Consistency Tradeoffs in Modern Distributed Database System Design." *IEEE Computer Magazine*, volume 45, issue 2, pages 37–42, February 2012. *doi:10.1109/MC.2012.33*

[41] Nancy A. Lynch. "A Hundred Impossibility Proofs for Distributed Computing." At *8th ACM Symposium on Principles of Distributed Computing* (PODC), August 1989. *doi:10.1145/72981.72982*

[42] Prince Mahajan, Lorenzo Alvisi, and Mike Dahlin. "Consistency, Availability, and Convergence." University of Texas at Austin, Department of Computer Science, Tech Report UTCS TR-11-22, May 2011. Archived at *perma.cc/SAV8-9JAJ*

[43] Hagit Attiya, Faith Ellen, and Adam Morrison. "Limitations of Highly-Available Eventually-Consistent Data Stores." At *ACM Symposium on Principles of Distributed Computing* (PODC), July 2015. *doi:10.1145/2767386.2767419*

[44] Adrian Cockcroft. "Migrating to Microservices." At *QCon London*, March 2014.

[45] Martin Kleppmann. "A Critique of the CAP Theorem." *arXiv:1509.05393*, September 2015.

[46] Daniel Abadi. "Problems with CAP, and Yahoo's Little Known NoSQL System." *dbmsmusings.blogspot.com*, April 2010. Archived at *perma.cc/4NTZ-CLM9*

[47] Daniel Abadi. “Hazelcast and the Mythical PA/EC System.” *dbmsmusings.blogspot.com*, October 2017. Archived at *perma.cc/J5XM-U5C2*

[48] Peter Sewell, Susmit Sarkar, Scott Owens, Francesco Zappa Nardelli, and Magnus O. Myreen. “x86-TSO: A Rigorous and Usable Programmer’s Model for x86 Multiprocessors.” *Communications of the ACM*, volume 53, issue 7, pages 89–97, July 2010. *doi:10.1145/1785414.1785443*

[49] Martin Thompson. “Memory Barriers/Fences.” *mechanical-sympathy.blogspot.co.uk*, July 2011. Archived at *perma.cc/7NXM-GC5U*

[50] Ulrich Drepper. “What Every Programmer Should Know About Memory.” *akkadia.org*, November 2007. Archived at *perma.cc/NU6Q-DRXZ*

[51] Hagit Attiya and Jennifer L. Welch. “Sequential Consistency Versus Linearizability.” *ACM Transactions on Computer Systems* (TOCS), volume 12, issue 2, pages 91–122, May 1994. *doi:10.1145/176575.176576*

[52] Kyzer R. Davis, Brad G. Peabody, and Paul J. Leach. “Universally Unique IDentifiers (UUIDs).” RFC 9562, IETF, May 2024.

[53] Ryan King. “Announcing Snowflake.” *blog.x.com*, June 2010. Archived at *archive.org*

[54] Alizain Feerasta. “Universally Unique Lexicographically Sortable Identifier.” *github.com*, 2016. Archived at *perma.cc/NV2Y-ZP8U*

[55] Rob Conery. “A Better ID Generator for PostgreSQL.” *bigmachine.io*, May 2014. Archived at *perma.cc/K7QV-3KFC*

[56] Leslie Lamport. “Time, Clocks, and the Ordering of Events in a Distributed System.” *Communications of the ACM*, volume 21, issue 7, pages 558–565, July 1978. *doi:10.1145/359545.359563*

[57] Sandeep S. Kulkarni, Murat Demirbas, Deepak Madeppa, Bharadwaj Avva, and Marcelo Leone. “Logical Physical Clocks.” *18th International Conference on Principles of Distributed Systems* (OPODIS), December 2014. *doi:10.1007/978-3-319-14472-6_2*

[58] Manuel Bravo, Nuno Diegues, Jingna Zeng, Paolo Romano, and Luís Rodrigues. “On the Use of Clocks to Enforce Consistency in the Cloud.” *IEEE Data Engineering Bulletin*, volume 38, issue 1, pages 18–31, March 2015. Archived at *perma.cc/68ZU-45SH*

[59] Daniel Peng and Frank Dabek. “Large-Scale Incremental Processing Using Distributed Transactions and Notifications.” At *9th USENIX Conference on Operating Systems Design and Implementation* (OSDI), October 2010.

[60] Tushar Deepak Chandra, Robert Griesemer, and Joshua Redstone. "Paxos Made Live—An Engineering Perspective." At *26th ACM Symposium on Principles of Distributed Computing* (PODC), June 2007. *doi:10.1145/1281100.1281103*

[61] Will Portnoy. "Lessons Learned from Implementing Paxos." *blog.willportnoy.com*, June 2012. Archived at *perma.cc/QHD9-FDD2*

[62] Brian M. Oki and Barbara H. Liskov. "Viewstamped Replication: A New Primary Copy Method to Support Highly-Available Distributed Systems." At *7th ACM Symposium on Principles of Distributed Computing* (PODC), August 1988. *doi:10.1145/62546.62549*

[63] Barbara H. Liskov and James Cowling. "Viewstamped Replication Revisited." Massachusetts Institute of Technology, Tech Report MIT-CSAIL-TR-2012-021, July 2012. Archived at *perma.cc/56SJ-WENQ*

[64] Leslie Lamport. "The Part-Time Parliament." *ACM Transactions on Computer Systems*, volume 16, issue 2, pages 133–169, May 1998. *doi:10.1145/279227.279229*

[65] Leslie Lamport. "Paxos Made Simple." *ACM SIGACT News*, volume 32, issue 4, pages 51–58, December 2001. Archived at *perma.cc/82HP-MNKE*

[66] Robbert van Renesse and Deniz Altinbuken. "Paxos Made Moderately Complex." *ACM Computing Surveys* (CSUR), volume 47, issue 3, article no. 42, February 2015. *doi:10.1145/2673577*

[67] Diego Ongaro. "Consensus: Bridging Theory and Practice." PhD thesis, Stanford University, August 2014. Archived at *perma.cc/5VTZ-2ADH*

[68] Heidi Howard, Malte Schwarzkopf, Anil Madhavapeddy, and Jon Crowcroft. "Raft Refloated: Do We Have Consensus?" *ACM SIGOPS Operating Systems Review*, volume 49, issue 1, pages 12–21, January 2015. *doi:10.1145/2723872.2723876*

[69] André Medeiros. "ZooKeeper's Atomic Broadcast Protocol: Theory and Practice." Aalto University School of Science, March 2012. Archived at *perma.cc/FVL4-JMVA*

[70] Robbert van Renesse, Nicolas Schiper, and Fred B. Schneider. "Vive la Différence: Paxos vs. Viewstamped Replication vs. Zab." *IEEE Transactions on Dependable and Secure Computing*, volume 12, issue 4, pages 472–484, September 2014. *doi:10.1109/TDSC.2014.2355848*

[71] Heidi Howard and Richard Mortier. "Paxos vs Raft: Have We Reached Consensus on Distributed Consensus?" At *7th Workshop on Principles and Practice of Consistency for Distributed Data* (PaPoC), April 2020. *doi:10.1145/3380787.3393681*

[72] Miguel Castro and Barbara H. Liskov. "Practical Byzantine Fault Tolerance and Proactive Recovery." *ACM Transactions on Computer Systems*, volume 20, issue 4, pages 396–461, November 2002. *doi:10.1145/571637.571640*

[73] Shehar Bano, Alberto Sonnino, Mustafa Al-Bassam, Sarah Azouvi, Patrick McCorry, Sarah Meiklejohn, and George Danezis. "SoK: Consensus in the Age of Blockchains." At *1st ACM Conference on Advances in Financial Technologies* (AFT), October 2019. *doi:10.1145/3318041.3355458*

[74] Michael J. Fischer, Nancy Lynch, and Michael S. Paterson. "Impossibility of Distributed Consensus with One Faulty Process." *Journal of the ACM*, volume 32, issue 2, pages 374–382, April 1985. *doi:10.1145/3149.214121*

[75] Tushar Deepak Chandra and Sam Toueg. "Unreliable Failure Detectors for Reliable Distributed Systems." *Journal of the ACM*, volume 43, issue 2, pages 225–267, March 1996. *doi:10.1145/226643.226647*

[76] Michael Ben-Or. "Another Advantage of Free Choice: Completely Asynchronous Agreement Protocols." At *2nd ACM Symposium on Principles of Distributed Computing* (PODC), August 1983. *doi:10.1145/800221.806707*

[77] Cynthia Dwork, Nancy Lynch, and Larry Stockmeyer. "Consensus in the Presence of Partial Synchrony." *Journal of the ACM*, volume 35, issue 2, pages 288–323, April 1988. *doi:10.1145/42282.42283*

[78] Xavier Défago, André Schiper, and Péter Urbán. "Total Order Broadcast and Multicast Algorithms: Taxonomy and Survey." *ACM Computing Surveys*, volume 36, issue 4, pages 372–421, December 2004. *doi:10.1145/1041680.1041682*

[79] Hagit Attiya and Jennifer Welch. *Distributed Computing: Fundamentals, Simulations and Advanced Topics*, 2nd edition. John Wiley & Sons, 2004. ISBN: 9780471453246, *doi:10.1002/0471478210*

[80] Rachid Guerraoui. "Revisiting the Relationship Between Non-Blocking Atomic Commitment and Consensus." At *9th International Workshop on Distributed Algorithms* (WDAG), September 1995. *doi:10.1007/BFb0022140*

[81] Jim N. Gray and Leslie Lamport. "Consensus on Transaction Commit." *ACM Transactions on Database Systems* (TODS), volume 31, issue 1, pages 133–160, March 2006. *doi:10.1145/1132863.1132867*

[82] Fred B. Schneider. "Implementing Fault-Tolerant Services Using the State Machine Approach: A Tutorial." *ACM Computing Surveys*, volume 22, issue 4, pages 299–319, December 1990. *doi:10.1145/98163.98167*

[83] Alexander Thomson, Thaddeus Diamond, Shu-Chun Weng, Kun Ren, Philip Shao, and Daniel J. Abadi. "Calvin: Fast Distributed Transactions for Partitioned Database Systems." At *ACM International Conference on Management of Data* (SIGMOD), May 2012. *doi:10.1145/2213836.2213838*

[84] Mahesh Balakrishnan, Dahlia Malkhi, Ted Wobber, Ming Wu, Vijayan Prabhakaran, Michael Wei, John D. Davis, Sriram Rao, Tao Zou, and Aviad Zuck. "Tango:

Distributed Data Structures over a Shared Log." At *24th ACM Symposium on Operating Systems Principles* (SOSP), November 2013. *doi:10.1145/2517349.2522732*

[85] Mahesh Balakrishnan, Dahlia Malkhi, Vijayan Prabhakaran, Ted Wobber, Michael Wei, and John D. Davis. "CORFU: A Shared Log Design for Flash Clusters." At *9th USENIX Symposium on Networked Systems Design and Implementation* (NSDI), April 2012.

[86] Iulian Moraru, David G. Andersen, and Michael Kaminsky. "There Is More Consensus in Egalitarian Parliaments." At *24th ACM Symposium on Operating Systems Principles* (SOSP), November 2013. *doi:10.1145/2517349.2517350*

[87] Vasilis Gavrielatos, Antonios Katsarakis, and Vijay Nagarajan. "Odyssey: the Impact of Modern Hardware on Strongly-Consistent Replication Protocols." At *16th European Conference on Computer Systems* (EuroSys), April 2021. *doi:10.1145/3447786.3456240*

[88] Heidi Howard, Dahlia Malkhi, and Alexander Spiegelman. "Flexible Paxos: Quorum Intersection Revisited." At *20th International Conference on Principles of Distributed Systems* (OPODIS), December 2016. *doi:10.4230/LIPIcs.OPODIS.2016.25*

[89] Martin Kleppmann. "Distributed Systems." Lecture Notes. *University of Cambridge*, October 2024. Archived at *perma.cc/SS3Q-FNS5*

[90] Kyle Kingsbury. "Jepsen: Elasticsearch 1.5.0." *aphyr.com*, April 2015. Archived at *perma.cc/37MZ-JT7H*

[91] Heidi Howard and Jon Crowcroft. "Coracle: Evaluating Consensus at the Internet Edge." At *Annual Conference of the ACM Special Interest Group on Data Communication* (SIGCOMM), August 2015. *doi:10.1145/2829988.2790010*

[92] Tom Lianza and Chris Snook. "A Byzantine failure in the Real World." *blog.cloudflare.com*, November 2020. Archived at *perma.cc/83EZ-ALCY*

[93] Ivan Kelly. "BookKeeper Tutorial." *github.com*, October 2014. Archived at *perma.cc/37Y6-VZWU*

[94] Jack Vanlightly. "Apache BookKeeper Insights Part 1—External Consensus and Dynamic Membership." *medium.com*, November 2021. Archived at *perma.cc/3MDB-8GFB*

CAPÍTULO 11

Procesamiento por lotes

Un sistema no puede tener éxito si está demasiado influenciado por una sola persona. Una vez que el diseño inicial está completo y es bastante robusto, comienza la prueba real, ya que personas con muchos puntos de vista diferentes llevan a cabo sus propios experimentos.

—Donald Knuth, "The Errors of TeX" (1989)

Hasta ahora, gran parte de este libro ha tratado sobre *solicitudes* y *consultas* y las *respuestas* o *resultados* correspondientes. Este estilo de procesamiento de datos se da por sentado en muchos sistemas de datos modernos: tú solicitas algo o envías una instrucción, y el sistema intenta darte una respuesta lo más rápido posible.

Un navegador web que solicita una página, un servicio que llama a una API remota, bases de datos, cachés, índices de búsqueda y muchos otros sistemas funcionan de esta manera. A estos los llamamos *sistemas en línea*. El tiempo de respuesta suele ser su principal medida de rendimiento y, a menudo, requieren tolerancia a fallos para garantizar una alta disponibilidad.

Sin embargo, a veces necesitas realizar un cálculo más grande o procesar cantidades de datos mayores de las que puedes hacer en una solicitud interactiva. Quizás necesites entrenar un modelo de IA, transformar muchos datos de un formato a otro o calcular análisis sobre un conjunto de datos muy grande. A estas tareas las llamamos trabajos *de procesamiento por lotes*, y los sistemas que las gestionan se denominan a veces *sistemas fuera de línea*.

Un trabajo de procesamiento por lotes toma datos de entrada (que son de solo lectura) y produce datos de salida (que se generan desde cero cada vez que se ejecuta el trabajo). Por lo general, no modifica los datos de la misma manera que lo haría una transacción de lectura/escritura. Por lo tanto, la salida *se deriva* de la entrada (como se explica en "Sistemas de registro y datos derivados" en la página 12). Si no te gusta la salida, puedes eliminarla, ajustar la lógica del trabajo y volver a ejecutarlo.

Al tratar las entradas como inmutables y evitar efectos secundarios (como escribir en bases de datos externas), los trabajos por lotes logran un buen rendimiento, así como otras ventajas:

- Si introduces un error en el código y la salida es incorrecta o está dañada, simplemente puedes volver a una versión anterior del código y volver a ejecutar el trabajo, y la salida volverá a ser correcta. O, aún más sencillo, puedes guardar la salida antigua en un directorio diferente y volver a ella. La mayoría de los almacenes de objetos y formatos de tablas abiertas (consulta "Almacenes de datos en la nube" en la página 149) admiten esta función, que se conoce como *viaje en el tiempo*. La mayoría de las bases de datos con transacciones de lectura/escritura no tienen esta propiedad: si realizas la implementación de un código defectuoso que escribe datos erróneos en la base de datos, revertir el código no servirá para corregir esos datos. La idea de poder recuperarse de un código defectuoso se ha denominado *tolerancia a fallos humanos* [1].
- Como consecuencia de esta facilidad para revertir, el desarrollo de funciones puede avanzar más rápidamente que en un entorno en el que los errores podrían suponer un daño irreversible. Este principio de minimizar *la irreversibilidad* es beneficioso para el desarrollo ágil de software [2].
- El mismo conjunto de archivos se puede utilizar como entrada para varios tipos de trabajos, incluidos los trabajos de monitoreo que calculan métricas y evalúan si el resultado de un trabajo tiene las características esperadas (por ejemplo, comparándolo con el resultado de la ejecución anterior y midiendo las discrepancias).
- Los marcos de procesamiento por lotes hacen un uso eficiente de los recursos informáticos. Aunque es posible procesar datos por lotes a través de sistemas de datos en línea, como bases de datos OLTP y servidores de aplicaciones, hacerlo puede resultar mucho más costoso en términos de los recursos necesarios.

El procesamiento por lotes ha demostrado ser útil en una amplia gama de casos de uso, que revisaremos en "Casos de uso por lotes" en la página 527. Sin embargo, también presenta desafíos. Con la mayoría de los marcos, la salida solo puede ser procesada por otros trabajos una vez que todo el trabajo ha finalizado. El procesamiento por lotes también puede ser ineficiente; cualquier cambio en los datos de entrada, incluso un solo byte, requiere que el trabajo por lotes vuelva a procesar todo el conjunto de datos de entrada.

Un trabajo por lotes puede tardar mucho tiempo en ejecutarse: minutos, horas o incluso días. Los trabajos pueden programarse para que se ejecuten periódicamente (por ejemplo, una vez al día). La medida principal del rendimiento suele ser el rendimiento: la cantidad de datos que el trabajo puede procesar por unidad de tiempo. Algunos sistemas por lotes gestionan los fallos simplemente abortando y reiniciando todo el trabajo, mientras que otros tienen tolerancia a fallos, de modo que un trabajo puede completarse con éxito a pesar de que algunos de sus nodos se bloqueen.

La frontera entre los sistemas de procesamiento en línea y por lotes no siempre está clara; una consulta de base de datos de larga duración se parece bastante a un proceso por lotes. Pero el procesamiento por lotes también tiene características particulares que lo convierten en un componente útil para crear aplicaciones fiables, escalables y mantenibles. Por ejemplo, a menudo desempeña un papel en *la integración de datos*, componiendo múltiples sistemas de datos para lograr cosas que un solo sistema no puede hacer. ETL, como se explica en "Almacenamiento de datos" en la página 7, es un ejemplo de ello.

> Una alternativa al procesamiento por lotes es *el procesamiento de flujos*, en el que el trabajo no termina de ejecutarse cuando ha procesado la entrada, sino que continúa observando la entrada y procesa los cambios en ella poco después de que se produzcan. Pasaremos al procesamiento de flujos en Capítulo 12.

El procesamiento por lotes moderno ha recibido una gran influencia de MapReduce, un algoritmo de procesamiento por lotes que fue publicado por Google en 2004 [3] y posteriormente implementado en varios sistemas de datos de código abierto, incluidos Hadoop, CouchDB y MongoDB. MapReduce es un modelo de programación de nivel bastante bajo, menos sofisticado que los motores de ejecución de consultas paralelas que se encuentran, por ejemplo, en los almacenes de datos [4, 5]. Cuando era nuevo, MapReduce supuso un avance en cuanto a la escala de procesamiento que se podía alcanzar en hardware básico, pero ahora está en gran parte obsoleto y ya no se utiliza en Google [6, 7].

Hoy en día, el procesamiento por lotes se realiza con mayor frecuencia utilizando marcos como Spark o Flink, o motores de consulta de almacenes de datos. Al igual que MapReduce, dependen en gran medida del fragmentado (consulta Capítulo 7) y la ejecución paralela, pero cuentan con estrategias de almacenamiento en caché y ejecución mucho más sofisticadas. A medida que estos sistemas han madurado, las preocupaciones operativas se han resuelto en gran medida, por lo que la atención se ha desplazado hacia la usabilidad. Ahora se admiten ampliamente nuevos modelos de procesamiento, como las API de flujo de datos, los lenguajes de consulta y las API de DataFrame. La orquestación de trabajos y flujos de trabajo también ha madurado. Los programadores de flujos de trabajo centrados en Hadoop, como Oozie y Azkaban, han sido sustituidos por soluciones más generalizadas, como Airflow, Dagster y Prefect, que admiten una amplia gama de marcos de procesamiento por lotes y almacenes de datos en la nube.

La computación en la nube se ha vuelto omnipresente. Las capas de almacenamiento por lotes están pasando de sistemas de archivos distribuidos (DFS) como HDFS

(Hadoop Distributed File System), GlusterFS y CephFS a sistemas de almacenamiento de objetos como S3. Los almacenes de datos en la nube escalables como BigQuery y Snowflake están difuminando la línea entre los almacenes de datos y el procesamiento por lotes.

Para crear una intuición de lo que es el procesamiento por lotes, comenzaremos este capítulo con un ejemplo que utiliza herramientas estándar de Unix en una sola máquina. A continuación, investigaremos cómo podemos extender el procesamiento de datos a varias máquinas en un sistema distribuido. Veremos que, al igual que un sistema operativo, los marcos de procesamiento por lotes distribuidos tienen un programador y un sistema de archivos. A continuación, exploraremos varios modelos de procesamiento que utilizamos para escribir trabajos por lotes. Por último, analizaremos casos de uso comunes del procesamiento por lotes.

Procesamiento por lotes con herramientas Unix

Supongamos que tienes un servidor web que añade una línea a un archivo de registro cada vez que atiende una solicitud. Por ejemplo, utilizando el formato de registro de acceso predeterminado de NGINX, una línea del registro podría tener este aspecto:

```
216.58.210.78 - - [27/Jun/2025:17:55:11 +0000] "GET /css/typography.css HTTP/1.1"
200 3377 "https://martin.kleppmann.com/" "Mozilla/5.0 (Macintosh; Intel Mac OS X
10_15_7) AppleWebKit/537.36 (KHTML, like Gecko) Chrome/137.0.0.0 Safari/537.36"
```

(En realidad es una sola línea; aquí se ha dividido en varias líneas para facilitar la lectura). Hay mucha información en esa línea. Para interpretarla, es necesario consultar la definición del formato de registro, que es la siguiente:

```
$remote_addr - $remote_user [$time_local] "$request"
$status $body_bytes_sent "$http_referer" "$http_user_agent"
```

Así pues, esta línea del registro indica que el 27 de junio de 2025, a las 17:55:11 UTC, el servidor recibió una solicitud del archivo */css/typography.css* desde la dirección IP del cliente 216.58.210.78. El usuario no estaba autenticado, por lo que `$remote_user` se establece en un guión (`-`). El estado de la respuesta fue 200 (es decir, la solicitud se realizó correctamente) y la respuesta tuvo un tamaño de 3,377 bytes. El navegador web era Chrome 137 y cargó el archivo porque se hacía referencia a él en la página de la URL *https://martin.kleppmann.com/*.

Aunque el análisis de registros pueda parecer artificial, es una parte fundamental de las operaciones de muchas empresas tecnológicas modernas y se utiliza para todo, desde canales publicitarios hasta procesamiento de pagos. De hecho, fue una fuerza impulsora detrás de la rápida adopción de MapReduce y el movimiento del "big data".

Análisis sencillo de registros

Existen diversas herramientas que pueden tomar estos archivos de registro y generar informes muy completos sobre el tráfico de tu sitio web, pero, a modo de ejercicio, vamos a crear el nuestro propio utilizando herramientas básicas de Unix. Por ejemplo, supongamos que quieres encontrar las cinco páginas más populares de tu sitio web. Puedes hacerlo en un shell de Unix de la siguiente manera:

```
cat /var/log/nginx/access.log | ❶
  awk '{print $7}' | ❷
  sort             | ❸
  uniq -c          | ❹
  sort -r -n       | ❺
  head -n 5          ❻
```

❶ Lee el archivo de registro. (En sentido estricto, `cat` es innecesario aquí, ya que el archivo de entrada podría darse directamente como argumento a `awk`. Sin embargo, el proceso lineal es más evidente cuando se escribe así).

❷ Divide cada línea en campos por espacios en blanco y muestra solo el séptimo campo de cada línea, que resulta ser la URL solicitada. En nuestra línea de ejemplo, esta URL es */css/typography.css*.

❸ `Sort` (Ordena) alfabéticamente la lista de URL solicitadas. La razón para ordenar es garantizar que, si una URL se ha solicitado *n* veces, el archivo ordenado contenga la misma URL repetida *n* veces seguidas.

❹ El comando `uniq` filtra las líneas repetidas en su entrada comprobando si dos líneas adyacentes son iguales. La opción `-c` le indica que también muestre un contador: para cada URL distinta, informa cuántas veces apareció esa URL en la entrada.

❺ La segunda `sort` ordena por el número (`-n`) al principio de cada línea, que es el número de veces que se solicitó la URL. A continuación, devuelve los resultados en orden inverso (`-r`), con el número más grande primero.

❻ Por último, `head` muestra solo las primeras cinco líneas (`-n 5`) de la entrada y descarta el resto.

El resultado de esa serie de comandos es similar a este:

```
4189 /favicon.ico
3631 /2016/02/08/how-to-do-distributed-locking.html
2124 /2020/11/18/distributed-systems-and-elliptic-curves.html
1369 /
 915 /css/typography.css
```

Aunque la línea de comando anterior puede parecer un poco oscura si no estás familiarizado con las herramientas de Unix, es increíblemente potente. Procesará gigabytes de archivos de registro en cuestión de segundos y tú puedes modificar fácilmente el análisis para adaptarlo a tus necesidades. Por ejemplo, si quieres omitir los archivos CSS del informe, puedes cambiar el argumento `awk` a `$7 !~ /\.css$/ {print $7}`, y si quieres contar las principales direcciones IP de los clientes en lugar de las páginas más visitadas, puedes cambiar el argumento `awk` a `{print $1}`, y así sucesivamente.

No tenemos espacio en este libro para explorar las herramientas de Unix en detalle, pero vale mucho la pena aprender sobre ellas. Muchos análisis de datos se pueden realizar en pocos minutos utilizando una combinación de `awk`, `sed`, `grep`, `sort`, `uniq` y `xargs`, y funcionan sorprendentemente bien [8].

Cadena de comandos frente a programa personalizado

En lugar de la cadena de comandos de Unix , podrías escribir un programa sencillo para hacer lo mismo. Por ejemplo, en Python, podría tener un aspecto similar a este:

```
from collections import defaultdict

counts = defaultdict(int) ❶

with open('/var/log/nginx/access.log', 'r') as file:
    for line in file:
        url = line.split()[6] ❷
        counts[url] += 1 ❸

top5 = sorted(((count, url) for url, count in counts.items()),
              reverse=True)[:5] ❹

for count, url in top5:  ❺
    print(f"{count} {url}")
```

❶ Inicializa `counts` como una tabla hash que mantiene un contador del número de veces que hemos visto cada URL. El valor inicial de cada contador es 0.

❷ Obtén la URL solicitada, que es el séptimo campo separado por espacios en blanco, de cada línea del registro (el índice de la matriz es 6 porque las matrices de Python se indexan desde cero).

❸ Incrementa el contador de la URL en la línea actual del registro.

❹ Ordena el contenido de la tabla hash por valor del contador (descendente) y toma las cinco entradas principales.

❺ Imprime esas cinco entradas principales.

Este programa no es tan conciso como la cadena de comandos de Unix, pero es bastante legible, y cuál de los dos prefieras es en parte una cuestión de gustos. Sin embargo, además de las diferencias sintácticas superficiales entre ambos, hay una gran diferencia en el flujo de ejecución, que se hace evidente si ejecutas este análisis en un archivo grande.

Ordenación frente a agregación en memoria

El script de Python mantiene una tabla hash de URL en memoria, donde cada URL se asigna al número de veces que se ha visto. El ejemplo de canalización de Unix no tiene esa tabla hash, sino que se basa en ordenar una lista de URL en la que las apariciones múltiples de la misma URL simplemente se repiten.

¿Cuál enfoque es mejor? Depende del número de URL que tengas. Para la mayoría de los sitios web pequeños y medianos, probablemente puedas ajustar todas las URL distintas y un contador para cada URL en (digamos) 1 GB de memoria. En este ejemplo, el *conjunto de trabajo* de la tarea (la cantidad de memoria a la que la tarea necesita acceso aleatorio) depende únicamente del número de URL distintas. Si hay un millón de entradas de registro para una única URL, el espacio necesario en la tabla hash sigue siendo solo una URL más el tamaño del contador. Si este conjunto de trabajo es lo suficientemente pequeño, una tabla hash en memoria funciona bien, incluso en una computadora portátil.

Por otro lado, si el conjunto de trabajo del trabajo es mayor que la memoria disponible, el enfoque de clasificación tiene la ventaja de que puede hacer un uso eficiente de los discos. Es el mismo principio que discutimos en "Almacenamiento estructurado en registros" en la página 130: los fragmentos de datos se pueden clasificar en la memoria y escribir en el disco como archivos de segmento, y luego se pueden fusionar múltiples segmentos clasificados en un archivo clasificado más grande. Mergesort tiene patrones de acceso secuencial que funcionan bien en discos (consulta Escrituras secuenciales frente a aleatorias en SSD en la página 144).

La utilidad `sort` de GNU Coreutils (Linux) maneja automáticamente conjuntos de datos más grandes que la memoria volcándolos al disco y paralelizando automáticamente la clasificación en múltiples núcleos de CPU [9]. Esto significa que la sencilla cadena de comandos Unix que vimos anteriormente se adapta fácilmente a conjuntos de datos grandes, sin quedarse sin memoria. Es probable que el cuello de botella sea la velocidad a la que se puede leer el archivo de entrada desde el disco.

Una limitación de las herramientas Unix es que se ejecutan en una sola máquina. Los conjuntos de datos que son demasiado grandes para caber en la memoria o en el disco local presentan un problema, y ahí es donde entran en juego los marcos de procesamiento por lotes distribuidos.

Procesamiento por lotes en sistemas distribuidos

La máquina que ejecuta nuestro ejemplo de herramientas Unix tiene una serie de componentes que trabajan juntos para procesar los datos de registro:

- Dispositivos de almacenamiento a los que se accede a través de lainterfaz del sistema de archivos del sistema operativo
- Un programador que determina cuándo se ejecutan los procesos y cómo asignarles los recursos de la CPU
- Una serie de programas Unix cuya entrada estándar y salida estándar (`stdin` y `stdout`) están conectadas entre sí mediante tuberías

Estos mismos componentes existen en los marcos de procesamiento de datos distribuidos. De hecho, puedes pensar en estos marcos como sistemas operativos distribuidos; tienen sistemas de archivos, programadores de tareas y programas que se envían datos entre sí a través del sistema de archivos u otros canales de comunicación.

Sistemas de archivos distribuidos

El sistema de archivos que proporciona tu sistema operativo se compone de varias capas:

- En el nivel más bajo, los controladores de dispositivos de bloque se comunican directamente con el disco y permiten que las capas superiores lean y escriban bloques sin procesar.
- Por encima de la capa de bloques se encuentra una caché de páginas que mantiene los bloques a los que se ha accedido recientemente en la memoria para un acceso más rápido.
- La API de bloques está envuelta en una capa de sistema de archivos que divide los archivos grandes en bloques y realiza un seguimiento de los metadatos de los archivos, como los inodos, los directorios y los archivos. Dos implementaciones comunes en Linux son ext4 y XFS, por ejemplo.
- Por último, el sistema operativo expone diferentes sistemas de archivos a las aplicaciones a través de una API común denominada *sistema de archivos virtual* (VFS). El VFS es lo que permite a las aplicaciones leer y escribir de forma estándar, independientemente del sistema de archivos subyacente.

Los sistemas de archivos distribuidos funcionan de manera muy similar. Los archivos se dividen en bloques, que se distribuyen entre muchas máquinas. Los bloques DFS suelen ser mucho más grandes que los bloques locales. HDFS utiliza por defecto 128 MB, mientras que JuiceFS y muchos almacenes de objetos utilizan bloques de 4 MB, mucho más grandes que los 4,096 bytes de ext4. Los bloques más grandes significan menos metadatos que rastrear, lo que supone una gran diferencia en conjuntos de datos del tamaño de un petabyte. Los bloques más grandes también reducen la sobrecarga de buscar un bloque en relación con su lectura.

La mayoría de los dispositivos de almacenamiento físico no pueden escribir bloques parciales, por lo que los sistemas operativos requieren que las escrituras utilicen un bloque completo, incluso si los datos no ocupan todo el bloque. Dado que los sistemas de archivos distribuidos tienen bloques más grandes y suelen implementarse sobre los sistemas de archivos del sistema operativo, no tienen este requisito. Por ejemplo, un archivo de 900 MB almacenado con bloques de 128 MB tendría siete bloques que utilizan 128 MB y un bloque que utiliza 4 MB.

Los bloques DFS se leen realizando solicitudes de red a una máquina del clúster que almacena el bloque. Cada máquina ejecuta un demonio, exponiendo una API que permite a los procesos remotos leer y escribir bloques como archivos en su sistema de archivos local. HDFS se refiere a estos demonios como DataNodes, mientras que GlusterFS los llama procesos glusterfsd. En este libro los llamaremos *nodos de datos*.

Los sistemas de archivos distribuidos también implementan el equivalente distribuido de una caché de página. Dado que los bloques DFS se almacenan como archivos en los nodos de datos, las lecturas y escrituras pasan por el sistema operativo de cada nodo de datos, que incluye una caché de página en memoria. Esto mantiene los bloques de datos que se leen con frecuencia en la memoria de los nodos de datos. Algunos sistemas de archivos distribuidos también implementan más niveles de almacenamiento en caché, como el almacenamiento en caché del lado del cliente y del disco local que se encuentra en JuiceFS.

Los sistemas de archivos como ext4 y XFS realizan un seguimiento de los metadatos de almacenamiento, incluyendo el espacio libre, la ubicación de los bloques de archivos, las estructuras de directorios, la configuración de permisos y mucho más. Los sistemas de archivos distribuidos también necesitan una forma de rastrear la ubicación de los archivos repartidos por las máquinas, la configuración de permisos, etc. Hadoop tiene un servicio llamado NameNode que mantiene los metadatos del clúster. El 3FS de DeepSeek tiene un servicio de metadatos que persiste sus datos en un almacén de clave-valor como FoundationDB.

Por encima del sistema de archivos se encuentra el VFS. Un análogo cercano en el procesamiento por lotes es el protocolo de un sistema de archivos distribuido. Los sistemas de archivos distribuidos deben exponer un protocolo o interfaz para que los sistemas de procesamiento por lotes puedan leer y escribir archivos. Este protocolo actúa como una interfaz conectable; se puede utilizar cualquier DFS siempre que implemente el protocolo. Por ejemplo, la API de Amazon S3 ha sido ampliamente adoptada por sistemas de almacenamiento como MinIO, R2 de Cloudflare, Tigris, B2 de Backblaze y muchos otros. Los sistemas de procesamiento por lotes compatibles con S3 pueden utilizar cualquiera de estos sistemas de almacenamiento.

Algunos DFS implementan sistemas de archivos compatibles con POSIX que se muestran al VFS del sistema operativo como cualquier otro sistema de archivos. El protocolo Filesystem in Userspace (FUSE) o sistema de archivos de red (NFS) se utiliza a menudo para integrarse en el VFS. NFS es quizás el protocolo de sistemas de archivos distribuidos más conocido. El protocolo se desarrolló originalmente para permitir que varios clientes leyeran y escribieran datos en un único servidor. Más recientemente, sistemas de archivos como Amazon Elastic File System (EFS) y Archil proporcionan implementaciones de sistemas de archivos distribuidos compatibles con NFS que son mucho más escalables. Los clientes NFS siguen conectándose a un único punto final, pero en el fondo, estos sistemas se comunican con servicios de metadatos distribuidos y nodos de datos para leer y escribir datos.

Sistemas de archivos distribuidos y almacenamiento en red

Los sistemas de archivos distribuidos se basan en el principio *de nada compartido* (*shared-nothing*) (consulta "Arquitecturas de memoria compartida, disco compartido y nada compartido" en la página 57), en contraste con el enfoque de disco compartido de las arquitecturas de almacenamiento conectado a la red (NAS) y de red de área de almacenamiento (SAN). El almacenamiento de disco compartido se implementa mediante un dispositivo de almacenamiento centralizado, que a menudo utiliza hardware personalizado y una infraestructura de red especial, como Fibre Channel. Por otro lado, el enfoque de no compartir nada no requiere hardware especial, solo computadoras conectadas por una red de centro de datos convencional.

Muchos sistemas de archivos distribuidos se basan en hardware comercial, que es menos costoso pero tiene mayores tasas de fallo que el hardware de nivel empresarial. Para tolerar los fallos de máquinas y discos, los bloques de archivos se replican en varias máquinas. Esto también permite a los programadores distribuir de forma más uniforme las cargas de trabajo, ya que pueden ejecutar una tarea en cualquier nodo que contenga una réplica de los datos de entrada de la tarea.

La replicación puede significar simplemente mantener varias copias de los mismos datos en varias máquinas, como se describe en Capítulo 6, o utilizar un esquema *de codificación de borrado* como los códigos Reed-Solomon, que permiten recuperar los datos perdidos con una sobrecarga de almacenamiento menor que la replicación completa [10, 11, 12]. Las técnicas son similares a RAID, que proporciona redundancia en varios discos conectados a la misma máquina; la diferencia es que, en un sistema de archivos distribuido, el acceso a los archivos y la replicación se realizan a través de una red de centro de datos convencional sin hardware especial.

Almacenamiento de objetos

Los servicios de almacenamiento de objetos como Amazon S3, Google Cloud Storage, Azure Blob Storage y OpenStack Swift se han convertido en una alternativa popular a los sistemas de archivos distribuidos para trabajos de procesamiento por lotes. De hecho, la línea entre ambos es algo difusa. Como vimos en la sección anterior y Bases de datos respaldadas por almacenamiento de objetos en la página 223, los controladores FUSE permiten a los usuarios tratar los almacenes de objetos como S3 como un sistema de archivos. Algunas implementaciones de DFS, como JuiceFS y Ceph, ofrecen tanto almacenamiento de objetos como API de sistemas de archivos. Sin embargo, sus API, rendimiento y garantías de consistencia son muy diferentes. Hay que tener cuidado al adoptar estos sistemas para asegurarse de que se comportan como se espera, incluso si parecen implementar las API necesarias.

Cada objeto de un almacén de objetos tiene una URL como *s3://my-photo-bucket/2025/04/01/birthday.png*. La parte del host de la URL (*my-photo-bucket*) describe el depósito donde se almacenan los objetos, y la parte que le sigue es la *clave* del objeto (*/2025/04/01/birthday.png* en nuestro ejemplo). Un depósito tiene un nombre único a nivel mundial, y la clave de cada objeto debe ser única dentro de su depósito.

Los objetos se leen mediante una llamada `get` y se escriben mediante una llamada `put`. A diferencia de los archivos en un sistema de archivos, los objetos son inmutables una vez escritos. Para actualizar un objeto, debe reescribirse por completo mediante una llamada `put`, de forma similar a un almacén de claves-valores. Azure Blob Storage y S3 Express One Zone admiten anexos, pero la mayoría de los demás almacenes no. No hay API de manejo de archivos con funciones como `fopen` y `fseek`.

Los objetos pueden parecer organizados en directorios, lo que resulta algo confuso porque los almacenes de objetos no tienen el concepto de directorios. La estructura de la ruta es simplemente una convención, y las barras inclinadas forman parte de la clave del objeto. Esta convención te permite realizar algo similar a un listado de directorios solicitando una lista de objetos con un prefijo concreto. Sin embargo, listar objetos por prefijo es diferente de un listado de directorios del sistema de archivos en dos aspectos:

- Una operación de `list` de prefijos se comporta como una llamada recursiva `ls -R` en un sistema Unix. Devuelve todos los objetos que comienzan con el prefijo, y se incluyen los objetos de las subrutas.
- No es posible que haya directorios vacíos. Si eliminaras todos los objetos que se encuentran debajo de *s3://my-photo-bucket/2025/04/01*, entonces *01* ya no aparecería cuando llamaras a la `list` en *s3://my-photo-bucket/2025/04*. Es una práctica habitual crear un objeto de cero bytes como forma de representar un directorio

vacío (por ejemplo, crear un archivo vacío *s3://my-photo-bucket/2025/04/01* para mantenerlo presente cuando se eliminen todos los objetos secundarios).

Las implementaciones de DFS suelen admitir operaciones comunes del sistema de archivos, como enlaces duros, enlaces simbólicos, bloqueo de archivos y renombramientos atómicos. Estas características no están presentes en los almacenes de objetos. Normalmente no se admiten los enlaces ni los bloqueos, mientras que los renombramientos no son atómicos, sino que se realizan copiando el objeto a la nueva clave y eliminando luego el objeto antiguo. Si quieres renombrar un directorio, tienes que renombrar individualmente cada objeto que contiene, ya que el nombre del directorio forma parte de la clave.

Los almacenes de clave-valor que comentamos en Capítulo 4 están optimizados para valores pequeños (normalmente kilobytes) y lecturas/escrituras frecuentes y de baja latencia. Por el contrario, los sistemas de archivos distribuidos y los almacenes de objetos están generalmente optimizados para objetos grandes (de megabytes a gigabytes) y lecturas menos frecuentes y más grandes. Sin embargo, recientemente, los almacenes de objetos han comenzado a añadir soporte para lecturas/escrituras frecuentes y más pequeñas. Por ejemplo, S3 Express One Zone ofrece ahora una latencia de un solo milisegundo y un modelo de precios más similar al de los almacenes de clave-valor.

Otra diferencia entre los sistemas de archivos distribuidos y los almacenes de objetos es que los DFS como HDFS permiten ejecutar tareas informáticas en la máquina que almacena una copia de un archivo concreto. Esto permite que la tarea lea ese archivo sin tener que enviarlo a través de la red, lo que ahorra ancho de banda si el código ejecutable de la tarea es más pequeño que el archivo que necesita leer. Por otro lado, los almacenes de objetos suelen mantener separados el almacenamiento y el cálculo. Esto puede suponer un mayor consumo de ancho de banda, pero las redes de los centros de datos modernos son muy rápidas, por lo que a menudo es aceptable. Esta arquitectura también permite escalar los recursos de la máquina, como la CPU y la memoria, independientemente del almacenamiento, ya que ambos están desacoplados.

Orquestación de trabajos distribuidos

Nuestra analogía con el sistema operativo también se aplica a la orquestación de tareas. Cuando ejecutas una tarea por lotes en Unix, algo tiene que ejecutar realmente los procesos `awk`, `sort`, `uniq` y `head`. Los datos deben transferirse de la salida de un proceso a la entrada de otro, debe asignarse memoria para cada proceso, las instrucciones de cada proceso deben programarse de forma equitativa y ejecutarse en la CPU, deben respetarse los límites de memoria y E/S, etc. En una sola máquina, el núcleo del sistema operativo es responsable de ese trabajo. En un entorno distribuido, esa es la función de un orquestador de tareas.

Los marcos de procesamiento por lotes envían una solicitud al programador del coordinador para ejecutar un trabajo. Las solicitudes para iniciar un trabajo contienen metadatos como estos:

- El número de tareas que se deben ejecutar
- La cantidad de memoria, CPU y disco necesarios para cada tarea
- Un identificador de trabajo
- Las credenciales de acceso
- Parámetros del trabajo, como datos de entrada y salida
- Detalles del hardware necesario, como GPU o tipos de disco
- La ubicación del código ejecutable del trabajo

Los coordinadores como Kubernetes y Hadoop YARN (Yet Another Resource Negotiator) [13] combinan esta información con los metadatos del clúster para ejecutar el trabajo utilizando los siguientes componentes:

Ejecutores de tareas

Un demonio ejecutor, como *NodeManager* de YARN o *kubelet* de Kubernetes, se ejecuta en cada nodo del clúster. Los ejecutores se encargan de ejecutar las tareas del trabajo, enviar señales de actividad para indicar que están activos y realizar un seguimiento del estado de las tareas y la asignación de recursos en el nodo. Cuando se envía una solicitud de inicio de tarea a un ejecutor, este recupera el código ejecutable del trabajo y ejecuta un comando para iniciar la tarea. A continuación, el ejecutor realiza el monitoreo del proceso hasta que finaliza o falla, momento en el que actualiza los metadatos del estado de la tarea en consecuencia.

Muchos ejecutores también trabajan con el sistema operativo para proporcionar aislamiento tanto de seguridad como de rendimiento. YARN y Kubernetes utilizan *cgroups* de Linux, por ejemplo. Esto evita que las tareas accedan a datos sin permiso o que afecten negativamente al rendimiento de otras tareas en el nodo mediante el uso excesivo de recursos.

Administrador de recursos

El administrador de recursos de un orquestador almacena metadatos sobre cada nodo, incluyendo el hardware disponible (CPU, GPU, memoria, discos, etc.), el estado de las tareas, la ubicación de la red, el estado de los nodos y otra información relevante. De este modo, el administrador proporciona una visión global del estado actual del clúster. La naturaleza centralizada del administrador de recursos puede dar lugar a cuellos de botella tanto en la escalabilidad como en la disponibilidad. YARN utiliza ZooKeeper y Kubernetes utiliza etcd para almacenar el estado del clúster (consulta "Servicios de coordinación" en la página 484).

Programador

Los orquestadores suelen tener un subsistema programador centralizado, que recibe solicitudes para iniciar, detener o comprobar el estado de un trabajo. Por ejemplo, un programador puede recibir una solicitud para iniciar un trabajo con 10 tareas utilizando una imagen Docker específica en nodos que tienen un tipo específico de GPU. El programador utiliza la información de la solicitud y el estado del administrador de recursos para determinar qué tareas se deben ejecutar en qué nodos. A continuación, se informa a los ejecutores de tareas del trabajo que se les ha asignado y comienzan la ejecución.

Aunque cada coordinador utiliza una terminología diferente, estos componentes se encuentran en casi todos los sistemas de coordinación.

> Las decisiones de programación a veces requieren programadores específicos para cada aplicación que puedan tener en cuenta requisitos particulares, como el autoescalado de réplicas de lectura cuando se alcanza un determinado umbral de consultas. El programador centralizado y los programadores específicos para cada aplicación trabajan juntos para determinar la mejor forma de ejecutar las tareas. YARN se refiere a sus subprogramadores como *ApplicationMasters*, mientras que Kubernetes los llama *operadores*.

Asignación de recursos

Los programadores tienen una función especialmente difícil en la coordinación de trabajos. Deben averiguar cómo asignar de manera óptima los recursos limitados del clúster entre trabajos con necesidades contrapuestas. Básicamente, estas decisiones deben equilibrar la equidad y la eficiencia.

Imaginemos un pequeño clúster con cinco nodos que tiene un total de 160 núcleos de CPU disponibles. El programador del clúster recibe dos solicitudes de trabajo, cada una de las cuales necesita 100 núcleos para completar su tarea. ¿Cuál es la mejor manera de programar la carga de trabajo?

- El programador podría decidir ejecutar 80 tareas para cada trabajo, iniciando las 20 tareas restantes para cada trabajo a medida que se completan las tareas anteriores.
- El programador podría ejecutar todas las tareas de un trabajo y, a continuación, comenzar a ejecutar las tareas del segundo trabajo solo cuando haya 100 núcleos disponibles (una estrategia conocida como *programación en grupo*).

- Si la solicitud del segundo trabajo llega mucho más tarde que la del primero, el programador tiene información incompleta. Tiene que decidir si asigna los 100 núcleos al primer trabajo o si reserva algunos en previsión de un trabajo futuro que podría llegar o no.

Este es un ejemplo muy sencillo, pero ya vemos muchas compensaciones difíciles. En el escenario de programación en grupo, por ejemplo, si el programador reserva núcleos de CPU hasta que los 100 estén disponibles al mismo tiempo, los nodos permanecerán inactivos. La utilización de los recursos del clúster disminuirá y podría producirse un bloqueo si otros trabajos también intentan reservar núcleos de CPU.

Por otro lado, si el programador simplemente espera a que los 100 núcleos estén disponibles, otros trabajos podrían apoderarse de los núcleos mientras tanto. Es posible que el clúster no tenga 100 núcleos disponibles durante mucho tiempo, lo que provocaría *una escasez*. Como alternativa, el programador podría decidir *anticiparse a* algunas de las tareas del primer trabajo, eliminándolas para dejar espacio al segundo trabajo. Sin embargo, la anticipación de tareas también reduce la eficiencia del clúster, ya que las tareas eliminadas tendrán que reiniciarse más tarde.

Ahora imagina un programador que debe tomar decisiones de asignación para cientos o incluso millones de solicitudes de trabajo de este tipo. Encontrar una solución óptima parece imposible. De hecho, el problema es *NP-difícil*, lo que significa que es prohibitivamente lento calcular una solución óptima para todos los ejemplos excepto los más pequeños [14, 15]. En la práctica, los programadores utilizan heurísticas para tomar decisiones no óptimas pero razonables.

En la práctica, los programadores utilizan heurísticas para tomar decisiones no óptimas, pero razonables. Se utilizan comúnmente varios algoritmos, entre ellos el primero en entrar, primero en salir (FIFO), la equidad de recursos dominantes (DRF), las colas de prioridad, la programación basada en la capacidad o las cuotas y varios algoritmos de empaquetamiento. Los detalles de estos algoritmos exceden el alcance de este libro, pero constituyen un área de investigación fascinante.

Programación de flujos de trabajo

El ejemplo de herramientas Unix en "Análisis sencillo de registros" en la página 503 implicaba una cadena de varios comandos, conectados por tuberías Unix. El mismo patrón se da en los procesos por lotes distribuidos: a menudo, la salida de un trabajo tiene que convertirse en la entrada de uno o varios trabajos, y cada trabajo puede tener varias entradas que son producidas por otros trabajos. Esto se denomina *flujo de trabajo* o *grafo acíclico dirigido* (DAG) de trabajos.

> En "Ejecución y flujos de trabajo duraderos" en la página 205 vimos motores de flujo de trabajo que ofrecen una ejecución duradera de una secuencia de pasos, normalmente realizando RPC. En el contexto del procesamiento por lotes, "flujo de trabajo" tiene un significado diferente: es una secuencia de procesos por lotes, cada uno de los cuales toma datos de entrada y produce datos de salida, pero normalmente no realiza RPC a servicios externos. Los motores de ejecución duradera suelen procesar menos datos por solicitud que sus homólogos de procesamiento por lotes, aunque la línea es algo difusa.

Un flujo de trabajo de varios trabajos puede ser necesario por varias razones:

- Si el resultado de un trabajo debe convertirse en la entrada de varios otros trabajos, que son mantenidos por diferentes equipos, lo mejor es que el primer trabajo escriba su resultado en una ubicación donde todos los otros trabajos puedan leerlo. Esos trabajos de consumo pueden programarse para que se ejecuten cada vez que se actualicen los datos o según otra programación.
- Es posible que desees transferir datos de una herramienta de procesamiento a otra. Por ejemplo, un trabajo de Spark puede enviar sus datos a HDFS y, a continuación, un script de Python puede activar una consulta SQL de Trino (consulta "Almacenes de datos en la nube" en la página 149) que realiza un procesamiento adicional de los archivos HDFS y envía los resultados a S3.
- Algunas canalizaciones de datos requieren internamente múltiples etapas de procesamiento. Por ejemplo, si una etapa necesita fragmentar los datos por una clave y la siguiente etapa necesita fragmentarlos por una clave diferente, la primera etapa puede enviar los datos fragmentados de la forma que requiere la segunda etapa.

En el ejemplo de las herramientas Unix, la tubería que conecta la salida de un comando con la entrada de otro solo utiliza un pequeño búfer en memoria y no escribe los datos en un archivo. Si ese búfer se llena, el proceso de producción debe esperar a que el proceso de consumo haya leído algunos datos del búfer antes de poder generar más salida, lo que supone una forma de contrapresión. Spark, Flink y otros motores de ejecución por lotes admiten un modelo similar en el que la salida de una tarea se pasa directamente a otra tarea (a través de la red si las tareas se ejecutan en máquinas diferentes).

Sin embargo, lo más habitual es que una tarea de un flujo de trabajo escriba su salida en un sistema de archivos distribuido o en un almacén de objetos y que la siguiente tarea la lea desde allí. Esto desacopla las tareas entre sí, lo que permite que se ejecuten en momentos diferentes. Si una tarea tiene varias entradas, un programador de flujos de trabajo suele esperar a que todas las tareas que producen sus entradas se hayan completado con éxito antes de ejecutar la tarea que consume esas entradas.

Los programadores que se encuentran en marcos de orquestación como el Resource-Manager de YARN de o el programador integrado de Spark no gestionan flujos de trabajo completos, sino que realizan la programación por trabajo. Para gestionar estas dependencias entre las ejecuciones de los trabajos, se han desarrollado varios programadores de flujos de trabajo, entre los que se incluyen Airflow, Dagster y Prefect. Los programadores de flujos de trabajo tienen funciones de gestión que resultan útiles a la hora de mantener una gran colección de trabajos por lotes. Los flujos de trabajo que constan de entre 50 y 100 tareas son comunes en muchas canalizaciones de datos, y en una gran organización es posible que muchos equipos ejecuten tareas o flujos de trabajo que leen los resultados de los demás en muchos sistemas. El soporte de herramientas es importante para gestionar flujos de datos tan complejos.

Gestión de fallos

Los trabajos por lotes suelen ejecutarse durante largos periodos de tiempo. Los trabajos de larga duración con muchas tareas paralelas son propensos a experimentar al menos un fallo en alguna tarea a lo largo del proceso. Como se explica en "Fallos de hardware y software" en la página 49 y "Redes poco confiables" en la página 383, esto puede ocurrir por diversas razones, entre ellas fallos de hardware (especialmente en hardware comercial) o interrupciones de la red.

Otra razón por la que una tarea podría no terminar de ejecutarse es que el programador podría interrumpirla intencionadamente (eliminarla). La interrupción es especialmente útil si tienes varios niveles de prioridad, como tareas de baja prioridad que son más baratas de ejecutar y tareas de alta prioridad que cuestan más. Las tareas de baja prioridad pueden ejecutarse siempre que haya capacidad informática disponible, pero corren el riesgo de ser interrumpidas en cualquier momento si llega una tarea de mayor prioridad. Estas máquinas virtuales más económicas y de baja prioridad se denominan *instancias spot* en Amazon EC2, *máquinas virtuales spot* en Azure e *instancias preemptibles* en Google Cloud [16].

Dado que el procesamiento por lotes se utiliza a menudo para trabajos que no son urgentes, resulta muy adecuado para utilizar tareas de baja prioridad e instancias puntuales con el fin de reducir el costo de ejecutar trabajos. Básicamente, esos trabajos pueden utilizar recursos informáticos libres que, de otro modo, estarían inactivos, lo que aumenta la utilización del clúster. Sin embargo, esto también significa que esas tareas son más propensas a ser eliminadas por el programador, ya que las interrupciones se producen con más frecuencia que los fallos de hardware [17].

Dado que los trabajos por lotes regeneran su salida desde cero cada vez que se ejecutan, los fallos de las tareas son más fáciles de manejar que en los sistemas en línea. El sistema puede eliminar la salida parcial de la ejecución fallida y programar la tarea para que se ejecute de nuevo en otra máquina. Sin embargo, sería un desperdicio volver a ejecutar todo el trabajo por un solo fallo de una tarea. Por lo tanto, MapReduce y sus sucesores mantienen la ejecución de tareas paralelas independientes entre sí, de modo que pueden reintentar el trabajo con la granularidad de una tarea individual [3].

La tolerancia a fallos es más complicada cuando la salida de una tarea se convierte en la entrada de otra como parte de un flujo de trabajo. MapReduce resuelve esto escribiendo siempre esos datos intermedios en el sistema de archivos distribuido y esperando a que la tarea de escritura se complete con éxito antes de permitir que otras tareas lean los datos. Esto funciona, incluso en un entorno en el que la preemption es habitual, pero implica muchas escrituras en el DFS, lo que puede ser ineficiente.

Spark mantiene los datos intermedios en la memoria (volcándolos al disco local si no caben) y solo escribe el resultado final en el DFS. También realiza un seguimiento de cómo se calcularon los datos intermedios, lo que permite a Spark volver a calcularlos en caso de que se pierdan [18]. Flink utiliza un enfoque diferente basado en la comprobación periódica de una instantánea de las tareas [19]. Volveremos a este tema en "Motores de flujo de datos" en la página 518.

Modelos de procesamiento por lotes

Hemos visto cómo se programan los trabajos por lotes en un entorno distribuido. Ahora centrémonos en cómo los marcos de procesamiento por lotes procesan los datos. Los dos modelos más comunes son MapReduce y los motores de flujo de datos. Aunque los motores de flujo de datos han sustituido en gran medida a MapReduce en la práctica, es útil comprender cómo funciona MapReduce, ya que ha influido en muchos marcos modernos de procesamiento por lotes.

Los motores MapReduce y de flujo de datos han evolucionado para admitir múltiples modelos de programación, incluyendo API programáticas de bajo nivel, lenguajes de consulta relacionales y API DataFrame. Una variedad de opciones permite a los ingenieros de aplicaciones, ingenieros de análisis, analistas de negocios e incluso a los empleados sin conocimientos técnicos procesar los datos de la empresa para diversos casos de uso, que discutiremos en "Casos de uso por lotes" en la página 527.

MapReduce

El patrón de procesamiento de datos en MapReduce es muy similar al ejemplo de análisis de registros de servidores web que aparece en "Análisis sencillo de registros" en la página 503:

1. Lee un conjunto de archivos de entrada y divídelo en *registros*. En el ejemplo del registro del servidor web, cada registro es una línea del registro (es decir, `\n` es el separador de registros). En MapReduce de Hadoop, el archivo de entrada se almacena en un sistema de archivos distribuido como HDFS o en un almacén de objetos como S3. Se utilizan varios formatos de archivo, como Apache Parquet (un formato columnar, consulta "Almacenamiento orientado a columnas" en la página 151) o Apache Avro (un formato basado en filas, consulta "Avro" en la página 189).
2. Llama a la función del mapper (mapeador) para extraer una clave y un valor de cada registro de entrada. En el ejemplo de las herramientas de Unix, la función del mapper es `awk '{print $7}'`, que extrae la URL (`$7`) como clave y deja el valor vacío.
3. Ordena todos los pares clave-valor por clave. En el ejemplo del registro, esto se hace con el primer comando desort.
4. Llama a la función reducer (reductor) para iterar sobre los pares clave-valor ordenados. Si hay varias ocurrencias de la misma clave, la ordenación las ha colocado adyacentes en la lista, por lo que es fácil combinar esos valores sin tener que mantener mucho estado en la memoria. En el ejemplo de herramientas Unix, el reducer se implementa mediante el comando `uniq -c`, que cuenta el número de registros adyacentes con la misma clave.

Esos cuatro pasos se pueden realizar con un solo trabajo de MapReduce. Los pasos 2 (mapear) y 4 (reducir) son donde escribes tu código personalizado de procesamiento de datos. El paso 1 (dividir los archivos en registros) lo gestiona el analizador de formato de entrada. El paso 3, `sort`, está implícito en MapReduce, por lo que no es necesario escribirlo, ya que la salida del mapper siempre se clasifica antes de enviarse al reducer. Este paso de clasificación es un algoritmo de procesamiento por lotes fundamental, que volveremos a ver en "Barajado de datos" en la página 520.

Para crear un trabajo de MapReduce, debes implementar dos funciones de devolución de llamada, el mapper y el reducer, que se comportan de la siguiente manera:

Mapper
: El mapper se llama una vez por cada registro de entrada, y su trabajo es extraer la clave y el valor del registro. Para cada entrada, puede generar cualquier número de pares clave-valor (incluido ninguno). No mantiene ningún estado de un registro de entrada al siguiente, por lo que cada registro se maneja de forma independiente. Puede haber muchos mappers, ejecutándose en paralelo en diferentes partes de la entrada.

Reducer

El marco MapReduce toma los pares clave-valor producidos por los mappers, recopila todos los valores que pertenecen a la misma clave y llama al reducer con un iterador sobre esa colección de valores. El reducer puede producir registros de salida (como el número de ocurrencias de la misma URL). Los reducers para diferentes claves también se pueden ejecutar en paralelo.

En el ejemplo del registro del servidor web, teníamos un segundo comando de `sort` en el paso 5, que clasificaba las URL por número de solicitudes. En MapReduce, si necesitas una segunda etapa de clasificación, puedes implementarla escribiendo un segundo trabajo de MapReduce y utilizando la salida del primer trabajo como entrada para el segundo. Visto así, la función del mapper es preparar los datos poniéndolos en un formato adecuado para clasificarlos, y la función del reducer es procesar los datos que se han clasificado.

> ### MapReduce y programación funcional
>
> Aunque MapReduce se utiliza para el procesamiento por lotes, el modelo de programación proviene de la programación funcional. Lisp introdujo `map` y `reduce` (o `fold`) como funciones de orden superior en listas, y se han incorporado a lenguajes convencionales como Python, Rust y Java.
>
> Muchas operaciones comunes de procesamiento de datos, incluidas las que ofrece SQL, se pueden implementar sobre MapReduce. El principio de programación funcional de evitar el estado mutable ayuda a permitir la ejecución paralela. Dado que cada llamada al mapper y al reducer depende únicamente de los datos que el marco MapReduce pasa explícitamente a esas funciones, el marco es libre de ejecutar llamadas independientes en paralelo en diferentes nodos. Y si una tarea falla, el marco es libre de llamar al mapper y al reducer de nuevo con la misma entrada en otro nodo.

Implementar un trabajo de procesamiento complejo utilizando las API de MapReduce sin procesar es en realidad bastante laborioso; por ejemplo, cualquier algoritmo de unión utilizado por el trabajo tendría que implementarse desde cero [20]. MapReduce también es bastante lento en comparación con los procesadores por lotes más modernos. Una de las razones es que su E/S basada en archivos impide el procesamiento en cadena de tareas (es decir, procesar los datos de salida en una tarea posterior antes de que se complete la tarea anterior).

Motores de flujo de datos

Para solucionar algunos de los problemas de MapReduce, se desarrollaron varios motores de ejecución nuevos para cálculos por lotes distribuidos, los más conocidos de los cuales son Spark [18, 21] y Flink [19]. Están diseñados de forma diferente, pero

- Los operadores pueden empezar a ejecutarse tan pronto como su entrada esté lista; no es necesario esperar a que termine toda la etapa anterior antes de que comience la siguiente.
- Los procesos existentes se pueden reutilizar para ejecutar nuevos operadores, lo que reduce los gastos generales de arranque en comparación con MapReduce (que lanza una nueva JVM para cada tarea).

Puedes utilizar motores de flujo de datos para implementar los mismos cálculos que los flujos de trabajo de MapReduce, y normalmente se ejecutan mucho más rápido gracias a las optimizaciones descritas aquí.

Barajado de datos

Como hemos visto, tanto el ejemplo de las herramientas Unix al principio del capítulo como MapReduce se basan en la clasificación. Los procesadores por lotes deben ser capaces de clasificar conjuntos de datos de petabytes de tamaño, que son demasiado grandes para caberse en una sola máquina. Por lo tanto, requieren un algoritmo de clasificación distribuido en el que tanto la entrada como la salida se fragmentan. Este algoritmo se denomina *shuffle* (*mezcla*).

> **El shuffle no es aleatorio**
>
> El término *shuffle* puede resultar confuso. Cuando se mezcla una baraja de cartas, se obtiene un orden aleatorio. Por el contrario, la mezcla de la que hablamos produce un orden clasificado, sin aleatoriedad.

Shuffling es un algoritmo fundamental para los procesadores por lotes, donde se utiliza para uniones y agregaciones. MapReduce, Spark, Flink, Daft, Dataflow y BigQuery [24] implementan algoritmos de shuffle escalables y de alto rendimiento para manejar grandes conjuntos de datos. Utilizaremos el shuffle en Hadoop MapReduce [25] con fines ilustrativos, pero los conceptos de esta sección también se pueden aplicar a otros sistemas.

Figura 11-1 muestra el flujo de datos en un trabajo de MapReduce. Suponemos que la entrada al trabajo está fragmentada y que los fragmentos están etiquetados *como m 1*, *m 2* y *m 3*. Por ejemplo, cada fragmento puede ser un archivo independiente en HDFS o un objeto independiente en un almacén de objetos, y todos los fragmentos que pertenecen al mismo conjunto de datos se agrupan en el mismo directorio HDFS o tienen el mismo prefijo de clave en un depósito de objetos.

tienen una cosa en común: manejan todo el flujo de trabajo como un solo trabajo, en lugar de dividirlo en subtrabajos independientes.

Dado que modelan explícitamente el flujo de datos a través de varias etapas de procesamiento, estos sistemas se conocen como *motores de flujo de datos*. Al igual que MapReduce, admiten una API de bajo nivel que llama repetidamente a una función definida por el usuario para procesar un registro a la vez, pero también ofrecen operadores de más alto nivel, como *unir* y *agrupar por*. Paralizan el trabajo fragmentando las entradas y copian la salida de una tarea a través de la red para que se convierta en la entrada de otra tarea. A diferencia de MapReduce, los operadores no necesitan asumir las funciones estrictas de alternar map y reduce, sino que pueden ensamblarse de formas más flexibles.

Estas API de flujo de datos suelen utilizar bloques de construcción de estilo relacional para expresar un cálculo: unir conjuntos de datos en función del valor de un campo; agrupar tuplas por clave; filtrar por una condición; y agregar tuplas mediante funciones de recuento, suma u otras. Internamente, estas operaciones se implementan utilizando los algoritmos de barajado que comentamos en la siguiente sección.

Este estilo de motor de procesamiento se basa en sistemas de investigación como Dryad [22] y Nephele [23], y ofrece varias ventajas en comparación con el modelo MapReduce:

- Las tareas costosas, como la clasificación, solo deben realizarse en los lugares donde sea necesario, en lugar de ocurrir siempre por defecto entre cada etapa de mapeo y reducción.
- Cuando hay varios operadores seguidos que no cambian la fragmentación del conjunto de datos (como map o filter), se pueden combinar en una sola tarea, lo que reduce la sobrecarga de copiar datos.
- Dado que todas las uniones y dependencias de datos en un flujo de trabajo se declaran explícitamente, el programador tiene una visión general de qué datos se necesitan y dónde, por lo que puede realizar optimizaciones de localidad. Por ejemplo, puede intentar colocar la tarea que consume algunos datos en la misma máquina que la tarea que los produce, de modo que los datos se puedan intercambiar a través de un búfer de memoria compartida en lugar de tener que copiarlos a través de la red.
- Por lo general, basta con que el estado intermedio entre operadores se mantenga en la memoria o se escriba en el disco local, lo que requiere menos E/S que escribirlo en un sistema de archivos distribuido o en un almacén de objetos (donde debe replicarse en varias máquinas y escribirse en el disco en cada réplica). MapReduce ya utiliza esta optimización para la salida del mapper, pero los motores de flujo de datos generalizan la idea a todo el estado intermedio.

1. Lee un conjunto de archivos de entrada y divídelo en *registros*. En el ejemplo del registro del servidor web, cada registro es una línea del registro (es decir, `\n` es el separador de registros). En MapReduce de Hadoop, el archivo de entrada se almacena en un sistema de archivos distribuido como HDFS o en un almacén de objetos como S3. Se utilizan varios formatos de archivo, como Apache Parquet (un formato columnar, consulta "Almacenamiento orientado a columnas" en la página 151) o Apache Avro (un formato basado en filas, consulta "Avro" en la página 189).
2. Llama a la función del mapper (mapeador) para extraer una clave y un valor de cada registro de entrada. En el ejemplo de las herramientas de Unix, la función del mapper es `awk '{print $7}'`, que extrae la URL (`$7`) como clave y deja el valor vacío.
3. Ordena todos los pares clave-valor por clave. En el ejemplo del registro, esto se hace con el primer comando desort.
4. Llama a la función reducer (reductor) para iterar sobre los pares clave-valor ordenados. Si hay varias ocurrencias de la misma clave, la ordenación las ha colocado adyacentes en la lista, por lo que es fácil combinar esos valores sin tener que mantener mucho estado en la memoria. En el ejemplo de herramientas Unix, el reducer se implementa mediante el comando `uniq -c`, que cuenta el número de registros adyacentes con la misma clave.

Esos cuatro pasos se pueden realizar con un solo trabajo de MapReduce. Los pasos 2 (mapear) y 4 (reducir) son donde escribes tu código personalizado de procesamiento de datos. El paso 1 (dividir los archivos en registros) lo gestiona el analizador de formato de entrada. El paso 3, `sort`, está implícito en MapReduce, por lo que no es necesario escribirlo, ya que la salida del mapper siempre se clasifica antes de enviarse al reducer. Este paso de clasificación es un algoritmo de procesamiento por lotes fundamental, que volveremos a ver en "Barajado de datos" en la página 520.

Para crear un trabajo de MapReduce, debes implementar dos funciones de devolución de llamada, el mapper y el reducer, que se comportan de la siguiente manera:

Mapper
: El mapper se llama una vez por cada registro de entrada, y su trabajo es extraer la clave y el valor del registro. Para cada entrada, puede generar cualquier número de pares clave-valor (incluido ninguno). No mantiene ningún estado de un registro de entrada al siguiente, por lo que cada registro se maneja de forma independiente. Puede haber muchos mappers, ejecutándose en paralelo en diferentes partes de la entrada.

Reducer

El marco MapReduce toma los pares clave-valor producidos por los mappers, recopila todos los valores que pertenecen a la misma clave y llama al reducer con un iterador sobre esa colección de valores. El reducer puede producir registros de salida (como el número de ocurrencias de la misma URL). Los reducers para diferentes claves también se pueden ejecutar en paralelo.

En el ejemplo del registro del servidor web, teníamos un segundo comando de `sort` en el paso 5, que clasificaba las URL por número de solicitudes. En MapReduce, si necesitas una segunda etapa de clasificación, puedes implementarla escribiendo un segundo trabajo de MapReduce y utilizando la salida del primer trabajo como entrada para el segundo. Visto así, la función del mapper es preparar los datos poniéndolos en un formato adecuado para clasificarlos, y la función del reducer es procesar los datos que se han clasificado.

MapReduce y programación funcional

Aunque MapReduce se utiliza para el procesamiento por lotes, el modelo de programación proviene de la programación funcional. Lisp introdujo `map` y `reduce` (o `fold`) como funciones de orden superior en listas, y se han incorporado a lenguajes convencionales como Python, Rust y Java.

Muchas operaciones comunes de procesamiento de datos, incluidas las que ofrece SQL, se pueden implementar sobre MapReduce. El principio de programación funcional de evitar el estado mutable ayuda a permitir la ejecución paralela. Dado que cada llamada al mapper y al reducer depende únicamente de los datos que el marco MapReduce pasa explícitamente a esas funciones, el marco es libre de ejecutar llamadas independientes en paralelo en diferentes nodos. Y si una tarea falla, el marco es libre de llamar al mapper y al reducer de nuevo con la misma entrada en otro nodo.

Implementar un trabajo de procesamiento complejo utilizando las API de MapReduce sin procesar es en realidad bastante laborioso; por ejemplo, cualquier algoritmo de unión utilizado por el trabajo tendría que implementarse desde cero [20]. MapReduce también es bastante lento en comparación con los procesadores por lotes más modernos. Una de las razones es que su E/S basada en archivos impide el procesamiento en cadena de tareas (es decir, procesar los datos de salida en una tarea posterior antes de que se complete la tarea anterior).

Motores de flujo de datos

Para solucionar algunos de los problemas de MapReduce, se desarrollaron varios motores de ejecución nuevos para cálculos por lotes distribuidos, los más conocidos de los cuales son Spark [18, 21] y Flink [19]. Están diseñados de forma diferente, pero

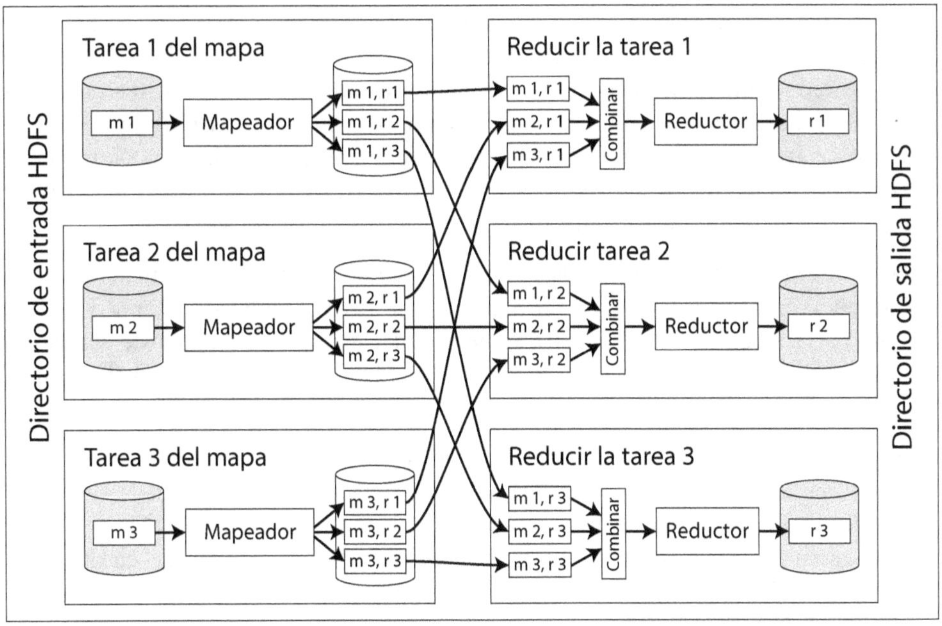

Figura 11-1. Un trabajo de MapReduce con tres mappers y tres reducers

El marco inicia una tarea de mapeo independiente para cada fragmento de entrada. Una tarea lee el archivo que se le ha asignado, pasando un registro cada vez a la devolución de llamada del mapeador. La parte de reducción del cálculo también se fragmenta. Mientras que el número de tareas de mapeo viene determinado por el número de fragmentos de entrada, el número de tareas de reducción lo configura el autor del trabajo (puede ser diferente del número de tareas de mapeo).

La salida del mapper consiste en pares clave-valor, y el marco debe garantizar que, si dos mapper generan la misma clave, esos pares clave-valor terminen siendo procesados por la misma tarea de reducción. Para lograrlo, cada mapper crea un archivo de salida independiente en su disco local para cada reducer (por ejemplo, el archivo *m 1, r 2* en Figura 11-1 es el archivo creado por el mapper 1 que contiene los datos destinados al reducer 2). Cuando el mapper genera un par clave-valor, normalmente es un hash de la clave el que determina en qué archivo reductor se escribe (de forma similar al proceso descrito en "Fragmentación por hash de clave" en la página 285).

Mientras un mapper escribe estos archivos, también ordena los pares clave-valor dentro de cada archivo. Esto se puede hacer utilizando las técnicas que vimos en "Almacenamiento estructurado en registros" en la página 130: los lotes de pares clave-valor se recopilan primero en una estructura de datos ordenada en la memoria, luego se escriben como archivos de segmentos ordenados, y los archivos de segmentos más pequeños se fusionan progresivamente en otros más grandes.

Una vez que cada mapper termina, los reducers se conectan a él y copian el archivo correspondiente de pares clave-valor ordenados en su disco local. Una vez que la tarea de reducción tiene su parte de la salida de todos los mappers, fusiona estos archivos, conservando el orden de clasificación, al estilo de la fusión y ordenación. Los pares clave-valor con la misma clave ahora son consecutivos, incluso si provienen de mappers diferentes. A continuación, la función reductora se invoca una vez por clave, cada vez con un iterador que devuelve todos los valores de esa clave.

Cualquier registro generado por la función reductora se escribe secuencialmente en un archivo, con un archivo por tarea reductora. Estos archivos (*r 1*, *r 2* y *r 3* en Figura 11-1) se convierten en los fragmentos del conjunto de datos de salida del trabajo y se vuelven a escribir en el sistema de archivos distribuido o en el almacén de objetos.

Aunque MapReduce ejecuta el paso de shuffle entre sus pasos de mapeo y reducción, los motores de flujo de datos modernos y los almacenes de datos en la nube son más sofisticados. Sistemas como BigQuery han optimizado sus algoritmos de shuffle para mantener los datos en la memoria y escribirlos en servicios de clasificación externos [24]. Estos servicios aceleran el shuffling y replican los datos mezclados para proporcionar resiliencia.

Uniones y agrupaciones

Veamos cómo los datos ordenados simplifican las uniones y agregaciones distribuidas. Continuaremos con MapReduce a modo de ejemplo, aunque estos conceptos se aplican a la mayoría de los sistemas de procesamiento por lotes.

En Figura 11-2 se ilustra un ejemplo típico de unión en un trabajo por lotes. A la izquierda hay un registro de eventos que describe las acciones que los usuarios registrados realizaron en un sitio web (conocidas como *eventos de actividad* o *datos de flujo de clics*), y a la derecha hay una base de datos de usuarios. Puedes considerar este ejemplo como parte de un esquema en estrella (consulta "Estrellas y Snowflakes: esquemas para análisis" en la página 86); el registro de eventos es la tabla de hechos y la base de datos de usuarios es una de las dimensiones.

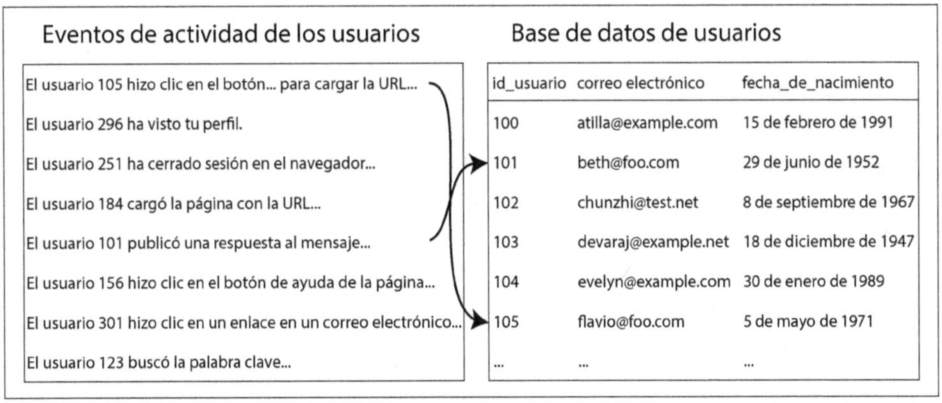

Figura 11-2. Una unión entre un registro de eventos de actividad de los usuarios y una base de datos de perfiles de usuarios

Si quieres realizar un análisis de los eventos de actividad que tenga en cuenta la información de la base de datos de usuarios (por ejemplo, averiguar si ciertas páginas son más populares entre los usuarios más jóvenes o mayores, utilizando el campo de fecha de nacimiento del perfil de usuario), necesitas calcular una unión entre estas dos tablas. ¿Cómo calcularías esa unión, suponiendo que ambas tablas son tan grandes que tienen que fragmentarse?

Puedes aprovechar el hecho de que, en MapReduce, la reorganización reúne todos los pares clave-valor con la misma clave en el mismo reductor, independientemente del fragmento en el que se encontraran originalmente. En este caso, el ID de usuario puede servir como clave. Por lo tanto, puedes escribir un mapper que revise los eventos de actividad del usuario y emita las URL de las páginas vistas con la clave del ID de usuario, como se ilustra en Figura 11-3. Otro mapper revisa la base de datos de usuarios fila por fila, extrayendo el ID de usuario como clave y la fecha de nacimiento del usuario como valor.

A continuación, la reorganización garantiza que una función reductora pueda acceder a la fecha de nacimiento de un usuario concreto y a todos los eventos de visualización de páginas de ese usuario al mismo tiempo. El trabajo de MapReduce puede incluso organizar los registros para que se ordenen de manera que los reductores siempre vean primero el registro de la base de datos de usuarios, seguido de los eventos de actividad en orden cronológico. Esta técnica se conoce como *ordenación secundaria* [25].

Ahora los reducers pueden ejecutar fácilmente la lógica de unión real. Se espera que el primer valor sea la fecha de nacimiento, que el reducer almacena en una variable local. A continuación, itera sobre los eventos de actividad con el mismo ID de usuario, generando cada URL vista junto con la fecha de nacimiento del espectador. Dado que un reducer procesa todos los registros de un ID de usuario concreto de una sola vez, solo necesita mantener un registro de usuario en la memoria en cada momento y nunca tiene que realizar ninguna solicitud a través de la red. Este algoritmo se conoce como *unión de ordenación y fusión*, ya que la salida del mapper se ordena por clave y los reductores fusionan las listas ordenadas de registros de ambos lados de la unión.

El siguiente trabajo de MapReduce en el flujo de trabajo puede entonces calcular la distribución de las edades de los espectadores para cada URL. Para ello, el trabajo primero mezcla los datos utilizando la URL como clave. Una vez ordenados, los reducers iteran sobre todas las visitas a la página (con la fecha de nacimiento del espectador) para una sola URL, manteniendo un contador para el número de visitas por cada grupo de edad e incrementando el contador apropiado para cada visita a la página. De esta manera, puedes implementar una operación de agrupación y agregación.

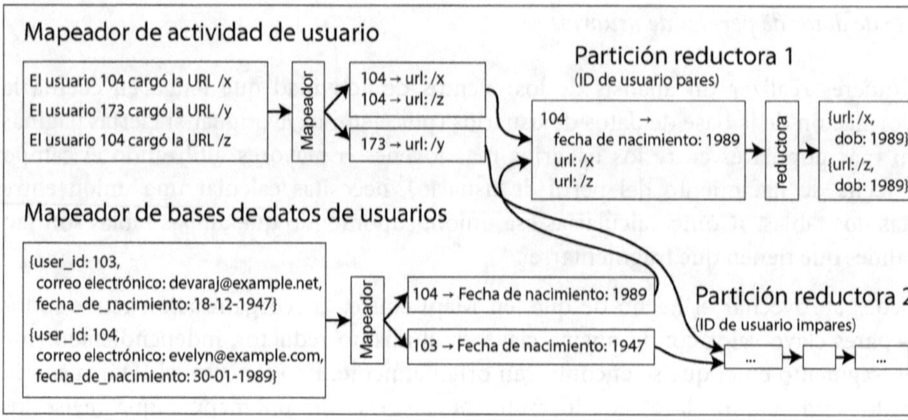

Figura 11-3. Una unión de ordenación y fusión por ID de usuario; si los conjuntos de datos de entrada se dividen en varios archivos, cada uno de ellos podría procesarse con varios mappers en paralelo

Lenguajes de consulta

A lo largo de los años, los motores de ejecución para el procesamiento por lotes distribuido han madurado. La infraestructura es ahora lo suficientemente robusta como para almacenar y procesar muchos petabytes de datos en clústeres de más de 10,000 máquinas. Dado que el problema de operar físicamente procesos por lotes a tal escala se considera más o menos resuelto, la atención se ha centrado en mejorar el modelo de programación.

MapReduce, los motores de flujo de datos y los almacenes de datos en la nube han adoptado SQL como lengua franca para el procesamiento por lotes. Es algo natural, ya que los almacenes de datos heredados utilizaban SQL, las herramientas de análisis de datos y ETL ya lo admiten, y todos los desarrolladores y analistas lo conocen.

Además de requerir menos código que los trabajos de MapReduce escritos a mano, estas interfaces de lenguaje de consulta también permiten un uso interactivo, en el que escribes consultas analíticas y las ejecutas desde un terminal o una interfaz gráfica de usuario. Este estilo de consulta interactiva es una forma eficiente y natural para que los analistas de negocios, los gerentes de producto, los equipos de ventas y finanzas, entre otros, exploren los datos en un entorno de procesamiento por lotes. La compatibilidad con SQL también ha hecho que los sistemas de procesamiento por lotes distribuidos sean adecuados para consultas exploratorias.

Los lenguajes de consulta de alto nivel no solo hacen que las personas que utilizan el sistema sean más productivas, sino que también mejoran la eficiencia de la ejecución de los trabajos a nivel de máquina. Como vimos en "Almacenes de datos en la nube" en la página 149, los motores de consulta se encargan de convertir las consultas SQL en trabajos por lotes que se ejecutan en un clúster. Este paso de traducción de la consulta al árbol sintáctico y a los operadores físicos permite al motor optimizar las consultas. Los motores de consulta como Hive, Trino, Spark y Flink cuentan con optimizadores de consultas basados en el costo que pueden analizar las propiedades de las entradas de unión y decidir automáticamente qué algoritmo sería el más adecuado para la tarea en cuestión. Los optimizadores pueden incluso cambiar el orden de las uniones para que se minimice la cantidad de estado intermedio [19, 26, 27, 28].

Aunque SQL es el lenguaje de consulta de procesamiento por lotes de uso general más popular, otros lenguajes siguen utilizándose para necesidades específicas. Por ejemplo, Apache Pig era un lenguaje basado en operadores relacionales que permitía especificar los flujos de datos paso a paso, en lugar de como una gran consulta SQL. Los DataFrames (que se tratan en la siguiente sección) tienen características similares, y Morel es un lenguaje más moderno que recibió la influencia de Pig. Otros usuarios han adoptado lenguajes de consulta JSON como jq, JMESPath o JSONPath.

En "Modelos de datos tipo gráfico" en la página 94 hablamos del uso de grafos para modelar datos y del uso de lenguajes de consulta de grafos para recorrer los bordes y vértices de un grafo. Muchos marcos de procesamiento de grafos también admiten el cálculo por lotes a través de lenguajes de consulta como Gremlin de Apache TinkerPop. Veremos los escenarios de procesamiento de grafos con más detalle en "Casos de uso por lotes" en la página 527.

Convergencia del procesamiento por lotes y los almacenes de datos en la nube

Históricamente, los almacenes de datos se ejecutaban en dispositivos de hardware especializados y admitían consultas analíticas basadas en SQL sobre datos relacionales. Los marcos de procesamiento por lotes como MapReduce se propusieron proporcionar una mayor escalabilidad y flexibilidad al admitir la lógica de procesamiento escrita en un lenguaje de programación de uso general, lo que permitía leer y escribir formatos de datos arbitrarios.

Con el tiempo, ambos se han vuelto mucho más similares. Los marcos de procesamiento por lotes modernos ahora admiten SQL como lenguaje para escribir trabajos por lotes y logran un buen rendimiento en consultas relacionales mediante el uso de formatos de almacenamiento en columnas, como Parquet, y motores de ejecución de consultas optimizados (consulta "Ejecución de consultas: compilación y vectorización" en la página 157). Mientras tanto, los almacenes de datos se han vuelto más escalables al pasar a la nube (consulta "Almacenes de datos en la nube" en la página 149) e implementar muchas de las mismas técnicas de programación, tolerancia a fallos y barajado que utilizan los marcos de lotes distribuidos. Muchos también utilizan sistemas de archivos distribuidos.

Al igual que los sistemas de procesamiento por lotes adoptaron SQL como modelo de procesamiento, los almacenes en la nube también han adoptado modelos de procesamiento alternativos. Por ejemplo, BigQuery ofrece una biblioteca DataFrames, y la biblioteca Snowpark de Snowflake se integra con Pandas. Los orquestadores de flujos de trabajo de procesamiento por lotes, como Airflow, Prefect y Dagster, también se integran con los almacenes en la nube.

Sin embargo, no todos los trabajos por lotes se expresan fácilmente en SQL, incluidos los algoritmos gráficos iterativos como PageRank, las tareas complejas de aprendizaje automático y muchos otros flujos de trabajo. El procesamiento de datos de IA, que incluye datos no relacionales y multimodales como imágenes, vídeo y audio, también puede ser difícil de expresar en SQL.

Los almacenes de datos en la nube también tienen dificultades con ciertas cargas de trabajo. El cálculo fila por fila es menos eficiente cuando se utilizan formatos de almacenamiento orientados a columnas; en estos casos, es preferible utilizar API de almacenes alternativas o un sistema de procesamiento por lotes. Los almacenes de datos en la nube también suelen ser más caros que otros sistemas de procesamiento por lotes. Puede resultar más rentable ejecutar trabajos de gran tamaño en sistemas de procesamiento por lotes como Spark o Flink.

En última instancia, la decisión entre procesar los datos en sistemas por lotes o en almacenes de datos suele depender de factores como el costo, la conveniencia, la facilidad de implementación y la disponibilidad. La mayoría de las grandes empresas cuentan con muchos sistemas de procesamiento de datos, lo que les da flexibilidad a la hora de tomar esta decisión. Las empresas más pequeñas suelen arreglárselas con uno solo.

DataFrames

Los científicos de datos y los estadísticos suelen estar acostumbrados a trabajar con el modelo de datos DataFrame que se encuentra en R y Pandas (consulta "DataFrames, matrices y arreglos" en la página 116). Un DataFrame es similar a una tabla en una base de datos relacional: es una colección de filas, y todos los valores de la misma columna son del mismo tipo. En lugar de escribir una gran consulta SQL, los usuarios llaman a funciones correspondientes a operadores relacionales para realizar filtros, uniones, ordenaciones, agregaciones y otras operaciones.

Originalmente, la manipulación de DataFrame solía realizarse de forma local, en la memoria. En consecuencia, los DataFrames se limitaban a conjuntos de datos que cabían en una sola máquina. Los científicos de datos querían interactuar con los grandes conjuntos de datos que se encuentran en entornos de procesamiento por lotes utilizando las API de DataFrame a las que estaban acostumbrados, ya que SQL y MapReduce no se adaptan bien a sus necesidades. Los marcos de procesamiento de datos distribuidos, como Spark, Flink y Daft, han adoptado las API de DataFrame para satisfacer esta necesidad. Sin embargo, su implementación se comporta de forma algo diferente: los DataFrames locales suelen estar indexados y ordenados, mientras que los DataFrames distribuidos no suelen estarlo [29]. Esto puede dar lugar a sorpresas en el rendimiento al migrar a marcos por lotes.

Las API de DataFrame parecen similares a las API de flujo de datos, pero las implementaciones varían. Mientras que Pandas ejecuta las operaciones inmediatamente cuando se invocan los métodos de DataFrame, Spark primero traduce todas las invocaciones de la API de DataFrame a un plan de consulta y ejecuta la optimización de la consulta antes de ejecutar el flujo de trabajo sobre su motor de flujo de datos distribuido.

Marcos como Daft incluso admiten el cálculo tanto del lado del cliente como del servidor. Las operaciones más pequeñas en memoria se ejecutan en el cliente, y los conjuntos de datos más grandes se procesan en un servidor. Los formatos de almacenamiento en columnas, como Apache Arrow, ofrecen un modelo de datos unificado que pueden compartir los motores de ejecución tanto del lado del cliente como del servidor.

Casos de uso por lotes

Ahora que hemos visto cómo funciona el procesamiento por lotes, veamos cómo se aplica a una serie de aplicaciones. Los trabajos por lotes son excelentes para procesar grandes conjuntos de datos de forma masiva, pero no son adecuados para casos de uso de baja latencia. Por consiguiente, encontrarás trabajos por lotes siempre que haya una gran cantidad de datos y la actualidad de los datos no sea importante. Esto puede parecer limitante, pero resulta que una cantidad significativa de tareas de procesamiento de datos se ajustan a este modelo. Por ejemplo:

- La conciliación contable y de inventario, en la que las empresas verifican que las transacciones coinciden con sus cuentas bancarias y su inventario, se realiza a menudo como trabajos por lotes [30].
- En la industria manufacturera, la previsión de la demanda suele ejecutarse como un trabajo por lotes periódico [31].
- Las empresas de comercio electrónico, medios de comunicación y redes sociales entrenan sus modelos de recomendación con trabajos por lotes [32, 33].
- Muchos sistemas financieros se basan en lotes; por ejemplo, la red bancaria de EE. UU. funciona casi en su totalidad con trabajos por lotes [34].

En las siguientes secciones, analizaremos algunos de los casos de uso del procesamiento por lotes que se encuentran en casi todos los sectores.

Extract–Transform–Load

"Almacenamiento de datos" en la página 7 introdujo ETL y ELT, donde un canal de procesamiento de datos extrae datos de una base de datos de producción, los transforma y carga los resultados en un sistema descendente (en esta sección utilizaremos "ETL" para representar tanto las cargas de trabajo ETL como ELT). Los trabajos por lotes se utilizan a menudo para este tipo de cargas de trabajo, especialmente cuando el sistema descendente es un almacén de datos.

La naturaleza paralela de los trabajos por lotes los hace muy adecuados para la transformación de datos, gran parte de la cual implica cargas de trabajo "vergonzosamente paralelas". El filtrado de datos, la proyección de campos y muchas otras transformaciones comunes de almacenes de datos se pueden realizar en paralelo.

Los entornos de procesamiento por lotes también incluyen robustos programadores de flujos de trabajo, que facilitan la programación, la coordinación y la depuración de los trabajos de canalización de datos ETL. Cuando se produce un fallo, los programadores suelen reintentar los trabajos para mitigar los problemas transitorios que puedan surgir. Un trabajo que falla repetidamente se marcará como fallido, lo que ayuda a los desarrolladores a ver fácilmente qué trabajo de su canalización de datos ha dejado de funcionar. Los programadores como Airflow incluso incluyen operadores de origen, destino y consulta integrados para MySQL, PostgreSQL, Snowflake, Spark, Flink y docenas de otros sistemas populares. Una estrecha integración entre los programadores y los sistemas de procesamiento de datos simplifica la integración de datos.

También hemos visto que los trabajos por lotes son fáciles de solucionar y corregir cuando las cosas salen mal. Esta característica es muy valiosa a la hora de depurar canalizaciones de datos. Los archivos fallidos se pueden inspeccionar fácilmente para ver qué ha salido mal, y los trabajos por lotes ETL se pueden corregir y volver a ejecutar. Por ejemplo, si un archivo de entrada no contiene un campo que un trabajo por lotes de transformación pretende utilizar, los ingenieros de datos pueden detectar fácilmente que falta el campo y actualizar la lógica de transformación o el trabajo que produjo la entrada.

Las canalizaciones de datos solían ser gestionadas por un único equipo de ingeniería de datos, ya que se consideraba injusto pedir a otros equipos que trabajaban en las características del producto que escribieran y gestionaran complejas canalizaciones de datos por lotes. Recientemente, las mejoras en los modelos de procesamiento por lotes y la gestión de metadatos han facilitado mucho a los ingenieros de toda la organización contribuir y gestionar sus propias canalizaciones de datos. Las prácticas de *data mesh* [35, 36], *contrato de datos* [37] y *estructura de datos* [38] proporcionan estándares y herramientas para ayudar a los equipos a publicar de forma segura sus datos para que los consuma cualquier persona de la organización.

Los flujos de datos y las consultas analíticas han comenzado a compartir no solo modelos de procesamiento, sino también motores de ejecución. Muchos trabajos ETL por lotes se ejecutan ahora en los mismos sistemas que las consultas analíticas que leen sus resultados. No es raro ver cómo tanto las transformaciones de los flujos de datos como las consultas analíticas se ejecutan como consultas SparkSQL, Trino o DuckDB. Esta arquitectura difumina aún más la línea entre la ingeniería de aplicaciones, la ingeniería de datos, la ingeniería analítica y el análisis empresarial.

Análisis

En "Sistemas operativos frente a sistemas analíticos" en la página 4, vimos que las consultas analíticas (OLAP) a menudo escanean un gran número de registros, realizando agrupaciones y agregaciones. Es posible ejecutar estas cargas de trabajo en un sistema de procesamiento por lotes, junto con otras cargas de trabajo de procesamiento por lotes. Los analistas escriben consultas SQL que se ejecutan sobre un motor de consultas, que lee y escribe en un sistema de archivos distribuido o un almacén de objetos. Los metadatos de las tablas, como las asignaciones de tablas a archivos, los nombres y los tipos, se gestionan con formatos de tabla como Apache Iceberg y catálogos como Unity (consulta "Almacenes de datos en la nube" en la página 149). Esta arquitectura se conoce como *data lakehouse* [39].

Al igual que con ETL, las mejoras en las interfaces de consulta SQL hacen que muchas organizaciones utilicen ahora marcos de trabajo por lotes como Spark para el análisis. Estos patrones de consulta se presentan en dos estilos:

Consultas de preagregación

Los datos se agrupan en cubos OLAP o data marts para acelerar las consultas (consulta "Vistas materializadas y cubos de datos" en la página 159). Los datos preagregados se consultan en el almacén o se envían a sistemas OLAP en tiempo real diseñados específicamente , como Apache Druid o Apache Pinot. La preagregación suele realizarse a intervalos programados. Los programadores de flujos de trabajo que se describen en "Programación de flujos de trabajo" en la página 513 se utilizan para gestionar estas cargas de trabajo.

Consultas ad hoc
: Los usuarios los ejecutan para responder a preguntas comerciales específicas, investigar el comportamiento de los usuarios, depurar problemas operativos y mucho más. Los tiempos de respuesta son importantes para este caso de uso. Los analistas ejecutan consultas de forma iterativa a medida que obtienen respuestas y aprenden más sobre los datos que están investigando. Los marcos de procesamiento por lotes con ejecución rápida de consultas ayudan a reducir los tiempos de espera de los analistas.

La compatibilidad con SQL permite que los marcos de procesamiento por lotes se integren con hojas de cálculo y herramientas de visualización de datos como Tableau, Power BI, Looker y Apache Superset. Por ejemplo, Tableau ofrece conectores SparkSQL y Presto, mientras que Apache Superset es compatible con Trino, Hive, Spark SQL, Presto y muchos otros sistemas que, en última instancia, ejecutan trabajos por lotes para consultar datos.

Aprendizaje automático

El aprendizaje automático (ML) hace un uso frecuente del procesamiento por lotes. Los científicos de datos, los ingenieros de ML y los ingenieros de IA utilizan marcos de procesamiento por lotes para investigar patrones de datos, transformar datos y entrenar modelos de ML. Entre los usos más comunes se incluyen los siguientes:

Ingeniería de características
: Los datos sin procesar se filtran y se transforman en datos con los que se pueden entrenar los modelos. Los modelos predictivos suelen necesitar datos numéricos, por lo que los ingenieros deben transformar otros tipos de datos (como texto o valores discretos) al formato requerido.

Entrenamiento de modelos
: Los datos de entrenamiento son la entrada al proceso por lotes, y las ponderaciones del modelo entrenado son la salida.

Inferencia por lotes
: Un modelo entrenado se puede utilizar para hacer predicciones en masa si los conjuntos de datos son grandes y no se requieren resultados en tiempo real. Esto incluye evaluar las predicciones del modelo en un conjunto de datos de prueba.

Los marcos de procesamiento por lotes proporcionan herramientas específicas para estos casos de uso. Por ejemplo, MLlib de Apache Spark y FlinkML de Apache

Flink incluyen una amplia variedad de herramientas de ingeniería de características, funciones estadísticas y clasificadores.

Las aplicaciones de ML, como los motores de recomendación y los sistemas de clasificación, también hacen un uso intensivo del procesamiento de grafos (consulta "Modelos de datos tipo gráfico" en la página 94). Muchos algoritmos de grafos se expresan recorriendo un borde cada vez, uniendo un vértice con un vértice adyacente para propagar cierta información, y repitiendo hasta que se cumpla una determinada condición, por ejemplo, hasta que no haya más bordes que seguir o hasta que una métrica converja.

El modelo de computación *paralelo síncrono masivo* (BSP, por sus siglas en inglés) [40] se ha popularizado para el procesamiento por lotes de grafos; está implementado por Apache Giraph [20], la API GraphX de Spark y la API Gelly de Flink [41], entre otros. También se conoce como el modelo *Pregel*, ya que el artículo de Google sobre Pregel popularizó este enfoque para el procesamiento de grafos [42].

El procesamiento por lotes también es una parte integral de la preparación y el entrenamiento de datos de modelos de lenguaje grandes. Los datos de entrada de texto sin procesar, como el contenido de los sitios web, suelen residir en un DFS o en un almacén de objetos. Estos datos deben ser preprocesados para que sean adecuados para el entrenamiento. Los pasos de preprocesamiento que se adaptan bien a los marcos de procesamiento por lotes incluyen los siguientes:

- Extraer texto sin formato de HTML y corregir texto malformado.
- Detectar y eliminar documentos de baja calidad, irrelevantes y duplicados.
- Tokenizar el texto (dividirlo en palabras) y convertirlo en incrustaciones, o representaciones numéricas de cada palabra.

Los marcos de procesamiento por lotes como Kubeflow, Flyte y Ray están diseñados específicamente para este tipo de cargas de trabajo. OpenAI utiliza Ray como parte de su proceso de entrenamiento de ChatGPT, por ejemplo [43]. Estos marcos tienen integraciones incorporadas para LLM y bibliotecas de IA como PyTorch, TensorFlow, XGBoost y muchas otras. También ofrecen soporte incorporado para la ingeniería de características, el entrenamiento de modelos, la inferencia por lotes y el ajuste fino (ajuste de un modelo básico para casos de uso específicos).

Por último, los científicos de datos suelen experimentar con datos en notebooks interactivos como Jupyter o Hex. Los notebooks se componen de *celdas*, que son pequeños fragmentos de Markdown, Python o SQL. Las celdas se ejecutan secuencialmente para producir hojas de cálculo, gráficos o datos. Muchos notebooks utilizan el procesamiento por lotes a través de API de DataFrame o consultan dichos sistemas mediante SQL.

Servicio de datos derivados

Los trabajos por lotes se utilizan a menudo para crear conjuntos de datos precalculados o derivados, como recomendaciones de productos, informes dirigidos a los usuarios y características para modelos de ML. Estos conjuntos de datos se suelen servir desde una base de datos de producción, un almacén de claves-valores o un motor de búsqueda. Independientemente del sistema utilizado, los datos precalculados deben pasar del sistema de archivos distribuido o del almacén de objetos del procesador por lotes a la base de datos que sirve el tráfico en tiempo real.

Es posible que te sientas tentado a utilizar la biblioteca de clientes de tu base de datos favorita directamente dentro de un trabajo por lotes y escribir directamente en el servidor de la base de datos, un registro cada vez. Esto funcionará (suponiendo que las reglas de tu firewall permitan el acceso directo desde tu entorno de procesamiento por lotes a tus bases de datos de producción), pero no es una buena idea por varias razones:

- Realizar una solicitud de red para cada registro es mucho más lento que el rendimiento normal de una tarea por lotes. Incluso si la biblioteca del cliente admite el procesamiento por lotes, es probable que el rendimiento sea deficiente.
- Los marcos de procesamiento por lotes suelen ejecutar muchas tareas en paralelo. Si todas las tareas escriben simultáneamente en la misma base de datos de salida a la velocidad esperada de un proceso por lotes, esa base de datos puede saturarse fácilmente y es probable que su rendimiento para las consultas se vea afectado. Esto, a su vez, puede causar problemas operativos en otras partes del sistema [44].
- Normalmente, los trabajos por lotes ofrecen una garantía clara de todo o nada para el resultado del trabajo. Si un trabajo se realiza correctamente, el resultado es el producto de ejecutar cada tarea exactamente una vez, incluso si algunas tareas fallaron y tuvieron que reintentarse durante el proceso; si todo el trabajo falla, no se produce ningún resultado. Sin embargo, escribir en un sistema externo desde dentro de un trabajo produce efectos secundarios visibles externamente que no se pueden ocultar de esta manera. Por lo tanto, debes preocuparte de que los resultados de los trabajos parcialmente completados sean visibles para otros sistemas. Si una tarea falla y se reinicia, puede duplicar el resultado de la ejecución fallida.

Una solución mejor es que los trabajos por lotes envíen los conjuntos de datos precalculados a flujos como los temas de Kafka, que tratamos más adelante en Capítulo 12. Los motores de búsqueda como Elasticsearch, los sistemas OLAP en tiempo real como Apache Pinot y Apache Druid, los almacenes de datos derivados como Venice [45] y almacenes de datos en la nube como ClickHouse tienen la capacidad integrada de incorporar datos de Kafka en sus sistemas. Enviar datos a través de un sistema de streaming soluciona algunos de los problemas mencionados anteriormente:

- Los sistemas de streaming están optimizados para escrituras secuenciales, lo que los hace más adecuados para la carga de trabajo de escritura masiva de un trabajo por lotes.
- Los sistemas de streaming pueden actuar como un búfer entre el trabajo por lotes y las bases de datos de producción. Los sistemas descendentes pueden limitar su velocidad de lectura para garantizar que puedan seguir atendiendo cómodamente el tráfico de producción.
- La salida de un solo trabajo por lotes puede ser consumida por múltiples sistemas descendentes.
- Los sistemas de streaming pueden servir como límite de seguridad entre los entornos de procesamiento por lotes y las redes de producción. Pueden implementarse en una red denominada *zona desmilitarizada* (DMZ) que se encuentra entre la red de procesamiento por lotes y la red de producción.

Una cuestión que el streaming no resuelve de forma inherente es la garantía de "todo o nada". Para que esto funcione, una vez completados, los trabajos por lotes deben enviar una notificación a los sistemas descendentes indicando que su trabajo ha finalizado y que los datos ya pueden servirse. Los consumidores del flujo deben poder mantener los datos que reciben invisibles para las consultas, como una transacción no confirmada con aislamiento de lectura confirmada (consulta "Leer confirmado" en la página 319), hasta que se les notifique que el trabajo ha finalizado.

Otro patrón más común al Bootstrap de bases de datos es crear una base de datos completamente nueva *dentro* del trabajo por lotes y cargar esos archivos directamente en la base de datos desde un sistema de archivos distribuido, un almacén de objetos o un sistema de archivos local. Muchos sistemas de datos ofrecen herramientas de importación masiva, como Lightning de TiDB y los trabajos de importación de Hadoop de Apache Pinot. RocksDB también ofrece una API para importar de forma masiva archivos SST (Sorted String Table) desde trabajos por lotes.

Crear bases de datos por lotes e importar los datos de forma masiva es muy rápido y facilita que los sistemas cambien de forma atómica entre versiones de conjuntos de datos. Por otro lado, puede resultar complicado actualizar de forma incremental los conjuntos de datos desde trabajos por lotes que crean bases de datos completamente nuevas. Es habitual adoptar un enfoque híbrido cuando se necesitan tanto cargas iniciales como incrementales. Venice, por ejemplo, admite almacenes híbridos que permiten actualizaciones por lotes basadas en filas e intercambios completos de conjuntos de datos.

Resumen

En este capítulo hemos explorado el diseño y la implementación de sistemas de procesamiento por lotes. Comenzamos con la cadena de herramientas clásica de Unix (`awk`, `sort`, `uniq`, etc.) para ilustrar las primitivas fundamentales del procesamiento por lotes, como la clasificación y el recuento.

A continuación, pasamos a los sistemas de procesamiento por lotes distribuidos. Los marcos de lotes procesan conjuntos de datos de entrada inmutables, delimitados para producir datos de salida, lo que permite volver a ejecutarlos y depurarlos sin efectos secundarios. Este procesamiento implica tres componentes principales: una capa de orquestación que determina dónde y cuándo se ejecutan los trabajos, una capa de almacenamiento para conservar los datos y una capa de cálculo que procesa los datos reales.

Analizamos cómo los sistemas de archivos distribuidos y los almacenes de objetos gestionan archivos de gran tamaño mediante la replicación basada en bloques, el almacenamiento en caché y los servicios de metadatos, y cómo los marcos de trabajo por lotes modernos interactúan con estos sistemas a través de API conectables. También discutimos cómo los orquestadores de trabajos programan tareas, asignan recursos y gestionan fallos en grandes clústeres, y los comparamos con los orquestadores de flujos de trabajo que gestionan el ciclo de vida de una colección de trabajos que se ejecutan en un gráfico de dependencias.

Hemos estudiado los modelos de procesamiento por lotes, empezando por MapReduce y sus funciones canónicas de mapeo y reducción. A continuación, nos hemos centrado en motores de flujo de datos como Spark y Flink, que ofrecen API de flujo de datos más fáciles de usar y un mejor rendimiento. Para comprender cómo se escalan los trabajos por lotes, hemos tratado el algoritmo de barajado, una operación fundamental que permite agrupar, unir y agregar.

Vimos que, a medida que los sistemas por lotes maduraban, la atención se desplazaba hacia la usabilidad. Se añadió compatibilidad con lenguajes de consulta de alto nivel como SQL y API de DataFrame, lo que hizo que los trabajos por lotes fueran más accesibles y fáciles de optimizar. El marco por lotes toma los trabajos escritos en estos lenguajes y determina automáticamente cómo ejecutarlos de manera eficiente en un clúster de máquinas.

Terminamos el capítulo con un repaso de los casos de uso comunes del procesamiento por lotes, entre los que se incluyen los siguientes:

- Canales ETL, que extraen, transforman y cargan datos entre sistemas utilizando flujos de trabajo programados
- Análisis, donde los trabajos por lotes admiten tanto consultas preagregadas como ad hoc

- Aprendizaje automático, donde los trabajos por lotes se utilizan para preparar y procesar grandes conjuntos de datos de entrenamiento
- Rellenar sistemas orientados a la producción a partir de salidas por lotes, a menudo a través de flujos o herramientas de carga masiva, con el fin de proporcionar los datos derivados a los usuarios

En el siguiente capítulo pasaremos al procesamiento de flujos, en el que la entrada es *ilimitada*, es decir, las entradas de un trabajo son flujos de datos interminables. Esto significa que los trabajos nunca se completan, ya que en cualquier momento puede llegar más trabajo. Veremos que el procesamiento de flujos y el procesamiento por lotes son similares en algunos aspectos, pero la suposición de flujos ilimitados también tiene un impacto significativo en la forma en que construimos los sistemas.

Referencias

[1] Nathan Marz. "How to Beat the CAP Theorem." *nathanmarz.com*, October 2011. Archived at *perma.cc/4BS9-R9A4*

[2] Molly Bartlett Dishman and Martin Fowler. "Agile Architecture." At *O'Reilly Software Architecture Conference*, March 2015.

[3] Jeffrey Dean and Sanjay Ghemawat. "MapReduce: Simplified Data Processing on Large Clusters." At *6th USENIX Symposium on Operating System Design and Implementation* (OSDI), December 2004.

[4] Shivnath Babu and Herodotos Herodotou. "Massively Parallel Databases and MapReduce Systems." *Foundations and Trends in Databases*, volume 5, issue 1, pages 1–104, November 2013. *doi:10.1561/1900000036*

[5] David J. DeWitt and Michael Stonebraker. "MapReduce: A Major Step Backwards." Originally published at *databasecolumn.vertica.com*, January 2008. Archived at *perma.cc/U8PA-K48V*

[6] Henry Robinson. "The Elephant Was a Trojan Horse: On the Death of Map-Reduce at Google." *the-paper-trail.org*, June 2014. Archived at *perma.cc/9FEM-X787*

[7] Urs Hölzle. "R.I.P. MapReduce. After having served us well since 2003, today we removed the remaining internal codebase for good." *x.com*, September 2019. Archived at *perma.cc/B34T-LLY7*

[8] Adam Drake. "Command-Line Tools Can Be 235x Faster than Your Hadoop Cluster." *aadrake.com*, January 2014. Archived at *perma.cc/87SP-ZMCY*

[9] "`sort`: Sort Text Files." GNU Coreutils 9.7 Documentation, Free Software Foundation, Inc., 2025. Archived at *perma.cc/68KN-E8TL*

[10] Michael Ovsiannikov, Silvius Rus, Damian Reeves, Paul Sutter, Sriram Rao, and Jim Kelly. "The Quantcast File System." *Proceedings of the VLDB Endowment*, volume 6, issue 11, pages 1092–1101, August 2013. *doi:10.14778/2536222.2536234*

[11] Andrew Wang, Zhe Zhang, Kai Zheng, Uma Maheswara G., and Vinayakumar B. "Introduction to HDFS Erasure Coding in Apache Hadoop." *blog.cloudera.com*, September 2015. Archived at *archive.org*

[12] Andy Warfield. "Building and Operating a Pretty Big Storage System Called S3." *allthingsdistributed.com*, July 2023. Archived at *perma.cc/7LPK-TP7V*

[13] Vinod Kumar Vavilapalli, Arun C. Murthy, Chris Douglas, Sharad Agarwal, Mahadev Konar, Robert Evans, Thomas Graves, Jason Lowe, Hitesh Shah, Siddharth Seth, Bikas Saha, Carlo Curino, Owen O'Malley, Sanjay Radia, Benjamin Reed, and Eric Baldeschwieler. "Apache Hadoop YARN: Yet Another Resource Negotiator." At *4th Annual Symposium on Cloud Computing* (SoCC), October 2013. *doi:10.1145/2523616.2523633*

[14] Richard M. Karp. "Reducibility Among Combinatorial Problems." *Complexity of Computer Computations. The IBM Research Symposia Series*. Springer, 1972. *doi:10.1007/978-1-4684-2001-2_9*

[15] J. D. Ullman. "NP-Complete Scheduling Problems." *Journal of Computer and System Sciences*, volume 10, issue 3, pages 384–393, June 1975. *doi:10.1016/S0022-0000(75)80008-0*

[16] Gilad David Maayan. "The Complete Guide to Spot Instances on AWS, Azure and GCP." *datacenterdynamics.com*, March 2021. Archived at *archive.org*

[17] Abhishek Verma, Luis Pedrosa, Madhukar Korupolu, David Oppenheimer, Eric Tune, and John Wilkes. "Large-Scale Cluster Management at Google with Borg." At *10th European Conference on Computer Systems* (EuroSys), April 2015. *doi:10.1145/2741948.2741964*

[18] Matei Zaharia, Mosharaf Chowdhury, Tathagata Das, Ankur Dave, Justin Ma, Murphy McCauley, Michael J. Franklin, Scott Shenker, and Ion Stoica. "Resilient Distributed Datasets: A Fault-Tolerant Abstraction for In-Memory Cluster Computing." At *9th USENIX Symposium on Networked Systems Design and Implementation* (NSDI), April 2012.

[19] Paris Carbone, Stephan Ewen, Seif Haridi, Asterios Katsifodimos, Volker Markl, and Kostas Tzoumas. "Apache Flink: Stream and Batch Processing in a Single Engine." *Bulletin of the IEEE Computer Society Technical Committee on Data Engineering*, volume 38, issue 4, pages 28–38, December 2015. Archived at *perma.cc/G3N3-BKX5*

[20] Mark Grover, Ted Malaska, Jonathan Seidman, and Gwen Shapira. *Hadoop Application Architectures*. O'Reilly Media, 2015. ISBN: 9781491900048

[21] Jules S. Damji, Brooke Wenig, Tathagata Das, and Denny Lee. *Learning Spark*, 2nd edition. O'Reilly Media, 2020. ISBN: 9781492050049

[22] Michael Isard, Mihai Budiu, Yuan Yu, Andrew Birrell, and Dennis Fetterly. "Dryad: Distributed Data-Parallel Programs from Sequential Building Blocks." At *2nd European Conference on Computer Systems* (EuroSys), March 2007. *doi:10.1145/1272996.1273005*

[23] Daniel Warneke and Odej Kao. "Nephele: Efficient Parallel Data Processing in the Cloud." At *2nd Workshop on Many-Task Computing on Grids and Supercomputers* (MTAGS), November 2009. *doi:10.1145/1646468.1646476*

[24] Hossein Ahmadi. "In-Memory Query Execution in Google BigQuery." *cloud.google.com*, August 2016. Archived at *perma.cc/DGG2-FL9W*

[25] Tom White. *Hadoop: The Definitive Guide*, 4th edition. O'Reilly Media, 2015. ISBN: 9781491901632

[26] Fabian Hüske. "Peeking into Apache Flink's Engine Room." *flink.apache.org*, March 2015. Archived at *perma.cc/44BW-ALJX*

[27] Mostafa Mokhtar. "Hive 0.14 Cost Based Optimizer (CBO) Technical Overview." *hortonworks.com*, March 2015. Archived at *archive.org*

[28] Michael Armbrust, Reynold S. Xin, Cheng Lian, Yin Huai, Davies Liu, Joseph K. Bradley, Xiangrui Meng, Tomer Kaftan, Michael J. Franklin, Ali Ghodsi, and Matei Zaharia. "Spark SQL: Relational Data Processing in Spark." At *ACM International Conference on Management of Data* (SIGMOD), June 2015. *doi:10.1145/2723372.2742797*

[29] Kaya Kupferschmidt. "Spark vs. Pandas, Part 2—Spark." *towardsdatascience.com*, October 2020. Archived at *perma.cc/5BRK-G4N5*

[30] Ammar Chalifah. "Tracking Payments at Scale." *bolt.eu.com*, June 2025. Archived at *perma.cc/Q4KX-8K3J*

[31] Nafi Ahmet Turgut, Hamza Akyıldız, Hasan Burak Yel, Mehmet İkbal Özmen, Mutlu Polatcan, Pinar Baki, and Esra Kayabali. "Demand Forecasting at Getir Built with Amazon Forecast." *aws.amazon.com*, May 2023. Archived at *perma.cc/H3H6-GNL7*

[32] Jason (Siyu) Zhu. "Enhancing Homepage Feed Relevance by Harnessing the Power of Large Corpus Sparse ID Embeddings." *linkedin.com*, August 2023. Archived at *archive.org*

[33] Avery Ching, Sital Kedia, and Shuojie Wang. "Apache Spark @Scale: A 60 TB+ Production Use Case." *engineering.fb.com*, August 2016. Archived at *perma.cc/F7R5-YFAV*

[34] Edward Kim. "How ACH Works: A Developer Perspective—Part 1." *engineering.gusto.com*, April 2014. Archived at *perma.cc/F67P-VBLK*

[35] Zhamak Dehghani. "How to Move Beyond a Monolithic Data Lake to a Distributed Data Mesh." *martinfowler.com*, May 2019. Archived at *perma.cc/LN2L-L4VC*

[36] Chris Riccomini. "What the Heck Is a Data Mesh?!" *cnr.sh*, June 2021. Archived at *perma.cc/NEJ2-BAX3*

[37] Chad Sanderson, Mark Freeman, and B. E. Schmidt. *Data Contracts*. O'Reilly Media, 2025. ISBN: 9781098157623

[38] Daniel Abadi. "Data Fabric vs. Data Mesh: What's the Difference?" *starburst.io*, November 2021. Archived at *perma.cc/RSK3-HXDK*

[39] Michael Armbrust, Ali Ghodsi, Reynold Xin, and Matei Zaharia. "Lakehouse: A New Generation of Open Platforms That Unify Data Warehousing and Advanced Analytics." At *11th Annual Conference on Innovative Data Systems Research* (CIDR), January 2021. Archived at *perma.cc/7C6D-T9NR*

[40] Leslie G. Valiant. "A Bridging Model for Parallel Computation." *Communications of the ACM*, volume 33, issue 8, pages 103–111, August 1990. *doi:10.1145/79173.79181*

[41] Stephan Ewen, Kostas Tzoumas, Moritz Kaufmann, and Volker Markl. "Spinning Fast Iterative Data Flows." *Proceedings of the VLDB Endowment*, volume 5, issue 11, pages 1268–1279, July 2012. *doi:10.14778/2350229.2350245*

[42] Grzegorz Malewicz, Matthew H. Austern, Aart J. C. Bik, James C. Dehnert, Ilan Horn, Naty Leiser, and Grzegorz Czajkowski. "Pregel: A System for Large-Scale Graph Processing." At *ACM International Conference on Management of Data* (SIGMOD), June 2010. *doi:10.1145/1807167.1807184*

[43] Richard MacManus. "OpenAI Chats About Scaling LLMs at Anyscale's Ray Summit." *thenewstack.io*, September 2023. Archived at *perma.cc/YJD6-KUXU*

[44] Jay Kreps. "Why Local State Is a Fundamental Primitive in Stream Processing." *oreilly.com*, July 2014. Archived at *perma.cc/P8HU-R5LA*

[45] Félix GV. "Open Sourcing Venice—LinkedIn's Derived Data Platform." *linkedin.com*, September 2022. Archived at *archive.org*

CAPÍTULO 12

Procesamiento de flujos

Se ha comprobado que un sistema complejo que funciona siempre ha evolucionado a partir de un sistema simple que funciona. La proposición inversa también parece ser cierta: un sistema complejo diseñado desde cero nunca funciona y no se puede hacer que funcione.

—John Gall, *Systemantics* (1975)

En Capítulo 11 hablamos del procesamiento por lotes, técnicas que leen un conjunto de archivos como entrada y producen un nuevo conjunto de archivos de salida. La salida es una forma de *datos derivados*, es decir, un conjunto de datos que se puede volver a crear ejecutando el proceso por lotes de nuevo si es necesario. Vimos cómo esta idea sencilla pero potente se puede utilizar para crear índices de búsqueda, sistemas de recomendación, análisis y mucho más.

Sin embargo, una gran suposición se mantuvo a lo largo de Capítulo 11: a saber, que la entrada es limitada, de un tamaño conocido y finito, por lo que el proceso por lotes sabe cuándo ha terminado de leer su entrada. Por ejemplo, la operación de clasificación, que es fundamental en MapReduce, debe leer toda la entrada antes de poder empezar a producir la salida, ya que el último registro de entrada podría ser el que tenga la clave más baja y, por lo tanto, debe ser el primer registro de salida, por lo que no es posible empezar la salida antes.

En realidad, muchos datos no están limitados porque llegan gradualmente a lo largo del tiempo. Tus usuarios produjeron datos ayer y hoy, y seguirán produciendo más datos mañana. A menos que cierres el negocio, este proceso nunca termina, por lo que el conjunto de datos nunca está "completo" en ningún sentido significativo [1]. Por lo tanto, los procesadores por lotes deben dividir artificialmente los datos en fragmentos de duración fija, por ejemplo, procesando los datos de un día al final de cada día, o procesando los datos de una hora al final de cada hora.

El problema de los procesos por lotes diarios es que los cambios en la entrada se reflejan en la salida un día después, lo que resulta demasiado lento para muchos usuarios impacientes. Para reducir el retraso, podemos ejecutar el procesamiento con mayor frecuencia, por ejemplo, procesando los datos de un segundo al final de cada segundo, o incluso de forma continua, abandonando por completo los intervalos de tiempo fijos y simplemente procesando cada evento a medida que ocurre. Esa es la idea que subyace *al procesamiento de flujos*.

En general, un *flujo* se refiere a los datos que se van poniendo a disposición de forma incremental a lo largo del tiempo. El concepto aparece en muchos lugares: en la `stdin` y `stdout` de Unix, en los lenguajes de programación (listas perezosas) [2], en las API de sistemas de archivos (como `FileInputStream` de Java), en las conexiones TCP, en el audio y el vídeo que se transmite a través de Internet, etc.

En este capítulo veremos *las secuencias de eventos* como un mecanismo de gestión de datos: la contrapartida ilimitada y procesada de forma incremental de los datos por lotes que vimos en el capítulo anterior. Primero discutiremos cómo se representan, almacenan y transmiten las secuencias a través de una red, y luego investigaremos la relación entre las secuencias y las bases de datos. Por último, en "Procesamiento de flujos" en la página 568, exploraremos enfoques y herramientas para procesar esas secuencias de forma continua y las formas en que se pueden utilizar para crear aplicaciones.

Transmisión de flujos de eventos

En el mundo del procesamiento por lotes, las entradas y salidas de un trabajo son archivos (quizás en un sistema de archivos distribuido). ¿Cómo es el equivalente en streaming?

Cuando la entrada es un archivo (una secuencia de bytes), el primer paso del procesamiento suele ser analizarlo en una secuencia de registros. En un contexto de procesamiento de flujos, un registro se conoce más comúnmente como *un evento*, pero es esencialmente lo mismo: un objeto pequeño, autónomo e inmutable que contiene los detalles de algo que ocurrió en un momento determinado. Un evento suele contener una marca de tiempo que indica cuándo ocurrió según un reloj de hora del día (consulta "Relojes monotónicos frente a relojes de hora del día" en la página 396).

Por ejemplo, lo que ocurrió podría ser una acción que realizó un usuario, como ver una página o realizar una compra. También podría provenir de una máquina, como una medición periódica de un sensor de temperatura o una métrica de utilización de la CPU. En el ejemplo de "Procesamiento por lotes con herramientas Unix" en la página 502, cada línea del registro del servidor web es un evento.

Un evento puede codificarse como una cadena de texto, JSON o quizás en formato binario, tal y como se explica en Capítulo 5. Esta codificación te permite almacenar un evento, por ejemplo, añadiéndolo a un archivo, insertándolo en una tabla relacional o escribiéndolo en una base de datos de documentos. La codificación también te permite enviar el evento a través de la red a otro nodo para procesarlo.

En el procesamiento por lotes, un archivo se escribe una vez y luego puede ser leído por múltiples trabajos. De manera análoga, en la terminología de streaming, un evento es generado una vez por un *productor* (también conocido como *editor* o *remitente*) y luego puede ser procesado por múltiples *consumidores* (*suscriptores* o *destinatarios*) [3]. En un sistema de archivos, un nombre de archivo identifica un conjunto de registros relacionados; en un sistema de streaming, los eventos relacionados suelen agruparse en un *tema* o *flujo*.

En principio, un archivo o una base de datos son suficientes para conectar a productores y consumidores. Un productor escribe cada evento que genera en el almacén de datos, y cada consumidor consulta periódicamente el almacén de datos para comprobar los eventos que han aparecido desde la última vez que se ejecutó. Esto es esencialmente lo que hace un proceso por lotes cuando procesa los datos de un día al final de cada jornada.

Sin embargo, cuando se avanza hacia un procesamiento continuo con bajos retrasos, la consulta se vuelve costosa si el almacén de datos no está diseñado para este tipo de uso. Cuanto más a menudo se consulta, menor es el porcentaje de solicitudes que devuelven nuevos eventos y, por lo tanto, mayores son los gastos generales. En cambio, es mejor que se notifique a los consumidores cuando aparecen nuevos eventos.

Tradicionalmente, las bases de datos no han admitido muy bien este tipo de mecanismo de notificación. Las bases de datos relacionales suelen tener *disparadores*, que pueden reaccionar ante un cambio (por ejemplo, la inserción de una fila en una tabla), pero son muy limitados en lo que pueden hacer y han sido en cierto modo una idea de último momento en el diseño de bases de datos [4]. En su lugar, se han desarrollado herramientas especializadas con el fin de enviar notificaciones de eventos.

Sistemas de mensajería

Un enfoque común para notificar a los consumidores sobre nuevos eventos es utilizar un *sistema de mensajería*: un productor envía un mensaje que contiene el evento, que luego se envía a los consumidores. Ya hemos hablado de estos sistemas anteriormente en "Arquitecturas basadas en eventos" en la página 208 y ahora entraremos en más detalles.

Un canal de comunicación directo, como una tubería Unix o una conexión TCP entre el productor y el consumidor, sería una forma sencilla de implementar un sistema de mensajería. Sin embargo, la mayoría de los sistemas de mensajería amplían este modelo básico. En concreto, las tuberías Unix y TCP conectan exactamente un remitente con un destinatario, mientras que un sistema de mensajería permite que varios nodos productores envíen mensajes al mismo tema y que varios nodos consumidores reciban mensajes en un tema.

Dentro de este modelo *de publicación/suscripción*, los diferentes sistemas adoptan una amplia gama de enfoques, y no existe una respuesta única válida para todos los fines. Para diferenciar los sistemas, resulta especialmente útil plantearse las dos preguntas siguientes:

¿Qué sucede si los productores envían mensajes más rápido de lo que los consumidores pueden procesarlos?

En términos generales, el sistema tiene tres opciones: descartar mensajes, almacenarlos en una cola o aplicar *contrapresión* (también conocida como *control de flujo*, que impide que el productor envíe más mensajes). Por ejemplo, las tuberías de Unix y el TCP utilizan contrapresión; tienen un pequeño buffer de tamaño fijo y, si se llena, el remitente queda bloqueado hasta que el destinatario extrae los datos del buffer (consulta "Congestión de la red y colas" en la página 390).

Si los mensajes se almacenan en una cola, es importante comprender qué sucede a medida que esa cola crece. ¿El sistema se bloquea si la cola ya no cabe en la memoria, o escribe los mensajes en el disco? En este último caso, ¿cómo afecta el acceso al disco al rendimiento del sistema de mensajería [5], y qué sucede cuando el disco se llena [6]?

¿Qué sucede si los nodos se bloquean o se desconectan temporalmente? ¿Se pierden mensajes?

Al igual que con las bases de datos, la durabilidad de la mensajería puede requerir una combinación de escritura en el disco y/o replicación (consulta el recuadro Replicación y durabilidad en la página 311), lo cual tiene un costo. Si puedes permitirte perder mensajes en ocasiones, probablemente puedas obtener un mayor rendimiento y una menor latencia con el mismo hardware.

Que la pérdida de mensajes sea aceptable depende en gran medida de la aplicación. Por ejemplo, con las lecturas de sensores y las métricas que se transmiten periódicamente, es posible que la pérdida ocasional de un punto de datos no sea importante, ya que, de todos modos, poco después se enviará un valor actualizado. Sin embargo, ten en cuenta que si se pierden muchos mensajes, puede que no se note inmediatamente que las métricas son incorrectas [7]. Si estás contando eventos, es más importante que se entreguen de forma fiable, ya que cada mensaje perdido significa contadores incorrectos.

Una propiedad interesante de los sistemas de procesamiento por lotes que exploramos en Capítulo 11 es que ofrecen una sólida garantía de fiabilidad. Las tareas fallidas se reintentan automáticamente y la salida parcial de las tareas fallidas se descarta automáticamente. Esto significa que la salida es la misma que si no se hubiera producido ningún fallo, lo que ayuda a simplificar el modelo de programación. Más adelante en este capítulo examinaremos cómo podemos ofrecer garantías similares en un contexto de streaming.

Mensajería directa de productores a consumidores

Varios sistemas de mensajería utilizan la comunicación directa por red entre productores y consumidores sin utilizar nodos intermedios:

- La multidifusión UDP se utiliza ampliamente en el sector financiero para flujos como las fuentes del mercado de valores, donde es importante una baja latencia [8]. Aunque el UDP en sí mismo no es fiable, los protocolos a nivel de aplicación pueden recuperar los paquetes perdidos (el productor debe recordar los paquetes que ha enviado para poder retransmitirlos cuando sea necesario).
- Las bibliotecas de mensajería sin intermediarios, como ZeroMQ y nanomsg, adoptan un enfoque similar, implementando mensajería de publicación/suscripción a través de TCP o multidifusión IP.
- Algunos agentes de recopilación de métricas, como StatsD [9], utilizan mensajes UDP poco fiables para recopilar métricas de todas las máquinas de la red y realizar el monitoreo. (En el protocolo StatsD, las métricas del contador solo son correctas si se reciben todos los mensajes; el uso de UDP hace que las métricas sean, en el mejor de los casos, aproximadas [10]. Consulta también TCP frente a UDP en la página 391).
- Si el consumidor expone un servicio en la red, los productores pueden realizar una solicitud directa HTTP o RPC (consulta "Flujo de datos a través de servicios: REST y RPC" en la página 198) para enviar mensajes al consumidor. Esta es la idea detrás de los webhooks [11], un patrón en el que la URL de devolución de llamada de un servicio se registra en otro servicio y realiza una solicitud a esa URL cada vez que se produce un evento.

Aunque estos sistemas de mensajería directa funcionan bien en las situaciones para las que están diseñados, por lo general requieren que el código de la aplicación sea consciente de la posibilidad de pérdida de mensajes. Las fallas que pueden tolerar son bastante limitadas. Incluso si los protocolos detectan y retransmiten los paquetes que se pierden en la red, por lo general asumen que los productores y consumidores están constantemente en línea.

Si un consumidor está desconectado, puede perder mensajes que se enviaron mientras no estaba disponible. Algunos protocolos permiten al productor reintentar las entregas de mensajes fallidas, pero este enfoque puede fallar si el productor se bloquea, perdiendo el buffer de mensajes que se suponía que debía reintentar.

Corredores de mensajes

Una alternativa muy utilizada es enviar mensajes a través de un *agente de mensajes* (también conocido como *cola de mensajes*), que es esencialmente un tipo de base de datos optimizada para gestionar flujos de mensajes [12]. Funciona como un servidor, al que se conectan los productores y consumidores como clientes. Los productores escriben mensajes en el agente, y este los entrega a los consumidores.

Al centralizar los datos en el intermediario, estos sistemas pueden tolerar más fácilmente a los clientes que van y vienen (se conectan, se desconectan y se bloquean), y la cuestión de la durabilidad se traslada al intermediario. Algunos brokers de mensajes solo guardan los mensajes en la memoria, mientras que otros (dependiendo de la configuración) los escriben en el disco para que no se pierdan en caso de que el broker se bloquee. Ante consumidores lentos, generalmente permiten colas ilimitadas (en lugar de descartar mensajes o aplicar contrapresión), aunque esta elección también puede depender de la configuración.

Una consecuencia de la cola es que los consumidores suelen ser *asincrónicos*. Cuando un productor envía un mensaje, normalmente solo espera a que el agente confirme que ha almacenado el mensaje en el buffer y no espera a que los consumidores lo procesen. La entrega a los consumidores se producirá en un momento indeterminado en el futuro, a menudo en una fracción de segundo, pero a veces mucho más tarde si hay una acumulación de mensajes en la cola.

Comparativa entre los brokers de mensajes y las bases de datos

Algunos brokers de mensajes pueden incluso participar en protocolos de confirmación en dos fases utilizando XA o JTA (consulta "Transacciones distribuidas entre diferentes sistemas" en la página 363). Esta característica los hace bastante similares en naturaleza a las bases de datos, aunque los brokers de mensajes y las bases de datos siguen teniendo importantes diferencias prácticas:

- Las bases de datos suelen conservar los datos hasta que se eliminan explícitamente, mientras que algunos brokers de mensajes eliminan automáticamente un mensaje cuando se ha entregado correctamente a sus consumidores. Estos brokers de mensajes no son adecuados para el almacenamiento de datos a largo plazo.
- Dado que eliminan rápidamente los mensajes, la mayoría de los brokers de mensajes asumen que su conjunto de trabajo es bastante pequeño, es decir, que las colas son cortas. Si el broker necesita almacenar en buffer una gran cantidad de mensajes porque los consumidores son lentos (quizás volcando mensajes al

disco si ya no caben en la memoria), cada mensaje individual tarda más en procesarse y el rendimiento general puede degradarse [5].

- Las bases de datos suelen admitir índices secundarios y diversas formas de buscar datos con un lenguaje de consulta, mientras que los brokers de mensajes suelen admitir alguna forma de suscribirse a un subconjunto de temas que coincidan con un patrón. Ambas son esencialmente formas de que un cliente seleccione la parte de los datos que te interesa conocer, pero las bases de datos suelen ofrecer una funcionalidad de consulta mucho más avanzada.
- Al consultar una base de datos, el resultado se basa normalmente en una instantánea de los datos en un momento determinado. Si otro cliente escribe posteriormente algo en la base de datos que cambia el resultado de la consulta, el primer cliente no se entera de que su resultado anterior ahora está desactualizado (a menos que repita la consulta o busque cambios). Por el contrario, los intermediarios de mensajes no admiten consultas arbitrarias y no permiten actualizaciones de mensajes después de enviarlos, pero sí notifican a los clientes cuando los datos cambian (es decir, cuando hay nuevos mensajes disponibles).

Esta es la visión tradicional de los intermediarios de mensajes, que se resume en estándares como JMS [13] y AMQP [14] y se implementa en software como RabbitMQ, ActiveMQ, HornetQ, Qpid, TIBCO Enterprise Message Service, IBM MQ, Azure Service Bus y Google Cloud Pub/Sub [15]. Aunque es posible utilizar bases de datos como colas, ajustarlas para obtener un buen rendimiento no es sencillo [16].

Múltiples consumidores

Cuando varios consumidores leen mensajes en el mismo tema, se utilizan dos patrones principales de mensajería, como se ilustra en Figura 12-1:

Equilibrio de carga
: Cada mensaje se entrega a *uno* de los consumidores, de modo que estos pueden compartir el trabajo de procesar los mensajes del tema. El intermediario puede asignar los mensajes a los consumidores de forma arbitraria. Este patrón es útil cuando los mensajes son costosos de procesar, por lo que quieres poder agregar consumidores para paralelizar el procesamiento. (En AMQP, puedes implementar el equilibrio de carga haciendo que varios clientes consuman de la misma cola, y en JMS se denomina una *suscripción compartida suscripción*).

Fan-out
: Cada mensaje se entrega a *todos* los consumidores. El fan-out permite que varios consumidores independientes se "sintonicen" con la misma transmisión de mensajes, sin afectarse entre sí, lo que equivale en streaming a tener varios trabajos por lotes que leen el mismo archivo de entrada. (Esta función la proporcionan las suscripciones a temas en JMS y los enlaces de intercambio en AMQP).

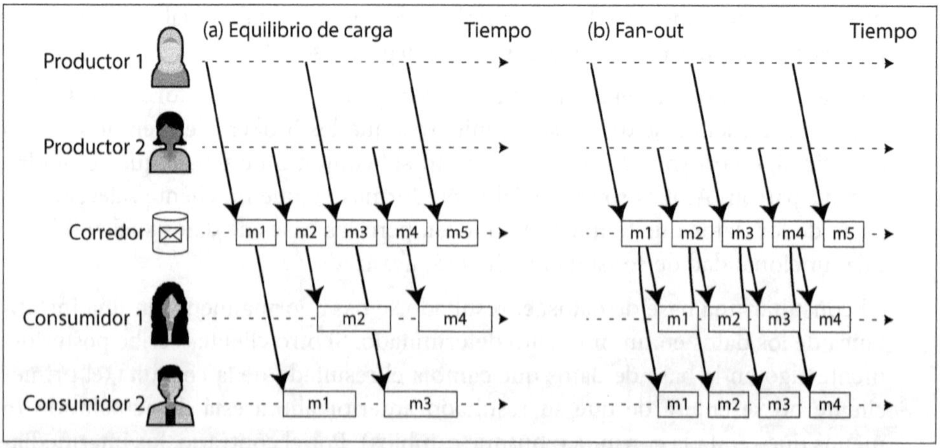

Figura 12-1. (a) El equilibrio de carga distribuye el trabajo de consumir un tema entre los consumidores; (b) con la distribución, cada mensaje se entrega a varios consumidores.

Los dos patrones se pueden combinar, por ejemplo, utilizando la función de *grupos de consumidores* de Kafka. Cuando un grupo de consumidores se suscribe a un tema, cada mensaje del tema se envía a uno de los consumidores del grupo (equilibrando la carga entre los consumidores del grupo). Si dos grupos de consumidores independientes se suscriben al mismo tema, cada mensaje se envía a un consumidor de cada grupo (proporcionando una distribución entre los grupos de consumidores).

Acuses de recibo y reenvío

Los consumidores pueden fallar en cualquier momento. Por lo tanto, un agente podría entregar un mensaje a un consumidor, pero este nunca lo procesaría, o solo lo procesaría parcialmente antes de fallar. Para garantizar que el mensaje no se pierda, los agentes de mensajes utilizan *acuses de recibo*: un cliente debe indicar explícitamente al agente cuándo ha terminado de procesar un mensaje para que este pueda eliminarlo de la cola.

Si la conexión con un cliente se cierra o se agota el tiempo de espera sin que el agente reciba un acuse de recibo, asume que el mensaje no se ha procesado y, por lo tanto, lo entrega de nuevo a otro consumidor. (Ten en cuenta que podría ocurrir que el mensaje *se haya* procesado completamente, pero el acuse de recibo se haya perdido en la red. Para manejar este caso se requiere un protocolo de confirmación atómica, como se explica en "Procesamiento de mensajes exactamente una vez" en la página 364, a menos que la operación fuera idempotente o no se requiera una semántica de una sola vez).

Cuando se combina con el equilibrio de carga, este comportamiento de reenvío tiene un efecto interesante en el orden de los mensajes. En Figura 12-2, los consumidores suelen procesar los mensajes en el orden en que fueron enviados por los productores. Sin embargo, el consumidor 2 se bloquea mientras procesa el mensaje *m3*, al mismo tiempo que el consumidor 1 procesa el mensaje *m4*. El mensaje *m3* no confirmado se reenvía posteriormente al consumidor 1, con el resultado de que el consumidor 1 procesa los mensajes en el orden *m4*, *m3*, *m5*. Por lo tanto, *m3* y *m4* no se entregan en el mismo orden en que fueron enviados por el productor 1.

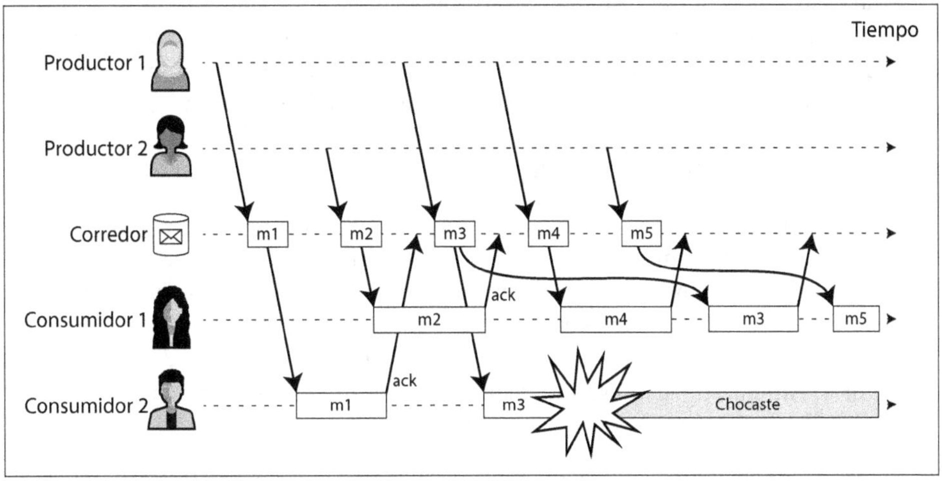

Figura 12-2. El consumidor 2 se bloquea mientras procesa m3, por lo que se vuelve a entregar al consumidor 1 más tarde.

Incluso si el agente de mensajes intenta preservar el orden de los mensajes (tal y como exigen los estándares JMS y AMQP), la combinación del equilibrio de carga con la reenvío conduce inevitablemente a la reordenación de los mensajes. Para evitar este problema, puedes utilizar una cola separada por consumidor (es decir, no utilizar la función de equilibrio de carga). La reordenación de mensajes no es un problema si los mensajes son completamente independientes entre sí, pero puede ser importante si existen dependencias causales entre los mensajes, como veremos más adelante en este capítulo.

La reenvío también puede provocar un desperdicio de recursos, una escasez de recursos o bloqueos permanentes en un flujo. Un escenario común es el de un productor que serializa incorrectamente un mensaje, por ejemplo, omitiendo una clave necesaria en un objeto codificado en JSON. Si el mensaje con la clave que falta provoca que un consumidor se bloquee y se reinicie, no reconocerá el mensaje, por lo que el agente lo reenviará, lo que provocará que otro consumidor falle. Este bucle se repite indefinidamente. Si el agente garantiza un orden sólido, no se puede avanzar más. Los agentes que permiten la reordenación de mensajes pueden seguir avanzando, pero desperdiciarán recursos en mensajes que nunca serán reconocidos.

Las colas de mensajes no entregados (DLQ, por sus siglas en inglés) se utilizan para gestionar este problema. En lugar de mantener el mensaje en la cola actual y reintentar indefinidamente, el mensaje se traslada a una cola diferente para desbloquear a los consumidores [17, 18]. El monitoreo suele configurarse en las DLQ: cualquier mensaje en la cola es un error. Una vez que se detecta un nuevo mensaje, un operador puede decidir eliminarlo permanentemente, modificarlo manualmente y reproducirlo, o corregir el código del consumidor para gestionar el mensaje de forma adecuada. Las DLQ son comunes en la mayoría de los sistemas de colas, pero los sistemas de mensajería basados en registros, como Apache Pulsar, y los sistemas de procesamiento de flujos, como Kafka Streams, ahora también los admiten [19].

Corredores de mensajes basados en registros

El envío de un paquete a través de una red o la realización de una solicitud a un servicio de red es normalmente una operación transitoria que no deja rastro permanente. Aunque es posible registrar dicha operación de forma permanente (mediante la captura y el registro de paquetes), normalmente no lo consideramos así. Los intermediarios de mensajes de tipo AMQP/JMS heredaron esta mentalidad de mensajería transitoria. Aunque pueden escribir mensajes en el disco, los eliminan rápidamente después de haberlos entregado a los consumidores.

Las bases de datos y los sistemas de archivos adoptan el enfoque contrario: normalmente se espera que todo lo que se escribe en una base de datos o archivo se registre de forma permanente, al menos hasta que alguien decida explícitamente eliminarlo de nuevo.

Esta diferencia de mentalidad tiene un gran impacto en la forma en que se crean los datos derivados. Una característica clave de los procesos por lotes, como se explica en Capítulo 11, es que puedes ejecutarlos repetidamente, experimentando con los pasos de procesamiento, sin riesgo de dañar la entrada (ya que la entrada es de solo lectura). Este no es el caso de la mensajería de tipo AMQP/JMS: recibir un mensaje es destructivo si el acuse de recibo hace que se elimine del intermediario, por lo que no puedes volver a ejecutar el mismo consumidor y esperar obtener el mismo resultado.

Si añades un nuevo consumidor a un sistema de mensajería, normalmente empieza a recibir mensajes enviados solo después del momento en que se registró; cualquier mensaje anterior ya ha desaparecido y no se puede recuperar. Contrasta esto con los archivos y las bases de datos, donde puedes añadir un nuevo cliente en cualquier momento y este puede leer datos escritos arbitrariamente en el pasado (siempre que no hayan sido sobrescritos o eliminados explícitamente por la aplicación).

¿Por qué no podemos tener un híbrido que combine el enfoque de almacenamiento duradero de las bases de datos con las facilidades de notificación de baja latencia de la mensajería? Esta es la idea detrás de *los brokers de mensajes basados en registros*, que se han vuelto muy populares en los últimos años.

Uso de registros para el almacenamiento de mensajes

Un registro es simplemente una secuencia de registros en el disco a la que solo se pueden añadir datos. Anteriormente hemos hablado de los registros en el contexto de los motores de almacenamiento estructurados en registros y los registros de escritura anticipada en Capítulo 4, en el contexto de la replicación en Capítulo 6 y como forma de consenso en Capítulo 10.

La misma estructura se puede utilizar para implementar un agente de mensajes. Un productor envía un mensaje añadiéndolo al final del registro, y un consumidor recibe los mensajes leyendo el registro secuencialmente. Si un consumidor llega al final del registro, espera una notificación de que se ha añadido un nuevo mensaje. La herramienta `tail` de Unix con la opción `-f`, que vigila un archivo en busca de datos que se añaden, funciona esencialmente así.

Para escalar a un rendimiento superior al que puede ofrecer un solo disco, el registro se puede *fragmentar* (en el sentido de Capítulo 7). A continuación, se pueden alojar diferentes fragmentos en diferentes máquinas, lo que convierte a cada fragmento en un registro independiente que se puede leer y escribir independientemente de otros fragmentos, y un tema se puede definir como un grupo de fragmentos que transportan mensajes del mismo tipo. Este enfoque se ilustra en Figura 12-3.

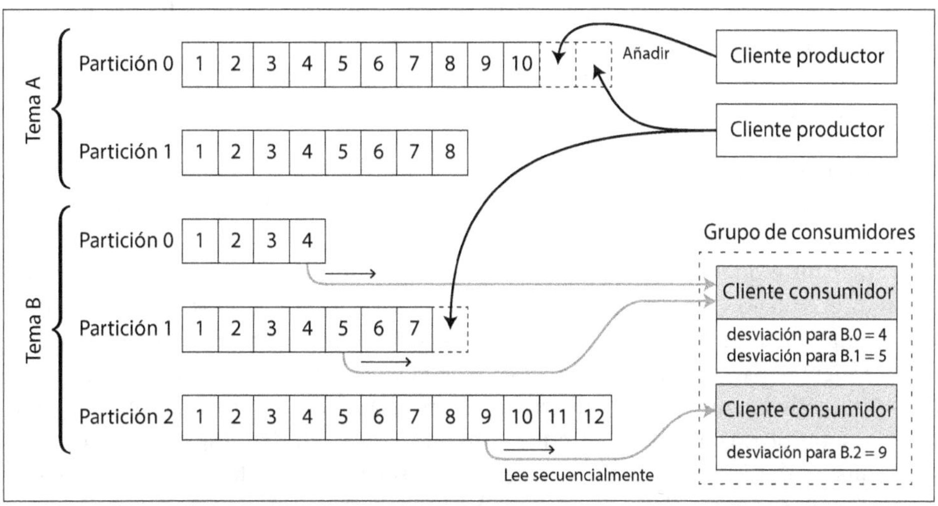

Figura 12-3. Los productores envían mensajes añadiéndolos a un archivo de partición de temas, y los consumidores leen estos archivos de forma secuencial.

Dentro de cada fragmento, que Kafka denomina *partición*, el agente asigna un número de secuencia monótonamente creciente, o *desplazamiento*, a cada mensaje (en Figura 12-3, los números de los recuadros son desplazamientos de mensajes). Este número de secuencia tiene sentido porque una partición (fragmento) es de solo añadir, por lo que los mensajes dentro de una partición están totalmente ordenados. No hay garantía de orden entre diferentes particiones.

Apache Kafka [20] y Amazon Kinesis Streams son brokers de mensajes basados en registros que funcionan de esta manera. Google Cloud Pub/Sub es similar en cuanto a su arquitectura, pero expone una API de estilo JMS en lugar de una abstracción de registros [15]. Aunque estos brokers de mensajes escriben todos los mensajes en el disco, son capaces de alcanzar un rendimiento de millones de mensajes por segundo mediante el fragmentado en varias máquinas y de lograr tolerancia a fallos mediante la replicación de mensajes [21, 22].

Los registros en comparación con la mensajería tradicional

El enfoque basado en registros admite de forma trivial la mensajería fan-out, ya que varios consumidores pueden leer el registro de forma independiente sin afectarse entre sí; la lectura de un mensaje no lo elimina del registro. Para lograr el equilibrio de carga entre un grupo de consumidores, el intermediario puede asignar fragmentos completos a los nodos del grupo de consumidores en lugar de asignar mensajes individuales a los clientes consumidores.

A continuación, cada cliente consume *todos* los mensajes de los fragmentos que se te han asignado. Normalmente, cuando a un consumidor se le ha asignado un fragmento de registro, lee los mensajes del fragmento de forma secuencial, de una manera sencilla y de un solo subproceso. Este enfoque de equilibrio de carga de grano grueso tiene desventajas:

- El número de nodos que comparten el trabajo de consumir un tema puede ser como máximo el número de fragmentos de registro en ese tema, porque los mensajes dentro del mismo fragmento se entregan al mismo nodo. (Es posible crear un esquema de equilibrio de carga en el que dos consumidores compartan el trabajo de procesar un fragmento haciendo que ambos lean el conjunto completo de mensajes, pero uno de ellos considere solo los mensajes con desplazamientos pares, mientras que el otro se ocupe de los desplazamientos impares. Alternativamente, podrías distribuir el procesamiento de mensajes en un grupo de subprocesos, pero ese enfoque complica la gestión del desplazamiento de los consumidores. En general, es preferible el procesamiento de un fragmento en un solo subproceso, y el paralelismo se puede aumentar utilizando más fragmentos).
- Si un solo mensaje tarda en procesarse, retrasa el procesamiento de los mensajes posteriores en ese fragmento (una forma de bloqueo de cabeza de línea; consulta "Descripción del rendimiento" en la página 41).

Por lo tanto, cuando el procesamiento de los mensajes puede resultar costoso y se desea paralelizar el procesamiento mensaje por mensaje, y el orden de los mensajes no es tan importante, es preferible el estilo JMS/AMQP de intermediario de mensajes.

Por otro lado, en situaciones con un alto rendimiento de mensajes, en las que cada mensaje se procesa rápidamente y el orden de los mensajes es importante, el enfoque basado en registros funciona muy bien [23, 24]. Sin embargo, la distinción entre las dos arquitecturas se está difuminando, ya que los sistemas de mensajería basados en registros, como Kafka, ahora admiten grupos de consumidores de estilo JMS/AMQP, lo que permite que varios consumidores reciban mensajes de la misma partición [25, 26].

Dado que los registros fragmentados suelen conservar el orden de los mensajes solo dentro de una única fragmentación, todos los mensajes que deben ordenarse de forma coherente deben enrutarse a la misma fragmentación. Por ejemplo, una aplicación puede requerir que los eventos relacionados con un usuario concreto aparezcan en un orden fijo. Esto se puede lograr eligiendo la fragmentación de un evento en función del ID de usuario de ese evento (en otras palabras, convirtiendo el ID de usuario en *la clave de partición*).

Desplazamientos del consumidor

El consumo secuencial de un fragmento facilita saber qué mensajes ya se han procesado. Todos los mensajes con un desplazamiento menor que el desplazamiento actual del consumidor se han procesado, y todos los mensajes con un desplazamiento mayor aún no se han visto. Por lo tanto, el intermediario no necesita realizar un seguimiento de los acuses de recibo de cada mensaje, sino solo registrar periódicamente los desplazamientos de los consumidores. La reducción de la sobrecarga administrativa y las oportunidades de procesamiento por lotes y canalización que ofrece este enfoque ayudan a aumentar el rendimiento de los sistemas basados en registros. Sin embargo, si un consumidor falla, se reanudará desde la última compensación registrada en lugar de desde la última compensación más reciente que vio. Esto puede hacer que el consumidor vea algunos mensajes dos veces.

La compensación es, de hecho, muy similar al *número de secuencia de registro* que se encuentra comúnmente en la replicación de bases de datos de líder único, y que discutimos en "Configuración de nuevos seguidores" en la página 222. En la replicación de bases de datos, el número de secuencia de registro permite a un seguidor volver a conectarse a un líder después de que se haya desconectado y reanudar la replicación sin omitir ninguna escritura. Aquí se utiliza exactamente el mismo principio: el agente de mensajes se comporta como una base de datos líder y el consumidor como un seguidor.

Si un nodo consumidor falla, se asignan los fragmentos del consumidor fallido a otro nodo del grupo de consumidores, y este comienza a consumir mensajes en la última compensación registrada. Si el consumidor hubiera procesado mensajes posteriores pero aún no hubiera registrado su compensación, esos mensajes se procesarán por segunda vez al reiniciarse. Más adelante en este capítulo analizaremos formas de abordar este problema.

Uso del espacio en disco

Si solo añades datos al registro, con el tiempo te quedarás sin espacio en disco. Para recuperar espacio en disco, el registro se divide en segmentos y, de vez en cuando, los segmentos antiguos se eliminan o se trasladan al almacenamiento de archivo. (Analizaremos una forma más sofisticada de liberar espacio en disco en "Compactación de registros" en la página 559).

Esto significa que si un consumidor lento no puede seguir el ritmo de los mensajes y se queda tan atrás que su compensación de consumidor apunta a un segmento eliminado, perderá algunos de los mensajes. En la práctica, el registro implementa un buffer de tamaño limitado que descarta los mensajes antiguos cuando se llena, también conocido como *buffer circular* o *buffer de anillo*. Sin embargo, dado que ese buffer está en el disco, puede ser bastante grande.

Hagamos un cálculo aproximado. En el momento de escribir este artículo, un disco duro grande típico tiene una capacidad de 20 TB y un rendimiento de escritura secuencial de 250 MB/s. Si escribes mensajes a la velocidad más rápida posible, tardarás unas 22 horas en llenar el disco y tendrás que empezar a eliminar los mensajes más antiguos. Eso significa que un registro basado en disco siempre puede almacenar en buffer al menos 22 horas de mensajes, incluso si tienes muchos discos con muchas máquinas (tener más discos aumenta tanto el espacio disponible como el ancho de banda total de escritura). En la práctica, las implementaciones rara vez utilizan todo el ancho de banda de escritura del disco, por lo que el registro normalmente puede mantener un buffer de varios días o incluso semanas de mensajes.

Muchos brokers de mensajes basados en registros ahora almacenan los mensajes en el almacenamiento de objetos para aumentar su capacidad de almacenamiento, de manera similar a las bases de datos, como vimos en Bases de datos respaldadas por almacenamiento de objetos en la página 223. Los brokers de mensajes como Apache Kafka y Redpanda sirven los mensajes más antiguos desde el almacenamiento de objetos como parte de su almacenamiento por niveles. Otros, como WarpStream, Confluent Freight y Bufstream, almacenan todos sus datos en el almacén de objetos. Además de la rentabilidad, esta arquitectura facilita la integración de datos: los mensajes en el almacenamiento de objetos se almacenan como tablas Iceberg, lo que permite la ejecución de trabajos por lotes y de almacenamiento de datos directamente sobre los datos sin tener que copiarlos en otro sistema.

Cuando los consumidores no pueden seguir el ritmo de los productores

Al principio de "Sistemas de mensajería" en la página 541 discutimos tres opciones sobre qué hacer si un consumidor no puede seguir el ritmo de envío de mensajes del productor: descartar mensajes, almacenarlos en buffer o aplicar contrapresión. En esta taxonomía, el enfoque basado en registros es una forma de almacenamiento en buffer con un buffer grande pero de tamaño fijo (limitado por el espacio disponible en disco).

Si un consumidor se retrasa tanto que los mensajes que necesita son más antiguos que los que se conservan en el disco, no podrá leerlos, por lo que el agente elimina efectivamente los mensajes antiguos que se remontan más allá de lo que puede albergar el tamaño del buffer. Puedes realizar el monitoreo del retraso de un consumidor respecto a la cabeza del registro y activar una alerta si se retrasa de forma significativa. Como el buffer es grande, hay tiempo suficiente para que un operador humano solucione el problema del consumidor lento y le permita ponerse al día antes de que empiece a perder mensajes.

Incluso si un consumidor se queda demasiado atrás y empieza a perder mensajes, solo ese consumidor se ve afectado; no interrumpe el servicio para otros consumidores. Este hecho supone una gran ventaja operativa. Puedes consumir experimentalmente un registro de producción con fines de desarrollo, prueba o depuración, sin tener que preocuparte demasiado por interrumpir los servicios de producción. Cuando un consumidor se apaga o se bloquea, deja de consumir recursos; lo único que queda es su compensación de consumidor.

Este comportamiento contrasta con el de los brokers de mensajes tradicionales, en los que hay que tener cuidado de eliminar cualquier cola cuyos consumidores se hayan cerrado para evitar que acumulen mensajes innecesariamente y quiten memoria a los consumidores activos.

Reproducción de mensajes antiguos

Anteriormente señalamos que, con los brokers de mensajes de tipo AMQP y JMS, el procesamiento y la confirmación de mensajes es una operación destructiva, ya que provoca que los mensajes se eliminen del broker. Por otro lado, en un broker de mensajes basado en registros, el consumo de mensajes se parece más a la lectura de un archivo: es una operación de solo lectura que no modifica el registro.

El único efecto secundario del procesamiento, además de cualquier salida del consumidor, es que el desplazamiento del consumidor avanza. Pero el desplazamiento está bajo el control del consumidor, por lo que se puede manipular fácilmente si es necesario; por ejemplo, puedes iniciar una copia de un consumidor con el desplazamiento de ayer y escribir la salida en una ubicación diferente para volver a procesar los mensajes del último día. Puedes repetir esto tantas veces como quieras, variando el código de procesamiento.

Este aspecto hace que la mensajería basada en registros se parezca más a los procesos por lotes discutidos en el capítulo anterior, donde los datos derivados están claramente separados de los datos de entrada a través de un proceso de transformación repetible. Esto permite más experimentación y una recuperación más fácil de errores y fallos, lo que lo convierte en una buena herramienta para integrar flujos de datos dentro de una organización [27].

Bases de datos y flujos

Hemos establecido algunas comparaciones entre los brokers de mensajes y las bases de datos. Aunque tradicionalmente se han considerado categorías de herramientas separadas, hemos visto que los brokers de mensajes basados en registros han tenido éxito al tomar ideas de las bases de datos y aplicarlas a la mensajería. También podemos hacer lo contrario, tomar ideas de la mensajería y los flujos y aplicarlas a las bases de datos.

Un enfoque consiste en utilizar un flujo de eventos como sistema de registro para almacenar datos (consulta "Sistemas de registro y datos derivados" en la página 12). Esto es lo que ocurre en el abastecimiento de eventos, que hemos comentado en "Event Sourcing y CQRS" en la página 112. En lugar de almacenar datos en un modelo de datos que se modifica mediante actualizaciones y eliminaciones, puedes modelar cada cambio de estado como un evento inmutable y escribirlo en un registro de solo añadir. Cualquier vista materializada optimizada para la lectura se deriva de estos eventos. Los brokers de mensajes basados en registros (configurados para no eliminar nunca los eventos antiguos) son muy adecuados para el event sourcing, ya que utilizan almacenamiento de solo añadir y pueden notificar a los consumidores los nuevos eventos con baja latencia.

Pero no es necesario llegar al extremo de adoptar el abastecimiento de eventos; incluso con modelos de datos mutables, los flujos de eventos son útiles para las bases de datos. De hecho, cada escritura en una base de datos es un evento que puede ser capturado, almacenado y procesado. La conexión entre las bases de datos y los flujos es más profunda que el simple almacenamiento físico de registros en el disco: es bastante fundamental.

Por ejemplo, un registro de replicación (consulta "Implementación de registros de replicación" en la página 227) es un flujo de eventos de escritura en la base de datos, producido por el líder a medida que procesa las transacciones. Los seguidores aplican ese flujo de escrituras a su propia copia de la base de datos y, de este modo, obtienen una copia exacta de los mismos datos. Los eventos del registro de replicación describen los cambios de datos que se han producido.

También encontramos el principio de replicación de la máquina de estados en "Uso de registros compartidos" en la página 479, que establece que si cada evento representa una escritura en la base de datos y cada réplica procesa los mismos eventos en el mismo orden, todas las réplicas terminarán en el mismo estado final. (Se supone que el procesamiento de un evento es una operación determinista). ¡Es solo otro caso de flujos de eventos!

En esta sección, primero analizaremos un problema que surge en los sistemas de datos heterogéneos y, a continuación, exploraremos cómo podemos resolverlo aplicando ideas de los flujos de eventos a las bases de datos.

Mantener los sistemas sincronizados

Como hemos visto a lo largo de este libro, ningún sistema por sí solo puede satisfacer todas las necesidades de almacenamiento, consulta y procesamiento de datos. En la práctica, la mayoría de las aplicaciones no triviales necesitan combinar varias tecnologías para satisfacer tus requisitos; por ejemplo, utilizar una base de datos OLTP para atender las solicitudes de los usuarios, una caché para acelerar las solicitudes comunes, un índice de texto completo para gestionar las consultas de búsqueda y un almacén de datos para el análisis. Cada uno de ellos tiene su propia copia de los datos, almacenada en su propia representación, optimizada para sus propios fines.

Dado que los mismos datos o datos relacionados aparecen en varios lugares, es necesario mantenerlos sincronizados entre sí. Si se actualiza un elemento en la base de datos, también es necesario actualizarlo en la caché, los índices de búsqueda y el almacén de datos. Con los almacenes de datos, esta sincronización suele realizarse mediante procesos ETL (consulta "Almacenamiento de datos" en la página 7), a menudo tomando una copia completa de una base de datos, transformándola y cargándola en bloque en el almacén de datos, es decir, un proceso por lotes. Del mismo modo, vimos en "Casos de uso por lotes" en la página 527 cómo se pueden crear índices de búsqueda, sistemas de recomendación y otros sistemas de datos derivados utilizando procesos por lotes.

Si los volcados periódicos completos de la base de datos son demasiado lentos, una alternativa que se utiliza a veces son *las escrituras duales*, en las que el código de la aplicación escribe explícitamente en cada uno de los sistemas cuando los datos cambian, por ejemplo, escribiendo primero en la base de datos, luego actualizando el índice de búsqueda y, a continuación, invalidando las entradas de la caché (o incluso realizando esas escrituras de forma simultánea).

Sin embargo, las escrituras duales tienen problemas graves, uno de los cuales es una condición de carrera ilustrada en Figura 12-4. En este ejemplo, dos clientes quieren actualizar simultáneamente un elemento *X*. El cliente 1 quiere establecer el valor en *A* y el cliente 2 quiere establecerlo en *B*. Ambos clientes escriben primero el nuevo valor en la base de datos y luego lo escriben en el índice de búsqueda. Debido a una sincronización desafortunada, las solicitudes se intercalan. La base de datos ve primero la escritura del cliente 1 que establece el valor en *A*, luego la escritura del cliente 2 que establece el valor en *B*, por lo que el valor final en la base de datos es *B*. El índice de búsqueda ve primero la escritura del cliente 2, luego la del cliente 1, por lo que el valor final en el índice de búsqueda es *A*. Los dos sistemas ahora son permanentemente inconsistentes entre sí, aunque no se haya producido ningún error.

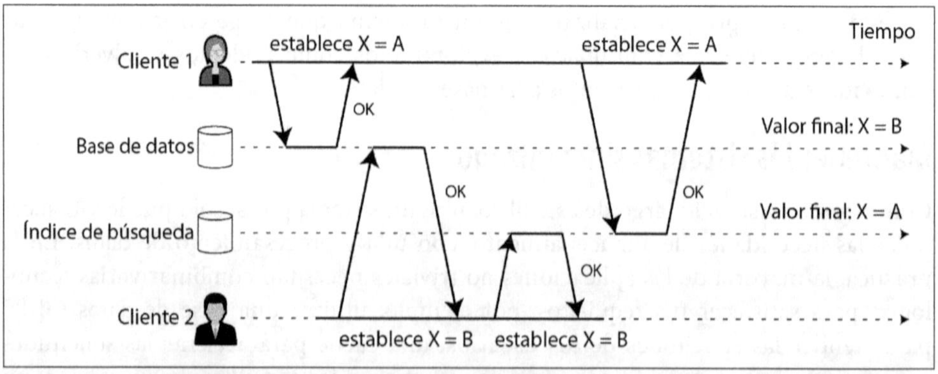

Figura 12-4. En la base de datos, X se establece primero en A y luego en B, mientras que en el índice de búsqueda las escrituras llegan en orden inverso.

A menos que tengas un mecanismo adicional de detección de concurrencia, como los vectores de versión que discutimos en "Detección de escrituras simultáneas" en la página 263, ni siquiera notarás que se produjeron escrituras concurrentes. Un valor simplemente sobrescribirá otro valor de forma silenciosa.

Otro problema de las escrituras duales es que una de ellas puede fallar mientras que la otra tiene éxito. Se trata de un problema de tolerancia a fallos más que de concurrencia, pero también tiene como efecto que los dos sistemas se vuelvan inconsistentes entre sí. Asegurarse de que ambos tengan éxito o ambos fracasen es un caso del problema de la confirmación atómica, cuya solución es costosa (consulta "Confirmación en dos fases" en la página 359).

Si solo tienes una base de datos replicada con un único líder, ese líder determina el orden de las escrituras, por lo que el enfoque de replicación de la máquina de estados funciona entre las réplicas de la base de datos. Sin embargo, en Figura 12-4 no hay un único líder. La base de datos puede tener un líder y el índice de búsqueda puede tener un líder, pero ninguno sigue al otro, por lo que pueden producirse conflictos (consulta "Replicación con múltiples líderes" en la página 237).

La situación sería mejor si realmente solo hubiera un líder, por ejemplo, la base de datos, y si pudiéramos hacer que el índice de búsqueda siguiera a la base de datos. Pero, ¿es esto posible en la práctica?

Captura de cambios en los datos

El problema con los registros de replicación de la mayoría de las bases de datos es que durante mucho tiempo se han considerado un detalle de implementación interna de la base de datos, no una API pública. Se supone que los clientes deben consultar la base de datos a través de su modelo de datos y su lenguaje de consulta, no analizar los registros de replicación e intentar extraer datos de ellos.

Durante décadas, muchas bases de datos simplemente no tenían una forma documentada de obtener el registro de los cambios escritos en ellas. Esto dificultaba tomar todos los cambios realizados en una base de datos y replicarlos en una tecnología de almacenamiento diferente, como un índice de búsqueda, una caché o un almacén de datos.

Más recientemente, ha crecido el interés por *la captura de datos modificados* (CDC), que es el proceso de observar todos los cambios de datos escritos en una base de datos y extraerlos en un formato en el que puedan replicarse en otros sistemas [28]. La CDC es especialmente interesante si los cambios están disponibles como un flujo, inmediatamente después de ser escritos.

Por ejemplo, puedes capturar los cambios en una base de datos y aplicar continuamente los mismos cambios a un índice de búsqueda. Si el registro de cambios se aplica en el mismo orden, puedes esperar que los datos del índice de búsqueda coincidan con los datos de la base de datos. El índice de búsqueda y cualquier otro sistema de datos derivado son simplemente consumidores de la secuencia de cambios.

Figura 12-5 muestra cómo se resuelve el problema de concurrencia de Figura 12-4 con CDC. Aunque las dos solicitudes para establecer *X* en *A* y *B*, respectivamente, llegan simultáneamente a la base de datos, esta decide el orden en el que ejecutarlas y las escribe en su registro de replicación en ese orden. El índice de búsqueda las recoge y las aplica en el mismo orden. Si necesitas los datos en otro sistema, como un almacén de datos, simplemente puedes agregarlos como otro consumidor de la corriente de eventos CDC.

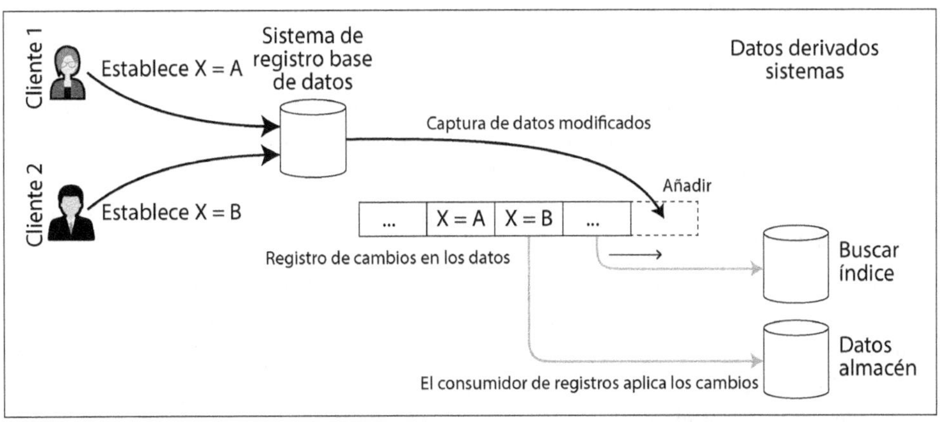

Figura 12-5. Tomar los cambios confirmados en una base de datos y propagarlos a los sistemas descendentes en el mismo orden

Implementación de CDC

Podemos llamar a los consumidores de registros *sistemas de datos derivados*, como se explica en "Sistemas de registro y datos derivados" en la página 12. Los datos almacenados en el índice de búsqueda y el almacén de datos son solo otra vista de los datos del sistema de registro. CDC es un mecanismo para garantizar que todos los cambios realizados en el sistema de registro también se reflejen en los sistemas de datos derivados, de modo que estos últimos tengan una copia precisa de los datos.

Básicamente, CDC convierte una base de datos en la principal (aquella desde la que se capturan los cambios) y convierte las demás en secundarias. Un agente de mensajes basado en registros es muy adecuado para transportar los eventos de cambio desde la base de datos de origen a los sistemas derivados, ya que conserva el orden de los mensajes (evitando el problema de reordenación de Figura 12-2).

Los registros de replicación lógica se pueden utilizar para implementar CDC (consulta "Replicación lógica (basada en filas) del registro" en la página 229), aunque esto conlleva algunos retos, como gestionar los cambios de esquema y modelar correctamente las actualizaciones. El proyecto de código abierto Debezium aborda estos retos. El proyecto contiene *conectores de origen* para MySQL, PostgreSQL, Oracle, SQL Server, Db2, Cassandra y muchas otras bases de datos. Estos conectores se conectan a los registros de replicación de la base de datos y muestran los cambios en un esquema de eventos estándar. A continuación, los mensajes se pueden transformar y escribir en bases de datos descendentes. El marco Kafka Connect también ofrece conectores CDC para varias bases de datos. Maxwell hace algo similar para MySQL al analizar el binlog [29], GoldenGate proporciona funciones similares para Oracle y pgcapture hace lo mismo para PostgreSQL.

Al igual que los brokers de mensajes, CDC suele ser asíncrono: la base de datos del sistema de registro no espera a que se aplique un cambio a los consumidores antes de confirmarlo. Este diseño tiene la ventaja operativa de que añadir un consumidor lento no afecta demasiado al sistema de registro, pero tiene el inconveniente de que se aplican todos los problemas del retraso en la replicación (consulta "Problemas con el retraso en la replicación" en la página 230).

Instantánea inicial

Si tienes el registro de todos los cambios que se han realizado en una base de datos, puedes reconstruir todo el estado de la base de datos reproduciendo el registro. Sin embargo, en muchos casos, conservar todos los cambios para siempre requeriría demasiado espacio en disco y reproducirlos llevaría demasiado tiempo, por lo que es necesario truncar el registro.

Crear un nuevo índice de texto completo, por ejemplo, requiere una copia completa de toda la base de datos. Aplicar solo un registro de los cambios recientes no sería suficiente, ya que faltarían elementos que no se han actualizado recientemente. Por lo tanto, si no tienes todo el historial del registro, debes comenzar con una instantánea coherente, como se explica en "Configuración de nuevos seguidores" en la página 222.

La instantánea de la base de datos debe corresponder a una posición u offset conocido en el registro de cambios, para que sepas en qué punto empezar a aplicar los cambios después de que se haya procesado la instantánea. Algunas herramientas CDC integran esta función de instantánea, mientras que otras la dejan como una operación manual. Debezium utiliza el algoritmo de marca de agua DBLog de Netflix para proporcionar instantáneas incrementales [30, 31].

Compactación de registros

Si solo puedes conservar una cantidad limitada del historial de registros, debes realizar el proceso de instantánea cada vez que quieras añadir un nuevo sistema de datos derivados. Sin embargo, *la compactación de registros* ofrece una buena alternativa.

Ya hemos hablado de la compactación de registros en "Almacenamiento estructurado en registros" en la página 130, en el contexto de los motores de almacenamiento estructurados en registros (consulta Figura 4-3 para ver un ejemplo). El principio es sencillo: el motor de almacenamiento busca periódicamente registros de registro con la misma clave, descarta los duplicados y conserva solo la actualización más reciente para cada clave. Esto puede reducir considerablemente el tamaño de los segmentos de registro, por lo que estos también se pueden fusionar como parte del proceso de compactación, tal y como se muestra en Figura 12-6. Este proceso se ejecuta en segundo plano.

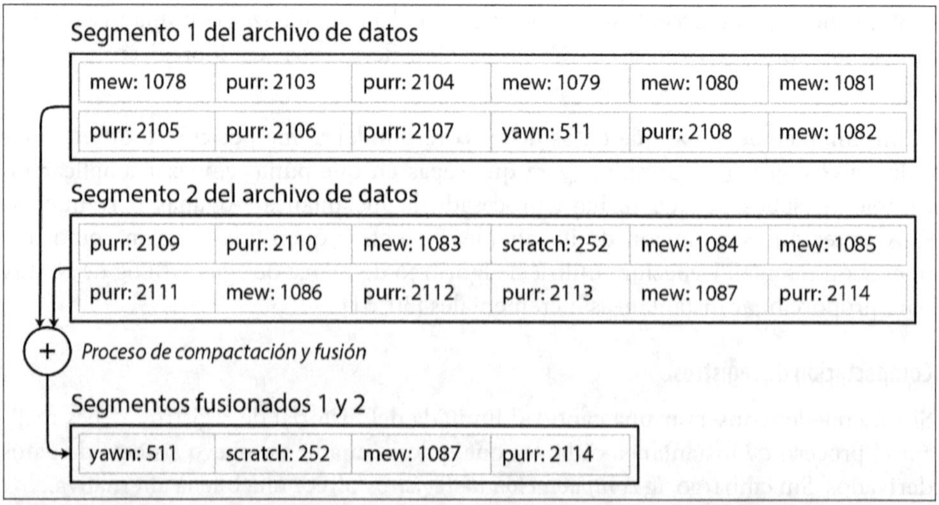

Figura 12-6. En este registro de pares clave-valor, la clave es el ID de un video de gatos (mew, purr, scratch o yawn) y el valor es el número de veces que se ha reproducido; la compactación del registro solo conserva el valor más reciente para cada clave.

En un motor de almacenamiento estructurado en registros, una actualización con un valor nulo especial (una *lápida*) indica que se ha eliminado una clave y hace que se elimine durante la compactación del registro. Pero mientras una clave no se sobrescriba o elimine, permanecerá en el registro para siempre. El espacio en disco necesario para un registro compactado de este tipo depende únicamente del contenido actual de la base de datos, no del número de escrituras que se hayan producido en la base de datos. Si la misma clave se sobrescribe con frecuencia, los valores anteriores acabarán siendo eliminados por el recolector de basura y solo se conservará el último valor.

La misma idea funciona en el contexto de los brokers de mensajes basados en registros y CDC. Si el sistema CDC está configurado de tal manera que cada cambio tiene una clave principal y cada actualización de una clave reemplaza el valor anterior de esa clave, entonces es suficiente con conservar solo la escritura más reciente de una clave en particular.

Ahora, cada vez que quieras reconstruir un sistema de datos derivados, como un índice de búsqueda, puedes iniciar un nuevo consumidor desde el desplazamiento 0 del tema compactado por registro y escanear secuencialmente todos los mensajes del registro. Se garantiza que el registro contiene el valor más reciente para cada clave de la base de datos (y quizás algunos valores más antiguos). En otras palabras, puedes utilizarlo para obtener una copia completa del contenido de la base de datos sin tener que tomar otra instantánea de la base de datos de origen CDC.

Esta función de compactación de registros es compatible con Apache Kafka. Como veremos más adelante en este capítulo, permite utilizar el agente de mensajes para el almacenamiento duradero, no solo para la mensajería transitoria.

Compatibilidad de la API con los flujos de cambios

Las bases de datos más populares ahora exponen los flujos de cambios como una interfaz de primera clase, en lugar de los esfuerzos de CDC adaptados y de ingeniería inversa del pasado. Las bases de datos relacionales como MySQL y PostgreSQL suelen enviar los cambios a través del mismo registro de replicación que utilizan para sus propias réplicas. La mayoría de los proveedores de nube también ofrecen soluciones CDC para sus productos; por ejemplo, Datastream ofrece acceso a datos en streaming para las bases de datos relacionales y los almacenes de datos de Google Cloud.

Incluso las bases de datos basadas en quórum y eventualmente consistentes, como Cassandra, ahora son compatibles con CDC. Como vimos en "Implementación de sistemas linealizables" en la página 455, los clientes deben persistir las escrituras en la mayoría de los nodos antes de que se consideren visibles. La compatibilidad con CDC para las escrituras de quórum es un reto, ya que no existe una única fuente de verdad a la que suscribirse. La visibilidad de los datos depende de las preferencias de consistencia de cada lector. Cassandra elude este problema exponiendo segmentos de registro sin procesar para cada nodo en lugar de proporcionar un único flujo de mutaciones. Los sistemas que desean consumir los datos deben leer los segmentos de registro sin procesar de cada nodo y decidir la mejor manera de fusionarlos en un único flujo (al igual que lo hace un lector de quórum) [32].

Kafka Connect [33] integra herramientas CDC para una amplia gama de sistemas de bases de datos con Kafka. Una vez que el flujo de eventos de cambio está en Kafka, se puede utilizar para actualizar sistemas de datos derivados, como índices de búsqueda, así como para alimentar sistemas de procesamiento de flujos, como se explica más adelante en este capítulo.

CDC frente al origen de eventos

¿En qué se diferencia CDC del abastecimiento de eventos? De manera similar a CDC, el abastecimiento de eventos implica almacenar todos los cambios en el estado de la aplicación como un registro de eventos de cambio. La mayor diferencia es que el abastecimiento de eventos aplica la idea en un nivel diferente de abstracción:

- En CDC, la aplicación utiliza la base de datos de forma mutable, actualizando y eliminando registros a voluntad. El registro de cambios se extrae de la base de datos a un nivel bajo (por ejemplo, analizando el registro de replicación), lo que garantiza que el orden de las escrituras extraídas de la base de datos coincida con el orden en que se escribieron realmente, evitando la condición de carrera en Figura 12-4.

- En el origen de eventos, la lógica de la aplicación se construye explícitamente sobre la base de eventos inmutables que se escriben en un registro de eventos. En este caso, el almacén de eventos es de solo añadir, y las actualizaciones o eliminaciones de eventos no se recomiendan o están prohibidas. Los eventos están diseñados para reflejar cosas que sucedieron a nivel de aplicación en lugar de cambios de estado de bajo nivel.

Cuál es mejor depende de tu situación. Adoptar el event sourcing supone un gran cambio para una aplicación que aún no lo utiliza; tiene una serie de ventajas e inconvenientes, que comentamos en "Event Sourcing y CQRS" en la página 112. Por el contrario, el CDC se puede añadir a una base de datos existente con cambios mínimos; es posible que la aplicación que escribe en la base de datos ni siquiera sepa que se está produciendo el CDC.

Captura de cambios de datos y esquemas de bases de datos

Aunque la CDC parece más fácil de adoptar que el abastecimiento de eventos, conlleva su propio conjunto de retos. En una arquitectura de microservicios, normalmente solo se accede a una base de datos desde un servicio. Otros servicios interactúan con ella a través de la API pública de ese servicio, pero normalmente no acceden a la base de datos directamente. Esto convierte a la base de datos en un detalle de implementación interna del servicio, lo que permite a los desarrolladores cambiar su esquema sin afectar a la API pública.

Sin embargo, los sistemas CDC suelen utilizar el esquema de la base de datos ascendente al replicar sus datos, lo que convierte estos esquemas en API públicas que deben gestionarse de forma muy similar a la API pública del servicio. Eliminar una columna de la tabla de la base de datos afectará a los consumidores descendentes que dependen de ese campo. Estos retos siempre han existido con los flujos de datos, pero normalmente solo afectaban al ETL del almacén de datos. Dado que el CDC se implementa a menudo como un flujo de datos, otros servicios de producción pueden ser consumidores. Afectar a estos consumidores puede provocar una interrupción del servicio para los clientes [34]. Los contratos de datos se utilizan a menudo para evitar estas interrupciones.

Una forma habitual de desacoplar los esquemas internos de los externos es utilizar el *patrón de bandeja de salida*. Las bandejas de salida son tablas con sus propios esquemas, que se exponen al sistema CDC en lugar del modelo de dominio interno de la base de datos [35, 36]. Los desarrolladores pueden entonces modificar sus esquemas internos como consideren oportuno, sin tocar sus tablas de bandeja de salida. Esto puede parecer una escritura dual, y lo es. Sin embargo, las bandejas de salida evitan los retos que hemos comentado en "Mantener los sistemas sincronizados" en la página 555 al mantener ambas escrituras en el mismo sistema (la base de datos). Este diseño permite que ambas escrituras aparezcan en una sola transacción.

Sin embargo, las bandejas de salida presentan algunas desventajas. Los desarrolladores deben seguir manteniendo la transformación entre tus esquemas internos y los de la bandeja de salida, lo que puede resultar complicado. Una bandeja de salida también aumenta la cantidad de datos que la base de datos tiene que escribir en su almacenamiento subyacente, lo que podría provocar problemas de rendimiento.

Al igual que con el CDC, la reproducción del registro de eventos te permite reconstruir el estado actual del sistema. Sin embargo, la compactación de registros debe gestionarse de forma diferente:

- Un evento CDC para la actualización de un registro suele contener la versión nueva completa del registro, por lo que el valor actual de una clave principal viene determinado íntegramente por el evento más reciente para esa clave principal, y la compactación del registro puede descartar eventos anteriores para la misma clave.
- Por otro lado, con el origen de eventos, los eventos se modelan a un nivel superior. Un evento suele expresar la intención de una acción del usuario, no la mecánica de la actualización de estado que se produjo como resultado de la acción. En este caso, los eventos posteriores no suelen anular los eventos anteriores, por lo que se necesita el historial completo de eventos para reconstruir el estado final. La compactación de registros no es posible de la misma manera.

Las aplicaciones que utilizan el origen de eventos suelen tener un mecanismo para almacenar instantáneas del estado actual que se derivan del registro de eventos, por lo que no necesitan volver a procesar repetidamente el registro completo. Sin embargo, esto es solo una optimización del rendimiento para acelerar las lecturas y la recuperación tras fallos; la intención es que el sistema sea capaz de almacenar todos los eventos sin procesar para siempre y volver a procesar el registro completo de eventos siempre que sea necesario. Analizamos esta suposición en "Limitaciones de la inmutabilidad" en la página 567.

Estado, flujos e inmutabilidad

En Capítulo 11 vimos que el procesamiento por lotes se beneficia de la inmutabilidad de sus archivos de entrada, por lo que puedes ejecutar trabajos de procesamiento experimentales en archivos de entrada existentes sin temor a dañarlos. Este principio de inmutabilidad es también lo que hace que el origen de eventos y el CDC sean tan potentes.

Normalmente pensamos que las bases de datos almacenan el estado actual de la aplicación. Esta representación está optimizada para la lectura y suele ser la más conveniente para atender consultas. La naturaleza del estado es que cambia, por lo que las bases de datos admiten la actualización y eliminación de datos, además de su inserción. ¿Cómo encaja esto con la inmutabilidad?

Siempre que tienes un estado que cambia, ese estado es el resultado de los eventos que lo han modificado a lo largo del tiempo. Por ejemplo, tu lista de asientos disponibles actualmente es el resultado de las reservas que has procesado, el saldo actual de la cuenta es el resultado de los créditos y débitos de la cuenta, y el gráfico de tiempo de respuesta de tu servidor web es una agregación de los tiempos de respuesta individuales de todas las solicitudes web que se han producido.

No importa cómo cambie el estado, siempre hubo una secuencia de eventos que causaron esos cambios. Incluso cuando las cosas se hacen y se deshacen, el hecho sigue siendo cierto: esos eventos ocurrieron. La idea clave es que el estado mutable y un registro de eventos inmutables de solo añadir no se contradicen entre sí; son dos caras de la misma moneda. El registro de todos los cambios, o *changelog*, representa la evolución del estado a lo largo del tiempo.

Si tienes inclinación por las matemáticas, podrías decir que el estado de la aplicación es lo que se obtiene cuando se integra un flujo de eventos a lo largo del tiempo, y que un flujo de cambios es lo que se obtiene cuando se diferencia el estado por tiempo, como se muestra en Figura 12-7 [37, 38]. La analogía tiene limitaciones (por ejemplo, la segunda derivada del estado no parece ser significativa), pero es un punto de partida útil para pensar en los datos.

$$state(now) = \int_{t=0}^{now} stream(t)\,\mathrm{d}t \qquad\qquad stream(t) = \frac{\mathrm{d}\,state(t)}{\mathrm{d}t}$$

Figura 12-7. La relación entre el estado actual de la aplicación y un flujo de eventos

Si almacenas el registro de cambios de forma duradera, eso simplemente tiene el efecto de hacer que el estado sea reproducible. Si consideras que el registro de eventos es tu sistema de registro y que cualquier estado mutable se deriva de él, resulta más fácil razonar sobre el flujo de datos a través de un sistema. Como dijeron Jim Gray y Andreas Reuter en 1992 [39]:

> No hay ninguna necesidad fundamental de mantener una base de datos; el registro contiene toda la información que hay. La única razón para almacenar la base de datos (es decir, el final actual del registro) es el rendimiento de las operaciones de recuperación.

La compactación de registros es una forma de salvar la distinción entre el estado del registro y el de la base de datos. La compactación conserva solo la última versión de cada registro y descarta las versiones sobrescritas.

Ventajas de los eventos inmutables

La inmutabilidad en las bases de datos es una idea antigua. Por ejemplo, los contables llevan siglos utilizando la inmutabilidad en la contabilidad financiera. Cuando se produce una transacción, se registra en un *libro mayor* de solo añadir, que es esencialmente un registro de eventos que describe el dinero, los bienes o los servicios que han cambiado de manos. Las cuentas, como las pérdidas y ganancias o el balance general, se derivan de las transacciones del libro mayor sumándolas [40].

Si se comete un error, los contadores no borran ni modifican la transacción incorrecta en el libro mayor. En su lugar, añaden otra transacción que compensa el error, por ejemplo, reembolsando un cargo incorrecto. La transacción incorrecta permanece en el libro mayor para siempre, ya que podría ser importante por motivos de auditoría. Si ya se han publicado cifras incorrectas derivadas del libro mayor incorrecto, las cifras del siguiente periodo contable incluyen una corrección. Este proceso es totalmente normal en contabilidad [41].

Aunque esta auditabilidad es especialmente importante en los sistemas financieros, también es beneficiosa para muchos otros sistemas que no están sujetos a una regulación tan estricta. Si accidentalmente implementas un código defectuoso que escribe datos erróneos en una base de datos, la recuperación es mucho más difícil si el código es capaz de sobrescribir los datos de forma destructiva. Con un registro de eventos inmutables de solo añadir, diagnosticar lo que ha sucedido y recuperarse del problema es mucho más fácil. Del mismo modo, el servicio de atención al cliente puede utilizar un registro de auditoría para diagnosticar las solicitudes y quejas de los clientes.

Los eventos inmutables también capturan más información que solo el estado actual. Por ejemplo, en un sitio web de compras, un cliente puede añadir un artículo a su carrito y luego volver a eliminarlo. Aunque el segundo evento cancela el primero desde el punto de vista del cumplimiento del pedido, puede ser útil saber, con fines analíticos, que el cliente estaba considerando un artículo en particular, pero luego decidió no comprarlo. Quizás decidas comprarlo en el futuro, o quizás hayas encontrado un sustituto. Esta información se registra en un registro de eventos, pero se perdería en una base de datos que elimina los artículos cuando se retiran del carrito.

Derivar varias vistas del mismo registro de eventos

Al separar el estado mutable del registro de eventos inmutable, puedes derivar varias representaciones orientadas a la lectura a partir del mismo registro de eventos. Esto funciona igual que tener múltiples consumidores de un flujo (Figura 12-5); por ejemplo, la base de datos analítica Druid ingesta directamente desde Kafka utilizando este enfoque, y los sumideros de Kafka Connect pueden exportar datos desde Kafka a varias bases de datos e índices [33].

Contar con un paso de traducción explícito del registro de eventos a la base de datos facilita la evolución de tu aplicación con el tiempo. Si deseas introducir una nueva función que presente tus datos existentes de una forma nueva, puedes utilizar el registro de eventos para crear una vista optimizada para lectura independiente para la nueva función y ejecutarla junto con los sistemas existentes sin tener que modificarlos. A menudo, ejecutar los sistemas antiguos y nuevos en paralelo es más fácil que realizar una migración de esquema complicada en un sistema existente. Una vez que los lectores hayan cambiado al nuevo sistema y el antiguo ya no sea necesario, puedes simplemente apagarlo y recuperar sus recursos [42, 43].

Encontramos esta idea de escribir datos en un formato optimizado para la escritura y luego traducirlos a diferentes representaciones optimizadas para la lectura según sea necesario en "Event Sourcing y CQRS" en la página 112. Este proceso no requiere necesariamente el origen de eventos; también puedes crear múltiples vistas materializadas a partir de un flujo de eventos CDC [44].

El enfoque tradicional del diseño de bases de datos y esquemas se basa en la falacia de que los datos deben escribirse en el mismo formato en el que se consultarán. Los debates sobre la normalización y la desnormalización (consulta "Normalización, desnormalización y uniones" en la página 80) pierden gran parte de su relevancia si puedes traducir los datos de un registro de eventos optimizado para la escritura a un estado de la aplicación optimizado para la lectura. Es totalmente razonable desnormalizar los datos en las vistas optimizadas para la lectura, ya que el proceso de traducción te proporciona un mecanismo para mantenerlos coherentes con el registro de eventos.

En "Estudio de caso: Cronologías de redes sociales" en la página 38 hablamos de las líneas de tiempo de inicio de una red social, una caché de publicaciones recientes de las personas a las que sigue un usuario concreto (como un buzón de correo). Este es otro ejemplo de estado optimizado para lectura: las líneas de tiempo de inicio están muy desnormalizadas, ya que tus publicaciones se duplican en todas las líneas de tiempo de las personas que te siguen. Sin embargo, el servicio de distribución mantiene este estado duplicado sincronizado con las nuevas publicaciones y las nuevas relaciones de seguimiento, lo que hace que la duplicación sea manejable.

Control de concurrencia

La mayor desventaja de CQRS es que los consumidores del registro de eventos suelen ser asíncronos, por lo que un usuario podría escribir en el registro, luego leer desde una vista derivada y descubrir que su escritura aún no se ha reflejado en la vista. Discutimos este problema y las posibles soluciones en "Leer tus propias escrituras" en la página 231.

Una solución sería realizar las actualizaciones de la vista de lectura de forma sincrónica con la adición del evento al registro. Esto requiere una transacción distribuida entre el registro de eventos y la vista derivada, o alguna forma de esperar hasta que un evento se haya reflejado en la vista. Ambos enfoques son normalmente poco prácticos, por lo que las vistas se actualizan normalmente de forma asincrónica.

Por otro lado, derivar el estado actual de un registro de eventos también simplifica algunos aspectos del control de concurrencia. Gran parte de la necesidad de transacciones con múltiples objetos (consulta "Operaciones con un solo objeto y con varios objetos" en la página 313) se deriva de una única acción del usuario que requiere que los datos se modifiquen en varios lugares. Con el origen de eventos, puedes diseñar un evento de tal manera que sea una descripción autónoma de una acción del usuario. La acción del usuario solo requiere una única escritura en un lugar, es decir, añadir el evento al registro, lo cual es fácil de hacer atómico.

Si el registro de eventos y el estado de la aplicación se fragmentan de la misma manera (por ejemplo, procesar un evento para un cliente en el fragmento 3 requiere actualizar solo el fragmento 3 del estado de la aplicación), entonces un consumidor de registros sencillo de un solo subproceso no necesita control de concurrencia para las escrituras. Por su construcción, solo procesa un único evento a la vez (consulta "Ejecución en serie real" en la página 341). El registro elimina el no determinismo de la concurrencia definiendo un orden serial de eventos en un fragmento [27]. Si un evento afecta a varios fragmentos de estado, se requiere un poco más de trabajo, lo que discutiremos en Capítulo 13.

Muchos sistemas que no utilizan un modelo basado en eventos se basan, no obstante, en la inmutabilidad para el control de la concurrencia. Varias bases de datos utilizan internamente estructuras de datos inmutables o datos multiversión para admitir instantáneas puntuales (consulta "Índices y aislamiento de instantáneas" en la página 328). Los sistemas de control de versiones como Git, Mercurial y Fossil también se basan en datos inmutables para conservar el historial de versiones de los archivos.

Limitaciones de la inmutabilidad

¿Hasta qué punto es factible mantener un historial inmutable de todos los cambios para siempre? La respuesta depende de la cantidad de cambios en el conjunto de datos. Algunas cargas de trabajo añaden principalmente datos y rara vez actualizan o eliminan; son fáciles de hacer inmutables. Otras cargas de trabajo tienen una alta tasa de actualizaciones y eliminaciones en un conjunto de datos comparativamente pequeño; en estos casos, el historial inmutable puede crecer hasta alcanzar un tamaño prohibitivo, la fragmentación puede convertirse en un problema y el rendimiento de la compactación y la recolección de basura se vuelve crucial para la solidez operativa [45, 46].

Además de las razones de rendimiento, es posible que también necesites eliminar datos por motivos administrativos o legales, a pesar de toda la inmutabilidad. Por ejemplo, las normativas de privacidad como el RGPD exigen que la información personal de un usuario se elimine y que la información errónea se elimine cuando se solicite, o que se contenga una filtración accidental de información confidencial.

En estas circunstancias, no basta con añadir otro evento al registro para indicar que los datos anteriores deben considerarse eliminados, sino que realmente quieres reescribir el historial y fingir que los datos nunca se escribieron. Por ejemplo, Datomic llama a esta función *excisión* [47], y el sistema de control de versiones Fossil tiene un concepto similar llamado *shunning* [48].

Borrar datos de verdad es sorprendentemente difícil [49], ya que las copias pueden estar en muchos lugares. Los motores de almacenamiento, los sistemas de archivos y los SSD suelen escribir en una nueva ubicación en lugar de sobrescribir los datos en su lugar [41], y las copias de seguridad suelen ser deliberadamente inmutables para evitar su eliminación accidental o su corrupción.

Una forma de permitir la eliminación de datos inmutables es *el cripto-shredding* [50]. Los datos que es posible que quieras eliminar en el futuro se almacenan cifrados y, cuando quieras deshacerte de ellos, olvidas la clave de cifrado. Los datos cifrados siguen ahí, pero nadie puede utilizarlos.

En cierto sentido, esto solo traslada el problema; los datos reales siguen siendo inmutables, pero el almacenamiento de la clave es mutable. Además, tienes que decidir de antemano qué datos se van a cifrar con la misma clave y cuándo vas a utilizar claves diferentes, una decisión importante, ya que más adelante puedes destruir criptográficamente todos o ninguno de los datos cifrados con una clave concreta, pero no solo algunos. Almacenar una clave separada para cada elemento de datos sería demasiado complicado, ya que el almacenamiento de claves sería tan grande como el almacenamiento de datos primario. Esquemas más sofisticados, como el cifrado perforable [51], permiten revocar selectivamente las capacidades de descifrado de una clave, pero aún no se utilizan ampliamente.

En general, la eliminación es más una cuestión de "dificultar la recuperación de los datos" que de "imposibilitar su recuperación". No obstante, a veces hay que intentarlo, como veremos en "Legislación y autorregulación" en la página 661.

Procesamiento de flujos

Hasta ahora, en este capítulo hemos hablado de dónde provienen los flujos (eventos de actividad de los usuarios, sensores y escrituras en bases de datos) y cómo se transportan (a través de mensajería directa, mediante intermediarios de mensajes y en registros de eventos).

Lo que queda es discutir qué puedes hacer con el flujo una vez que lo tienes, es decir, puedes *procesarlo*. En términos generales, tienes tres opciones:

1. Puedes tomar los datos de los eventos y escribirlos en una base de datos, caché, índice de búsqueda o sistema de almacenamiento similar, desde donde otros clientes pueden consultarlos. Como se muestra en Figura 12-5, esta es una buena manera de mantener una base de datos sincronizada con los cambios que se producen en otras partes del sistema, especialmente si el consumidor de la transmisión es el único cliente que escribe en la base de datos. Escribir en un sistema de almacenamiento es el equivalente en streaming de lo que discutimos en "Casos de uso por lotes" en la página 527.
2. Puedes enviar los eventos a los usuarios de alguna manera, por ejemplo, enviando alertas por correo electrónico o notificaciones push, o transmitiendo los eventos a un panel de control en tiempo real donde se visualizan. En este caso, un humano es el consumidor final de la transmisión.
3. Puedes procesar uno o más flujos de entrada para producir uno o más flujos de salida. Los flujos pueden pasar por un canal que consta de varias etapas de procesamiento de este tipo antes de terminar finalmente en una salida (opción 1 u 2).

En el resto de este capítulo, analizaremos la opción 3: procesar flujos para producir otros flujos derivados. Un fragmento de código que procesa flujos de esta manera se conoce como *operador* o *trabajo*. Está estrechamente relacionado con los procesos Unix y los trabajos MapReduce que discutimos en Capítulo 11, y el patrón de flujo de datos es similar: un procesador de flujos consume los flujos de entrada de forma de solo lectura y escribe su salida en una ubicación diferente de forma de solo añadir.

Los patrones de fragmentación y paralelización en los procesadores de flujo también son muy similares a los de MapReduce y los motores de flujo de datos que vimos en Capítulo 11, por lo que no repetiremos esos temas aquí. Las operaciones básicas de mapeo, como la transformación y el filtrado de registros, también funcionan de la misma manera.

La única diferencia crucial con respecto a los trabajos por lotes es que un flujo nunca termina. Esta diferencia tiene muchas implicaciones. Como se ha comentado al principio de este capítulo, la clasificación no tiene sentido con un conjunto de datos ilimitado, por lo que no se pueden utilizar las uniones de clasificación y fusión (consulta "Uniones y agrupaciones" en la página 522). Los mecanismos de tolerancia a fallos también deben cambiar. Con un trabajo por lotes que ha estado ejecutándose durante unos minutos, una tarea fallida puede simplemente reiniciarse desde el principio, pero con un trabajo de flujo que ha estado ejecutándose durante varios años, reiniciar desde el principio después de un bloqueo puede no ser una opción viable.

Usos del procesamiento de flujos

El procesamiento de flujos se ha utilizado durante mucho tiempo con fines de monitoreo, cuando una organización desea recibir alertas si ocurren determinadas cosas. Por ejemplo:

- Los sistemas de detección de fraudes deben determinar si los patrones de uso de una tarjeta de crédito han cambiado de forma inesperada y bloquear la tarjeta si es probable que haya sido robada.
- Los sistemas de negociación deben examinar los cambios de precios en un mercado financiero y ejecutar las operaciones de acuerdo con las reglas especificadas.
- Los sistemas de fabricación deben realizar el monitoreo del estado de las máquinas de una fábrica e identificar rápidamente el problema si se produce un fallo.
- Los sistemas militares y de inteligencia deben rastrear las actividades de un posible agresor y dar la alarma ante cualquier indicio de ataque.

Este tipo de aplicaciones requieren una comparación de patrones y correlaciones bastante sofisticadas. Sin embargo, con el tiempo también han surgido otros usos del procesamiento de flujos. En esta sección compararemos y contrastaremos brevemente algunas de estas aplicaciones.

Procesamiento de eventos complejos

El procesamiento de eventos complejos (CEP) es un enfoque desarrollado en la década de 1990 para analizar flujos de eventos, especialmente orientado al tipo de aplicación que requiere la búsqueda de ciertos patrones de eventos [52]. De manera similar a como una expresión regular te permite buscar ciertos patrones de caracteres en una cadena, el CEP te permite especificar reglas para buscar ciertos patrones de eventos en un flujo.

Los sistemas CEP suelen utilizar un lenguaje de consulta declarativo de alto nivel, como SQL, o una interfaz gráfica de usuario, para describir los patrones de eventos que deben detectarse. Estas consultas se envían a un motor de procesamiento que consume las secuencias de entrada y mantiene internamente una máquina de estados que realiza la coincidencia requerida. Cuando se encuentra una coincidencia, el motor emite un *evento complejo* (de ahí el nombre) con los detalles del patrón de eventos que se ha detectado [53].

En estos sistemas, la relación entre las consultas y los datos se invierte en comparación con las bases de datos normales. Por lo general, una base de datos almacena los datos de forma persistente y trata las consultas como transitorias. Cuando llega una consulta, la base de datos busca los datos que coinciden con ella y la olvida cuando ha terminado. Los motores CEP invierten estos roles. Las consultas se almacenan a largo plazo; a medida que llega cada evento, el motor comprueba si ha visto un patrón de eventos que coincida con alguna de sus consultas pendientes [54].

Entre las implementaciones de CEP se incluyen Esper, Apama y TIBCO StreamBase. Los procesadores de flujos distribuidos como Flink y Spark Streaming también son compatibles con SQL para consultas declarativas en flujos.

Análisis de flujos

El procesamiento de flujos también se utiliza para *el análisis* de flujos. La frontera entre CEP y el análisis de flujos es difusa, pero, por regla general, el análisis de flujos se centra menos en detectar secuencias de eventos específicos y más en agregaciones y métricas estadísticas sobre grandes volúmenes de eventos. Entre las aplicaciones de ejemplo se incluyen las siguientes:

- Medir la tasa de un determinado tipo de evento (con qué frecuencia se produce por intervalo de tiempo)
- Calcular el promedio móvil de un valor durante un período de tiempo
- Comparar las estadísticas actuales con intervalos de tiempo anteriores (por ejemplo, para detectar tendencias o alertar sobre métricas que son inusualmente altas o bajas en comparación con el mismo momento de la semana pasada)

Estas estadísticas suelen calcularse en intervalos de tiempo fijos; por ejemplo, es posible que quieras conocer el número medio de consultas por segundo a un servicio durante los últimos cinco minutos y su tiempo de respuesta en el percentil 99 durante ese periodo. El promedio de unos pocos minutos suaviza las fluctuaciones irrelevantes de un segundo a otro, al tiempo que te ofrece una imagen oportuna de cualquier cambio en los patrones de tráfico. El intervalo de tiempo sobre el que se agrega se conoce como *ventana*; analizaremos las ventanas con más detalle en "Razonamiento sobre el tiempo" en la página 575.

Los sistemas de análisis de flujos a veces utilizan algoritmos probabilísticos, como los filtros Bloom (que encontramos en "Filtros Bloom" en la página 135) para la pertenencia a conjuntos, HyperLogLog [55] para la estimación de la cardinalidad y varios algoritmos de estimación de percentiles (consulta Cálculo de percentiles en la página 47). Los algoritmos probabilísticos producen resultados aproximados, pero tienen la ventaja de requerir mucha menos memoria en el procesador de flujos que los algoritmos exactos. Este uso de algoritmos de aproximación a veces lleva a la gente a creer que los sistemas de procesamiento de flujos siempre son inexactos y tienen pérdidas, pero eso es incorrecto. No hay nada intrínsecamente aproximado en el procesamiento de flujos, y el uso de algoritmos probabilísticos es simplemente una optimización [56].

Muchos marcos de procesamiento de flujos distribuidos de código abierto, como Apache Storm, Spark Streaming, Flink, Samza, Apache Beam y Kafka Streams, están diseñados pensando en el análisis [57]. Entre los servicios alojados se incluyen Google Cloud Dataflow y Azure Stream Analytics.

Mantenimiento de vistas materializadas

Hemos visto que un flujo de cambios en una base de datos se puede utilizar para mantener los sistemas de datos derivados, como cachés, índices de búsqueda y almacenes de datos, actualizados con una base de datos de origen. Estos son ejemplos de mantenimiento de vistas materializadas: derivar una vista alternativa de un conjunto de datos para poder consultarlo de manera eficiente y actualizar esa vista cada vez que cambien los datos subyacentes [37].

De manera similar, en el abastecimiento de eventos, el estado de la aplicación se mantiene aplicando un registro de eventos; aquí, el estado de la aplicación también es una especie de vista materializada. A diferencia de los escenarios de análisis de flujos, tener en cuenta solo los eventos dentro de una ventana de tiempo determinada no suele ser suficiente. La creación de la vista materializada puede requerir *todos* los eventos de un período de tiempo arbitrario, aparte de cualquier evento obsoleto que pueda ser descartado por la compactación del registro. En efecto, necesitas una ventana que se extienda hasta el principio del tiempo.

En principio, cualquier procesador de flujos podría utilizarse para el mantenimiento de vistas materializadas, aunque la necesidad de mantener los eventos para siempre va en contra de las suposiciones de algunos marcos orientados al análisis que operan principalmente en ventanas de duración limitada. Kafka Streams y ksqlDB de Confluent admiten este tipo de uso, basándose en la compatibilidad de Kafka con la compactación de registros [58].

Mantenimiento incremental de vistas

Las bases de datos pueden parecer adecuadas para el mantenimiento de vistas materializadas; después de todo, están diseñadas para conservar copias completas de un conjunto de datos. Muchas de ellas también admiten vistas materializadas. En "Vistas materializadas y cubos de datos" en la página 159, vimos que las consultas analíticas típicas de un almacén de datos pueden materializarse en cubos OLAP.

Desafortunadamente, las bases de datos suelen actualizar las tablas de vistas materializadas mediante trabajos por lotes periódicos o solicitudes bajo demanda, como `REFRESH MATERIALIZED VIEW` de PostgreSQL, y no con cada actualización de los datos de origen. Este enfoque tiene dos inconvenientes importantes que lo hacen inadecuado para el mantenimiento de vistas de procesamiento de flujos:

Eficiencia deficiente
: Todos los datos se vuelven a procesar cada vez que se actualiza la vista, aunque es probable que la mayoría de los datos permanezcan sin cambios.

Actualidad de los datos
: Los cambios en los datos de origen no se reflejan en una vista materializada hasta que se vuelve a ejecutar la consulta, durante su próxima actualización programada.

Es posible escribir disparadores de base de datos que actualicen las vistas materializadas de manera eficiente cuando los datos se pueden particionar fácilmente y el cálculo es naturalmente incremental. Por ejemplo, si una vista materializada mantiene los ingresos totales por ventas diarios, la fila del día correspondiente se puede actualizar cada vez que se produce una nueva venta. Las soluciones a medida funcionan en algunos casos, pero muchas consultas SQL no se pueden convertir de manera fácil o eficiente en cálculos incrementales.

El mantenimiento incremental de vistas (IVM) es una solución más general a los problemas que acabamos de describir. Las técnicas de IVM convierten las consultas escritas en SQL u otros lenguajes en operadores capaces de realizar cálculos incrementales. En lugar de procesar conjuntos de datos completos, los algoritmos de IVM recalculan y actualizan solo los datos que han cambiado [38, 59, 60]. El cálculo de vistas se vuelve entonces mucho más eficiente, lo que significa que las actualizaciones se pueden ejecutar con mucha más frecuencia, lo que aumenta drásticamente la frescura de los datos.

Bases de datos como Materialize [61], RisingWave, ClickHouse y Feldera utilizan técnicas IVM para proporcionar vistas materializadas incrementales eficientes. Estas bases de datos ingieren flujos de eventos para exponer vistas materializadas en tiempo real. Los eventos recientes se almacenan en la memoria y se utilizan periódicamente para actualizar las vistas materializadas en disco. Las lecturas combinan los eventos recientes y los datos materializados para proporcionar una única vista en tiempo real. Dado que las lecturas suelen expresarse en SQL y las vistas materializadas a menudo se almacenan en formatos de estilo OLAP, estos sistemas también admiten consultas a gran escala de tipo almacén de datos, como las que se describen en Capítulo 11.

Búsqueda en flujos

Además de CEP, que permite buscar patrones que constan de múltiples eventos, a veces también es necesario buscar eventos individuales basándose en criterios complejos, como consultas de búsqueda de texto completo. Por ejemplo, los servicios de monitoreo de medios se suscriben a fuentes de artículos de noticias y emisiones de medios de comunicación y buscan cualquier noticia que mencione empresas, productos o temas de interés. Esto se hace formulando una consulta de búsqueda por adelantado y luego comparando continuamente el flujo de noticias con esta consulta. Existen funciones similares en algunos sitios web; por ejemplo, los usuarios de sitios inmobiliarios pueden solicitar que se les notifique cuando aparezca en el mercado una nueva propiedad que coincida con sus criterios de búsqueda. La función percolator de Elasticsearch [62] es una opción para implementar este tipo de búsqueda en flujos.

Los motores de búsqueda convencionales primero indexan los documentos y luego ejecutan consultas sobre el índice. Por el contrario, la búsqueda en un flujo da un giro completo al procesamiento. Las consultas se almacenan y los documentos se evalúan en función de ellas, como en CEP. En el caso más sencillo, puedes comparar cada documento con cada consulta, aunque esto puede ser lento si tienes un gran número de consultas. Para optimizar el proceso, es posible indexar tanto las consultas como los documentos y, de este modo, reducir el conjunto de consultas que pueden coincidir [63].

Arquitecturas basadas en eventos y RPC

En "Arquitecturas basadas en eventos" en la página 208 hablamos de los sistemas de paso de mensajes como alternativa a RPC. Este mecanismo de comunicación entre servicios se utiliza, por ejemplo, en el modelo actor.

Aunque estos sistemas también se basan en mensajes y eventos, normalmente no los consideramos procesadores de flujos, por varias razones:

- Los marcos de actores son principalmente un mecanismo para gestionar la concurrencia y la ejecución distribuida de módulos de comunicación, mientras que el procesamiento de flujos es principalmente una técnica de gestión de datos.
- La comunicación entre actores suele ser efímera y uno a uno, mientras que los registros de eventos son duraderos y multisuscriptores.
- Los actores pueden comunicarse de forma arbitraria (incluidos los patrones cíclicos de solicitud/respuesta), pero los procesadores de flujos suelen configurarse en canalizaciones acíclicas en las que cada flujo es el resultado de un trabajo concreto y se deriva de un conjunto bien definido de flujos de entrada.

Dicho esto, existe cierto solapamiento entre los sistemas similares a RPC y el procesamiento de flujos. Por ejemplo, Apache Storm tiene una característica llamada *RPC distribuido*, que permite distribuir las consultas de los usuarios a un conjunto de nodos que también procesan flujos de eventos; estas consultas se intercalan con eventos de los flujos de entrada, y los resultados se pueden agregar y enviar de vuelta al usuario.

También es posible procesar flujos utilizando marcos de actores. Sin embargo, muchos de estos marcos no garantizan la entrega de mensajes en caso de fallos, por lo que el procesamiento no es tolerante a fallos a menos que se implemente una lógica de reintento adicional.

Razonamiento sobre el tiempo

Los procesadores de flujos a menudo tienen que lidiar con el tiempo, especialmente cuando ejecutan tareas de análisis, que con frecuencia utilizan ventanas de tiempo como "el promedio de los últimos cinco minutos". El significado de "los últimos cinco minutos" puede parecer inequívoco y claro, pero, por desgracia, el concepto es sorprendentemente complicado.

En un proceso por lotes, las tareas de procesamiento analizan rápidamente una gran colección de eventos históricos. Si es necesario realizar algún tipo de desglose por tiempo, el proceso por lotes debe examinar la marca de tiempo incrustada en cada evento. No tiene sentido mirar el reloj del sistema de la máquina que ejecuta el proceso, porque la hora en que se ejecuta no tiene nada que ver con la hora en que realmente ocurrieron los eventos.

Un proceso por lotes puede leer los eventos históricos de un año en pocos minutos; en la mayoría de los casos, la línea de tiempo de interés es el año de historia, no los pocos minutos de procesamiento. Además, el uso de las marcas de tiempo en los eventos permite que el procesamiento sea determinista: ejecutar el mismo proceso de nuevo con la misma entrada produce el mismo resultado.

Por otro lado, muchos marcos de procesamiento de flujos utilizan el reloj local del sistema de la máquina de procesamiento (el *tiempo de procesamiento*) para determinar las ventanas [64]. Este enfoque tiene la ventaja de ser sencillo, y es razonable si el retraso entre la creación del evento y su procesamiento es insignificante. Sin embargo, falla con cualquier retraso significativo en el procesamiento (es decir, si el procesamiento se produce notablemente más tarde que el momento en que ocurrió el evento).

Tiempo del evento frente a tiempo de procesamiento

El procesamiento puede retrasarse por muchas razones, entre ellas las colas, los fallos de red, un problema de rendimiento que provoque conflictos en el agente de mensajes o el procesador, un reinicio del consumidor de flujos o el reprocesamiento de eventos pasados mientras se recupera de un fallo o después de corregir un error en el código.

Los retrasos en los mensajes también pueden dar lugar a un orden impredecible de los mismos. Por ejemplo, supongamos que un usuario realiza primero una solicitud web (que es gestionada por el servidor web A) y, a continuación, una segunda solicitud (que es gestionada por el servidor B). A y B emiten eventos que describen las solicitudes que han gestionado, pero el evento de B llega al agente de mensajes antes que el de A. Ahora, los procesadores de flujo verán primero el evento B y luego el evento A, aunque se hayan producido en orden inverso.

Si te ayuda una analogía, piensa en las películas de *Star Wars*. El Episodio IV se estrenó en 1977, el Episodio V en 1980 y el Episodio VI en 1983, seguidos de los Episodios I, II y III en 1999, 2002 y 2005, respectivamente, y los Episodios VII, VIII y IX en 2015, 2017 y 2019 [65]. Si viste las películas en el orden en que se estrenaron, el orden en que las procesaste no coincide con el orden de su narrativa. (El número de episodio es como la marca de tiempo del evento, y la fecha en que viste la película es el tiempo de procesamiento). Como seres humanos, somos capaces de hacer frente a tales discontinuidades, pero los algoritmos de procesamiento de flujos deben estar escritos específicamente para adaptarse a este tipo de problemas de sincronización y ordenación.

Confundir la hora del evento y la hora de procesamiento da lugar a datos erróneos. Por ejemplo, supongamos que tienes un procesador de flujo que mide la tasa de solicitudes (contando el número de solicitudes por segundo). Si reimplementas el procesador de flujo, es posible que se apague durante un minuto y procese la acumulación de eventos cuando se reinicie. Si mides la tasa en función del tiempo de procesamiento, parecerá que hubo un pico anómalo repentino de solicitudes durante el procesamiento de la acumulación, cuando en realidad la tasa real de solicitudes se mantuvo estable (Figura 12-8).

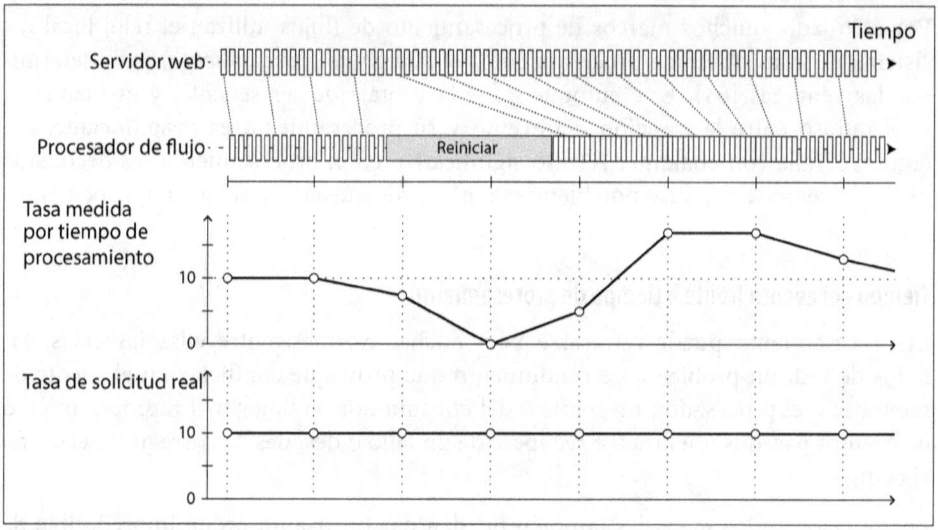

Figura 12-8. La división en ventanas por tiempo de procesamiento introduce artefactos debido a las variaciones en la velocidad de procesamiento.

Gestión de eventos rezagados

Un problema complicado a la hora de definir ventanas (windows) en términos de tiempo de evento es que nunca puedes estar seguro de si has recibido todos los eventos de una ventana concreta o si aún quedan algunos por llegar.

Por ejemplo, supongamos que agrupas los eventos en ventanas de 1 minuto para poder contar el número de solicitudes por minuto. Has contado un número de eventos con marcas de tiempo que caen en el minuto 37 de la hora, y el tiempo ha avanzado; ahora la mayoría de los eventos entrantes caen dentro de los minutos 38 y 39 de la hora. ¿Cuándo declaras que has terminado la ventana del minuto 37 y generas su valor de contador?

Puedes agotar el tiempo de espera y declarar una ventana lista después de no haber visto ningún evento nuevo para esa ventana durante un tiempo. Sin embargo, algunos eventos podrían estar almacenados en otra máquina en algún lugar, retrasados por una interrupción de la red. Debes ser capaz de manejar esos eventos *rezagados* que llegan después de que la ventana ya se haya declarado completa. En términos generales, tienes dos opciones [1]:

- Ignora los eventos rezagados, ya que probablemente sean un pequeño porcentaje de los eventos en circunstancias normales. Puedes realizar un seguimiento del número de eventos descartados como métrica y alertar si empiezas a descartar una cantidad significativa de datos.
- Publica una *corrección*, un valor actualizado para la ventana con los rezagados incluidos. También es posible que tengas que retirar la salida anterior.

En algunos casos, es posible utilizar un mensaje especial para indicar que "a partir de ahora, no habrá más mensajes con una marca de tiempo anterior a *t*", que los consumidores pueden utilizar para activar las ventanas [66]. Sin embargo, si varios productores en diferentes máquinas están generando eventos, cada uno con sus propios umbrales mínimos de marca de tiempo, los consumidores deben realizar un seguimiento de cada productor individualmente. En este caso, añadir y eliminar productores es más complicado.

¿Qué reloj estás utilizando, de todos modos?

Asignar marcas de tiempo a los eventos es aún más difícil cuando estos pueden almacenarse en varios puntos del sistema. Por ejemplo, pensemos en una aplicación móvil que informa de eventos para métricas de uso a un servidor. La aplicación puede utilizarse mientras el dispositivo está desconectado, en cuyo caso almacenará los eventos en el buffer localmente en el dispositivo y los enviará a un servidor cuando haya conexión a Internet disponible (lo que puede ser horas o incluso días más tarde). Para cualquier consumidor de este flujo, los eventos aparecerán como extremadamente retrasados.

En este contexto, la marca de tiempo de los eventos debería ser realmente la hora en la que se produjo la interacción del usuario, según el reloj local del dispositivo móvil. Sin embargo, el reloj de un dispositivo controlado por el usuario a menudo no es fiable, ya que puede estar configurado de forma accidental o deliberada con una hora incorrecta (consulta "Sincronización y precisión del reloj" en la página 397). La hora en que el servidor recibió el evento (según el reloj del servidor) es más probable que sea precisa, ya que el servidor está bajo tu control, pero menos significativa en términos de describir la interacción del usuario.

Para ajustar los relojes incorrectos de los dispositivos, un enfoque consiste en registrar tres marcas de tiempo [67]:

- La hora en que ocurrió el evento, según el reloj del dispositivo
- La hora en que el evento se envió al servidor, según el reloj del dispositivo
- La hora en que el evento fue recibido por el servidor, según el reloj del servidor

Reste la segunda marca de tiempo de la tercera para calcular la diferencia entre el reloj del dispositivo y el reloj del servidor (suponiendo que el retraso de la red sea insignificante en comparación con la precisión requerida de la marca de tiempo). A continuación, puede aplicar esa diferencia a la marca de tiempo del evento y, de este modo, calcular la hora real en la que se produjo el evento (suponiendo que la diferencia del reloj del dispositivo no haya cambiado entre el momento en que se produjo el evento y el momento en que se envió al servidor).

Este problema no es exclusivo del procesamiento de flujos; el procesamiento por lotes adolece exactamente de los mismos problemas de razonamiento sobre el tiempo. Simplemente es más notable en un contexto de flujos, donde somos más conscientes del paso del tiempo.

Tipos de ventanas

Una vez que sabes cómo se debe determinar la marca de tiempo de un evento, el siguiente paso es decidir cómo se deben definir las ventanas a lo largo de los periodos de tiempo. La ventana se puede utilizar para agregaciones, por ejemplo, para contar eventos o calcular la media de los valores dentro de la ventana. Hay varios tipos de ventanas de uso común [64, 68]:

Tumbling
: Una ventana de tumbling tiene una longitud fija y cada evento pertenece exactamente a una ventana. Por ejemplo, si tienes una ventana de tumbling de un minuto, todos los eventos con marcas de tiempo de 10:03:00 a 10:03:59 se agrupan en una ventana, los eventos de 10:04:00 a 10:04:59 en la siguiente ventana, y así sucesivamente. Podrías implementar una ventana tumbling de un minuto tomando la marca de tiempo de cada evento y redondeándola al minuto más cercano para determinar la ventana a la que pertenece.

Hopping
: Una ventana de hopping también tiene una longitud fija, pero hay un solapamiento entre ventanas consecutivas para proporcionar suavidad. Por ejemplo,

una ventana de cinco minutos con un tamaño de salto de un minuto contendría los eventos desde las 10:03:00 hasta las 10:07:59, luego la siguiente ventana cubriría los eventos desde las 10:04:00 hasta las 10:08:59, y así sucesivamente. Puedes implementar esto calculando primero ventanas de un minuto y luego agregando varias ventanas adyacentes.

Sliding
: Una ventana de sliding contiene todos los eventos que ocurren dentro de un cierto intervalo entre sí. Por ejemplo, una ventana de sliding de cinco minutos cubriría los eventos a las 10:03:39 y 10:08:12, porque están a menos de cinco minutos de distancia (ten en cuenta que las ventanas de cinco minutos con salto y salto no habrían puesto estos dos eventos en la misma ventana, ya que utilizan límites fijos). Una ventana de sliding se puede implementar manteniendo un buffer de eventos ordenados por tiempo y eliminando los eventos antiguos cuando expiran de la ventana.

Session
: A diferencia de los otros tipos de ventanas, una ventana de session no tiene una duración fija. En cambio, se define agrupando todos los eventos del mismo usuario que ocurren muy cerca en el tiempo, y la ventana termina cuando el usuario ha estado inactivo durante algún tiempo (por ejemplo, si no se han producido eventos durante 30 minutos). La sesión es un requisito común para el análisis de sitios web.

Las operaciones de ventana suelen mantener un estado temporal. En algunos casos, el estado tiene un tamaño fijo, independientemente del tamaño de la ventana o del número de eventos que se produzcan; por ejemplo, una operación de recuento tendrá un solo contador, independientemente del tamaño de la ventana o del número de eventos. Por otro lado, las ventanas deslizantes o las uniones de flujos, que se tratan en la siguiente sección, requieren que los eventos se almacenen en el buffer hasta que la ventana finalice. Por lo tanto, las ventanas de gran tamaño o las secuencias de alto rendimiento pueden hacer que los procesadores de secuencias mantengan un estado temporal elevado. En ese caso, debes asegurarte de que las máquinas que ejecutan tareas de procesamiento de secuencias tengan suficiente capacidad para mantener este estado, ya sea en la memoria o en el disco.

Uniones de flujos

En "Uniones y agrupaciones" en la página 522 hablamos de cómo los trabajos por lotes pueden unir conjuntos de datos por clave y cómo esas uniones constituyen una parte importante de los flujos de datos. Dado que el procesamiento de flujos generaliza los flujos de datos al procesamiento incremental de conjuntos de datos ilimitados, existe exactamente la misma necesidad de uniones en los flujos.

Sin embargo, el hecho de que puedan aparecer nuevos eventos en cualquier momento en un flujo hace que las uniones en flujos sean más complicadas que en los trabajos por lotes. Para comprender mejor la situación, distinguamos entre tres tipos de uniones: uniones *de flujo a flujo*, uniones *de flujo a tabla* y uniones *de tabla a tabla*. En las siguientes secciones ilustraremos cada una de ellas con ejemplos.

Unión de flujos (unión de ventanas)

Supongamos que tienes una función de búsqueda en tu sitio web y deseas detectar las tendencias recientes en las URL buscadas. Cada vez que alguien escribe una consulta de búsqueda, registras un evento que contiene la consulta y los resultados obtenidos. Cada vez que alguien hace clic en uno de los resultados de búsqueda, registras otro evento que registra el clic. Para calcular la tasa de clics de cada URL en los resultados de búsqueda, necesitas reunir los eventos de la acción de búsqueda y la acción de clic, que están conectados por tener el mismo ID de sesión. Se necesitan análisis similares en los sistemas publicitarios [69].

Es posible que el clic nunca se produzca si el usuario abandona la búsqueda y, aunque se produzca, el tiempo entre la búsqueda y el clic puede ser muy variable. En muchos casos puede ser de unos segundos, pero también puede ser de días o semanas (si un usuario realiza una búsqueda, se olvida de esa pestaña del navegador y, posteriormente, vuelve a la pestaña y hace clic en un resultado). Debido a los retrasos variables de la red, el evento del clic puede incluso llegar antes que el evento de la búsqueda. Puedes elegir una ventana adecuada para la unión; por ejemplo, puedes optar por unir un clic con una búsqueda si se producen con una diferencia máxima de una hora.

Ten en cuenta que incorporar los detalles de la búsqueda en el evento de clic no es equivalente a unir los eventos. Si lo hicieras, solo obtendrías información sobre los casos en los que el usuario hizo clic en un resultado de búsqueda, no sobre las búsquedas en las que el usuario no hizo clic en ninguno de los resultados. Para medir la calidad de la búsqueda, necesitas tasas de clics precisas, para lo cual necesitas tanto los eventos de búsqueda como los eventos de clic.

Para implementar este tipo de unión, un procesador de flujos necesita mantener el estado, por ejemplo, todos los eventos que se produjeron en la última hora, indexados por ID de sesión. Cada vez que se produce un evento de búsqueda o un evento de clic, se añade al índice correspondiente, y el procesador de flujos también comprueba el otro índice para ver si ya ha llegado otro evento para el mismo ID de sesión. Si hay un evento coincidente, emites un evento indicando en qué resultado de búsqueda se ha hecho clic. Si el evento de búsqueda caduca sin que veas un evento de clic coincidente, emites un evento indicando en qué resultados de búsqueda no se ha hecho clic.

Unión de flujos y tablas (enriquecimiento de flujos)

En "Uniones y agrupaciones" en la página 522 (Figura 11-2) vimos un ejemplo de un trabajo por lotes que unía dos conjuntos de datos: un conjunto de eventos de actividad de los usuarios y una base de datos de perfiles de usuarios. Es natural pensar en los eventos de actividad de los usuarios como un flujo y realizar la misma unión de forma continua en un procesador de flujos. La entrada es un flujo de eventos de actividad que contiene un ID de usuario, y la salida es un flujo de eventos de actividad en el que el ID de usuario se ha ampliado con información de perfil sobre el usuario. Este proceso se conoce a veces como *enriquecimiento de* los eventos de actividad con información de la base de datos.

Para realizar esta unión, el proceso de flujo debe tomar un evento de actividad a la vez, buscar el ID de usuario del evento en la base de datos y agregar la información del perfil al evento de actividad. La búsqueda en la base de datos podría implementarse mediante una consulta a una base de datos remota; sin embargo, como se explica en "Uniones y agrupaciones" en la página 522, es probable que estas consultas remotas sean lentas y corran el riesgo de sobrecargar la base de datos [58].

Otro enfoque consiste en cargar una copia de la base de datos en el procesador de flujo para poder consultarla localmente sin necesidad de realizar un viaje de ida y vuelta por la red. Esta técnica se denomina *unión hash* (*hash join*), ya que la copia local de la base de datos puede ser una tabla hash en memoria si es lo suficientemente pequeña, o un índice en el disco local.

La diferencia con respecto a los trabajos por lotes es que estos utilizan una instantánea puntual de la base de datos como entrada, mientras que un procesador de flujo se ejecuta durante mucho tiempo y es probable que el contenido de la base de datos cambie con el tiempo, por lo que la copia local de la base de datos del procesador de flujo debe mantenerse actualizada. Este problema se puede resolver con CDC. El procesador de flujo puede suscribirse a un registro de cambios de la base de datos de perfiles de usuario, así como al flujo de eventos de actividad. Cuando se crea o modifica un perfil, el procesador de flujo actualiza su copia local. De este modo, obtenemos una unión entre dos flujos: los eventos de actividad y las actualizaciones de perfiles.

Una unión de flujo y tabla es muy similar a una unión de flujo y flujo. La mayor diferencia es que, para el flujo del registro de cambios de la tabla, la unión utiliza una ventana que se remonta al "principio del tiempo" (una ventana conceptualmente infinita), en la que las versiones más recientes de los registros sobrescriben a las más antiguas. Para la entrada de flujo, es posible que la unión no mantenga ninguna ventana.

Unión de tablas (mantenimiento de vistas materializadas)

Consideremos el ejemplo de la línea de tiempo de una red social que discutimos en "Estudio de caso: Cronologías de redes sociales" en la página 38. Dijimos que cuando un usuario quiere ver su línea de tiempo de inicio, es demasiado costoso iterar sobre todas las personas a las que sigue, encontrar sus publicaciones recientes y fusionarlas.

En su lugar, queremos una caché de la línea de tiempo, una especie de "bandeja de entrada" por usuario en la que se escriban las publicaciones a medida que se envían, de modo que la lectura de la línea de tiempo sea una sola búsqueda. Materializar y mantener esta caché requiere el siguiente procesamiento de eventos:

- Cuando el usuario *u* envía una nueva publicación, esta se añade a la línea de tiempo de todos los usuarios que siguen a *u*.
- Cuando un usuario borra una publicación o borra toda su cuenta, esta se elimina de las líneas de tiempo de todos los usuarios.
- Cuando el usuario u_1 empieza a seguir al usuario u_2, las publicaciones recientes de u_2 se añaden a la línea de tiempo de u_1.
- Cuando el usuario u_1 deja de seguir al usuario u_2, las publicaciones de u_2 se eliminan de la línea de tiempo u_1.

Para implementar este mantenimiento de la caché en un procesador de flujos, necesitas flujos de eventos para las publicaciones (envío y eliminación) y para las relaciones de seguimiento (seguir y dejar de seguir). El proceso de flujo necesita mantener una base de datos que contenga el conjunto de seguidores de cada usuario para saber qué líneas de tiempo deben actualizarse cuando llega una nueva publicación.

Otra forma de ver este proceso de flujo es que mantiene una vista materializada para una consulta que une dos tablas (`posts` y `follows`), algo así como lo siguiente:

```
SELECT follows.follower_id AS timeline_id,
  array_agg(posts.* ORDER BY posts.timestamp DESC)
FROM posts
JOIN follows ON follows.followee_id = posts.sender_id
GROUP BY follows.follower_id
```

La unión de los flujos se corresponde directamente con la unión de las tablas en esta consulta. Las líneas de tiempo son, en efecto, una caché del resultado de la consulta, que se actualiza cada vez que cambian las tablas subyacentes.

Si consideras una secuencia como la derivada de una tabla, como en Figura 12-7, y consideras una unión como el producto de dos tablas $u \cdot v$, ocurre algo interesante: la secuencia de cambios en la unión materializada sigue la regla del producto $(u \cdot v)' = u'v + uv'$. Cualquier cambio en `posts` se une a los seguidores actuales, y cualquier cambio en `follows` se une a las publicaciones actuales [37].

Dependencia temporal de las uniones

Los tres tipos de uniones descritos aquí (flujo-flujo, flujo-tabla y tabla-tabla) tienen mucho en común. Todos ellos requieren que el procesador de flujos mantenga un estado (eventos de búsqueda y clic, perfiles de usuario o lista de seguidores) derivado de una entrada de unión y que consulte ese estado al procesar los registros de la otra entrada.

El orden de los eventos que mantienen el estado es importante; por ejemplo, importa si primero sigues y luego dejas de seguir a un usuario, o al revés. En un registro de eventos fragmentado como Kafka, se conserva el orden de los eventos dentro de un solo fragmento (partición), pero normalmente no hay garantía de orden entre diferentes flujos o fragmentos.

Esto plantea una pregunta: si los eventos de diferentes flujos ocurren aproximadamente al mismo tiempo, ¿en qué orden se procesan? En el ejemplo de unión de flujo y tabla, por ejemplo, si un usuario actualiza su perfil, ¿qué eventos de actividad se unen al perfil antiguo (procesado antes de la actualización del perfil) y cuáles se unen al nuevo perfil (procesado después de la actualización del perfil)? Dicho de otra manera: si el estado cambia con el tiempo y te unes a un estado, ¿qué momento utilizas para la unión?

Esta dependencia temporal puede darse en muchos casos. Por ejemplo, si vendes productos, debes aplicar el tipo impositivo correcto a las facturas, que depende del país o estado, el tipo de producto y la fecha de venta (ya que los tipos impositivos cambian de vez en cuando). Al unir las ventas a una tabla de tasas impositivas, probablemente quieras unirte con la tasa impositiva en el momento de la venta, que puede ser diferente de la tasa impositiva actual si estás reprocesando datos históricos.

Si el orden de los eventos en las secuencias es indeterminado, la unión se vuelve no determinista [70], lo que significa que no puedes volver a ejecutar el mismo trabajo con la misma entrada y obtener necesariamente el mismo resultado. Los eventos de las secuencias de entrada pueden intercalarse de forma diferente cuando vuelves a ejecutar el trabajo.

En los almacenes de datos, este problema se conoce como *dimensión de cambio lento* (SCD) y, a menudo, se soluciona utilizando un identificador único para una versión concreta del registro unido; por ejemplo, cada vez que cambia el tipo impositivo, se le asigna un nuevo identificador y la factura incluye el identificador del tipo impositivo en el momento de la venta [71, 72]. Este cambio hace que la unión sea determinista, pero tiene como consecuencia que no sea posible la compactación de registros, ya que es necesario conservar todas las versiones de los registros de la tabla. Como alternativa, puedes desnormalizar los datos e incluir el tipo impositivo aplicable directamente en cada evento de venta.

Tolerancia a fallos

En la última sección de este capítulo, consideremos cómo los procesadores de flujos pueden tolerar fallos. Vimos en Capítulo 11 que los marcos de procesamiento por lotes pueden tolerar fallos con bastante facilidad: si una tarea falla, simplemente se puede reiniciar en otra máquina y el resultado de la tarea fallida se descarta. Este reintento transparente es posible porque los archivos de entrada son inmutables, cada tarea escribe su salida en un archivo separado y la salida solo se hace visible cuando una tarea se completa con éxito.

En particular, el enfoque por lotes de la tolerancia a fallos garantiza que el resultado del trabajo por lotes sea el mismo que si nada hubiera fallado, incluso si algunas tareas fallaran. Parece como si cada registro de entrada se hubiera procesado exactamente una vez: no se omite ningún registro y ninguno se procesa dos veces. Aunque reiniciar tareas significa que los registros pueden procesarse varias veces, el efecto visible en la salida es como si se hubieran procesado solo una vez. Este principio se conoce como *semántica exactamente una vez* (*exactly-once*), aunque *efectivamente una vez* sería un término más descriptivo [73].

La misma cuestión de tolerancia a fallos se plantea en el procesamiento de flujos, pero es menos fácil de manejar. Esperar a que una tarea termine antes de hacer visible su salida no es una opción, porque un flujo es infinito, por lo que nunca se puede terminar de procesarlo.

Microbatching y puntos de control

Una solución consiste en dividir el flujo en pequeños bloques y tratar cada bloque como un proceso por lotes en miniatura. Este enfoque se denomina *microbatching* y se utiliza en Spark Streaming [74]. El tamaño de los lotes suele ser de alrededor de un segundo, lo que es el resultado de un compromiso en cuanto al rendimiento: los lotes más pequeños suponen una mayor sobrecarga de programación y coordinación, mientras que los lotes más grandes implican un mayor retraso antes de que los resultados del procesador de flujo sean visibles.

El microbatching también proporciona implícitamente una ventana de tumbling igual al tamaño del lote (ventana por tiempo de procesamiento, no por marcas de tiempo de eventos); cualquier trabajo que requiera ventanas más grandes necesita transferir explícitamente el estado de un microbatch al siguiente.

Un enfoque variante, utilizado en Apache Flink, consiste en generar periódicamente puntos de control continuos del estado y escribirlos en un almacenamiento duradero [75, 76]. Si un operador de flujo se bloquea, puede reiniciarse desde tu punto de control más reciente y descartar cualquier salida generada entre el último punto de control y el bloqueo. Los puntos de control se activan mediante barreras en el flujo de mensajes, similares a los límites entre los microlotes, pero sin forzar un tamaño de ventana concreto.

Dentro de los límites del marco de procesamiento de flujos, los enfoques de micro lotes y puntos de control proporcionan la misma semántica exactamente una vez que el procesamiento por lotes. Sin embargo, tan pronto como la salida sale del procesador de flujos (por ejemplo, cuando escribe en una base de datos, publica mensajes en un broker de mensajes externo o activa el envío de correos electrónicos), el marco ya no puede descartar la salida de un micro lote fallido. En este caso, reiniciar una tarea fallida provoca que el efecto secundario externo se produzca dos veces, y el microbatching o el checkpointing por sí solos no son suficientes para evitar este problema.

Revisión de la confirmación atómica

Para dar la apariencia de un procesamiento exacto una sola vez en presencia de fallos, debemos asegurarnos de que todas las salidas y los efectos secundarios del procesamiento de un evento persistan *si y solo si* el procesamiento se realiza correctamente. Esto incluye cualquier mensaje enviado a operadores descendentes o sistemas de mensajería externos (incluidos el correo electrónico o las notificaciones push), escrituras en bases de datos, cambios en el estado del operador y acuses de recibo de mensajes de entrada (incluido el avance del desplazamiento del consumidor en un agente de mensajes basado en registros).

Todas estas acciones deben realizarse de forma atómica: o se producen todas o no se produce ninguna. Si este enfoque te resulta familiar, es porque lo discutimos en "Procesamiento de mensajes exactamente una vez" en la página 364 en el contexto de las transacciones distribuidas y la confirmación en dos fases.

En Capítulo 8 analizamos los problemas de las implementaciones tradicionales de transacciones distribuidas, como XA. Sin embargo, en entornos más restringidos es posible implementar de manera eficiente una función de confirmación atómica. Este enfoque se utiliza en Google Cloud Dataflow [66, 75], VoltDB [77] y Apache Kafka [78, 79]. A diferencia de XA, estas implementaciones no intentan proporcionar transacciones entre tecnologías heterogéneas, sino que mantienen las transacciones internas gestionando tanto los cambios de estado como los mensajes dentro del marco de procesamiento de flujos. La sobrecarga del protocolo de transacciones se puede amortizar procesando varios mensajes de entrada dentro de una sola transacción.

Idempotencia

Nuestro objetivo es descartar la salida parcial de cualquier tarea fallida para que se pueda reintentar de forma segura. Las transacciones distribuidas son una forma de lograr ese objetivo; otra es confiar en *la idempotencia*, como vimos en "Ejecución y flujos de trabajo duraderos" en la página 205 [80].

Una operación idempotente es aquella que se puede realizar varias veces y tiene el mismo efecto que si se realizara una sola vez. Por ejemplo, eliminar una clave en un almacén de claves-valores es idempotente (eliminar el valor de nuevo no tiene ningún efecto adicional), mientras que incrementar un contador no es idempotente (realizar el incremento de nuevo significa que el valor se incrementa dos veces).

Incluso si una operación no es idempotente por naturaleza, a menudo se puede hacer idempotente con un poco de metadatos adicionales. Por ejemplo, al consumir mensajes de Kafka, cada mensaje tiene un desplazamiento persistente y monótonamente creciente. Al escribir un valor en una base de datos externa, puedes incluir el offset del mensaje que desencadenó la última escritura con el valor. De este modo, puedes saber si una actualización ya se ha aplicado y evitar realizar la misma actualización de nuevo. El manejo del estado en Trident de Storm se basa en una idea similar.

Confiar en la idempotencia implica varias suposiciones: al reiniciar una tarea fallida, se deben reproducir los mismos mensajes en el mismo orden (un broker de mensajes basado en registros hace esto), el procesamiento debe ser determinista y ningún otro nodo puede actualizar simultáneamente el mismo valor [81, 82]. Al realizar una conmutación por error de un nodo de procesamiento a otro, puede ser necesario el aislamiento (consulta "Bloqueos y arrendamientos distribuidos" en la página 412) para evitar interferencias de un nodo que se cree que está inactivo, pero que en realidad está activo. A pesar de todas estas advertencias, las operaciones idempotentes pueden ser una forma eficaz de lograr una semántica exactamente una vez con solo una pequeña sobrecarga.

Reconstrucción del estado después de un fallo

Cualquier proceso de flujo que requiera un estado, por ejemplo, agregaciones por ventanas (como contadores, promedios e histogramas) y cualquier tabla e índice utilizado para uniones, debe garantizar que este estado pueda recuperarse después de un fallo.

Una opción es mantener el estado en un almacén de datos remoto y replicarlo, aunque tener que consultar una base de datos remota para cada mensaje individual puede ser lento. Una alternativa es mantener el estado local en el procesador de flujo y replicarlo periódicamente. Entonces, cuando el procesador de flujo se está recuperando de un fallo, la nueva tarea puede leer el estado replicado y reanudar el procesamiento sin pérdida de datos.

Por ejemplo, Flink captura periódicamente instantáneas del estado del operador y las escribe en un almacenamiento duradero, como un sistema de archivos distribuido [75, 76], y Kafka Streams replica los cambios de estado enviándolos a un tema Kafka dedicado con compactación de registros, similar a CDC [83]. VoltDB replica el estado procesando de forma redundante cada mensaje de entrada en varios nodos (consulta "Ejecución en serie real" en la página 341).

En algunos casos, puede que ni siquiera sea necesario replicar el estado, ya que se puede reconstruir a partir de los flujos de entrada. Por ejemplo, si el estado consiste en agregaciones en una ventana bastante corta, puede ser lo suficientemente rápido como para simplemente reproducir los eventos de entrada correspondientes a esa ventana. Si el estado es una réplica local de una base de datos, mantenida por CDC, la base de datos también se puede reconstruir a partir del flujo de cambios compactado en el registro.

Todo esto depende de las características de rendimiento de la infraestructura subyacente. En algunos sistemas, el retraso de la red puede ser menor que la latencia de acceso al disco, y el ancho de banda de la red puede ser comparable al ancho de banda del disco. No existe una solución universalmente ideal para todas las situaciones, y las ventajas del estado local frente al remoto también pueden cambiar a medida que evolucionan las tecnologías de almacenamiento y redes.

Resumen

En este capítulo hemos hablado de los flujos de eventos, sus finalidades y cómo procesarlos. En cierto modo, el procesamiento de flujos se parece mucho al procesamiento por lotes que hemos visto en Capítulo 11, pero se realiza de forma continua en flujos ilimitados (sin fin) en lugar de en una entrada de tamaño fijo [84]. Desde esta perspectiva, los brokers de mensajes y los registros de eventos sirven como el equivalente en streaming de un sistema de archivos.

Dedicamos un tiempo a comparar dos tipos de intermediarios de mensajes:

Broker de mensajes de tipo AMQP/JMS
: El agente asigna mensajes individuales a los consumidores, y estos acusan recibo de los mensajes individuales cuando se han procesado correctamente. Los mensajes se eliminan del agente después de haber sido acusados. Este enfoque es adecuado como forma asíncrona de RPC (consulta también "Arquitecturas basadas en eventos" en la página 208), por ejemplo, en una cola de tareas, donde el orden exacto de procesamiento de los mensajes no es importante y donde no es necesario volver atrás y leer de nuevo los mensajes antiguos después de haber sido procesados.

Corredor de mensajes basado en registros

El agente asigna todos los mensajes de un fragmento al mismo nodo consumidor y siempre entrega los mensajes en el mismo orden. El paralelismo se logra mediante el fragmentado, y los consumidores realizan un seguimiento de su progreso mediante puntos de control del desplazamiento del último mensaje que han procesado. El agente conserva los mensajes en el disco, por lo que es posible volver atrás y releer mensajes antiguos si es necesario.

El enfoque basado en registros tiene similitudes con los registros de replicación que se encuentran en las bases de datos (consulta Capítulo 6) y los motores de almacenamiento estructurados en registros (consulta Capítulo 4). También es una forma de consenso, como vimos en Capítulo 10. Vimos que este enfoque es especialmente adecuado para los sistemas de procesamiento de flujos que consumen flujos de entrada y generan estados derivados o flujos de salida derivados.

En cuanto al origen de las secuencias, hemos discutido varias posibilidades; los eventos de actividad de los usuarios, los sensores que proporcionan lecturas periódicas y las fuentes de datos (por ejemplo, los datos de mercado en las finanzas) se representan naturalmente como secuencias. Vimos que también puede ser útil pensar en las escrituras en una base de datos como un flujo. Podemos capturar el registro de cambios, es decir, el historial de todos los cambios realizados en una base de datos, ya sea implícitamente a través de CDC o explícitamente a través del abastecimiento de eventos. La compactación de registros permite que el flujo conserve una copia completa del contenido de una base de datos.

Representar las bases de datos como flujos abre poderosas oportunidades para integrar sistemas. Puedes mantener los sistemas de datos derivados, como los índices de búsqueda, las cachés y los sistemas analíticos, continuamente actualizados consumiendo el registro de cambios y aplicándolos al sistema derivado. Incluso puedes crear nuevas vistas de los datos existentes partiendo de cero y consumiendo el registro de cambios desde el principio hasta el presente.

Las facilidades para mantener el estado como flujos y reproducir mensajes también son la base de las técnicas que permiten las uniones de flujos y la tolerancia a fallos en varios marcos de procesamiento de flujos. Discutimos varios propósitos del procesamiento de flujos, incluyendo la búsqueda de patrones de eventos (procesamiento de eventos complejos), el cálculo de agregaciones por ventanas (análisis de flujos) y el mantenimiento de los sistemas de datos derivados actualizados (vistas materializadas).

A continuación, analizamos las dificultades de razonar sobre el tiempo en un procesador de flujos, incluida la distinción entre el tiempo de procesamiento y las marcas de tiempo de los eventos, y el problema de lidiar con los eventos rezagados que llegan después de que creías que tu ventana estaba completa.

Distinguimos tres tipos de uniones que pueden aparecer en los procesos de flujo:

Uniones de flujos
: Ambas secuencias de entrada consisten en eventos de actividad, y el operador de unión busca eventos relacionados que se producen dentro de un intervalo de tiempo. Por ejemplo, el operador de unión puede hacer coincidir dos acciones realizadas por el mismo usuario en un intervalo de 30 minutos. Las dos entradas de unión pueden ser, de hecho, la misma secuencia (una *auto unión*) si deseas encontrar eventos relacionados dentro de esa secuencia.

Uniones de flujo a tabla
: Una secuencia de entrada consta de eventos de actividad, mientras que la otra es un registro de cambios de la base de datos. El registro de cambios mantiene actualizada una copia local de la base de datos. Para cada evento de actividad, el operador de unión consulta la base de datos y genera un evento de actividad enriquecido.

Uniones de tabla a tabla
: Ambas secuencias de entrada son registros de cambios de la base de datos. En este caso, cada cambio en un lado se une con el último estado del otro lado. El resultado es una secuencia de cambios en la vista materializada de la unión entre las dos tablas.

Por último, analizamos técnicas para lograr la tolerancia a fallos y la semántica exactly-once en un procesador de flujos. Al igual que con el procesamiento por lotes, necesitamos descartar la salida parcial de cualquier tarea fallida. Sin embargo, dado que un proceso de flujo es de larga duración y produce salida de forma continua, no podemos simplemente descartar toda la salida. En su lugar, se puede utilizar un mecanismo de recuperación más preciso, basado en micro lotes, puntos de control, transacciones o escrituras idempotentes.

Referencias

[1] Tyler Akidau, Robert Bradshaw, Craig Chambers, Slava Chernyak, Rafael J. Fernández-Moctezuma, Reuven Lax, Sam McVeety, Daniel Mills, Frances Perry, Eric Schmidt, and Sam Whittle. "The Dataflow Model: A Practical Approach to Balancing Correctness, Latency, and Cost in Massive-Scale, Unbounded, Out-of-Order Data Processing." *Proceedings of the VLDB Endowment*, volume 8, issue 12, pages 1792–1803, August 2015. *doi:10.14778/2824032.2824076*

[2] Harold Abelson, Gerald Jay Sussman, and Julie Sussman. *Structure and Interpretation of Computer Programs*, 2nd edition. MIT Press, 1996. ISBN: 9780262510875. Archived at *archive.org*

[3] Patrick Th. Eugster, Pascal A. Felber, Rachid Guerraoui, and Anne-Marie Kermarrec. "The Many Faces of Publish/Subscribe." *ACM Computing Surveys*, volume 35, issue 2, pages 114–131, June 2003. *doi:10.1145/857076.857078*

[4] Don Carney, Uğur Çetintemel, Mitch Cherniack, Christian Convey, Sangdon Lee, Greg Seidman, Michael Stonebraker, Nesime Tatbul, and Stan Zdonik. "Monitoring Streams—A New Class of Data Management Applications." At *28th International Conference on Very Large Data Bases* (VLDB), August 2002. *doi:10.1016/B978-155860869-6/50027-5*

[5] Matthew Sackman. "Pushing Back." *wellquite.org*, May 2016. Archived at *perma.cc/3KCZ-RUFY*

[6] Thomas Figg (tef). "How (Not) to Write a Pipeline." *cohost.org*, June 2023. Archived at *perma.cc/A3V8-NYCM*

[7] Vicent Martí. "Brubeck, a statsd-Compatible Metrics Aggregator." *github.blog*, June 2015. Archived at *perma.cc/TP3Q-DJYM*

[8] Seth Lowenberger. "MoldUDP64 Protocol Specification V 1.00." *nasdaqtrader.com*, July 2009. Archived at *perma.cc/7CRQ-QBD7*

[9] Ian Malpass. "Measure Anything, Measure Everything." *codeascraft.com*, February 2011. Archived at *archive.org*

[10] Dieter Plaetinck. "25 Graphite, Grafana and statsd Gotchas." *grafana.com*, March 2016. Archived at *perma.cc/3NP3-67U7*

[11] Jeff Lindsay. "Web Hooks to Revolutionize the Web." *progrium.com*, May 2007. Archived at *perma.cc/BF9U-XNX4*

[12] Jim N. Gray. "Queues Are Databases." Microsoft Research Technical Report MSR-TR-95-56, December 1995. Archived at *arxiv.org*

[13] Mark Hapner, Rich Burridge, Rahul Sharma, Joseph Fialli, Kate Stout, and Nigel Deakin. "JSR-343 Java Message Service (JMS) 2.0 Specification." *jms-spec.java.net*, March 2013. Archived at *perma.cc/E4YG-46TA*

[14] Sanjay Aiyagari, Matthew Arrott, Mark Atwell, Jason Brome, Alan Conway, Robert Godfrey, Robert Greig, Pieter Hintjens, John O'Hara, Matthias Radestock, Alexis Richardson, Martin Ritchie, Shahrokh Sadjadi, Rafael Schloming, Steven Shaw, Martin Sustrik, Carl Trieloff, Kim van der Riet, and Steve Vinoski. "AMQP: Advanced Message Queuing Protocol Specification." Version 0-9-1, November 2008. Archived at *perma.cc/6YJJ-GM9X*

[15] "Architectural Overview of Pub/Sub." *cloud.google.com*, 2025. Archived at *perma.cc/VWF5-ABP4*

[16] Aris Tzoumas. “Lessons from Scaling PostgreSQL Queues to 100k Events Per Second.” *rudderstack.com*, July 2025. Archived at *perma.cc/QD8C-VA4Y*

[17] Robin Moffatt. “Kafka Connect Deep Dive—Error Handling and Dead Letter Queues.” *confluent.io*, March 2019. Archived at *perma.cc/KQ5A-AB28*

[18] Dunith Danushka. " Message Reprocessing: How to Implement the Dead Letter Queue.” *redpanda.com*. Archived at *perma.cc/R7UB-WEWF*

[19] Damien Gasparina, Loic Greffier, and Sebastien Viale. “KIP-1034: Dead Letter Queue in Kafka Streams.” *cwiki.apache.org*, April 2024. Archived at *perma.cc/3VXV-QXAN*

[20] Jay Kreps, Neha Narkhede, and Jun Rao. “Kafka: A Distributed Messaging System for Log Processing.” At *6th International Workshop on Networking Meets Databases* (NetDB), June 2011. Archived at *perma.cc/CSW7-TCQ5*

[21] Jay Kreps. “Benchmarking Apache Kafka: 2 Million Writes Per Second (On Three Cheap Machines).” *engineering.linkedin.com*, April 2014. Archived at archive.org

[22] Kartik Paramasivam. “How We're Improving and Advancing Kafka at LinkedIn.” *engineering.linkedin.com*, September 2015. Archived at *perma.cc/3S3V-JCYJ*

[23] Philippe Dobbelaere and Kyumars Sheykh Esmaili. “Kafka Versus RabbitMQ: A Comparative Study of Two Industry Reference Publish/Subscribe Implementations.” At *11th ACM International Conference on Distributed and Event-Based Systems* (DEBS), June 2017. *doi:10.1145/3093742.3093908*

[24] Kate Holterhoff. “Why Message Queues Endure: A History.” *redmonk.com*, December 2024. Archived at *perma.cc/6DX8-XK4W*

[25] Andrew Schofield. “KIP-932: Queues for Kafka.” *cwiki.apache.org*, May 2023. Archived at *perma.cc/LBE4-BEMK*

[26] Jack Vanlightly. “The Advantages of Queues on Logs.” *jack-vanlightly.com*, October 2023. Archived at *perma.cc/WJ7V-287K*

[27] Jay Kreps. “The Log: What Every Software Engineer Should Know About Real-Time Data's Unifying Abstraction.” *engineering.linkedin.com*, December 2013. Archived at *perma.cc/2JHR-FR64*

[28] Andy Hattemer. “Change Data Capture Is Having a Moment. Why?” *materialize.com*, September 2021. Archived at *perma.cc/AL37-P53C*

[29] Prem Santosh Udaya Shankar. “Streaming MySQL Tables in Real-Time to Kafka.” *engineeringblog.yelp.com*, August 2016. Archived at *perma.cc/5ZR3-2GVV*

[30] Andreas Andreakis, Ioannis Papapanagiotou. “DBLog: A Watermark Based Change-Data-Capture Framework.” Archived at *arXiv:2010.12597*, October 2020.

[31] Jiri Pechanec. "Percolator." *debezium.io*, October 2021. Archived at *perma.cc/EQ8E-W6KQ*

[32] Debezium maintainers. "Debezium Connector for Cassandra." *debezium.io*. Archived at *perma.cc/WR6K-EKMD*

[33] Neha Narkhede. "Announcing Kafka Connect: Building Large-Scale Low-Latency Data Pipelines." *confluent.io*, February 2016. Archived at *perma.cc/8WXJ-L6GF*

[34] Chris Riccomini. "Kafka Change Data Capture Breaks Database Encapsulation." *cnr.sh*, November 2018. Archived at *perma.cc/P572-9MKF*

[35] Gunnar Morling. "'Change Data Capture Breaks Encapsulation'. Does It, Though?" *decodable.co*, November 2023. Archived at *perma.cc/YX2P-WNWR*

[36] Gunnar Morling. "Revisiting the Outbox Pattern." *decodable.co*, October 2024. Archived at *perma.cc/M5ZL-RPS9*

[37] Ashish Gupta and Inderpal Singh Mumick. "Maintenance of Materialized Views: Problems, Techniques, and Applications." *IEEE Data Engineering Bulletin*, volume 18, issue 2, pages 3–18, June 1995. Archived at *archive.org*

[38] Mihai Budiu, Tej Chajed, Frank McSherry, Leonid Ryzhyk, and Val Tannen. "DBSP: Incremental Computation on Streams and Its Applications to Databases." *SIGMOD Record*, volume 53, issue 1, pages 87–95, March 2024. *doi:10.1145/3665252.3665271*

[39] Jim Gray and Andreas Reuter. *Transaction Processing: Concepts and Techniques*. Morgan Kaufmann, 1992. ISBN: 9781558601901

[40] Martin Kleppmann. "Accounting for Computer Scientists." *martin.kleppmann.com*, March 2011. Archived at *perma.cc/9EGX-P38N*

[41] Pat Helland. "Immutability Changes Everything." At *7th Biennial Conference on Innovative Data Systems Research* (CIDR), January 2015. Archived at *perma.cc/33WX-3669*

[42] Martin Kleppmann. *Making Sense of Stream Processing*. Report, O'Reilly Media, May 2016. Archived at *perma.cc/RAY4-JDVX*

[43] Kartik Paramasivam. "Stream Processing Hard Problems—Part 1: Killing Lambda." *engineering.linkedin.com*, June 2016. Archived at *archive.org*

[44] Stéphane Derosiaux. "CQRS: What? Why? How?" *sderosiaux.medium.com*, September 2019. Archived at *perma.cc/FZ3U-HVJ4*

[45] Baron Schwartz. "Immutability, MVCC, and Garbage Collection." *xaprb.com*, December 2013. Archived at *archive.org*

[46] Daniel Eloff, Slava Akhmechet, Jay Kreps, et al. "Re: Turning the Database Inside-out with Apache Samza." Hacker News discussion, *news.ycombinator.com*, March 2015. Archived at *perma.cc/ML9E-JC83*

[47] Cognitect, Inc. "Datomic Documentation: Excision." *docs.datomic.com*. Archived at *perma.cc/J5QQ-SH32*

[48] "Fossil Documentation: Deleting Content from Fossil." *fossil-scm.org*, 2025. Archived at *perma.cc/DS23-GTNG*

[49] Jay Kreps. "The irony of distributed systems is that data loss is really easy but deleting data is surprisingly hard." *x.com*, March 2015. Archived at *perma.cc/7RRZ-V7B7*

[50] Brent Robinson. "Crypto Shredding: How It Can Solve Modern Data Retention Challenges." *medium.com*, January 2019. Archived at *perma.cc/4LFK-S6XE*

[51] Matthew D. Green and Ian Miers. "Forward Secure Asynchronous Messaging from Puncturable Encryption." At *IEEE Symposium on Security and Privacy*, May 2015. *doi:10.1109/SP.2015.26*

[52] David C. Luckham. "What's the Difference Between ESP and CEP?" *complexevents.com*, June 2019. Archived at *perma.cc/E7PZ-FDEF*

[53] Arvind Arasu, Shivnath Babu, and Jennifer Widom. "The CQL Continuous Query Language: Semantic Foundations and Query Execution." *The VLDB Journal*, volume 15, issue 2, pages 121–142, June 2006. *doi:10.1007/s00778-004-0147-z*

[54] Julian Hyde. "Data in Flight: How Streaming SQL Technology Can Help Solve the Web 2.0 Data Crunch." *ACM Queue*, volume 7, issue 11, December 2009. *doi:10.1145/1661785.1667562*

[55] Philippe Flajolet, Éric Fusy, Olivier Gandouet, and Frédéric Meunier. "HyperLogLog: The Analysis of a Near-Optimal Cardinality Estimation Algorithm." At *Conference on Analysis of Algorithms* (AofA), June 2007. *doi:10.46298/dmtcs.3545*

[56] Jay Kreps. "Questioning the Lambda Architecture." *oreilly.com*, July 2014. Archived at *perma.cc/2WY5-HC8Y*

[57] Ian Reppel. "An Overview of Apache Streaming Technologies." *ianreppel.org*, March 2016. Archived at *perma.cc/BB3E-QJLW*

[58] Jay Kreps. "Why Local State Is a Fundamental Primitive in Stream Processing." *oreilly.com*, July 2014. Archived at *perma.cc/P8HU-R5LA*

[59] RisingWave Labs. "Deep Dive into the RisingWave Stream Processing Engine —Part 2: Computational Model." *risingwave.com*, November 2023. Archived at *perma.cc/LM74-XDEL*

[60] Frank McSherry, Derek G. Murray, Rebecca Isaacs, and Michael Isard. "Differential Dataflow." At *6th Biennial Conference on Innovative Data Systems Research* (CIDR), January 2013. Archived at *perma.cc/T83W-ZBR2*

[61] Andy Hattemer. "Incremental Computation in the Database." *materialize.com*, March 2020. Archived at *perma.cc/AL94-YVRN*

[62] Shay Banon. "Percolator." *elastic.co*, February 2011. Archived at *perma.cc/LS5R-4FQX*

[63] Alan Woodward and Martin Kleppmann. "Real-Time Full-Text Search with Luwak and Samza." *martin.kleppmann.com*, April 2015. Archived at *perma.cc/2U92-Q7R4*

[64] Tyler Akidau. "The World Beyond Batch: Streaming 102." *oreilly.com*, January 2016. Archived at *perma.cc/4XF9-8M2K*

[65] Stephan Ewen. "Streaming Analytics with Apache Flink." At *Kafka Summit*, April 2016. Archived at *perma.cc/QBQ4-F9MR*

[66] Tyler Akidau, Alex Balikov, Kaya Bekiroğlu, Slava Chernyak, Josh Haberman, Reuven Lax, Sam McVeety, Daniel Mills, Paul Nordstrom, and Sam Whittle. "MillWheel: Fault-Tolerant Stream Processing at Internet Scale." *Proceedings of the VLDB Endowment*, volume 6, issue 11, pages 1033–1044, August 2013. *doi:10.14778/2536222.2536229*

[67] Alex Dean. "Improving Snowplow's Understanding of Time." *snowplow.io*, September 2015. Archived at *perma.cc/6CT9-Z3Q2*

[68] "Azure Stream Analytics: Windowing Functions." Microsoft Azure Reference, *learn.microsoft.com*, July 2025. Archived at *archive.org*

[69] Rajagopal Ananthanarayanan, Venkatesh Basker, Sumit Das, Ashish Gupta, Haifeng Jiang, Tianhao Qiu, Alexey Reznichenko, Deomid Ryabkov, Manpreet Singh, and Shivakumar Venkataraman. "Photon: Fault-Tolerant and Scalable Joining of Continuous Data Streams." At *ACM International Conference on Management of Data* (SIGMOD), June 2013. *doi:10.1145/2463676.2465272*

[70] Ben Kirwin. "Doing the Impossible: Exactly-Once Messaging Patterns in Kafka." *ben.kirw.in*, November 2014. Archived at *perma.cc/A5QL-QRX7*

[71] Pat Helland. "Data on the Outside Versus Data on the Inside." At *2nd Biennial Conference on Innovative Data Systems Research* (CIDR), January 2005. Archived at *perma.cc/K9AH-LQPS*

[72] Ralph Kimball and Margy Ross. *The Data Warehouse Toolkit: The Definitive Guide to Dimensional Modeling*, 3rd edition. John Wiley & Sons, 2013. ISBN: 9781118530801

[73] Viktor Klang. "I'm coining the phrase 'effectively-once' for message processing with at-least-once + idempotent operations." *x.com*, October 2016. Archived at *perma.cc/7DT9-TDG2*

[74] Matei Zaharia, Tathagata Das, Haoyuan Li, Scott Shenker, and Ion Stoica. "Discretized Streams: An Efficient and Fault-Tolerant Model for Stream Processing on Large Clusters." At *4th USENIX Conference in Hot Topics in Cloud Computing* (HotCloud), June 2012.

[75] Kostas Tzoumas, Stephan Ewen, and Robert Metzger. "High-Throughput, Low-Latency, and Exactly-Once Stream Processing with Apache Flink." *ververica.com*, August 2015. Archived at *archive.org*

[76] Paris Carbone, Gyula Fóra, Stephan Ewen, Seif Haridi, and Kostas Tzoumas. "Lightweight Asynchronous Snapshots for Distributed Dataflows." *arXiv:1506.08603*, June 2015.

[77] Ryan Betts and John Hugg. *Fast Data: Smart and at Scale*. Report, O'Reilly Media, October 2015. Archived at *perma.cc/VQ6S-XQQY*

[78] Neha Narkhede and Guozhang Wang. "Exactly-Once Semantics Are Possible: Here's How Kafka Does It." *confluent.io*, June 2019. Archived at *perma.cc/Q2AU-Q2ED*

[79] Jason Gustafson, Flavio Junqueira, Apurva Mehta, Sriram Subramanian, and Guozhang Wang. "KIP-98—Exactly Once Delivery and Transactional Messaging." *cwiki.apache.org*, November 2016. Archived at *perma.cc/95PT-RCTG*

[80] Pat Helland. "Idempotence Is Not a Medical Condition." *Communications of the ACM*, volume 55, issue 5, pages 56–65, May 2012. *doi:10.1145/2160718.2160734*

[81] Jay Kreps. "Re: Trying to Achieve Deterministic Behavior on Recovery/Rewind." Email to *samza-dev* mailing list, September 2014. Archived at *perma.cc/7DPD-GJNL*

[82] E. N. (Mootaz) Elnozahy, Lorenzo Alvisi, Yi-Min Wang, and David B. Johnson. "A Survey of Rollback-Recovery Protocols in Message-Passing Systems." *ACM Computing Surveys*, volume 34, issue 3, pages 375–408, September 2002. *doi:10.1145/568522.568525*

[83] Adam Warski. "Kafka Streams—How Does It Fit the Stream Processing Landscape?" *softwaremill.com*, June 2016. Archived at *perma.cc/WQ5Q-H2J2*

[84] Stephan Ewen, Fabian Hueske, and Xiaowei Jiang. "Batch as a Special Case of Streaming and Alibaba's contribution of Blink." *flink.apache.org*, February 2019. Archived at *perma.cc/A529-SKA9*

CAPÍTULO 13

Una filosofía de los sistemas de streaming

Si una cosa está destinada a otra como su fin, su fin último no puede consistir en la preservación de su ser. Por lo tanto, un capitán no tiene como fin último la preservación del barco que se le ha confiado, ya que un barco está destinado a otra cosa como su fin, a saber, la navegación.

(A menudo se cita así: si el objetivo supremo de un capitán fuera preservar su barco, lo mantendría en el puerto para siempre).

—Santo Tomás de Aquino, *Summa Theologica* (1265–1274)

En Capítulo 2 hablamos del objetivo de crear aplicaciones y sistemas que sean *confiables*, *escalables* y *fáciles de mantener*. Estos temas han estado presentes en todos los capítulos; por ejemplo, hemos hablado de muchos algoritmos de tolerancia a fallos que ayudan a mejorar la confiabilidad, del sharding para mejorar la escalabilidad y de mecanismos de evolución y abstracción que mejoran la facilidad de mantenimiento.

En este capítulo reuniremos todas estas ideas y nos basaremos en las ideas de arquitectura de streaming/impulsada por eventos de Capítulo 12 en particular para desarrollar una filosofía de desarrollo de aplicaciones que cumpla esos objetivos. Este capítulo es más subjetivo que los anteriores, ya que presenta una inmersión profunda en una filosofía concreta en lugar de comparar múltiples enfoques.

Integración de datos

Un tema recurrente en este libro ha sido que, para cualquier problema dado, existen varias soluciones, cada una con sus pros, sus contras y sus ventajas e inconvenientes. Por ejemplo, al hablar de los motores de almacenamiento en Capítulo 4, examinamos el almacenamiento estructurado en registros, los árboles B y el almacenamiento orientado a columnas. Al hablar de la replicación en Capítulo 6, consideramos los enfoques de líder único, líderes múltiples y sin líderes.

Si tienes un problema como "Quiero almacenar algunos datos y buscarlos más tarde", no existe una solución correcta, sino muchos enfoques que son apropiados en diferentes circunstancias. Una implementación de software normalmente tiene que elegir un enfoque concreto. Ya es bastante difícil conseguir que una ruta de código sea robusta y funcione bien; intentar satisfacer demasiados casos de uso con muchas características probablemente conduzca a implementaciones deficientes de esas características, en comparación con las herramientas especializadas.

Por lo tanto, la elección más adecuada de la herramienta de software también depende de las circunstancias. Cada pieza de software, incluso una base de datos denominada "de uso general", está diseñada para un patrón de uso concreto.

Ante esta profusión de alternativas, el primer reto es averiguar la correspondencia entre los productos de software y las circunstancias que mejor se adaptan a ellos. Es comprensible que los proveedores se muestren reacios a informarte sobre los tipos de cargas de trabajo para las que su software no es adecuado, pero esperamos que los capítulos anteriores te hayan proporcionado preguntas que te ayuden a leer entre líneas y comprender mejor las ventajas e inconvenientes.

Sin embargo, incluso si entiendes perfectamente la correspondencia entre las herramientas y las circunstancias de su uso, existe otro reto. En las aplicaciones complejas, los datos se utilizan a menudo de diversas maneras, y es poco probable que un solo software sea adecuado para *todas* ellas. Por lo tanto, inevitablemente acabas teniendo que improvisar varios softwares para proporcionar la funcionalidad de tu aplicación.

Combinación de herramientas especializadas mediante la derivación de datos

Por poner un ejemplo, es habitual necesitar integrar una base de datos OLTP con un índice de búsqueda de texto completo para gestionar consultas de palabras clave arbitrarias. Aunque algunas bases de datos (como PostgreSQL) incluyen una función de indexación de texto completo, que puede ser suficiente para aplicaciones sencillas [1], las funciones de búsqueda más sofisticadas requieren herramientas especializadas de recuperación de información. Por el contrario, los índices de búsqueda no suelen ser muy adecuados como sistema de registro duradero. Por lo tanto, muchas aplicaciones necesitan combinar dos herramientas para satisfacer todos sus requisitos.

Hemos abordado la cuestión de la integración de sistemas de datos en "Mantener los sistemas sincronizados" en la página 555. A medida que aumenta el número de representaciones de los datos, el problema de la integración se hace más difícil. Además de la base de datos y el índice de búsqueda, es posible que necesites mantener copias de los datos en sistemas analíticos (almacenes de datos o sistemas de procesamiento por lotes y en flujo); mantener cachés o versiones desnormalizadas de objetos derivados de los datos originales; pasar los datos por sistemas de aprendizaje automático, clasificación, ranking o recomendación; o enviar notificaciones basadas en los cambios en los datos.

Razonamiento sobre los flujos de datos

Cuando es necesario mantener copias de los mismos datos en varios sistemas de almacenamiento para satisfacer múltiples patrones de acceso, debes tener muy claras las entradas y salidas. ¿Dónde se escriben los datos primero y qué representaciones se derivan de qué fuentes? ¿Cómo se consiguen los datos en todos los lugares correctos y en los formatos adecuados?

Por ejemplo, puedes disponer que los datos se escriban primero en una base de datos del sistema de registro, tras lo cual se capturan los cambios realizados en esa base de datos (consulta "Captura de cambios en los datos" en la página 556) y se aplican al índice de búsqueda en el mismo orden. Si CDC es la única forma de actualizar el índice, puedes estar seguro de que el índice se deriva íntegramente del sistema de registro y, por lo tanto, es coherente con él (salvo que haya errores en el software). Escribir en la base de datos es la única forma de proporcionar nueva información a este sistema.

Permitir que la aplicación escriba directamente tanto en el índice de búsqueda como en la base de datos introduce el problema que se muestra en Figura 12-4, en el que dos clientes envían simultáneamente escrituras conflictivas y los dos sistemas de almacenamiento las procesan en un orden diferente. En este caso, ni la base de datos ni el índice de búsqueda "se encargan" de determinar el orden de las escrituras, por lo que pueden tomar decisiones contradictorias y volverse permanentemente inconsistentes entre sí.

Si es posible canalizar todas las entradas de los usuarios a través de un único sistema que decida el orden de todas las escrituras, resulta mucho más fácil derivar otras representaciones de los datos procesando las escrituras en el mismo orden. Se trata de una aplicación del enfoque de replicación de máquinas de estado que vimos en "El consenso en la práctica" en la página 479. El hecho de utilizar CDC o un registro de origen de eventos es menos importante que el principio de decidir un orden total.

La actualización de un sistema de datos derivados basado en un registro de eventos a menudo puede hacerse determinista e idempotente (consulta "Idempotencia" en la página 586), lo que facilita bastante la recuperación de fallos.

Datos derivados frente a transacciones distribuidas

El enfoque clásico para mantener la coherencia entre los sistemas de datos implica transacciones distribuidas, como se explica en "Confirmación en dos fases" en la página 359. ¿Cómo se compara el enfoque de utilizar sistemas de datos derivados con las transacciones distribuidas?

A nivel abstracto, ambos logran un objetivo similar por medios diferentes. Las transacciones distribuidas utilizan un protocolo de confirmación atómica para garantizar que los cambios se apliquen de forma atómica, mientras que los sistemas basados en registros logran la corrección mediante reintentos deterministas e idempotencia.

La mayor diferencia es que los sistemas de transacciones suelen garantizar que, después de escribir un valor, se puede leer inmediatamente el valor actualizado (consulta "Leer tus propias escrituras" en la página 231). Por otro lado, los sistemas de datos derivados suelen actualizarse de forma asíncrona, por lo que no garantizan por defecto que las lecturas estén actualizadas.

Las transacciones distribuidas se han utilizado con éxito en entornos que están dispuestos a absorber su rendimiento y sus costos operativos. Sin embargo, XA tiene una tolerancia a fallos y unas características de rendimiento deficientes (consulta "Transacciones distribuidas entre diferentes sistemas" en la página 363), lo que limita gravemente su utilidad. Podría ser posible crear un protocolo mejor para las transacciones distribuidas, pero conseguir que dicho protocolo se adopte ampliamente y se integre con las herramientas existentes sería un reto, y es poco probable que ocurra pronto.

A falta de un apoyo generalizado para un buen protocolo de transacciones distribuidas, los datos derivados basados en registros son el enfoque más prometedor para integrar diferentes sistemas de datos. Sin embargo, garantías como la lectura de tus propias escrituras son útiles, y no es productivo decirle a todo el mundo "la consistencia eventual es inevitable, acéptalo y aprende a lidiar con ella" (al menos no sin una buena orientación sobre *cómo* lidiar con ella).

Más adelante en este capítulo discutiremos algunos enfoques para implementar garantías más sólidas sobre sistemas derivados de forma asíncrona y trabajaremos para encontrar un término medio entre las transacciones distribuidas y los sistemas asíncronos basados en registros.

Los límites del orden total

Con sistemas lo suficientemente pequeños, es totalmente factible construir un registro de eventos totalmente ordenado (como lo demuestra la popularidad de las bases de datos con replicación de líder único, que construyen precisamente ese tipo de registro). Sin embargo, a medida que los sistemas se amplían hacia cargas de trabajo más grandes y complejas, comienzan a surgir limitaciones:

- En la mayoría de los casos, la construcción de un registro totalmente ordenado requiere que todos los eventos pasen por un *único nodo líder* que decida el orden. Si el rendimiento de los eventos es mayor del que puede manejar una sola máquina, es necesario fragmentar el registro en varias máquinas. El orden de los eventos en dos fragmentos es entonces ambiguo.

- Si los servidores están repartidos por varias regiones *geográficamente distribuidas*, por ejemplo, para tolerar que todo un centro de datos se quede fuera de línea, normalmente se tiene un líder independiente en cada centro de datos, ya que los retrasos de la red hacen que la coordinación sincrónica entre centros de datos sea ineficaz. Esto implica un orden indefinido de los eventos que se originan en dos centros de datos diferentes.
- Cuando las aplicaciones se implementan como *microservicios*, una opción de diseño común es implementar cada servicio y su estado duradero como una unidad independiente, sin estado duradero compartido entre servicios. Cuando dos eventos se originan en servicios diferentes, esos eventos no tienen un orden definido.
- Algunas aplicaciones mantienen un estado del lado del cliente que se actualiza inmediatamente con la entrada del usuario (sin esperar la confirmación de un servidor) e incluso continúan funcionando sin conexión. Con este tipo de aplicaciones, es muy probable que los clientes y los servidores vean los eventos en diferentes órdenes.

En términos formales, decidir un orden total de eventos se conoce como *difusión de orden total*, lo que, como vimos en "Las múltiples caras del consenso" en la página 472, es equivalente al consenso. La mayoría de los algoritmos de consenso están diseñados para situaciones en las que el rendimiento de un solo nodo es suficiente para procesar todo el flujo de eventos, y estos algoritmos no proporcionan un mecanismo para que varios nodos compartan el trabajo de ordenar los eventos.

Ordenar eventos para capturar la causalidad

Si no existe una relación causal entre los eventos, la falta de un orden total no supone un gran problema, ya que los eventos concurrentes se pueden ordenar de forma arbitraria. Otros casos son fáciles de manejar; por ejemplo, las múltiples actualizaciones de un mismo objeto se pueden ordenar totalmente enrutando todas las actualizaciones de un ID de objeto concreto al mismo fragmento de registro. Sin embargo, las dependencias causales a veces surgen de formas más sutiles.

Por ejemplo, consideremos un servicio de red social y dos usuarios que tenían una relación pero que acaban de romper. Uno de los usuarios elimina al otro como amigo y luego envía un mensaje a sus amigos restantes quejándose de su expareja. La intención del usuario es que su expareja no vea el mensaje grosero, ya que este se envió después de que se revocara la condición de amigo de esa persona.

Sin embargo, en un sistema que almacena el estado de amistad en un lugar y los mensajes en otro, esa dependencia de orden entre el evento de *eliminación de la amistad* y el evento de *envío del mensaje* puede perderse. Si no se captura la dependencia causal, un servicio que envía notificaciones sobre nuevos mensajes puede procesar el evento de *envío del mensaje* antes que el evento de *eliminación de la amistad* y, por lo tanto, enviar incorrectamente una notificación a tu ex pareja.

En este ejemplo, las notificaciones son, en efecto, una unión entre los mensajes y la lista de amigos, lo que las relaciona con los problemas de sincronización de las uniones que hemos comentado anteriormente (consulta "Dependencia temporal de las uniones" en la página 583). Lamentablemente, este problema no parece tener una respuesta sencilla [2, 3]. Algunos puntos de partida son los siguientes:

- Las marcas de tiempo lógicas pueden proporcionar un orden total sin necesidad de coordinación (consulta "Generadores de ID y relojes lógicos" en la página 461), por lo que pueden ser útiles cuando no es factible la difusión del orden total. Sin embargo, siguen requiriendo que los destinatarios gestionen los eventos que se entregan fuera de orden, y exigen que se transmitan metadatos adicionales.
- Si puedes registrar un evento para registrar el estado del sistema que el usuario vio antes de tomar una decisión y asignarle a ese evento un identificador único, cualquier evento posterior puede hacer referencia a ese identificador de evento para registrar la dependencia causal [4].
- Los algoritmos de resolución de conflictos (consulta "Resolución automática de conflictos" en la página 250) ayudan a procesar los eventos que se entregan en un orden inesperado. Son útiles para mantener el estado, pero no ayudan si las acciones tienen efectos secundarios externos (como enviar una notificación a un usuario).

Quizás en el futuro surjan patrones para el desarrollo de aplicaciones que permitan capturar de manera eficiente las dependencias causales y mantener correctamente el estado derivado, sin obligar a todos los eventos a pasar por el cuello de botella de la transmisión de orden total.

Procesamiento por lotes y de flujo

El objetivo de la integración de datos es garantizar que los datos terminen en la forma correcta en todos los lugares adecuados. Para ello, es necesario consumir entradas, transformar, unir, filtrar, agregar, entrenar modelos, evaluar y, finalmente, escribir en las salidas adecuadas. Los procesadores por lotes y de flujo son las herramientas para lograr este objetivo. Las salidas de los procesos por lotes y en flujo son conjuntos de datos derivados, como índices de búsqueda, vistas materializadas, recomendaciones para mostrar a los usuarios, métricas agregadas, etcétera.

Como vimos en los capítulos 11 y 12, el procesamiento por lotes y el procesamiento de flujos tienen muchos principios en común. La principal diferencia fundamental es que los procesadores de flujos operan con conjuntos de datos ilimitados, mientras que las entradas de los procesos por lotes son de un tamaño conocido y finito.

Mantenimiento del estado derivado

El procesamiento por lotes tiene un carácter funcional bastante marcado (incluso si el código no está escrito en un lenguaje de programación funcional). Fomenta las funciones deterministas y puras cuya salida depende únicamente de la entrada y que no tienen más efectos secundarios que las salidas explícitas, tratando las entradas como inmutables y las salidas como de solo añadir. El procesamiento de flujos es similar, pero amplía los operadores para permitir un estado gestionado y tolerante a fallos.

El principio de funciones deterministas con entradas y salidas bien definidas no solo es bueno para la tolerancia a fallos, sino que también simplifica el razonamiento sobre los flujos de datos en una organización [5]. Independientemente de si los datos derivados son un índice de búsqueda, un modelo estadístico o una caché, resulta útil pensar en términos de canalizaciones de datos que derivan una cosa de otra, impulsando los cambios de estado en un sistema a través del código funcional de la aplicación y aplicando los efectos a los sistemas derivados.

En principio, los sistemas de datos derivados podrían mantenerse de forma sincrónica, al igual que una base de datos relacional actualiza los índices secundarios de forma sincrónica dentro de la misma transacción que escribe en la tabla que se está indexando. Sin embargo, la asincronía es lo que hace que los sistemas basados en registros de eventos sean robustos. Permite que un fallo en una parte del sistema se contenga localmente, mientras que las transacciones distribuidas se abortan si cualquiera de los participantes falla, por lo que tienden a amplificar los fallos al propagarlos al resto del sistema.

En "Fragmentación e índices secundarios" en la página 296 vimos que los índices secundarios a menudo cruzan los límites de los fragmentos. Un sistema fragmentado con índices secundarios necesita enviar escrituras a múltiples fragmentos (si el índice está particionado por términos) o enviar lecturas a todos los fragmentos (si el índice está particionado por documentos). Esta comunicación entre fragmentos también es más fiable y escalable si el índice se mantiene de forma asíncrona [6].

Reprocesamiento de datos para la evolución de las aplicaciones

A la hora de mantener datos derivados, tanto el procesamiento por lotes como el procesamiento de flujos son útiles. El procesamiento de flujos permite que los cambios en la entrada se reflejen en las vistas derivadas con un retraso mínimo, mientras que el procesamiento por lotes permite reprocesar grandes cantidades de datos históricos acumulados con el fin de derivar nuevas vistas sobre un conjunto de datos existente.

En particular, el reprocesamiento de los datos existentes proporciona un buen mecanismo para mantener un sistema, evolucionándolo para que admita nuevas funciones y requisitos modificados. Sin el reprocesamiento, la evolución del esquema se limita a cambios simples, como añadir un nuevo campo opcional a un registro o añadir un nuevo tipo de registro. Por otro lado, con el reprocesamiento es posible reestructurar un conjunto de datos en un modelo completamente diferente para satisfacer mejor los nuevos requisitos.

Migraciones de esquemas en los ferrocarriles

Las "migraciones de esquemas" a gran escala también se producen en sistemas no informáticos. Por ejemplo, en los inicios de la construcción de ferrocarriles en la Inglaterra del siglo XIX, existían varias normas que competían entre sí en cuanto al ancho de vía (la distancia entre los dos raíles). Los trenes construidos para un ancho de vía no podían circular por vías de otro ancho, lo que limitaba las posibles interconexiones en la red ferroviaria [7].

Después de que finalmente se decidiera un ancho de vía estándar único en 1846, las vías con otros anchos tuvieron que convertirse, pero ¿cómo hacerlo sin cerrar la línea de tren durante meses o años? La solución es convertir primero la vía a *doble ancho* o *ancho mixto* añadiendo un tercer riel. Esta conversión se puede realizar de forma gradual y, una vez terminada, los trenes de ambos anchos pueden circular por la línea, utilizando dos de los tres rieles. Finalmente, una vez que todos los trenes se hayan convertido al ancho estándar, se puede retirar el riel que proporciona el ancho no estándar.

"Reprocesar" las vías existentes de esta manera y permitir que las versiones antigua y nueva coexistan permite cambiar el ancho de vía gradualmente a lo largo de los años. Sin embargo, la empresa es costosa, por lo que aún hoy en día existen anchos de vía no estándar. Por ejemplo, el sistema BART de la zona de la bahía de San Francisco utiliza un ancho de vía diferente al de la mayoría de Estados Unidos.

Las vistas derivadas permiten una evolución *gradual*. Si deseas reestructurar un conjunto de datos, no es necesario realizar la migración como un cambio repentino. En su lugar, puedes mantener el esquema antiguo y el nuevo esquema en paralelo como dos vistas derivadas independientes sobre los mismos datos subyacentes. A continuación, puedes empezar a cambiar a un pequeño número de usuarios a la nueva vista para probar su rendimiento y encontrar cualquier error, mientras que la mayoría de los usuarios siguen siendo redirigidos a la vista antigua. Poco a poco, puedes aumentar la proporción de usuarios que acceden a la nueva vista y, finalmente, puedes eliminar la vista antigua [8, 9].

La ventaja de una migración gradual de este tipo es que cada etapa del proceso es fácilmente reversible si algo sale mal; siempre tienes un sistema operativo al que puedes volver. Reducir el riesgo de daños irreversibles te permite tener más confianza para seguir adelante y, por lo tanto, avanzar más rápido para mejorar tu sistema [10].

Unificación del procesamiento por lotes y en flujo

Una de las primeras propuestas para unificar el procesamiento por lotes y el procesamiento de flujos fue la *arquitectura Lambda* [11], que presentaba una serie de problemas [12] y ha caído en desuso. Los sistemas más recientes permiten implementar cálculos por lotes (reprocesamiento de datos históricos) y cálculos de flujos (procesamiento de eventos a medida que llegan) en el mismo sistema [13], un enfoque que a veces se conoce como *arquitectura kappa* [12].

Unificar el procesamiento por lotes y en tiempo real en un solo sistema requiere las siguientes características:

- La capacidad de reproducir eventos históricos a través del mismo motor de procesamiento que maneja el flujo de eventos recientes. Por ejemplo, los intermediarios de mensajes basados en registros tienen la capacidad de reproducir mensajes, y algunos procesadores de flujo pueden leer entradas de un sistema de archivos distribuido o un almacenamiento de objetos.
- Semántica exactamente una vez para procesadores de flujos, es decir, garantizar que la salida sea la misma que si no se hubieran producido fallos, incluso si estos se produjeron. Al igual que con el procesamiento por lotes, esto requiere descartar las salidas parciales de cualquier tarea fallida.
- Herramientas para dividir en ventanas por tiempo de evento, no por tiempo de procesamiento, ya que el tiempo de procesamiento no tiene sentido al reprocesar eventos históricos. Por ejemplo, Apache Beam proporciona una API para expresar dichos cálculos, que luego se pueden ejecutar utilizando Apache Flink o Google Cloud Dataflow.

Desagregación de bases de datos

A un nivel abstracto, las bases de datos, los procesadores por lotes/flujos y los sistemas operativos realizan las mismas funciones: almacenan algunos datos y te permiten procesarlos y consultarlos [14, 15]. Una base de datos almacena datos en registros de un modelo de datos (filas en tablas, documentos, vértices en un gráfico, etc.), mientras que el sistema de archivos de un sistema operativo almacena datos en archivos, pero en esencia, ambos son sistemas de "gestión de la información" [16]. Como vimos en Capítulo 11, los procesadores por lotes son como una versión distribuida de Unix.

De hecho, existen muchas diferencias prácticas. Por ejemplo, muchos sistemas de archivos no se desenvuelven muy bien con un directorio que contenga 10 millones de archivos pequeños, mientras que una base de datos que contenga 10 millones de pequeños registros es completamente normal y nada extraordinario. No obstante, vale la pena explorar las similitudes y diferencias entre los sistemas operativos y las bases de datos.

Unix y las bases de datos relacionales han abordado el problema de la gestión de la información con filosofías muy diferentes. Unix consideraba que su objetivo era presentar a los programadores una abstracción de hardware lógica, pero bastante básica, mientras que las bases de datos relacionales querían ofrecer a los programadores de aplicaciones una abstracción de alto nivel que ocultara las complejidades de las estructuras de datos en el disco, la concurrencia, la recuperación tras fallos, etc. Unix desarrolló tuberías y archivos que son simplemente secuencias de bytes, mientras que las bases de datos desarrollaron SQL y transacciones.

¿Qué enfoque es mejor? Depende de lo que se quiera. Unix es "más sencillo" en el sentido de que es una envoltura bastante fina alrededor de los recursos de hardware; las bases de datos relacionales son "más sencillas" en el sentido de que una consulta declarativa corta puede aprovechar una infraestructura muy potente (optimización de consultas, índices, métodos de unión, control de concurrencia, replicación, etc.) sin que el autor de la consulta tenga que comprender los detalles de la implementación.

La tensión entre estas filosofías ha durado décadas (tanto Unix como el modelo relacional surgieron a principios de la década de 1970) y aún no se ha resuelto. Por ejemplo, el movimiento NoSQL podría interpretarse como el deseo de aplicar un enfoque similar al de Unix de abstracciones de bajo nivel al dominio del almacenamiento de datos OLTP distribuido.

Esta sección intenta conciliar los dos enfoques, con la esperanza de que podamos combinar lo mejor de ambos mundos.

Composición de tecnologías de almacenamiento de datos

A lo largo de este libro hemos analizado varias características que ofrecen las bases de datos y cómo funcionan, entre ellas las siguientes:

- Los índices secundarios, que te permiten buscar registros de manera eficiente basándose en el valor de un campo
- Vistas materializadas, que son una especie de caché precalculada de los resultados de las consultas
- Los registros de replicación, que mantienen actualizadas las copias de los datos en otros nodos
- Índices de búsqueda de texto completo, que permiten la búsqueda de palabras clave en el texto y que están integrados en algunas bases de datos relacionales [1]

11los capítulos #ch_batch y 12, surgieron temas similares; hablamos sobre la creación de índices de búsqueda de texto completo, sobre el mantenimiento de vistas materializadas y sobre la replicación de cambios de una base de datos a sistemas de datos derivados mediante el uso de CDC.

Parece que hay paralelismos entre las características integradas en las bases de datos y los sistemas de datos derivados que se están creando con procesadores por lotes y de flujo.

Creación de un índice

Piensa en lo que ocurre cuando ejecutas `CREATE INDEX` para crear un nuevo índice en una base de datos relacional. La base de datos tiene que escanear una instantánea coherente de una tabla, seleccionar todos los valores de campo que se están indexando, ordenarlos y escribir el índice. A continuación, debe procesar el retraso de las escrituras que se han realizado desde que se tomó la instantánea coherente (suponiendo que la tabla no se bloqueó mientras se creaba el índice, por lo que las escrituras pudieron continuar). Una vez hecho esto, la base de datos debe seguir manteniendo el índice actualizado cada vez que una transacción escribe en la tabla.

Este proceso es muy similar a la configuración de una nueva réplica seguidora (consulta "Configuración de nuevos seguidores" en la página 222) y también muy similar a Bootstrap de CDC en un sistema de streaming (consulta "Instantánea inicial" en la página 558).

Cada vez que ejecutas `CREATE INDEX`, la base de datos básicamente vuelve a procesar el conjunto de datos existente y deriva el índice como una nueva vista de los datos existentes. Los datos existentes pueden ser una instantánea del estado en lugar de un registro de todos los cambios que se han producido, pero ambos están estrechamente relacionados.

La metabase de datos de todo

Desde esta perspectiva, el flujo de datos en toda una organización empieza a parecer una enorme base de datos [5]. Cada vez que un proceso por lotes, de streaming o ETL transporta datos de un lugar y un formato a otro lugar y formato, actúa como el subsistema de la base de datos que mantiene actualizados los índices o las vistas materializadas.

Visto así, los procesadores por lotes y de flujo son como implementaciones elaboradas de disparadores, procedimientos almacenados y algoritmos de mantenimiento de vistas materializadas. Los sistemas de datos derivados que mantienen son como diferentes tipos de índices. Por ejemplo, una base de datos relacional puede admitir índices B-tree, índices hash, índices espaciales y otros tipos de índices. En la arquitectura emergente de los sistemas de datos derivados, en lugar de implementar esas funciones como características de un único producto de base de datos integrado, son proporcionadas por diversas piezas de software, que se ejecutan en diferentes máquinas y son administradas por diferentes equipos.

¿A dónde nos llevarán estos avances en el futuro? Si partimos de la premisa de que no existe un único modelo de datos o formato de almacenamiento adecuado para todos los patrones de acceso, hay dos vías por las que, no obstante, se pueden combinar diferentes herramientas de almacenamiento y procesamiento en un sistema cohesionado:

Bases de datos federadas (unificando lecturas)

Es posible proporcionar una interfaz de consulta unificada para una amplia variedad de motores de almacenamiento y métodos de procesamiento subyacentes, un enfoque conocido como *base de datos federada* o *polystore* [17, 18]. Por ejemplo, la función de *foreign data wrapper* de PostgreSQL se ajusta a este patrón, al igual que los motores de consulta federados como Trino, Hoptimator y Xorq. Las aplicaciones que necesitan un modelo de datos especializado o una interfaz de consulta pueden seguir accediendo directamente a los motores de almacenamiento subyacentes, mientras que los usuarios que deseen combinar datos de lugares dispares pueden hacerlo fácilmente a través de la interfaz federada.

Una interfaz de consulta federada sigue la tradición relacional de un único sistema integrado con un lenguaje de consulta de alto nivel y una semántica elegante, pero con una implementación complicada.

Bases de datos desagregadas (unificando las escrituras)

Si bien la federación aborda las consultas de solo lectura en varios sistemas, no tiene una buena respuesta para sincronizar las escrituras en esos sistemas. Dijimos que, dentro de una sola base de datos, la creación de un índice coherente es una característica incorporada. Cuando componemos varios sistemas de almacenamiento, también necesitamos asegurarnos de que todos los cambios de datos terminen en los lugares correctos, incluso ante fallas. Facilitar la conexión fiable de sistemas de almacenamiento (por ejemplo, a través de CDC y registros de eventos) es como *desagregar* las características de mantenimiento de índices de una base de datos de manera que se puedan sincronizar las escrituras entre tecnologías dispares [5, 19].

El enfoque desagregado sigue la tradición de Unix de pequeñas herramientas que hacen bien una cosa [20], que se comunican a través de una API uniforme de bajo nivel (tuberías) y que se pueden componer utilizando un lenguaje de alto nivel (el shell) [14].

Hacer que la desagregación funcione

La federación y la desagregación son dos caras de la misma moneda: componer un sistema confiable, escalable y mantenible a partir de componentes diversos. Las consultas federadas de solo lectura requieren mapear un modelo de datos en otro, lo que requiere cierta reflexión, pero en última instancia es un problema bastante manejable. Mantener sincronizadas las escrituras en varios sistemas de almacenamiento es el problema de ingeniería más difícil, por lo que nos centraremos en eso aquí.

El enfoque tradicional para sincronizar las escrituras requiere transacciones distribuidas entre sistemas de almacenamiento heterogéneos [17], lo cual es problemático, como se ha comentado anteriormente. Las transacciones dentro de un único sistema de almacenamiento o procesamiento de flujos son factibles, pero cuando los datos cruzan la frontera entre diferentes tecnologías, un registro de eventos asíncrono con escrituras idempotentes es un enfoque mucho más robusto y practicable.

Por ejemplo, las transacciones distribuidas se utilizan en algunos procesadores de flujo para lograr una semántica de exactamente una vez, y esto puede funcionar bastante bien. Sin embargo, cuando una transacción requiere la participación de sistemas escritos por diferentes grupos de personas (por ejemplo, cuando los datos se escriben desde un procesador de flujo a un almacén de claves-valores distribuido o a un índice de búsqueda), la falta de un protocolo de transacción estandarizado dificulta mucho la integración. Un registro ordenado de eventos con consumidores idempotentes es una abstracción mucho más sencilla y, por lo tanto, mucho más factible de implementar en sistemas heterogéneos [5].

La gran ventaja de la integración basada en registros es *el acoplamiento flexible* (*loose coupling*) entre los distintos componentes, que se manifiesta de dos maneras:

- A nivel del sistema, los flujos de eventos asíncronos hacen que el sistema en su conjunto sea más robusto ante las interrupciones o la degradación del rendimiento de los componentes individuales. Si un consumidor funciona lentamente o falla, el registro de eventos puede almacenar los mensajes en el buffer, lo que permite que el productor y cualquier otro consumidor continúen funcionando sin verse afectados. El consumidor defectuoso puede ponerse al día cuando se repara, por lo que no pierde ningún dato y el fallo queda contenido. Por el contrario, la interacción sincrónica de las transacciones distribuidas tiende a convertir los fallos locales en fallos a gran escala.
- A nivel humano, la desagregación de los sistemas de datos permite que los componentes y servicios de software sean desarrollados, mejorados y mantenidos de forma independiente por diferentes equipos. La especialización permite a cada equipo centrarse en hacer bien una cosa, con interfaces bien definidas con los sistemas de otros equipos. Los registros de eventos proporcionan una interfaz lo suficientemente potente como para capturar propiedades de consistencia bastante sólidas (debido a la durabilidad y el orden de los eventos), pero también lo suficientemente general como para ser aplicable a casi cualquier tipo de datos.

Sistemas desagregados frente a sistemas integrados

Si la desagregación se convierte realmente en el camino del futuro, no sustituirá a las bases de datos en su forma actual. Seguirán siendo tan necesarias como siempre, para mantener el estado en los procesadores de flujo y para atender las consultas de salida de los procesadores por lotes y de flujo. Los motores de consulta especializados también seguirán siendo importantes para determinadas cargas de trabajo; por ejemplo, los motores de consulta de los almacenes de datos están optimizados para consultas analíticas exploratorias y manejan muy bien este tipo de carga de trabajo.

La complejidad de ejecutar varias piezas de infraestructura puede ser un problema. Cada pieza de software tiene una curva de aprendizaje y sus propios problemas de configuración y peculiaridades operativas, por lo que vale la pena implementar el menor número posible de piezas móviles. Un único producto de software integrado también puede lograr un rendimiento mejor y más predecible en los tipos de cargas de trabajo para los que está diseñado, en comparación con un sistema compuesto por varias herramientas que has creado con código de aplicación [21]. Crear una escala que no necesitas es un esfuerzo inútil y puede limitarte a un diseño inflexible. En efecto, es una forma de optimización prematura.

El objetivo de la desagregación no es competir con bases de datos individuales en cuanto al rendimiento para cargas de trabajo específicas; el objetivo es permitirte combinar varias bases de datos para lograr un buen rendimiento para una gama mucho más amplia de cargas de trabajo de lo que es posible con un solo software. Se trata de amplitud, no de profundidad.

Por lo tanto, si una sola tecnología hace todo lo que necesitas, lo más probable es que te convenga más simplemente utilizar ese producto en lugar de intentar reimplementarlo tú mismo a partir de componentes de nivel inferior. Las ventajas de la desagregación y la composición solo entran en juego cuando ningún software satisface todos tus requisitos.

Las herramientas para componer sistemas de datos están mejorando. Debezium puede extraer flujos de cambios de muchas bases de datos, el protocolo de Kafka se está convirtiendo en un estándar de facto para los flujos de eventos y los motores de mantenimiento de vistas incrementales (consulta Mantenimiento incremental de vistas en la página 572) permiten precalcular y actualizar cachés de consultas complejas.

Diseño de aplicaciones en torno al flujo de datos

La idea general de actualizar los datos derivados cuando cambian los datos subyacentes no es nada nuevo. Por ejemplo, las hojas de cálculo tienen potentes capacidades de programación de flujo de datos [22]: puedes poner una fórmula en una celda (por ejemplo, la suma de las celdas de otra columna) y, cada vez que cambia alguna entrada de la fórmula, el resultado de la fórmula se recalcula automáticamente. Esto es exactamente lo que queremos a nivel de sistema de datos. Cuando cambia un registro en una base de datos, queremos que cualquier índice de ese registro se actualice automáticamente y que cualquier vista o agregación almacenada en caché que dependa del registro se actualice automáticamente. No deberíamos tener que preocuparnos por los detalles técnicos de cómo se produce esta actualización y deberíamos poder simplemente confiar en que funciona correctamente.

Por lo tanto, la mayoría de los sistemas de datos aún tienen algo que aprender de las características que VisiCalc ya tenía en 1979 [23]. La diferencia con respecto a las hojas de cálculo es que los sistemas de datos actuales deben ser tolerantes a fallos, escalables y capaces de almacenar datos de forma duradera. También deben ser capaces de integrar tecnologías dispares escritas por diferentes grupos de personas a lo largo del tiempo y hacer uso de las bibliotecas y servicios existentes. No es realista esperar que todo el software se desarrolle utilizando un lenguaje, un marco o una herramienta concretos.

En esta sección ampliaremos estas ideas y exploraremos algunas formas de crear aplicaciones en torno a bases de datos desagregadas y flujo de datos.

El código de la aplicación como función de derivación

Cuando un conjunto de datos se deriva de otro, pasa por algún tipo de función de transformación. Por ejemplo:

- Un índice secundario es un tipo de conjunto de datos derivado con una función de transformación sencilla: para cada fila o documento de la tabla base, selecciona los valores de las columnas o campos que se están indexando y los ordena según esos valores (suponiendo un índice SSTable o B-tree, que se ordenan por clave).
- Un índice de búsqueda de texto completo se crea aplicando varias funciones de procesamiento del lenguaje natural, como la detección del idioma, la segmentación de palabras, la derivación o lematización, la corrección ortográfica y la identificación de sinónimos, y a continuación se construye una estructura de datos para realizar búsquedas eficientes (como un índice invertido).
- En un sistema de aprendizaje automático, podemos considerar que el modelo se deriva de los datos de entrenamiento mediante la aplicación de diversas funciones de extracción de características y análisis estadístico. Cuando el modelo se aplica a nuevos datos de entrada, su salida se deriva de esa entrada y de sus parámetros aprendidos (y, por lo tanto, indirectamente, de los datos de entrenamiento).
- Una caché suele contener una agregación de datos en la forma en que se van a mostrar en una interfaz de usuario. Por lo tanto, para rellenar la caché es necesario saber a qué campos se hace referencia en la interfaz de usuario; los cambios

en la interfaz de usuario pueden requerir la actualización de la definición de cómo se rellena la caché y la reconstrucción de la misma.

La función de derivación para un índice secundario es tan comúnmente requerida que está integrada en muchas bases de datos como una característica básica, y puedes invocarla simplemente ejecutando `CREATE INDEX`. Para la indexación de texto completo, es posible que las características lingüísticas básicas de los idiomas comunes estén integradas en una base de datos, pero las características más sofisticadas suelen requerir un ajuste específico para cada dominio. En el aprendizaje automático, la ingeniería de características es notoriamente específica para cada aplicación y, a menudo, tiene que incorporar conocimientos detallados sobre la interacción del usuario con una aplicación y su implementación [24].

Cuando la función que crea un conjunto de datos derivado no es una función estándar como la que crea un índice secundario, se requiere código personalizado para manejar los aspectos específicos de la aplicación. Este código personalizado es donde muchas bases de datos tienen dificultades. Aunque las bases de datos relacionales suelen admitir desencadenadores, procedimientos almacenados y funciones definidas por el usuario, que pueden utilizarse para ejecutar código de aplicación dentro de la base de datos, han sido en cierto modo una idea de último momento en el diseño de bases de datos.

Separación del código de la aplicación y el estado

En teoría, las bases de datos podrían ser entornos de implementación para código de aplicación arbitrario, como un sistema operativo. Sin embargo, en la práctica han resultado ser poco adecuadas para este fin. No se ajustan bien a los requisitos del desarrollo de aplicaciones modernas, como la gestión de dependencias y paquetes, el control de versiones, las actualizaciones continuas, la capacidad de evolución, el monitoreo, las métricas, las llamadas a servicios de red y la integración con sistemas externos.

Por otro lado, las herramientas de implementación y gestión de clústeres como Kubernetes, Docker, Mesos, YARN y otras están diseñadas específicamente con el fin de ejecutar código de aplicación. Al centrarse en hacer bien una sola cosa, son capaces de hacerlo mucho mejor que una base de datos que ofrece la ejecución de funciones definidas por el usuario como una de sus muchas características.

La mayoría de las aplicaciones web actuales se implementan como servicios sin estado, en los que cualquier solicitud de usuario puede enrutarse a cualquier servidor de aplicaciones, y el servidor olvida todo lo relacionado con la solicitud después de haber enviado la respuesta. Con este estilo de implementación, se pueden añadir y eliminar servidores a voluntad, lo cual es conveniente, pero el estado tiene que ir a algún sitio (normalmente, una base de datos). La tendencia ha sido mantener la lógica de la aplicación sin estado separada de la gestión del estado (bases de datos): no poner la lógica de la aplicación en la base de datos y no poner el estado persistente en la aplicación [25]. Como a la gente de la comunidad de programación funcional le gusta bromear: "Creemos en la separación de la Iglesia y el Estado" [26].

> Explicar un chiste suele arruinarlo, pero aquí va una explicación para que nadie se sienta excluido. *Church* es una referencia al matemático Alonzo Church, quien creó el cálculo Lambda, una forma temprana de computación que es la base de la mayoría de los lenguajes de programación funcionales. El cálculo Lambda no tiene estado mutable (es decir, no hay variables que se puedan sobrescribir), por lo que se podría decir que el estado mutable está separado del trabajo de Church.

En este modelo típico de aplicación web, la base de datos actúa como una especie de variable compartida mutable a la que se puede acceder de forma sincrónica a través de la red. La aplicación puede leer y actualizar la variable, y la base de datos se encarga de hacerla duradera, proporcionando cierto control de la concurrencia y tolerancia a fallos.

Sin embargo, en la mayoría de los lenguajes de programación no puedes suscribirte a los cambios en una variable mutable, solo puedes leerla periódicamente. A diferencia de lo que ocurre en una hoja de cálculo, los lectores de la variable no reciben ninguna notificación si el valor de la variable cambia. (Puedes implementar este tipo de notificaciones en tu propio código, lo que se conoce como *patrón observador*, pero la mayoría de los lenguajes no tienen este patrón como una característica integrada).

Las bases de datos han heredado este enfoque pasivo de los datos mutables. Si quieres saber si el contenido de la base de datos ha cambiado, a menudo tu única opción es sondear (es decir, repetir tu consulta periódicamente). La suscripción a los cambios es una característica que apenas está empezando a surgir.

Flujo de datos: interacción entre los cambios de estado y el código de la aplicación

Pensar en las aplicaciones en términos de flujo de datos implica renegociar la relación entre el código de la aplicación y la gestión del estado. En lugar de tratar una base de datos como una variable pasiva que es manipulada por la aplicación, pensamos mucho más en la interacción y la colaboración entre el estado, los cambios de estado y el código que los procesa. El código de la aplicación responde a los cambios de estado en un lugar desencadenando cambios de estado en otro lugar.

Ya hemos visto esta idea en CDC, en el modelo de actor, en los disparadores y en el mantenimiento incremental de vistas. Desagregar la base de datos significa aplicarla a la creación de conjuntos de datos derivados fuera de la base de datos principal: cachés, índices de búsqueda de texto completo, aprendizaje automático o sistemas analíticos. Podemos utilizar sistemas de procesamiento de flujos y mensajería para este fin.

El mantenimiento de datos derivados requiere las siguientes propiedades, que pueden proporcionar los intermediarios de mensajes basados en registros:

- Al mantener datos derivados, el orden de los cambios de estado suele ser importante (si varias vistas se derivan de un registro de eventos, deben procesar los eventos en el mismo orden para que sigan siendo coherentes entre sí).
- La tolerancia a fallos es esencial: la pérdida de un solo mensaje hace que el conjunto de datos derivados se desincronice permanentemente con su fuente de datos. Tanto la entrega de mensajes como las actualizaciones de estado derivadas deben ser fiables.

El orden estable de los mensajes y el procesamiento de mensajes tolerante a fallos son exigencias bastante estrictas, pero son mucho menos costosas y más robustas desde el punto de vista operativo que las transacciones distribuidas. Los procesadores de flujos modernos pueden proporcionar estas garantías de orden y fiabilidad a gran escala, y permiten ejecutar el código de la aplicación como operadores de flujos.

Este código de aplicación puede realizar el procesamiento arbitrario que las funciones de derivación integradas en las bases de datos no suelen proporcionar. Al igual que las herramientas Unix encadenadas por tuberías, los operadores de flujo se pueden componer para construir grandes sistemas en torno al flujo de datos. Cada operador toma flujos de cambios de estado como entrada y produce otros flujos de cambios de estado como salida.

Procesadores y servicios de flujo

El estilo de desarrollo de aplicaciones que predomina actualmente divide la funcionalidad en un conjunto de *servicios* que se comunican a través de solicitudes de red sincrónicas, como las API REST. La ventaja de esta arquitectura orientada a servicios frente a una única aplicación monolítica es principalmente la escalabilidad organizativa a través de un acoplamiento flexible. Diferentes equipos pueden trabajar en diferentes servicios, lo que reduce el esfuerzo de coordinación entre equipos (siempre que los servicios puedan implementarse y actualizarse de forma independiente).

La composición de operadores de flujo en sistemas de flujo de datos tiene muchas características similares al enfoque de microservicios [27, 28]. Sin embargo, el mecanismo de comunicación subyacente es muy diferente: flujos de mensajes unidireccionales y asíncronos en lugar de interacciones síncronas de solicitud/respuesta.

Además de las ventajas enumeradas en "Arquitecturas basadas en eventos" en la página 208, como una mejor tolerancia a fallos, los sistemas de flujo de datos también pueden alcanzar un mejor rendimiento que las API REST o RPC tradicionales.

Por ejemplo, supongamos que un cliente está comprando un artículo cuyo precio está fijado en una moneda, pero que se paga en otra. Para realizar la conversión de moneda, es necesario conocer el tipo de cambio actual. Esta operación podría implementarse de dos maneras [27, 29]:

- En el enfoque de microservicios, el código que procesa la compra probablemente consultaría un servicio de tipos de cambio o una base de datos para obtener el tipo de cambio actual de una moneda concreta.
- En el enfoque de flujo de datos, el código que procesa las compras se suscribiría a una secuencia de actualizaciones del tipo de cambio con antelación y registraría el tipo actual en una base de datos local cada vez que cambie. A la hora de procesar la compra, el código de procesamiento puede consultar directamente esta base de datos local.

El segundo enfoque sustituye una solicitud de red sincrónica a otro servicio por una consulta a una base de datos local (que puede estar en la misma máquina, incluso en el mismo proceso). En el enfoque de microservicios, se podría evitar la solicitud de red sincrónica almacenando en caché el tipo de cambio localmente en el servicio que procesa la compra. Sin embargo, para mantener esa caché actualizada, sería necesario consultar periódicamente los tipos de cambio actualizados o suscribirse a un flujo de cambios, que es exactamente lo que ocurre en el enfoque de flujo de datos.

El enfoque de flujo de datos no solo es más rápido, sino que también es más robusto ante el fallo de otro servicio. ¡La solicitud de red más rápida y confiable es aquella que no existe! En lugar de RPC, ahora tenemos una unión de flujos entre los eventos de compra y los eventos de actualización del tipo de cambio.

La unión depende del tiempo: si los eventos de compra se vuelven a procesar en un momento posterior, el tipo de cambio habrá cambiado. Si deseas reconstruir el resultado original, deberás obtener el tipo de cambio histórico en el momento original de la compra. Independientemente de si consultas un servicio o te suscribes a un flujo de actualizaciones del tipo de cambio, deberás gestionar esta dependencia del tiempo (consulta “Dependencia temporal de las uniones” en la página 583).

Suscribirte a un flujo de cambios, en lugar de consultar el estado actual cuando sea necesario, nos acerca a un modelo de cálculo similar al de una hoja de cálculo. Cuando un dato cambia, cualquier dato derivado que dependa de él puede actualizarse rápidamente. Aún quedan muchas preguntas sin respuesta, por ejemplo, en torno a cuestiones como las uniones dependientes del tiempo, pero crear aplicaciones basadas en ideas de flujo de datos es una dirección prometedora que explorar.

Observación del estado derivado

A un nivel abstracto, los sistemas de flujo de datos analizados en la sección anterior te ofrecen un proceso para crear conjuntos de datos derivados (como índices de búsqueda, vistas materializadas y modelos predictivos) y mantenerlos actualizados. Llamemos a ese proceso la *ruta de escritura* (*write path*). Cada vez que se escribe un dato en el sistema, puede pasar por varias etapas de procesamiento por lotes y en flujo, y finalmente todos los conjuntos de datos derivados se actualizan para incorporar los datos que se han escrito. Figura 13-1 muestra un ejemplo de actualización de un índice de búsqueda.

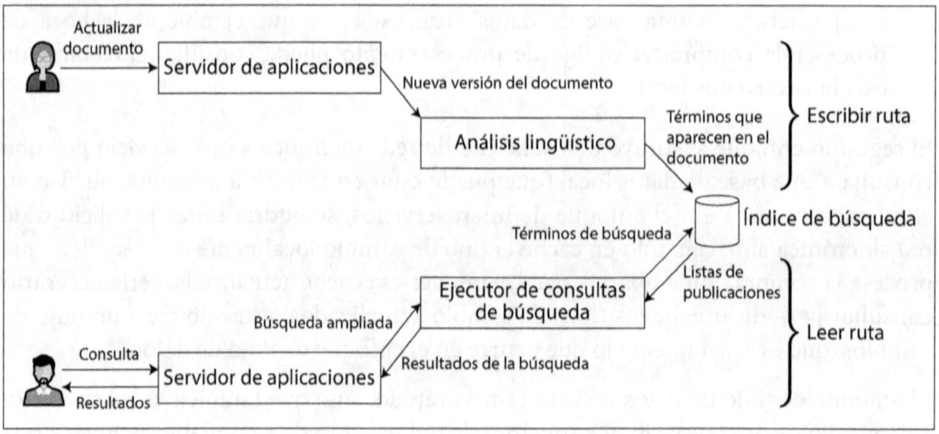

Figura 13-1. En un índice de búsqueda, las escrituras (actualizaciones de documentos) se encuentran con las lecturas (consultas).

Pero, ¿por qué se crea el conjunto de datos derivado en primer lugar? Probablemente porque quieres consultarlo de nuevo más adelante. Esta es la *ruta de lectura* (*read path*): al atender la solicitud de un usuario, lees el conjunto de datos derivado, quizás realizas más procesamiento sobre los resultados y construyes la respuesta para el usuario.

En conjunto, la ruta de escritura y la ruta de lectura abarcan todo el recorrido de los datos, desde el punto en el que se recopilan hasta el punto en el que se consumen (probablemente por otra persona). La ruta de escritura es la parte del recorrido que se calcula previamente; se realiza con entusiasmo tan pronto como lleguen los datos, independientemente de si alguien ha solicitado verlos. La ruta de lectura es la parte del recorrido que solo se produce cuando alguien la solicita. Si estás familiarizado con los lenguajes de programación funcional, es posible que notes que la ruta de escritura es similar a la evaluación entusiasta y la ruta de lectura es similar a la evaluación perezosa.

El conjunto de datos derivado es el lugar donde se encuentran la ruta de escritura y la ruta de lectura, como se ilustra en Figura 13-1. Representa un equilibrio entre la cantidad de trabajo que hay que hacer en el momento de la escritura y la cantidad que hay que hacer en el momento de la lectura.

Vistas materializadas y almacenamiento en caché

Un índice de búsqueda de texto completo es un buen ejemplo: la ruta de escritura actualiza el índice y la ruta de lectura busca palabras clave en el índice. Tanto las lecturas como las escrituras requieren cierto trabajo. Las escrituras deben actualizar las entradas del índice para todos los términos que aparecen en el documento. Las lecturas deben buscar cada palabra en la consulta y aplicar la lógica booleana para encontrar documentos que contengan *todas* las palabras de la consulta (un operador `AND`) o *cualquier* sinónimo de cada palabra (un operador `OR`).

Si no tuvieras un índice, una consulta de búsqueda tendría que escanear todos los documentos (como `grep`), lo que resultaría muy costoso si tuvieras un gran número de documentos. No tener índice significa menos trabajo en la ruta de escritura (no hay índice que actualizar), pero mucho más trabajo en la ruta de lectura.

Por otro lado, podrías imaginar precalcular los resultados de búsqueda para todas las consultas posibles. En ese caso, tendrías menos trabajo que hacer en la ruta de lectura: sin lógica booleana, solo encontrar los resultados de tu consulta y devolverlos. Sin embargo, la ruta de escritura sería mucho más costosa. El conjunto de posibles consultas de búsqueda que se podrían realizar es infinito (o al menos exponencial en cuanto al número de términos del corpus), por lo que no sería posible precalcular todos los resultados de búsqueda posibles.

Otra opción sería precalcular los resultados de búsqueda solo para un conjunto fijo de las consultas más comunes, de modo que se puedan servir rápidamente sin tener que acudir al índice. Las consultas poco comunes aún se pueden servir desde el índice. Esto generalmente se llamaría una *caché* de consultas comunes, aunque también podríamos llamarlo una vista materializada, ya que necesitaría actualizarse cuando aparezcan nuevos documentos que deban incluirse en los resultados de una de las consultas comunes.

A partir de este ejemplo, podemos ver que un índice no es el único límite posible entre la ruta de escritura y la ruta de lectura. Es posible almacenar en caché los resultados de búsqueda comunes, y también es posible realizar un escaneo similar al de `grep` sin el índice en un número reducido de documentos. Visto así, el papel de las cachés, los índices y las vistas materializadas es sencillo: desplazan la frontera entre la ruta de lectura y la ruta de escritura. Te permiten hacer más trabajo en la ruta de escritura, calculando previamente los resultados, con el fin de ahorrar esfuerzo en la ruta de lectura.

Cambiar la frontera entre el trabajo realizado en la ruta de escritura y la ruta de lectura fue, de hecho, el tema del ejemplo de las redes sociales en "Estudio de caso: Cronologías de redes sociales" en la página 38. En ese ejemplo, también vimos cómo la frontera entre la ruta de escritura y la ruta de lectura podría trazarse de manera diferente para las celebridades en comparación con los usuarios comunes. Después de 500 páginas, ¡hemos completado el círculo!

Clientes con estado y capacidad offline

La idea de una frontera entre las rutas de escritura y lectura es interesante porque podemos debatir el desplazamiento de esa frontera y explorar lo que ese desplazamiento significa en términos prácticos. Considerémoslo en un contexto diferente.

En el pasado, los navegadores web eran clientes sin estado que solo podían hacer cosas útiles cuando tenías una conexión a Internet (lo único que se podía hacer sin conexión era desplazarse hacia arriba y hacia abajo en una página que se había cargado previamente mientras se estaba conectado). Sin embargo, las aplicaciones web JavaScript de una sola página ahora tienen muchas capacidades con estado, incluida la interacción con la interfaz de usuario del lado del cliente y el almacenamiento local persistente en el navegador web. Las aplicaciones móviles pueden almacenar de manera similar una gran cantidad de estado en el dispositivo y no requieren un viaje de ida y vuelta al servidor para la mayoría de las interacciones de los usuarios.

En "Motores de sincronización y software Local-First" en la página 243 vimos cómo el estado local persistente permite una clase de aplicaciones en las que los usuarios pueden trabajar sin conexión, sin conexión a Internet, y sincronizarse con servidores remotos en segundo plano cuando hay conexión a la red disponible [30]. Dado que los dispositivos móviles a veces tienen conexiones de Internet móviles lentas y poco fiables, es una gran ventaja para los usuarios que la interfaz de usuario no tenga que esperar a las solicitudes de red sincrónicas y que las aplicaciones funcionen principalmente sin conexión.

Cuando nos alejamos de la suposición de que los clientes sin estado se comunican con una base de datos central y nos acercamos al estado que se mantiene en los dispositivos de los usuarios finales, se abre un mundo de nuevas oportunidades. En particular, podemos pensar en el estado del dispositivo como una *caché del estado del servidor*. Los píxeles de la pantalla son una vista materializada de los objetos del modelo en la aplicación del cliente; los objetos del modelo son una réplica local del estado en un centro de datos remoto [31].

Enviar los cambios de estado a los clientes

Si cargas una página web típica en un navegador web y los datos cambian posteriormente en el servidor, el navegador no se entera del cambio hasta que vuelves a cargar la página. El navegador lee los datos en un solo momento, asumiendo que son estáticos; el navegador no se suscribe a las actualizaciones del servidor. Por lo tanto, el estado en el navegador es una caché obsoleta que no se actualiza a menos que se soliciten explícitamente los cambios. (Los protocolos de suscripción a fuentes basados en HTTP, como RSS, son en realidad solo una forma básica de sondeo).

Los protocolos más recientes han ido más allá del patrón básico de solicitud/respuesta de HTTP. Los eventos enviados por el servidor (la API EventSource) y los WebSockets proporcionan canales de comunicación mediante los cuales un navegador web puede mantener una conexión TCP abierta con un servidor y este puede enviar mensajes de forma activa al navegador mientras permanezca conectado. Esto brinda al servidor la oportunidad de informar de forma activa al cliente final sobre cualquier cambio en el estado que ha almacenado localmente, lo que reduce la obsolescencia del estado del lado del cliente.

En términos de nuestro modelo de ruta de escritura y ruta de lectura, enviar activamente los cambios de estado a los dispositivos de los clientes significa extender la ruta de escritura hasta el usuario final. Cuando un cliente se inicializa por primera vez, seguirá necesitando utilizar una ruta de lectura para obtener su estado inicial, pero a partir de entonces podrá basarse en un flujo de cambios de estado enviados por el servidor. Las ideas que hemos discutido en torno al procesamiento de flujos y la mensajería no se limitan, por tanto, a ejecutarse en un centro de datos; podemos llevarlas más allá y extenderlas hasta los dispositivos de los usuarios finales [32].

Los dispositivos estarán desconectados parte del tiempo y no podrán recibir ninguna notificación de cambios de estado del servidor durante ese tiempo. Pero ya hemos resuelto ese problema; en "Desplazamientos del consumidor" en la página 551 discutimos cómo un consumidor de un agente de mensajes basado en registros puede volver a conectarse después de fallar o desconectarse y asegurarse de no perder ningún mensaje que haya llegado mientras estaba desconectado. La misma técnica funciona para usuarios individuales, donde cada dispositivo es un pequeño suscriptor de un pequeño flujo de eventos.

Flujos de eventos de extremo a extremo

Las herramientas para desarrollar clientes y interfaces de usuario con estado, como React y Elm [33], ya tienen la capacidad de actualizar la interfaz de usuario renderizada en respuesta a los cambios en el estado subyacente. Sería muy natural ampliar este modelo de programación para permitir también que un servidor envíe eventos de cambio de estado a esta canalización de eventos del lado del cliente.

Los cambios de estado podrían entonces fluir a través de una ruta de escritura de extremo a extremo: desde la interacción en un dispositivo que desencadena el cambio, pasando por los registros de eventos y varios sistemas de datos derivados y procesadores de flujos, hasta llegar a la interfaz de usuario en otro dispositivo. Estos cambios de estado podrían propagarse con un retraso bastante bajo, por ejemplo, menos de un segundo de extremo a extremo.

Algunas aplicaciones, como la mensajería instantánea y los juegos en línea, ya cuentan con una arquitectura "en tiempo real" (en el sentido de interacciones con bajo retraso, no en el sentido de garantías de tiempo de respuesta). ¿Por qué no creamos todas las aplicaciones de esta manera?

El reto es que la suposición de clientes sin estado e interacciones de solicitud/respuesta está profundamente arraigada en nuestras bases de datos, bibliotecas, marcos y protocolos. Muchos almacenes de datos admiten operaciones de lectura y escritura en las que una solicitud devuelve una única respuesta, pero son muchos menos los que admiten operaciones en las que una solicitud devuelve un flujo de respuestas a lo largo del tiempo (es decir, la capacidad de suscribirse a los cambios).

Para extender la ruta de escritura hasta el usuario final, tendríamos que replantearnos fundamentalmente la forma en que construimos muchos de estos sistemas, alejándonos de la interacción solicitud/respuesta y avanzando hacia el flujo de datos de publicación/suscripción [31]. Esto requeriría un esfuerzo, pero tendría la ventaja de hacer que las interfaces de usuario fueran más receptivas y proporcionaran un mejor soporte sin conexión.

Las lecturas también son eventos

Hemos comentado que cuando un procesador de flujos escribe datos derivados en un almacén (base de datos, caché o índice) y se consulta ese almacén, este actúa como límite entre la ruta de escritura y la ruta de lectura. Permite consultas de lectura de acceso aleatorio a los datos que, de otro modo, requerirían escanear todo el registro de eventos.

En muchos casos, el almacén de datos está separado del sistema de streaming. Sin embargo, recuerda que los procesadores de flujo también necesitan mantener el estado para realizar agregaciones y uniones. Este estado normalmente está oculto dentro del procesador de flujo, pero algunos marcos permiten que sea consultado por clientes externos [34], convirtiendo al propio procesador de flujo en una especie de base de datos simple.

Llevemos esa idea más allá. En el modelo que hemos discutido hasta ahora, las escrituras en el almacén pasan por un registro de eventos, mientras que las lecturas son solicitudes de red transitorias que van directamente a los nodos que almacenan los datos que se consultan. Se trata de un diseño razonable, pero no es el único posible. También es posible representar las solicitudes de lectura como flujos de eventos y enviar tanto los eventos de lectura como los de escritura a través de un procesador de streaming. El procesador responde a los eventos de lectura emitiendo el resultado de la lectura a un flujo de salida [35].

Cuando tanto las escrituras como las lecturas se representan como eventos y se envían al mismo operador de flujo, en realidad estamos realizando una unión de tabla de flujo entre el flujo de consultas de lectura y la base de datos. Cada evento de lectura debe enviarse al fragmento de la base de datos que contiene los datos relevantes, del mismo modo que los procesadores por lotes y de flujo coparticionan las entradas en la misma clave cuando realizan uniones.

Esta correspondencia entre atender solicitudes y realizar uniones es bastante fundamental [36]. Una solicitud de lectura única pasa por el operador de unión, que inmediatamente olvida la solicitud; una solicitud de suscripción es una unión persistente con eventos pasados y futuros al otro lado de la unión.

El registro de un historial de eventos de lectura también puede tener ventajas en lo que respecta al seguimiento de las dependencias causales y la procedencia de los datos en todo un sistema. El historial te permitiría reconstruir lo que el usuario vio antes de tomar una decisión concreta. Por ejemplo, en una tienda en línea, la fecha de envío prevista y el estado del inventario que se muestran al cliente probablemente influyan en su decisión de comprar un artículo [4]. Para analizar esta conexión, es necesario registrar el resultado de la consulta del usuario sobre el estado del envío y el inventario.

Por lo tanto, escribir solicitudes de lectura en un almacenamiento duradero permite un mejor seguimiento de las relaciones causales, pero conlleva costos adicionales de almacenamiento y E/S. La optimización de estos sistemas para reducir la sobrecarga sigue siendo un problema de investigación sin resolver [2], pero si ya registras las solicitudes de lectura con fines operativos como efecto secundario del procesamiento de solicitudes, no supone un gran cambio hacer que ese registro sea la fuente de las solicitudes.

Procesamiento de datos multishard

Para las consultas que solo afectan a un único fragmento, el esfuerzo de enviarlas a través de un flujo y recopilar un flujo de respuestas es quizás excesivo. Sin embargo, esta idea abre la posibilidad de ejecutar de forma distribuida consultas complejas que necesitan combinar datos de varios fragmentos, aprovechando la infraestructura para el enrutamiento de mensajes, la fragmentación y la unión que ya proporcionan los procesadores de flujos.

La función RPC distribuida de Storm admite este patrón de uso. Por ejemplo, se ha utilizado para calcular el número de personas que han visto una URL en una red social, es decir, la unión de los conjuntos de seguidores de todos los que han publicado esa URL [37]. Dado que el conjunto de usuarios está fragmentado, este cálculo requiere combinar los resultados de muchos fragmentos.

Otro ejemplo de este patrón se da en la prevención del fraude. Para evaluar el riesgo de que una compra concreta sea fraudulenta, puedes examinar las puntuaciones de reputación de la dirección IP del usuario, su dirección de correo electrónico, su dirección de facturación, su dirección de envío, etc. Cada una de estas bases de datos de reputación está fragmentada, por lo que recopilar las puntuaciones de una compra concreta requiere una secuencia de uniones con conjuntos de datos fragmentados de forma diferente [38].

Los gráficos de ejecución de consultas internas de los motores de consultas de almacenes de datos tienen características similares. Si necesitas realizar este tipo de unión multishard, probablemente sea más sencillo utilizar una base de datos que ofrezca esta función que implementarla utilizando un procesador de flujos. Sin embargo, tratar las consultas como flujos ofrece una opción para implementar aplicaciones a gran escala que funcionan al límite de las soluciones convencionales disponibles en el mercado.

En busca de la corrección

Con los servicios sin estado que solo leen datos, no pasa nada si algo sale mal; puedes corregir el error y reiniciar el servicio, y todo vuelve a la normalidad. Los sistemas con estado, como las bases de datos, no son tan sencillos. Están diseñados para recordar cosas para siempre (más o menos), por lo que, si algo sale mal, los efectos también pueden durar para siempre, lo que significa que requieren una reflexión más cuidadosa [39].

Queremos crear aplicaciones que sean confiables y *correctas* (es decir, programas cuya semántica esté bien definida y se comprenda, incluso ante diversas fallas). Durante aproximadamente cuatro décadas, las propiedades de transacción de atomicidad, aislamiento y durabilidad han sido las herramientas elegidas para crear aplicaciones correctas. Sin embargo, esos fundamentos son más débiles de lo que parecen: prueba de ello es, por ejemplo, la confusión de los niveles de aislamiento débiles (consulta "Niveles de aislamiento débiles" en la página 318).

En algunas áreas, las transacciones se han abandonado por completo y se han sustituido por modelos que ofrecen un mejor rendimiento y escalabilidad, pero con una semántica más confusa. A menudo se habla de *la consistencia*, pero se define mal. Algunas personas afirman que deberíamos "aceptar la consistencia débil" en aras de una mejor disponibilidad, sin tener una idea clara de lo que eso significa en la práctica.

Para ser un tema tan importante, nuestra comprensión y nuestros métodos de ingeniería son sorprendentemente inestables. Por ejemplo, es muy difícil determinar si es seguro ejecutar una aplicación concreta utilizando un nivel de aislamiento de transacciones o una configuración de replicación concretos [40, 41]. A menudo, las soluciones simples parecen funcionar correctamente cuando la concurrencia es baja y no hay fallos, pero resultan tener muchos errores sutiles en circunstancias más exigentes.

Por ejemplo, los experimentos Jepsen de Kyle Kingsbury [42] han puesto de relieve las marcadas discrepancias entre las garantías de seguridad que afirman ofrecer algunos productos y su comportamiento real en presencia de problemas y fallos de red. Incluso si los productos de infraestructura, como las bases de datos, estuvieran libres de problemas, el código de las aplicaciones seguiría teniendo que utilizar correctamente las funciones que ofrecen, lo que es propenso a errores si la configuración es difícil de entender (como es el caso de los niveles de aislamiento débiles, las configuraciones de quórum, etc.).

Si tu aplicación puede tolerar la corrupción o la pérdida ocasional de datos de forma impredecible, la vida es mucho más sencilla y es posible que puedas salir del paso simplemente cruzando los dedos y esperando lo mejor. Si necesitas garantías más sólidas de corrección, la serializabilidad y la confirmación atómica son enfoques establecidos, pero tienen un costo. Por lo general, solo funcionan en un único centro de datos (lo que descarta las arquitecturas distribuidas geográficamente) y limitan la escala y las propiedades de tolerancia a fallos que puedes lograr.

Aunque el enfoque tradicional de las transacciones no va a desaparecer, no es la última palabra en cuanto a la corrección y la resistencia a los fallos de las aplicaciones. En esta sección exploraremos otras formas de pensar sobre la corrección en el contexto de las arquitecturas de flujo de datos.

El argumento de extremo a extremo para las bases de datos

El hecho de que una aplicación utilice un sistema de datos que proporcione propiedades de seguridad comparativamente sólidas, como transacciones serializables, no significa que la aplicación esté garantizada contra la pérdida o corrupción de datos. Por ejemplo, si una aplicación tiene un error que hace que escriba datos incorrectos o elimine datos de una base de datos, las transacciones serializables no te salvarán. Este es un argumento a favor de los datos inmutables y de solo añadir, porque es más fácil recuperarse de tales errores si eliminas la capacidad del código defectuoso para destruir los datos válidos.

Aunque la inmutabilidad es útil, no es una panacea en sí misma. Veamos un ejemplo más sutil de cómo puede producirse la corrupción de datos.

Ejecución exacta de una operación

En “Transacciones distribuidas entre diferentes sistemas” en la página 363 introdujimos la idea de la semántica *exactly-once* (o *effectively-once*) en el contexto del procesamiento de mensajes. La idea es la siguiente: si algo sale mal durante el procesamiento de un mensaje, puedes rendirte (eliminando el mensaje y provocando la pérdida de datos) o volver a intentarlo. Si lo intentas de nuevo, existe el riesgo de que el procesamiento se haya realizado correctamente la primera vez y simplemente no hayas recibido una confirmación, por lo que el mensaje acaba siendo procesado dos veces.

Procesar dos veces es una forma de corrupción de datos: no es deseable cobrar dos veces a un cliente por el mismo servicio (facturándole de más) o incrementar dos veces un contador (sobrevalorando una métrica). En este contexto, *exactamente una vez* significa organizar el cálculo de tal manera que el efecto final sea el mismo que si no se hubiera producido ningún fallo, incluso si la operación se reintentó debido a un fallo. Discutimos algunos enfoques para lograr este objetivo.

Uno de los enfoques más eficaces es hacer que la operación *sea idempotente*, es decir, asegurarse de que tenga el mismo efecto, independientemente de si se ejecuta una o varias veces. Sin embargo, hacer esto para una operación que no es idempotente por naturaleza requiere esfuerzo y cuidado. Es posible que tengas que mantener metadatos adicionales (como el conjunto de ID de operaciones que han actualizado un valor) y garantizar la protección cuando se produzca una conmutación por error de un nodo a otro (consulta "Bloqueos y arrendamientos distribuidos" en la página 412).

Supresión de duplicados

El mismo patrón de necesidad de suprimir duplicados se da en muchos otros lugares además del procesamiento de flujos. Por ejemplo, el TCP utiliza números de secuencia en los paquetes para colocarlos en el orden correcto en el destinatario y determinar si se ha perdido o duplicado algún paquete en la red. Los paquetes perdidos se retransmiten y los duplicados se eliminan mediante la pila TCP antes de entregar los datos a una aplicación.

Sin embargo, esta supresión de duplicados solo funciona en el contexto de una única conexión TCP. Imaginemos que la conexión TCP es la conexión de un cliente a una base de datos y que actualmente está ejecutando la transacción en Ejemplo 13-1. En muchas bases de datos, una transacción está vinculada a una conexión de cliente (si el cliente envía varias consultas, la base de datos sabe que pertenecen a la misma transacción porque se envían en la misma conexión TCP). Si el cliente sufre una interrupción de la red y se agota el tiempo de espera de la conexión después de enviar el `COMMIT`, pero antes de recibir respuesta del servidor de la base de datos, no sabe si la transacción se ha confirmado o se ha abortado (vimos esta situación en Figura 9-1).

Ejemplo 13-1. Una transferencia no idempotente de dinero de una cuenta a otra

```
BEGIN TRANSACTION;
UPDATE accounts SET balance = balance + 11.00 WHERE account_id = 1234;
```

```
UPDATE accounts SET balance = balance - 11.00 WHERE account_id = 4321;
COMMIT;
```

El cliente puede volver a conectarse a la base de datos y reintentar la transacción, pero ahora está fuera del alcance de la supresión de duplicados de TCP. Dado que la transacción en Ejemplo 13-1 no es idempotente, se podrían transferir $22 en lugar de los $11 deseados. Por lo tanto, aunque un código como este es un ejemplo estándar de atomicidad de transacciones, no es correcto, y los bancos reales no funcionan así [3].

Los protocolos 2PC (consulta "Confirmación en dos fases" en la página 359) rompen la correspondencia uno a uno entre una conexión TCP y una transacción, ya que deben permitir que un coordinador de transacciones se vuelva a conectar a una base de datos después de un fallo de red y le indique si debe confirmar o abortar una transacción dudosa. ¿Es esto suficiente para garantizar que la transacción se ejecutará solo una vez? Por desgracia, no.

Incluso si podemos suprimir las transacciones duplicadas entre el cliente de la base de datos y el servidor, seguimos teniendo que preocuparnos por la red entre el dispositivo del usuario final y el servidor de aplicaciones. Por ejemplo, si el cliente del usuario final es un navegador web, probablemente utilice una solicitud HTTP `POST` para enviar una instrucción al servidor. Quizás el usuario tenga una conexión de datos móviles débil y consiga enviar la solicitud `POST`, pero pierda la señal antes de poder recibir la respuesta del servidor.

En este caso, es probable que se le muestre un mensaje de error y que tengas que volver a intentarlo manualmente. Los navegadores web te advierten: "¿Estás seguro de que quieres enviar este formulario de nuevo?", y tú respondes que sí, porque quieres que la operación se lleve a cabo. (El patrón Post/Redirect/Get [43] evita este mensaje de advertencia en el funcionamiento normal, pero no ayuda si la solicitud POST agota el tiempo de espera). Desde el punto de vista del servidor web, el reintento es una solicitud independiente y, desde el punto de vista de la base de datos, es una transacción independiente. Los mecanismos habituales de deduplicación no ayudan.

Identificación única de solicitudes

Para que una solicitud sea idempotente a través de varios saltos de comunicación de red, no basta con confiar en un mecanismo de transacción proporcionado por una base de datos. Es necesario tener en cuenta el flujo *de extremo a extremo* de la solicitud.

Por ejemplo, se podría generar un identificador único para cada solicitud (como un UUID) e incluirlo como un campo oculto en el formulario de la aplicación cliente, o calcular un hash de todos los campos relevantes del formulario para derivar el ID de la solicitud [3]. Si el navegador web envía una solicitud POST dos veces, las dos solicitudes tendrán el mismo ID de solicitud. A continuación, puedes pasar ese ID de solicitud a la base de datos y comprobar que siempre se ejecuta una sola solicitud con un ID determinado, como se muestra en Ejemplo 13-2.

Ejemplo 13-2. Supresión de solicitudes duplicadas mediante el uso de un identificador único

```
ALTER TABLE requests ADD UNIQUE (request_id);

BEGIN TRANSACTION;

INSERT INTO requests
  (request_id, from_account, to_account, amount)
  VALUES('0286FDB8-D7E1-423F-B40B-792B3608036C', 4321, 1234, 11.00);

UPDATE accounts SET balance = balance + 11.00 WHERE account_id = 1234;
UPDATE accounts SET balance = balance - 11.00 WHERE account_id = 4321;

COMMIT;
```

Este código se basa en una restricción de unicidad en la columna `request_id`. Si una transacción intenta insertar un ID que ya existe, el `INSERT` falla y la transacción se aborta, evitando que se aplique dos veces. Las bases de datos relacionales generalmente pueden mantener una restricción de unicidad correctamente, incluso en niveles de aislamiento débiles (mientras que una comprobación a nivel de aplicación y posterior inserción puede fallar bajo un aislamiento no serializable, como se explica en "Desviación de escritura y fantasmas" en la página 334).

Además de suprimir las solicitudes duplicadas, la tabla de `requests` en Ejemplo 13-2 actúa como una especie de registro de eventos, lo que puede ser útil para el origen de eventos o CDC. Las actualizaciones de los saldos de las cuentas no tienen que realizarse en la misma transacción que la inserción del evento, ya que son redundantes y podrían derivarse del evento de solicitud en un consumidor descendente, siempre y cuando el evento se procese exactamente una vez, lo que puede volver a aplicarse utilizando el ID de solicitud.

El argumento de extremo a extremo

Este escenario de supresión de transacciones duplicadas es solo un ejemplo de un principio más general denominado *argumento de extremo a extremo* (*end-to-end*), que fue articulado por Saltzer, Reed y Clark en 1984 [44]:

> La función en cuestión solo puede implementarse de forma completa y correcta con el conocimiento y la ayuda de la aplicación que se encuentra en los extremos del sistema de comunicación. Por lo tanto, no es posible proporcionar esa función cuestionada como una característica del propio sistema de comunicación. (En ocasiones, una versión incompleta de la función proporcionada por el sistema de comunicación puede ser útil como mejora del rendimiento).

En nuestro ejemplo, la *función en cuestión* era la supresión de duplicados. Vimos que TCP suprime los paquetes duplicados en el nivel de conexión TCP, y algunos procesadores de flujo proporcionan la denominada semántica exactly-once en el nivel de procesamiento de mensajes, pero eso no es suficiente para evitar que un usuario envíe una solicitud duplicada si la primera se agota. Por sí solos, el TCP, las transacciones de bases de datos y los procesadores de flujo no pueden descartar por completo estos duplicados. Resolver el problema requiere una solución integral: un identificador de transacción que se transmita desde el cliente final hasta la base de datos.

El argumento de extremo a extremo también se aplica a la verificación de la integridad de los datos. Las sumas de comprobación integradas en Ethernet, TCP y TLS pueden detectar la corrupción de paquetes en la red, pero no pueden detectar la corrupción debida a errores en el software en los extremos de envío y recepción de la conexión de red, ni la corrupción en los discos donde se almacenan los datos. Si quieres detectar todas las posibles fuentes de corrupción de datos, también necesitas sumas de comprobación de extremo a extremo.

Un argumento similar se aplica al cifrado [44]. La contraseña de tu red WiFi doméstica te protege contra las personas que espían tu tráfico WiFi, pero no contra los atacantes de otros lugares de Internet; el TLS/SSL entre tu cliente y el servidor te protege contra los atacantes de la red, pero no contra los compromisos del servidor. Solo el cifrado y la autenticación de extremo a extremo pueden protegerte contra todas estas cosas.

Aunque las funciones de bajo nivel (supresión de duplicados TCP, sumas de comprobación Ethernet, cifrado WiFi) no pueden proporcionar por sí solas las funciones de extremo a extremo deseadas, siguen siendo útiles, ya que reducen la probabilidad de que se produzcan problemas en niveles superiores. Por ejemplo, las solicititudes HTTP a menudo se alterarían si no tuviéramos TCP para volver a colocar los paquetes en el orden correcto. Solo hay que recordar que las características de confiabilidad de bajo nivel no son suficientes por sí solas para garantizar la corrección de extremo a extremo.

Aplicación del pensamiento de extremo a extremo en los sistemas de datos

Esto nos lleva de vuelta a la tesis original: el hecho de que una aplicación utilice un sistema de datos que proporcione propiedades de seguridad comparativamente sólidas, como transacciones serializables, no significa que la aplicación esté garantizada contra la pérdida o corrupción de datos. La propia aplicación también necesita tomar medidas de extremo a extremo, como la supresión de duplicados.

Es una lástima, porque los mecanismos de tolerancia a fallos son difíciles de conseguir. Los mecanismos de confiabilidad de bajo nivel, como los de TCP, funcionan bastante bien, por lo que los fallos de alto nivel restantes se producen con bastante poca frecuencia. Sería estupendo englobar el mecanismo de tolerancia a fallos de alto nivel en una abstracción para que el código de la aplicación no tuviera que preocuparse por ello, pero parece que aún no hemos encontrado la adecuada.

Las transacciones se han considerado durante mucho tiempo una abstracción útil. Como se explica en Capítulo 8, toman una amplia gama de posibles problemas (escrituras simultáneas, violaciones de restricciones, fallos, interrupciones de red, fallos de disco) y los reducen a dos posibles resultados: confirmar o abortar. Se trata de una enorme simplificación del modelo de programación, pero no es suficiente.

Las transacciones son costosas, especialmente cuando implican tecnologías de almacenamiento heterogéneas (consulta "Transacciones distribuidas entre diferentes sistemas" en la página 363). Cuando rechazamos el uso de transacciones distribuidas porque son demasiado costosas, acabamos teniendo que reimplementar mecanismos de tolerancia a fallos en el código de la aplicación. Como han demostrado numerosos ejemplos a lo largo de este libro, razonar sobre la concurrencia y los fallos parciales es difícil y contrario a la intuición, por lo que la mayoría de los mecanismos a nivel de aplicación no funcionan correctamente. La consecuencia es la pérdida o corrupción de datos.

Por estas razones, vale la pena explorar abstracciones de tolerancia a fallos que faciliten proporcionar propiedades de corrección de extremo a extremo específicas de la aplicación, pero que también mantengan un buen rendimiento y características operativas en un entorno distribuido a gran escala.

Aplicación de restricciones

Pensemos en la corrección en el contexto de las ideas en torno a la desagregación de bases de datos. Hemos visto que la supresión de duplicados de extremo a extremo se puede lograr con un ID de solicitud que se pasa desde el cliente hasta la base de datos que registra la escritura. ¿Qué ocurre con otros tipos de restricciones?

En particular, centrémonos en las restricciones de unicidad, como la que utilizamos en Ejemplo 13-2. En "Restricciones y garantías de unicidad" en la página 452 vimos varios otros ejemplos de características de aplicaciones que necesitan aplicar la unicidad: un nombre de usuario o una dirección de correo electrónico deben identificar de forma única a un usuario, un servicio de almacenamiento de archivos no puede tener más de un archivo con el mismo nombre y dos personas no pueden reservar el mismo asiento en un vuelo o en un teatro.

Hay otros tipos de restricciones muy similares, como garantizar que el saldo de una cuenta nunca sea negativo, que no se vendan más artículos de los que hay en stock en el almacén o que una sala de reuniones no tenga reservas solapadas. Las técnicas que garantizan la unicidad a menudo también se pueden utilizar para este tipo de restricciones.

Las restricciones de unicidad requieren consenso

En Capítulo 10 vimos que, en un entorno distribuido, la aplicación de una restricción de unicidad requiere consenso. Si varias solicitudes concurrentes tienen el mismo valor, el sistema debe, de alguna manera, decidir cuál de las operaciones en conflicto se acepta y rechazar las demás por violar la restricción.

La forma más común de lograr este consenso es convertir un único nodo en líder y encargarle de tomar todas las decisiones. Esto funciona bien siempre y cuando no te importe canalizar todas las solicitudes a través de un único nodo (incluso si el cliente se encuentra al otro lado del mundo) y siempre y cuando ese nodo no falle. Los algoritmos de consenso como Raft abordan el problema de elegir de forma segura un nuevo líder si el líder actual ha fallado (o se cree que ha fallado debido a un problema de red) y evitan la división del cerebro.

La comprobación de la unicidad se puede escalar mediante fragmentación basada en el valor que debe ser único. Por ejemplo, si necesitas garantizar la unicidad por ID de solicitud, como en Ejemplo 13-2, puedes asegurarte de que todas las solicitudes con el mismo ID de solicitud se enruten al mismo fragmento. Si necesitas que los nombres de usuario sean únicos, puedes fragmentar por hash del nombre de usuario.

Sin embargo, se descarta la replicación asíncrona con múltiples líderes, ya que diferentes líderes podrían aceptar simultáneamente escrituras conflictivas y, por lo tanto, los valores dejarían de ser únicos. Si quieres poder rechazar inmediatamente cualquier escritura que incumpla la restricción, la coordinación sincrónica es inevitable [45].

Única en la mensajería basada en registros

Un registro compartido garantiza que todos los consumidores vean los mensajes en el mismo orden (el orden total garantiza la difusión que, como establecimos en "Las múltiples caras del consenso" en la página 472, es equivalente al consenso). En el enfoque de base de datos desagregada con mensajería basada en registros, podemos utilizar un enfoque muy similar para aplicar restricciones de unicidad.

Un procesador de flujo consume todos los mensajes de un fragmento de registro de forma secuencial en un solo hilo. Por lo tanto, si el registro se fragmenta en función del valor que debe ser único, un procesador de flujo puede decidir de forma inequívoca y determinista cuál de varias operaciones conflictivas fue la primera en el registro. Por ejemplo, en el caso de que varios usuarios intenten reclamar el mismo nombre de usuario [46]:

1. Cada solicitud de nombre de usuario se codifica como un mensaje y se añade a un fragmento determinado por el hash del nombre de usuario.
2. Un procesador de flujos lee secuencialmente las solicitudes en el registro, utilizando una base de datos local para llevar un seguimiento de los nombres de

usuario que están ocupados. Por cada solicitud de un nombre de usuario que está disponible, registra el nombre como ocupado y emite un mensaje de éxito a un flujo de salida. Por cada solicitud de un nombre de usuario que ya está ocupado, emite un mensaje de rechazo a un flujo de salida.

3. El cliente que solicitó el nombre de usuario observa el flujo de salida y espera un mensaje de éxito o rechazo correspondiente a su solicitud.

Este algoritmo es el mismo que el utilizado para alcanzar el consenso mediante un registro compartido, que vimos en Capítulo 10. Se adapta fácilmente a un gran volumen de solicitudes aumentando el número de fragmentos, ya que cada fragmento se puede procesar de forma independiente.

El enfoque funciona no solo para restricciones de unicidad, sino también para muchos otros tipos de restricciones. Su principio fundamental es que cualquier escritura que pueda entrar en conflicto se enruta al mismo fragmento y se procesa secuencialmente. La definición de un conflicto puede depender de la aplicación, pero el procesador de flujo puede utilizar una lógica arbitraria para validar una solicitud.

Procesamiento de solicitudes multishard

Garantizar que una operación se ejecute de forma atómica, al tiempo que se satisfacen las restricciones, resulta más interesante cuando intervienen varios fragmentos. En Ejemplo 13-2, hay potencialmente tres fragmentos: uno que contiene el ID de la solicitud, otro que contiene la cuenta del beneficiario y otro que contiene la cuenta del pagador. No hay ninguna razón para que esas tres cosas estén en el mismo fragmento, ya que son independientes entre sí.

En el enfoque tradicional de las bases de datos, la ejecución de esta transacción requeriría una confirmación atómica en los tres fragmentos, lo que esencialmente la obliga a un orden total con respecto a todas las demás transacciones en cualquiera de esos fragmentos. Dado que ahora existe una coordinación entre fragmentos, los diferentes fragmentos ya no pueden procesarse de forma independiente, por lo que es probable que el rendimiento se vea afectado.

Sin embargo, se puede lograr una corrección equivalente sin transacciones entre fragmentos utilizando registros fragmentados y procesadores de flujo. Figura 13-2 muestra un ejemplo de una transacción de pago que necesita comprobar si la cuenta de origen contiene fondos suficientes y, en caso afirmativo, transferir de forma atómica una cantidad a la cuenta de destino mientras se deducen las comisiones.

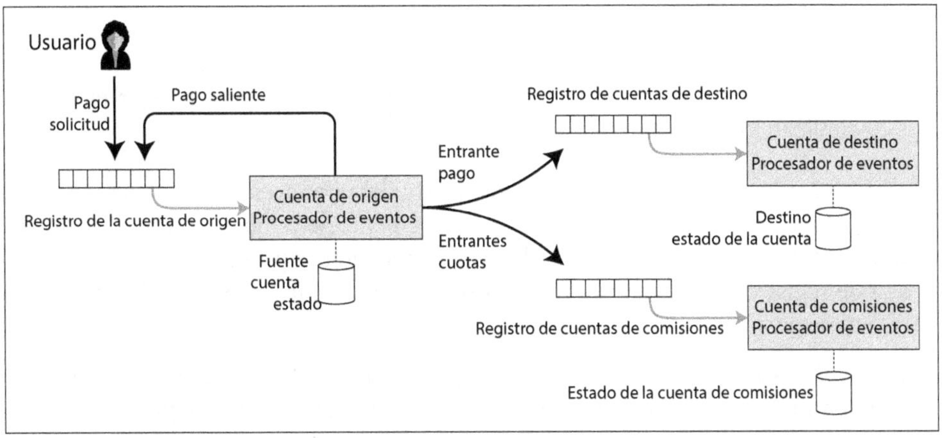

Figura 13-2. Comprobar si una cuenta de origen tiene suficiente dinero y transferir dinero de forma atómica a una cuenta de destino y a una cuenta de comisiones, utilizando registros de eventos y procesadores de flujo

Este proceso funciona de la siguiente manera [47]:

1. La solicitud de transferencia de dinero de la cuenta de origen a la cuenta de destino recibe un ID de solicitud único por parte del cliente del usuario y se añade a un fragmento de registro basado en el ID de la cuenta de origen.
2. Un procesador de flujos lee el registro de solicitudes y mantiene una base de datos con estado que contiene el estado de la cuenta de origen y los ID de las solicitudes que ya ha procesado. El contenido de esta base de datos se deriva íntegramente del registro. Cuando el procesador de flujos encuentra una solicitud con un ID que no ha visto antes, comprueba en su base de datos local si la cuenta de origen tiene suficiente dinero para realizar la transferencia.

   Si es así, actualiza su base de datos local para reservar el importe del pago en la cuenta de origen y emite eventos a varios otros registros: un evento de pago saliente al fragmento de registro de la cuenta de origen (tu propio registro de entrada), un evento de pago entrante al fragmento de registro de la cuenta de destino y un evento de pago entrante al fragmento de registro de la cuenta de comisiones. El ID de la solicitud original se incluye en esos eventos emitidos.
3. Finalmente, el evento de pago saliente se devuelve al procesador de la cuenta de origen (que puede haber recibido eventos no relacionados mientras tanto). El procesador de flujo reconoce, basándose en el ID de la solicitud, que se trata de un pago que había reservado previamente y ejecuta el pago, actualizando de nuevo su estado local para la cuenta de origen. Ignora los duplicados basándose en el ID de la solicitud.

4. Los fragmentos de registro de las cuentas de destino y de comisiones son consumidos por tareas de procesamiento de flujo independientes. Cuando reciben un evento de pago entrante, actualizan su estado local para reflejar el pago y deduplican los eventos basándose en el ID de solicitud.

Figura 13-2 muestra las tres cuentas como si estuvieran en tres fragmentos separados, pero también podrían estar en el mismo fragmento, eso no importa. Los únicos requisitos son que los eventos de cualquier cuenta dada se procesen estrictamente en orden de registro con semántica "al menos una vez" y que los procesadores de flujo sean deterministas.

Por ejemplo, considera lo que ocurre si el procesador de la cuenta de origen se bloquea mientras procesa una solicitud de pago. Los mensajes de salida pueden haberse emitido o no antes de que se produjera el bloqueo. Después de recuperarse del bloqueo, el procesador volverá a procesar la misma solicitud (debido a la semántica de al menos una vez) y tomará la misma decisión sobre si permitir el pago (ya que es determinista). Por lo tanto, emitirá los mismos mensajes de salida con el mismo ID de solicitud a los fragmentos de cuentas salientes, entrantes y de comisiones. Si los mensajes son duplicados, los consumidores descendentes los ignorarán basándose en el ID de solicitud.

La atomicidad en este sistema no proviene de las transacciones, sino del hecho de que escribir el evento de solicitud inicial en el registro de la cuenta de origen es una acción atómica. Una vez que ese evento está en el registro, todos los eventos posteriores también se escribirán eventualmente, posiblemente después de que los procesadores de flujo se hayan recuperado de los fallos y posiblemente con duplicados, pero aparecerán eventualmente.

Con la semántica exactly-once, este ejemplo se vuelve más fácil de implementar, ya que la semántica garantiza que el estado local del procesador de flujo sea coherente con el conjunto de mensajes que ha procesado. Por lo tanto, si se bloquea y vuelve a procesar algunos mensajes, su estado local también se restablece al que tenía antes de que se procesaran esos mensajes.

Si el usuario de Figura 13-2 quiere saber si su transferencia ha sido aprobada, puede suscribirse al fragmento de registro de la cuenta de origen y esperar a que se produzca el evento de pago saliente. Para notificar explícitamente al usuario si el saldo es insuficiente, el procesador de flujo puede emitir un evento de "pago rechazado" a ese fragmento de registro.

Al dividir la transacción multishard en varias etapas fragmentadas de forma diferente y utilizar el ID de solicitud de extremo a extremo, logramos la misma propiedad de corrección (cada solicitud se aplica exactamente una vez a las cuentas del pagador y del beneficiario), incluso en presencia de fallos, sin utilizar un protocolo de confirmación atómica.

Puntualidad e integridad

Una propiedad conveniente de muchos sistemas transaccionales es que, tan pronto como se confirma una transacción, sus escrituras son inmediatamente visibles para otras transacciones. Esta propiedad se formaliza como *serializabilidad estricta* (discutida en Linealizabilidad frente a serializabilidad en la página 450).

Este no es el caso cuando se desagrega una operación en varias etapas de procesadores de flujo. Los consumidores de un registro son asincrónicos por diseño, por lo que un productor no espera a que su mensaje haya sido procesado por los consumidores. Sin embargo, es posible que un cliente espere a que aparezca un mensaje en un flujo de salida, como el usuario que espera un pago saliente o un evento de pago rechazado en Figura 13-2, lo que depende de si había suficiente dinero en la cuenta de origen.

En este ejemplo, la corrección de la verificación del saldo de la cuenta de origen no depende de si el usuario que realiza la solicitud espera el resultado. La espera tiene como único objetivo informar de forma sincrónica al usuario si el pago se ha realizado correctamente; esta notificación está desacoplada de los efectos del procesamiento de la solicitud.

En términos más generales, el término «*consistencia*» combina dos requisitos que vale la pena considerar por separado:

Puntualidad

La puntualidad significa garantizar que los usuarios observen el sistema en un estado actualizado. Anteriormente vimos que si un usuario lee una copia obsoleta de los datos, puede observarlos en un estado inconsistente (consulta "Problemas con el retraso en la replicación" en la página 230). Sin embargo, esa inconsistencia es temporal y, al final, se resolverá simplemente esperando y volviendo a intentarlo.

El teorema CAP utiliza la *consistencia* en el sentido de linealizabilidad, que es una forma sólida de lograr la puntualidad. Las propiedades de puntualidad más débiles, como la consistencia de lectura después de la escritura, también pueden ser útiles.

Integridad

La integridad significa ausencia de corrupción: sin pérdida de datos y sin datos contradictorios o falsos. En particular, si un conjunto de datos derivado se mantiene como una vista de los datos subyacentes, la derivación debe ser correcta. Por ejemplo, un índice de base de datos debe reflejar correctamente el contenido de la base de datos; un índice con registros faltantes no es muy útil.

Si se viola la integridad, la inconsistencia es permanente; esperar y volver a intentarlo no va a solucionar la corrupción de la base de datos en la mayoría de los casos. En su lugar, es necesario realizar una comprobación y reparación explícitas. En el contexto de las transacciones ACID, la "consistencia" se entiende normalmente como una especie de noción de integridad específica de la aplicación. La atomicidad y la durabilidad son herramientas importantes para preservar la integridad.

En forma de eslogan: las violaciones de la puntualidad están permitidas bajo la consistencia eventual, mientras que las violaciones de la integridad dan lugar a una inconsistencia perpetua.

En la mayoría de las aplicaciones, la integridad es mucho más importante que la puntualidad. Las violaciones de la puntualidad pueden ser molestas y confusas, pero las violaciones de la integridad pueden ser catastróficas.

Por ejemplo, en el estado de cuenta de tu tarjeta de crédito, no es sorprendente que una transacción que realizaste en las últimas 24 horas aún no aparezca. Es normal que estos sistemas tengan un cierto retraso. Sabemos que los bancos concilian y liquidan las transacciones de forma asincrónica, y la puntualidad no es muy importante en este caso [3]. Sin embargo, sería muy grave que el saldo del estado de cuenta no fuera igual a la suma de las transacciones más el saldo del estado de cuenta anterior (un error en las sumas), o que se te cobrara una transacción pero no se pagara al comerciante (dinero desaparecido). Estos problemas serían violaciones de la integridad del sistema.

Corrección de los sistemas de flujo de datos

Las transacciones ACID suelen proporcionar garantías tanto de puntualidad (por ejemplo, linealizabilidad) como de integridad (por ejemplo, confirmación atómica). Por lo tanto, si abordas la corrección de las aplicaciones desde el punto de vista de las transacciones ACID, la distinción entre puntualidad e integridad es bastante irrelevante.

Por otro lado, una propiedad interesante de los sistemas de flujo de datos basados en eventos que hemos analizado en este capítulo es que desacoplan la puntualidad y la integridad. Al procesar flujos de eventos de forma asíncrona, no hay garantía de puntualidad, a menos que se creen explícitamente consumidores que esperen a que llegue un mensaje antes de regresar. Por ejemplo, un usuario podría solicitar un pago y luego leer el estado de su cuenta antes de que el procesador de flujos haya ejecutado la solicitud; el usuario no verá el pago que acaba de solicitar.

Sin embargo, la integridad es, de hecho, fundamental para los sistemas de flujo. Como hemos visto, la semántica exactly-once o effectively-once es un mecanismo para preservar la integridad. Si un evento se pierde o se aplica dos veces, la integridad de un sistema de datos podría verse comprometida. Por lo tanto, la entrega de mensajes tolerante a fallos y la supresión de duplicados (por ejemplo, operaciones idempotentes) son importantes para mantener la integridad de un sistema de datos ante la aparición de fallos.

Como vimos en la sección anterior, los sistemas de procesamiento de flujos fiables pueden preservar la integridad sin necesitar transacciones distribuidas ni un protocolo de confirmación atómica, lo que significa que pueden alcanzar una corrección comparable con un rendimiento y una solidez operativa mucho mejores. Logramos esta integridad mediante una combinación de mecanismos:

- Representar el contenido de la operación de escritura como un único mensaje, que se puede escribir fácilmente de forma atómica, un enfoque que encaja muy bien con el origen de eventos
- Derivar todas las demás actualizaciones de estado a partir de ese único mensaje mediante funciones de derivación determinísticas, de forma similar a los procedimientos almacenados
- Pasar un ID de solicitud generado por el cliente a través de todos estos niveles de procesamiento, lo que permite la supresión de duplicados y la idempotencia de extremo a extremo
- Hacer que los mensajes sean inmutables y permitir que los datos derivados se vuelvan a procesar de vez en cuando, lo que facilita la recuperación de errores

Restricciones interpretadas de forma flexible

Como se ha comentado anteriormente, la aplicación de una restricción de unicidad requiere consenso, que normalmente se implementa canalizando todos los eventos de un fragmento concreto a través de un único nodo. Esta limitación es inevitable si queremos la forma tradicional de restricción de unicidad, y el procesamiento de flujos no puede eludirla.

Sin embargo, muchas aplicaciones reales tienen un requisito empresarial que permite infringir lo que se podría considerar restricciones estrictas:

- Si los clientes piden más artículos de los que tienes en tu almacén, puedes pedir más existencias, disculparte por el retraso y ofrecerles un descuento. Esto es lo mismo que tendrías que hacer si, por ejemplo, una carretilla elevadora atropellara algunos de los artículos de tu almacén, dejándote con menos artículos en stock de los que creías tener [3]. Por lo tanto, el flujo de trabajo de disculpas ya tiene que formar parte de tus procesos empresariales para hacer frente a este tipo de incidentes, y puede que no sea necesaria una restricción estricta del número de artículos en stock.
- Del mismo modo, muchas aerolíneas sobrevenden los aviones con la expectativa de que algunos pasajeros pierdan su vuelo, y muchos hoteles sobrevenden las habitaciones, esperando que algunos huéspedes cancelen. En estos casos, la restricción de "una persona por asiento" se incumple deliberadamente por motivos comerciales, y se establecen procesos de compensación (reembolsos, mejoras, proporcionar una habitación gratuita en un hotel vecino) para gestio-

nar la demanda que excede la oferta. Incluso si no se produjera un exceso de reservas, se necesitarían procesos de disculpa y compensación para hacer frente a situaciones como la cancelación de vuelos por mal tiempo o la huelga del personal; recuperarse de este tipo de problemas es algo normal en el mundo de los negocios [3].

- Si alguien retira más dinero del que tiene en su cuenta, el banco puede cobrarle una comisión por descubierto y pedirle que devuelva lo que debe. Al limitar el total de retiros diarios, el riesgo para el banco es limitado.
- En los sistemas que integran datos de diferentes organizaciones, es inevitable que surjan inconsistencias, por lo que se necesitan mecanismos de corrección para gestionarlas. Como se señala en "Casos de uso por lotes" en la página 527, la liquidación de pagos entre bancos es un ejemplo de ello.

En muchos contextos empresariales, por lo tanto, es aceptable violar temporalmente una restricción y corregirla más tarde con una disculpa. Este tipo de cambio para corregir un error se denomina *transacción compensatoria* [48, 49]. El costo de la disculpa (en términos de dinero o reputación) varía, pero a menudo es bastante bajo; no puedes deshacer el envío de un correo electrónico, pero puedes enviar un correo electrónico de seguimiento con una corrección. Si accidentalmente cobras dos veces una tarjeta de crédito, puedes reembolsar uno de los cargos, y el costo para ti es solo las tarifas de procesamiento y tal vez una queja del cliente. Una vez que se ha pagado el dinero en un cajero automático, no puedes recuperarlo directamente, aunque en principio puedes enviar cobradores de deudas para recuperar el dinero si la cuenta se sobregira y el cliente no lo devuelve.

Si el costo de la disculpa es aceptable es una decisión comercial. Si es aceptable, el modelo tradicional de verificar todas las restricciones antes incluso de escribir los datos es innecesariamente restrictivo. Puede ser razonable seguir adelante con una escritura de forma optimista y verificar la restricción después. Aún puedes asegurarte de que la validación se produzca antes de tomar medidas que serían costosas de recuperar, pero eso no implica que debas validar antes incluso de escribir los datos.

Estas aplicaciones *requieren* integridad. No querrías perder una reserva o que desapareciera dinero debido a créditos y débitos que no coinciden. Pero *no requieren* puntualidad en la aplicación de la restricción. Si has vendido más artículos de los que tienes en el almacén, puedes solucionar el problema después. Hacerlo es similar a los enfoques de resolución de conflictos que discutimos en "Cómo lidiar con las escrituras conflictivas" en la página 245.

Sistemas de datos que evitan la coordinación

Hasta ahora hemos hecho dos observaciones interesantes:

- Los sistemas de flujo de datos pueden mantener garantías de integridad en los datos derivados sin compromiso atómico, linealizabilidad o coordinación sincrónica entre fragmentos.
- Aunque las restricciones estrictas de unicidad requieren puntualidad y coordinación, muchas aplicaciones funcionan bien con restricciones laxas que pueden infringirse temporalmente y corregirse más tarde, siempre y cuando se preserve la integridad en todo momento.

En conjunto, estas observaciones significan que los sistemas de flujo de datos pueden proporcionar servicios de gestión de datos para muchas aplicaciones sin necesidad de coordinación, al tiempo que ofrecen sólidas garantías de integridad. Estos sistemas de datos que *evitan la coordinación* son muy atractivos, ya que pueden alcanzar un mejor rendimiento y tolerancia a fallos que los sistemas que necesitan realizar una coordinación sincrónica [45].

Por ejemplo, un sistema de este tipo podría funcionar de forma distribuida en varios centros de datos en una configuración multilíder, replicándose de forma asíncrona entre regiones. Cualquier centro de datos puede seguir funcionando de forma independiente de los demás, ya que no se requiere una coordinación sincrónica entre regiones. Un sistema de este tipo tendría garantías de puntualidad débiles, ya que no podría ser linealizable sin introducir coordinación, pero aún así podría ofrecer sólidas garantías de integridad.

En este contexto, las transacciones serializables siguen siendo útiles como parte del mantenimiento del estado derivado, pero pueden ejecutarse en un ámbito reducido en el que funcionan bien [6]. No se requieren transacciones distribuidas heterogéneas, como las transacciones XA. Aún se puede introducir la coordinación sincrónica en los lugares donde sea necesaria (por ejemplo, para aplicar restricciones estrictas antes de una operación de la que no sea posible la recuperación), pero no es necesario que todo pague el costo de la coordinación si solo una pequeña parte de una aplicación la necesita [32].

Otra forma de ver la coordinación y las restricciones es que reducen el número de disculpas que tienes que dar por las inconsistencias, pero también pueden reducir el rendimiento y la disponibilidad de tu sistema y, por lo tanto, aumentar el número de disculpas que tienes que dar por las interrupciones del servicio. No puedes reducir el número de disculpas a cero, pero puedes intentar encontrar el mejor equilibrio para tus necesidades: el punto óptimo sin demasiadas inconsistencias ni demasiados problemas de disponibilidad.

Confía, pero verifica

Todo nuestro debate sobre la corrección, la integridad y la tolerancia a fallos se ha basado en la suposición de que ciertas cosas pueden salir mal, pero otras no. A estas suposiciones las llamamos nuestro *modelo de sistema* (consulta "Modelo de sistema y realidad" en la página 420). Por ejemplo, debemos suponer que los procesos pueden bloquearse, que las máquinas pueden quedarse sin energía de repente y que la red puede retrasar o perder mensajes de forma arbitraria. También podríamos suponer que los datos escritos en el disco no se pierden después de `fsync`, que los datos en la memoria no se corrompen y que la instrucción de multiplicación de nuestra CPU siempre devuelve el resultado correcto.

Estas suposiciones son bastante razonables, ya que son ciertas la mayoría de las veces, y sería difícil hacer nada si tuviéramos que preocuparnos constantemente por los errores de nuestras computadoras. Tradicionalmente, los modelos de sistema adoptan un enfoque binario hacia los fallos: asumimos que algunas cosas pueden ocurrir y que otras nunca pueden ocurrir. En realidad, se trata más bien de una cuestión de probabilidades: algunas cosas son más probables, otras menos. La pregunta es si las violaciones de nuestras suposiciones ocurren con suficiente frecuencia como para que las encontremos en la práctica.

Hemos visto que los datos pueden corromperse en la memoria (consulta "Fallos de hardware y software" en la página 49), en el disco (consulta Replicación y durabilidad en la página 311) y en la red (consulta "Formas leves de mentir" en la página 419). ¿Quizás esto es algo a lo que deberíamos prestar más atención? Si operas a una escala lo suficientemente grande, incluso las cosas muy improbables suceden.

Mantener la integridad ante los errores de software

Además de estos problemas de hardware, siempre existe el riesgo de errores de software, que no serían detectados por las sumas de comprobación de red, memoria o sistema de archivos de nivel inferior. Incluso el software de bases de datos más utilizado tiene errores; por ejemplo, las versiones anteriores de MySQL no han logrado mantener correctamente las restricciones de unicidad [50], y el nivel de aislamiento serializable de PostgreSQL ha mostrado anomalías de sesgo de escritura en el pasado [51], a pesar de que MySQL y PostgreSQL son bases de datos robustas y bien consideradas que han sido probadas por muchas personas durante muchos años. En software menos maduro, es probable que la situación sea mucho peor.

A pesar de los considerables esfuerzos realizados en el diseño, las pruebas y la revisión minuciosos, siguen apareciendo errores. Aunque son poco frecuentes y, al final, se detectan y se corrigen, sigue habiendo un periodo durante el cual dichos errores pueden corromper los datos.

En lo que respecta al código de las aplicaciones, debemos suponer que hay muchos más errores, ya que la mayoría de las aplicaciones no reciben ni de lejos la misma cantidad de revisión y pruebas que el código de las bases de datos. Muchas aplicaciones ni siquiera utilizan correctamente las funciones que ofrecen las bases de datos para preservar la integridad, como las claves externas o las restricciones de unicidad [25].

La consistencia en el sentido de ACID se basa en la idea de que la base de datos comienza en un estado consistente y una transacción la transforma de un estado consistente a otro estado consistente. Por lo tanto, esperamos que la base de datos esté siempre en un estado consistente. Sin embargo, esta noción solo tiene sentido si asumimos que la transacción está libre de errores. Si la aplicación utiliza la base de datos de forma incorrecta, por ejemplo, utilizando un nivel de aislamiento débil de forma insegura, no se puede garantizar la integridad de la base de datos.

No confíes ciegamente en lo que prometen

Dado que tanto el hardware como el software no siempre están a la altura de nuestros ideales, la corrupción de datos parece inevitable tarde o temprano. Por lo tanto, al menos deberíamos tener una forma de averiguar si los datos se han corrompido para poder corregirlos e intentar localizar el origen del error. La comprobación de la integridad de los datos se conoce como *auditoría*.

Como se explica en "Ventajas de los eventos inmutables" en la página 565, la auditoría no es solo para aplicaciones financieras. Sin embargo, la auditabilidad es muy importante en las finanzas precisamente porque todo el mundo sabe que se producen errores y todos reconocemos la necesidad de poder detectar y solucionar los problemas.

Los sistemas maduros tienden igualmente a considerar la posibilidad de que ocurran cosas improbables y a gestionar ese riesgo. Por ejemplo, los sistemas de almacenamiento a gran escala, como HDFS y Amazon S3, no confían plenamente en los discos. Estos sistemas ejecutan procesos en segundo plano que leen continuamente los archivos, los comparan con otras réplicas y los mueven de un disco a otro, con el fin de mitigar el riesgo de corrupción silenciosa [52, 53].

Si quieres estar seguro de que tus datos siguen ahí, tienes que leerlos y comprobarlos. La mayoría de las veces seguirán ahí, pero si no es así, es mejor descubrirlo cuanto antes. Siguiendo el mismo razonamiento, es importante intentar restaurar tus copias de seguridad de vez en cuando; de lo contrario, podrías descubrir que tu copia de seguridad no funciona cuando ya sea demasiado tarde y hayas perdido datos. No confíes ciegamente en que todo funciona.

Sistemas como HDFS y S3 aún deben asumir que los discos funcionan correctamente la mayor parte del tiempo, lo cual es una suposición razonable, pero no es lo mismo que suponer que *siempre* funcionan correctamente. Sin embargo, no muchos sistemas tienen actualmente este enfoque de "confiar, pero verificar" de auditarse continuamente a sí mismos. Muchos asumen que las garantías de corrección son absolutas y no prevén la posibilidad de que se produzca una corrupción de datos poco frecuente. En el futuro, es posible que veamos más sistemas de *autovalidación* o *autoauditoría* que comprueban continuamente su propia integridad en lugar de confiar ciegamente [54].

Diseño para la auditabilidad

Si una transacción muta varios objetos en una base de datos, la razón subyacente puede ser difícil de determinar a posteriori. Incluso si capturas los registros de transacciones, las inserciones, actualizaciones y eliminaciones en varias tablas no necesariamente dan una idea clara de *por qué* se realizaron esas mutaciones. La invocación de la lógica de la aplicación que decidió esas mutaciones es transitoria y no se puede reproducir.

Por el contrario, los sistemas basados en eventos pueden proporcionar una mejor auditabilidad. En el enfoque de origen de eventos, la entrada del usuario al sistema se representa como un único evento inmutable, y cualquier actualización de estado resultante se deriva de ese evento. La derivación puede hacerse determinista y repetible, de modo que ejecutar el mismo registro de eventos a través de la misma versión del código de derivación dará como resultado las mismas actualizaciones de estado.

Ser explícito sobre el flujo de datos hace que la procedencia de los datos sea mucho más clara, lo que hace que la verificación de la integridad sea mucho más factible. Para el registro de eventos, podemos utilizar hash para comprobar que el almacenamiento de eventos no se ha corrompido. Para cualquier estado derivado, podemos volver a ejecutar los procesadores por lotes y de flujo que lo derivaron del registro de eventos para comprobar si obtenemos el mismo resultado, o incluso ejecutar una derivación redundante en paralelo.

Un flujo de datos determinista y bien definido también facilita la depuración y el seguimiento de la ejecución de un sistema para determinar por qué hizo algo [4, 55]. Si ocurre algo inesperado, es valioso contar con la capacidad de diagnóstico para reproducir las circunstancias exactas que llevaron al evento inesperado, una especie de capacidad de depuración de viaje en el tiempo.

El argumento de extremo a extremo de nuevo

Si no podemos confiar plenamente en que todos los componentes individuales del sistema estarán libres de corrupción, es decir, que todas las piezas de hardware están libres de fallos y todas las piezas de software están libres de errores, entonces debemos al menos comprobar periódicamente la integridad de nuestros datos. Si no lo hacemos, no descubriremos la corrupción hasta que sea demasiado tarde y haya causado algún daño posterior, momento en el que será mucho más difícil y costoso localizar el problema.

La mejor forma de comprobar la integridad de los sistemas de datos es de extremo a extremo. Cuantos más sistemas podamos incluir en una comprobación de integridad, menos posibilidades habrá de que la corrupción pase desapercibida en alguna etapa del proceso. Si podemos comprobar que toda la canalización de datos derivados es correcta de extremo a extremo, entonces todos los discos, redes, servicios y algoritmos a lo largo de la ruta se incluyen implícitamente en la comprobación.

Realizar verificaciones de integridad continuas de extremo a extremo te da una mayor confianza en la corrección de tus sistemas, lo que a su vez te permite avanzar más rápido [56]. Al igual que las pruebas automatizadas, la auditoría aumenta las posibilidades de que los errores se detecten rápidamente y, por lo tanto, reduce el riesgo de que un cambio en el sistema o una nueva tecnología de almacenamiento causen daños. Si no temes realizar cambios, puedes desarrollar mucho mejor una aplicación para satisfacer los requisitos cambiantes.

Herramientas para sistemas de datos auditables

En la actualidad, no hay muchos sistemas de datos que consideren la auditabilidad una prioridad. Algunas aplicaciones implementan sus propios mecanismos de auditoría, por ejemplo, registrando todos los cambios en una tabla de auditoría separada, pero sigue siendo difícil garantizar la integridad del registro de auditoría y el estado de la base de datos. Un registro de transacciones puede hacerse a prueba de manipulaciones firmándolo periódicamente con un módulo de seguridad de hardware, pero eso no garantiza que las transacciones correctas se hayan introducido en el registro en primer lugar.

Las cadenas de bloques como Bitcoin y Ethereum son registros compartidos de solo añadir con verificaciones de consistencia criptográfica; las transacciones que almacenan son eventos, y los contratos inteligentes son básicamente procesadores de flujo. Los protocolos de consenso que utilizan garantizan que todos los nodos estén de acuerdo en la misma secuencia de eventos. La diferencia con respecto a los protocolos de consenso de Capítulo 10 es que las cadenas de bloques son tolerantes a fallos bizantinos, es decir, siguen funcionando si algunos de los nodos participantes tienen datos corruptos, ya que las réplicas comprueban continuamente la integridad de las demás.

Para la mayoría de las aplicaciones, las cadenas de bloques tienen una sobrecarga demasiado alta para ser útiles. Sin embargo, algunas de sus herramientas criptográficas también pueden utilizarse en un contexto más ligero. Por ejemplo, *los árboles de Merkle* [57] son árboles de hash que pueden utilizarse para demostrar de manera eficiente que un registro aparece en un conjunto de datos (y algunas otras cosas). *La transparencia de los certificados* utiliza registros de solo añadir verificados criptográficamente y árboles de Merkle para comprobar la validez de los certificados TLS/SSL [58, 59]; evita la necesidad de un protocolo de consenso al tener un único líder por registro.

Los algoritmos de verificación de integridad y auditoría, como los de la transparencia de certificados y los libros de contabilidad distribuidos, podrían utilizarse más ampliamente en los sistemas de datos en general en el futuro. Será necesario trabajar para que sean tan escalables como los sistemas sin auditoría criptográfica y para mantener la penalización del rendimiento lo más baja posible, pero no obstante son interesantes.

Resumen

En este capítulo hemos analizado nuevos enfoques para diseñar sistemas de datos basados en ideas del procesamiento de flujos. Partimos de la observación de que no existe una única herramienta que pueda atender de manera eficiente todos los casos de uso posibles, por lo que las aplicaciones deben componerse de varias piezas de software para alcanzar sus objetivos. Analizamos cómo resolver este problema de *integración de datos* utilizando el procesamiento por lotes y los flujos de eventos para permitir que los cambios en los datos fluyan entre los sistemas.

En este enfoque, ciertos sistemas se designan como sistemas de registro y otros datos se derivan de ellos mediante transformaciones. De esta manera, podemos mantener índices, vistas materializadas, modelos de aprendizaje automático, resúmenes estadísticos y mucho más. Hacer que estas derivaciones y transformaciones sean asincrónicas y estén ligeramente acopladas ayuda a evitar que un problema en un área se extienda a áreas no relacionadas, lo que aumenta la solidez y la tolerancia a fallos del sistema en su conjunto.

Expresar los flujos de datos como transformaciones de un conjunto de datos a otro también ayuda a evolucionar las aplicaciones. Si deseas cambiar uno de los pasos del procesamiento, por ejemplo, para alterar la estructura de un índice o caché, solo tienes que volver a ejecutar el nuevo código de transformación en todo el conjunto de datos de entrada para volver a derivar la salida. Del mismo modo, si algo sale mal, puedes corregir el código y volver a procesar los datos para recuperarlos.

Estos procesos son muy similares a lo que ya hacen las bases de datos internamente, por lo que reformulamos la idea de las aplicaciones de flujo de datos como *la desagregación* de los componentes de una base de datos y la creación de una aplicación mediante la composición de estos componentes débilmente acoplados.

El estado derivado se puede actualizar observando los cambios en los datos subyacentes. Ese estado también puede ser observado por los consumidores posteriores. Incluso podemos llevar este flujo de datos hasta el dispositivo del usuario final que muestra los datos y, así, crear interfaces de usuario que se actualicen dinámicamente para reflejar los cambios en los datos y seguir funcionando sin conexión.

A continuación, discutimos cómo garantizar que todo este procesamiento siga siendo correcto en presencia de fallas. Vimos que se pueden implementar garantías de integridad sólidas de manera escalable con el procesamiento asíncrono de eventos, utilizando identificadores de solicitud de extremo a extremo para que las operaciones sean idempotentes y verificando las restricciones de manera asíncrona. Los clientes pueden esperar hasta que se haya superado la comprobación o continuar sin esperar, pero con el riesgo de tener que disculparse por una violación de la restricción. Este enfoque es mucho más escalable y robusto que el enfoque tradicional de utilizar transacciones distribuidas y se ajusta a la forma en que funcionan muchos procesos empresariales en la práctica.

Al estructurar las aplicaciones en torno al flujo de datos y verificar las restricciones de forma asíncrona, podemos evitar la mayor parte de la coordinación y crear sistemas que mantengan la integridad y sigan funcionando bien, incluso en escenarios distribuidos geográficamente y en presencia de fallos. Para concluir, hemos hablado un poco sobre el uso de auditorías para verificar la integridad de los datos y detectar la corrupción, y hemos observado que las técnicas utilizadas por las cadenas de bloques también tienen similitudes con los sistemas basados en eventos.

Referencias

[1] Rachid Belaid. "Postgres Full-Text Search Is Good Enough!" *rachbelaid.com*, July 2015. Archived at *perma.cc/ZVP9-YDCB*

[2] Philippe Ajoux, Nathan Bronson, Sanjeev Kumar, Wyatt Lloyd, and Kaushik Veeraraghavan. "Challenges to Adopting Stronger Consistency at Scale." At *15th USENIX Workshop on Hot Topics in Operating Systems* (HotOS), May 2015.

[3] Pat Helland and Dave Campbell. "Building on Quicksand." At *4th Biennial Conference on Innovative Data Systems Research* (CIDR), January 2009. Archived at *arxiv.org*

[4] Jessica Kerr. "Provenance and Causality in Distributed Systems." *jessitron.com*, September 2016. Archived at *perma.cc/DTD2-F8ZM*

[5] Jay Kreps. "The Log: What Every Software Engineer Should Know About Real-Time Data's Unifying Abstraction." *engineering.linkedin.com*, December 2013. Archived at *perma.cc/2JHR-FR64*

[6] Pat Helland. "Life Beyond Distributed Transactions: An Apostate's Opinion." At *3rd Biennial Conference on Innovative Data Systems Research* (CIDR), January 2007. Archived at *perma.cc/2GZG-UZ65*

[7] Lionel A. Smith. "The Broad Gauge Story." *Journal of the Monmouthshire Railway Society*, Summer 1985. Archived at *perma.cc/DDK9-JA6X*

[8] Jacqueline Xu. "Online Migrations at Scale." *stripe.com*, February 2017. Archived at *perma.cc/ZQY2-EAU2*

[9] Flavio Santos and Robert Stephenson. "Changing the Wheels on a Moving Bus —Spotify's Event Delivery Migration." *engineering.atspotify.com*, October 2021. Archived at *perma.cc/5C4V-G8EV*

[10] Molly Bartlett Dishman and Martin Fowler. "Agile Architecture." At *O'Reilly Software Architecture Conference*, March 2015.

[11] Nathan Marz and James Warren. *Big Data: Principles and Best Practices of Scalable Real-Time Data Systems*. Manning, 2015. ISBN: 9781617290343

[12] Jay Kreps. "Questioning the Lambda Architecture." *oreilly.com*, July 2014. Archived at *perma.cc/PGH6-XUCH*

[13] Raul Castro Fernandez, Peter Pietzuch, Jay Kreps, Neha Narkhede, Jun Rao, Joel Koshy, Dong Lin, Chris Riccomini, and Guozhang Wang. "Liquid: Unifying Nearline and Offline Big Data Integration." At *7th Biennial Conference on Innovative Data Systems Research* (CIDR), January 2015. Archived at *perma.cc/QMA9-8PKL*

[14] Dennis M. Ritchie and Ken Thompson. "The UNIX Time-Sharing System." *Communications of the ACM*, volume 17, issue 7, pages 365–375, July 1974. *doi:10.1145/361011.361061*

[15] Wes McKinney. "The Road to Composable Data Systems: Thoughts on the Last 15 Years and the Future." *wesmckinney.com*, September 2023. Archived at *perma.cc/J9SJ-886N*

[16] Eric A. Brewer and Joseph M. Hellerstein. "CS262a: Advanced Topics in Computer Systems." Lecture notes, University of California, Berkeley, *cs.berkeley.edu*, August 2011. Archived at *perma.cc/TE79-LGWU*

[17] Michael Stonebraker. "The Case for Polystores." *wp.sigmod.org*, July 2015. Archived at *perma.cc/G7J2-KR45*

[18] Jennie Duggan, Aaron J. Elmore, Michael Stonebraker, Magda Balazinska, Bill Howe, Jeremy Kepner, Sam Madden, David Maier, Tim Mattson, and Stan Zdonik. "The BigDAWG Polystore System." *ACM SIGMOD Record*, volume 44, issue 2, pages 11–16, June 2015. *doi:10.1145/2814710.2814713*

[19] David B. Lomet, Alan Fekete, Gerhard Weikum, and Mike Zwilling. "Unbundling Transaction Services in the Cloud." At *4th Biennial Conference on Innovative Data Systems Research* (CIDR), January 2009. Archived at *arxiv.org*

[20] Martin Kleppmann and Jay Kreps. "Kafka, Samza and the Unix Philosophy of Distributed Data." *IEEE Data Engineering Bulletin*, volume 38, issue 4, pages 4–14, December 2015. Archived at *perma.cc/BJM5-TJ4Z*

[21] John Hugg. "Winning Now and in the Future: Where Volt Active Data Shines." *voltactivedata.com*, March 2016. Archived at *perma.cc/44MP-3MWM*

[22] Felienne Hermans. "Spreadsheets Are Code." At *Code Mesh*, November 2015.

[23] Dan Bricklin and Bob Frankston. "VisiCalc: Information from Its Creators." *danbricklin.com*. Archived at *archive.org*

[24] D. Sculley, Gary Holt, Daniel Golovin, Eugene Davydov, Todd Phillips, Dietmar Ebner, Vinay Chaudhary, and Michael Young. "Machine Learning: The High-Interest Credit Card of Technical Debt." At *NIPS Workshop on Software Engineering for Machine Learning* (SE4ML), December 2014. Archived at *perma.cc/M3MD-U7WL*

[25] Peter Bailis, Alan Fekete, Michael J. Franklin, Ali Ghodsi, Joseph M. Hellerstein, and Ion Stoica. "Feral Concurrency Control: An Empirical Investigation of Modern Application Integrity." At *ACM International Conference on Management of Data* (SIGMOD), June 2015. *doi:10.1145/2723372.2737784*

[26] Guy Steele. "Re: Need for Macros (Was Re: Icon)." Email to *ll1-discuss* mailing list, *people.csail.mit.edu*, December 2001. Archived at *perma.cc/K9X8-CJ65*

[27] Ben Stopford. "Microservices in a Streaming World." At *QCon London*, March 2016.

[28] Adam Bellemare. *Building Event-Driven Microservices*, 2nd edition. O'Reilly Media, 2025. ISBN: 9798341622180

[29] Christian Posta. "Why Microservices Should Be Event Driven: Autonomy vs Authority." *blog.christianposta.com*, May 2016. Archived at *perma.cc/E6N9-3X92*

[30] Alex Feyerke. "Designing Offline-First Web Apps." *alistapart.com*, December 2013. Archived at *perma.cc/WH7R-S2DS*

[31] Martin Kleppmann. "Turning the Database Inside-out with Apache Samza." At *Strange Loop*, September 2014. Archived at *perma.cc/U6E8-A9MT*

[32] Sebastian Burckhardt, Daan Leijen, Jonathan Protzenko, and Manuel Fähndrich. "Global Sequence Protocol: A Robust Abstraction for Replicated Shared State." At *29th European Conference on Object-Oriented Programming* (ECOOP), July 2015. *doi:10.4230/LIPIcs.ECOOP.2015.568*

[33] Evan Czaplicki and Stephen Chong. "Asynchronous Functional Reactive Programming for GUIs." At *34th ACM SIGPLAN Conference on Programming Language Design and Implementation* (PLDI), June 2013. *doi:10.1145/2491956.2462161*

[34] Eno Thereska, Damian Guy, Michael Noll, and Neha Narkhede. "Unifying Stream Processing and Interactive Queries in Apache Kafka." *confluent.io*, October 2016. Archived at *perma.cc/W8JG-EAZF*

[35] Frank McSherry. "Dataflow as Database." *github.com*, July 2016. Archived at *perma.cc/384D-DUFH*

[36] Peter Alvaro. "I See What You Mean." At *Strange Loop*, September 2015.

[37] Nathan Marz. "Trident: A High-Level Abstraction for Realtime Computation." *blog.x.com*, August 2012. Archived at *archive.org*

[38] Edi Bice. "Low Latency Web Scale Fraud Prevention with Apache Samza, Kafka and Friends." At *Merchant Risk Council MRC Vegas Conference*, March 2016. Archived at *perma.cc/T3H5-QN3R*

[39] Charity Majors. "The Accidental DBA." *charity.wtf*, October 2016. Archived at *perma.cc/6ANP-ARB6*

[40] Arthur J. Bernstein, Philip M. Lewis, and Shiyong Lu. "Semantic Conditions for Correctness at Different Isolation Levels." At *16th International Conference on Data Engineering* (ICDE), February 2000. *doi:10.1109/ICDE.2000.839387*

[41] Sudhir Jorwekar, Alan Fekete, Krithi Ramamritham, and S. Sudarshan. "Automating the Detection of Snapshot Isolation Anomalies." At *33rd International Conference on Very Large Data Bases* (VLDB), September 2007.

[42] Kyle Kingsbury. "Distributed Systems Safety Research." *jepsen.io*.

[43] Michael Jouravlev. "Redirect After Post." *theserverside.com*, August 2004. Archived at *archive.org*

[44] Jerome H. Saltzer, David P. Reed, and David D. Clark. "End-to-End Arguments in System Design." *ACM Transactions on Computer Systems*, volume 2, issue 4, pages 277–288, November 1984. *doi:10.1145/357401.357402*

[45] Peter Bailis, Alan Fekete, Michael J. Franklin, Ali Ghodsi, Joseph M. Hellerstein, and Ion Stoica. "Coordination Avoidance in Database Systems." *Proceedings of the VLDB Endowment*, volume 8, issue 3, pages 185–196, November 2014. *doi:10.14778/2735508.2735509*, extended version published as *arXiv:1402.2237*

[46] Alex Yarmula. "Strong Consistency in Manhattan." *blog.x.com*, March 2016. Archived at *archive.org*

[47] Martin Kleppmann, Alastair R. Beresford, and Boerge Svingen. "Online Event Processing: Achieving Consistency Where Distributed Transactions Have Failed." *Communications of the ACM*, volume 62, issue 5, pages 43–49, May 2019. *doi:10.1145/3312527*

[48] Jim Gray. "The Transaction Concept: Virtues and Limitations." At *7th International Conference on Very Large Data Bases* (VLDB), September 1981. Archived at *perma.cc/8VPT-N5H6*

[49] Hector Garcia-Molina and Kenneth Salem. "Sagas." At *ACM International Conference on Management of Data* (SIGMOD), May 1987. *doi:10.1145/38713.38742*

[50] Annamalai Gurusami and Daniel Price. "Bug #73170: Duplicates in Unique Secondary Index Because of Fix of Bug#68021." *bugs.mysql.com*, July 2014. Archived at *perma.cc/P6BV-W7JJ*

[51] Gary Fredericks. "Postgres Serializability Bug." *github.com*, September 2015. Archived at *perma.cc/N8UP-2822*

[52] Xiao Chen. "HDFS DataNode Scanners and Disk Checker Explained." *blog.cloudera.com*, December 2016. Archived at *perma.cc/6S36-X98L*

[53] Daniel Persson. "How Does Ceph Scrubbing Work?" *youtube.com*, March 2022.

[54] Jay Kreps. "Getting Real About Distributed System Reliability." *blog.empathybox.com*, March 2012. Archived at *perma.cc/9B5Q-AEBW*

[55] Martin Fowler. "The LMAX Architecture." *martinfowler.com*, July 2011. Archived at *perma.cc/5AV4-N6RJ*

[56] Sam Stokes. "Move Fast with Confidence." *five-eights.com*, July 2016. Archived at *perma.cc/J8C6-DHXB*

[57] Ralph C. Merkle. "A Digital Signature Based on a Conventional Encryption Function." At *CRYPTO '87*, August 1987. *doi:10.1007/3-540-48184-2_32*

[58] Ben Laurie. "Certificate Transparency." *ACM Queue*, volume 12, issue 8, pages 10–19, August 2014. *doi:10.1145/2668152.2668154*

[59] Mark D. Ryan. "Enhanced Certificate Transparency and End-to-End Encrypted Mail." At *Network and Distributed System Security Symposium* (NDSS), February 2014. *doi:10.14722/ndss.2014.23379*

CAPÍTULO 14

Hacer lo correcto

Alimentar los sistemas de IA con la belleza, la fealdad y la crueldad del mundo, pero esperar que solo reflejen la belleza es una fantasía.

—Vinay Uday Prabhu y Abeba Birhane, "Large Datasets: A Pyrrhic Win for Computer Vision?" (2020)

En el último capítulo de este libro, demos un paso atrás. A lo largo del libro hemos examinado una amplia gama de arquitecturas para sistemas de datos, evaluado sus pros y contras, y explorado técnicas para crear aplicaciones confiables, escalables y fáciles de mantener. Sin embargo, hemos omitido una parte fundamental del debate, que ahora debemos completar.

Cada sistema se crea con un propósito; cada acción que realizamos tiene consecuencias tanto intencionadas como no intencionadas. El propósito puede ser tan simple como ganar dinero, pero las consecuencias pueden ser de gran alcance. Nosotros, los ingenieros que creamos estos sistemas, tenemos la responsabilidad de considerar cuidadosamente esas consecuencias y asegurarnos de que nuestras decisiones no causen daño.

Hablamos de los datos como algo abstracto, pero recordemos que muchos conjuntos de datos se refieren a personas: su comportamiento, sus intereses, su identidad. Debemos tratar esos datos con humanidad y respeto. Los usuarios también son seres humanos, y la dignidad humana es primordial [1].

El desarrollo de software implica cada vez más tomar decisiones éticas importantes. Existen directrices para ayudar a los ingenieros de software a abordar estas cuestiones, como el Código de Ética y Conducta Profesional de la ACM [2],, pero rara vez se discuten, aplican y hacen cumplir en la práctica. Como resultado, los ingenieros y los gerentes de producto a veces adoptan una actitud arrogante hacia la privacidad y las posibles consecuencias negativas de sus productos [3, 4].

Una tecnología no es buena o mala en sí misma, lo que importa es cómo se utiliza y cómo afecta a las personas. Esto es tan cierto para un sistema de software como un motor de búsqueda como lo es para un arma como una pistola. La responsabilidad ética recae sobre nosotros; no basta con que los ingenieros de software se centren exclusivamente en la tecnología y ignoren sus consecuencias.

Sin embargo, a diferencia de gran parte de la informática, los conceptos que constituyen el núcleo de la ética no tienen un significado fijo o determinado; requieren una interpretación, que puede ser subjetiva [5]. Lo que hace que algo sea "bueno" o "malo" no está bien definido, y falta un debate serio sobre el tema entre los profesionales de la informática [6]. Razonar sobre la ética es difícil, pero es demasiado importante como para ignorarlo. ¿Qué implica esto? La ética no consiste en revisar una lista de verificación para confirmar que se cumple; es un proceso participativo e iterativo de reflexión, en diálogo con las personas involucradas, con responsabilidad por los resultados [7].

Análisis predictivo

El análisis predictivo es una de las principales razones por las que la gente está entusiasmada con el big data y la IA. También es un área plagada de dilemas éticos. Utilizar el análisis de datos para predecir el tiempo o la propagación de enfermedades es una cosa [8]; pero otra muy distinta es predecir si un convicto volverá a delinquir, si un solicitante de un préstamo incumplirá el pago o si un cliente de un seguro presentará reclamaciones costosas [9]. Estos últimos tienen un efecto directo en la vida de las personas.

Naturalmente, las redes de pago quieren evitar las transacciones fraudulentas, los bancos quieren evitar los préstamos incobrables, las aerolíneas quieren evitar los secuestros y las empresas quieren evitar contratar a personas ineficaces o poco fiables. Desde vuestro punto de vista, el costo de una oportunidad de negocio perdida es bajo, pero el costo de un préstamo incobrable o de un empleado problemático es mucho mayor, por lo que es lógico que las organizaciones quieran ser cautelosas. En caso de duda, es mejor decir que no.

Sin embargo, a medida que la toma de decisiones algorítmica se generaliza, alguien que ha sido etiquetado (de forma acertada o errónea) como riesgoso por un algoritmo puede sufrir un gran número de esas decisiones negativas. La exclusión sistemática de puestos de trabajo, viajes en avión, cobertura de seguros, alquiler de propiedades, servicios financieros y otros aspectos clave de la sociedad supone una limitación tan grande de la libertad de las personas que se ha denominado "prisión algorítmica" [10]. En los países que respetan los derechos humanos, el sistema de justicia penal presume la inocencia hasta que se demuestre la culpabilidad; por otro lado, los sistemas automatizados pueden excluir de forma sistemática y arbitraria a una persona de participar en la sociedad sin ninguna prueba de culpabilidad y con pocas posibilidades de apelación.

Sesgos y discriminación

Las decisiones tomadas por un algoritmo no son necesariamente mejores o peores que las tomadas por un ser humano. Es probable que todas las personas tengan sesgos, incluso si intentan contrarrestarlos activamente, y las prácticas discriminatorias pueden institucionalizarse culturalmente. Existe la esperanza de que basar las decisiones en datos, en lugar de en evaluaciones subjetivas e instintivas de las personas, pueda ser más justo y dar una mejor oportunidad a las personas que a menudo son ignoradas o desfavorecidas en el sistema tradicional [11].

Cuando desarrollamos sistemas de análisis predictivo e inteligencia artificial, no nos limitamos a automatizar la decisión de un humano utilizando software para especificar las reglas sobre cuándo decir sí o no; dejamos que las propias reglas se deduzcan a partir de los datos. Sin embargo, los patrones que aprenden estos sistemas son opacos: incluso si los datos indican una correlación, es posible que no sepamos por qué. Si la entrada de un algoritmo conlleva un sesgo sistemático, lo más probable es que el sistema aprenda y amplifique ese sesgo en su salida [12].

En muchos países, las leyes contra la discriminación prohíben tratar a las personas de manera diferente en función de características protegidas como el origen étnico, la edad, el género, la sexualidad, la discapacidad o las creencias. Se pueden analizar otras características de los datos de una persona, pero ¿qué ocurre si están correlacionadas con características protegidas? Por ejemplo, en los barrios segregados racialmente, el código postal de una persona o incluso su dirección IP son un fuerte indicador de su raza. Dicho así, parece ridículo creer que un algoritmo pueda de alguna manera tomar datos sesgados como entrada y producir una salida justa e imparcial a partir de ellos [13, 14]. Sin embargo, esta creencia parece estar implícita en los defensores de la toma de decisiones basada en datos, una actitud que ha sido satirizada como "el aprendizaje automático es como el lavado de dinero para los sesgos" [15].

Los sistemas de análisis predictivo se limitan a extrapolar el pasado; si el pasado es discriminatorio, codifican y amplifican esa discriminación [16]. Si queremos que el futuro sea mejor que el pasado, se requiere imaginación moral, y eso es algo que solo los humanos pueden proporcionar [17]. Los datos y los modelos deben ser nuestras herramientas, no nuestros amos.

Responsabilidad y rendición de cuentas

La toma de decisiones automatizada plantea la cuestión de la responsabilidad y la rendición de cuentas [17]. Si un humano comete un error, puede ser considerado responsable, y la persona afectada por la decisión puede apelar. Los algoritmos también cometen errores, pero ¿quién es responsable si fallan [18]? Cuando un carro autónomo provoca un accidente, ¿quién es responsable? Si un algoritmo automatizado de calificación crediticia discrimina sistemáticamente a personas de una raza o religión determinadas, ¿existe algún recurso? Si una decisión de tu sistema de aprendizaje automático es objeto de revisión judicial, ¿puedes explicar al juez cómo tomó la decisión el algoritmo? Las personas no deberían poder eludir su responsabilidad culpando a un algoritmo.

Las agencias de calificación crediticia son un ejemplo clásico de recopilación de datos para tomar decisiones sobre las personas. Una mala calificación crediticia dificulta la vida, pero al menos una calificación crediticia se basa normalmente en datos relevantes sobre el historial crediticio real de una persona, y cualquier error en el registro puede corregirse (aunque las agencias no suelen facilitarlo). Sin embargo, los algoritmos de puntuación basados en el aprendizaje automático suelen utilizar una gama mucho más amplia de datos y son mucho más opacos, lo que dificulta comprender cómo se ha tomado una decisión concreta y si alguien está siendo tratado de forma injusta o discriminatoria [19].

Una puntuación crediticia resume "¿Cómo te comportaste en el pasado?", mientras que el análisis predictivo suele funcionar sobre la base de "¿Quién es similar a ti y cómo se comportaron en el pasado personas como tú?". Establecer paralelismos con el comportamiento de otras personas implica estereotiparlas, por ejemplo, en función del lugar donde viven (un indicador cercano a la raza y la clase socioeconómica). ¿Qué pasa con las personas que se clasifican en la categoría equivocada? Además, si una decisión es incorrecta debido a datos erróneos, es casi imposible recurrirla [17].

Muchos datos son de naturaleza estadística, lo que significa que, aunque la distribución de probabilidad en su conjunto sea correcta, los casos individuales pueden ser erróneos. Por ejemplo, si la esperanza de vida media en tu país es de 80 años, eso no significa que se espere que mueras el día que cumplas 80 años. A partir de la media y la distribución de probabilidad, no se puede decir mucho sobre la edad a la que vivirá una persona en particular. Del mismo modo, el resultado de un sistema de predicción es probabilístico y puede ser erróneo en casos individuales.

Creer ciegamente en la supremacía de los datos para tomar decisiones no solo es ilusorio, sino también peligroso. A medida que la toma de decisiones basada en datos se generaliza, tendremos que averiguar cómo evitar reforzar los sesgos existentes, cómo hacer que los algoritmos sean responsables y transparentes, y cómo corregirlos cuando, inevitablemente, cometan errores.

También tendremos que averiguar cómo aprovechar el potencial positivo de los datos y evitar que se utilicen para perjudicar a las personas. Por ejemplo, los análisis pueden revelar características financieras y sociales de la vida de las personas. Por un lado, este poder podría utilizarse para centrar la ayuda y el apoyo en quienes más lo necesitan. Por otro lado, a veces lo utilizan empresas depredadoras que buscan identificar a personas vulnerables y venderles productos de riesgo, como préstamos de alto costo o títulos universitarios sin valor [17, 20].

Bucles de retroalimentación

Incluso con aplicaciones predictivas que tienen efectos menos inmediatos y de mayor alcance sobre las personas, como los sistemas de recomendación, hay cuestiones difíciles a las que debemos enfrentarnos. Cuando los servicios se vuelven buenos para predecir el contenido que los usuarios quieren ver, pueden terminar mostrando a las personas solo opiniones con las que ya están de acuerdo, lo que conduce a cámaras de eco en las que pueden proliferar los estereotipos, la desinformación y la polarización. Ya estamos viendo el impacto que las cámaras de eco de las redes sociales pueden tener en las campañas electorales.

Cuando el análisis predictivo afecta a la vida de las personas, surgen problemas especialmente perniciosos debido a los bucles de retroalimentación que se refuerzan a sí mismos. Por ejemplo, consideremos el caso de los empleadores que utilizan las calificaciones crediticias para evaluar a los posibles candidatos. Puedes ser un buen trabajador con una buena calificación crediticia, pero de repente encontrarte en dificultades financieras debido a una desgracia ajena a tu control. Al no pagar tus facturas, tu calificación crediticia se ve afectada y tendrás menos posibilidades de encontrar trabajo. El desempleo te empuja hacia la pobreza, lo que empeora aún más tu calificación, lo que hace aún más difícil encontrar empleo [17]. Es una espiral descendente debido a suposiciones tóxicas, ocultas tras un camuflaje de rigor matemático y datos.

Como otro ejemplo de bucle de retroalimentación, los economistas descubrieron que cuando las gasolineras en Alemania introdujeron precios algorítmicos, la competencia se redujo y los precios para los consumidores subieron porque los algoritmos aprendieron a coludirse [21].

No siempre podemos predecir cuándo se producirán estos bucles de retroalimentación. Sin embargo, muchas consecuencias pueden predecirse pensando en el sistema en su conjunto (no solo en las partes informatizadas, sino también en las personas que interactúan con él), un enfoque conocido como *pensamiento sistémico* [22]. Podemos intentar comprender cómo responde un sistema de análisis de datos a diferentes comportamientos, estructuras o características. ¿El sistema refuerza y amplifica las diferencias existentes entre las personas (por ejemplo, enriqueciendo a los ricos y empobreciendo a los pobres), o intenta combatir la injusticia? Incluso con las mejores intenciones, debemos ser conscientes de la posibilidad de que se produzcan consecuencias no deseadas.

Privacidad y seguimiento

Además de los problemas del análisis predictivo, es decir, el uso de datos para tomar decisiones automatizadas sobre las personas, existen problemas éticos con la propia recopilación de datos. ¿Cuál es la relación entre las organizaciones que recopilan datos y las personas cuyos datos se recopilan?

Cuando un sistema almacena solo los datos que un usuario ha introducido explícitamente, porque quiere que el sistema los almacene y procese de una determinada manera, el sistema está prestando un servicio al usuario; el usuario es el cliente. Pero cuando la actividad de un usuario se rastrea y registra como efecto secundario de otras cosas que está haciendo, la relación es menos clara. El servicio ya no se limita a hacer lo que tú le pides, sino que adquiere intereses propios, que pueden entrar en conflicto con los tuyos.

El seguimiento de los datos de comportamiento se ha vuelto cada vez más importante para las funciones orientadas al usuario de muchos servicios en línea. El seguimiento de los resultados de búsqueda en los que se hace clic ayuda a mejorar la clasificación de los resultados de búsqueda; proporcionar recomendaciones ("a las personas que les gustó *X* también les gustó *Y*") ayuda a los usuarios a descubrir cosas interesantes y útiles; las pruebas A/B y el análisis del flujo de usuarios pueden ayudar a indicar cómo se podría mejorar una interfaz de usuario. Esas funciones requieren cierto grado de seguimiento del comportamiento de los usuarios, y estos se benefician de ellas.

Sin embargo, dependiendo del modelo de negocio de una empresa, el seguimiento a menudo no se detiene ahí. Si el servicio se financia a través de la publicidad, los anunciantes son los clientes reales, y los intereses de los usuarios pasan a un segundo plano. El seguimiento de los datos se vuelve más detallado, los análisis tienen un mayor alcance y los datos se conservan durante mucho tiempo con el fin de crear perfiles detallados de cada persona con fines de marketing.

Ahora, la relación entre la empresa y el usuario cuyos datos se recopilan empieza a parecer bastante diferente. Al usuario se le ofrece un servicio gratuito y se le anima a interactuar con él tanto como sea posible. El seguimiento del usuario no sirve principalmente a esa persona, sino a las necesidades de los anunciantes que financian el servicio. Esta relación puede describirse adecuadamente con una palabra que tiene connotaciones más siniestras: *vigilancia*.

Vigilancia

Como experimento mental, intenta sustituir la palabra *datos* por *vigilancia* y observa si las frases comunes siguen sonando tan bien [23]. ¿Qué tal esto?: "En nuestra organización basada en la vigilancia, recopilamos flujos de vigilancia en tiempo real y los almacenamos en nuestro almacén de vigilancia. Nuestros científicos de vigilancia utilizan análisis avanzados y procesamiento de vigilancia para obtener nuevos conocimientos".

Este experimento mental es inusualmente polémico para este libro, *DDiseño de aplicaciones con uso intensivo de datos*, pero se necesitan palabras contundentes para enfatizar este punto. En nuestros intentos por hacer que el software "se coma el mundo" [24], hemos construido la mayor infraestructura de vigilancia masiva jamás vista. Nos estamos acercando rápidamente a un mundo en el que cada espacio habitado contiene al menos un micrófono conectado a Internet, en forma de teléfonos inteligentes, televisores inteligentes, dispositivos de asistencia controlados por voz, monitores para bebés e incluso juguetes para niños que utilizan el reconocimiento de voz basado en la nube. Muchos de estos dispositivos tienen un historial de seguridad terrible [25].

Lo nuevo en comparación con el pasado es que la digitalización ha facilitado la recopilación de grandes cantidades de datos sobre las personas. La vigilancia de nuestra ubicación y movimientos, nuestras relaciones sociales y comunicaciones, nuestras compras y pagos, y nuestros datos de salud se ha vuelto casi inevitable. Una organización de vigilancia puede llegar a saber más sobre una persona que la propia persona, por ejemplo, identificando enfermedades o problemas económicos antes de que esa persona sea consciente de ellos.

Incluso los regímenes más totalitarios y represivos del pasado solo podían soñar con poner un micrófono en cada habitación y obligar a cada persona a llevar constantemente un dispositivo capaz de rastrear tu ubicación y tus movimientos. Sin embargo, los beneficios que obtenemos de la tecnología digital son tan grandes que ahora aceptamos voluntariamente este estado de vigilancia total. La diferencia es simplemente que los datos los recopilan empresas para prestarte servicios, en lugar de organismos gubernamentales que buscan el control [26].

No toda la recopilación de datos se considera necesariamente vigilancia, pero examinarla como tal puede ayudarnos a comprender nuestra relación con el recopilador de datos. ¿Por qué parecemos estar dispuestos a aceptar la vigilancia por parte de las empresas? Quizás sientes que no tienes nada que ocultar, es decir, que estás totalmente en línea con las estructuras de poder existentes, que no eres una minoría marginada y que no tienes que temer la persecución [27]. No todo el mundo tiene tanta suerte. O tal vez sea porque el propósito parece benigno: no se trata de una coerción y un conformismo evidentes, sino simplemente de mejores recomendaciones y un marketing más personalizado. Sin embargo, si lo combinamos con el debate sobre el análisis predictivo de la última sección, esa distinción parece menos clara.

Ya estamos viendo cómo los datos de comportamiento al volante, rastreados por los carros sin el consentimiento de los conductores, afectan a sus primas de seguro [28] y a la cobertura del seguro médico, que depende de que las personas lleven un dispositivo de seguimiento de la actividad física. Cuando la vigilancia se utiliza para tomar decisiones que influyen en aspectos importantes de la vida, como la cobertura del seguro o el empleo, empieza a parecer menos benigna. El análisis de datos también puede revelar cosas sorprendentemente intrusivas; por ejemplo, el sensor de movimiento de un reloj inteligente o un dispositivo de seguimiento de la actividad física puede utilizarse para averiguar lo que estás escribiendo (por ejemplo, contraseñas) con bastante precisión [29]. La precisión de los sensores y los algoritmos de análisis no harán más que mejorar.

Consentimiento y libertad de elección

Podríamos afirmar que los usuarios eligen voluntariamente utilizar servicios que rastrean su actividad, aceptando los términos del servicio y la política de privacidad y consintiendo la recopilación de datos. Incluso podríamos afirmar que los usuarios reciben un servicio valioso a cambio de los datos que proporcionan, y que el rastreo es necesario para prestar el servicio. Sin duda, las redes sociales, los motores de búsqueda y otros servicios gratuitos en línea son valiosos para los usuarios, pero este argumento tiene problemas.

En primer lugar, deberíamos preguntarnos por qué es necesario el seguimiento. Algunas formas de seguimiento contribuyen directamente a mejorar las funciones para los usuarios; por ejemplo, el seguimiento de la tasa de clics en los resultados de búsqueda puede ayudar a mejorar la clasificación y la relevancia de los resultados de un motor de búsqueda, y el seguimiento de los productos que los clientes tienden a comprar juntos puede ayudar a una tienda en línea a sugerir productos relacionados. Sin embargo, cuando se rastrea la interacción de los usuarios para recomendarles contenidos o para crear perfiles de usuario con fines publicitarios, no está tan claro que esto redunde realmente en interés de los usuarios. ¿Es necesario solo porque los anuncios pagan el servicio?

En segundo lugar, la mayoría de los usuarios tienen poco conocimiento de los datos que introducen en nuestras bases de datos o de cómo se conservan y procesan, y la mayoría de las políticas de privacidad contribuyen más a oscurecer que a aclarar. Sin comprender qué ocurre con sus datos, los usuarios no pueden dar un consentimiento significativo. A menudo, los datos de un usuario también dicen cosas sobre otras personas que no son usuarios del servicio y que no han aceptado ningún término. Los conjuntos de datos derivados que hemos comentado en los últimos capítulos, en los que los datos de toda la base de usuarios pueden haberse combinado con el seguimiento del comportamiento y fuentes de datos externas, son precisamente el tipo de datos que los usuarios no pueden comprender de manera significativa.

Además, los datos se extraen de los usuarios a través de un proceso unidireccional, no de una relación con verdadera reciprocidad o un intercambio de valor justo. No hay diálogo, ni opción para que los usuarios negocien la cantidad de datos que proporcionan y el servicio que reciben a cambio. La relación entre el servicio y el usuario es asimétrica y unilateral; las condiciones las establece el servicio, no el usuario [30, 31].

En la Unión Europea, el Reglamento General de Protección de Datos (RGPD) exige que el consentimiento sea "libre, específico, informado e inequívoco" y que el usuario pueda "rechazar o retirar su consentimiento sin perjuicio"; de lo contrario, no se considera "libremente otorgado". Cualquier solicitud de consentimiento debe redactarse "de forma inteligible y fácilmente accesible, utilizando un lenguaje claro y sencillo", y "el silencio, las casillas marcadas previamente o la inactividad [no] constituyen consentimiento" [32].

El consentimiento no es la única base para el tratamiento lícito de datos personales en virtud del RGPD. También existen otras bases, como el cumplimiento de otra legislación o la protección de la vida de una persona. Además, la base del interés legítimo permite determinados usos de los datos (por ejemplo, para la prevención del fraude) [33] (a lo que los estafadores probablemente no darían su consentimiento). No obstante, el consentimiento es la base más utilizada para el tratamiento de datos personales en los servicios de Internet.

Se podría argumentar que un usuario que no consiente la vigilancia puede simplemente optar por no utilizar un servicio. Pero esta elección tampoco es libre. Si un servicio es tan popular que "la mayoría de la gente lo considera esencial para la participación social básica" [30], entonces no es razonable esperar que la gente renuncie a utilizarlo, ya que su uso es, en la práctica, obligatorio. Por ejemplo, en la mayoría de las comunidades sociales occidentales, se ha convertido en la norma llevar un teléfono inteligente, utilizar las redes sociales para socializar y utilizar Google para buscar información. Especialmente cuando un servicio tiene efectos de red, existe un costo social para las personas que deciden *no* utilizarlo.

Rechazar el uso de un servicio debido a sus políticas de seguimiento de usuarios es más fácil decirlo que hacerlo. Estas plataformas están diseñadas específicamente para atraer a los usuarios. Muchas utilizan mecánicas y tácticas de juego comunes en los juegos de azar para que los usuarios sigan volviendo [34]. Incluso si un usuario supera esto, rechazar participar es una opción solo para un pequeño número de personas que tienen el privilegio de disponer del tiempo y los conocimientos necesarios para comprender su política de privacidad, y que pueden permitirse perder potencialmente la participación social o las oportunidades profesionales que podrían haber surgido si hubieran participado en el servicio. Para las personas en una posición menos privilegiada, no existe una libertad de elección significativa; la vigilancia se vuelve ineludible.

Privacidad y uso de los datos

A veces se afirma que "la privacidad ha muerto" basándose en que algunos usuarios están dispuestos a publicar todo tipo de cosas sobre sus vidas en las redes sociales, a veces mundanas y a veces profundamente personales. Sin embargo, esta afirmación es falsa y se basa en un malentendido del término *privacidad*.

Tener privacidad no significa mantener todo en secreto, sino tener la libertad de elegir qué revelar a quién, qué hacer público y qué mantener en secreto. El derecho a la privacidad es un derecho de decisión: permite a cada persona decidir dónde quiere situarse en el espectro entre el secreto y la transparencia en cada situación [30]. Es un aspecto importante de la libertad y la autonomía de una persona.

Por ejemplo, alguien que padece una enfermedad rara podría estar muy dispuesto a proporcionar sus datos médicos privados a los investigadores si ello pudiera contribuir al desarrollo de tratamientos para su enfermedad. Sin embargo, esa persona debe poder elegir quién puede acceder a esos datos y con qué finalidad. Si la información sobre su enfermedad pudiera dificultar su acceso a un seguro médico o a un empleo, por ejemplo, esa persona probablemente sería mucho más cautelosa a la hora de compartir sus datos.

Cuando se extraen datos de las personas a través de la infraestructura de vigilancia, los derechos de privacidad no se ven necesariamente mermados, sino que se transfieren al recopilador de datos. Las empresas que adquieren datos básicamente dicen: "Confía en que haremos lo correcto con tus datos", lo que significa que el derecho a decidir qué revelar y qué mantener en secreto se transfiere del individuo a la empresa.

A su vez, las empresas optan por mantener en secreto gran parte del resultado de esta vigilancia, ya que revelarlo se percibiría como inquietante y perjudicaría su modelo de negocio (que se basa en saber más sobre las personas que otras empresas). La información íntima sobre los usuarios solo se revela de forma indirecta, por ejemplo, en forma de herramientas para dirigir anuncios a grupos específicos de personas (como las que padecen una enfermedad concreta).

Incluso si no se puede volver a identificar personalmente a usuarios concretos a partir del conjunto de personas a las que se dirige un anuncio concreto, estos han perdido su capacidad de decisión sobre la divulgación de cierta información íntima. No es el usuario quien decide qué se revela y a quién en función de sus preferencias personales, sino que es la empresa la que ejerce el derecho a la privacidad con el objetivo de maximizar sus beneficios.

Muchas empresas quieren evitar que *se las perciba* como inquietantes, eludiendo la cuestión de cuán intrusiva es realmente su recopilación de datos y centrándose en cambio en gestionar las percepciones de los usuarios. E incluso estas percepciones suelen gestionarse mal; por ejemplo, algo puede ser correcto desde el punto de vista fáctico, pero si te despierta recuerdos dolorosos, es posible que no quieras que te lo recuerden [35]. Con cualquier tipo de datos, debemos esperar la posibilidad de que sean erróneos, indeseables o inapropiados de alguna manera, y necesitamos crear mecanismos para manejar esos fallos. Si algo es "indeseable" o "inapropiado" depende, por supuesto, del juicio humano; los algoritmos son ajenos a tales nociones a menos que los programemos explícitamente para respetar las necesidades humanas. Como ingenieros de estos sistemas, debemos ser humildes, aceptar y planificar para tales fallos.

La configuración de privacidad que permite a los usuarios de un servicio en línea controlar qué aspectos de sus datos pueden ver otros usuarios es un punto de partida para devolverles cierto control. Sin embargo, independientemente de la configuración, el servicio en sí sigue teniendo acceso ilimitado a los datos y es libre de utilizarlos de cualquier forma que permita la política de privacidad. Incluso si el servicio promete no vender los datos a terceros, por lo general se otorga a sí mismo derechos ilimitados para procesar y analizar los datos internamente, a menudo yendo mucho más allá de lo que es visible para los usuarios.

Este tipo de transferencia a gran escala de los derechos de privacidad de las personas a las empresas no tiene precedentes históricos [30]. La vigilancia siempre ha existido, pero solía ser costosa y manual, no escalable ni automatizada. Las relaciones de confianza siempre han existido, por ejemplo, entre un paciente y su médico, o entre un acusado y su abogado, pero en estos casos el uso de los datos ha estado estrictamente regulado por restricciones éticas, legales y normativas. Los servicios de Internet han facilitado mucho la acumulación de enormes cantidades de información confidencial sin un consentimiento significativo, y su uso a escala masiva sin que los usuarios comprendan lo que está sucediendo con sus datos privados.

Los datos como activos y poder

Dado que los datos de comportamiento son un subproducto de la interacción de los usuarios con un servicio, a veces se les denomina "residuos de datos", lo que sugiere que son material de desecho sin valor. Desde este punto de vista, el análisis de comportamiento y predictivo puede considerarse una forma de reciclaje que extrae valor de datos que, de otro modo, se habrían desechado.

Sería más correcto verlo al revés. Desde un punto de vista económico, si la publicidad dirigida es lo que paga un servicio, entonces la actividad de los usuarios que genera datos de comportamiento podría considerarse una forma de trabajo [36]. Se podría ir aún más lejos y argumentar que la aplicación con la que interactúa el usuario no es más que un medio para atraer a los usuarios a introducir cada vez más información personal en la infraestructura de vigilancia [30]. La deliciosa creatividad humana y las relaciones sociales que a menudo se expresan en los servicios en línea son explotadas cínicamente por la máquina de extracción de datos.

Los datos personales son un activo valioso, como lo demuestra la existencia de corredores de datos que operan en secreto, comprando, agregando, analizando y revendiendo los datos personales de las personas, principalmente con fines de mercadotecnia [20]. Las empresas emergentes se valoran por su número de usuarios, o "eyeballs" (ojos), es decir, por su capacidad de vigilancia.

Debido a que los datos son valiosos, muchas personas los desean. Por supuesto, las empresas los desean, por eso los recopilan en primer lugar. Pero los gobiernos también los desean, y pueden tratar de obtenerlos mediante acuerdos secretos, coacción, obligación legal o simplemente robo [37]. Cuando una empresa quiebra, los datos personales que ha recopilado son uno de los activos que se venden. Y como los datos son difíciles de proteger, las violaciones de seguridad ocurren con una frecuencia desconcertante.

Estas observaciones han llevado a los críticos a afirmar que los datos no son solo un activo, sino un "activo tóxico" [37], o al menos "material peligroso" [38]. Quizás los datos no sean el nuevo oro, ni el nuevo petróleo, sino más bien el nuevo uranio [39]. Incluso si creemos que somos capaces de evitar el uso indebido de los datos, cada vez que los recopilamos, debemos sopesar los beneficios con el riesgo de que caigan en manos equivocadas. Los sistemas informáticos pueden verse comprometidos por delincuentes o servicios de inteligencia extranjeros hostiles, los datos pueden filtrarse por parte de personas internas, la empresa puede caer en manos de una dirección sin escrúpulos que no comparte nuestros valores, o el país puede ser tomado por un régimen que no tenga reparos en obligarnos a entregar los datos.

Como sugiere esta observación, al recopilar datos, debemos tener en cuenta no solo el entorno político actual, sino todos los posibles gobiernos futuros. No hay garantía de que todos los gobiernos elegidos en el futuro respeten los derechos humanos y las libertades civiles y, como observa Bruce Schneier, "es una mala práctica cívica instalar tecnologías que algún día podrían facilitar un estado policial" [40].

"El conocimiento es poder", como dice el viejo refrán. Y además, "escrutar a los demás mientras se evita ser escrutado es una de las formas más importantes de poder" [41]. Por eso los gobiernos totalitarios quieren la vigilancia: les da el poder de controlar a la población. Aunque las empresas tecnológicas actuales no buscan abiertamente el poder político, los datos y el conocimiento que han acumulado, en gran parte de forma subrepticia y fuera del control público, les otorgan un gran poder sobre nuestras vidas [42].

Recordando la Revolución Industrial

Los datos son la característica definitoria de la era de la información. Internet, el almacenamiento y el procesamiento de datos, y la automatización impulsada por el software están teniendo un gran impacto en la economía global y la sociedad humana. A medida que nuestra vida cotidiana y nuestra organización social han cambiado gracias a la tecnología de la información, y probablemente seguirán cambiando radicalmente en las próximas décadas, nos vienen a la mente comparaciones con la Revolución Industrial [17,26].

La Revolución Industrial se produjo gracias a importantes avances tecnológicos y agrícolas, y trajo consigo un crecimiento económico sostenido y una mejora significativa del nivel de vida a largo plazo, pero también acarreó graves problemas. La contaminación del aire (debido al humo y a los procesos químicos) y del agua (por los residuos industriales y humanos) era terrible. Los propietarios de las fábricas vivían en el esplendor, mientras que los trabajadores urbanos a menudo vivían en viviendas hacinadas e insalubres y trabajaban muchas horas en condiciones duras. El trabajo infantil era habitual, incluyendo trabajos peligrosos y mal remunerados en las minas.

Pasó mucho tiempo antes de que se establecieran medidas de protección, como normativas de protección medioambiental, protocolos de seguridad para los lugares de trabajo, leyes que prohibían el trabajo infantil e inspecciones sanitarias de los alimentos. Sin duda, el costo de hacer negocios aumentó cuando se prohibió a las fábricas verter sus residuos en los ríos, vender alimentos contaminados o explotar a los trabajadores. Pero la sociedad en su conjunto se benefició enormemente de estas normativas, y pocos de nosotros querríamos volver a la época anterior a [17].

Al igual que la Revolución Industrial tuvo un lado oscuro que hubo que gestionar, nuestra transición a la era de la información plantea problemas importantes que debemos afrontar y resolver [43, 44]. La recopilación y el uso de datos es uno de esos problemas. En palabras de Bruce Schneier [26]:

> Los datos son el problema de contaminación de la era de la información, y proteger la privacidad es el reto medioambiental. Casi todas las computadoras producen información. Esta permanece ahí, enconándose. La forma en que la gestionamos, cómo la contenemos y cómo la eliminamos, es fundamental para la salud de nuestra economía de la información. Al igual que hoy miramos atrás a las primeras décadas de la era industrial y nos preguntamos cómo nuestros antepasados pudieron ignorar la contaminación en su prisa por construir un mundo industrial, nuestros nietos mirarán atrás a estas primeras décadas de la era de la información y nos juzgarán por cómo abordamos el reto de la recopilación y el uso indebido de datos.
>
> Debemos intentar que se sientan orgullosos.

Legislación y autorregulación

Las leyes de protección de datos podrían ayudar a preservar los derechos de las personas. Por ejemplo, el RGPD establece que los datos personales deben "recogerse con fines determinados, explícitos y legítimos y no tratarse posteriormente de manera incompatible con dichos fines", y deben ser "adecuados, pertinentes y limitados a lo necesario en relación con los fines para los que se tratan" [32].

Sin embargo, este principio de *minimización de datos* va directamente en contra de la filosofía del big data, que consiste en maximizar la recopilación de datos, combinarlos con otros conjuntos de datos y experimentar y explorar para generar nuevos conocimientos. La exploración implica utilizar los datos para fines imprevistos, lo que, según el RGPD, es contrario a los fines "especificados y explícitos" para los que deben haberse recopilado los datos. Si bien esta normativa ha tenido cierto efecto en el sector de la publicidad en línea [45], su aplicación ha sido débil [46] y no parece haber provocado un gran cambio en la cultura y las prácticas del sector tecnológico en general.

Las empresas que recopilan gran cantidad de datos sobre las personas se oponen en general a la regulación por considerarla una carga y un obstáculo para la innovación. En cierta medida, esa oposición está justificada. Por ejemplo, compartir datos médicos plantea riesgos evidentes para la privacidad, pero también oportunidades potenciales: ¿cuántas muertes podrían evitarse si el análisis de datos nos ayudara a mejorar los diagnósticos o a encontrar mejores tratamientos [47]? La regulación excesiva puede impedir estos avances. Es difícil equilibrar las oportunidades potenciales con los riesgos [41].

Fundamentalmente, necesitamos un cambio cultural en la industria tecnológica con respecto a los datos personales. Debemos dejar de considerar a los usuarios como métricas que hay que optimizar y recordar que son seres humanos que merecen respeto, dignidad y capacidad de acción. Debemos autorregular nuestras prácticas de recopilación y procesamiento de datos para establecer y mantener la confianza de las personas que dependen de nuestro software [48]. Y deberíamos asumir la responsabilidad de informar a los usuarios finales sobre cómo se utilizan sus datos, en lugar de mantenerlos en la ignorancia.

Debemos permitir que cada individuo mantenga su privacidad (es decir, el control sobre sus propios datos) y no robarles ese control mediante la vigilancia. Nuestro derecho individual a controlar nuestros datos es como el entorno natural de un parque nacional: si no lo protegemos y cuidamos explícitamente, será destruido. Será la tragedia de los comunes, y todos saldremos perdiendo por ello. La vigilancia ubicua no es inevitable. Todavía podemos detenerla.

Como primer paso, no deberías conservar los datos para siempre, sino eliminarlos tan pronto como dejen de ser necesarios y minimizar lo que recopilas en primer lugar [48, 49]. Los datos que no tienes son datos que no pueden filtrarse, ser robados u obligados por los gobiernos a ser entregados. En general, serán necesarios cambios culturales y de actitud. Como personas que trabajamos en tecnología, si no tenemos en cuenta el impacto social de nuestro trabajo, no estamos haciendo nuestro trabajo [50].

Resumen

Con esto llegamos al final del libro. Hemos cubierto muchos temas:

- En Capítulo 1 contrastamos los sistemas analíticos y operativos, comparamos la nube con el autoalojamiento, sopesamos los sistemas distribuidos y los de nodo único, y discutimos el equilibrio entre las necesidades de tu negocio y las de tus usuarios.

- En Capítulo 2 vimos cómo definir varios requisitos no funcionales, como el rendimiento, la fiabilidad, la escalabilidad y la facilidad de mantenimiento.
- En Capítulo 3 exploramos una amplia gama de modelos de datos, incluidos los modelos relacionales, de documentos y gráficos, el abastecimiento de eventos y los DataFrames. También analizamos ejemplos de varios lenguajes de consulta, incluidos SQL, Cypher, SPARQL, Datalog y GraphQL.
- En Capítulo 4 analizamos los motores de almacenamiento para OLTP (árboles LSM y árboles B) y análisis (almacenamiento orientado a columnas), así como los índices para la recuperación de información (búsqueda de texto completo y vectorial).
- En Capítulo 5 examinamos diferentes formas de codificar objetos de datos como bytes y cómo apoyar la evolución a medida que cambian los requisitos. También comparamos varias formas en que los datos fluyen entre procesos: a través de bases de datos, llamadas de servicio, motores de flujo de trabajo y arquitecturas impulsadas por eventos.
- En Capítulo 6 estudiamos las ventajas e inconvenientes de la replicación con un solo líder, con varios líderes y sin líderes. También analizamos modelos de consistencia, como la consistencia de lectura después de escritura, y motores de sincronización que permiten a los clientes trabajar sin conexión.
- En Capítulo 7 analizamos el fragmentado, incluidas las estrategias de reequilibrio, enrutamiento de solicitudes e indexación secundaria.
- En Capítulo 8 tratamos las transacciones, teniendo en cuenta la durabilidad, cómo se pueden lograr varios niveles de aislamiento (lectura confirmada, aislamiento de instantáneas y serializable) y cómo se puede garantizar la atomicidad en las transacciones distribuidas.
- En Capítulo 9 analizamos los problemas fundamentales que se producen en los sistemas distribuidos (fallos y retrasos de red, errores de reloj, pausas de procesos, bloqueos) y vimos cómo dificultan la correcta implementación incluso de algo aparentemente sencillo como un bloqueo.
- En Capítulo 10 profundizamos en diversas formas de consenso y en el modelo de consistencia (linealizabilidad) que este permite.
- En Capítulo 11 profundizamos en el procesamiento por lotes, pasando de simples cadenas de herramientas Unix a procesadores por lotes distribuidos a gran escala que utilizan sistemas de archivos distribuidos o almacenes de objetos.
- En Capítulo 12 generalizamos el procesamiento por lotes al procesamiento de flujos y analizamos los brokers de mensajes subyacentes, CDC, la tolerancia a fallos y los patrones de procesamiento, como las uniones de flujos.

- En Capítulo 13 exploramos una filosofía de sistemas de streaming que permite integrar sistemas de datos dispares, hacer evolucionar los sistemas y escalar las aplicaciones más fácilmente.

Por último, en este último capítulo, hemos dado un paso atrás y hemos examinado algunos aspectos éticos de la creación de aplicaciones que hacen un uso intensivo de datos. Hemos visto que, aunque los datos pueden utilizarse para hacer el bien, también pueden causar un daño significativo: tomar decisiones que afectan gravemente a la vida de las personas y contra las que es difícil recurrir, lo que conduce a la discriminación y la explotación, normaliza la vigilancia y expone información íntima. También corremos el riesgo de sufrir violaciones de datos y podemos descubrir que un uso bienintencionado de los datos tiene consecuencias no deseadas.

Dado el gran impacto que el software y los datos tienen en el mundo, como ingenieros debemos recordar que tenemos la responsabilidad de trabajar por el tipo de mundo en el que queremos vivir: un mundo que trate a las personas con humanidad y respeto. Trabajemos juntos para alcanzar ese objetivo.

Referencias

[1] David Schmudde. "What If Data Is a Bad Idea?" *schmud.de*, August 2024. Archived at *perma.cc/ZXU5-XMCT*

[2] Association for Computing Machinery. "ACM Code of Ethics and Professional Conduct." *acm.org* 2018. Archived at *perma.cc/SEA8-CMB8*

[3] Igor Perisic. "Making Hard Choices: The Quest for Ethics in Machine Learning." *linkedin.com*, November 2016. Archived at *perma.cc/DGF8-KNT7*

[4] John Naughton. "Algorithm Writers Need a Code of Conduct." *theguardian.com*, December 2015. Archived at *perma.cc/TBG2-3NG6*

[5] Deborah G. Johnson and Mario Verdicchio. "Ethical AI Is Not About AI." *Communications of the ACM*, volume 66, issue 2, pages 32–34, January 2023. *doi:10.1145/3576932*

[6] Ben Green. "'Good' Isn't Good Enough." At *NeurIPS Joint Workshop on AI for Social Good*, December 2019. Archived at *perma.cc/H4LN-7VY3*

[7] Marc Steen. "Ethics as a Participatory and Iterative Process." *Communications of the ACM*, volume 66, issue 5, pages 27–29, April 2023. *doi:10.1145/3550069*

[8] Logan Kugler. "What Happens When Big Data Blunders?" *Communications of the ACM*, volume 59, issue 6, pages 15–16, June 2016. *doi:10.1145/2911975*

[9] Miri Zilka. "Algorithms and the Criminal Justice System: Promises and Challenges in Deployment and Research." At *University of Cambridge Security Seminar Series*, March 2023. Archived at *archive.org*

[10] Bill Davidow. "Welcome to Algorithmic Prison." *theatlantic.com*, February 2014. Archived at *archive.org*

[11] Don Peck. "They're Watching You at Work." *theatlantic.com*, December 2013. Archived at *perma.cc/YR9T-6M38*

[12] Leigh Alexander. "Is an Algorithm Any Less Racist Than a Human?" *theguardian.com*, August 2016. Archived at *perma.cc/XP93-DSVX*

[13] Jesse Emspak. "How a Machine Learns Prejudice." *scientificamerican.com*, December 2016. perma.cc/R3L5-55E6

[14] Rohit Chopra, Kristen Clarke, Charlotte A. Burrows, and Lina M. Khan. "Joint Statement on Enforcement Efforts Against Discrimination and Bias in Automated Systems." *ftc.gov*, April 2023. Archived at *perma.cc/YY4Y-RCCA*

[15] Maciej Cegłowski. "The Moral Economy of Tech." *idlewords.com*, June 2016. Archived at *perma.cc/L8XV-BKTD*

[16] Greg Nichols. "Artificial Intelligence in Healthcare Is Racist." *zdnet.com*, November 2020. Archived at *perma.cc/3MKW-YKRS*

[17] Cathy O'Neil. *Weapons of Math Destruction: How Big Data Increases Inequality and Threatens Democracy*. Crown Publishing, 2016. ISBN: 9780553418811

[18] Julia Angwin. "Make Algorithms Accountable." *nytimes.com*, August 2016. Archived at *archive.org*

[19] Bryce Goodman and Seth Flaxman. "European Union Regulations on Algorithmic Decision-Making and a 'Right to Explanation.'" At *ICML Workshop on Human Interpretability in Machine Learning*, June 2016. Archived at *arxiv.org*

[20] United States Senate Committee on Commerce, Science, and Transportation, Office of Oversight and Investigations, Majority Staff. "A Review of the Data Broker Industry: Collection, Use, and Sale of Consumer Data for Marketing Purposes." Staff Report, *commerce.senate.gov*, December 2013. Archived at *perma.cc/32NV-YWLQ*

[21] Stephanie Assad, Robert Clark, Daniel Ershov, and Lei Xu. "Algorithmic Pricing and Competition: Empirical Evidence from the German Retail Gasoline Market." *Journal of Political Economy*, volume 132, issue 3, pages 723–771, March 2024. *doi:10.1086/726906*

[22] Donella H. Meadows and Diana Wright. *Thinking in Systems: A Primer*. Chelsea Green Publishing, 2008. ISBN: 9781603580557

[23] Daniel J. Bernstein. "Listening to a 'big data'/'data science' talk. Mentally translating 'data' to "surveillance': '...everything starts with surveillance...'" *x.com*, May 2015. Archived at *perma.cc/EY3D-WBBJ*

[24] Marc Andreessen. "Why Software Is Eating the World." *a16z.com*, August 2011. Archived at *perma.cc/3DCC-W3G6*

[25] J. M. Porup. "'Internet of Things' Security Is Hilariously Broken and Getting Worse." *arstechnica.com*, January 2016. Archived at *archive.org*

[26] Bruce Schneier. *Data and Goliath: The Hidden Battles to Collect Your Data and Control Your World.* W. W. Norton, 2015. ISBN: 9780393352177

[27] The Grugq. "Nothing to Hide." *grugq.tumblr.com*, April 2016. Archived at *perma.cc/BL95-8W5M*

[28] Federal Trade Commission. "FTC Takes Action Against General Motors for Sharing Drivers' Precise Location and Driving Behavior Data Without Consent." *ftc.gov*, January 2025. Archived at *perma.cc/3XGV-3HRD*

[29] Tony Beltramelli. "Deep-Spying: Spying Using Smartwatch and Deep Learning." Masters thesis, IT University of Copenhagen, December 2015. Archived at *arxiv.org*

[30] Shoshana Zuboff. "Big Other: Surveillance Capitalism and the Prospects of an Information Civilization." *Journal of Information Technology*, volume 30, issue 1, pages 75–89, April 2015. *doi:10.1057/jit.2015.5*

[31] Michiel Rhoen. "Beyond Consent: Improving Data Protection Through Consumer Protection Law." *Internet Policy Review*, volume 5, issue 1, March 2016. *doi:10.14763/2016.1.404*

[32] "Regulation (EU) 2016/679 of the European Parliament and of the Council of 27 April 2016." *Official Journal of the European Union*, L 119/1, May 2016.

[33] UK Information Commissioner's Office. "What Is the 'Legitimate Interests' Basis?" *ico.org.uk*. Archived at *perma.cc/W8XR-F7ML*

[34] Tristan Harris. "How a Handful of Tech Companies Control Billions of Minds Every Day." At *TED2017*, April 2017. Archived at *archive.org*

[35] Carina C. Zona. "Consequences of an Insightful Algorithm." At *GOTO Berlin*, November 2016.

[36] Imanol Arrieta Ibarra, Leonard Goff, Diego Jiménez Hernández, Jaron Lanier, and E. Glen Weyl. "Should We Treat Data as Labor? Moving Beyond 'Free.'" *American Economic Association Papers Proceedings*, volume 108, pages 38–42, May 2018. *doi:10.1257/pandp.20181003*

[37] Bruce Schneier. "Data Is a Toxic Asset, So Why Not Throw It Out?" *schneier.com*, March 2016. Archived at *perma.cc/4GZH-WR3D*

[38] Cory Scott. "Data is not toxic—which implies no benefit—but rather hazardous material, where we must balance need vs. want." *x.com*, March 2016. Archived at *perma.cc/CLV7-JF2E*

[39] Mark Pesce. "Data Is The New Uranium—Incredibly Powerful And Amazingly Dangerous." *theregister.com*, November 2024. Archived at *perma.cc/NV8B-GYGV*

[40] Bruce Schneier. "Mission Creep: When Everything Is Terrorism." *schneier.com*, July 2013. Archived at *perma.cc/QB2C-5RCE*

[41] Lena Ulbricht and Maximilian von Grafenstein. "Big Data: Big Power Shifts?" *Internet Policy Review*, volume 5, issue 1, March 2016. *doi:10.14763/2016.1.406*

[42] Ellen P. Goodman and Julia Powles. "Facebook and Google: Most Powerful and Secretive Empires We've Ever Known." *theguardian.com*, September 2016. Archived at *perma.cc/8UJA-43G6*

[43] Judy Estrin and Sam Gill. "The World Is Choking on Digital Pollution." *washingtonmonthly.com*, January 2019. Archived at *perma.cc/3VHF-C6UC*

[44] A. Michael Froomkin. "Regulating Mass Surveillance as Privacy Pollution: Learning from Environmental Impact Statements." *University of Illinois Law Review*, volume 2015, issue 5, August 2015. Archived at *perma.cc/24ZL-VK2T*

[45] Pengyuan Wang, Li Jiang, and Jian Yang. "The Early Impact of GDPR Compliance on Display Advertising: The Case of an Ad Publisher." *Journal of Marketing Research*, volume 61, issue 1, April 2023. *doi:10.1177/00222437231171848*

[46] Johnny Ryan. "Don't Be Fooled by Meta's Fine for Data Breaches." *The Economist*, May 2023. Archived at *perma.cc/VCR6-55HR*

[47] Jessica Leber. "Your Data Footprint Is Affecting Your Life in Ways You Can't Even Imagine." *fastcompany.com*, March 2016. Archived at *archive.org*

[48] Maciej Cegłowski. "Haunted by Data." *idlewords.com*, October 2015. Archived at *archive.org*

[49] Sam Thielman. "You Are Not What You Read: Librarians Purge User Data to Protect Privacy." *theguardian.com*, January 2016. Archived at *archive.org*

[50] Jez Humble. "It's a cliché that people get into tech to 'change the world.' So then, you have to actually consider what the impact of your work is on the world. The idea that you can or should exclude societal and political discussions in tech is idiotic. It means you're not doing your job." *x.com*, April 2021. Archived at *perma.cc/3NYS-MHLC*

Glosario

Las definiciones de este glosario son breves y sencillas, y pretenden transmitir la idea central de cada término, pero no todas sus sutilezas. Para obtener más detalles, consulta las referencias al texto principal.

aislamiento
En el contexto de las transacciones, describe el grado en que las transacciones que se ejecutan simultáneamente pueden interferir entre sí. El aislamiento *serializable* proporciona las garantías más sólidas, pero también se utilizan niveles de aislamiento más débiles. Consulta "Aislamiento" en la página 310.

almacén de datos
Base de datos en la que se han combinado datos de varios sistemas OLTP y se han preparado para su uso con fines analíticos. Consulta "Almacenamiento de datos" en la página 7.

asíncrono
No esperar a que algo se complete (por ejemplo, enviar datos a través de la red a otro nodo) y no hacer ninguna suposición sobre cuánto tiempo va a tardar. Consulta "Replicación sincrónica frente a asincrónica" en la página 220, "Redes síncronas frente a asíncronas" en la página 392 y "Modelo de sistema y realidad" en la página 420.

atómico

1. En el contexto de la concurrencia, describe una operación que parece surtir efecto en un único momento, de modo que otro proceso concurrente nunca puede encontrar la operación en un estado "a medio terminar". Ver también *aislamiento*.

2. En el contexto de las transacciones, describe la agrupación de un conjunto de escrituras que deben ser confirmadas o revertidas en su totalidad, incluso si se producen fallos. Consulta "Atomicidad" en la página 308 y "Confirmación en dos fases" en la página 359.

bloqueo
Un mecanismo para garantizar que solo un subproceso, nodo o transacción pueda acceder a algo, y que cualquier otra persona que desee acceder a lo mismo deba esperar hasta que se libere el bloqueo. Consulta "Bloqueo en dos fases" en la página 346 y "Bloqueos y arrendamientos distribuidos" en la página 412.

bloqueo en dos fases (2PL)
Algoritmo para lograr *un aislamiento serializable* que funciona mediante la

adquisición de un bloqueo por parte de una transacción sobre todos los datos que lee o escribe y el mantenimiento de dicho bloqueo hasta el final de la transacción. Consulta "Bloqueo en dos fases" en la página 346.

búsqueda de texto completo
: Búsqueda de texto por palabras clave arbitrarias, a menudo con características adicionales como la coincidencia de palabras con ortografía similar o sinónimos. Un índice de texto completo es un tipo de *índice secundario* que admite este tipo de consultas. Consulta "Búsqueda de texto completo" en la página 162.

caché
: Componente que recuerda los datos utilizados recientemente con el fin de acelerar futuras lecturas de los mismos datos. Por lo general, no es completo; cualquier dato que falte en la caché debe obtenerse de un sistema de almacenamiento de datos subyacente más lento que tenga una copia completa de los datos.

causalidad
: La dependencia entre eventos que surge cuando una cosa "happens before" que otra en un sistema, por ejemplo, un evento posterior que ocurre en respuesta a un evento anterior, se basa en él o debe entenderse a la luz de él. Consulta "La relación happens-before (ocurre antes) y la concurrencia" en la página 264.

cerebro dividido
: Escenario en el que dos nodos se consideran simultáneamente líderes, lo que puede provocar que se incumplan las garantías del sistema. Consulta "Gestión de las interrupciones de los nodos" en la página 224 y "La regla de la mayoría" en la página 411.

clave primaria
: Valor (normalmente un número o una cadena) que identifica de forma única un registro. En muchas aplicaciones, las claves primarias son generadas por el sistema cuando se crea un registro (por ejemplo, de forma secuencial o aleatoria); normalmente no son establecidas por los usuarios. Consulta también *índice secundario.*

confirmación en dos fases (2PC)
: Algoritmo para garantizar que varios nodos de la base de datos confirmen o cancelen *de forma atómica* una transacción. Consulta "Confirmación en dos fases" en la página 359.

conmutación por error (failover)
: En los sistemas que tienen un único líder, la conmutación por error es el proceso de trasladar la función de liderazgo de un nodo a otro. Consulta "Gestión de las interrupciones de los nodos" en la página 224.

consenso
: Un problema fundamental en la computación distribuida relacionado con lograr que varios nodos se pongan de acuerdo en algo (por ejemplo, qué nodo debe ser el líder de un clúster de bases de datos). El problema es mucho más difícil de lo que parece a primera vista. Consulta "Consenso" en la página 470.

contrapresión
: Obligar al remitente de los datos a reducir la velocidad cuando el destinatario no puede seguir el ritmo. También conocido como *control de flujo.* Consulta Cuando un sistema sobrecargado no se recupera en la página 42.

control de flujo
: Consulta *contrapresión.*

datos derivados
: Conjunto de datos creado a partir de otros datos mediante un proceso repetible, que se puede ejecutar de nuevo si es necesario. Por lo general, los datos derivados son necesarios para acelerar un tipo concreto de acceso de lectura a los datos. Los índices, las cachés y las vistas materializadas son ejemplos de datos derivados. Consulta "Sistemas de registro y datos derivados" en la página 12.

declarativo

Describe las propiedades que algo debe tener, pero no los pasos exactos para lograrlo. En el contexto de las consultas de bases de datos, un optimizador de consultas toma una consulta declarativa y decide cuál es la mejor manera de ejecutarla. Consulta Terminología: lenguajes de consulta declarativos en la página 74.

desnormalizar

Introducir cierta redundancia o duplicación en un conjunto de datos *normalizado*, normalmente en forma de *caché* o *índice*, con el fin de acelerar las lecturas. Un valor desnormalizado es un tipo de resultado de consulta precalculado, similar a una vista materializada. Consulta "Normalización, desnormalización y uniones" en la página 80.

determinista

Describe una función que siempre produce el mismo resultado si se le proporciona la misma entrada. Esto significa que no puede depender de números aleatorios, la hora del día, la comunicación de red u otras cosas impredecibles. Consulta El poder del determinismo en la página 428.

distribuido

Se ejecuta en varios nodos conectados por una red. Se caracteriza por *fallos parciales*: una parte del sistema puede estar averiada mientras que otras partes siguen funcionando, y a menudo es imposible para el software saber qué es exactamente lo que está averiado. Consulta "Fallos y fallos parciales" en la página 382.

durable

Almacenar datos de tal manera que creas que no se perderán, incluso si se producen varios fallos. Consulta "Durabilidad" en la página 311.

esquema

Descripción de la estructura de los datos, incluidos sus campos y tipos de datos. La conformidad de los datos con un esquema se puede comprobar en varios momentos de la vida útil de los datos (consulta "Flexibilidad del esquema en el modelo de documento" en la página 90), y un esquema puede cambiar con el tiempo (consulta Capítulo 5).

ETL

Extraer, transformar y cargar. El proceso de extraer datos de una base de datos de origen, transformarlos en un formato más adecuado para consultas analíticas y cargarlos en un almacén de datos o en un sistema de procesamiento por lotes. Consulta "Almacenamiento de datos" en la página 7.

fallo bizantino

Fallo que se caracteriza por un nodo que se comporta de forma incorrecta de manera arbitraria (por ejemplo, enviando mensajes contradictorios o maliciosos a otros nodos). Consulta "Fallos bizantinos" en la página 417.

fragmentación (sharding)

División de un conjunto de datos o un cálculo demasiado grande para una sola máquina en partes más pequeñas y distribución de estas entre varias máquinas. También se conoce como *partición*. Consulta Capítulo 7.

gráfico

Estructura de datos que consta de *vértices* (elementos a los que puedes hacer referencia, también conocidos como *nodos* o *entidades*) y *aristas* (conexiones de un vértice a otro, también conocidas como *relaciones* o *arcos*). Consulta "Modelos de datos tipo gráfico" en la página 94.

hash

Una función que convierte una entrada en un número de aspecto aleatorio. La misma entrada siempre devuelve el mismo número como salida. Es probable que dos entradas diferentes tengan dos números diferentes como salida, aunque dos entradas diferentes podrían producir la misma salida (esto se denomina *coli-*

sión). Consulta "Fragmentación por hash de clave" en la página 285.

idempotente
: Describe una operación que se puede reintentar de forma segura; si se ejecuta más de una vez, tiene el mismo efecto que si se ejecutara solo una vez. Consulta "Idempotencia" en la página 586.

índice
: Una estructura de datos que te permite buscar de manera eficiente todos los registros que tienen un valor particular en un campo particular. Consulta "Almacenamiento e indexación para OLTP" en la página 128.

índice secundario
: Una estructura de datos adicional que se mantiene junto con el almacenamiento de datos primario y que te permite buscar de manera eficiente registros que coincidan con un determinado tipo de condición. Consulta "Índices multicolumna y secundarios" en la página 146 y "Fragmentación e índices secundarios" en la página 296.

líder
: Cuando los datos o un servicio se replican en varios nodos, el líder es la réplica designada a la que se le permite realizar cambios. Un líder puede ser elegido mediante un protocolo o seleccionado manualmente por un administrador. También se conoce como *primario* o *fuente*. Consulta "Replicación de líder único" en la página 219.

limitado
: Tener un límite superior o tamaño conocido. Se utiliza, por ejemplo, en el contexto del retraso de la red (consulta "Tiempos de espera y retrasos ilimitados" en la página 389) y los conjuntos de datos (consulta la introducción a Capítulo 12).

linealizable
: Comportarse como si solo hubiera una única copia de los datos en el sistema, que se actualiza mediante operaciones atómicas. Consulta "Linealizabilidad" en la página 444.

localidad
: Una optimización del rendimiento: colocar varios datos en el mismo lugar si se necesitan con frecuencia al mismo tiempo. Consulta "Localidad de datos para lecturas y escrituras" en la página 91.

materializar
: Realizar un cálculo con impaciencia y escribir su resultado, en lugar de calcularlo bajo demanda cuando se solicita. Consulta "Event Sourcing y CQRS" en la página 112.

nada compartido (shared nothing)
: Arquitectura en la que nodos independientes, cada uno con sus propias CPU, memoria y discos, están conectados a través de una red convencional, en contraste con las arquitecturas de memoria compartida o disco compartido. Consulta "Arquitecturas de memoria compartida, disco compartido y nada compartido" en la página 57.

nodo
: Una instancia de software que se ejecuta en una computadora y que se comunica con otros nodos a través de una red para realizar una tarea.

normalizado
: Estructurado de tal manera que no hay redundancia ni duplicación. En una base de datos normalizada, cuando cambia un dato, solo es necesario cambiarlo en un lugar, no en muchas copias en muchos lugares. Consulta "Normalización, desnormalización y uniones" en la página 80.

OLAP
: Procesamiento analítico en línea . Patrón de acceso caracterizado por la agregación (por ejemplo, recuento, suma, promedio) de un gran número de registros. Consulta "Sistemas operativos frente a sistemas analíticos" en la página 4.

OLTP

Procesamiento de transacciones en línea. Patrón de acceso caracterizado por consultas rápidas que leen o escriben un pequeño número de registros, normalmente indexados por clave. Consulta "Sistemas operativos frente a sistemas analíticos" en la página 4.

orden total

Una forma de comparar dos cosas (por ejemplo, marcas de tiempo) que te permite decir siempre cuál es mayor y cuál es menor. Un orden en el que algunas cosas son incomparables (no se puede decir cuál es mayor o menor) se denomina *orden parcial.*

percentil

Una forma de medir la distribución de valores contando cuántos valores están por encima o por debajo de un determinado umbral. Por ejemplo, el tiempo de respuesta del percentil 95 durante un periodo determinado es el tiempo *t* tal que el 95% de las solicitudes en ese periodo se completan en menos de *t*, y el 5% tardan más de *t*. Consulta "Descripción del rendimiento" en la página 41.

procedimiento almacenado

Una forma de codificar la lógica de una transacción de manera que pueda ejecutarse íntegramente en un servidor de base de datos, sin necesidad de comunicarse con un cliente durante la transacción. Consulta "Ejecución en serie real" en la página 341.

proceso de flujo

Cálculo en ejecución continua que consume un flujo interminable de eventos como entrada y obtiene una salida a partir de ellos. Consulta Capítulo 12.

proceso por lotes

Cálculo que toma un conjunto fijo (y normalmente grande) de datos como entrada y produce otros datos como salida, sin modificar la entrada. Consulta Capítulo 11.

quórum

El número mínimo de nodos que deben votar una operación antes de que se considere exitosa. Consulta "Uso de quórums para la lectura y la escritura" en la página 256.

reequilibrio

Mover datos o servicios de un nodo a otro con el fin de distribuir la carga de forma equitativa. Consulta "Fragmentación de datos clave-valor" en la página 282.

replicación

Mantener una copia de los mismos datos en varios nodos (*réplicas*) para que sigan siendo accesibles si un nodo deja de estar disponible. Consulta Capítulo 6.

registro

Un archivo de solo añadir para almacenar datos. Un *registro de escritura anticipada* se usa para hacer que un motor de almacenamiento sea resistente a los fallos (consulta "Cómo hacer que los árboles B sean confiables" en la página 141), un motor de almacenamiento *estructurado en registro* usa registros como su formato de almacenamiento principal (consulta "Almacenamiento estructurado en registros" en la página 130), un *registro de replicación* se usa para copiar escrituras de un líder a seguidores (consulta "Replicación de líder único" en la página 219) y un *registro de eventos* puede representar un flujo de datos (consulta "Corredores de mensajes basados en registros" en la página 548).

seguidor

Una réplica que no acepta directamente ninguna escritura de los clientes, sino que solo procesa los cambios de datos que recibe de un líder. También se conoce como *secundaria*, *réplica de lectura* o *espera activa*. Consulta "Replicación de líder único" en la página 219.

serializable

Una garantía de *aislamiento* que, si se ejecutan varias transacciones simultáneamente, se comportan igual que si se hubieran ejecutado de una en una, en orden secuencial. Consulta "Serializabilidad" en la página 340.

sesgo

1. Carga desequilibrada entre fragmentos, de modo que algunos fragmentos tienen muchas solicitudes o datos y otros tienen mucho menos. También se conoce como *puntos calientes*. Consulta "Cargas de trabajo sesgadas y alivio de puntos calientes" en la página 291.
2. Una anomalía de sincronización que hace que los eventos aparezcan en un orden inesperado y no secuencial. Consulta las discusiones sobre *el sesgo de lectura* en "Aislamiento de instantáneas y lectura repetible" en la página 323, *el sesgo de escritura* en "Desviación de escritura y fantasmas" en la página 334 y *el sesgo de reloj* en "Marcas de tiempo para ordenar eventos" en la página 400.

sincrónico

Lo contrario de *asíncrono*.

sin límites

Que no tiene ningún límite superior o tamaño conocido. Lo contrario de *delimitado*.

sistema de registro

Un sistema que contiene la versión principal y autorizada de los datos, también conocido como la *fuente de verdad*. Los cambios se escriben primero aquí, y otros conjuntos de datos pueden derivarse del sistema de registro. Consulta "Sistemas de registro y datos derivados" en la página 12.

teorema CAP

Un resultado teórico ampliamente malinterpretado que no es útil en la práctica. Consulta "El teorema CAP" en la página 458.

tiempo de espera

Una de las formas más sencillas de detectar un fallo, es decir, observando la falta de respuesta en un determinado periodo de tiempo. Sin embargo, es imposible saber si un tiempo de espera agotado se debe a un problema con el nodo remoto o a un problema en la red. Consulta "Tiempos de espera y retrasos ilimitados" en la página 389.

transacción

Agrupar varias lecturas y escrituras en una unidad lógica para simplificar el manejo de errores y los problemas de concurrencia. Consulta Capítulo 8.

tolerante a fallos

Capaz de recuperarse automáticamente si algo sale mal (por ejemplo, si una máquina se bloquea o falla un enlace de red). Consulta "Fiabilidad y tolerancia a fallos" en la página 48.

unión

Reunir registros que tienen algo en común. Se utiliza con mayor frecuencia cuando un registro tiene una referencia a otro (una clave externa, una referencia a un documento, un perímetro en un gráfico) y una consulta necesita obtener el registro al que apunta la referencia. Consulta "Normalización, desnormalización y uniones" en la página 80 y "Uniones y agrupaciones" en la página 522.

índice

Símbolos

A

B

C

D

E

F

G

H

J

K

L

M

N

P

Q

R

S

T

U

V

W

X

Y

Z

Acerca de los autores

Martin Kleppmann es profesor asociado en la Universidad de Cambridge, Reino Unido, donde imparte clases sobre sistemas distribuidos y protocolos criptográficos. La primera edición de *Diseño de aplicaciones con uso intensivo de datos* en 2017 lo consagró como una autoridad en sistemas de datos y, a través de su investigación sobre sistemas distribuidos, contribuyó al inicio del movimiento de software local-first. Anteriormente, fue ingeniero de software y emprendedor en empresas de Internet como LinkedIn y Rapportive, donde trabajó en infraestructura de datos a gran escala.

Chris Riccomini es ingeniero de software, inversionista en startups y autor con más de 15 años de experiencia en PayPal, LinkedIn y WePay. Dirige Materialized View Capital, donde invierte en startups de infraestructura. También es cocreador de Apache Samza y SlateDB y coautor de *The Missing README: A Guide for the New Software Engineer*.

Colofón

El animal que aparece en la portada de *Diseño de aplicaciones con uso intensivo de datos* es un jabalí indio (*Sus scrofa cristatus*), una subespecie de la India, Myanmar, Nepal, Sri Lanka y Tailandia que tiene cerdas más altas en la espalda, carece de subpelo lanudo y tiene un cráneo más grande y recto que los jabalíes europeos. El jabalí indio tiene el pelaje gris o negro con cerdas rígidas a lo largo de la columna vertebral. Los machos tienen dientes salientes llamados *colmillos* y son más grandes que las hembras. La especie mide de media entre 83 y 89 cm de altura a la cruz y pesa entre 90 y 136 kg.

Entre los depredadores de los jabalíes indios se encuentran los osos, los tigres y varios felinos grandes. Los jabalíes son nocturnos y omnívoros; su variada dieta incluye raíces, insectos, carroña, nueces, bayas y pequeños animales. Rebuscan en la basura y en los campos de cultivo, para consternación de los agricultores, y necesitan ingerir entre 4,000 y 4,500 calorías al día. Su sentido del olfato, muy desarrollado, les ayuda a buscar alimento bajo tierra, pero su vista es deficiente.

En la tradición hindú, el jabalí es un avatar del dios Vishnu. En los monumentos funerarios de la antigua Grecia, es un símbolo de un valiente perdedor. Este animal agresivo decora las armaduras y las armas de los guerreros escandinavos, germánicos y anglosajones. En el zodiaco chino, simboliza la determinación y la impetuosidad.

Muchos de los animales que aparecen en las portadas de O'Reilly están en peligro de extinción; todos ellos son importantes para el mundo.

La ilustración de la portada es de Monica Kamsvaag, basada en un antiguo grabado lineal de *Zoology* de Shaw. El diseño de la serie es de Edie Freedman, Ellie Volckhausen y Karen Montgomery. Las fuentes de la portada son Gilroy Semibold y Guardian Sans. La fuente del texto es Adobe Minion Pro; la fuente del título es Adobe Myriad Condensed; y la fuente del código es Ubuntu Mono de Dalton Maag.

www.ingramcontent.com/pod-product-compliance
Lightning Source LLC
LaVergne TN
LVHW082003200926
848481LV00010B/2792